O REGIME DO CONTRATO DE TRABALHO DO PRATICANTE DESPORTIVO

O REGIME DO CONTRATO DE TRABALHO DO PRATICANTE DESPORTIVO

2023

Victor Hugo Ventura

ALMEDINA

O REGIME DO CONTRATO DE TRABALHO DO PRATICANTE DESPORTIVO

AUTOR
Victor Hugo Ventura

EDITOR
EDIÇÕES ALMEDINA, S.A.
Avenida Emídio Navarro, 81, 3D
3000-151 Coimbra
Tel.: 239 851 904 · Fax: 239 851 901
www.almedina.net · editora@almedina.net

DESIGN DE CAPA
EDIÇÕES ALMEDINA, S.A.

PRÉ-IMPRESSÃO
Patrícia Boleto

IMPRESSÃO E ACABAMENTO
AAAAAAAAA

Julho, 2023

ISBN
978-989-40-1366-2

DEPÓSITO LEGAL
000000/23

ALMEDINA | GRUPOALMEDINA

OUTRAS PUBLICAÇÕES DO AUTOR

1. «Do texto ao contexto: a interpretação dos negócios jurídicos», *Revista de Ciências Empresariais e Jurídicas*, 24 (2014), pp. 39-61.
2. «A inexigibilidade como motivo de justificação de faltas no direito do trabalho português», *Questões Laborais*, 44 (2014), pp. 141-157.
3. «Novas e velhas questões sobre o direito de retratação», *Questões Laborais*, 49 (2016), pp. 77-104.
4. «A fase de informações e negociação do despedimento coletivo na ausência de estruturas representativas dos trabalhadores», *Questões Laborais*, 50 (2017), pp. 65-81.
5. «Breve apontamento sobre o regime de faltas dos candidatos a cargos públicos», *Questões Laborais*, 52 (2018), pp. 19-32.
6. «A relação advogado-cliente como relação de consumo: comentário ao acórdão *Birutė Šiba. v. Arūnas Devėnas* do Tribunal de Justiça», *Católica Law Review*, 2018, Vol. II, n.º 2, pp. 139-161 (em coautoria com José Carlos Brandão Proença).
7. AAVV, *Comentário ao Código Civil – Direito das Obrigações (Das Obrigações em Geral)*, Universidade Católica Editora, Porto, 2018 (anotação aos artigos 550.º a 561.º e ao artigo 502.º, em coautoria com Raul Guichard).
8. «À espera de um novo *Bosman*? A compatibilidade do regime do tempo de trabalho do praticante desportivo com o Direito da União Europeia», *Questões Laborais*, 54 (2019), pp. 81-97.
9. «O impacto da nova redação do artigo 344.º, n.º 2, do Código do Trabalho, no conceito de "desemprego involuntário" para efeitos de atribuição do subsídio de desemprego», *Questões Laborais*, 55 (2019), pp. 169-178 (em coautoria com Alexandra Marques Sequeira).

10. *O regime do contrato de trabalho do praticante desportivo*, AAFDL Editora, Lisboa, 2020 (411 pp.).
11. «A insustentável leveza do contrato de trabalho doméstico ou o caso da (in)exigibilidade de parecer da CITE para o despedimento de trabalhadora doméstica grávida, puérpera ou lactante», *Questões Laborais*, 56 (2020), pp. 33-52 (em coautoria com Cláudia Campos).
12. «Precários para sempre? A compatibilidade do regime da contratação a termo dos treinadores desportivos com o Direito da União Europeia», *Prontuário de Direito do Trabalho*, 2020, II, pp. 331-354.
13. «A aplicação da figura do abandono de trabalho ao contrato de trabalho do praticante desportivo», *Revista de Direito do Desporto*, 7 (2021), pp 72-83.
14. *O regime do contrato de serviço doméstico*, AAFDL Editora, Lisboa, 2021 (255 pp.).
15. *Contrato de trabalho rural*, Vida Económica, Porto, 2021 (112 pp.).
16. «Os "prémios" por objetivos no regime do contrato de trabalho do praticante desportivo» in: Alexandre Miguel Mestre [Coord.], *Compêndio de Direito do Desporto*, Gestlegal, Lisboa, 2021, pp. 456-474.
17. «Pode um treinador ser despedido por "justa causa desportiva"?», *Questões Laborais*, 57 (2021), pp. 277-291.
18. «E sejam lesados para sempre...? A responsabilidade civil emergente da violação de deveres conjugais», *Lex Familiae - Revista Portuguesa de Direito da Família*, 36 (2021), pp. 5-22.
19. *O Estatuto dos Profissionais da Área da Cultura: regime novo ou* mise-en-scène*?*, Almedina, Coimbra, 2022 (318 pp.).
20. AAVV., *Código dos regimes contributivos do sistema previdencial de Segurança Social anotado e comentado*, Almedina, Coimbra, 2022 (anotação aos artigos 95.º e 96.º, 116.º a 120.º e 283.º e 283.º-A).
21. *Contrato de trabalho do jornalista*, Almedina, Coimbra, 2022 (216 pp.).
22. «A estipulação de cláusulas penais em contratos de representação desportiva», *Revista de Direito do Desporto*, 11 (2022), pp. 25-33.
23. «A estipulação de cláusulas de rescisão em contratos de formação desportiva», *Revista de Direito do Desporto*, 12 (2023), pp. 21-29.
24. «Os "prémios" por objetivos no regime do contrato de trabalho do praticante desportivo – nota ao acórdão de 26/10/2022 do Tribunal da Relação de Lisboa», *Revista de Direito do Desporto*, 14 (2023), pp. 40-50.

ABREVIATURAS UTILIZADAS

Ac. – Acórdão
AcD – Acórdãos Doutrinais do Supremo Tribunal Administrativo
ANTF – Associação Nacional de Treinadores de Futebol
BMJ – Boletim do Ministério da Justiça
BMT – Boletim do Ministério do Trabalho
BTE – Boletim do Trabalho e do Emprego
CCT – Convenção Coletiva de Trabalho
Cfr. – Confronte-se
Cit. – Obra Citada
CJ – Coletânea de Jurisprudência
CJ (STJ) – Coletânea de Jurisprudência do Supremo Tribunal de Justiça
CPC – Código de Processo Civil
CT03 – Código do Trabalho de 2003
CT09 – Código do Trabalho de 2009
ESC – Estudos Sociais e Corporativos
FAR – *Football Agent Regulation*
ID. – *Idem*
LPFP – Liga Portuguesa de Futebol Profissional
n. – nota de pé-de-página
n.º – número
p. – página
pp. – páginas
proc. nr. – processo n.º
RALPFP – Regulamento de Arbitragem da Liga Portuguesa de Futebol Profissional

RCLPFP – Regulamento de Competições da Liga Portuguesa de Futebol Profissional
RDLPFP – Regulamento Disciplinar da Liga Portuguesa de Futebol Profissional
RCTPD – Regime do Contrato de Trabalho do Praticante Desportivo
RECITJ – Regulamento do Estatuto, Categoria, Inscrição e Transferência de Jogadores
RETJ – Regulamento relativo ao Estatuto e Transferência de Jogadores da FIFA
RIJ – Regulamento de Intermediários de Jogadores da FIFA
s/ – sem
ss. – e seguintes
STA – Supremo Tribunal Administrativo
STJ – Supremo Tribunal de Justiça
TC – Tribunal Constitucional
TFUE – Tratado de Funcionamento da União Europeia
TJCE – Tribunal de Justiça das Comunidades Europeias
TJ – Tribunal de Justiça (União Europeia)
TRC – Tribunal da Relação de Coimbra
TRE – Tribunal da Relação de Évora
TRG – Tribunal da Relação de Guimarães
TRL – Tribunal da Relação de Lisboa
TRP – Tribunal da Relação do Porto
TTL – Tribunal do Trabalho de Lisboa
Vol. – Volume

FORMA DE CITAR

I. Em relação às monografias, e tratando-se da primeira citação, é indicado o nome do Autor, o título da obra em itálico, seguido da Editora, local de edição, ano, edição (se aplicável) e página(s) da referência ou citação. Nas citações seguintes, é indicado apenas o nome do Autor, seguido do título da obra citado abreviadamente e da indicação da(s) página(s).

Em relação à forma de citação abreviada, excetua-se o caso da obra *Contrato de trabalho desportivo anotado* de João Leal Amado pela seguinte razão: uma vez que o Autor lançou a anotação ao Decreto-Lei n.º 305/95, de 18 de novembro, bem como à Lei n.º 54/2017, de 14 de julho, a citação em forma abreviada das referidas obra não permite distinguir a que regime diz respeito. Considerando que são obras que citaremos frequentemente, à referência à obra segue-se, entre parêntesis retos, o ano a que respeita.

Assim, por exemplo:

João Leal Amado, *Contrato de trabalho desportivo*... [1995], cit., p. 83.
João Leal Amado, *Contrato de trabalho desportivo*... [2017], cit., p. 14.

II. Em relação às publicações periódicas, nos casos em que a Publicação segue uma numeração contínua é indicado, em primeiro lugar, o número da revista em algarismos seguido do ano entre parêntesis. Nos casos em que a Publicação reinicia a sua numeração em cada ano ou período, é indicado, em primeiro lugar, o ano da publicação, seguido do número da publicação, em numeração romana, referente a esse ano. A citação abreviada segue as regras referidas para as monografias.

Assim, a título de exemplo, respetivamente:

1. Telma Rocha, «A participação nas seleções nacionais — uma introdução», *Revista de Direito do Desporto*, 2 (2019), pp. 44-93.
2. Albino Mendes Baptista, «Cumprimento da obrigação retributiva, salários em atraso e o artigo 36.º do Contrato Colectivo de Trabalho dos Futebolistas», *O Direito*, 2008, IV, pp. 873-887.

III. Tratando-se de obra coletiva, segue-se a forma de citação aplicável às monografias, antecedido da indicação do Organizador / Coordenador da obra da referência a essa qualidade em parêntesis retos ("[Org.]" e "[Coord.]"). A citação abreviada segue as regras referidas para as monografias.

Assim, por exemplo:

André Dinis de Carvalho, «Assédio moral na relação laboral desportiva» in: Alexandre Miguel Mestre [Coord.], *Enciclopédia de Direito do Desporto*, Gestlegal, Coimbra, 2019, pp. 33-35.

IV. A jurisprudência nacional é citada indicando a data da decisão no formato dd/mm/aaaa, seguida da indicação do Tribunal, de acordo com as abreviaturas utilizadas, do nome do Relator, entre parêntesis, e da fonte do acórdão. Se for indicado apenas o n.º do processo deve considerar-se que a decisão é consultável no site www.dgsi.com. Caso a decisão seja consultável em mais do que uma fonte, são indicadas as várias fontes de forma sucessiva.

Assim, por exemplo:

1. Ac. de 11/09/2019 do STJ (Ferreira Pinto), proc. nr. 914/14.0TTLSB.L1.S1
2. Ac. de 25/03/2015 do STJ (Fernandes da Silva), CJ (STJ), 2015, I, pp. 266-268 / proc. nr. 4776/05.0TTLSB.L2.S1

PREFÁCIO

O jus laborista que entre no domínio do contrato de trabalho do praticante desportivo – um contrato de trabalho especial, quando não, estaríamos tentados a dizê-lo, especialíssimo – fá-lo sempre com algum espanto, quando não até com algum temor. Princípios seguros e consolidados do direito do trabalho, como o da liberdade de denúncia do contrato de trabalho pelo trabalhador desaparecem e outros, como o da própria liberdade de trabalho, sofrem fortes limitações. E se alguns dos escopos do direito do trabalho se mantêm – designadamente encontrar o difícil precário ponto de equilíbrio entre a tutela da pessoa que trabalha e da sua dignidade e os direitos do empregador e as exigências de uma organização produtiva, que normalmente lhe está associada, e em que se insere a prestação de trabalho, a verdade é que também nesta sede os compromissos possíveis são diversos e não podem deixar de espelhar a realidade de uma prestação destinada a ser "consumida" por um público apaixonado e ávido de novidades. Ao que acrescem as exigências de uma prestação em ambiente de alta competição, com a necessidade de uma grande capacidade física e mental e, em muitos desportos, de trabalho de equipa. Tudo questões com incidência sobre os direitos de personalidade dos trabalhadores desportivos e os seus limites. A temática do assédio, em um ambiente em que o conflito e o stress são inevitáveis e até certo ponto normais, não pode, por exemplo, deixar de conhecer respostas específicas. A brevidade da vida profissional útil – pelo menos no que respeita ao futebol e a outros desportos, mas não a todos – suscita também outras questões em matéria por exemplo de incapacidades. Longe da dimensão puramente bipolar (aliás, já no direito comum do trabalho, mais aparente que real, porque o contrato individual de trabalho parece ignorar aqueles que não são partes, mas não são verdadeiramente terceiros estranhos à relação laboral, os colegas de trabalho) o mundo do trabalho desportivo é povoado por outros sujeitos, como os agentes, sem os quais qualquer análise é redutora e até incorrecta. Acresce a importância da contratação colectiva, associada, paradoxalmente, a uma liberdade sindical negativa limitada e á relativa inadequação ou debilidade dos meios de ação colectivos tradicionais, bem como a fuga à justiça estatal, em nome da autonomia do ordenamento jurídico desportivo são outros tantos factores de singularidade.

O Autor desta monografia, o Mestre Victor Hugo Ventura move-se com mestria neste labirinto, inventariando estas e muitas outras questões que não só identifica, mas enfrenta, com profundidade, debatendo as soluções com a jurisprudência e a doutrina, sobretudo nacionais. Trata-se de um trabalho que, concorde-se ou não com as soluções propostas, será, na nossa opinião, uma referência incontornável na matéria e que procura dar jus à especialidade do contrato de trabalho do praticante desportivo, sem descurar a aplicação subsidiária das regras comuns do direito do trabalho sempre que a isso não se oponha a referida especialidade.

Júlio Manuel Vieira Gomes
Juiz Conselheiro do Supremo Tribunal de Justiça
Professor Associado da Escola de Direito no Porto
da Universidade Católica Portuguesa

ÍNDICE

§ 1. INTRODUÇÃO

§ 1.1. Razões da especialidade do trabalho desportivo

Bibliografia específica: Albino Mendes Baptista, «Especificidades do contrato de trabalho desportivo e pacto de opção» in: *Estudos sobre o Contrato de Trabalho Desportivo*, Coimbra Editora, Coimbra, 2006, pp. 15-67; André Dinis de Carvalho, *Da liberdade de circulação dos desportistas profissionais na União Europeia*, Coimbra Editora, Coimbra, 2004; António Nunes de Carvalho, «O art. 9.º do Código do Trabalho e a situação laboral dos treinadores desportivos», *Desporto & Direito*, 25 (2011), pp. 7-58; João Leal Amado, *Contrato de trabalho desportivo anotado — Decreto-Lei n.º 305/95, de 18 de Novembro*, Coimbra Editora, Coimbra, 1995; Id., «O contrato de trabalho do praticante desportivo (sumário)» in: *Estudos do Instituto de Direito do Trabalho*, Almedina, Volume I, Coimbra, 2001, pp. 471-475; Id., *Vinculação* versus *liberdade — o processo de constituição e extinção da relação laboral do praticante desportivo*, Coimbra Editora, Coimbra, 2002; Id., *Contrato de trabalho desportivo — Lei n.º 54/2017, de 14 de Julho anotada*, Almedina, Coimbra, 2017; João Zenha Martins, «O novo Código do Trabalho e os "contratos de trabalho com regime especial": pistas para o enquadramento do contrato de trabalho desportivo», *Revista do Ministério Público*, 95 (2003), pp. 31-71; Lúcio Correia, *Regime jurídico dos praticantes desportivos profissionais em Portugal e Espanha – especificidades*, Quid Iuris, Lisboa, 2022 (– *Especificidades de los regímenes jurídicos de los deportistas profesionales en Portugal y España*, BOE, Madrid, 2021);

O contrato de trabalho do praticante desportivo ocupa, hoje, seguramente, uma posição de cartaz ou de montra dentro da categoria das chamadas relações de trabalho especiais. Por isso, não deixa de causar perplexidade que, durante largo período, esta atividade tenha sido rejeitada como uma relação de trabalho subordinado e até, mais em profundidade, como atividade socialmente aceite e estimulada, tal como é hoje. Pode dizer-se que, durante muito tempo, os juristas viveram de costas voltadas para o Desporto. Mais do que uma reserva ou pesada desconfiança, a atividade desportiva, sobretudo se realizada profissionalmente, era encarada pelos juristas como fonte de promiscuidade e, por essa razão, rejeitada. Essa rejeição veio muitas vezes verbalizada num tom quase combativo e hostil, inclusivamente pelo legislador. Na motivação bem exemplificativa do Decreto n.º 32 946, de 3 de agosto de 1943, o legislador escrevia que "a beleza do desporto perde-se quando se converte num modo de vida"[1]. Para essa visão pessimista muito terá contribuído, entre outras razões, o ideal olímpico do amadorismo, cuja pureza[2] não se queria ver corrompida pela profissionalização — e consequente monetarização — do Desporto. Para João Leal Amado, o estado de coisas poderia ser descrito nos seguintes termos: "a relação entre o profissionalismo e o desporto seria análoga à que existe entre a prostituição e o amor"[3] e, portanto, o Desporto era basicamente encarado "como uma espécie de vírus social que convinha não propagar"[4].

[1] Já era disso sintomático o Decreto n.º 21 110, de 4 de abril de 1932, que aprovou o regulamento de educação física dos liceus. Vale a pena transcrever o seu preâmbulo: "quanto aos desportos e jogos desportivos, visto serem a antítese de toda a educação, o programa proíbe-os consequente e formalmente. Os desportos não são um meio de aperfeiçoamento individual, mas antes de deformação física, quantas vezes de perversão moral. Sob o ponto de vista moral e social, os desportos são de uma prática funesta, desvirtuando toda a obra educativa e consciente da formação...quanto é benéfica uma certa emulação, que serve de estímulo, tanto é maléfica a competição desportiva, a qual, despertando e fomentando um estado especial do espírito, exerce sobre ele uma tal influência, que chega a imprimir no carácter um mau cunho, a que nem mesmo aqueles a quem uma sã formação moral foi incutida conseguem escapar de todo, tanto o espírito maléfico que anima a competição desportiva é deletério".

[2] De um modelo tido como "bacteriologicamente puro" fala João Leal Amado, «Jogar futebol: um prazer que se paga ou que se faz pagar? (a propósito do Acórdão da Relação de Guimarães, de 6/12/2018)», *Revista de Direito do Desporto*, 4 (2020), pp. 35-47, p. 43.

[3] João Leal Amado, *Vinculação* versus *liberdade — o processo de constituição e extinção da relação laboral do praticante desportivo*, Coimbra Editora, Coimbra, 2002, p. 23.

[4] Lúcio Correia, *Limitações à liberdade contratual do praticante desportivo*, Livraria Petrony, Lisboa, 2008, p. 41. Mais recentemente, Lúcio Correia, *Regime jurídico dos praticantes desportivos profissionais em Portugal e Espanha – especificidades*, Quid Iuris, Lisboa, 2022 (= *Especificidades de los regímenes jurídicos de los deportistas profesionales en Portugal y España*, BOE, Madrid, 2021), p. 48, descreve o estado de coisas nestes termos: "o desporto ao serviço do homem e não o homem submetido ao profissionalismo".

O paradigma alterou-se radicalmente podendo agora dizer-se que, depois de uma relação de tempestade, seguiu-se a bonança entre o Desporto e o Direito[5], ainda que cumpra assinalar que esta foi "uma evolução lenta e arrastada, feita algo a contragosto"[6] e sem prejuízo da existência de pontos de fricção, tal como se verá mais adiante. Seja como for, "longe vão os tempos em que aquela que era uma actividade por vezes até considerada ridícula e pouco dignificante, transformou-se hoje numa actividade legalmente aceite e desejada"[7]. Por seu turno, também o Desporto já não prescinde dos juristas embora, como veremos, a eficácia do discurso jurídico nem sempre consiga vergar certas práticas instaladas no Desporto profissional. Portanto, e em síntese, da mesma maneira que "o desporto não pode passar despercebido do direito"[8], também "o Desporto não pode existir sem o Direito"[9].

[5] Para utilizar a expressão de Maria João Soares Ribeiro, «O regime jurídico do Desporto profissional» in: Glória Teixeira [Coord.], *Direito e Desporto — Estudos fiscais e de gestão*, Almedina, Coimbra, 2007, pp. 63-83, p. 69, o legislador "enamorou-se pelo Desporto". Em termos próximos, Lúcio Correia, *Regime jurídico dos praticantes desportivos profissionais*..., cit., p. 28, escreve que "as relações entre o Direito e o Desporto abandonam uma relação de mera ignorância recíproca, passando a ter uma estreita relação".

[6] João Zenha Martins, «A natureza jurídica de algum Direito do Desporto: reflexões sobre a diversidade de fontes e o sistema português», *Themis — Revista da Faculdade de Direito da Universidade Nova de Lisboa*, 28/29 (2015), pp. 73-123, p. 82, n. 53. De forma semelhante, Lúcio Correia, *Regime jurídico dos praticantes desportivos profissionais*..., cit., p. 47, fala de um "processo moroso e até oculto".

[7] Paulo Leite Gonçalves, «O direito de opção na prestação do desportista profissional» in: António Moreira [Coord.], *II Congresso de Direito do Desporto — Memórias*, Almedina, Coimbra, 2007, pp. 267-280, p. 269. Para Felipe Augusto Loschi Crisafulli, «A possibilidade de os clubes de futebol registarem jogadores fora das janelas de transferência: o que uma leitura mais atenta dos regulamentos revela», *Revista de Direito do Desporto*, 8 (2021), pp. 51-64, p. 52, não era possível continuar a ignorar a "penetração social" do Desporto. Até porque, como diz Patrícia Franco, «A cumplicidade na cessação do contrato de trabalho desportivo», *Revista de Direito do Desporto*, 1 (2019), pp. 39-88, p. 41, "o desporto é uma atividade que coexiste com a história da própria Humanidade". Também Natália Araújo dos Santos, *Impostos e futebol – as leis do jogo*, Almedina, Coimbra, 2023, p. 23, "o desporto, nomeadamente, enquanto subsistema desportivo em que o mesmo é encarado como uma profissão, carece de regulação que promova um bom funcionamento, quer das suas instituições desportivas, quer dos agentes desportivos que o compõem".

[8] Paulo Cardoso de Moura, «O desporto na ordem jurídica portuguesa», *Revista Jurídica da Universidade Portucalense Infante D. Henrique*, 3 (1999), pp. 149-196, p. 155.

[9] Paulo Leite Gonçalves, «O direito de opção na prestação...», cit., p. 267. Aliás, como escreve Diogo Freitas do Amaral, «Prefácio» in: Alexandre Miguel Mestre [Coord.], *Enciclopédia de Direito do Desporto*, Gestlegal, Coimbra, 2019, pp. 5-8, p. 5, "a organização e a atividade desportivas, ao contrário do que os leigos tendem a pensar, constituem uma das instituições e atividades humanas mais regulamentadas pelo Direito". Em termos próximos, Gil Martins Alves, «Um admirável mundo novo: estudo sobre o universo dos e-sports, a necessidade de implementação de estruturas

Para além das razões do foro social ou filosófico apontadas[10], que correspondem a um entendimento perimido e definitivamente ultrapassado[11], o repúdio do profissionalismo desportivo esteve também ligado a razões de política jurídica ou, se quisermos, de política legislativa, num conjunto de justificações que, segundo nos parece, ainda hoje exerce influência na análise de vários problemas ligados ao regime. Concretamente, pensava-se que trazer o praticante desportivo para o âmbito do Direito do Trabalho era deslocado pois "a particular posição de força contratual dos atletas profissionais tornava supérflua a extensão da tutela predisposta pelo ordenamento para a generalidade dos trabalhadores subordinados"[12].

Em abono da verdade, já não se discute se o praticante desportivo pode ser, ou não, sujeito de um contrato de trabalho[13], se o praticante desportivo

desportivas e a importância do Direito nesse processo», *Revista de Direito do Desporto*, 13 (2022), pp. 46-53, p. 53, escreve que "o Direito é conatural ao Desporto (...) o que implica que na edificação de um sistema desportivo exista necessariamente a adoção de estruturas e processos normativos".

[10] Como escreve João Zenha Martins, «Cronografia do contrato de trabalho desportivo» in: *Estudos de Direito do Trabalho em Homenagem ao Professor Doutor António Monteiro Fernandes*, Parte I, Nova Causa — Edições Jurídicas, 2017, pp. 659-685, p. 684, "o regime aplicável à relação laboral desportiva é informado por critérios que (...) espelham os seus contornos histórico-socialmente consolidados".

[11] Tiago Fernandes, «O contrato de trabalho do praticante desportivo e o dever de ocupação efetiva», *Revista de Direito do Desporto*, 11 (2022), pp. 55-70, p. 55, refere que "o contrato de trabalho do praticante desportivo apresenta-se como uma realidade jovem".

[12] Assim, Pietro Ichino, *Il Contrato di Lavoro I – Fonti e principi generali, autonomia individuale e collettiva, disciplina del mercato – tipo legali, decentramento produttivo, differenzizione dei trattamenti e inquadramento* in: Antonio Cicu / Frasncesco Messineo / Luigi Mengoni [Org.], *Trattato di Diritto Civile e Commercial*, vol. XXVII, T. II, Giuffrè Ed., Milano, 2000, pp. 348-360, p. 349.

[13] Como aponta Lúcio Correia, *Limitações à liberdade contratual...*, cit., p. 39, "a assunção de que um desportista profissional pode ser um trabalhador constitui uma tese pacífica e praticamente inquestionável". Também Pedro Romano Martinez, *Direito do Trabalho*, Almedina, 8.ª ed., Coimbra, 2017, p. 36, afirma que "é evidente que, por exemplo, os futebolistas profissionais prestam a sua actividade no âmbito de um contrato de trabalho. Desde que o desporto seja encarado como actividade profissional há contrato de trabalho". No mesmo sentido, André Dinis de Carvalho, *Da liberdade de circulação dos desportistas profissionais na União Europeia*, Coimbra Editora, Coimbra, 2004, p. 60: "a relação existente entre o desportista assalariado e o clube/sociedade desportiva é uma relação jurídico-laboral". Mais recentemente, João Zenha Martins, «Contrato de trabalho desportivo e (in)admissibilidade de cláusulas anti rivais», *Revista da Ordem dos Advogados*, 2021, I-II, pp. 85-117 (= AAVV. [Org.], *Estudos em homenagem à Professora Doutora Maria Helena Brito*, Gestlegal, Coimbra, 2022, pp. 369-408), p. 87, escreve que "a pessoalidade que inere à disposição da energia laborativa colocada na execução da prestação por parte de um atleta encontra-se, para todos os efeitos, compreendida no halo do Direito do trabalho". Também João Leal Amado, «Barcelona e Dembélé: *we'll make him an offer he can't refuse*», *Revista de Direito do Desporto*, 11 (2022), pp. 15-24, p. 15, fala numa "aceitação, sem dúvidas ou reservas, de que os jogadores profissionais de futebol

deve ser, ou não, chamado ao âmbito subjetivo de aplicação do Direito do Trabalho[14]. Efetivamente, e embora se possa dizer que, de certa forma, eles se divertem na prática da atividade[15], os desportistas profissionais, sobretudo

são trabalhadores". SÉRGIO PIRES BRÁS, «O bom, o mau e o vilão: considerações (breves) a propósito da tutela do clube empregador nas situações de denúncia do contrato de trabalho desportivo por parte do jogador profissional de futebol», *Revista de Direito do Desporto*, 11 (2022), pp. 42-54, p. 42, fala de "duas realidades [que] são hoje indiscutíveis: a sua natureza laboral e as diversas especificidades que a enformam". No mesmo sentido, LÚCIO CORREIA, *Regime jurídico dos praticantes desportivos profissionais...*, cit., p. 44, escreve que "a assunção de que um desportista profissional pode ser um trabalhador constitui uma tese pacífica e praticamente inquestionável na Península Ibérica". A este propósito, vale a pena transcrever, com interesse histórico, a opinião de ARNALDO CONSTANTINO FERNANDES, «Responsabilidade civil e responsabilidade criminal em matéria de desporto», *Revista da Ordem dos Advogados*, 1945, I-II, pp. 197-217, pp. 211 e ss.: "o desportista, mesmo ligado por um compromisso desportivo tácito ou expresso (os compromissos formais são hoje proibidos), não está vinculado por um contrato de trabalho, porque nem o desporto é trabalho em sentido económico, nem a associação desportiva exerce uma actividade produtora de valores comerciais ou industriais, mesmo que se entenda, neste caso, que o desportista obedece à direcção da associação desportiva e esta goza da independência no mando, requesitos êstes que se encontram num contrato de trabalho. O desporto, encarado embora, na função social e educativa, não perde a índole de entretenimento livre ou de recreio, ao passo que o trabalho é uma obrigação de utilidade económica indispensável (art. 21.º do Estatuto do Trabalho Nacional). É verdade que há quem ganhe exclusivamente a sua vida fazendo desporto, mas a natureza desta actividade não pode assimilar-se à do trabalho. Uma coisa é a expressão económica de uma actividade, outra coisa é o mero interêsse de um esfôrço com diferente objectivo. Aqui nasce a diferença entre o produtor de utilidades e o artista criador de emoção, perigo e beleza, ou a do simple desportista que se valoriza pela educação. O profissionalismo, em desporto, teve origem na necessidade de guardar os melhores valores individuais para benefício de determinado clube, facilitando-lhe a conquista de títulos e maior popularidade, ou, como dizem alguns, para o progresso da modalidade. Se dêste facto resulta um benefício que se traduz num aumento receitas, não pode dizer-se que tal benefício caracterize um produto de trabalho ou resulte da prestação de um serviço, pois é mero favor de circunstância de natureza diversa. Além do mais, o profissional do desporto goza de independência técnica sem subordinação á entidade organizadora de um espectáculo desportivo, a não ser a da observância às normas da modalidade. Se encararmos, porém, o desporto, como meio de acção essencialmente educativa sem objecto de interêsse pecuniário para o desportista ou para o clube que aplica as receitas no melhoramento dos elementos daquela acção, mostra-se nítida a diferença entre o desporto e o trabalho. O desporto não é assim um serviço, utilizável pelo organizador das competições desportivas".

[14] Como se lê no ac. de 01/06/2017 do TRG (VERA SOTTOMAYOR), proc. nr. 973/13.3TTGMR.G1 / CJ, 2017, III, p. 382 (sumário), "o contrato de trabalho do praticante desportivo constitui uma espécie própria do vínculo laboral".

[15] FRANCISCO RUBIO SÁNCHEZ / EMILIO GARCÍA SILVERO / JOSÉ MARÍA GONZÁLEZ DEL RIO, «La relación laboral especial de los deportistas profesionales» in: *El contrato de Trabajo II Relaciones Laborales Especiales y Contratos con Particularidades*, Aranzadi, Pamplona, 2011, pp. 227-278, p. 233.

depois da hiperprofissionalização que se iniciou nos anos 90[16], exercem a sua profissão sob a disciplina de organizações desportivas (vulgo, clubes) estando sujeitos a ciclos quase espartanos (preparação-competição-recuperação), "nos limites da capacidade do ser humano"[17], o que, sem qualquer margem para hesitações, propicia a subordinação jurídica.

O debate é, hoje, recolocado em moldes diferentes. Numa tese que é defendida por certa doutrina, e fruto daquilo que essa mesma doutrina chama de "circunstâncias contratuais", seria preciso distinguir, hoje, o poder ou estatuto negocial de um desportista chorudamente remunerado — trabalhadores que, como alguém já disse, "dominam o contrato"[18] —, do "peso de lã" do comum trabalhador de salário quinhentista[19]. Fundamentalmente, os pratos

[16] Lúcio Correia, *Regime jurídico dos praticantes desportivos profissionais...*, cit., p. 47, fala no "imparável processo de profissionalização da prática desportiva".

[17] Para utilizar a expressão da Proposta de Lei n.º 43/XI, relativa à revisão do sistema dos acidentes de trabalho dos praticantes desportivos.

[18] Albino Mendes Baptista, «Especificidades do contrato de trabalho desportivo e pacto de opção» in: *Estudos sobre o contrato de trabalho desportivo*, Coimbra Editora, Coimbra, 2006, pp. 15-67, p. 53. Transcrevendo a passagem global, entende o Autor que "pelo menos em relação aos praticantes desportivos de alto nível essa liberdade é bem expressiva, manifesta-se por um acompanhamento atento e vigilante de empresários desportivos, nos termos expostos, ao ponto de se poder dizer, sem receio de exagero, que dominam o contrato ou, no mínimo, se encontram numa situação de clara igualdade contratual". Em termos próximos, Lúcio Correia, *Regime jurídico dos praticantes desportivos profissionais...*, cit., p. 216: "será que na relação laboral desportiva que os referidos atletas/trabalhadores mantêm nos seus clubes, poderão ser considerados como carentes de tutela jurídica ou como uma liberdade contratual comprimida? Julgamos que não". Com a mesma ideia, João Caupers, *Os Direitos Fundamentais dos trabalhadores e a Constituição*, Almedina, Lisboa, 1985, p. 173, diz que "não se pode dizer que a relação individual de trabalho seja *sempre* uma relação desigual favorável à parte patronal: factores ocasionais podem mesmo inverter a situação, quer por circunstâncias decorrentes de especiais condições de certas zonas do mercado de trabalho (...) quer pela especificidade das exigências da função – o que acontece, por exemplo, com os grandes jogadores do futebol profissional" (itálico do Autor). No mesmo sentido, cfr. Lúcio Correia, *Limitações à liberdade contratual...*, cit., p. 199 e Maria Francisca Schubeius de Landerset Gomes, «Enquadramento jurídico-tributário das cláusulas de rescisão dos contratos de trabalho dos jogadores de futebol» in: António Monteiro Fernandes [Coord.], *Estudos de Direito do Trabalho – Colectânea de Dissertações em Direito das Empresas*, Chiado Editora, 2017, sem paginação (*ebook*). No contexto da arbitragem, Dário Moura Vicente, «Arbitragem de conflitos individuais de trabalho» in: *Estudos do Instituto de Direito do Trabalho*, Instituto de Direito do Trabalho (IDT), Volume VI, Almedina, Coimbra, 2012, pp. 33-48, p. 41.

[19] João Leal Amado, «Ainda sobre as cláusulas de opção e de rescisão no contrato de trabalho desportivo» in: *Temas Laborais — 2*, Coimbra Editora, Coimbra, 2007, pp. 153-233, p. 190, repudia esta tese e não deixa de afirmar que "dizer que os praticantes desportivos «dominam o contrato» ou, no mínimo, estão numa situação de «clara igualdade contratual» é tão mistificatório como o seria defender que o poder negocial do praticante desportivo é idêntico ao de um vulgar trabalhador

da balança ou a relação de forças neste contrato de trabalho são bem distintos do jogo de forças que serve de ponto de partida para a construção do paradigma da relação laboral típica. De facto, há quem defenda que a premissa que lança as bases dogmáticas do Direito do Trabalho — a inferioridade do prestador da atividade — não encontra prolongamento no contrato de trabalho do praticante desportivo.

Por várias razões. Desde logo, sendo sabido que a subordinação jurídica é uma noção que se divorciou definitivamente da noção de subordinação económica, a verdade é que alguns praticantes desportivos auferem remunerações que permitem afastar a situação de dependência que, normalmente, está associada aos trabalhadores subordinados[20]. Por outro lado, os atletas têm, fruto do seu contexto, "uma maior capacidade de combate"[21]: eles são, em regra, trabalhadores informados e tecnicamente assessorados[22] e têm ao seu dispor meios para "medir forças" com a sua entidade empregadora que

(operário têxtil, empregador de escritório, bancário, etc.). É óbvio que o praticante desportivo tem um poder negocial acentuadamente superior ao do trabalhador médio, mas a sua relação com a entidade empregadora nem por isso deixa de ser marcadamente assimétrica". Ainda que o senso comum julgue o contrário, a verdade é que, como frisa Miguel Angél Limón Luque, «La dimisión del deportista profesional y la indemnización en favor de a entidade deportiva», *Revista Española de Derecho del Trabajo*, 101 (2000), pp. 203-223, p. 214, essa elite representa apenas "a ponta do icebergue" e não pode ser vista como uma amostragem do universo dos desportistas até porque a condição negocial varia ainda em função do desporto concretamente em causa.

[20] Nas palavras de André Dinis de Carvalho, *Da liberdade de circulação dos desportistas...*, cit., p. 253, "valores que roçam a imoralidade". João Zenha Martins, «Os futebolistas profissionais e as cláusulas de rescisão» in: *Estudos dedicados ao Professor Doutor Bernardo da Gama Lobo Xavier*, Universidade Católica Editora, Volume II, Lisboa, 2015, pp. 239-271, p. 247, afirma que o trabalho desportivo se caracteriza, *inter alia*, por uma "esquadria retributiva inusitada". Por sua vez, Albino Mendes Baptista, «Cumprimento da obrigação retributiva, salários em atraso e o artigo 36.º do Contrato Colectivo de Trabalho dos Futebolistas», *O Direito*, 2008, IV, pp. 873-887, p. 876, refere que "há praticantes desportivos cujas retribuições ultrapassam as auferidas por gestores e administradores de empresas ou mesmo o lucro de muitos empresários (...) é bom que não se esqueça que há praticantes desportivos que num mês ganham mais do que um trabalhador comum em toda a sua vida profissional". Veja-se, ainda, o que se escreveu no ac. de 26/02/1985 do TRL (Valente da Silva), CJ, 1985, I, pp. 172-173, onde a determinada altura se diz que "os jogadores profissionais de futebol prestam a sua actividade sob as ordens e direcção e fiscalização dos respectivos clubes, mediante fabulosas retribuições" (!).

[21] Tiago Fernandes, «O contrato de trabalho do praticante desportivo...», cit., p. 65.

[22] Como observa João Zenha Martins, «A vinculação laboral desportiva e os pactos de opção» in: *Liberdade e Compromisso: Estudos dedicados ao Professor Mário Fernando de Campos Pinto*, Universidade Católica Editora, Volume II, Lisboa, 2009, pp. 321-377, p. 345, "o praticante desportivo é uma pessoa capaz, convenientemente assistida por especialistas". No mesmo sentido, Sérgio Pires Brás, «O bom, o mau e o vilão...», cit., p. 52.

são inacessíveis ao trabalhador comum[23]. Efetivamente, a mediatização do Desporto[24] permite ao praticante desportivo travar os seus diferendos laborais no tabuleiro de xadrez dos *media* ou das redes sociais, o que muitas vezes lhe granjeia mesmo a posição dominante do contrato de trabalho. Tudo somado, conclui-se que a relação laboral desportiva é "um modelo laboral manifestamente inabsorvível pelo modelo típico de trabalho, travejado pelo pilar do princípio *pro operário*"[25], daí que "aplicar todo o ordenamento jurídico-laboral comum, num pressuposto da sua natureza de Ordem Pública, é revelar incompreensão grave das especificidades da relação laboral desportiva"[26].

Ao lançar estas premissas, os Autores advogam a recuperação ou revigoramento da liberdade contratual no Direito Desportivo, pelo menos numa escala (bem) superior àquela que é reconhecida no Direito do Trabalho

[23] Para alguns Autores, o desfasamento entre a relação laboral típica e a relação de trabalho desportivo revela-se, ainda, na composição de interesses dos sujeitos da relação jurídica, pois a relação laboral desportiva não traduz aquele palco de conflito que está na base da relação laboral típica. Na relação laboral desportiva existiria, mais do que em qualquer outra relação de trabalho, uma relação de convergência de interesses. Assim, Luís Paulo Relógio, «Cláusulas de rescisão — sua natureza» in: *Iº Congresso Internacional sobre o Regime Jurídico do Contrato de Trabalho Desportivo*, Vida Económica, Porto, 2018, pp. 161-175, p. 170. No mesmo sentido, falando de uma "função conciliatória", João Zenha Martins, «A vinculação laboral desportiva...», cit., p. 334. Nas palavras de Giuseppina Pensabene Lionti, «La relación laboral del deportista profesional en el ordenamiento italiano», *Revista Aranzadi de Derecho del Deporte y Entretenimiento*, 45 (2014), pp. 111-144, p. 113, pode dizer-se que "o sinalagma da relação de trabalho desportivo é complexo como complexa é, por consequência, a ordenação dos interesses (inclusivamente de carácter económico) das partes".

[24] Simão Mendes de Sousa, «O direito fundamental ao desporto e a sua concretização pelos municípios» in: Alexandre Miguel Mestre [Coord.], *Compêndio de Direito do Desporto*, Gestlegal, Coimbra, 2021, pp. 44-74, p. 44, escreve que "o fenómeno desportivo no nosso país é, provavelmente, o fenómeno social de maior relevo".

[25] João Zenha Martins, «A inscrição do montante da retribuição no contrato de trabalho desportivo e a sua fixação judicial», *Sub Judice — Justiça e Sociedade*, 27 (2004), pp. 99-116, p. 108. Noutro local, o mesmo Autor, «A vinculação laboral desportiva...», cit., p. 332, referindo-se aos pactos de opção, fala de uma incompatibilidade com "um pretenso aparato de protecção, misticamente desentranhado da função tutelar do Direito do Trabalho". Sobre estas questões, para outro desenvolvimento, ver o estudo do Autor, João Zenha Martins, «O novo Código do Trabalho e os "contratos de trabalho com regime especial": pistas para o enquadramento do contrato de trabalho desportivo», *Revista do Ministério Público*, 95 (2003), pp. 31-71. Emilia Calabrò, «Tre questioni in tema de lavoro sportivo», *Nuova Giurisprudenza Civile Comentata*, 1992, I, pp. 859-861, p. 859, diz que o legislador pensou "um regime de tutela que abandona a tradicional perspetiva do *favor laboratoris* para realizar uma mais modesta função de disciplina das relações interpessoais que se desenvolvem no mundo desportivo".

[26] Albino Mendes Baptista, «O pacto de preferência na relação laboral desportiva», *Minerva — Revista de Estudos Laborais*, 9 (2006), pp. 21-50 (= *Temas de Direito do Trabalho e de Direito Processual do Trabalho*, Livraria Petrony, Lisboa, 2008, pp. 191-224), pp. 28-29.

comum que, como se sabe, olha com desconfiança para o princípio da liberdade contratual. Dito de outra forma, faria todo o sentido, neste contexto, uma maior abertura ao poder contratual das partes como forma de acomodação das soluções legais à realidade desportiva[27].

E, verdade seja dita, essa aspiração veio mesmo a ter ressonância no espírito dos primeiros regimes legais reguladores do contrato de trabalho do praticante desportivo. Concretamente, o Decreto-Lei n.º 305/95, de 18 de novembro, o primeiro diploma legal regulador do contrato de trabalho do praticante desportivo, sugeria, no seu preâmbulo, que "a disciplina legal do contrato de trabalho dos praticantes desportivos não carece de ser exaustiva, aqui se justificando, de modo muito especial, quer o *recurso à via contratual*, quer o reconhecimento de formas diversas de auto-regulamentação da actividade desportiva, em particular através de convenções colectivas de trabalho". Como veremos, mesmo na falta de reconhecimento expresso do legislador, a valorização da liberdade contratual vai ter um peso decisivo para reconhecer a validade de alguns institutos que, à primeira vista, contrariariam a lei. Foi o que aconteceu, nomeadamente, com as chamadas "cláusulas de rescisão" ou com os pactos de opção[28].

Se existe algum fundo de verdade nestas premissas, também cumpre dizer que esta linha de pensamento corre o risco, ou comete mesmo o erro, de tomar a parte pelo todo. Se é verdade que existe uma elite, naipe ou nata de atletas que goza de um estatuto negocial com paralelo apenas no mundo das artes e do espetáculo (mundos que, como iremos ver adiante, são por vezes difíceis de apartar do fenómeno do Desporto), com uma qualidade de vida quase jacíntica, também é necessário ter presente que esse nicho de desportistas não corresponde à imagem real desta classe profissional. Nesta "seara

[27] João Zenha Martins, «A vinculação laboral desportiva...», cit., p. 339, refere que o princípio da liberdade contratual tem uma "importância capital no contexto global do RCTD [Regime do Contrato de Trabalho Desportivo]". Mais à frente, p. 347, escreve o Autor que "não se perceberia (...) se a actividade do praticante fosse aclimatada a um quadro contratual pétreo e fixista, inadaptável à situação económica dos clubes desportivos e, mais vastamente, às demandas da competição".

[28] Lúcio Correia, «Algumas reflexões sobre o caso Bueno/Rodriguez — um caso de "rebeldia" à liberdade de trabalho do praticante desportivo», *Desporto & Direito*, 12 (2007), pp. 419-439, p. 439: "todos os mecanismos jurídicos (nomeadamente os regulamentos das Federações nacionais, os pactos de opção, os pactos de preferência e as cláusulas de rescisão convencionalmente acordadas entre clubes e jogadores) que possam colidir com aquela liberdade laboral específica, carecem de uma análise concreta e minuciosa e da verificação *in concreto* e não *a priori* se no momento da sua verificação estamos, ou não, perante a supressão da específica e capital liberdade contratual e de trabalho do praticante desportivo".

desportiva"[29] e para utilizar linguagem popular, também há pardais no meio dos falcões[30] e, se assim se pode dizer, os holofotes do espaço desportivo não devem toldar o discernimento ao ponto de fazer tomar a nuvem por Juno. Aliás, estamos em crer que esta visão idílica é ainda sintomática de um efeito de monopólio que é exercido pelo futebol profissional. Esta melodia parece reveladora, de facto, de que a literatura jurídica, como também o próprio legislador, tem muitas vezes em mente apenas o futebolista profissional[31] pois, salvo raríssimos casos, e pelo menos entre nós, só no futebol profissional é que os atletas — e só alguns — atingem esse estrelato. De certa forma, também no domínio do jurídico o futebol exerce aquela influência que faz dele o chamado desporto-rei.

Fechado este ponto, por que razão se pode dizer que o contrato de trabalho do praticante desportivo é uma relação especial de trabalho[32]?

[29] A expressão é de Felipe Augusto Loschi Crisafulli, «A possibilidade de os clubes de futebol...», cit., p. 61.

[30] Como observa André Dinis de Carvalho, *Da liberdade de circulação dos desportistas...*, cit., p. 57, "será necessário, primeiramente, distinguir claramente entre os contratos subscritos pelas chamadas "estrelas" e os restantes futebolistas, sendo os primeiros em percentagem ínfima relativamente aos segundos. É que a heterogeneidade é tal, nestes contratos, e a sua regulação contratual tão diferente, que não nos sobra espaço para aquilatarmos da relação contratual de uma hipotética "classe média" do futebol". Como se lê no preâmbulo do Decreto-lei n.º 300/89, de 4 de Setembro, que reformulou o regime contributivo aplicável às entidades empregadoras de jogadores profissionais de futebol abrangidos pelo regime geral de segurança social, "importa ter em consideração que não são homogéneas nem apresentam a mesma amplitude as características do exercício de cada uma das actividades do desporto profissional, o que implica a correcta definição das diversas condições de enquadramento de cada uma das referidas actividades".

[31] João Leal Amado, *Contrato de trabalho desportivo anotado — Decreto-Lei n.º 305/95, de 18 de Novembro*, Coimbra Editora, Coimbra, 1995, p. 14: "este diploma aplica-se às relações emergentes do contrato de trabalho dos praticantes desportivos, qualquer que seja a modalidade praticada. Não haja, porém, ilusões! Destinatários primeiros desta lei são, sem dúvida, os futebolistas". Forçando a nota, para isso também contribui o facto de, entre nós, os futebolistas profissionais contarem com uma CCT aplicável aos seus contratos de trabalho, ao contrário do que acontece em Espanha onde, segundo informação colhida a partir do estudo de Alberto Arufe Varela, «Reflexiones acerca de la estructura de la negociación colectiva en el ámbito del deporte profesional» in: *Trabajo y Libertades Públicas*, La Ley, Madrid, 1999, pp. 147-154, o ciclismo, o andebol e o basquetebol também têm regulamentação coletiva.

[32] Alexandre Baptista Coelho, «O contrato de trabalho desportivo» in: José Manuel Meirim [Coord.], *O desporto que os tribunais praticam*, Coimbra Editora, Coimbra, 2014, pp. 247-268, p. 247, afirma que foi porventura na área laboral onde o fenómeno desportivo ganhou mais especificidade e de forma mais marcante. Nas palavras de Ricardo Grilo, «As cláusulas "anti rival" e a sua adequação ao ordenamento jurídico-laboral (em especial no contexto desportivo)», *Revista de Direito do Desporto*, 1 (2019), pp. 101-108, p. 107, "o desporto é de facto um universo ímpar, também do

Por que razão se pode dizer, como diz LÚCIO CORREIA, que a especificidade do contrato de trabalho do praticante desportivo é um "dado universalmente aceite"[33] ou que "a especificidade do futebol profissional é irrecusável"[34]? Quais as linhas que a orientam?

É assumido que a principal aspiração do regime é conseguir a articulação possível da vertente laboral e desportiva do fenómeno[35]. Nas palavras contagiantes de JOÃO LEAL AMADO, "o regime jurídico do contrato de trabalho desportivo é o ponto mágico em que o Direito, o Desporto e o Trabalho se encontram"[36]. Nós diríamos que falta acrescentar o vértice da vertente económica para ter a imagem completa das linhas gerais que orquestram o regime. Vamos mesmo mais longe — cometendo mesmo um certo atrevimento — pois estamos em crer que o regime do contrato de trabalho do praticante desportivo parece cada vez mais assentar numa espécie de pacto leonino onde os fatores de ordem desportiva e económica dominam um regime que se queria laboral, ou seja, um regime pensado à volta do fenómeno do trabalho

ponto de vista jurídico". Também JOANA SÁ PEREIRA, «A demissão com justa causa do praticante desportivo – o caso dos jogadores da equipa de futebol do Sporting Clube de Portugal», *Revista de Direito do Desporto*, 3 (2019), pp. 53-76, p. 75, escreve que "a relação laboral desportiva é única no direito do trabalho". Em termos próximos, LÚCIO CORREIA, «Comentário ao acórdão da Comissão Arbitral Paritária – processo n.º 48-CAP/2007», Desporto *& Direito*, 15 (2008), pp. 491-518, p. 507, fala de uma "relação laboral sem paralelo".

33 Nas palavras enfáticas de LÚCIO CORREIA, «O despedimento coletivo na relação laboral do praticante desportivo profissional – especificidade ou desadequação do regime jurídico português?» in: ALEXANDRE MIGUEL MESTRE [Coord.], *Compêndio de Direito do Desporto*, Gestlegal, Coimbra, 2021, pp. 362-398, pp. 362-363. Em termos próximos, FRANCISCO PÉREZ AMORÓS, «O assédio psíquico laboral dos futebolistas profissionais», *Desporto & Direito*, 8 (2006), pp. 277-287, p. 280, depois de afirmar a laboralidade da relação de trabalho como um ponto consensual, escreve que "com a mesma unanimidade se reconhece também que essa relação laboral é de carácter especial".

34 JOÃO LEAL AMADO, «Comentário ao acórdão do Tribunal de Justiça (grande secção) de 16 de Março de 2010», *Desporto & Direito*, 20 (2010), pp. 247-262, p. 261.

35 JOÃO LEAL AMADO, «Contrato de trabalho desportivo» in: ALEXANDRE MIGUEL MESTRE [Coord.], *Enciclopédia de Direito do Desporto*, Gestlegal, Coimbra, 2019, pp. 118-119, fala aqui de um "contrato bifronte".

36 JOÃO LEAL AMADO, *Contrato de trabalho desportivo — Lei n.º 54/2017, de 14 de Julho anotada*, Almedina, Coimbra, 2017, p. 8 (prefácio). Como também diz, noutro local, JOÃO LEAL AMADO, «Jogar futebol...», cit., p. 42, o Direito do Desporto profissional é uma espécie de "placa de interface entre trabalho e desporto". Em termos próximos, MARIA DO ROSÁRIO PALMA RAMALHO, *Tratado de Direito do Trabalho*, Parte IV – *Contratos e regimes especiais*, Almedina, Coimbra, 2019, p. 441, diz que "o contrato de trabalho desportivo está situado na fronteira entre o Direito do Trabalho e o Direito do Desporto e, por isso mesmo, numa permanente dialéctica entre a lógica da tutela dos trabalhadores e a lógica da competição desportiva e dos inerentes interesses económicos e sociais".

subordinado e que, por isso, na pureza dos princípios, deveria surgir inspirado pelos valores estruturais do Direito do Trabalho.

Constata-se que o regime do contrato de trabalho do praticante desportivo tem sido dominado por fortes pressões movidas pelos interesses de mercado e *lobbies* financeiros[37]. Percebe-se, concretamente, que são estes fatores que ditam o rumo dos acontecimentos — que ditam, não resistimos dizê-lo, a modelação e interpretação das normas jurídicas[38]. A imagem do Desporto pelo Desporto tornou-se hoje, infelizmente, pouco viável ou mesmo pueril. O importante já não é (apenas) participar, como outrora. Hoje, o lema é vencer e (com isso) lucrar[39]. Como muito certeiramente observa João Leal Amado, paulatinamente "o elemento económico vai ocupando o lugar do elemento desportivo"[40] dando-se aquilo que o mesmo Autor descreve como "o consumadíssimo casamento entre desporto e capitalismo"[41]. Este estado de coisas é mesmo assumido por todos: "capitalismo desportivo? Sem dúvida, e ao mais alto nível"[42]. Toda esta realidade vem mesmo ornamentada por uma "crua terminologia bolsístico-financeira"[43] (fala-se despudoradamente da venda ou empréstimos de jogadores, do atleta como "ativo patrimonial"[44]

[37] Como diz Maria João Soares Ribeiro, «O regime jurídico do Desporto...», cit., p. 82, "o desporto profissional é a galinha de ovos de ouro do espectáculo desportivo".

[38] Também João Leal Amado, «Rafael Leão, Sporting e TAD: as lições de um caso *sui generis*», *Questões Laborais*, 57 (2020), pp. 295-311, p. 298, fala das "implicações do capitalismo desportivo no regime jurídico do contrato de trabalho dos praticantes".

[39] Nas palavras de José Joaquim Gomes Canotilho, «Internormatividade desportiva e homo sportivus» in: *Direito do Desporto Profissional – Contributos de um Curso de Pós-Graduação*, Almedina, Coimbra, 2011, pp. 7-25, p. 19, o dinheiro atirou o Desporto "para um lugar pouco definido entre o *mercado* e o *Estado*" (itálico do Autor). O Autor acrescenta: "o lugar do direito do desporto é determinado pela economia do desporto".

[40] João Leal Amado, «Sobre as sociedades desportivas e as «indemnizações de transferência»», *Questões Laborais*, 11 (1998), pp. 65-72, p. 72.

[41] João Leal Amado, «Os "fundos de jogadores": um breve olhar juslaboral» in: *Temas Laborais*, Coimbra Editora, Coimbra, 2005, pp. 181-189, p. 183. O Autor fala também da "osmose quase perfeita entre a lógica desportiva da competição e a lógica mercantil do lucro" (p. 182, n. 5).

[42] João Leal Amado / Daniel Lorenz, «Os chamados «direitos económicos»: o praticante desportivo feito mercadoria?», *Desporto & Direito*, 29 (2013), pp. 189-200, p. 198. Dos mesmos Autores, João Leal Amado / Daniel Lorenz, «Os "direitos económicos de terceiros" sobre os atletas profissionais: mitos, luzes e sombras», *Revista da Faculdade de Direito da Universidade Lusófona do Porto*, 5 (2014), pp. 46-63.

[43] João Leal Amado, *Vinculação* versus *liberdade*..., cit., p. 240.

[44] Criticando esta linguagem, José Carlos Vieira de Andrade, «Os direitos fundamentais e o Direito do Desporto» in: *II Congresso de Direito do Desporto — Memórias*, Almedina, Coimbra, 2007, pp. 23-41, p. 33.

ou do seu "valor contabilístico"[45]) que se tornou, de certa forma, uma maquilhagem linguística ou "estratégia de comunicação" legitimadora de um certo estado de coisas.

Isto sucede porque o Desporto vive orquestrado nos bastidores pela batuta de interesses de terceiros cuja identidade é, muitas vezes, desconhecida do comum dos adeptos minando a genuinidade do Desporto e até, como veremos, certos princípios fundamentais do Direito. Estamos a pensar, claro, nos empresários desportivos, os quais aparecem aos olhos do grande público como uma figura parasitária ou "cancro" do desporto moderno[46] (João Leal Amado não hesita em compará-los a "sanguessugas do espetáculo desportivo"[47]) bem como nos fenómenos de investimento que surgiram fulgurantemente no teatro desportivo com uma propagação quase eucaliptal[48] e que transformam os clubes desportivos em clubes-empresa[49].

Tudo somado, o mundo desportivo é dominado ainda por uma certa anomia ou falta de consciência quanto à penetração do Direito no Desporto. Ainda se assiste que "as pessoas que fazem parte do mundo desportivo ficam normalmente surpreendidas quando se lhes sugere que a Lei lhes pode ser aplicável"[50] vendo até a intervenção do Direito e dos juristas como um embaraço, anátema ou praga infrene[51]. O Desporto é o exemplo acabado de que

[45] Ana Brilha, «O doping como quebra contratual: uma primeira leitura», *Desporto & Direito*, 14 (2008), pp. 299-326, p. 324.

[46] Citando Lúcio Correia, «O praticante desportivo profissional e o empresário desportivo na nova lei de bases da actividade física e do desporto», *Desporto & Direito*, 11 (2007), pp. 273-283, p. 283, "o mercado laboral desportivo revela-se não poucas vezes como um espaço tão agitado e conturbado, consoante as maiores ou menores intervenções que o empresário desportivo efectua, no sentido de o sobreaquecer ou arrefecer, em conformidade com os seus interesses no palco da negociação contratual, sob a perspectiva de obtenção de uma comissão legal pela sua actuação".

[47] João Leal Amado, *Contrato de trabalho desportivo...* [2017], cit., p. 184.

[48] Nas palavras de Alberto Melo Filho, «Prefácio» in: *Direito Desportivo — Tributo a Marcílio Krieger*, Quartier Latin, São Paulo, 2009, pp. 9-15, p. 11, "alguns clubes passaram a ser «alugados», sucateados e administrados por empresas, fundos de investimentos e/ou especuladores". Ainda sobre o impacto de terceiros na "governança desportiva", ver o estudo de Francisco L. S. Verdelho, «A versão actual da regra alemã 50+1: o "Santo Graal" no equilíbrio entre a protecção dos sócios e o investimento externo nos clubes de futebol», *Revista de Direito do Desporto*, 9 (2021), pp. 88-103.

[49] Álvaro Melo Filho, «SADs e clubes-empresa: distorções jus-desportivas», *Desporto & Direito*, 19 (2009), pp. 63-69.

[50] André Dinis de Carvalho, *Da liberdade de circulação dos desportistas...*, cit., p. 37, n. 35 (início na p. 32).

[51] Ao ponto de já se ter dito e escrito que as decisões do TAD (Tribunal Arbitral do Desporto) são encaradas como "bulas ou excomunhões, ao estilo medieval" (Albino Mendes Baptista, «Para uma leitura serena e atenta do "Caso Webster"», *Revista de Direito e de Estudos Sociais*, 2009, I-II,

a normatividade jurídica nem sempre consegue tomar posição[52] ou vergar certas práticas instaladas[53], sobretudo quando elas estão fortemente sedimentadas no *establishment* desportivo[54]. Muitas práticas ocorrem à revelia do Direito[55] (o exemplo das "cláusulas de rescisão" foi talvez, durante muito tempo, a melhor ilustração disso mesmo) e quando a contrariedade ao Direito não é desconhecida, são rapidamente forjados os mais requintados expedientes para fintar a lei (ou, pelo menos, a sua letra)[56]. A dimensão laboral do regime do contrato de trabalho do praticante desportivo surge, assim, paradoxalmente, como o elo mais fraco e, mais cruamente, como um veículo daqueles vetores. Nas palavras de Joaquim Evangelista, "deixaram que

pp. 7-38, p. 9), que os seus juristas são como "doutores milicianos do antigo serviço militar obrigatório" (José Manuel Meirim, «Os magistrados fazem mal ao Desporto?», *Julgar*, 2 (2007), pp. 55-77, p. 76) ou que "seria uma ameaça para a essência da actividade desportiva se as competições fossem transferidas do campo para a sala de audiência" (Heinrich Hörster, «A caminho de um direito do desporto nacional?», *Revista de Direito e Economia*, 14 (1988), pp. 355-371, p. 359).

[52] Como diz Diogo Freitas do Amaral, «Os ordenamentos desportivos como fontes de Direito» in: *IV Congresso de Direito do Desporto*, Almedina, Coimbra, 2015, pp. 15-25, p. 24, referindo-se a tempos idos, "queimava os dedos que o Governo e o Estado se metessem em questões desportivas".

[53] Escreve André Dinis de Carvalho, *Da liberdade de circulação dos desportistas...*, cit., p. 94: "em poucos sectores poderemos encontrar uma disparidade tão acentuada entre a norma jurídica e a realidade prática; se a primeira submete todos os comportamentos públicos e privados ao império da lei e do Direito, em geral — inclusivamente o Direito Comunitário — a segunda abandona o funcionamento deste sector da vida sócio-económica à "selva" das regulamentações federativas e das relações de força, sem dúvida desigual, entre os sujeitos implicados (por exemplo, federações, clubes, desportistas profissionais, espectadores, etc.)".

[54] Na descrição de Maria da Conceição Gomes, «O Direito e o futebol: uma ordem jurídica sem espírito desportivo?», *Revista Crítica de Ciências Sociais*, 21 (1986), pp. 69-83, p. 70, "por contraposição ao direito oficial estes são normalmente direitos com baixo grau de abstracção, operando através de instituições informais praticamente desprofissionalizadas com todos os sujeitos do processo nivelados quanto ao grau de conhecimentos que assentam na linguagem comum e registam uma participação activa de todos os elementos da comunidade".

[55] Não resistimos a transcrever aqui uma cláusula de um contrato de trabalho, apreciada no ac. de 17/02/2016 do TRL (Paula Sá Fernandes), proc. nr. 3679/13.0TTLSB.L1-4, titulando a relação jurídica que ligava um clube desportivo e um diretor de comunicação. Embora não se tratasse, por razões que se tornarão mais claras adiante, de um contrato de trabalho desportivo, as partes estipularam que "tendo em consideração o mediatismo da actividade profissional ora contratada, inserida no conceito da indústria do desporto, com todas as repercussões a nível desportivo, económico e social, as partes pretendem afastar as normas constantes no Código do Trabalho, quer na matéria respeitante ao período de vigência do contrato de trabalho, a termo certo, quer na relativa à indemnização ao trabalhador" (!).

[56] Falando aqui de uma "engenharia jurídica", João Leal Amado, «A insustentável leveza de uma decisão – anotação ao Acórdão de 6/6/2018 do TRL», *Revista de Legislação e de Jurisprudência*, Ano 148, 4012 (2018), pp. 52-70, p. 69.

o jogador de futebol fosse catalogado, sem mais, como um caso à parte dos restantes trabalhadores"[57], isto é, um "mero joguete no meio de um conflito potencial ou real entre Clubes"[58].

Claro que em defesa das práticas instaladas, escreve-se que isto é assim porque "os diplomas legais sofrem de uma síndroma de "falta de aplicabilidade prática das suas previsões" e de um notório desconhecimento das necessidades legais sentidas pelo fenómeno desportivo"[59]. Sem poupar críticas, desabafa ALBINO MENDES BAPTISTA: "devo, aliás, dizer que cada vez mais me surpreende a singularidade das nossas soluções jurídico-laborais desportivas que em certos casos me levam a pensar se foram feitas a pensar na sua aplicação a outra galáxia"[60]. Dito de outra forma, a "lógica empresarial desportiva não se compadece com espartilhos legais absolutos, alheados à realidade laboral desportiva que pretende regular"[61] e, como tal, é necessário trazer este ramo do Direito "para o terreno da vida real desportiva"[62]. Pede-se, pois, "um Direito Desportivo livre do estiolamento formalista e das algemas legais estatizantes"[63] porque "a aplicação mecânica e automática do direito é contrária à natureza especial do desporto"[64].

[57] JOAQUIM EVANGELISTA, «A visão integral do praticante desportivo no sec. XXI: da defesa de direitos, liberdades e garantias aos novos desafios do futebol profissional» in: *Iº Congresso Internacional sobre o Regime Jurídico do Contrato de Trabalho Desportivo*, Vida Económica, Porto, 2018, pp. 85-97, p. 88.

[58] ALBINO MENDES BAPTISTA, «"Caso Fehér" — um voto de vencido» in: *Estudos sobre o Contrato de Trabalho Desportivo*, Coimbra Editora, Coimbra, 2006, pp. 151-158, p. 153.

[59] MARIA JOÃO SOARES RIBEIRO, «O treinador nos tribunais», *Desporto & Direito*, 12 (2007), pp. 393-417, p. 394.

[60] ALBINO MENDES BAPTISTA, «Para uma leitura serena e atenta...», cit., p. 27.

[61] LÚCIO CORREIA, «Algumas reflexões sobre o caso...», cit., p. 439.

[62] JOÃO ZENHA MARTINS, «A vinculação laboral desportiva...», cit., p. 337. Nas palavras enfáticas de ALBINO MENDES BAPTISTA, «Treinadores profissionais: aplicação do regime laboral comum ou do regime dos praticantes desportivos — duas maneiras simplistas de ver a mesma realidade?» in: *Estudos Dedicados ao Professor Doutor Luís Alberto Carvalho Fernandes*, Universidade Católica Editora, Volume I, Lisboa, 2011, pp. 55-108, p. 99, "o desporto comporta uma carga subjectiva e, por vezes, até de alguma irracionalidade, a que o direito não pode ser indiferente, para "não matar a vida" (...) o legislador tem de ser um conhecedor destas realidades, sob pena de fazer leis que os envolvidos neste universo social não entendem e, pior, não aceitam".

[63] Com esta expressão, ALBERTO MELO FILHO, «Prefácio», cit., p. 15.

[64] SÓNIA CARNEIRO / PAULO MARIZ ROZEIRA / AMÂNDIO NOVAIS, «A cessação do contrato do trabalho desportivo por iniciativa do praticante desportivo: o caso do futebol profissional» in: *Iº Congresso Internacional sobre o Regime Jurídico do Contrato de Trabalho Desportivo*, Vida Económica, Porto, 2018, pp. 229-251, p. 235.

Tudo isto vem ancorado numa "exceção desportiva"[65] ou, como também se diz, na "especificidade do Desporto"[66], a qual, de resto, e verdade seja dita, é mesmo reconhecida a nível europeu, como nos Tratados[67] e relatórios comunitários[68]. Mais concretamente, a estabilidade financeira e a competitividade, valor desportivo por excelência[69], são razões constantemente invocadas para cobrir as custas do processo de "levantamento" das normas laborais. O intérprete e aplicador do Direito deve ter presente essas *rationes legis* por forma a evitar "uma justiça desligada da realidade fáctica subjacente e alheia à reconhecida e tão debatida especificidade da relação jurídico-laboral desportiva"[70]. Dando novamente a palavra a ALBINO MENDES BAPTISTA, "ao legislador e ao intérprete não basta terem sensibilidade laboral, é preciso terem sensibilidade desportiva... tudo isto implica que o intérprete

[65] Sobre este *sport exception*, ver o estudo de J. J. GOMES CANOTILHO, «Internormatividade desportiva...», cit., pp. 7-25.

[66] RODRIGO MORAIS, «Regulamento sobre o Estatuto e Transferência de Jogadores (FIFA)» in: ALEXANDRE MIGUEL MESTRE [Coord.], *Enciclopédia de Direito do Desporto*, Gestlegal, Coimbra, 2019, pp. 352-358, p. 357: "o que é, então, a especificidade do desporto? Este conceito traduz-se, grosso modo, no facto do desporto envolver determinados aspectos próprios da sua atividade que necessitam de uma proteção especial quando comparado com outras áreas comerciais e laborais existentes. Entre muitos outros, objetivos como o equilíbrio competitivo, promoção da formação de jovens, uniformidade de regras ou a integridade do desporto são objetivos legítimos próprios do desporto e que, por isso, necessitam de regras que os visem proteger".

[67] Cfr. artigo 165.º, n.º 1, do TFUE, onde se lê que "a União contribui para a promoção dos aspetos europeus do desporto, tendo simultaneamente em conta as suas especificidades, as suas estruturas baseadas no voluntariado e a sua função social e educativa".

[68] Veja-se o LIVRO BRANCO SOBRE O DESPORTO (2007), que dedica um especial capítulo (4.1) onde se diz que "a jurisprudência dos tribunais europeus e as decisões da Comissão Europeia provam que a especificidade do desporto tem sido reconhecida e tida em conta e fornecem orientações para a aplicação da legislação comunitária ao desporto. Em conformidade com a jurisprudência estabelecida, a especificidade do desporto continuará a ser reconhecida, mas não pode ser interpretada de forma a justificar uma isenção geral da aplicação da legislação comunitária (...)".

[69] Como refere JOÃO ZENHA MARTINS, «Contrato de trabalho desportivo e (in)admissibilidade...», cit., p. 105, "a criação de assimetrias competitivas, como revela a *empiria*, afasta plateias e destrói o fascínio do espetáculo. Sem o equilíbrio de condições desportivas qualquer sistema desportivo falece. Sendo a "incerteza do resultado" uma característica axial de qualquer competição desportiva".

[70] TIAGO PATRÍCIO, «Pacto de preferência no contrato de trabalho desportivo – comentário ao Acórdão do Supremo Tribunal de Justiça de 18 de Dezembro de 2012», *Ab Instantia*, 2 (2013), pp. 137-170, p. 170. Em termos próximos, LÚCIO CORREIA, *Limitações à liberdade contratual...*, cit., p. 229. Nota ALBINO MENDES BAPTISTA, «Para uma leitura serena e atenta...», cit., p. 29, que "hoje um dos grandes debates o âmbito do Direito Laboral Desportivo (e até, em geral, do Direito do Desporto) é integrar o conceito de especificidade do desporto".

deva procurar as soluções jurídicas adequadas à realidade laboral desportiva, *despindo necessariamente a camisola* do direito laboral comum"[71].

O problema está em que, frequentemente, a "especificidade do Desporto" é invocada, sem mais, qual argumento "multi-usos"[72], condão ou "varinha mágica"[73], para justificar qualquer solução legislativa ou jurisprudencial *in pejus* para os praticantes desportivos, ajudando a criar essa errada perceção generalizada[74]. Não se quer discutir que o Desporto tem especificidades que não podem ser ignoradas pelos juristas e, mais concretamente, pelo legislador e tribunais. O que acontece é que a natureza especial de uma relação jurídica não pode servir para, por si só, justificar qualquer especificação do regime jurídico: deve existir um nexo de causalidade entre o regime implementado e a natureza especial cujos traços se querem preservar. Daí que "acenar freneticamente a bandeira da especificidade do fenómeno desportivo"[75] não pode, por si só, servir de fundamento para a supressão de direitos e garantias básicos dos trabalhadores desportivos[76].

[71] Albino Mendes Baptista, «Especificidades do contrato de trabalho desportivo...», cit., p. 39 (itálico do Autor). Na nossa jurisprudência, a Relação do Porto já qualificou um contrato de um futebolista como sendo um contrato de trabalho embora reconhecesse que nesta matéria deve pesar uma "sensibilidade desportiva" isto porque, acrescentou o Tribunal (n. 12), "repare-se que o futebol, nomeadamente, se tornou nos dias de hoje uma indústria como qualquer outra, pelo menos em determinada dimensão, bem afastada do ideário da mens sana in corpore sano" (ac. de 08/01/2007 do TRP (Ferreira Da Costa), proc. nr. 0612342).

[72] Com esta expressão, João Leal Amado, «A Autoridade da Concorrência, o futebol profissional e as liberdades: de concorrência e de trabalho», *Revista de Legislação e de Jurisprudência*, 4034 (2022), pp. 323-331, p. 331.

[73] Felipe Augusto Loschi Crisafulli, «A possibilidade de os clubes de futebol...», cit., p. 61, n. 40, fala de um "pó mágico".

[74] Assim, atentamente, António Nunes de Carvalho, «Pode alguém ser quem não é? (notas soltas a propósito do regime legal de certificação profissional de treinadores)», *Revista de Direito do Desporto*, 7 (2021), pp. 25-39, p. 39: "deve em absoluto evitar-se que a tão falada "especificidade desportiva" seja percecionada pelos cidadãos como algo que possa incorporar a tolerância de situações contrárias ao ordenamento ou situações de imunidade perante os princípios e regras vigentes".

[75] Pedro Pardal Goulão, «Contratação de treinadores de futebol – a natureza efémera como legitimação da ditadura do termo», *Desporto & Direito*, 12 (2007), pp. 377-392, p. 388. Criticamente, Massimiliano Marinelli, «Diritto comunitario e recesso dello sportivo dal contratto di lavoro a tempo determinato», *Europa e Diritto Privato*, 2008, III, pp. 583-597, p. 595, refere que "se trata de uma formulação ambígua e aparentemente privada de conteúdo real".

[76] Escreve Alexandra Gonçalves Ribeiro, «Liberdade de expressão (agentes desportivos)» in: Alexandre Miguel Mestre [Coord.], *Enciclopédia de Direito do Desporto*, Gestlegal, Coimbra, 2019, pp. 265-268: "as compressões decorrentes da «especificidade da atividade desportiva» deverão ser balizadas pelo regime constitucional dos direitos, liberdades e garantias da pessoa humana, sendo certo que qualquer restrição aos direitos fundamentais devera sempre limitar-se ao necessário para

Este aspeto não é, nem pode ser, meramente proclamatório, decorativo ou retórico porque, como veremos, em inúmeros aspetos do regime legal do contrato de trabalho desportivo transparece uma clara intenção de preservar certos interesses ligados à indústria do desporto e das entidades desportivas em particular ao ponto de se falar, em certas matérias, de um *favor clubis*[77] ou até, num decalque de outros ramos do Direito, de um "princípio do superior interesse da modalidade". O impacto negativo do Direito na indústria desportiva — argumento *ad terrorem* frequentemente utilizado pelos operadores desportivos — foi uma forma de argumentação que empalideceu depois da célebre e preclara jurisprudência *Bosman*, quando o TJCE decidiu que "embora as consequências práticas de qualquer decisão judicial devam ser cuidadosamente ponderadas, não se pode contudo ir ao ponto de inflectir a objectividade do direito e comprometer a sua aplicação devido às repercussões que uma decisão judicial pode gerar"[78]. A grande ilação a tirar da jurisprudência *Bosman* é, portanto, a de que "a existência de um sistema não é argumento para a sua perpetuação"[79].

salvaguardar outros direitos e interesses constitucionalmente protegidos" (p. 267). Referindo-se concretamente à liberdade de trabalho, escreve João Leal Amado, *Vinculação* versus *liberdade...*, cit., p. 405, que essa "especificidade do Desporto" não pode "constituir uma espécie de álibi em matéria de restrições à liberdade de trabalho". De forma semelhante, José Manuel Meirim, «Enfoque», *Desporto & Direito*, 9 (2006), pp. 349-352, p. 351, escreve que "o desporto não vive – não pode viver – arredado dos direitos fundamentais consagrados na Constituição da República". Mais recentemente, João Leal Amado, «Barcelona e Dembélé...», cit., p. 22, escreve enfaticamente que "por vezes a especificidade do futebol parece constituir uma espécie de salvo-conduto, apto a servir de suposto argumentativo legitimador daquilo que, na verdade, são autênticas barbaridades, no plano jurídico". Mas para Joana Sá Pereira, «A demissão com justa causa do praticante...», cit., p. 53, "olhar para a indústria do futebol e descortinar as vestes desportivas um trabalhador com direitos e deveres é, creio, uma tarefa hercúlea"...

[77] Defendendo esse princípio, em nome da proteção da estabilidade contratual na relação laboral desportiva, Albino Mendes Baptista, «Breves notas sobre o princípio do tratamento mais favorável na relação laboral desportiva» in: *Direito Laboral Desportivo — Estudos*, Quid Iuris, Volume I, Lisboa, 2003, pp. 49-57, p. 51.

[78] Ver ac. de 15/12/1995 do TJCE, proc. nr. C-415/93 (ver ponto 77).

[79] André Dinis de Carvalho, *Da liberdade de circulação dos desportistas...*, cit., p. 226. Mais adiante, o Autor escreve, p. 246, que "a Sentença *Bosman* foi a vitória definitiva do Direito Comunitário sobre os organismos desportivos" e, p. 249, que "a Sentença *Bosman* conseguiu aquilo que os Estados-Membros não lograram atingir por si próprios: a sujeição ao Direito dos poderes desportivos". Em termos próximos, Sérgio Pires Brás, «O bom, o mau e o vilão...», cit., p. 49, fala da "destruição dos alicerces regulamentares que tinham sido edificados".

Consequentemente, é necessária a devida consciencialização de que a salvaguarda de interesses da indústria não pode conduzir a uma certa anomia[80], a destruição da "perenidade ética do Desporto"[81], pois "seja nos relvados, seja na pista de *tartan* seja nos meandros contratuais do desporto, exige-se *fair play* de todos os intervenientes"[82]. Essa preocupação está gravada, de resto, em instrumentos de regulação do Desporto a nível europeu, falando-se que "os desportistas profissionais deverão beneficiar de proteção e de estatuto social apropriados e de garantias éticas, colocando-os ao abrigo de qualquer forma de exploração"[83].

Verdade seja dita que a publicidade e visibilidade do Desporto têm contribuído para a consciencialização de que muitos dos seus problemas são "verdadeiros e próprios problemas de Direito"[84] e que o Desporto não pode estar à margem do Direito e da sua injuntividade. Os operadores do Desportivo começam a sentir a "pressão da legalidade" como alguém já disse (pressão alta para utilizar a gíria desportiva)[85]. Este é um caminho que ainda está por palmilhar, mas, pelo menos em parte, regista-se a superação de uma "uma longa e tortuosa etapa na qual o praticante desportivo aparecia desvinculado de qualquer referente jurídico, cujo aparato coativo e formalista se entendia pouco compatível com o dinamismo e as convicções próprias do ordenamento desportivo"[86]. Aliás, pensamos que foi justamente o Direito do Trabalho que

[80] Referindo-se à especialidade do contrato de trabalho do praticante desportivo, FRANCISCO PÉREZ AMORÓS, «O assédio psíquico laboral dos futebolsitas profissionais», *Desporto &Direito*, 8 (2006), pp. 277-287, p. 280, escreve que "essa relação laboral é de carácter especial, em atenção ao peculiar tipo de trabalho que prestam os futebolistas; especialidade esta que não justifica qualquer quebra dos direitos fundamentais nem laborais desses desportistas, pois essa especialidade só diz respeito à modulação do exercício de tais direitos".

[81] Na tese de RUI PROENÇA GARCIA / LUÍSA ÁVILA DA COSTA, «Desporto: hipótese de uma ética universal», *Revista de Direito do Desporto*, 8 (2021), pp. 26-33.

[82] JOÃO LEAL AMADO, «Lançamento do disco: serviço ou trabalho?», *Revista de Legislação e de Jurisprudência*, 3962 (2010), pp. 299-312, p. 312.

[83] Cfr. artigo 8.º, n.º 2, da Carta Europeia do Desporto.

[84] Assim, ANTÓNIO NUNES DE CARVALHO, «O art. 9.º do Código do Trabalho e a situação laboral dos treinadores desportivos», *Desporto & Direito*, 25 (2011), pp. 7-58, p. 9.

[85] É JOÃO LUÍS DE MORAES ROCHA, «Sobre a autonomia do Direito do Desporto», *Sub Judice — Justiça e Sociedade*, 8 (1994), pp. 6-11, p. 6, quem diz que "é possível verificar uma pressão da legalidade sobre o âmbito progressivamente alargado da actividade desportiva". Como se exprime FRANÇOIS ALAPHILIPPE, «Desporto e Direito», *Sub Judice — Justiça e Sociedade*, 8 (1994), pp. 12-22. p. 13, os aspetos laborais do Desporto são um setor onde o Direito deve falar mais alto pois aí há aquilo que designa como "densidade desportiva mínima".

[86] JUAN JOSÉ FERNÁNDEZ DOMÍNGUEZ / ROBERTO FERNÁNDEZ FERNÁNDEZ, «Sobre la laboralización de la prestación de servicios de los árbitros de futbol», *Revista Española de Derecho del Trabajo*, 101 (2000), pp. 271-286, p. 272.

colocou em curso a operação de resgate do desportista profissional das regras puramente economicistas[87] ou quase dominiais[88] desta indústria ("o Direito do Trabalho passou a ser a sede do Direito do Desporto profissional"[89]). Seja como for, um dos grandes desafios que sai ao caminho do Direito do Desporto continua a ser, sem dúvida, o de saber se é viável ou puramente utópico dizer que "o desporto profissional pode sobreviver e prosperar sem tais atentados às liberdades fundamentais dos praticantes"[90].

Numa aproximação aos regimes legais, pode dizer-se que o RCTPD, na linha dos seus antecessores, preserva desvios em relação ao regime laboral comum que podem, pelo menos, ser questionados. Como explicar que os períodos correspondentes aos estágios de concentração não sejam contabilizados para efeitos dos limites ao período normal de trabalho? Que dizer da norma que prevê que o praticante desportivo não tem direito à compensação pela caducidade do contrato de trabalho pela verificação do termo? Fará sentido defender, como entende alguma doutrina, que a omissão de qualquer referência normativa à reintegração em caso de despedimento ilícito significa que esse direito não assiste ao atleta? O clube desportivo não tem direito a recorrer ao despedimento por extinção do posto de trabalho: é essa a conclusão a retirar da omissão de qualquer referência a essa forma de cessação do contrato de trabalho do praticante desportivo? Significa que o legislador ordinário pretendeu priveligiar os despedimentos em massa?

Acresce que o problema já não é apenas o desfasamento entre o regime laboral dos praticantes desportivos e o regime laboral comum. Na verdade, existem vários aspetos do RCTPD que colidem com fontes de grau hierárquico superior e, mais concretamente, com o Direito da União Europeia. Uma vez mais, estas soluções normativas têm passado despercebidas porque parecem concebidas para alinhar e realizar as especificidades da indústria desportiva, mas até fica a sensação de que a especificidade do

[87] Como nota João Leal Amado, *Vinculação* versus *liberdade...*, cit., p. 477, "julgamos que o processo de laboralização da relação estabelecida entre o praticante desportivo e a entidade para quem este presta a respectiva actividade implica a sua correspondente liberalização, por isso mesmo que tal relação se pautou, durante demasiado tempo, por regras que em muito assemelhavam ao regime de trabalho característico de épocas pré-capitalistas".

[88] Como diz João Leal Amado, «Futebol profissional e futebolistas profissionais (a peculiar lógica empresarial daquele e o estatuto jurídico destes)» in: *Temas Laborais*, Coimbra Editora, Coimbra, 2005, pp. 155-173, p. 172, "lentamente, o futebolista deixa de ser do clube, passa a estar no clube".

[89] Juan José Fernández Domínguez / Roberto Fernández Fernández, «Sobre la laboralización de la prestación...», cit., p. 273.

[90] João Leal Amado, «Futebol profissional e futebolistas profissionais...», cit., p. 169.

fenómeno desportivo é uma verdadeira fonte de Direito, posicionada acima do legislador ordinário ou de fontes de patamar superior, como o Direito Constitucional e o Direito da União Europeia (!). Temos para nós que a "especificidade do Desporto" não pode, em caso algum, ser encarada como uma fonte de Direito e, muito menos, com um poder normativo superior ao Direito da União Europeia sob pena de subversão completa dos mais elementares princípios estruturantes da relação entre fontes. Se foi o Tratado de Lisboa o primeiro a reconhecer, de modo abrangente, a "especificidade do Desporto", também é necessário ter presente que "nenhuma norma desportiva foge ao controlo das normas comunitárias"[91] ou, como se diz no Livro Branco sobre o Desporto, "a especificidade do desporto continuará a ser reconhecida, mas não pode ser interpretada de forma a justificar uma isenção geral da aplicação da legislação comunitária"[92]. A este respeito, uma primeira e importante pedra no charco foi lançada já nos anos 70 na jurisprudência *Walrave*[93] e *Donà*[94] quando aí se decidiu que o Desporto, na medida em que configura uma atividade económica[95], é abrangido pelo Direito da União Europeia, e que, por estar submetido ao Direito Comunitário e ao princípio do primado, está sujeito aos princípios de Direito material dele constantes. O mesmo vale, aliás, para a Regulamentação de fonte associativa interna ou internacional, embora em relação a esta última ainda subsista alguma resistência[96].

Em suma, e como reconhece mesmo Albino Mendes Baptista, "afirmar as especificidades do trabalho desportivo não significa defender um terreno

[91] Citando João Miguel Parada Correia, «Os auxílios públicos aos clubes de futebol», *Revista Electrónica de Direito*, 2014, III, p. 9.

[92] Em termos semelhantes, Andrea Zoppini, «I procuratori sportivi nell' evoluzione del Diritto dello Sport», *Rivista di Diritto Sportivo*, 1999, IV, pp. 637-645, p. 639.

[93] Ac. de 12/12/1974 do TJCE, proc. nr. 36/74.

[94] Ac. de 14/07/1976 do TJCE, proc. nr. 13/76.

[95] Mas, na medida em que configura uma atividade económica. Nas palavras enfáticas de Mário João Fernandes, «Tratado sobre o funcionamento da União Europeia» in: Alexandre Miguel Mestre [Coord.], *Enciclopédia de Direito do Desporto*, Gestlegal, Coimbra, 2019, pp. 389-391, "a César o que é de César — à UE o que seja uma atividade económica — ao desporto o que seja específico, desde que não afete o domínio de César". Nas palavras de João Leal Amado, «O CONI e o copo meio cheio de italianos (um novo episódio de uma velha novela)», *Desporto & Direito*, 2004, IV, pp. 91-95, p. 94, "as instituições desportivas poderão, decerto, invocar a especificidade do desporto em ordem a tentar introduzir alterações ao direito comunitário; mas aquelas instituições já não poderão invocar a autonomia do ordenamento desportivo para se esquivarem ao respeito devido ao direito comunitário".

[96] Como aponta certeiramente Rodrigo Morais, «Regulamento sobre o Estatuto...», cit., p. 357, "a especificidade do desporto foi e continua a ser hoje a capa protectora das incompatibilidades do Regulamento da FIFA com algumas disposições de direito europeu".

sem regras"[97] ou "a especificidade do desporto não pode servir de salvo-conduto para aniquilar os direitos fundamentais de que os jogadores, enquanto pessoas e enquanto trabalhadores, são titulares"[98]. Este "primado do Direito e dos direitos humanos", como se lê na Carta Europeia do Desporto[99], deve encarregar a doutrina e os tribunais do processo de aculturação e aclimatação da consciência social dominante: "é importante que os juristas continuem a invadir o terreno do Desporto, enfrentando resistências e obstáculos daqueles que ainda persistem ou agem como se o Direito fosse uma realidade oculta e indiferente, nomeadamente, a normas comunitárias e constitucionais"[100].

Como se não bastassem os interesses económicos, o praticante desportivo — mas até, e sobretudo, o treinador desportivo — tem de lidar ainda com outro elemento de perturbação da normal execução do contrato de trabalho e, muitas vezes, o derradeiro obstáculo ao seu cumprimento integral: o público ou, talvez melhor dito, os adeptos[101]. Com efeito, o praticante desportivo acha-se hoje mergulhado num "ecossistema que transcende a mera actividade desportiva"[102]. De facto, a massa adepta representa, hoje, um "elemento do processo desportivo"[103] que não pode ser subestimado (da "necessidade

[97] Albino Mendes Baptista, «Especificidades do contrato de trabalho desportivo...», cit., p. 41. Em termos próximos, Tiago Fernandes, «O contrato de trabalho do praticante desportivo...», cit., p. 68: "não é de todo plausível que, só pela especificidade da sua profissão, se aceite que os desportistas sejam esquecidos pelo Direito". Na linguagem de José Joaquim Gomes Canotilho / Alexandra Pessanha, «Relações jurídicas fundamentais no âmbito do desporto profissional» in: *Estudos em Homenagem a Miguel Galvão Teles*, Almedina, Volume I, Coimbra, 2012, pp. 357-377, pp. 376-377, "o atleta profissional está no centro da superconstelação normativa do desporto. É certo que, como as teorias sistémicas têm acentuado, o mundo é dominado pelas organizações. Sem organizações não há desporto profissional. Mas o inverso também é incontornável: sem homens e mulheres, o desporto seria uma confrangedora galáxia de buracos negros".

[98] João Leal Amado, «Andrew Webster: uma pessoa, não uma mercadoria!», *Desporto & Direito*, 14 (2008), pp. 267-273, p. 272.

[99] Cfr. o Considerando 13 da Carta Europeia do Desporto.

[100] Estamos a citar um dos Autores que mais contribuiu para vergar essa resistência: Albino Mendes Baptista, *Direito Laboral Desportivo — Estudos*, Quid Iuris, Volume I, Lisboa, 2003, p. 8 (nota prévia). O Autor utiliza também esta passagem para encerrar o seu artigo «Especificidades do contrato de trabalho desportivo...», cit., p. 67.

[101] Sobre os adeptos, ver o estudo de Soraia Quarenta, «Adepto» in: Alexandre Miguel Mestre [Coord.], *Enciclopédia de Direito do Desporto*, Gestlegal, Coimbra, 2019, pp. 20-21.

[102] Para utilizar a expressão de Paulo da Rocha Pichel, «Notas sobre a tributação do rendimento proveniente de direitos de imagem dos desportistas», *Revista de Direito do Desporto*, 6 (2020), pp. 50-59, p. 58.

[103] Como se exprimia o legislador no artigo 5.º, n.º 1, da Lei n. º 1/90, de 13 de janeiro, que aprovou a Lei de Bases do Sistema Desportivo.

de *aggiornamento* ao sentir e reagir do público" fala ALBINO MENDES BAPTISTA[104] porque, como o próprio sublinha, "o desporto arrebata paixões a que o Direito não só não deve ser alheio como deve procurar compreender"[105]).

Como veremos, os consumidores do fenómeno desportivo têm, na prática, um peso determinante na interpretação das normas jurídicas que regulam o contrato de trabalho desportivo[106]. Adiantando problemas que serão oportunamente desenvolvidos, pense-se no conceito de "justa causa" que, segundo a opinião que tem feito escola, vai ao ponto de possibilitar ao clube a desvinculação baseada numa incompatibilização do praticante ou treinador desportivo com a massa adepta ou na interpretação segundo a qual o atleta ilicitamente despedido não goza da tutela reintegratória a que tem direito o trabalhador comum pois uma semelhante solução afrontaria a massa adepta. Haverá algo mais dramático do que a sorte profissional de um trabalhador depender, na prática, da bola que sai um palmo ao lado do poste...?

§ 1.2. Evolução legislativa e fontes

§ 1.2.1. Legislação ordinária

BIBLIOGRAFIA ESPECÍFICA: JOÃO ZENHA MARTINS, «Cronografia do contrato de trabalho desportivo» in: *Estudos de Direito do Trabalho em Homenagem ao Professor Doutor António Monteiro Fernandes*, Parte I, Nova Causa — Edições Jurídicas, s/ local, 2017, pp. 659-685; ID., «Contrato de trabalho desportivo: prelúdios, intermitências e reconfigurações» in: *Themis – Estudos em Comemoração dos 20 anos da Faculdade de Direito da Universidade de Lisboa*, Almedina, Coimbra, 2018, pp. 489-518; JOSÉ MANUEL MEIRIM, «A Lei de Bases do Sistema Desportivo e o Desporto profissional», BMJ, 469 (1997), pp. 5-53; ID., «O Desporto numa Constituição para a Europa», *Desporto & Direito*, 1 (2003), pp. 205-208; ID., «O Direito do Desporto em Portugal: uma realidade com história» in: *I Congresso de Direito do Desporto*, Almedina, Coimbra, 2005, pp. 29-65; MARIA DA CONCEIÇÃO GOMES, «O Direito e o futebol: uma

[104] ALBINO MENDES BAPTISTA, «Subsídios para a criação de um regime...», cit., p. 36.

[105] ALBINO MENDES BAPTISTA, «Treinadores profissionais: aplicação do regime...», cit., p. 60. Em termos próximos, LÚCIO CORREIA, *Regime jurídico dos praticantes desportivos profissionais...*, cit., p. 207, escreve que "o Direito por vezes é paixão e irracionalidade".

[106] ANTÓNIO NUNES DE CARVALHO, «Comentário ao Acórdão...», cit., p. 174.

ordem jurídica sem espírito desportivo?», *Revista Crítica de Ciências Sociais*, 21 (1986), pp. 69-83; Maria José Carvalho, «O regime jurídico do Desporto profissional» in: Glória Teixeira [Coord.], *Direito e Desporto — estudos fiscais e de gestão*, Almedina, Coimbra, 2007, pp. 63-83; Paulo Cardoso de Moura, «O desporto na ordem jurídica portuguesa», *Revista Jurídica da Universidade Portucalense Infante D. Henrique*, 3 (1999), pp. 149-196; Pedro Henrique Rebello de Mendonça, «Autonomia desportiva» in: Alexandre Miguel Mestre [Coord.], *Enciclopédia de Direito do Desporto*, Gestlegal, Coimbra, 2019, pp. 45-47.

As razões acima apontadas tornaram imperativa a criação de um regime legal especial regulador da relação laboral do praticante desportivo[107], "um espaço normativo especial"[108], um "arcabouço jurídico dotado de especificidade"[109], que refletisse devidamente as especificidades da atividade profissional destes trabalhadores[110], seguindo, aliás, a exortação das sucessivas

[107] Nas palavras enfáticas de Lúcio Correia, «O despedimento coletivo na relação laboral...», cit., p. 363, "a desadequação do Direito Laboral comum à especialidade e realidade da área do Desporto é tão grande que o legislador português, em sintonia com alguns congéneres internacionais, foi praticamente forçado a estabelecer um regime jurídico próprio, cujas diversas soluções colidem frequentemente com as normas gerais comuns".

[108] José Manuel Meirim, «A Lei de Bases do Sistema Desportivo e o Desporto profissional», BMJ, 469 (1997), pp. 5-53, p. 14, falava na necessidade de um regime que "recortasse do regime geral do contrato de trabalho um conjunto de regras que, embora tendo aquele regime como subsidiário, contemplasse as especificidades decorrentes desta profissão". Em termos próximos, Miguel Lopes Lourenço, «Questões relativas ao contrato de trabalho desportivo» in: José Manuel Meirim [Coord.], *O Desporto que os tribunais praticam*, Coimbra Editora, Coimbra, 2014, pp. 269-318, p. 269, fala de "um espaço próprio no âmbito do direito laboral".

[109] Álvaro Melo Filho, «Especificidade do Desporto: projeções jurídicas», *Desporto & Direito*, 17 (2009), pp. 257-267, p. 267.

[110] Referindo-se ao praticante desportivo, escreve enfaticamente André Dinis de Carvalho, *Da liberdade de circulação dos desportistas...*, cit., p. 60: "este trabalhador não é um trabalhador como o *vulgus* dos trabalhadores; outrossim, trata-se de um trabalhador cuja relação é plena de especificidades". Nas palavras de Lúcio Correia, *Limitações à liberdade contratual...*, cit., "não temos qualquer dúvida em afirmar que a relação laboral desportiva é única no domínio do Direito do Trabalho" (p. 48) e que o praticante desportivo é "um trabalhador original, com direitos e obrigações muito específicas" (p. 49). Mas esta singularidade deve ser relativizada pois, de certa forma, como não deixa de assinalar João Leal Amado, *Vinculação* versus *liberdade...*, cit., p. 44, "as condições de trabalho do praticante desportivo se assemelham cada vez mais às de um trabalho fabril, em matérias como o *stress*, os acidentes de trabalho e as doenças profissionais, as ofensas à saúde (dopagem), a fadiga física e mental, a intensificação paroxística do trabalho, a hierarquia, os prémios de rendimento, a produtividade, etc.".

Leis de Bases do Sistema Desportivo[111] que, no passado, tal como atualmente, encarregaram o legislador de aprovar um diploma próprio "tendo em conta a especificidade em relação ao regime geral do contrato de trabalho"[112].

O "imparável processo de profissionalização da prática desportiva e de laboralização do estatuto do praticante desportivo profissional" só poderia redundar, como redundou, na aprovação de um regime especial para esta atividade[113], o que, na verdade, não representa uma originalidade do Direito português, uma vez que foi algo que se impôs também noutras latitudes: os praticantes desportivos gozam, olhando agora apenas para os ordenamentos jurídicos do nosso entorno, de um regime especial em Espanha[114] ou Itália[115].

Entre nós, o impulso legislativo deu-se na década de 90. Pode dizer-se que os anos 90 representaram a "era da produção legislativa em Portugal sobre matéria desportiva"[116] e, mais concretamente, do regime profissional do praticante desportivo. Depois do pontapé de saída dado pela primeira Lei de Bases do Sistema Desportivo[117], o primeiro regime legal regulador do contrato de trabalho do praticante desportivo, verdadeiramente digno desse nome, vai surgir em meados dos anos 90. Com efeito, "depois de um longo

[111] À qual se atribui mesmo a paternidade do regime do contrato do praticante desportivo. João Leal Amado, *Vinculação* versus *liberdade...*, cit., p. 78, diz que "a paternidade do DL n.º 305/95 e da Lei n.º 28/98 é, indiscutivelmente, do legislador do desporto, não do legislador do trabalho". Em termos próximos, João Zenha Martins, «A inscrição do montante da retribuição...», cit., p. 108, também fala do diploma como "surgido na trilha da LBSD [Lei de Bases do Sistema Desportivo] e não de um movimento laboral específico". Falando de um "marco fundamental de que irradiou o moderno Direito Desportivo português", José Ribeiro e Castro, «Lei de Bases da Atividade Física e do Desporto» in: Alexandre Miguel Mestre [Coord.], *Enciclopédia de Direito do Desporto*, Gestlegal, Coimbra, 2019, pp. 261-262.

[112] Estamos a citar o artigo 34.º, n.º 2, da Lei n.º 5/2007, de 16 de janeiro, que tem correspondência no regime anterior. Ver artigo 14.º, n.º 4, da Lei n.º 1/90, de 13 de janeiro, onde se previa que "o regime jurídico contratual dos praticantes desportivos profissionais é definido por diploma próprio, ouvidas as entidades representativas dos interessados e as federações desportivas, tendo em conta a sua especificidade em relação ao regime geral do contrato do trabalho".

[113] Lúcio Correia, *Limitações à liberdade contratual...*, cit., p. 40.

[114] Real Decreto n.º 1006/1985, de 26 de junho.

[115] Legge n.º 91 de 23 de março de 1981.

[116] Lúcio Correia, *Limitações à liberdade contratual...*, cit., pp. 36-37. Nos mesmos termos, Id., *Regime jurídico dos praticantes desportivos profissionais...*, cit., pp. 43 e 50 (falando de uma "elevadíssima e importantíssima produção normativa sobre matérias desportivas"). André Dinis de Carvalho, *Da liberdade de circulação dos desportistas...*, cit., p. 28, fala aqui de uma "autêntica torrente legislativa".

[117] Assim, utilizando até esta expressão, José Manuel Meirim, «Introdução», p. 10. Nas palavras de Maria João Soares Ribeiro, «O regime jurídico do Desporto...», cit., p. 67, "a primeira Lei de Bases do Sistema Desportivo foi elemento catalisador da profusão legislativa".

vazio legislativo"[118] e de um certo atraso legislativo[119], o contrato de trabalho do praticante desportivo vai aparecer regulado, pela primeira vez, pela mão do Decreto-Lei n.º 305/95, de 18 de novembro, surgido no seguimento de Autorização Legislativa[120].

Naturalmente, o Desporto é um fenómeno anterior a 1995. A ausência de um estatuto legal até essa data não significou, porém, a inexistência de qualquer regulamentação jurídica para esta relação de trabalho até essa data[121]. Antes da entrada em vigor daquele diploma, esta atividade profissional era sectorialmente disciplinada por outros instrumentos infra-legais como a Portaria de Regulamentação do Trabalho para os futebolistas profissionais[122] que viria a dar lugar, em 1991, ao primeiro CCT celebrado entre a Liga de Clubes e o Sindicato dos Jogadores Profissionais de Futebol[123]. Contudo, a importância social do Desporto impunha a criação e aprovação de um estatuto legal, até porque, como se vê, estes instrumentos diziam respeito apenas ao futebol.

O regime aprovado pelo Decreto-Lei n.º 305/95, de 18 de novembro, duraria sensivelmente apenas um triénio já que viria a ser revogado pela Lei n.º 28/98, de 26 de junho. Sintomático, para alguns, de uma certa flutuação legislativa[124], o regime de 1998 nasceu fundamentalmente com o intuito

[118] PEDRO ROMANO MARTINEZ, «As cláusulas de rescisão nos contratos de trabalho desportivos», *Revista de Direito e de Estudos Sociais*, 2014, I-IV, pp. 81-126, p. 105. Para PAULO LEITE GONÇALVES, «O direito de opção na prestação...», cit., p. 269, a situação de inércia do legislador não se alterou dado que "lamentavelmente, o legislador parece estar mais vocacionado para se desgastar com meditações filosóficas, exegéticas e conceptuais sobre o associativismo desportivo (aqui salta desde logo à evidência de todos a velha luta pelo poder ou pelo protagonismo entre Federações e Ligas Profissionais), distanciando-se, pois, injustificada e perigosamente da realidade do dia a dia que devia interessar verdadeiramente ao desporto profissional".

[119] De facto, a Lei de Bases do Sistema Desportivo, aprovada pela Lei n.º 1/90, de 13 de janeiro, anunciava o diploma para 1992 (artigo 41.º, n.º 1, alínea i)).

[120] Cfr. a Lei n.º 85/95, de 31 de agosto.

[121] Como se diz no ac. de 09/10/1996 do STJ (MANUEL PEREIRA), proc. nr. 004319, referindo-se ao diploma de 1995, "não instituiu aquele Decreto-Lei um tipo novo de contrato, colocando na órbita laboral o que era antes um contrato de prestação de serviço; veio antes contemplar certas particularidades dos contratos de trabalho que envolvem praticantes desportivos".

[122] Publicada no BMT n.º 26, de 15 de julho de 1975.

[123] Publicado no BTE n.º 5/1991, objeto de Portaria de Extensão, publicada no BTE, n.º 26/1991.

[124] Noutro local, PEDRO ROMANO MARTINEZ, *Direito do Trabalho*, Almedina, 8.ª ed., Coimbra, 2017, p. 90, escreve: "nota-se, com alguma frequência, que a legislação laboral é elaborada sem a necessária ponderação, que acarreta, designadamente, a sua repetida substituição; a título de exemplo, é de mencionar o regime do trabalho dos desportistas profissionais" (= ID., «Novos horizontes do Direito do Trabalho» in: ANTÓNIO MOREIRA [Coord.], *II Congresso Nacional de Direito do Trabalho — Memórias*, Almedina, Coimbra, 2001, pp. 325-351, p. 326).

de colocar o regime do contrato de trabalho do praticante desportivo em sintonia com a jurisprudência comunitária[125]. De facto, a jurisprudência comunitária colocou em grave crise alguns aspetos do regime então em vigor e os aspetos atingidos foram tão centrais ou medulares que se tornou premente a revisão daquele regime. Pode dizer-se, sem rodeios, que o regime de 1995 foi ferido de morte, e logo à nascença, pela jurisprudência do então Tribunal das Comunidades Europeias. Escrevia João Leal Amado que "o destino revelou-se bastante cruel para o DL 305/95. Com uma gestação tão longa e tendo visto a luz do dia em 18 de Novembro, não tinha ainda um mês de idade quando, a 15 de Dezembro, foi atacado por um vírus que haveria de ocasionar o seu decesso: o vírus *Bosman*"[126]. É precisamente neste contexto que é aprovada a Lei n.º 28/98, de 26 de junho, implementando um regime que viria a subsistir por praticamente duas décadas, tornando-se verdadeiramente "a principal projecção normativa privada do direito desportivo"[127].

O regime continha, porém, soluções jurídicas que a realidade desportiva também acabou por colocar em crise, fragilizando a sua validade prática. De facto, a Lei n.º 28/98, de 26 de junho, foi um diploma legal que viveu permanentemente atacado por várias frentes: seja porque o regime legal parecia afrontar a validade de instrumentos fundamentais de que os operadores não estavam em condições de prescindir, como as "cláusulas de rescisão", seja porque continha dúvidas que importaria dissipar por via legislativa — como a controversa questão do período experimental —, ou porque preservava soluções normativas que, sendo coerentes com o panorama jurídico-laboral

[125] Tal como aliás anunciava a Proposta de Lei n.º 96/VII cuja exposição dos motivos dava conta de que "a recente aprovação pelo Tribunal de Justiça da União Europeia do Acórdão Bosman veio pôr em crise as linhas fundamentais da regulamentação que rege o contrato de trabalho desportivo... Em Portugal tal matéria é regulada pelo Decreto-Lei n.º 305/95, de 18 de Novembro, diploma que... logo viu algumas das suas traves mestras ficarem prejudicadas pela doutrina expendida naquela importante decisão jurisdicional" reconhecendo a necessidade de "adaptá-lo aos princípios da livre circulação quando aplicados ao desporto, flexibilizando as respectivas regras em ordem a dotar os clubes portugueses dos instrumentos necessários para enfrentar, com êxito, uma concorrência acrescida no quadro da União Europeia". João Zenha Martins, «As indemnizações por promoção ou valorização e o sistema laboral desportivo português», *Prontuário de Direito do Trabalho*, 76/77/78 (2007) – *Número Especial em Homenagem à Obra do Dr. Vítor Ribeiro*, pp. 291-357, p. 302, também diz que o acórdão *Bosman* tem "créditos na nova disciplina legal para o contrato de trabalho desportivo".

[126] Expressão de João Leal Amado, «O novo regime do contrato de trabalho desportivo e as "indemnizações de transferência"», *Questões Laborais*, 12 (1998), pp. 226-240, p. 228.

[127] Maria do Rosário Palma Ramalho, «O direito à imagem do desportista — notas breves» in: *Centenário do Nascimento do Professor Doutor Paulo Cunha — Estudos em Homenagem*, Almedina, Coimbra, 2012, pp. 791-801, p. 798.

à data em que o diploma foi aprovado, acusavam já um certo desfasamento perante a evolução do Direito Laboral comum, como era o caso da opção pelo plafonamento indemnizatório em caso de resolução ilícita do contrato, uma alteração às suas linhas estruturais tornou-se, pois, necessária.

Durante o ano de 2015, o XIX Governo Constitucional decidiu implementar uma Comissão responsável pela revisão da Lei n.º 28/98, de 26 de junho[128]. Os frutos dessa Comissão, dados a conhecer em Relatório[129], acabaram mesmo por cobrar uma nítida influência no novo regime do contrato de trabalho do praticando desportivo, o qual viria a ser aprovado pela Lei n.º 54/2017, de 14 de julho.

O propósito de reorientar o regime em vários dos seus aspetos foi tomado como ponto de partida. De facto, reconhecendo-se a "matriz sólida que mantém validade" do regime legal até então vigente, assumiu-se assertivamente que esse regime "contém diversos aspetos que carecem de inovação". Uma coisa é certa: a revisão de algumas linhas estruturais do regime jurídico não tirou ao regime regulador do contrato de trabalho do praticante desportivo o estatuto na economia da regulamentação do Direito do Desporto. Tal como aconteceu com os regimes legais anteriores, o RCTPD assim aprovado representa, como os seus antecessores já representavam, "uma pedra bastante importante do vasto edifício jurídico-desportivo existente no nosso país"[130].

Numa apreciação na generalidade, o legislador, bem ou mal, teve o mérito de tomar partido em algumas controvérsias importantes e de resolver algumas dúvidas que pairavam sobre certos aspetos do regime. Criticamente, é possível apontar que o legislador nem sempre maneja o silêncio legislativo no mesmo sentido, lançando a dúvida quanto ao sentido a retirar de omissões ou supressões a certas matérias. Se o silêncio do legislador é encarado, em certos casos, como eloquente — é o caso, como veremos, da denúncia do contrato de trabalho pelo atleta —, já noutros casos o silêncio não deve ser interpretado no mesmo sentido sob pena de introduzir distorções ao regime legal. A título de exemplo, o que pretendeu o legislador quando suprimiu a referência ao despedimento por extinção do posto de trabalho ou por inadaptação? A supressão da referência ao abandono de trabalho significa que o contrato de trabalho do praticante desportivo não pode cessar com recurso

[128] Cfr. Despacho n.º 3932/2015, de 21 de abril.

[129] Cfr. http://www.ipdj.pt/docs/A_RELATORIO_DA_COMISSAO_REVISAO_DA_LEI_28_98.pdf.

[130] João Leal Amado, *Contrato de trabalho desportivo...* [2017], cit., p. 30.

a esta figura? O que significa a supressão da norma relativa ao *aliunde perceptum*: aos salários intercalares não se deduzem os rendimentos que o praticante desportivo venha a auferir no período posterior ao despedimento? E o que dizer da eliminação da norma legal que previa, no regime legal anterior, a reintegração do praticante desportivo? Quer isso dizer que o praticante desportivo que tenha sido ilicitamente despedido não tem direito à tutela reintegratória?

Claro está que, para além do RCTPD, é preciso contar com a legislação desportiva que, vocacionada para a regulamentação do Desporto, contém normas com incidência laboral, como acontece com a já referida Lei de Bases da Atividade Física e do Desporto. Acresce que, num plano legal, é preciso também contar com outros normativos adrede, como as previsões legais relativas ao praticante desportivo no Código Contributivo[131].

§ 1.2.2. Direito da União Europeia

Bibliografia específica: Alexandre Miguel Mestre, *Desporto e União Europeia – uma parceria conflituante?*, Coimbra Editora, Coimbra, 2002; André Dinis de Carvalho, *Da liberdade de circulação dos desportistas profissionais na União Europeia*, Coimbra Editora, Coimbra, 2004; Id., «Breve apontamento sobre o Desporto no Projecto de Constituição Europeia», *Desporto & Direito*, 4 (2004), pp. 87-89; António José Robalo Cordeiro, «Breves notas sobre as relações entre o Desporto e o Direito Comunitário», *Desporto & Direito*, 3 (2004), pp. 541-543; Jean Philippe Tricoit, «As normas internacionais e europeias aplicáveis ao desportista na qualidade de trabalhador – em busca da especificidade desportiva em matéria social», *Revista de Direito do Desporto*, 8 (2021), pp. 7-18; João Orlando Vieira de Carvalho, «Diálogo Social Europeu no sector do futebol profissional» in: *Direito do Desporto Profissional — Contributos de um Curso de Pós-Graduação*, Almedina, Coimbra, 2011, pp. 61-68; José Luís da Cruz Vilaça / Mariana Martins Pereira, «Acórdão Bosman» in: Alexandre Miguel Mestre [Coord.], *Enciclopédia de Direito do Desporto*, Gestlegal,

[131] Assim, Lúcio Correia, *Regime jurídico dos praticantes desportivos profissionais...*, cit., pp. 81 ss. O Autor afirma, p. 83, que "as leis gerais do Direito do Desporto constituem uma fonte fundamental, para a qual será necessário recorrer prioritariamente para a resolução dos possíveis conflitos que poderiam ser levantados pela atividade profissional desportiva".

Coimbra, 2019, pp. 17-20; José Manuel Meirim, «O Desporto numa Constituição para a Europa», *Desporto & Direito*, 1 (2003), pp. 205-208; Mário João Fernandes, «Tratado sobre o funcionamento da União Europeia» in: Alexandre Miguel Mestre [Coord.], *Enciclopédia de Direito do Desporto*, Gestlegal, Coimbra, 2019, pp. 389-391.

A massa normativa que regulamenta a atividade desportiva transcende o Direito interno. A compreensão do complexo normativo que regula a relação de trabalho desportivo exige atenção às fontes de Direito internacional, as quais interferem cada vez mais, e de forma substancial, no estatuto e regulamentação laboral[132], levando àquilo que tem sido descrito como uma "desnacionalização das decisões desportivas e internacionalização do campo jus-desportivo"[133]. Desde logo, porque a natureza quase ambulatória da atividade desportiva propicia a aplicação de princípios fundamentais de Direito da União Europeia, como o princípio da livre circulação, bem como o princípio da não discriminação em razão da nacionalidade, sobretudo se atentarmos que há muito se estabilizou o entendimento de que o Desporto representa, ou pode representar, uma atividade económica para estes efeitos, e o praticante desportivo é, definitivamente, um trabalhador na aceção europeia. A regulamentação de fonte europeia, como os Tratados, bem como a jurisprudência do TJ que os interpreta[134], prevalecendo sobre o Direito interno, teve um impacto evidente na liberdade de circulação dos praticantes desportivos, na capitulação das cláusulas de nacionalidade ou nas indemnizações de transferência, como veremos.

[132] A título de curiosidade histórica, a Convenção Europeia relativa ao Estatuto Jurídico do Trabalhador Migrante, ratificada por Portugal através do Decreto n.º 162/78, de 27 de dezembro, excluía do seu âmbito de aplicação o praticante desportivo.

[133] Alberto Melo Filho, «Prefácio», cit., p. 13. Sobre a influência normativa europeia sobre a circulação de desportistas no espaço europeu ver o artigo de Vasiliki Fasoula, «Global labour market for professional football players and contract law», *Católica Law Review*, 2018 (2), II, pp. 115-137.

[134] Sobre a jurisprudência do TJ em matéria jurídico-desportiva laboral, ver J. L. Carretero Lestón, «A jurisprudência do Tribunal de Justiça das Comunidades Europeias em matéria desportiva», *Desporto & Direito*, 1 (2003), pp. 57-76. Mais em geral, Lúcio Correia, *Regime jurídico dos praticantes desportivos profissionais...*, cit., p. 87, escreve que "as decisões jurisprudenciais podem ter uma importância decisiva na celebração ou execução da relação laboral desportiva".

§ 1.2.3. Regulamentação associativa

Bibliografia específica: Paulo Otero, «Metamorfoses do Direito do Desporto – palavras na abertura de um curso de Direito do Desporto», *Revista de Direito do Desporto*, 11 (2022), pp. 5-7; Pedro Costa Gonçalves, «Regulamentos desportivos [os poderes regulamentares de natureza pública das federações desportivas e das ligas profissionais]» in: *IV Congresso de Direito do Desporto*, Almedina, Coimbra, 2015, pp. 55-69; Rodrigo Morais, «Regulamento sobre o Estatuto e Transferência de Jogadores (FIFA)» in: Alexandre Miguel Mestre [Coord.], *Enciclopédia de Direito do Desporto*, Gestlegal, Coimbra, 2019, pp. 352-358.

A regulamentação do Desporto não se esgota, porém, na normatividade oriunda do(s) Estado(s) (aqui considerando o plano interno e, de certa forma, o comunitário). Se o Estado é um "foco originador de uma bem impressiva legislação desportiva"[135], é preciso ter presente que o Direito do Desporto profissional se move, para tomar de empréstimo a expressão de José Manuel Meirim, em múltiplos tabuleiros[136]. Embora não seja uma característica exclusiva deste ramo do Direito, a regulamentação multi-nível é um traço fundamental desta atividade, "configurando-se assim como um dos espaços sociais mais ricos em pluralidade jurídica"[137]. Fala-se mesmo, a este propósito, de um "ordenamento desportivo" ou *Lex Sportiva*[138]. Na imagem sugestiva de um Autor espanhol, se o Direito do Desporto era, outrora, concebido como uma espécie de ilha, hoje assemelha-se mais a uma península[139].

[135] Nas palavras de José Manuel Meirim, «Introdução», cit., p. 6.

[136] José Manuel Meirim, «Introdução», cit., p. 5.

[137] José Manuel Meirim, «O Direito do Desporto em Portugal: uma realidade com história» in: *I Congresso de Direito do Desporto*, Almedina, Coimbra, 2005, pp. 29-65, p. 31. Em termos próximos, Luís Barreto Xavier, «Direito Internacional Privado do Desporto» in: Alexandre Miguel Mestre [Coord.], *Enciclopédia de Direito do Desporto*, Gestlegal, Coimbra, 2019, pp. 150-151, escreve que "a prática desportiva tem natureza multi-facetada e convoca a intervenção de feixes diversos de regulamentação, oriundos de fontes distintas. Daí que seja corrente a afirmação de que o Direito do Desporto é expressão de um verdadeiro pluralismo jurídico".

[138] Sobre isto, Wladimyr Camargos, «Lex Sportiva» in: Alexandre Miguel Mestre [Coord.], *Enciclopédia de Direito do Desporto*, Gestlegal, Coimbra, 2019, pp. 264-265.

[139] Assim, Alberto Palomar Olmeda, *Las transformaciones del deporte y su repercusión en su Ordenamiento Jurídico*, Aranzadi, Navarra, 2014, p. 15.

Isto porque ao lado da produção normativa da autoria do Estado ou do legislador europeu é preciso contar com um feixe de normas de proveniência associativa ou federativa[140]. Embora elas não sejam, em rigor, fonte de Direito do Trabalho[141], as normas de natureza federativa e associativa têm um impacto relevante na relação de trabalho desportivo[142], bastando pensar na regulamentação das competições[143], da inscrição dos atletas ou no regime do empresário desportivo. Esta regulamentação interfere nos mais variados aspetos da vida contratual ou, pelo menos, afeta a consistência prática da posição do atleta como trabalhador, percorrendo todo o ciclo da vida contratual, desde a sua formação, às suas vicissitudes e à sua cessação.

Sem prejuízo do debate sobre a sua natureza jurídica[144], o que se constata é que, frequentemente, a regulamentação desportiva associativa ou federativa contraria frontalmente o que decorre da lei ou, noutros casos, esgota o efeito útil de certas disposições legais ou de liberdades que decorrem da lei. Pense-se, para dar aqueles exemplos, presentes ou passados, que nos parecem mais representativos num plano das relações profissionais, nas regras que permitem a celebração de contratos de representação desportiva com menores[145], nas regras relativas ao exercício da atividade de empresário

[140] Assim, exatamente, Telma Rocha, «A participação nas seleções nacionais – uma introdução», *Revista de Direito do Desporto,* 2 (2019), pp. 44-93, p. 45.

[141] Assim, João Leal Amado, *Contrato de trabalho desportivo...* [2017], cit., p. 167. João Leal Amado, «Jogar futebol...», cit., p. 47, afirma ainda que se tratam de "regras desportivas que não vinculam os tribunais do trabalho".

[142] Lúcio Correia, *Regime jurídico dos praticantes desportivos profissionais...*, cit., p. 87, fala de "fontes reguladoras importantíssimas desta relação laboral específica".

[143] Andreia Couto, «Regulamento de Competições (Futebol)» in: Alexandre Miguel Mestre [Coord.], *Enciclopédia de Direito do Desporto,* Gestlegal, Coimbra, 2019, pp. 349-350, define-o como "ato normativo emanado pelas federações desportivas dotadas do estatuto de utilidade pública e pelas ligas profissionais no exercício das respetivas funções administrativas, através do qual é criado um conjunto de normas jurídicas gerais e abstratas que estabelecem critérios de decisão e padrões de comportamento que são vinculativos para todos os sujeitos que desempenham funções nas competições organizadas por aquelas entidades e que condicionam a própria actuação das federações desportivas e ligas profissionais".

[144] Sobre a natureza jurídica destes regulamentos, num plano administrativo, Pedro Costa Gonçalves, «Regulamentos desportivos [os poderes regulamentares de natureza pública das federações desportivas e das ligas profissionais]» in: *IV Congresso de Direito do Desporto,* Almedina, Coimbra, 2015, pp. 55-69.

[145] Cfr. artigo 36.º, n.º 3, do RCTPD: "é vedada ao empresário desportivo a representação de praticantes desportivos menores de idade". Por sua vez, o artigo 5.º, n.º 2, do *Regulation on working with intermediaries* da FIFA, sugeria que era possível a celebração de contratos de representação desportiva com menores de idade quando se estabelecia que "*if the player is a minor, the player's*

desportivo[146], nas regras que estabelecem que um praticante desportivo só pode assinar um novo contrato de trabalho quando só faltam 6 meses para cessar o atual[147], na fixação de "cláusulas de rescisão" nos contratos de representação desportiva[148], na sub-cedência de praticantes desportivos[149], nas regras sobre a transferência internacional de menores[150] ou nas compensações a título de promoção ou valorização de um jovem praticante desportivo[151].

legal guardian(s) shall also sign the representation contract in compliance with the national law of the country in which the player is domiciled" (em sentido contrário, porém, o artigo 5.º, n.º 2, do RIFPF). Cfr., actualmente, o artigo 13.º, n.º 1, do FAR da FIFA.

[146] Na jurisprudência, ver o exemplo do ac. de 27/10/2020 do TRL (Cristina Coelho), proc. nr. 625/19.0T8LSB.L1-7: "ainda que se entendesse que o FIFA PAR 2008 tinha sido corretamente transposto para o ordenamento jurídico interno pela FPF (através da mera tradução e divulgação do mesmo), como sustenta o apelante, nunca o mesmo teria a virtualidade de afastar o disposto no art. 23º do RJCTPD, dada a sua natureza imperativa". Noutro contexto, André Dinis de Carvalho, «Comentário ao acórdão do Supremo Tribunal de Justiça, de 23 de Abril de 2002 (recurso n.º 844.º-A/02», *Desporto & Direito*, 1 (2003), pp. 159-176, pp. 164 ss., especialmente, pp. 174-175, escreve que "afigura-se-nos, por isso mesmo, de muito duvidosa constitucionalidade a norma que, à data da celebração do contrato celebrado entre as partes, exigia, para a obtenção de uma autorização necessária ao exercício da actividade de agente desportivo, no campo do futebol profissional, uma caução não reembolsável, no valor de 200.00 francos suíços".

[147] Diga-se que estas normas são de licitude duvidosa. Questionando estas normas federativas, sem "arrimo juslaboral", João Leal Amado, *Contrato de trabalho desportivo...* [2017], cit., p. 52.

[148] Segundo o artigo 9.º, alínea g), do RIFPF, estabelece que "o contrato de representação... tem que conter, pelo menos, os seguintes dados... cláusulas de rescisão, caso existam". Acontece que, a nosso ver, a estipulação de cláusulas de rescisão em contratos de representação desportiva é, pelo menos, duvidosa, em face da lei.

[149] O artigo 78.º do RCLPFP parece admitir a sub-cedência, o que, na opinião de Nuno Vieira Pássaro, *Direito do Desporto...*, cit., p. 231, contraria o artigo 20.º do RCTPD, defendendo a ilegalidade dessa norma.

[150] Assim, António Ourivio Amorim / Arthur Ancinello Saltz, «A transferência internacional do futebolista menor e a preservação do superior interesse da criança» in: Alexandre Miguel Mestre [Coord.], *Compêndio de Direito do Desporto*, Gestlegal, Coimbra, 2021, pp. 799-815, dando nota de jurisprudência dos tribunais espanhóis sublinhando que "a FIFA, enquanto entidade privada e com sede na Suíça (submissa, portanto, ao direito suíço), não pode exigir seus regulamentos sejam considerados em detrimento do ordenamento jurídico espanhol" (p. 807). Mais adiante, escrevem os Autores que "é necessário pensar se a FIFA não está a usurpar-se da competência de legislar sobre um tema como o direito da criança ao simplesmente proibir a transferência de menores de idade" (p. 813).

[151] Segundo o artigo 19.º, n.º 8, do RCTPD, "nas modalidades em que, por inexistência de interlocutor sindical, não seja possível celebrar convenção coletiva, a compensação a que se refere o n.º 2 pode ser estabelecida por regulamento federativo". Portanto, existindo representação sindical dos atletas, como acontece no futebol, está vedada às associações desportivas a criação destas compensações. Cfr. o Parecer Consultivo da PGR n.º PGRP00001858: "no quadro definido pela Lei n.º 28/98, de 26 de Junho, a obrigação de pagamento de uma compensação por formação,

Como é evidente, os regulamentos federativos, estando hierarquicamente subordinados à lei, não podem colidir com o que decorre da lei ou, pelo menos, restringir ou esvaziar o seu efeito útil[152]. Na afirmação – quiçá, provocadora – de PEDRO COSTA GONÇALVES, "a proibição constitucional de regulamentos com conteúdos inovadores em matérias já disciplinadas e enquadradas por lei é fácil de perceber por qualquer jurista"[153].

Acontece que, segundo acreditamos, as situações acima identificadas não esgotam o potencial problemático dos regulamentos desportivos na sua relação com o princípio da legalidade. É que, mais do que contrariar o que decorre já da lei, podemos autonomizar os casos em que a regulamentação federativa ou associativa invade espaços normativos que pertencem à esfera da reserva de lei. E, segundo pensamos, esse fenómeno é particularmente observável quando as Federações desportivas revelam uma pretensão normativa sobre direitos, liberdades e garantias. Que o mundo desportivo é particularmente rico em dimensões jusfundamentais é algo que por ora prescinde de especiais desenvolvimentos. Esta "penetrabilidade do Direito do Desporto

decorrente da celebração pelo formando do primeiro contrato de trabalho como profissional, com entidade empregadora distinta da entidade formadora, só pode ser estabelecida por convenção colectiva, nos termos das disposições conjugadas dos artigos 38.º e 18.º, n.º 2, do mesmo diploma; Nesta conformidade e por maioria de razão, não pode ser estabelecida por regulamento federativo a obrigação de pagamento de qualquer compensação a um clube no caso de mudança para outro clube de praticantes desportivos com idade inferior a 14 anos".

152 JOÃO LEAL AMADO, *Vinculação* versus *liberdade...*, cit., p. 155: "nestas hipóteses: uma de duas: ou tais normas estabelecem regimes contraditórios entre si, abrindo-se então um conflito que se poderá ser resolvido através do princípio da hierarquia normativa – as regras desportivas, produto que são da autonormação das instituições desportivas, terão que ceder perante as regras laborais emanadas do legislador". Observava NUNO BARBOSA, «Crónica da jornada» in: ANTÓNIO MOREIRA [Coord.], *II Congresso de Direito do Desporto — Memórias*, Almedina, Coimbra, 2007, pp. 295-298, p. 297, que "é sabido que, actualmente, muita da regulamentação desportiva contém normas manifestamente ilegais, seja por contrariedade ao direito nacional, seja por contrariedade ao direito comunitário".

153 PEDRO COSTA GONÇALVES, «Imputação ao Gil Vicente FC de infracção disciplinar muito grave consistente na violação do disposto no artigo 63.º do Regulamento Disciplinar da Liga Portuguesa de Futebol Profissional», *Desporto & Direito*, 13 (2007) pp. 91-115, p. 106: "isso significa que, directa ou indiretamente, só uma lei, não um regulamento, pode alterar a equação constante de lei entre regra e excepção – trata-se, quanto a este ponto, do princípio da legalidade na sua formulação mais básica de primazia ou primado da lei. Mas, ainda no caso, a proibição de interferência regulamentar é reforçada pelo facto de os artigos 46.° e 47.° da LBD procederem à a regulamentação de um direito protegido pelo regime dos direitos, liberdades e garantias. Como se sabe, nos termos do artigo 165.°, n.° 1, al. b), da Constituição, só uma lei (não um regulamento) poderá dispor sobre direitos, liberdades e garantias, v. g., para definir o âmbito de um direito".

pelas normas jusfundamentais"[154] exprime-se em vários contextos[155], bastando pensar que o Desporto é, desde logo, uma forma de autodeterminação, expressão e até de desenvolvimento da personalidade e representa, muitas vezes, o gozo de uma liberdade profissional. Esses direitos, liberdades e garantias são instrumentos de defesa contra as próprias Federações desportivas, por razões evidentes[156].

Importa lembrar que a matéria dos direitos, liberdades e garantias pertence à reserva relativa da Assembleia da República (artigo 165.º, n.º 1, alínea b), da CRP76). O que acontece é que, frequentemente, como se disse, a regulamentação desportiva, nacional ou transnacional, exprime uma pretensão normativa em matéria de direitos, liberdades e garantias. Pensamos que esse fenómeno é particularmente visível naqueles casos em que os regulamentos desportivos incidem sobre o estatuto laboral dos praticantes desportivos e até, mais em geral, no exercício profissional dos agentes desportivos[157], agredindo, até, a posição jurídico-subjectiva dos agentes desportivos nesse plano[158].

[154] Paulo Otero, «Metamorfoses do Direito do Desporto...», cit., p. 6. Noutro contexto, Germano Marques da Silva, «Parecer do Professor Doutor Germano Marques da Silva», *Desporto & Direito*, 18 (2009), pp. 405-429, p. 421: "os direitos fundamentais vinculam todas as pessoas e entidades públicas, nem a Liga Portuguesa de Futebol Profissional, embora goze de grande autonomia, está dispensada de respeitar os direitos fundamentais".

[155] Como escreve José Carlos Vieira de Andrade, «Os direitos fundamentais e o Direito do Desporto» in: *II Congresso de Direito do Desporto — Memórias*, Almedina, Coimbra, 2007, pp. 23-41, p. 30: "no mundo desportivo, há, pois, toda uma rede de relações humanas e sociais, em que se confrontam, em variadas composições concretas, diversos direitos fundamentais das pessoas e organizações, suscitando problemas aos quais a ordem jurídico-constitucional não pode ser alheia".

[156] Escreve Pedro Costa Gonçalves, *Entidades privadas com poderes públicos: o exercício de poderes públicos de autoridade por entidades privadas com funções administrativas*, Almedina, Coimbra, 2008, p. 842, que "o facto de os cidadãos dos Estados democráticos adquirirem a titularidade de direitos fundamentais e deixaram de estar dispostos a aceitar os comportamentos arbitrários e insindicáveis das autoridades desportivas".

[157] Também sobre isto, virado para a realidade francesa, Jean Philippe Tricoit, «As normas internacionais e europeias aplicáveis ao desportista na qualidade de trabalhador – em busca da especificidade desportiva em matéria social», *Revista de Direito do Desporto*, 8 (2021), pp. 7-18.

[158] Miguel Nogueira de Brito, «O novo regime das Federações desportivas», *Desporto & Direito*, 19 (2009), pp. 9-47, p. 16: "no âmbito das associações desportiva se podem, sobretudo na ausência de legislação (...) criar situações em que a liberdade de profissão e a liberdade de empresa são susceptíveis de ser perturbadas por forças ou domínios sociais".

Pense-se, para agrupar apenas alguns exemplos, atuais ou passados, na regulamentação que fixa(va) o limite máximo de duração de um contrato de trabalho do praticante desportivo[159], que condiciona o exercício da atividade de treinador desportivo[160], que exige a natureza laboral do vínculo do treinador desportivo[161], nas regras relativas à inscrição de um jogador[162], nas regras que protegem a maternidade[163], a intenção de impor *salary caps* no futebol feminino[164], nas regras especiais sobre o conflito na Ucrânia, permitindo

[159] Incompatibilidade que existiu, mas, entretanto, "sanada". Com efeito, a Lei n.º 28/98, de 26 de junho, permitia às partes a celebração de um contrato de trabalho desportivo com a duração máxima de 8 épocas desportivas, ao passo que o Regulamento da FIFA apenas permitia, e permite, uma duração de 5 épocas desportivas, embora ressalvando as normas nacionais (artigo 18.º, n.º 2). O que é certo é que, por causa da Regulamentação da FIFA, desconhece-se que hajam sido celebrados contratos de trabalho com uma duração... permitida por lei, ou seja, até 8 épocas desportivas. No entanto, a Lei n.º 54/2017, de 14 de julho, permite uma duração de 5 épocas desportivas (artigo 9.º). Neste sentido, João Leal Amado, *Vinculação* versus *liberdade*..., cit., p. 154, n. 295.

[160] Sobre isto, Marta Vicente, «Sobre o regime jurídico de acesso...», cit., pp. 22-37.

[161] Cfr. artigo 81.º do RCLPFP: "apenas poderão ocupar o banco de suplentes previsto no artigo 61.º os treinadores com contrato de trabalho e os médicos e massagistas que tenham sido devidamente registados na Liga Portugal".

[162] Pedro Costa Gonçalves, «Imputação ao Gil Vicente FC de infracção...», cit., p. 106: "a inscrição coloca o interessado em posição de exercer uma profissão, sendo, por conseguinte, manifesta a articulação entre inscrição e direito ao trabalho".

[163] Em janeiro de 2021, foram aprovados e entraram em vigor duas alterações relativas à tutela das futebolistas profissionais grávidas. Essa proteção consta hoje do artigo 18.º-quater do RETJ da FIFA. Como se sabe, as normas em matéria de parentalidade gozam de uma especial imperatividade, não admitindo mesmo a sua derrogação por Instrumento de Regulamentação Coletiva de Trabalho: cfr. artigo 3.º, n.º 3, alínea b), do CT09. Mais do que isso, a proteção da parentalidade goza de uma especial proteção constitucional. Dúvidas não existem de que a proteção laboral na maternidade integra os direitos, liberdades e garantias. A este respeito, Felipe Augusto Loschi Crisafulli, «A possibilidade de os clubes de futebol...», cit., p. 61, escreve que "regulamentos não são o diploma legítimo à limitação de direitos, algo que somente se admite por meio de lei em sentido estrito, sob pena de violação do princípio da legalidade, abuso do poder regulamentar e invasão de competência legislativa".

[164] Plano entretanto abandonado. Com efeito, em maio de 2020, alegadamente por força do impacto económico da pandemia COVID-19, a Federação Portuguesa de Futebol anunciou a intenção de fixar um *salary cap* de € 500.000,00 às equipas que disputassem a Liga BPI para a época 2020/2021. Concretamente, divulgara-se então que "face às circunstâncias excecionais decorrentes da pandemia COVID-19 e à necessidade de garantir o equilíbrio dos clubes e a estabilidade da competição, é estabelecido o limite máximo de 550 mil euros para a massa salarial das jogadoras inscritas na temporada 2020/21. Entende-se por massa salarial do plantel a soma dos salários e/ou subsídios declarados no contrato de cada jogadora". A medida viria a cair prematuramente pela forte contestação (com o lema "Futebol sem género") por atentar, desde logo, contra a igualdade de género, valor constitucionalmente garantido.

a suspensão dos contratos de trabalho[165], na controvérsia sobre a validade das chamadas cláusulas "anti-rivais"[166], nas regras que permitem a resolução do contrato de trabalho por "justa causa desportiva"[167], na indemnização em caso de cessação ilícita do contrato de trabalho promovida por qualquer uma das partes[168], na norma federativa que faz depender a nova inscrição de uma decisão judicial em caso de resolução do contrato de trabalho[169], nas *guidelines*

[165] Embora nesse caso, claro está, como exemplo meramente representativo, pois sem impacto no Direito português. Cfr. o Anexo 7 do RETJ da FIFA: "*a contract of an international dimension between a player or a coach and a club affiliated to the UAF shall be considered automatically suspended until 30 June 2022*" (n.º 2). Cfr. ainda a Circular n.º 1787 da FIFA.

[166] Independentemente do que decorra de regulamento desportivo, o artigo 19.º, n.º 1, do RCTPD, é categórico: "são nulas as cláusulas inseridas em contrato de trabalho desportivo visando condicionar ou limitar a liberdade de trabalho do praticante desportivo após o termo do vínculo contratual". Como alerta João Zenha Martins, «Contrato de trabalho desportivo...», cit., p. 113, "uma coisa é a interpretação de um regulamento associativo (no caso: art. 18bis do RETJ da FIFA), outra, que com aquela não se confunde, é o conjunto de implicações jusfundamentais e (anti)concorrenciais que determinadas práticas produzem e cuja (re)solução deve operar em concretização dos vetores sistemáticos do ordenamento nacional e das mensagens substantivas que estes, tantas vezes para lá de regulação legal específica, fornecem".

[167] O artigo 23.º, n.º 4, do RCTPD, estabelece que "por convenção coletiva pode ser estabelecido o direito de o praticante resolver o contrato em caso de não participação nas competições oficiais ao longo da época desportiva". Aparentemente, o legislador apenas permite que essa possibilidade seja produto da autonomia coletiva e não por regulamento federativo.

[168] Sobre isto, João Leal Amado, «Andrew Webster: uma pessoa...», cit., pp. 267-273. Patrícia Franco, «A cumplicidade na cessação...», cit., p. 85: "cabe à legislação laboral regular as consequências da cessação do contrato de trabalho, não devendo, portanto, os regulamentos desportivos substituírem-se ao legislador laboral e estabelecerem consequências para o incumprimento contratual".

[169] O artigo 27.º, n.º 3, do RCTPD, estabelece: "o vínculo desportivo tem natureza acessória em relação ao vínculo contratual e extingue-se com a comunicação prevista no presente artigo, podendo ser registado novo contrato, nos termos gerais". Acontece que o ordenamento jurídico-desportivo contém várias disposições, mormente de federativa e associativa, que afetam, no plano desportivo, a liberdade pós-contratual do praticante desportivo. Aliás, o STJ já decidiu que "os direitos, liberdades e garantias fundamentais só podem ser restringidos por lei nos casos expressamente previstos na Constituição, devendo as restrições limitar-se ao necessário para salvaguardar outros direitos ou interesses constitucionalmente protegidos (art.º 18.º, n.º 2, da CRP). No que toca ao direito à liberdade de escolha de profissão, a Constituição admite que o mesmo possa sofrer de restrições desde que estas sejam impostas pelo interesse colectivo ou desde que sejam inerentes à própria capacidade do trabalhador (vide segunda parte do n.º 1 do art.º 47.º da CRP). Acontece, porém, que as restrições aos direitos, liberdades e garantias fundamentais estão sujeitas a *reserva de lei restrita*, uma vez que a competência para legislar sobre tais matérias cabe exclusivamente à da Assembleia da República, embora possa conferir autorização ao Governo para tal (art.º 165.º, n.º 1, al. b), da CRP)" (ac. de 03/07/2007 do STJ (Sousa Peixoto), proc. nr. 06S1541).

da FIFA quanto à redução salarial por acordo durante a pandemia[170], entre outros exemplos, que podem inclusivamente extravasar o campo do Direito do Trabalho[171].

Segundo pensamos, às instâncias desportivas, nacionais e, sobretudo, transnacionais, não compete regular aspetos laborais da atividade desportiva[172]. Em primeiro lugar, porque, de acordo com o princípio da especialidade, certamente que os poderes de regulamentação reconhecidos a estas entidades não visam entregar-lhes a tarefa regulatória do contrato de trabalho e demais aspetos relativamente à sua execução num plano laboral. Concretamente, estamos em crer que o legislador, ao referir-se aos poderes normativos das Federações desportivas nacionais para "promover, regulamentar e dirigir, a nível nacional, a prática de uma modalidade desportiva ou de um conjunto de modalidades afins ou associadas"[173], não se queria seguramente referir à dimensão laboral da atividade desportiva.

[170] Cfr. o documento *Covid-19 Football Regulatory Issues* de Abril de 2020 da FIFA (disponível em https://digitalhub.fifa.com/m/470d6493f38c9221/original/zyqtt4bxgupp6pshcrtg-pdf.pdf). Afirmando que um semelhante mecanismo poderia colidir com o princípio constitucional da livre iniciativa privada, Tiago Fernandes, «O contrato de trabalho do praticante desportivo...», cit., p. 64, n. 34.

[171] Pense-se em normas de incidência fiscal. Sobre isto, Filipe Cerqueira Alves, «Notas sobre a dedutibilidade fiscal de gastos com intermediação desportiva», *Revista de Direito do Desporto*, 13 (2022), 13-20, p. 16.

[172] Como assinala João Leal Amado, «Copa do Mundo: entre a "pausa técnica" e a "pressão alta"», *Desporto & Direito*, 32 (2014), pp. 205-216, pp. 212-213, "a pretexto de que o contrato do praticante tem por objecto a prestação de uma atividade desportiva, as federações têm procurado (e, em larga medida, têm logrado) chamar a si a disciplina substantiva dos próprios aspectos laborais da relação e a resolução dos litígios dela emergentes. Ora, o processo - sem dúvida lento, por vezes até contraditório, mas irreversível - de laboralização da relação jurídica do praticante desportivo profissional supõe, precisamente, o contrário: há, também aqui, que delimitar fronteiras, que separar as águas. Há que delimitar, tanto quanto possível, a esfera desportiva da esfera laboral: esta deverá, evidentemente, ser regulada por normas laborais; aquela, e só aquela, deve (continuar a) ser disciplinar pela regulamentação federativa". Mais adiante, p. 214, completa o Autor: "há, por conseguinte, que repartir competências: às instituições desportivas (federações, ligas de clubes, etc.) caberá a disciplina dos aspectos desportivos dessa actividade; os aspectos laborais, esses, deverão ser disciplinados através de instrumentos juslaborais (lei estadual, convenção colectiva, contrato individual de trabalho, etc.)". No comentário de Francisco Rubio Sánchez, «Derecho à la ocupación efectiva de los deportistas profesionales» in: *Iº Congresso Internacional sobre o Regime Jurídico do Contrato de Trabalho Desportivo*, Vida Económica, Porto, 2018, pp. 29-42, pp. 29-30, que nos parece perfeitamente adequado à realidade portuguesa, "foi preciso desmontar de forma paralela toda uma trama de normas desportivas que com frequência extravasavam a fronteira das regras de jogo, para se imiscuir indevidamente na regulação de aspectos jurídico-laborais".

[173] Cfr. artigo 2.º, alínea a), parágrafo i), do Decreto-Lei n.º 248-B/2008, de 31 de dezembro.

No entanto, ainda que assim fosse, importa não perder de vista, na sequência do que foi desenvolvido anteriormente, que a matéria relativa ao contrato de trabalho enquadra-se, por razões evidentes, no regime dos direitos, liberdades e garantias e, por isso mesmo, está abrangido pela reserva de lei. Portanto, não só a regulamentação laboral da atividade desportiva não é matéria que o legislador quis entregar às Federações desportivos como, ainda que assim quisesse, ela é da competência exclusiva do legislador e, por isso, não é "deslegalizável" nos moldes acima referidos[174].

Por outro lado, a partir do momento em que se considere que estes regulamentos desportivos contêm normas de natureza jurídico-laboral, não só estará em causa a usurpação de competências que pertencem ao legislador, mas também a própria violação do procedimento que a CRP76 exige para a feitura de normas laborais. De facto, estes regulamentos federativos não podem ser aprovados à revelia do dever de auscultação das entidades representativas dos trabalhadores. É que o processo legislativo de feitura das leis laborais é mais complexo do que a generalidade dos diplomas legais. Os representantes dos trabalhadores – concretamente, as comissões de trabalhadores[175] e as associações sindicais[176] – têm o direito, constitucionalmente garantido, a "participar na elaboração da legislação do trabalho". E, sem prejuízo das críticas fundadas que possam ser dirigidas a uma conceção ampla[177], de acordo com a doutrina maioritária, o conceito de "legislação

[174] O que vale, aliás, para as Federações desportivas como vale, em geral, para qualquer fenómeno de deslegalização em matéria laboral, bastando traçar o paralelismo com o que acontecia com as pretéritas leis do trabalho que faziam depender de Decreto Regulamentar a aplicação e extensão do regime legal do contrato de trabalho a outras relações especiais de trabalho, o que, como é bom de ver, seria hoje flagrantemente inconstitucional por estas razões. Neste sentido, Jorge Manuel Coutinho de Abreu, «Os regulamentos administrativos em Direito do Trabalho» in: *Estudos em homenagem ao Prof. Doutor Afonso Rodrigues Queiró*, vol. I, Coimbra, 1984, pp. 37-59, especialmente, pp. 40 ss.

[175] Cfr. artigo 54.º, n.º 5, alínea d), da CRP76: "constituem direitos das comissões de trabalhadores... participar na elaboração da legislação do trabalho e dos planos económico-sociais que contemplem o respetivo sector".

[176] Cfr. alínea a), do n.º 1, do artigo 56.º, da CRP76: "constituem direitos das associações sindicais... participar na elaboração da legislação do trabalho".

[177] José Engrácia Antunes, *A proibição de cúmulo administrador/trabalhador – da sua constitucionalidade*, Almedina, Coimbra, 2018, p. 68: "o direito constitucional dos trabalhadores na feitura da legislação do trabalho é, afinal, uma delicada "peça de relojoaria" cujo funcionamento teórico e prático depende estritamente do equilíbrio que se consiga obter entre um conceito amplo de legislação do trabalho – que faça jus à sua teleologia inspiradora própria – e os limites desse mesmo conceito – que impeça a sua extensão para lá do próprio Direito do Trabalho".

do trabalho" deve ser lido de forma "elástica", "expansiva"[178], devendo aí incluir-se os regulamentos administrativos[179]. Em relação ao que se deve considerar legislação do trabalho, o próprio legislador teve o cuidado de o densificar, podendo aí considerar-se, sem dificuldade, o regulamento desportivo com as finalidades atrás referidas[180]. Por outro lado, este dever de auscultação existe quando esses diplomas têm caráter inovador, isto é, quando "estatuam um regime substantivamente diferente e novo relativamente ao

[178] Neste sentido, JORGE BACELAR GOUVEIA, «Os direitos de participação dos representantes dos trabalhadores na elaboração da legislação laboral» in: *Estudos do Instituto de Direito do Trabalho*, vol. I, Almedina, Coimbra, 2001, pp. 109-151, pp. 132-133 ("a nossa posição é de tipo expansivo"), LUÍS GONÇALVES DA SILVA, «Sujeitos colectivos» in: *Estudos do Instituto de Direito do Trabalho*, vol. III, Almedina, Coimbra, 2002, pp. 287-388, pp. 335 ss. ("pensamos que a posição da doutrina que revela um entendimento amplo e elástico é a que deve merecer a nossa concordância"). Contra, JOSÉ JOAQUIM GOMES CANOTILHO / VITAL MOREIRA, *Constituição da República Portuguesa anotada*, Coimbra Editora, Coimbra, 2007, pp. 724-725 ("devendo ser entendido no seu sentido amplo corrente de direito ou regulamentação do trabalho, de forma a abarcar todo o diploma que contenha decisões de nível "legislativo" ou equiparado"). Ainda sobre isto, ANTÓNIO BARBOSA DE MELO, «Discussão pública pelas organizações de trabalhadores de Leis de Autorização Legislativa», *Revista de Direito e de Estudos Sociais*, 1989, III-IV, pp. 529-539, afirmando, p. 538, que "os "direitos" destas organizações não se referem só ao conteúdo essencial de cada lei do trabalho (...) referem-se, sim, a toda a lei do trabalho em causa no caso – ao seu conteúdo essencial e à regulamentação que o complementa – já que ela afecta os direitos e interesses das pessoas representadas por tais organizações". Ainda sobre este direito, embora sem se pronunciar expressamente sobre a questão, mas sugerindo que está em causa a legislação ordinária, FRANCISCO LUCAS PIRES, «Anotação ao artigo 56.º» in: *Estudos sobre a Constituição*, vol. I, Livraria Petrony, Lisboa, 1977, pp. 376-379.

[179] Neste sentido, JOSÉ BARROS MOURA, *A convenção colectiva entre as fontes de Direito do Trabalho – contributo para a teoria da convenção colectiva de trabalho no Direito português*, Almedina, Coimbra, 1984, p. 53 ("em nosso entender... ela tanto abrange tanto as leis e decretos-leis (e também os decretos regionais) como os regulamentos genéricos do Governo em matéria de trabalho"), J. BACELAR GOUVEIA, «Os direitos de participação dos representantes...», cit., p. 133 (fazendo incluir os "actos normativos, do tipo regulamentar, dos órgãos com poder administrativo – já que muitos desenvolvimentos existem para o mundo do trabalho através de intervenções normativas regulamentares, sendo difícil afastar os regulamentos meramente executivos, pois que qualquer regulamento pressupõe sempre um mínimo de inovação na ordem jurídica") e LUÍS GONÇALVES DA SILVA, «Sujeitos colectivos», cit., pp. 339-340 ("adite-se os diplomas provenientes do Governo e das Assembleias Regionais, bem como os gerados por órgãos administrativos, i.e., os actos regulamentares, quer se trate de regulamentos independentes quer se trate de regulamentos meramente executivos, devem também ser objecto de resposta positiva. Note-se que estes diplomas, incluindo os meramente executivos, geram Direito, além de que é muitas vezes no pormenor (dos regulamentos) que está o cerne da legislação").

[180] Cfr. artigo 469.º, n.º 2, do CT09: "são considerados legislação do trabalho os diplomas que regulam, nomeadamente, as seguintes matérias: a) Contrato de trabalho; b) Direito colectivo de trabalho; c) Segurança e saúde no trabalho; d) Acidentes de trabalho e doenças profissionais; e) Formação profissional; f) Processo do trabalho".

quadro legal preexistente, e não já aquelas que mantenham uma situação laboral que já se encontrava legal definida ou prevista"[181], o que acontece flagrantemente nos casos acima indicados.

A regulamentação associativa convoca ainda outro desafio. É que nas normas de fonte associativa devem contar-se, como até já se adiantou em alguns exemplos dados, aquelas com natureza internacional (como as normas que são emanadas pela FIFA[182] e UEFA)[183]. Pense-se, para dar apenas dois exemplos, na regulamentação sobre a atividade de intermediário desportivo[184] ou sobre a transferência e estatuto dos atletas[185]. Controversa é, a nosso ver, a aplicabilidade destes regulamentos num plano interno, embora seja essa a opinião da nossa literatura especializada. Em 2015, na sessão solene de abertura de *Congresso de Direito do Desporto*, realizado em Coimbra, Diogo Freitas do Amaral, constatando a complexidade normativa em redor do Desporto, defendeu a aplicabilidade dos regulamentos desportivos transnacionais no ordenamento jurídico interno[186], posição que reiterou num dos últimos testemunhos escritos, ao escrever o Prefácio da *Enciclopédia de Direito do Desporto*[187]. Nesta matéria, foi mesmo pioneiro, pois o seu *Manual de Introdução ao Estudo do Direito* devotava já atenção aos regulamentos desportivos transnacionais, perfilhando esse entendimento. Para sustentar esse entendimento, o Autor recorre às regras de Direito Internacional Privado[188] ou considera-as normas corporativas e, portanto, fontes de Direito no ordenamento jurídico nacional[189]. Afirmando sem pejo que estas organizações desportivas produzem verdadeira *hard law*, afirma, à margem de qualquer dúvida, que "todas elas emanam normas jurídicas, muitas das quais plenamente

[181] José Engrácia Antunes, *A proibição de cúmulo...*, cit., p. 68.

[182] Alberto Colombo, «FIFA» in: Alexandre Miguel Mestre [Coord.], *Enciclopédia de Direito do Desporto*, Gestlegal, Coimbra, 2019, pp. 199-200, os Regulamentos da FIFA são "guias para a convivência de todos os intervenientes no seio da estrutura global do futebol".

[183] Um pouco à semelhança do que se passa com a regulamentação associativa nacional, estes regulamentos são aplicáveis por força do princípio da filiação: como explica Rodrigo Morais, «Regulamento sobre o Estatuto...», cit., p. 353, "em termos práticos, as associações nacionais são representantes da FIFA nos seus países".

[184] Atualmente, o FAR da FIFA.

[185] Regulamento sobre o Estatuto e Transferência de Jogadores (referido como RETJ).

[186] Diogo Freitas do Amaral, «Os ordenamentos desportivos...», cit., pp. 16 ss.

[187] Diogo Freitas do Amaral, «Prefácio», cit., pp. 5-8.

[188] Diogo Freitas do Amaral, «Os ordenamentos desportivos...», cit., pp. 16 ss.

[189] Diogo Freitas do Amaral, *Manual de Introdução ao Direito*, Vol. I, Almedina, Coimbra, 2017, pp. 527 ss.

imperativas, e que beneficiam de uma receção automática no nosso ordenamento jurídico interno"[190].

Esta posição foi mais recentemente sufragada por PAULO OTERO, em discurso proferido por ocasião da abertura do *Curso de Direito do Desporto* de 2022. Porventura de forma ainda mais categórica, afirma o Autor que esta normatividade – aquilo que chama de "Direito Desportivo material" –, "integrando-se internamente por osmose", "não se encontra sujeita a qualquer ato de receção, nem mesmo a publicitação no jornal oficial"[191]. A posição do Autor não surpreende, pois, na verdade, este pensamento remonta já de forma larvar à sua Dissertação de Doutoramento, onde *en passant* se refere que esta normatividade goza de uma força factual tal que se impõe no ordenamento jurídico interno e ao próprio Estado[192].

[190] DIOGO FREITAS DO AMARAL, «Prefácio», cit., p. 7.

[191] PAULO OTERO, «Metamorfoses do Direito do Desporto – palavras na abertura de um curso de Direito do Desporto», *Revista de Direito do Desporto*, 11 (2022), pp. 5-7, p. 5.

[192] Assim, PAULO OTERO, *Legalidade e Administração Pública – o sentido da vinculação administrativa à juridicidade*, Almedina, Coimbra, 2003, p. 604, "não se podem considerar recepcionadas pela Constituição ou pela legislação ordinária como normas jurídicas, apesar de poderem ou não ser reconhecidas ou aceites, expressa ou tacitamente, pelo ordenamento jurídico interno como factos. Trata-se de uma normatividade que, sendo totalmente elaborada à margem da Comunidade Internacional que tem os Estados como protagonistas ou as organizações dele dependentes, está no cerno do seu conteúdo também fora do poder dispositivo do Estado, verificando-se até que algumas vezes é dotada de uma automaticidade aplicativa com total indiferença pelo Estado, surgindo como mero elemento de facto de facto que se lhe impõe". Mais recentemente, PAULO OTERO, «Metamorfoses do Direito do Desporto...», cit., p. 5, refere que "tais normas se impõem ao Estado, independentemente da sua vontade e até contra a sua vontade". Mais recentemente, JOSÉ MANUEL MEIRIM, «O estatuto de utilidade pública desportiva e o efeito boomerang: breve nota acerca de sistemas normativos no desporto», *Revista de Direito do Desporto*, 13 (2022), pp. 30-33, p. 32, escreve que "ora, em contas bem feitas, o direito estatal ao exigir a integração de um dado ente nacional na federação internacional, como que incorpora o direito do sistema normativo internacional. Uma vez que só tem por adquirida a noção de federação desportiva nacional quando esta é parte integrante da internacional e para tal tem que respeitar as normas próprias dessa normativa desportiva privada internacional, a noção legal de federação despor-tiva, representa a entrada no normativo nacional público do quadro de regras de cada uma das federações desportivas internacionais". O autor não deixa de apontar, porém, p. 33, que "sendo assim, impõe-se decisivamente a questão de saber até onde vai tal integração normativa. Trata-se de um "cheque em branco"? Em caso de conflito de normas prevalecerá a de natureza desportiva privada?". No mesmo sentido, ANTOINE DUVAL, *The FIFA Regulations on the Status and Transfer of Players: Transnational Law-Making in the Shadow of Bosman*, ASSER Institute - Centre for International and European Law, 2016, disponível *online*, p. 22: "é (quase) irrelevante se estas normas são reconhecidas como legítimas pelas ordens jurídicas nacionais, elas formam precedente por serem efectivas na prática (...) o tradicional primado da lei nacional será suplantado pela primazia prática do Regulamento da FIFA". Também JOSÉ MANUEL MEIRIM, «Desporto e Direito ou Direito do Desporto» in: *Temas de Direito do Desporto*, Coimbra Editora, Coimbra, 2006, pp. 233-305, p. 256, fala aqui de uma efetividade, isto é, da sua "capacidade de dirigir a conduta dos seus membros". JOÃO ZENHA MARTINS,

Finalmente, este entendimento vive ainda ancorado à ideia de que os agentes desportivos (atletas, empresários desportivos, clubes, árbitros, etc.) estão filiados nas respetivas federações nacionais, o que serviria de título ou credencial de legitimação originária desta regulamentação[193]. Por outras palavras, o respetivo "licenciamento" dos agentes desportivos nas Federações desportivas nacionais seria o elo de ligação entre os agentes desportivos e a regulamentação transnacional, gerando uma relação hierárquica em cadeia de que resultaria a sua aplicação no ordenamento jurídico interno. Concretizando, dado que as Federações transnacionais agregam as Federações nacionais, uma vez filiados na Federação nacional, os agentes desportivos (atletas, empresários desportivos, árbitros, etc.) ficariam, indiretamente, sujeitos à regulamentação da Federação transnacional[194].

Acontece que, a nosso ver, esta construção peca por ser demasiado simplista e não pode ser aceite acriticamente, pelo menos, como veremos, quando a normatividade federativa pretende invadir espaços que o ordenamento jurídico nacional rodeia com mais e melhores garantias[195].

"Contrato de trabalho desportivo...", cit., p. 113, escreve que "são quadros normativos de base associativa que se impõem ao Estado". Heinrich Hörster, «A caminho de um direito do desporto...», cit., p. 363, afirma que as Federações desportivas transnacionais têm "uma posição de poder não controlável". No contexto específico das relações entre as Federações e Ligas, Emanuel Macedo de Medeiros, «Federações desportivas e ligas profissionais: que coabitação?», *Desporto & Direito*, 11 (2007), pp. 239-255, p. 251, fala da "capitulação do legislador indígena às irreprimidas pressões da FIFA". No mesmo sentido, Nuno Vieira Pássaro, *Direito do Desporto...*, cit., p. 125. No contexto da regulamentação dos empresários desportivos, escreve José Manuel Meirim, «Enfoque», cit., p. 289, que "as normas da FIFA se revestem, em muitos aspectos, um carácter meramente indicativo, deixando margem de manobra para as soluções das diversas federações nacionais no respeito dos princípios estabelecidos pela FIFA e, nessa medida, possibilitando o debate sobre as opções a tomar, são contudo, não nos restam dúvidas a esse respeito, imperativas quanto ao fim do modelo anterior".

[193] Alexandra Pessanha, *As federações desportivas – contributo para o estudo do ordenamento jurídico desportivo*, Coimbra Editora, Coimbra, 2001, p. 172: "a fonte de legitimação desta autoridade organizativa e normativa encontramo-la no grupo social que, constituído por atletas, clubes, associações e por todos aqueles que, desenvolvem uma actividade compreendida no objecto da federação, a dotou do poder de fixar regras e de garantir o seu cumprimento".

[194] No contexto das Federações nacionais, também Vital Moreira, «Parecer do Professor Doutor Vital Moreira», *Desporto & Direito*, 18 (2009), pp. 431-502, p. 437, se refere a uma "situação de auto-administração, ou seja, de exercício de poderes administrativos através de estruturas representativas dos próprios administrados".

[195] Marta Vicente, «Sobre o regime jurídico de acesso e exercício da atividade de treinador de desporto no futebol profissional – uma perspetiva de Direito Constitucional», *Revista de Direito do Desporto*, 10 (2021), pp. 22-37, pp. 29-30: "obviamente que o relevo jurídico das determinações da UEFA, em especial numa matéria que contende com os direitos, liberdades e garantias daqueles que exercem a profissão de treinador de desporto em Portugal, não procede da "natureza das coisas"".

Dúvidas não existem, também para nós, de que as Federações desportivas transacionais têm um relevo que o próprio Estado reconhece. Aliás, como prova disso, a própria atribuição do estatuto de utilidade pública desportiva está dependente da ligação a uma Federação desportiva transnacional[196]. Não falta mesmo quem escreva que "a fidelidade do ordenamento desportivo português às determinações da UEFA constitui, em si mesmo, um interesse público com relevo constitucional"[197].

Acontece que a relevância jurídica das Federações desportivas transnacionais não pode ser argumento suficiente para defender a aplicabilidade das suas normas no ordenamento jurídico interno e, mais do que isso, o seu primado sobre o Direito interno, como sugere e defende aquela doutrina.

Desde logo, a construção das normas federativas transnacionais como normas corporativas esquece o problema da vigência de semelhante fonte de Direito[198]. No entanto, as nossas reservas estão sobretudo relacionadas com a própria natureza jurídica destas entidades e na sua pretensa habilitação para projetar a sua regulamentação no espaço jurídico nacional. A normatividade desportiva, por muito que reclame a sua independência em relação ao Estado

[196] No mesmo sentido, José Manuel Constantino, «A centralidade das federações desportivas no modelo europeu do Desporto e os efeitos nas políticas públicas e no movimento olímpico», *Desporto & Direito*, 12 (2007), pp. 441-449, p. 442, escreve que "esta normatividade supranacional é de tal modo relevante que, por exemplo, na legislação portuguesa a atribuição do estatuto de utilidade pública desportiva a uma federação desportiva tem como uma das condições necessárias a filiação na respectiva federação internacional, o que vale por reconhecer que a avaliação nacional, que é de natureza política, está condicionada e não dispensa o reconhecimento internacional que é de âmbito desportivo".

[197] Marta Vicente, "Sobre o regime jurídico de acesso...", cit., p. 30.

[198] Considerando que esta norma foi revogada, Carlos Alberto da Mota Pinto, *Teoria Geral do Direito Civil*, 4.ª ed., Coimbra Editora, Coimbra, 2005, p. 64 e, curiosamente, Diogo Freitas do Amaral, «Anotação ao artigo 1.º» in: Ana Prata [Coord.], *Código Civil anotado*, Almedina, Coimbra, 2017, pp. 13-15 (!). Parecendo admitir que ainda permanece em vigor, Manuel Fontaine Campos, «Comentário ao artigo 1.º» in: *Comentário ao Código Civil português*, Vol. I (Parte Geral), UCP Editora, Lisboa, 2014, pp. 27-29 e José de Oliveira Ascensão, *O Direito – Introdução e Teoria Geral*, 13.ª ed., Almedina, Coimbra, 2006, pp. 275 ss. Já para Paulo Otero, *Lições de Introdução do estudo do Direito*, cit., pp. 27-28, "o neocorporativismo do actual modelo de Estado pluralista permite mesmo ressuscitar a plena eficácia de todas as disposições do Código Civil que dizem respeito às normas corporativas (v.g., o artigo 1.º, n.ºs 2 e 3, e o artigo 3.º, n.º 2), podendo até dizer-se, por paradoxal que pareça, que tais preceitos do Código Civil têm hoje um campo de aplicação muito mais revigorado do que aquele que gozavam durante o Estado Corporativo na vigência da Constituição de 1933". Sobre as normas corporativas, ver o estudo de Luís Gonçalves da Silva, «Das normas corporativas no Direito Civil e no Direito do Trabalho», *Revista Internacional de Direito do Trabalho*, 1 (2021), pp. 941-1010.

e, num certo sentido, o seu caráter originário e autóctone, terá sempre como referencial o Estado, pois é no domínio espacial estadual que as organizações desportivas vão sempre projetar a sua pretensão de regulamentação[199]. Por outro lado, dizer que as regras desportivas transnacionais gozam de aplicabilidade no ordenamento jurídico interno por mero efeito da filiação destas entidades parece ignorar que as Federações transnacionais são associações de Direito Privado[200]. De facto, a partir do momento em que as Federações nacionais gozam de um estatuto especial de natureza para-pública, fará sentido que estas entidades possam ser sujeitas, sem mais, a uma regulamentação que, como dissemos, tem natureza privada?

Segundo pensamos, estas normas precisam, pois, de uma receção normativa no ordenamento jurídico interno[201], feita justamente no exercício de poderes públicos[202], momento no qual se convertem em normatividade

[199] Desde logo, a aplicabilidade direta de normas das Federações desportivas transnacionais no território nacional pode colocar em crise o princípio da territorialidade no Direito Administrativo, embora, verdade seja dita, o Direito Administrativo estrangeiro pode conhecer, em casos excecionais, uma "importação", ou seja, tornar-se aplicável no espaço jurídico nacional. Assim, referindo-se aos contextos marítimo e diplomático, ver, por todos, AFONSO RODRIGUES QUEIRÓ, *Lições de Direito Administrativo*, vol. I, Coimbra, 1976, pp. 528 ss. Sobre o chamado "acto administrativo transnacional", ver NUNO PIÇARRA, «A eficácia transnacional dos actos administrativos dos Estados-Membros como elemento caracterizador do Direito Administrativo da União Europeia?» in: *Estudos em Homenagem ao Professor Doutor Diogo Freitas do Amaral*, Almedina, Coimbra, 2010, pp. 585-618.

[200] ALEXANDRA PESSANHA, *As federações desportivas*..., cit., p. 111: "a organização do desporto nacional tem de conformar-se às regras desportivas que emanam das estruturas federativas internacionais e das suas uniões continentais".

[201] JOSÉ MANUEL MEIRIM, «Regulamentação...», cit., p. 54: "um regulamento FIFA, ou de qualquer outra federação desportiva internacional, se irradia a sua normatividade para o agir das suas associadas, não tem, por si só, aptidão para ser aplicado como norma interna de um dado Estado, a não ser que este o venha a recepcionar, expressa ou tacitamente. Ou seja, as anormas regulamentares das federações desportivas internacionais não são, em princípio, de aplicação directa no ordenamento jurídico estatal, necessitando de intermediação de um acto de transposição". No mesmo sentido, ARTUR FLAMÍNIO DA SILVA, *Resolução de conflitos*..., cit., p. 271: "o sistema jurídico português exige que exista sempre um acto de transposição da federação desportiva nacional quando esteja em causa o reconhecimento da normatividade desportiva transnacional". Embora não desenvolva, JOÃO ZENHA MARTINS, «Contrato de trabalho desportivo...», cit., p. 91, n. 27, diz que "o reconhecimento dessa normatividade encontra a sua base de legitimidade (i) na legislação ordinária, (ii) na atuação da denominada administração pública desportiva e (iii) no princípio da unicidade regulamentar (uniformização, à escala mundial, da disciplina sobre uma determinada modalidade)".

[202] Como afirma PEDRO COSTA GONÇALVES, «A soberania limitada das federações...», cit., p. 56, n. 8, "o facto, frequente, de se tratar, na origem, de normas privadas, de organismos privados internacionais, não altera nada quanto à respectiva qualificação como normas emitidas no exercício,

nacional e, mais do que isso, normatividade pública[203]. O que, portanto, consideramos como condição necessária para a sua pertinência no ordenamento jurídico nacional: "a norma desportiva existirá e terá precisamente o seu fundamento de legitimidade nesse acto de reconhecimento estadual"[204].

Esse processo pode ocorrer, fundamentalmente, por duas vias. Por um lado, essa normatividade por ser incorporada por via legislativa. Embora essa via seja de rara utilização, esta incorporação pode ocorrer através de um diploma legal que dê corpo de lei à regulamentação transnacional[205], como acontece, concretamente, com o Código Mundial de Antidopagem[206]. Noutras ocasiões, mais comuns, essa receção, por via legislativa, processa-se em "bloco", através de cláusulas de receção estáticas ou dinâmicas: sem prejuízo da crítica que se pode dirigir a essa técnica legislativa, nesses casos a lei remete para a regulamentação desportiva a densificação de certos pressupostos ou traços do regime[207].

Por outro lado, a regulamentação desportiva transnacional pode adquirir pertinência no ordenamento jurídico nacional através da sua incorporação por via de um regulamento federativo nacional. Por esta via, a técnica legislativa é semelhante aos moldes em que a receção legislativa: na sua fórmula mais comum, a regulamentação é diretamente incorporada na regulamentação federativa nacional, muitas vezes até pela sua tradução pura

pela federação, de um poder público. Com efeito, o carácter universal do desporto competitivo envolve uma uniformização regulamentar, pelo que, na prática, a concessão, do estatuto de utilidade pública assume o significado essencial de identificar a entidade a quem o Estado confia as missões de recepcionar e de aplicar regulamentos internacionais. Hoc sensu, a delegação do poder de editar regulamentos envolve o poder de os criar ex novo ou de os receber dos organismos internacionais, incorporando-os no direito português".

[203] José Manuel Meirim, «Regulamentação...», cit., p. 57: "uma vez devidamente incorporado na normação regulamentar da FPF, o Regulamento FIFA, primariamente privado, se converte em regulamentação pública".

[204] Artur Flamínio da Silva, «A norma desportiva: plural mas pouco? algumas notas sobre o Acórdão 4ª_558/2011 de 27 de Março de 2012 do Tribunal Federal Suíço», *Desporto & Direito*, 26 (2012), pp. 255-264, p. 263.

[205] Levantando problemas de constitucionalidade, José Manuel Meirim, «Do pluralismo jurídico...», cit., pp. 155 ss.

[206] Cfr. a Lei n.º 38/2012, de 28 de agosto, que aprova a lei antidopagem no desporto, adotando na ordem jurídica interna as regras estabelecidas no Código Mundial Antidopagem.

[207] Cfr. o artigo 36.º, n.º 1, do RCTPD: "só podem exercer atividade de empresário desportivo as pessoas singulares ou coletivas devidamente autorizadas pelas *entidades desportivas, nacionais ou internacionais*, competentes" (sublinhado nosso).

e simples (!)[208]. Já noutros casos, igualmente frequentes, os regulamentos federativos nacionais introduzem uma cláusula geral de receção do conteúdo regulamentar transnacional, ora do momento em que é aprovado o regulamento ou do que, em cada momento, estiver em vigor[209]. Seja como for, como explica noutro lugar ARTUR FLAMÍNIO DA SILVA, referindo-se precisamente a esta receção, "estas normas permitem transformar o conjunto de normas emanadas por uma federação hierarquicamente superior em regras jurídicas pertencentes ao bloco jurídico da federação desportiva nacional"[210]. Portanto, "embora ordenamento jurídico originário e exclusivo, o ordenamento desportivo é um ordenamento subordinado ao ordenamento estatal"[211].

[208] A respeito da regulamentação dos empresários desportivos, ver o ac. de 14/10/2008 do TRL (ABRANTES GERALDES), proc. nr. 7929/2008-7 ("na ordem jurídico-desportiva interna, na área do futebol, a regulamentação da actividade de empresário desportivo é a que consta do Regulamento da FIFA cujo texto traduzido para português foi divulgado pela FPF, sendo aceite designadamente pelos órgãos federativos e invocado pelo empresário desportivo no exercício da sua actividade") e o ac. de 16/03/2017 do TRL (EDUARDO PETERSEN SILVA), proc. nr. 10145/14.8T8LSB.L1-6 ("neste contexto, teria sido mais claro se a FPF tivesse procedido à aprovação de um Regulamento próprio, dentro dos parâmetros definidos pela FIFA, como o fizeram Federações de outros países (Itália ou França) que regulamentasse não apenas os aspectos expressamente referidos nos arts. 23º, nº 3 e 25, da Lei nº 28/98, como ainda outros que decorriam do referido Regulamento da FIFA. No entanto, desta situação de facto não decorre a ausência de um Regulamento da actividade dos empresários desportivos no sector do futebol que seja vinculativo para os agentes desportivos nacionais. A publicitação do referido Regulamento, traduzido para português, traduz a "apropriação", ipsis verbis, do que fora aprovado pela associação supranacional de que a FPF é membro (FIFA), sem que tenha sido sentida a necessidade de proceder a qualquer outra modificação").

[209] Ver, a título de exemplo, os Estatutos da Federação Portuguesa de Futebol, onde se lê que "de acordo com a sua filiação na FIFA e na UEFA, a FPF compromete-se ainda a: 2. Aplicar e fazer cumprir as Leis do Jogo emitidas pelo IFAB, as Leis do Jogo de Futsal, Futebol de sete, Futebol e do Futebol de Praia emitidas pelo Comité Executivo da FIFA; 3. Respeitar os Estatutos, Regulamentos, Directivas e Decisões da FIFA e da UEFA, incluindo o Código de Ética da FIFA, os quais constituem parte integrante dos presentes Estatutos; (...) 6. Assegurar que os seus Sócios, através dos seus Estatutos, licença, registo ou qualquer outro documento escrito, reconhecem e aceitam todas as obrigações dos Estatutos e dos Regulamentos da FPF" (artigo 2.º, n.º 3) "o estatuto dos jogadores e as disposições relativas à sua transferência são determinados pela Direcção da FPF, de acordo" (artigo 5.º, n.º 1), "os órgãos e os Sócios da FPF, bem como os demais agentes desportivos estão obrigados a respeitar os Estatutos, regulamentos, directivas, decisões e o Código de Ética da FIFA, da UEFA e da FPF e os princípios orientadores destas estruturas nas suas actividades" (artigo 7.º).

[210] ARTUR FLAMÍNIO DA SILVA, *Resolução de conflitos...*, cit., p. 271.

[211] JOSÉ MANUEL MEIRIM, «Desporto e Direito...», cit., p. 249. Em termos próximos, ALEXANDRA PESSANHA, *As Federações desportivas...*, cit., p. 168: "o ordenamento estatal é o referencial das relações inter-ordenamentais, por ser o mais amplo e abrangente. No seio dele movem-se outros ordenamentos, classificados como ordenamentos infra-estatais não por se encontrarem numa situação de inferioridade, mas porque apenas têm eficácia no âmbito de um único ordenamento estatal".

Segundo pensamos, uma vez "incorporadas" na ordem jurídica interna, e na medida em que o sejam, a regulamentação transnacional ocupará a posição na hierarquia que couber ao "veículo" que a "transpuser", nomeadamente, e como vimos, lei ou regulamento federativo nacional[212]. Tal equivale a dizer, portanto, que a regulamentação federativa transnacional ficará sujeita aos limites a que obedecer o corpo regulamentador que a incorpore no ordenamento jurídico interno. Se os diplomas legais não oferecem dúvidas, ocupando a respetiva posição na hierarquia das fontes de Direito, já os regulamentos desportivos podem considerar-se regulamentos administrativos para todos os efeitos e, como tal, não são necessariamente inferiores aos demais regulamentos administrativos[213].

Acontece que esta construção não esgota o potencial problemático da aplicabilidade da regulamentação desportiva transnacional no ordenamento jurídico interno. De facto, o potencial problemático flanqueia por outro lado: as Federações desportivas nacionais servem, muitas vezes, no fim de contas, de satélites da produção normativa destas entidades transnacionais, estando sujeitas ao seu poder, ainda que factual[214]. Por outras palavras, dizer-se que a normatividade transnacional está dependente da incorporação por regulamento desportivo nacional pode ser uma solução aparente ou enganadora, pois, por força daquela relação de poder, as Federações transnacionais poderão impor às Federações nacionais a sua produção normativa. Segundo pensamos, este sistema poderia contornar o Estado[215] e, mais concretamente, um dos princípios fundamentais do ordenamento jurídico: o princípio da legalidade. Estamos em crer que, em caso de conflito, a Federação desportiva nacional deve naturalmente obediência à lei quando decide incorporar essa regulamentação transnacional[216].

[212] Assim, José Manuel Meirim, «Transmissão radiofónica dos jogos...», cit., p. 457, quando escreve que "os Estados constituem o "território" no seio do qual as federações desportivas internacionais actuam através das federações nacionais. Estas, por sua vez, inseridas num contexto espacial limitado, sofrem as condicionantes resultantes do seu enquadramento num outro ordenamento: o estatal".

[213] Pedro Costa Gonçalves, «Regulamentos desportivos...», cit., p. 63.

[214] Alexandra Pessanha, *As federações desportivas...*, cit., p. 97: "a inserção das federações nacionais nesta ordem desportiva tem resultados concretos na organização do desporto nacional. As decisões dos seus órgãos são directamente aplicáveis ao exercício da prática desportiva e as regras do jogo, as regras técnicas e as que definem a organização-base da federação mais não são do que o reflexo das regras internacionais".

[215] Pedro Costa Gonçalves, *Entidades privadas com poderes públicos...*, cit., p. 840.

[216] Pedro Costa Gonçalves, «A soberania limitada das federações...», cit., p. 59.

§ 1.2.4. Contratação coletiva

Finalmente, ao nível das fontes, é preciso contar ainda com a contratação coletiva embora, em rigor, apenas o futebol profissional conte com produção normativa oriunda da autonomia coletiva: é o caso do CCT aplicável aos futebolistas profissionais[217] e aos treinadores[218], estando em vista contratação coletiva especificamente aplicável ao futebol feminino. A este propósito, é de notar que o RCTPD prevê no n.º 2, do artigo 3.º, que "as normas constantes desta lei podem ser objecto de desenvolvimento e adaptação por convenção colectiva de trabalho que disponha em sentido mais favorável aos praticantes desportivos e tendo em conta as especificidades de cada modalidade desportiva"[219]. Numa norma que é inovadora em relação ao regime anterior, o legislador desportivo afasta-se, assim, da lógica do regime laboral comum onde, como se sabe, a contratação coletiva pode derrogar a lei *in pejus*[220]. A norma não deixa de ser criticável porque não se percebe por que razão a ação coletiva deverá estar, no contexto desportivo, mais limitada por comparação com a autonomia coletiva que é reconhecida em geral[221].

[217] CCT entre a LPFP e o SJPF, publicado originariamente no BTE n.º 33/1999, cujo texto consolidado está publicado no BTE n.º 30/2022.

[218] CCT celebrado entre a LPFP e a ANTF, publicado no BTE n.º 20/2012, objeto de Portaria de Extensão, publicada no BTE n.º 2/2018.

[219] Embora no contexto dos treinadores desportivos, ensaiando a tese de que a contratação coletiva pode derrogar normas legais imperativas, NUNO VIEIRA PÁSSARO, *Direito do Desporto...*, cit., pp. 252-253.

[220] Sobre isto, cfr. SÓNIA CARNEIRO / PAULO MARIZ ROZEIRA / AMÂNDIO NOVAIS, «A cessação do contrato do trabalho...», cit., p. 237.

[221] Criticamente, MARIA DO ROSÁRIO PALMA RAMALHO, *Tratado de Direito do Trabalho...*, cit., p. 443. No mesmo tom, SÉRGIO PIRES BRÁS, «O bom, o mau e o vilão...», cit., pp. 52 ss. o Autor não deixa de sublinhar, p. 52, que atentas as raízes da contratação coletiva no seio desportivo, que antecederam a própria intervenção do legislador, "o primeiro papel deveria ser reservado à intervenção dos instrumentos de regulamentação colectiva de base negocial".

§ 2. ÂMBITO

Bibliografia específica: Alexandre Baptista Coelho, «O contrato de trabalho desportivo» in: José Manuel Meirim [Coord.], *O desporto que os tribunais praticam*, Coimbra Editora, Coimbra, 2014, pp. 247-268; João Leal Amado, «Contrato de trabalho desportivo» in: Alexandre Miguel Mestre [Coord.], *Enciclopédia de Direito do Desporto*, Gestlegal, Coimbra, 2019, pp. 118-119.

O contrato de trabalho do praticante desportivo ocupa uma posição de primeira grandeza no leque das atividades subordinadas que têm o mundo desportivo como pano de fundo. Certo é, porém, que este não é o único contrato de trabalho que tem como objeto uma prestação de trabalho conexa com o Desporto. Dito de outra forma, não são apenas os praticantes desportivos que "fazem de actividades intimamente ligadas ao Desporto a sua profissão"[222]. Certamente fruto da sua importância social e da sua expansão económica, o exercício de uma atividade desportiva em moldes subordinados é um fenómeno que surge em vários contextos[223]. Fala-se mesmo, a este propósito, "de uma verdadeira explosão do mercado de trabalho no sector no sector desportivo"[224]. Para dar apenas alguns exemplos, colhidos da jurisprudência dos tribunais, pense-se no docente de educação física numa instituição de ensino[225], no monitor num centro desportivo[226]

[222] Citando Júlio Gomes, «Prefácio» in: André Dinis de Carvalho, *Da liberdade de circulação dos desportistas...*, cit., p. 8.

[223] Marlene Mendes, «O desporto também dá trabalho» in: José Manuel Meirim [Coord.], *O desporto que os tribunais praticam*, Coimbra Editora, Coimbra, 2014, pp. 327-360.

[224] André Dinis de Carvalho, *Da liberdade de circulação dos desportistas...*, cit., p. 21.

[225] Ac. de 14/05/2015 de TRG (Manuela Fialho), proc. nr. 67/13.1TTBCL.P1.G1.

[226] Ac. de 31/01/1990 do TRL (Sousa e Alvim), CJ, 1990, I, pp. 198-200.

ou ginásio[227], no professor de ténis[228], de natação[229] ou de judo[230]. Aliás, a profissionalização e mediatização do Desporto até já fizeram emergir profissões que, aparentemente, não têm que ver diretamente com o Desporto: pense-se nos Diretores de Comunicação[231], nos Diretores desportivos[232] ou nos responsáveis pelo *scouting*[233]. A lista daquilo que tem sido designado como "contratos desportivos" ou "contratos de trabalho desportivos"[234] facilmente engordaria.

Embora todas estes casos retratem casos que têm o Desporto e a subordinação jurídica como denominadores comuns, sendo que, nestes últimos casos, o trabalho é inclusivamente prestado a favor de clubes desportivos, a verdade é que estes profissionais se diferenciam do praticante desportivo, pelas razões que cumpre discernir. A dilucidação do âmbito de aplicação do regime dos praticantes desportivos, objetiva e subjetiva, é particularmente importante porque é bastante comum que os clubes desportivos assimilem todos os contratos de trabalho da sua estrutura ao regime do contrato de trabalho do praticante desportivo. De facto, é bastante comum ver contratos de trabalho do *staff* — massagistas, fisioterapeutas, preparadores físicos e até pessoal administrativo — cujo contrato de trabalho vai buscar traços específicos do regime do praticante desportivo como, por exemplo, a aposição de termo sem invocação de motivo ("indexando" a duração do contrato às temporadas) ou o pagamento com fracionamento[235]. Por isso, é da maior relevância compreender devidamente o âmbito e o objeto do contrato de trabalho do praticante desportivo porque, como veremos, o regime português não segue uma visão abrangente como seguiu, concretamente, o legislador italiano que aglomerou todos os *sportivi professionisti* no mesmo regime legal[236].

[227] Ac. de 15/01/2019 do STJ (António Leones Dantas), proc. nr. 457/14.2TTLSB.L2.S1. Sobre isto, João Leal Amado, «Prestação de serviços musculada, contrato de trabalho atrofiado?», *Questões Laborais*, 30 (2007), pp. 245-249.

[228] Ac. de 03/02/1993 do TRL (Álvaro Vasco), CJ, 1993, I, pp. 184-188.

[229] Ac. de 25/11/2020 do TRL (Maria José Costa Pinto), CJ, 2020, V, p. 307 (sumário).

[230] Ac. de 14/02/2013 do STJ (Fernandes Silva), CJ (STJ), 2013, I, p. 259 (sumário).

[231] Ac. de 26/10/2017 do STJ (Ferreira Pinto), proc. nr. 1175/14.7TTLSB.L1.S1.

[232] Ac. de 17/02/2016 do TRL (Paula Sá Fernandes), proc. nr. 3679/13.0TTLSB.L1-4.

[233] Ac. de 08/02/2011 do STJ (Fonseca Ramos), proc. nr. 954/07.6TBVFX.L1.S.

[234] Assim, por exemplo, André Dinis de Carvalho, *Da liberdade de circulação dos desportistas...*, cit., p. 65-66.

[235] Afirmando que estes profissionais são abrangidos pelo regime laboral comum, Diogo Soares Loureiro, «O regime jurídico-laboral dos treinadores de futebol – reflexões sobre o regime preferencia», *Revista de Direito do Desporto*, 9 (2021), pp. 67-87, p. 74, n. 56.

[236] Com efeito, o artigo 2.º da *Legge* n.º 91 de 23 de março de 1981, estabelece que o regime é aplicável aos atletas, treinadores, diretores desportivos e preparadores físicos.

§ 2.1. Âmbito objetivo

Bibliografia específica: Alexandre Miguel Mestre, «Rumo a uma definição jurídica de Desporto: uma eterna narrativa aberta?» in: *Direito do Desporto – aspetos transversais*, Almedina, Coimbra, 2023, pp. 13-25; Gil Martins Alves, «Um admirável mundo novo: estudo sobre o universo dos e-sports, a necessidade de implementação de estruturas desportivas e a importância do Direito nesse processo», *Revista de Direito do Desporto*, 13 (2022), pp. 46-53; João Leal Amado, «Prestação de serviços musculada, contrato de trabalho atrofiado?», *Questões Laborais*, 30 (2007), pp. 245-249; Id., «Pode um jogador de voleibol ser um trabalhador por conta de outrem? (nótula ao acórdão da Relação de Lisboa, secção cível, de 3/12/96)», *Prontuário de Direito do Trabalho*, 53 (1997/1998), pp. 67-71; Rui Alexandre Jesus, «Esport» in: Alexandre Miguel Mestre [Coord.], *Enciclopédia de Direito do Desporto*, Gestlegal, Coimbra, 2019, pp. 177-178; Luís Paulo Relógio, «E-sports – jogo ou desporto?» in: Alexandre Miguel Mestre [Coord.], *Compêndio de Direito do Desporto*, Gestlegal, Coimbra, 2021, pp. 1077-1102.

O RCTPD define o contrato de trabalho do praticante desportivo como "aquele pelo qual o praticante desportivo se obriga, mediante retribuição, a prestar actividade desportiva a uma pessoa singular ou colectiva que promova ou participe em actividades desportivas, no âmbito da organização e sob autoridade e a direcção desta".

A noção de contrato de trabalho desdobra-se, pois, em vários aspetos.

Em primeiro lugar, o contrato de trabalho do praticante desportivo supõe... um praticante desportivo. Como mais à frente se verá, a propósito do âmbito subjetivo do regime, esta afirmação tem um potencial problemático que não é evidente à primeira vista. Efetivamente, é discutível qual o alcance do conceito de praticante desportivo e, mais concretamente, se certos atores do processo desportivo — como o treinador desportivo ou o árbitro — podem ser juridicamente encarados como "praticantes desportivos" para efeitos daquela norma. O ponto será desenvolvido adiante.

O praticante desportivo obriga-se "a prestar atividade desportiva". O legislador, prudente, não define o que deve entender-se por "atividade desportiva", desonerando-se da dificuldade de definir o conceito de Desporto ou atividade desportiva. Cabe à doutrina e à jurisprudência suportar um pesado encargo que o legislador não quis assumir. A tarefa é de monta: "trata-se de um fenómeno algo rebelde e de limites bastante imprecisos, difícil de aprisionar numa qualquer definição"[237].

À falta de melhores palavras, e sem grande pretensão de rigor ou préstimo científicos, tem-se dito que os praticantes desportivos "disponibilizam a sua arte e engenho de acordo com as instruções do treinador"[238], "são aqueles que exercitam os seus dotes ofensivos ou defensivos no terreno de jogo"[239] ou, para utilizar a descrição curiosa da Relação de Lisboa, no âmbito do futebol, o objeto do contrato de trabalho do futebolista é "o uso com mestria e habilidade dos pés"[240].

O conceito de Desporto, qual "narrativa aberta"[241] ou "realidade polimórfica"[242], deve ser entendido em termos relativos[243], por remissão para

[237] João Leal Amado, *Vinculação* versus *liberdade...*, cit., p. 17. Em termos bastante próximos, André Dinis de Carvalho, *Da liberdade de circulação dos desportistas...*, cit., p. 18, falando de "um termo, pelos vistos, tão comum quanto terrivelmente difícil de definir". No mesmo sentido, Lúcio Correia, *Limitações à liberdade contratual...*, cit., p. 27: "o Desporto é um termo tão comum, quanto difícil de definir". O Autor escreve, aliás, que definir o conceito de Desporto seria um "atrevimento" (p. 28). Mais recentemente, nos mesmos termos, Id., *Regime jurídico dos praticantes desportivos profissionais...*, cit., p. 26 ("é certo que o Desporto é um termo tão comum, quanto difícil de definir"). Também para Artur Flamínio da Silva, *A resolução de conflitos desportivos...*, cit., pp. 44-45, "densificar a concepção jurídica de desporto assume contornos complexos. Trata-se, pois, de uma fórmula polissémica e, diríamos nós, por natureza inacabada. Estamos, naturalmente, perante um «conceito heurístico» que não pode ser explicado por uma disciplina isoladamente considerado, exigindo-se uma análise multidisciplinar. Um estudo desta natureza seria, porém, incomportável para um investigador especializado somente numa determinada área científica, pelo que todas as teses sobre um conceito jurídico de desporto são naturalmente parcelares, discutíveis e mutáveis".

[238] Ricardo Candeias, *Personalização de equipa e transformação de clube em sociedade anónima desportiva (contributo para um estudo das sociedades desportivas)*, Coimbra Editora, Coimbra, 2000, p. 133. Em termos próximos, Tiago Fernandes, «O contrato de trabalho do praticante desportivo...», cit., p. 57, diz que a atividade desportiva consiste numa "prestação que corresponde à disponibilização da arte e engenho pelo desportista sob as égides técnico-táticas de outrem".

[239] Juan José Fernández Domínguez / Roberto Fernández Fernández, «Sobre la laboralización de la prestación...», cit., pp. 271 ss.

[240] Ac. de 15/01/2002 do TRL (André dos Santos), CJ, 2002, I, pp. 73-74 (secção cível).

[241] Assim, Alexandre Miguel Mestre, «Rumo a uma definição jurídica de Desporto: uma eterna narrativa aberta?» in: *Direito do Desporto – aspetos transversais*, Almedina, Coimbra, 2023, pp. 13-25.

[242] Nestes termos, Jorge Olímpio Bento, «A propósito da Lei da "Actividade Física"», *Desporto & Direito*, 11 (2007), pp. 167-183, p. 171.

[243] Assim, exatamente, Lúcio Correia, *Limitações à liberdade contratual...*, cit., p. 30. Também José Melo Alexandrino, *O discurso dos direitos*, Coimbra Editora, Coimbra, 2011, p. 318, fala de um conceito "relativo e plural". Em termos próximos, Artur Flamínio da Silva, *A resolução de conflitos desportivos...*, cit., p. 45, entende que "deve apostar-se num conceito móvel e adequado a cada estudo".

as conceções sociais dominantes. Forçando um pouco a nota, o mesmo se passa, de resto, no regime do contrato de trabalho dos artistas e profissionais de espetáculos, onde o legislador também não arriscou definir o que deve entender-se por arte ou espetáculo, deixando essa definição para a análise de cada caso concreto[244].

A primeira dificuldade que surge na definição do conceito de atividade desportiva para efeito deste regime está precisamente na necessidade de separar os domínios da Arte e do Desporto. A dificuldade na destrinça entre Desporto e espetáculo adensou-se com a passagem da ideia do "desporto-ócio" para o paradigma moderno de "desporto-espetáculo"[245]. De resto, há autores que tratam estas relações especiais de trabalho conjuntamente pois partilham esse transfundo[246]. Constata-se que "a vertente do espectáculo constitui em alguns casos o elemento essencial da própria actividade desportiva de modo que se configura como o elemento vertebrador de toda a actividade"[247]. Não parece haver dúvidas de que, por exemplo, o futebol, o *ski* ou o basquetebol consubstanciam atividades desportivas. No entanto, outras serão pelo menos discutíveis. Confrontando aqueles três exemplos, pode considerar-se como atividade desportiva, para estes efeitos, o futebol de praia praticado por ex-futebolistas? A patinagem no gelo? As exibições dos famosos *globetrotters*? O que dizer dos e-*sports*[248]?

[244] Sobre isto, ver o nosso Victor Hugo Ventura, *O Estatuto dos Profissionais da Área da Cultura – regime novo ou* mise-en-scène?, Almedina, Coimbra, 2022, especialmente, pp. 61 ss.

[245] André Augusto Duarte Monção, «Particularidades do contrato de trabalho do atleta profissional de futebol - no Direito português e no Direito Brasileiro», *Data Venia - Revista Jurídica Digital*, 6 (2016), pp. 379-394, p. 381: "as equipes esportivas são espécies de grandes companhias artísticas com atletas milionários e "shows" que mobilizam a mídia e o público".

[246] Francisco Javier Torollo González, «Las relaciones laborales especiales de los deportistas y artistas en espectáculos públicos» in: *El Estatuto de los Trabajadores Veinte Años después – Edición Especial del Número 100 de Revista Española de Derecho del Trabajo*, Civitas, Madrid, 2000, pp. 177-204.

[247] Luis Cazorla González-Serrano, *Derecho mercantil y deporte prefesional*, Revista Aranzadi de Derecho del Deporte y Entretenimiento, Monografía n.º 12, Thomson Reuters Aranzadi, Navarra, 2016, p. 25.

[248] Sobre isto, entre nós, Rui Alexandre Jesus, «Esport» in: Alexandre Miguel Mestre [Coord.], *Enciclopédia de Direito do Desporto*, Gestlegal, Coimbra, 2019, pp. 177-178, considerando os e-sports desporto para efeitos legais. No mesmo sentido, categoricamente, Luís Paulo Relógio, «E-sports – jogo ou desporto?» in: Alexandre Miguel Mestre [Coord.], *Compêndio de Direito do Desporto*, Gestlegal, Coimbra, 2021, pp. 1077-1102. Mais recentemente, neste sentido, Gil Martins Alves, «Um admirável mundo novo: estudo sobre o universo dos e-sports, a necessidade de implementação de estruturas desportivas e a importância do Direito nesse processo», *Revista de Direito do Desporto*, 13 (2022), pp. 46-53. Sobre isto, ver ainda os estudos de Remedios Roqueta Buj, «El régimen jurídico aplicable a los jugadores profesionales de videojuegos», *Revista Aranzadi de*

Segundo o entendimento que nos parece o melhor, o espetáculo desportivo distingue-se do espetáculo artístico porque tem em vista a produção de vencedores e vencidos. Nas artes sobrereleva a produção de um produto estético; no Desporto, impera o *citius, altius, fortius*. Numa palavra, o que distingue a atividade desportiva do puro espetáculo é a existência de uma competição sob regras, com vista ao apuramento de um vencedor[249]. Isso não significa que o Desporto não possa ser artisticamente perspetivado. Nos mais variados desportos há certos elementos que, pela sua beleza e mestria de execução, são esteticamente apreciáveis. Contudo, não é esse o fim predominante da ação desportiva[250], embora nada impeça que a entidade desportiva contrate um atleta com vista à sua participação em espetáculos ou exibições desportivas, sem natureza competitiva[251].

Uma coisa é certa: para ser tomada neste contexto, a atividade desportiva deve ser prestada em moldes subordinados, ou seja, "no âmbito de organização e sob autoridade e a direção" da entidade que promove o espetáculo desportivo. Na expressão emblemática que se tornou universalmente citada *ad nauseam*, "o desportista profissional não joga, trabalha"[252] ou, dito de outra forma, não menos expressiva, "ele trabalha jogando e joga trabalhando"[253]. A subordinação jurídica tende a manifestar-se mais facilmente nos desportos de equipa ao passo que os desportos individuais (golfe, boxe, ténis, etc.) são praticados, tendencialmente, em regime de prestação de serviços.

Derecho del Deporte y Entretenimiento, 56 (2017), pp. 25-48 e Adrían Todolí Signes, «El contrato de trabajo en los deportes electrónicos (eSports)», *Revista Aranzadi de Derecho del Deporte y Entretenimiento*, 56 (2017), pp. 113-137. Considerando que o *e-gamer* pode ser enquadrado como artista e profissional de espetáculos para efeitos laborais, Rafael Fernández Jordano, «*E-sports, E-gamers* y propriedade intelectual: a vueltas com el concepto de artista intérprete o ejecutante», *Actualidad Jurídica Uría Menéndez*, 52 (2019), pp. 116-121, p. 120: "nas competições de e-sports a imagem do e-gamer não é o centro da atenção, mas sim as ações que executa o seu avatar como consequência das suas ordens".

249 Neste sentido, Francisco Javier Torollo González, «Las relaciones laborales especiales de los deportistas...», cit., p. 178. Em termos próximos, Tiago Fernandes, «O contrato de trabalho do praticante desportivo...», cit., p. 57: "o que os move é antagónico: o profissional de espetáculos procura a excelência da sua interpretação; já o do desportista pretende atingir a vitória".

250 Diz José de Oliveira Ascensão, «O direito ao espectáculo», BMJ, 366 (1987), pp. 41-55, p. 45, que "artistas são apenas os que interpretam ou executam obras literárias ou artísticas. Não é, seguramente, o caso das prestações dos atletas".

251 Assim, Ricardo Candeias, *Personalização de equipa e transformação de clube...*, cit., p. 111.

252 Estamos a citar Manuel Alonso Olea / M.ª Emilia Casas Baamonde, *Derecho del Trabajo*, 26.ª ed., Civitas, Madrid, 2009, p. 139.

253 João Leal Amado, *Contrato de trabalho desportivo...* [2017], cit., p. 30.

Por exemplo, o tenista não tem um contrato de trabalho com as organizações que organizam os torneios em que compete[254], como também não tem o xadrezista, etc.

Embora possa passar despercebida, o RCTPD introduziu uma nuance na redação da norma em relação ao regime legal anterior: onde antes se lia, na Lei n.º 28/98, de 26 de junho, que o praticante desportivo se obriga a prestar trabalho "sob autoridade e direção" do clube, o legislador também exige, agora, que o seja "no âmbito de organização" do clube. Pensamos que esta nuance está relacionada com a própria noção de contrato de trabalho contida no regime laboral comum e com o peso atribuído, hoje, à chamada subordinação organizacional.

Em teoria, a prática desportiva é perfeitamente compatível com o estatuto de trabalhador autónomo[255], daí que os tradicionais conflitos de qualificação não sejam estranhos à atividade desportiva[256]. No entanto, é importante

[254] Sobre o problema do enquadramento jurídico dos tenistas, ver o estudo de Remedios Roqueta Buj, «El régimen jurídico aplicable a los jugadores de tenis», *Revista Aranzadi de Derecho de Deporte y Entretenimiento*, 54 (2017), pp. 27-48.

[255] André Dinis de Carvalho, *Da liberdade de circulação dos desportistas...*, cit., p. 64, refere que "parece-nos ser menos correcta... haver uma *ratio legis* que aponte para uma intrínseca e inseparável relação entre desportista profissional e contrato de trabalho".

[256] Sobre isto, Bruno Silva Alves, «Contrato de prestação de serviços» in: Alexandre Miguel Mestre [Coord.], *Enciclopédia de Direito do Desporto*, Gestlegal, Coimbra, 2019, pp. 116-117. Aliás, como se diz no ac. de 07/10/2019 do TRP (Rita Romeira), CJ, 2019, IV, pp. 244-248, "as especificidades próprias do contrato de trabalho desportivo, designadamente no âmbito da actividade futebolística, não excluem a verificação e aplicação à actividade em causa dos elementos próprios caracterizadores da existência de contrato de trabalho". Ver, sem pretensão de exaustividade, o ac. de 03/12/1996 do TRL (Lopes Bento), CJ, 1996, V, pp. 120-122 (secção cível), onde se decidiu que "o contrato pelo qual alguém se obriga a representar um clube desportivo como atleta de voleibol, na categoria de seniores, contra o pagamento de remunerações é um contrato de trabalho" (com interesse, a nótula concordante de João Leal Amado, «Pode um jogador de voleibol ser um trabalhador por conta de outrem? (nótula ao acórdão da Relação de Lisboa, secção cível, de 3/12/96)», *Prontuário de Direito do Trabalho*, 53 (1997/1998), pp. 67-71). Esta decisão viria a ser confirmada em ac. de 10/02/1998 do STJ (Costa Soares), BMJ, 474 (1998), pp. 286-291. Qualificando como contrato de trabalho o contrato de um atleta de atletismo com um clube, ver o caso relatado no ac. de 15/09/2010 do STJ (Vasques Dinis), proc. nr. 4119/04.0TTLSB.S1. No ac. de 19/10/2006 do TRG (Pereira da Rocha), proc. nr. 876/06-2, decidiu-se que é um contrato de trabalho, e não um contrato de prestação de serviços, o trabalho prestado por um atleta de andebol sénior. No caso relatado no ac. de 15/06/2016 do TRL (Eduardo Azevedo), proc. nr. 3293/13.0TTLSB.L1-4, o Tribunal decidiu que "a consignação no texto contratual de que o Autor «desenvolverá a sua actividade com inteira autonomia técnica e jurídica» mostra-se absolutamente irrelevante como elemento válido no sentido da vontade das partes declarada por escrito ser a da celebração de um contrato de prestação de serviços: de facto, tendo em conta a natureza da actividade desempenhada pelo Autor – jogador

notar que a regulamentação federativa pode exigir, e exige efetivamente no caso do futebol, que os praticantes desportivos estejam, para certos efeitos, vinculados aos clubes por contrato de trabalho (ou contrato de formação desportiva) pelo que a hipótese da prestação de serviços perde grande parte da sua viabilidade[257].

Adicionalmente, a atividade desportiva é prestada "mediante retribuição"[258]. O exercício a troco de retribuição faz distinguir o praticante desportivo que exerce a sua atividade a título profissional daquele que assume um compromisso como amador[259]. A destrinça entre profissionalismo e amadorismo nem sempre é fácil[260], até porque a lei não fornece, ao contrário do que acontecia no passado, uma definição de praticante desportivo amador[261]. Em teoria,

de Futsal da equipa do SCP -, revela-se absolutamente ilógico que tal actividade seja exercida com autonomia técnica uma vez que o mesmo estará necessariamente sujeito às orientações e ordens do treinador da equipa do SCP, que define os treinos, os jogos, a posição em que o jogador jogará, a disciplina e a táctica do jogo a que o mesmo terá de se submeter". No ac. de 01/06/2017 do TRG (Vera Sottomayor), 973/13.3TTGMR.G1 / CJ, 2017, III, p. 382 (sumário), o tribunal considerou como contrato de trabalho o prestado por um atleta de andebol. Já, no ac. de 12/06/2018 do TRG (Vera Sottomayor), proc. nr. 2483/17.0T8OAZ.G1, a Relação de Guimarães considerou que "não é de qualificar como de trabalho, o contrato através do qual o autor se comprometeu a jogar na equipa de futebol da ré, utilizando instrumentos de trabalho desta, prestando a sua actividade nas instalações por esta utilizadas, cumprindo o horário dos treinos pré determinado, sem que tivesse sido acordado ou estipulado o pagamento de uma qualquer remuneração pelo serviço prestado" (em comentário a este acórdão, ver João Leal Amado, «Jogar futebol...», cit., pp. 35-47). No ac. de 08/01/2007 do TRP (Ferreira da Costa), proc. nr. 0612342, qualificou-se como contrato de trabalho o contrato de um futebolista pese embora jogasse num clube amador.

257 Cfr. Artigo 74.º, n.º 1, e 80.º, n.º 1, do RCLPFP.

258 Maria do Rosário Palma Ramalho, *Tratado de Direito do Trabalho*..., cit., p. 451, fala aqui da "essencialidade do elemento da retribuição".

259 Ver, por exemplo, artigo 2.º, n.º 2, do RETJ da FIFA, segundo o qual, traduzindo livremente, um profissional é um jogador que tem um contrato escrito com um clube e é pago pela sua actividade futebolística num valor superior às despesas em que incorre. Todos os outros jogadores são considerados amadores.

260 Como diz João Leal Amado, *Contrato de trabalho desportivo*... [2017], cit., p. 46, não é tarefa fácil distinguir entre o "profissionalismo oficializado" e o "profissionalismo encapotado". Juan José Fernández Domínguez / Roberto Fernández Fernández, «Sobre la laboralización de la prestación...», cit., p. 282, fala aqui de um terreno movediço.

261 A pretérita Lei n.º 2104, de 30 de maio de 1960, continha uma definição de desportista amador e profissional cujos termos parecem perfeitamente reutilizáveis. Recuperando as definições, contidas, respetivamente, na Bases II e IV, "são considerados amadores os praticantes que não recebam remuneração nem aufiram, directa ou indirectamente, qualquer proveito material pela sua actividade desportiva" e "são considerados profissionais os praticantes remunerados pela sua actividade desportiva". O artigo 1.º, n.º 1, da Portaria n.º 456/79, de 26 de agosto, que aprovou o Regulamento das Transferências dos Praticantes Amadores de Futebol, previa que "é considerado

a pedra de toque que distingue o amadorismo do profissionalismo é, afinal, a circunstância de o atleta receber uma quantia como contrapartida pelo trabalho prestado, contrapartida essa vulgarmente designada como retribuição, ao passo que o amador em princípio não recebe quaisquer quantias ou, se receber, essas quantias servem apenas para cobrir despesas com o exercício da atividade[262].

No fim de contas, a natureza profissional ou amadora depende, fundamentalmente, da celebração do contrato de trabalho uma vez que a onerosidade é, precisamente, um traço distintivo do contrato de trabalho[263]. Como tal, o estatuto profissional ou amador abstrai-se do estatuto federativo da competição ou da modalidade desportiva, ou seja, é independente de saber se, por exemplo, o jogador está inscrito como amador ou profissional na Federação Portuguesa de Futebol, se o clube participa em competições amadoras ou profissionais organizadas por aquela Federação[264] ou se o clube é uma associação sem fim lucrativo, sociedade anónima desportiva ou associação com vocação desportiva[265]. Em síntese, "não deve confundir-se competição desportiva profissional com praticante desportivo profissional, uma vez que a primeira diz respeito ao estatuto desportivo de uma competição e o segundo é relativo ao estatuto jurídico-laboral do praticante desportivo que participa na referida competição"[266].

praticante amador todo aquele que procura, no âmbito do futebol, uma actividade regular, sem espírito de lucro e visando, simultaneamente, os objectivos de uma sã distracção e/ou conservação da sua condição física". Atualmente, o RECITJ diz que é jogador profissional "o que celebre contrato de trabalho desportivo com um Clube, auferindo retribuição pela prestação da sua atividade" e o desportista amador aquele que "aquele cujo vínculo a um clube não resulta de um contrato de trabalho subordinado, não auferindo qualquer retribuição, sem prejuízo do direito a receber uma compensação pelas despesas efetivamente incorridas no exercício da atividade" (cfr., respetivamente, os n.ºs 2 e 3 do artigo 4.º). Sobre isto, Lorenzo Maria Dentici, «Il lavoro sportivo tra professionalismo e dilettantismo: profili di diritto interno e comunitario», *Europa e Diritto Privato*, 2009, IV, pp. 1059-1082.

262 Assim, André Dinis de Carvalho, *Da liberdade de circulação dos desportistas...*, cit., p. 43.

263 Como diz João Leal Amado, «Jogar futebol...», cit., p. 46, "sem salário, não há, realmente, como falar em contrato de trabalho, desportivo ou não".

264 Sobre a "profissionalização" das modalidades, Maria José Carvalho, «O reconhecimento do carácter profissional da competição andebol: "história do desassossego"», *Desporto & Direito*, 7 (2005), pp. 9-28.

265 Assim, ac. de 14/12/2017 do STJ (Paula Leal de Carvalho), proc. nr. 1694/16.0T8VLG.P1.

266 Assim, Lúcio Correia, *Limitações à liberdade contratual...*, cit., pp. 56-57.

A qualificação de um praticante desportivo como amador ou profissional é relevante não só para efeitos da aplicação do RCTPD[267], mas também para efeitos de aplicação de certos princípios, como é o caso das liberdades comunitárias que, segundo a jurisprudência do TJ, apenas valem para os desportistas que exercem essa atividade a título profissional ou, pelo menos, a título semi-profissional, e já não para os meros amadores[268]. No entanto, cumpre dar nota de que o Direito revela preocupações com a tutela dos desportistas amadores[269].

Por fim, a atividade desportiva deve ser titulada por um contrato, "instrumento jurídico essencial que o habilita ao exercício da mesma"[270]. Tal também equivale a dizer que a relação laboral desportiva tem natureza voluntária[271]. Relação jurídica diferente, fonte de problemas próprios, é a relação jurídica do atleta com a respetiva Federação Nacional, quando representa a seleção nacional, caso em que, segundo o entendimento da literatura, falta esse elemento de voluntariedade[272].

[267] Expressamente, artigo 1.º, n.º 2, do Real Decreto n.º 1006/1985, de 26 de junho. Assim, Pedro Romano Martinez, *Direito do Trabalho*, Almedina, 8.ª ed., Coimbra, 2017, p. 36: "o direito do trabalho só regula as atividades consideradas como atividade profissional. Nesse sentido, os desportistas amadores exercerão uma atividade não englobada no direito do trabalho".

[268] Referindo profissionais ou semi-profissionais, Francisco Liberal Fernandes, *O conceito de trabalhador no direito social comunitário*, Gestlegal, Coimbra, 2019, p. 62. Sobre isto, com outro desenvolvimento, André Dinis de Carvalho, *Da liberdade de circulação dos desportistas...*, cit., pp. 77 ss. Cfr., também, João Leal Amado, «O andebol, o hóquei, o profissionalismo e o trabalho desportivo», *Questões Laborais*, 15 (2000), pp. 43-56, especialmente, pp. 49 ss.

[269] A título de exemplo, o Decreto-Lei n.º 23/2007, de 4 de janeiro, diploma relativo à entrada e permanência de cidadãos estrangeiros em território nacional, prevê, no seu artigo 54.º, n.º 1, alínea e), o "exercício em território nacional de uma atividade desportiva amadora, certificada pela respetiva federação, desde que o clube ou associação desportiva se responsabilize pelo alojamento e cuidados de saúde".

[270] Lúcio Correia, «O praticante desportivo profissional...», cit., p. 279.

[271] Expressamente, cfr. artigo 1.º, n.º 2, do Real Decreto n.º 1006/1985, de 26 de junho.

[272] Neste sentido, Francisco Javier Torollo González, «Las relaciones laborales especiales de los deportistas...», cit., pp. 182-183. Sobre isto, entre nós, Telma Rocha, «A participação nas seleções nacionais – uma introdução», *Revista de Direito do Desporto*, 2 (2019), pp. 44-93, e Ana Rita dos Santos Póvoas, *A relação tripartida entre o praticante desportivo, a entidade empregadora e a federação nacional — os problemas no campo e as soluções em fora-de-jogo*, Dissertação de Mestrado, Porto, 2015 (disponível *online*).

§ 2.1.1. Desporto feminino

Bibliografia específica: Gabriela Autran Dourado Dutra Nicacio, «A participação de atletas que passaram por cirurgia de mudança de sexo nas competições esportivas», *Desporto & Direito*, 10 (2006), pp. 43-56; Maria José Carvalho, «A mulher e a Proposta de Lei de Bases do Desporto», *Desporto & Direito*, 2 (2004), pp. 277-286.

Pode dizer-se que, de certa forma, o desporto feminino viveu um largo período sob o signo de uma marginalização jurídica e social imputável ao legislador – pense-se na primeira Proposta de Lei de Bases do Desporto, que chegou a incluir o desporto feminino no desporto não profissional[273] –, aos tribunais – estamos a pensar na ideia instalada de que o público feminino vive alheado do Desporto e, mais concretamente, do futebol[274] – e ao próprio *establishment* desportivo – basta recordar que era comum fixar contratualmente a gravidez da atleta como condição resolutiva do contrato de trabalho.

O que é certo é que o desporto profissional feminino tem conhecido uma evolução que se pode considerar fulgurante. Sem prejuízo dos desafios impostos pela sua especificidade – como a tutela da parentalidade[275], as questões identitárias[276], a igualdade remuneratória[277], entre outras

[273] Cfr. a Proposta de Lei n.º 80/IX, onde o artigo 53.º, com a epígrafe "Prática desportiva feminina", estava sistematicamente enquadrado na secção relativa à atividade desportiva não profissional. Criticamente, Maria José Carvalho, «A mulher e a Proposta de Lei de Bases do Desporto», *Desporto & Direito*, 2 (2004), pp. 277-286, especialmente, pp. 284-285. Deve dizer-se, porém, que a Lei de Bases da Atividade Física e do Desporto prevê que "a actividade física e o desporto devem contribuir para a promoção de uma situação equilibrada e não discriminatória entre homens e mulheres" (artigo 2.º, n.º 2).

[274] Veja-se a observação no ac. de 09/11/2013 do TRL (Sérgio Almeida), proc. nr. 2463/12.0TTLSB. L1-4, onde escreve, a determinado passo, que "as estatísticas demográficas mostram que a maior parte da população é feminina, a qual – diríamos que aqui sim, notoriamente – na sua grande maioria não se revê e não presta atenção ao futebol profissional".

[275] O RSTP da FIFA foi recentemente alterado passando a prever-se um conjunto de regras relativas à tutela da maternidade (cfr. artigo 18.º, n.º 7, e artigo 18.º-*quater*).

[276] Sobre isto, Gabriela Autran Dourado Dutra Nicacio, «A participação de atletas que passaram por cirurgia de mudança de sexo nas competições esportivas», *Desporto & Direito*, 10 (2006), pp. 43-56 e Inês Espinhaço Gomes, «A corrida de Caster Semenya pelos seus direitos: uma perspetiva de género e de direitos humanos», *Revista de Direito do Desporto*, 9 (2021), pp. 18-38.

[277] No dia 30 de janeiro de 2023, é publicado o Relatório Final do *Grupo de Trabalho para as Políticas Públicas em matéria de Igualdade no Desporto*, disponível em https://www.portugal.gov.pt/download-ficheiros/ficheiro.aspx?v=%3d%3dBQAAAB%2bLCAAAAAAABAAzNDa1sAAAehLApQUAAAA%3d. Na Proposta de Ação n.º 7 sugere-se "7.1. Garantir a adequada proporcionalidade

matérias[278] – é aplicável ao desporto feminino o RCTPD. Com efeito, na medida em que uma atleta se obrigue, mediante retribuição, a prestar atividade desportiva a uma pessoa singular ou coletiva que promova ou participe em atividades desportivas, no âmbito da organização e sob autoridade e a direção desta, o RCTPD é aplicável ao desporto feminino, conclusão que, salvo melhor opinião, não nos suscita quaisquer dúvidas. Diga-se, aliás, que existe jurisprudência recente dos nossos tribunais afirmando mesmo já a aplicabilidade da contratação coletiva[279], aguardando-se com expetativa o Acordo Coletivo de Trabalho (ACT) para o futebol feminino.

§ 2.2. Âmbito subjetivo

§ 2.2.1. Praticante desportivo

> **Bibliografia específica:** Catarina Gomes Santos, «Praticante desportivo profissional» in: Alexandre Miguel Mestre [Coord.], *Enciclopédia de Direito do Desporto*, Gestlegal, Coimbra, 2019, pp. 316-317; Lúcio Correia, «O praticante desportivo profissional e o empresário desportivo na nova Lei de Bases da actividade física e do Desporto», *Desporto & Direito*, 11 (2007), pp. 273-283.

no valor dos prémios a atletas em eventos desportivos organizados por entidades com utilidade pública e com o financiamento público" e "7.2. Garantir a adequada proporcionalidade no valor de remunerações ou compensações a atletas em representação de seleções nacionais por parte das federações com utilidade pública desportiva". Em Espanha, cfr. o artigo 4.º, n.º 8 e 9, da Ley n.º 39/2022, de 30 de dezembro. Aliás, a discriminação em matéria de prémios "públicos" já foi avaliada criticamente pela doutrina no contexto dos atletas portadores de deficiência, podendo aproveitar-se a ideia, de José Carlos Vieira de Andrade, «Comentário ao acórdão do Tribunal Constitucional n.º 486/03, de 21 de Outubro de 2003», *Desporto & Direito*, 3 (2004), pp. 443-490, p. 488, dita nesse contexto, de que atribuir prémios diferentes seria tratar as desportistas femininas "como se fossem desportistas medíocres, de segunda classe no valor e no mérito".

[278] Cfr. a Proposta de Lei n.º 62/XV, que prevê que "um clube desportivo, qualquer que seja a sua natureza, pode ser titular de mais do que uma sociedade desportiva unipessoal por quotas, desde que respeite a diferentes modalidades ou a uma mesma modalidade se estas sociedades desportivas se diferenciarem por sexo" (artigo 19.º). Sobre a governança desportiva, Miguel Poiares Maduro / Benedita Menezes Queiroz, «You can't sit with us – discrimination against women in football: a commentary of the Mariyam Mohamed vs. Asian Football Confederation (AFC) elections case», *Revista de Direito do Desporto*, 9 (2021), pp. 39-50.

[279] Neste sentido, aplicando a CCT dos treinadores desportivos, ac. de 14/02/2022 do TRP (Jerónimo Freitas), proc. nr. 2993/21.5T8VNG.P1.

Escusado será dizer que o regime do contrato de trabalho do praticante desportivo supõe... um praticante desportivo. Mais em geral, pode mesmo dizer-se que atleta é, sem margem para dúvidas, a "raiz óbvia de todo o sistema"[280]. Não surpreende, por isso, que, dentro dos *acteurs du sport*, como se exprime o legislador francês, os atletas tenham sido aqueles que, mais cedo, e de forma precursora, tenham recebido a atenção do legislador: "os jogadores profissionais ofereceram o mais explorado filão doutrinal e jurisprudencial, num percurso que culminou, com frequência, na aprovação de um regime legal específico"[281].

O RCTPD não contém qualquer noção de praticante desportivo[282], ao contrário do regime anterior[283], embora a definição constante da Lei n.º 28/98, de 26 de junho, fosse fonte de vários problemas interpretativos[284]. Com ou sem definição legal, uma coisa parece certa aos olhos de todos: o praticante desportivo é aquele que exerce a atividade desportiva a título profissional, o que distingue o praticante desportivo, na aceção do RCTPD, do mero amador, como já vimos[285].

Um dos aspetos mais criticamente visados pela doutrina à definição do regime legal anterior dizia respeito à referência à exclusividade ou natureza principal da atividade desportiva[286]. Com efeito, resultava do regime anterior

[280] André Dinis de Carvalho, *Da liberdade de circulação dos desportistas...*, cit., p. 198. No mesmo sentido, Lúcio Correia, «O praticante desportivo profissional e o empresário desportivo na nova Lei de Bases da actividade física e do Desporto», *Desporto & Direito*, 11 (2007), pp. 273-283, p. 273, sublinha que "essencial no âmbito da existência, funcionamento e desenvolvimento de qualquer sistema desportivo está o inolvidável papel do praticante desportivo".

[281] António Nunes de Carvalho, «O art. 9.º do Código do Trabalho...», cit., p. 8.

[282] Criticamente, falando de uma "lacuna grave e incompreensível", Lúcio Correia, *Regime jurídico dos praticantes desportivos profissionais...*, cit., p. 53.

[283] O Grupo Parlamentar do Partido Comunista Português (PCP) sugeriu a introdução de uma definição no seu Parecer à Proposta de Lei. Deveria constar a seguinte definição: "aquele que, através de contrato de trabalho desportivo e após necessária formação técnico-profissional, pratica uma modalidade desportiva como profissão exclusiva ou principal, auferindo por via dela uma retribuição". O artigo 74.º, do Código Contributivo, abrange os desportistas profissionais, ou seja, aqueles que "através da celebração de contrato de trabalho desportivo e após a necessária formação técnico-profissional, praticam uma modalidade desportiva como profissão exclusiva ou principal, auferindo por via dela uma remuneração".

[284] Cfr. artigo 2.º, alínea b), onde se definia o praticante desportivo como "aquele que, através de contrato de trabalho desportivo e após a necessária formação técnico-profissional, pratica uma modalidade desportiva como profissão exclusiva ou principal, auferindo por via dela uma retribuição".

[285] Sobre isto, remetemos para o que se disse *supra*: § 2.1. Âmbito objetivo.

[286] Falando aqui de um "verdadeiro pântano para o intérprete", João Leal Amado, *Contrato de trabalho desportivo...* [2017], cit., p. 20. No mesmo sentido, Catarina Gomes Santos, «Praticante desportivo profissional» in: Alexandre Miguel Mestre [Coord.], *Enciclopédia de Direito do*

que praticante desportivo seria "aquele que, através de contrato de trabalho desportivo e após a necessária formação técnico-profissional, pratica uma modalidade desportiva como *profissão exclusiva ou principal*, auferindo por via dela uma retribuição" (realce nosso)[287]. Escrevia-se então que "o que se procura salvaguardar é a principialidade da actividade exercida pelo trabalhador, buscando-se garantir que qualquer outra actividade exercida é sempre acessória e que o foco das suas energias e da sua disponibilidade são concentradas na actividade que entretece o contrato de trabalho"[288]. Esta referência desapareceu no RCTPD[289], embora se mantenha na Lei de Bases da Atividade Física e do Desporto[290], bem como para efeitos da Segurança Social[291]. Da nossa parte, e acompanhando a posição maioritária da doutrina, não vemos por que razão se deve recusar o estatuto de trabalhador a um atleta pela mera circunstância de exercer outras atividades paralelas, ainda que essas atividades representem, até, a maior fatia do seu rendimento ou do seu tempo profissional[292].

Desporto, Gestlegal, Coimbra, 2019, pp. 316-317. Alexandra Gonçalves Ribeiro, «A liberdade de expressão do praticante desportivo», *Desporto & Direito*, 16 (2008), pp. 11-43, pp. 23-24, considera "irrelevante, em termos de caracterização do contrato de trabalho desportivo, averiguar se a actividade desportiva é exercida a título principal, exclusivo ou secundário". João Zenha Martins, *Dos pactos de limitação à liberdade de trabalho*, Almedina, Coimbra, 2016, pp. 474-475, também aponta que "não exista um critério que permita separar, com rigor, a principialidade da secundariedade". Ricardo Candeias, *Personalização de equipa e transformação de clube...*, cit., p. 103, n. 250, considera, pelo contrário, que "o ideal seria qualificar como profissional o que não exercesse qualquer outra actividade – nem mesmo a título secundário".

287 Em crítica, João Leal Amado, *Vinculação* versus *liberdade...*, cit., pp. 48 ss. O Autor não deixa de notar, p. 51, que essas hipóteses até serão raras dado que o desportista está vinculado a apertados deveres de conservação da sua condição física, algo que analisaremos adiante, o que é incompatível com o desempenho de outras atividades profissionais. No mesmo sentido, André Dinis de Carvalho, *Da liberdade de circulação dos desportistas...*, cit., pp. 62 ss., não deixando de notar que estas situações podem não ser assim tão raras o que torna a norma contestável, e Lúcio Correia, *Limitações à liberdade contratual...*, cit., pp. 51 ss.

288 João Zenha Martins, *Dos pactos de limitação...*, cit., pp. 474-475

289 Como também desapareceu a exigência do "requisito formativo", isto é, isto é, "a necessária formação técnico-profissional" a que se referia a Lei n.º 28/98, de 26 de junho (cfr. Lúcio Correia, «A cessação do contrato de trabalho desportivo de acordo com a Lei n.º 54/2017, de 14 de Julho» in: *I.º Congresso Internacional sobre o Regime Jurídico do Contrato de Trabalho Desportivo*, Vida Económica, Porto, 2018, pp. 119-160, p. 120, n. 4).

290 Cfr. artigo 34.º, n.º 1, da Lei n.º 5/2007, de 16 de janeiro, refere por profissionais "aqueles que exercem a actividade desportiva como profissão exclusiva ou principal".

291 Cfr. artigo 74.º do Código Contributivo. Criticamente, Alexandre Miguel Mestre, «Anotação ao artigo 74.º» in: AAVV. [Coord.], *Código dos regimes contributivos do sistema previdencial de Segurança Social anotado e comentado*, Almedina, Coimbra, 2022, pp. 173-179, p. 176.

292 Também criticamente, Lúcio Correia, *Regime jurídico dos praticantes desportivos profissionais...*, cit., pp. 53 ss.

A verdade é que se tem entendido que o pluriemprego é incompatível com esta atividade profissional[293]. Como também era criticável fazer condicionar a aplicação do regime a uma "necessária formação técnico-profissional", pois que é perfeitamente pensável que alguém possa ser trabalhador desportivo sem que previamente tenha sido sujeito a qualquer formação profissional[294].

Assim, despido de qualquer noção legal, estamos em crer que o conceito de praticante desportivo vai referido ao exercício de uma atividade desportiva em moldes subordinados, tal como descrito acima[295].

§ 2.2.2. Treinador desportivo

Bibliografia específica: Abel Santos, «Certificação de técnicos de Desporto: a ausência da função reguladora do Estado», *Desporto & Direito*, 3 (2004), pp. 435-439; Albino Mendes Baptista, «É o regime laboral comum aplicável aos contratos entre clubes e treinadores profissionais?», *Revista do Ministério Público*, 80 (1999), pp. 129-139; António Nunes de Carvalho, «Pode alguém ser quem não é? (notas soltas a propósito do regime legal de certificação profissional de treinadores)», *Revista de Direito do Desporto*, 7 (2021), pp. 25-39; Diogo Soares Loureiro, «O regime jurídico-laboral dos treinadores de futebol – reflexões sobre o regime preferencia», *Revista de Direito do Desporto*, 9 (2021), pp. 67-87; João Leal Amado, «Treinador de voleibol: entre o regime laboral comum e o regime especial do praticante desportivo?», *Questões Laborais*, 28 (2006), pp. 259-263; Id., «É o regime laboral comum aplicável aos contratos entre clubes e treinadores profissionais?», *Prontuário de Direito do Trabalho*, 87 (2010), pp. 321-340; José Eduardo Fanha Vieira, «Breve análise ao regime jurídico de acesso e exercício da actividade de treinador de desporto» in: Alexandre Miguel Mestre [Coord.], *Compêndio de Direito do Desporto*, Gestlegal, Coimbra, 2021, pp. 1042-1076; José Manuel Meirim, «Os treinadores de desporto» in: José Manuel Meirim [Coord.], *O Desporto que os Tribunais Praticam*, Coimbra Editora, Coimbra, 2014,

[293] Para Lúcio Correia, «O praticante desportivo profissional...», cit., p. 275 ("incompatível, como se sabe, em algumas modalidades desportivas").

[294] Assim, atentamente, embora no contexto do Código Contributivo, Alexandre Miguel Mestre, «Anotação ao artigo 74.º», cit., p. 176.

[295] Cfr. § 2.1. Âmbito objetivo.

pp. 319-326; Marta Vicente, «Sobre o regime jurídico de acesso e exercício da atividade de treinador de desporto no futebol profissional – uma perspetiva de Direito Constitucional», *Revista de Direito do Desporto*, 10 (2021), pp. 22-37; Pedro Miguel Henriques, «Treinadores: profissionais sem lei?» in: *Estudos de Direito Desportivo em Homenagem a Albino Mendes Baptista*, Universidade Lusíada Editora, Lisboa, 2010, pp. 279--306; Pedro Petrucci de Freitas, «Algumas notas sobre as limitações ao exercício da actividade de treinador profissional de futebol (Parte I)», *Revista da Ordem dos Advogados*, 2015, III-IV, pp. 631-652; Ricardo Nascimento, «Em busca de um regime jurídico-laboral específico aplicável ao treinador desportivo», *Revista de Direito do Desporto*, 7 (2021), pp. 59-72; Rui Vaz Pereira, «Treinador desportivo: regime jurídico precisa-se!», *Desporto & Direito*, 26 (2012), pp. 185-222; Victor Hugo Ventura, «Precários para sempre? O regime da contratação a termo dos treinadores desportivos e a sua compatibilidade com o Direito da União Europeia», *Prontuário de Direito do Trabalho*, 2020, II, pp. 331-354.

O treinador desportivo é, definitivamente, uma figura de primeira grandeza no palco desportivo moderno. Pode dizer-se que a profissionalização dos atletas foi acompanhada, a par e passo, pela profissionalização do trabalhador que, na prática, e em última análise, supervisiona e garante o profissionalismo do atleta: o treinador. De resto, basta ter presente que o legislador condicionou e regulou o acesso à profissão, exigindo título profissional[296].

[296] Cfr. Lei n.º 40/2012, de 28 de agosto, que revogou o Decreto-Lei n.º 248-A/2008, de 31 de dezembro. Cfr., ainda, artigo 35.º, n.º 2, da Lei n.º 5/2007, de 16 de janeiro. Sobre isto, com outros desenvolvimentos, José Eduardo Fanha Vieira, «Breve análise ao regime jurídico de acesso e exercício da actividade de treinador de desporto» in: Alexandre Miguel Mestre [Coord.], *Compêndio de Direito do Desporto*, Gestlegal, Coimbra, 2021, pp. 1042-1076, Marta Vicente, «Sobre o regime jurídico de acesso e exercício da atividade de treinador de desporto no futebol profissional – uma perspetiva de Direito Constitucional», *Revista de Direito do Desporto*, 10 (2021), pp. 22-37, António Nunes de Carvalho, «Pode alguém ser quem não é? (notas soltas a propósito do regime legal de certificação profissional de treinadores)», *Revista de Direito do Desporto*, 7 (2021), pp. 25-39, Nuno Vieira Pássaro, *Direito do Desporto...*, cit., pp. 255 ss., Rui Vaz Pereira, «Treinador desportivo: regime jurídico precisa-se!», *Desporto & Direito*, 26 (2012), pp. 185-222, pp. 195 ss. e, mais em geral, Abel Santos, «Certificação de técnicos de Desporto: a ausência da função reguladora do Estado», *Desporto & Direito*, 3 (2004), pp. 435-439. Repare-se que, nos termos do n.º 3, do artigo 5.º, "excetuam-se (...) os profissionais cidadãos de Estado membro da União Europeia ou do Espaço Económico Europeu". A propósito do reconhecimento do título de treinador reconhecido noutro Estado-Membro, ver o ac. *Heylens* do TJCE (proc. nr. 222/86). Ver, com interesse histórico, o ac. de 11/05/1965 do STA (Henrique Mário Pereira Parreira), AcD, 43 (1965), pp. 975-978.

Aliás, segundo o artigo 5.º, n.º 1, da Lei n.º 40/2012, de 28 de agosto, "é nulo o contrato pelo qual alguém se obrigue a exercer a atividade de treinador de desporto sem título profissional válido"[297], norma que está em perfeita harmonia com as regras gerais em matéria de invalidade do contrato de trabalho[298].

O treinador desportivo é um trabalhador subordinado, vinculado, portanto, por um contrato de trabalho[299], até porque os regulamentos federativos que disciplinam as competições exigem expressamente que o treinador esteja vinculado ao clube por contrato de trabalho[300]. Isso também significa que o treinador desportivo deve ser, por isso mesmo, uma pessoa individual e não uma pessoa coletiva...[301]

Também parece consensual que a atividade laboral de treinador envolve relevantes especificidades. De estranhar é, por isso, que o legislador não tenha criado um regime especial para estes trabalhadores, ao contrário do

[297] As razões resultavam já do preâmbulo do Decreto-Lei n.º 248-A/2008, de 31 de dezembro: "a existência de treinadores devidamente qualificados é uma medida indispensável, não só para garantir um desenvolvimento qualitativo e quantitativo das diferentes actividades físicas e desportivas, como também para que a prática desportiva decorra na observância de regras que garantam a ética desportiva e o desenvolvimento do espírito desportivo, bem como a defesa da saúde e da segurança dos praticantes". Sobre a importância da profissionalização, cfr. o artigo 7.º da *Carta Europeia do Desporto*). A este respeito, ver também a Portaria n.º 141/2020, de 16 de junho, que procede à definição dos aspetos relativos às ações de formação contínua obrigatória para a revalidação do título profissional de treinador de desporto (TPTD).

[298] Neste sentido, Rui Vaz Pereira, «Treinador desportivo...», cit., p. 201.

[299] Com ênfase, Maria João Soares Ribeiro, «O treinador nos tribunais...», cit., p. 404 ("apenas de uma certeza não se abdica: o treinador de futebol é um trabalhador"). Já vem de longe a orientação dos nossos tribunais no sentido de qualificar o contrato de treinador desportivo como contrato de trabalho. Ver, por exemplo, o ac. de 28/05/1963 do STA (Henrique Mário Pereira Parreira), ESC, 7 (1963), pp. 166-170 (qualificando como contrato de trabalho o contrato de um treinador de hóquei em patins), indicando-se aí, aliás, outra jurisprudência inédita no mesmo sentido. Com interesse histórico, ver também o ac. de 31/01/1985 do TRE (Carita Grave), BMJ, 345 (1985), p. 466 (sumário), decidindo que "o contrato firmado entre um treinador de futebol e um clube dessa modalidade desportiva integra um contrato de trabalho e não um contrato de prestação de serviços". Ver, mais recentemente, o ac. de 25/06/2015 do STJ (Fernandes da Silva), proc. nr. 3345/11.0TTLSB.L1.S1. No entanto, Albino Mendes Baptista, «Treinadores profissionais: aplicação do regime...», cit., p. 57, escreve que "não se vê nenhuma incompatibilidade congénita do contrato de prestação de serviços com a profissão de treinador".

[300] Efetivamente, o artigo 81.º, n.º 1, do RCLPFP, prevê que "apenas poderão ocupar o banco de suplentes... os treinadores com contrato de trabalho".

[301] Embora a tese de que um trabalhador pode ser uma pessoa coletiva já tenha sido ensaiada por certa doutrina: assim, António Menezes Cordeiro, *Direito do trabalho*, Almedina, Coimbra, 2018, pp. 454-455. Já José Andrade Mesquita, *Direito do Trabalho*, 2.ª ed., AAFDL, Lisboa, 2004, pp. 75 ss., admitia que pessoas coletivas podiam ser trabalhadores subordinados.

que já era sugerido nos diplomas que enquadraram a atividade desportiva[302]. Consequentemente, o trabalho de treinador desportivo continua a ser "socialmente típico, mas legalmente atípico"[303].

A falta de um regime jurídico e a omissão de qualquer referência no regime legal do contrato de trabalho do praticante desportivo[304] — sobretudo se pensarmos que o mesmo regime faz referência, por exemplo, ao empresário desportivo —, levantou, e levanta ainda, dúvidas quanto ao regime jurídico aplicável a esta classe profissional. A Lei n.º 54/2017, de 14 de julho, poderia ter sido uma oportunidade para colmatar essa lacuna, mas a própria Comissão responsável pela Projeto de revisão da Lei n.º 28/98, de 26 de junho, de onde viria a resultar o regime atualmente em vigor, não quis tomar nos seus ombros esse encargo: "quanto aos treinadores, entendeu-se que o preenchimento da lacuna hoje existente na nossa lei carece de um regime jurídico próprio, autónomo do aplicável ao praticante desportivo, que atenda à grande diversidade e complexidade das relações estabelecidas entre os treinadores e as respetivas entidades empregadoras. Será tarefa, decerto, para uma outra Comissão, especificamente criada para esse efeito".

A demissão do legislador tem, como sempre acontece nestes casos, uma consequência imediata: a tarefa de determinação do regime legal é delegada nos intérpretes e aplicadores do Direito — o mesmo é dizer: na doutrina e nos tribunais[305]. Como parece evidente aos olhos de todos, a falta de um

[302] A Lei n.º 1/90, de 13 de janeiro, que aprovou a Lei de Bases do Sistema Desportivo, previa, no seu artigo 41.º, n.º 1, alínea i), que "no prazo de dois anos, o Governo fará publicar, sob a forma de decreto-lei, a legislação complementar necessária para o desenvolvimento da presente lei e que contemple, designadamente (...) regime contratual dos praticantes desportivos profissionais *e equiparados*" (sublinhado nosso).

[303] Daniela Mirante, «Da natureza jurídica do contrato celebrado entre o empresário desportivo e o praticante desportivo», *Revista de Direito Civil*, 2 (2016), pp. 419-436, p. 432. Orlando de Carvalho, «Prefácio a esta tríplice 2.ª edição» in: *Páginas de Direito — Escritos I*, Almedina, Coimbra, 1998, p. 24, dava o exemplo do treinador desportivo como um contrato atípico. Falando das "particularidades que, a vários títulos, marcam a atividade dos treinadores desportivos", Milena Rouxinol, «A imperatividade (que tipo de imperatividade?) das normas legais laborais face ao contrato individual de trabalho – considerações em torno do n.º 5 do art. 3.º do CT», *Questões Laborais*, 42 (2014), pp. 159-185, p. 170.

[304] Aquilo que, no contexto espanhol, Rosalía Ortega Pradillo, «Pecularidade del régimen jurídico entrenadores y árbitros deportivos em españa» in: *I.º Congresso Internacional sobre o Regime Jurídico do Contrato de Trabalho Desportivo*, Vida Económica, Porto, 2018, pp. 203-228, p. 206, designa como uma "anomalia jurídica".

[305] Nas palavras enfáticas de Pedro Miguel Henriques, «Treinadores: profissionais sem lei?» in: *Estudos de Direito Desportivo em Homenagem a Albino Mendes Baptista*, Universidade Lusíada Editora, Lisboa, 2010, pp. 279-306, p. 306, a doutrina e os tribunais tiveram de percorrer "o tortuoso

regime legal tem, naturalmente, custos no plano da segurança jurídica dado que levanta a questão de saber, afinal, qual o regime legal aplicável a estes profissionais. Como nota um Autor espanhol, numa observação que parece perfeitamente consistente com a realidade portuguesa, "a elevada taxa de litigância que se formou em torno da qualificação da relação jurídico-laboral do treinador tem como principal causa o silêncio da lei"[306].

Independentemente da qualificação que os treinadores desportivos foram recebendo para outros efeitos legais ("agentes desportivos"[307] ou "recursos humanos no desporto"[308]) uma coisa pode ser dada como certa: o treinador desportivo não é, definitivamente, um praticante desportivo, sem prejuízo de a mesma pessoa poder cumular as duas condições de treinador e praticante: "praticante é o que exerce ou realiza o desporto; treinador é o que prepara ou adestra o praticante"[309]. Em síntese, o "praticante é o treinado, não o treinador"[310].

Mas quem é, afinal, o "técnico" ou o "mister"[311]?

Segundo a CCT aplicável ao futebol profissional, os treinadores são os profissionais que "de forma exclusiva, se dediquem à preparação, orientação técnica e treino das respectivas equipas de futebol"[312]. A Lei n.º 40/2012,

caminho de recurso à hermenêutica do direito, sempre sujeito a "intempéries" que apenas desprestigiam a lei, os agentes desportivos e o desporto em geral".

306 Francisco Javier Torollo González, «Las relaciones laborales especiales de los deportistas...», cit., p. 184.

307 Cfr. artigo 4.º, n.º 4, da Lei n.º 1/90, de 13 de janeiro. Ver artigo 7.º, alínea c), do Decreto-Lei n.º 10/2009, de 12 de janeiro. Uma primeira tese que correu nos tribunais, alegada pelos clubes desportivos em benefício próprio, foi a de que o treinador desportivo seria um "agente desportivo", pelo menos para efeitos da aplicação do Decreto-Lei n.º 413/87, de 31 de dezembro, que condicionava a invocação em juízo dos contratos que apenas estivessem registados. Decidindo neste sentido, ver ac. de 07/04/1992 do TRE (Loureiro Pipa), CJ, 1992, II, pp. 317-318, já citado, ac. de 15/05/1995 do TRP (Ramos Da Fonseca), proc. nr. 9440389, ac. de 13/05/1996 do TRP (Leitão Santos), CJ, 1996, III, pp. 249-250. Excluindo do conceito os treinadores-adjuntos, ac. de 27/09/1993 do TRP (Leitão Santos), CJ, 1993, IV, pp. 274-276 / BMJ, 429 (1993), p. 877 (sumário). Basta ver os arts. 6.º e 7.º do Decreto-Lei n.º 95/90, de 20 de março, que excluía do conceito agente desportivo os treinadores.

308 Cfr. artigo 4.º, n.º 6, do Decreto-Lei n.º 407/99, de 15 de outubro.

309 Ac. de 28/04/1993 do STJ (Mora do Vale), CJ (STJ), 1993, II, pp. 270-272, p. 271.

310 Ac. de 07/04/1992 do TRE (Loureiro Pipa), CJ, 1992, II, pp. 317-318, já citado, p. 318.

311 Na crítica de Diogo Soares Loureiro, «O regime jurídico-laboral dos treinadores de futebol...», cit., p. 68, "o nosso ordenamento falha na mais elementar tarefa de nos fornecer uma definição de treinador".

312 José Manuel Meirim, «Léxico de Direito do Desporto», *Sub Judice*, 8 (1994), pp. 113-137, p. 135, definia treinador como o "agente desportivo que prepara a orienta praticantes desportivos, incidindo a sua acção nos aspectos físico, psicológico, técnico e táctico, tendo em vista a optimização do seu rendimento desportivo".

de 28 de agosto, refere que a atividade de treinador de desporto "compreende o treino e a orientação competitiva de praticantes desportivos, bem como o enquadramento técnico de uma actividade desportiva" (artigo 3.º)[313].

O treinador é uma categoria abrangente, cobrindo realidades bastante heterogéneas. Daí que pode ser útil distinguir, por exemplo, dentro de cada equipa técnica[314], o treinador principal e os adjuntos[315]. Como também é preciso contar com aqueles casos bizarros em que o atleta é simultaneamente treinador[316]. Já quanto aos selecionadores nacionais, o debate ainda hoje anda aceso[317].

Como se disse, a principal controvérsia diz respeito ao regime aplicável a estes profissionais. Em abono da verdade, a dúvida esteve parcialmente paliada ou minimizada pela existência de uma CCT especificamente aplicável a esta classe profissional. Com efeito, às relações profissionais destes trabalhadores é aplicável o CCT celebrado entre a LPFP e a ANTF[318], objeto de Portaria de Extensão[319], que veio substituir a anterior CCT, celebrado pelos mesmos outorgantes em 1996[320].

Pese embora a CCT contenha uma regulamentação aplicável aos treinadores, a verdade é que ela apenas é aplicável aos treinadores de futebol uma vez que, em rigor, a Portaria de Extensão apenas estende a CCT aos demais treinadores de futebol. A descoberto de qualquer regulamentação coletiva ficam, assim, os treinadores desportivos de outras modalidades.

[313] De forma semelhante, o artigo L. 222-2, n.º 2, do *Code du Sport*.

[314] Para Rui Vaz Pereira, «Treinador desportivo...», cit., p. 194, deveria ser reconhecido um "contrato de equipa técnica". Recusando a existência de uma coligação negocial nestes contratos, ac. de 27/10/2021 do TRL (Albertina Pereira), proc. nr. 3787/19.3T8FNC.L1-4.

[315] Assim, António Nunes de Carvalho, «O art. 9.º do Código do Trabalho...», cit., p. 20.

[316] Ver, com interesse, o caso decidido no ac. de 11/05/1965 do STA (Henrique Mário Pereira Parreira), AcD, 43 (1965), pp. 975-978, onde o Tribunal decidiu que não pode ser considerado como treinador desportivo o futebolista que, não jogador, auxiliava o treinador na preparação dos jogadores mais novos. Dentro deste assunto, é importante ponderar que muitas vezes uma equipa técnica é contratada no seu todo sendo que a cessação do treinador principal deveria significar a cessação de todos os vínculos com os demais elementos que integram a "equipa técnica".

[317] Francisco Javier Torollo González, «Las relaciones laborales especiales de los deportistas...», cit. p. 185, defende a aplicação do regime do praticante desportivo. María Gema Quintero Lima, «A vueltas con la naturaleza de la relación laboral de los entrenadores y los efectos de su extinción», *Nueva Revista Española de Derecho del Trabajo*, 167 (2014), pp. 233-243, faz derivar a concreta qualificação do caso concreto.

[318] Publicado no BTE n.º 20/2012.

[319] Publicada no BTE n.º 2/2018.

[320] Publicado no BTE n.º 27/1997 e objeto de Portaria de Extensão publicada no BTE n.º 37/1997.

Os nossos tribunais foram várias vezes convocados para esclarecer o estatuto jurídico do treinador desportivo e, mais concretamente, o regime aplicável a esta classe de profissionais. Repare-se que a determinação do regime jurídico aplicável aos treinadores desportivos é uma matéria da maior importância pois da resposta a essa questão fluem consequências da maior importância: adiantando alguns pontos que serão oportunamente tratados nos lugares devidos, os treinadores podem ser contratados a termo certo, sem necessidade de motivo justificativo, tal como os praticantes desportivos? Ou, pelo contrário, a conclusão de que o regime aplicável é, afinal, o regime laboral comum, determina que, em princípio o treinador deve ser contratado por tempo indeterminado? Quais são os limites ao tempo de trabalho dos treinadores: os que estão previstos no RCTPD ou os gerais, constantes do CT09? O contrato de trabalho do treinador desportivo pode conter uma "cláusula de rescisão"? Será lícito apor uma cláusula de não concorrência no contrato de trabalho do treinador ou a liberdade pós-contratual, um valor tão caro aos desportistas, também deve permanecer intocada para os treinadores? O contrato de trabalho do treinador desportivo está sujeito a forma escrita e a registo, tal como os praticantes desportivos[321]?

A primeira decisão que se conhece sobre esta matéria remonta ao início deste século, quando a Relação do Porto afirmou que um treinador desportivo não pode ser considerado um praticante desportivo[322]. Alguns anos mais tarde, a Relação do Porto foi chamada a resolver o litígio envolvendo um treinador de voleibol e a sua entidade empregadora. Tratou-se de uma ação de impugnação de despedimento, mas o Tribunal teve de pronunciar-se sobre certas questões prejudiciais. Concretamente, a Relação do Porto teve de avaliar a validade do acordo celebrado entre o clube desportivo e o trabalhador porque o contrato tinha sido celebrado por certo período de tempo (leia-se: a termo) oralmente. A Relação do Porto, considerando que existia entre as partes um verdadeiro contrato de trabalho, e não uma prestação de serviços, sujeitou a relação ao regime geral e, partindo dessa premissa, decidiu, movimentando-se no regime laboral comum, que o contrato seria convertido em contrato por tempo indeterminado[323]. Em abono da verdade, parece que

[321] Em relação à exigência de forma escrita, afirmando que a norma tem natureza excecional, não se aplicando, assim, aos treinadores desportivos, ver o ac. de 29/03/2023 do STJ (Júlio Gomes), proc. nr. 2283/20.0T8FNC.L1.S1.

[322] Ac. de 27/03/2000 do TRP (Machado da Silva), proc. nr. 0040164 (sumário) / BMJ, 495 (2000), p. 361 (sumário).

[323] Ac. de 18/01/2006 do TRL (Duro Mateus Cardoso), proc. nr. 3276/2005-4.

o tribunal não tomou uma opção consciente entre a aplicação do regime geral do trabalho e o regime especial do praticante desportivo. A questão não foi encarada expressamente e, portanto, não foi problematizada. Por outras palavras, o Tribunal não reconheceu na relação de trabalho do treinador desportivo uma relação laboral cujo regime jurídico estava por esclarecer.

A decisão viria a ser revista pelo Supremo Tribunal de Justiça que, contrariamente à decisão recorrida, optou pela aplicação por analogia do regime do contrato de trabalho desportivo. Numa decisão que viria a merecer os comentários concordantes de João Leal Amado[324] e António Nunes de Carvalho[325], e cuja tese foi sufragada por jurisprudência posterior[326], entendeu o Supremo que "as especialidades que a actividade desportiva comporta neste preciso domínio e a manifesta dificuldade do regime geral do contrato de trabalho para dar cabal resposta a essas especificidades, convoca, por força dos princípios gerais, o recurso aos instrumentos de integração previstos no art.º 10º do Cód. Civil, e, por esta via, ao regime especial do CTPD, por valerem na situação em causa as razões justificativas da concreta regulamentação normativa da Lei n.º 28/98"[327]. Para além dos Autores acima citados, também José Manuel Meirim entende que "é naquele primeiro universo de normas [isto é, no RCTPD] que localizam as intimidades exigidas pelo Código Civil para que seja accionada aquela forma de integração de lacunas"[328], posição acompanhada por outra doutrina[329] e jurisprudência[330].

Contudo, conhecem-se decisões da nossa jurisprudência em que, não abordando diretamente esta questão, a resposta vai subentendida ao aplicar

[324] João Leal Amado, «Treinador de voleibol: entre o regime laboral comum e o regime especial do praticante desportivo?», *Questões Laborais*, 28 (2006), pp. 259-263. Forçando um pouco a nota, e para evitar dúvidas quanto a eventual gralha, é relevante notar que este número da revista foi editado em junho de 2007, daí ser possível que o Autor lance um artigo que data de 2006 comentando um acórdão que só viria a ser publicado em janeiro de 2007...

[325] António Nunes de Carvalho, «Comentário ao Acórdão do Supremo Tribunal de Justiça de 24 de Janeiro de 2007», *Revista de Direito e de Estudos Sociais*, 2007, III-IV, pp. 151-175.

[326] Cfr. ac. de 11/11/2009 do TRL (Isabel Tapadinhas), proc. nr. 3987/03.8TTLSB.L1-4 / CJ, 2009, V, pp. 138-141, e ac. de 16/11/2010 do STJ (Sousa Peixoto), proc. nr. 3987/03.8TTLSB.L1.S1, com o comentário concordante de João Leal Amado, «É o regime laboral comum aplicável aos contratos entre clubes e treinadores profissionais?», *Prontuário de Direito do Trabalho*, 87 (2010), pp. 321-340.

[327] Ac. de 24/01/2007 do STJ (Mário Pereira), proc. nr. 06S1821.

[328] José Manuel Meirim, «Os treinadores de desporto» in: José Manuel Meirim [Coord.], *O Desporto que os Tribunais Praticam*, Coimbra Editora, Coimbra, 2014, pp. 319-326, p. 325.

[329] Mais recentemente, Nuno Vieira Pássaro, *Direito do Desporto...*, cit., pp. 209 ss.

[330] Ac. de 15/01/2020 do TRL (Leopoldo Soares), proc. nr. 19917/18.0T8LSB.L1-4.

o regime laboral comum[331]. Também há dissidentes na doutrina. Para além da posição, recente, de Ricardo Nascimento, autor que admite, porém, a aplicação do RCTPD "pontual e analogicamente"[332], Albino Mendes Baptista entende que esta assimilação do treinador ao praticante desportivo, pelo menos para efeitos de considerar o seu regime jurídico aplicável àqueles, é perigosa porque, no seu entender, as duas atividades não são comparáveis[333]. O Autor aproxima o treinador dos cargos de direção, qualificação que, verdade seja dita, está longe de ser absurda — ela é equacionada também em Espanha[334] — se pensarmos que o treinador desportivo ocupa um cargo de confiança (como alguém já disse é o "principal ato de gestão de um presidente")[335], surge frequentemente como um verdadeiro plenipotenciário, com amplos poderes dentro do clube, definindo a política e estratégia desportiva com carta branca[336], bem como outras competências dentro

[331] Assim, o ac. de 08/03/2019 do TRP (Rui Ataíde de Araújo), proc. nr. 4446/17.7T8OAZ.P1, aplicando as regras gerais em matéria de período experimental.

[332] Ricardo Nascimento, «Em busca de um regime jurídico-laboral específico aplicável ao treinador desportivo», *Revista de Direito do Desporto*, 7 (2021), pp. 59-72.

[333] Cfr. artigo 4.º, n.º 6, aínea a), do Decreto-Lei n.º 407/99, de 15 de outubro, onde se descreve o treinador de futebol como aquele que "conduz o treino dos praticantes desportivos com vista a desenvolver condições para a prática e reconhecimento da modalidade ou optimizar o seu rendimento desportivo, independentemente da denominação que lhe seja habitualmente atribuída".

[334] Sobre isto, ver, com mais referências, Francisco Javier Torollo González, «Las relaciones laborales especiales de los deportistas...», cit., p. 184.

[335] Pedro Pardal Goulão, «Contratação de treinadores...», cit., p. 391, diz mesmo que "em poucas outras actividades profissionais é tão vincado o cunho de confiança pessoal do empregador, tanto na escolha do técnico como no decurso da relação de trabalho".

[336] Como aponta Albino Mendes Baptista, «Treinadores profissionais: aplicação do regime...», cit., pp. 59-60, "um treinador dirige os praticantes desportivos, dá-lhes ordens, selecciona os jogadores que integram a equipa como titulares e como suplentes, escolhe o sistema de jogo, designa o capitão da equipa, fixa as horas de comparência nos jogos, estágios ou deslocações, indica locais, meios e tempo dos estágios, define metodologias de treino, marca os dias e horas dos treinos, intervém no agendamento de jogos particulares, dá palestras, manda visionar filmes, é o primeiro a responder pelos resultados desportivos, é factor aglutinador (ou desestabilizador) do grupo de trabalho, relaciona-se directamente com os adeptos, propõe contratações, elabora a lista de dispensas, e "impõe"(quando na prática não exerce) mesmo o exercício da acção disciplinar sobre os praticantes desportivos. Mais: os treinadores exercem autoridade ainda sobre auxiliares técnicos, massagistas e pessoal de apoio à equipa ("roupeiros", etc.). Finalmente, os treinadores têm, por vezes, poderes sobre a configuração da estrutura desportiva interna do clube e a sua coordenação, dirigindo uma complexa estrutura técnica integrada por psicólogo, preparador físico, fisioterapeuta e equipa médica. Ora este tipo de funções é estruturalmente muito mais complexo do que a atividade desenvolvida pelos praticantes desportivos e, seguramente, pelos trabalhadores comuns. A intensidade e as implicações da relação de confiança entre empregador e treinador

da dinâmica do clube[337]. De resto, há quem defenda, entre nós, pelas mesmas razões, pelo menos de *iure condendo*, a possibilidade de o treinador desportivo ser contratado em regime de comissão de serviço[338].

§ 2.2.3. Árbitro desportivo

Bibliografia específica: Francisco Côrte-Real, «Árbitro» in: Alexandre Miguel Mestre [Coord.], *Enciclopédia de Direito do Desporto*, Gestlegal, Coimbra, 2019, pp. 30-31; Maria José Carvalho, «O agente da arbitragem: agente desportivo ou mal necessário?», *Desporto & Direito*, 22 (2010), pp. 45-73; Nuno Barbosa, «O estatuto jurídico do árbitro no Direito português» in: *Direito do Desporto Profissional — Contributos de um Curso de Pós-Graduação*, Almedina, Coimbra, 2011, pp. 47-59; Patrícia Sousa Borges, «Controlo antidoping na arbitragem: uma necessidade ou um excesso de zelo», *Revista de Direito do Desporto*, 9 (2021), pp. 104-118.

Pelas mais tristes e infelizes razões, o árbitro desportivo ocupa hoje uma posição central na dinâmica do processo desportivo (ele é, como alguém já

não têm paralelo em qualquer outra relação laboral". A cláusula 14.ª contém um rol de poderes que cabem ao treinador: dar parecer sobre a conveniência ou inoportunidade da realização dos jogos particulares, no decurso de provas oficiais ou os que pela sua proximidade possam afectar a equipa (um "direito de veto"); proceder à escolha dos jogadores que integram a equipa em cada jogo; designar os dias e as horas dos treinos, bem como o local dos mesmos, tendo em consideração as especialidades e limitações que hajam sido previamente comunicadas pela entidade patronal; fixar as horas de comparência das equipas nos balneários, ou em outros locais, antes do início dos jogos, estágios ou deslocações; propor a realização de estágios, sua marcação, tempo de duração, bem como os meios de os realizar. No contexto espanhol, é também essa a opinião de Fernando Pérez-Espinosa Sánchez, «Consideraciones críticas sobre la ampliación jurisprudencial del concepto de deportista profesional a entrenadores y técnicos: ámbito de aplicación del R.D. 1006/1985, de 26 de junio, por el que se regula la relación de los deportistas profesionales» in: *Revista de la Facultad de Derecho de la Universidad Complutense – Estudios de derecho del Trabajo y de la Seguridad Social en homenaje al profesor Juan Antonio Sagardoy Bengoechea*, 23 (1999), pp. 401-418, p. 418 e Rosalía Ortega Pradillo, «Pecularidade del régimen jurídico...», cit., pp. 213 ss.

[337] No caso relatado no ac. de 18/01/1982 do TRL (Pedro Macedo), CJ, 1982, I, pp. 227-229, o clube desportivo e treinador — respetivamente, o Sport Lisboa e Benfica e James Hagan — acordaram contratualmente que este teria poder disciplinar sobre os jogadores.

[338] Assim, Rui Vaz Pereira, «Treinador desportivo...», cit., p. 221.

disse, o "magistrado desportivo"[339]) e, inclusivamente, na própria montagem do produto comercial que é oferecido ao consumidor[340].

A atenção mediática trouxe consigo, inevitavelmente, a atenção do Direito. Contudo, se a arbitragem pode e deve ser encarada como um fenómeno juridicamente relevante[341], a verdade é que essa proeminência não tem encontrado reflexo no esclarecimento do seu enquadramento jurídico[342]. Pese embora o estatuto do árbitro no Direito português já tenha até merecido a constituição de um Grupo de Trabalho com vista à dilucidação desta questão[343], a dúvida ainda subsiste, pois ainda não é certo qual o regime jurídico aplicável, no Direito português, aos árbitros desportivos[344].

Este assunto tem interessado particularmente à doutrina espanhola que, de uma forma praticamente unânime, considera o árbitro como um trabalhador subordinado[345], embora não haja acordo quanto ao regime

[339] Sérgio Monteiro, «"Caso" Belluschi / Duarte Gomes – responsabilidade disciplinar do árbitro de futebol profissional por comportamento autoritário e provocador», *Desporto & Direito*, 24 (2011), pp. 429-445, p. 435.

[340] No apontamento de Miguel Cardenal Carro, «Contrato de trabajo deportivo y derechos de imagen (notas para una aproximación a la evolución del fenómeno en el caso español)» in: *I Congresso de Direito do Desporto*, Almedina, Coimbra, 2005, pp. 231-253, p. 245, "seus gestos são reproduzidos milimetricamente, gravadas as conversações entre eles e formam já uma parte importante do produto final oferecido ao público". Em defesa dos árbitros desportivos, Fernando Xarepe Silveiro, «Árbitros e comentadores desportivos: quem está fora de jogo?», *Desporto & Direito*, 1 (2003), pp. 191-202.

[341] Sob várias perspetivas, ver o estudo de Nuno Barbosa, «O estatuto jurídico do árbitro no Direito português» in: *Direito do Desporto Profissional — Contributos de um Curso de Pós-Graduação*, Almedina, Coimbra, 2011, pp. 47-59.

[342] Dando conta desta indecisão, no contexto espanhol, ver, por todos, Rosalía Ortega Pradillo, «Pecularidade del régimen jurídico...», cit., pp. 215 ss. Sobre uma questão periférica, ver o estudo de Patrícia Sousa Borges, «Controlo antidoping na arbitragem: uma necessidade ou um excesso de zelo», *Revista de Direito do Desporto*, 9 (2021), pp. 104-118.

[343] Através do Despacho n.º 12691/2011, de 23 de setembro, determinou-se a constituição de um grupo de trabalho para proceder à avaliação da atividade dos árbitros e entidades equiparadas e sua eventual profissionalização.

[344] João Leal Amado, *Contrato de trabalho desportivo...* [2017], cit., p. 23, integra a relação jurídico dos árbitros nos "contratos desportivos".

[345] Neste sentido, embora o título sugira o oposto, Juan Molins García-Atance, «Inexistencia de relación laboral de los árbitros de baloncesto», *Nueva Revista Española de Derecho del Trabajo*, 184 (2016), pp. 373-378. Ver ainda, no mesmo sentido, Natasha Vergara Prieto, «Los árbitros deportivos: travesía en el desierto», *Revista Aranzadi de Derecho de Deporte y Entretenimiento*, 55 (2017), pp. 193-204, Francisco Javier Torollo González, «Las relaciones laborales especiales de los deportistas...», cit., pp. 186-187, e o interessante estudo de Juan José Fernández Domínguez / Roberto Fernández Fernández, «Sobre la laboralización de la prestación...», cit., pp. 271 ss.

aplicável[346]. O debate ainda hoje anda aceso, havendo quase tantas propostas quantos os seus Autores. Se há quem entenda ser aplicável o regime laboral comum, sendo essa a resposta que surge talvez com mais naturalidade pela falta de um regime especial, também há quem defenda ser aplicável o regime do praticante desportivo, com o argumento de que a intervenção do árbitro tem, de certa forma, uma participação direta na finalidade competitiva da atividade desportiva[347], não faltando quem admita mesmo qualificar o árbitro como um artista ou profissional de espetáculos, aplicando-lhes o correspondente regime legal[348].

Em estudo panorâmico sobre o estatuto do árbitro no Direito português, Maria José Carvalho não chega a equacionar o problema pois a Autora rejeita liminarmente a natureza laboral da relação de trabalho do árbitro desportivo com base no argumento de que "os árbitros, a bem da isenção, da independência, da imparcialidade, e da verdade desportiva não podem estar sujeitos a subordinação jurídica"[349]. Não podemos acompanhar a posição perentória da Autora pois, a nosso ver, embora o árbitro desportivo

[346] Com humor, Juan José Fernández Domínguez / Roberto Fernández Fernández, «Sobre la laboralización de la prestación...», cit., p. 274, falam do árbitro desportivo como uma "ave rara".

[347] É essa a opinião de Sol Ruiz de la Cuesta Fernández, *El contrato laboral del artista*, Tirant lo Blanch, Valencia, 2007, pp. 92 ss. Mas a Autora também acrescenta que, se faltar o elemento de competição à partida em que o árbitro participa, então o regime aplicável será o regime dos artistas e profissionais de espetáculos conquanto estejam preenchidos os seus demais pressupostos. No mesmo sentido, Juan José Fernández Domínguez / Roberto Fernández Fernández, «Sobre la laboralización de la prestación...», cit., pp. 271 ss., valorando o facto de a atividade de treinador exigir uma aptidão física do desportista profissional, prestando trabalho no mesmo contexto do praticante desportivo — o espetáculo público —, do qual faz parte integrante e estando sujeito, tal como o atleta, aos apetites e escrutínio do público. Natasha Vergara Prieto, «Los árbitros desportivos...», cit., p. 201, também defende a aplicação do regime laboral dos praticantes desportivos sublinhando que que "ninguém pode negar a influência decisiva dos árbitros nas competições de forma imediata e a sua colaboração na sua execução é indispensável para um normal desenvolvimento de todos e cada uma das partidas". No mesmo sentido, Ángel Guillen Pajuelo, «El encaje de la relación laboral de los árbitros, *Revista Aranzadi de Derecho de Deporte y Entretenimiento*, 55 (2017), pp. 241-270.

[348] Assim, por exemplo, Rosalía Ortega Pradillo, «Pecularidade del régimen jurídico...», cit., pp. 226-227.

[349] Maria José Carvalho, «O agente da arbitragem: agente desportivo ou mal necessário?», *Desporto & Direito*, 22 (2010), pp. 45-73, p. 62. A este propósito, o artigo L. 223.º-3, do *Code du Sport*, estabelece que não existe um vínculo de subordinação laboral entre o árbitro desportivo e a Federação. Embora referindo-se ao regime tributário, Francisco Côrte-Real, «Árbitro» in: Alexandre Miguel Mestre [Coord.], *Enciclopédia de Direito do Desporto*, Gestlegal, Coimbra, 2019, pp. 30-31, fala do árbitro como profissional independente.

conserve uma importante autonomia quanto à execução da prestação a que se obriga, que exige uma rigorosa independência, à margem de quaisquer interferências na aplicação das regras do jogo, ele está adstrito a uma extensa série de obrigações, prevista na regulamentação federativa, que pode ser reveladora de subordinação jurídica. Importa não esquecer, de facto, que o árbitro deve, nos termos da regulamentação federativa, "aceitar as nomeações para que esteja designado", "comparecer aos jogos para os quais seja nomeado", "justificar a sua não comparência ao Conselho de Arbitragem competente, logo que tenha conhecimento do facto impeditivo", "comparecer nas instalações desportivas, com a antecedência exigível", "apresentar-se em campo com o equipamento oficialmente aprovado", "iniciar o jogo à hora marcada", "participar em todas as ações de formação, aperfeiçoamento e avaliação, bem como em todos os testes regulamentares para que tenha sido convocado", "comparecer junto do CA, por motivos justificados, sempre que notificado", "realizar anualmente um exame médico-desportivo", "realizar testes regulamentares, sempre que para tal seja convocado", "participar em reuniões, conferências ou cursos, diligências ou outros eventos, sempre que para tal seja convocado"[350], tudo isto a troco de uma "compensação"[351] que claramente não visa apenas compensar o profissional pelos gastos incorridos. Tudo somado, parece-nos que estamos perante um trabalhador subordinado[352].

[350] Estamos a transcrever algumas das alíneas dos artigos 19.º e 20.º, do RALPFP.

[351] Cfr. artigo 23.º do RALPFP.

[352] Vale a pena transcrever um passo das conclusões do Grupo de Trabalho instituído pelo referido Despacho n.º 12691/2011, de 23 de setembro: "em Portugal, o Grupo de Trabalho julga que se deverá avançar com a possibilidade de os árbitros serem titulares de autênticos contratos de trabalho com as federações desportivas (ou, quiçá, com as respectivas ligas profissionais), a partir do momento em que integram a elite de cada uma das modalidades, sobretudo quando estivermos perante competições desportivas de carácter profissional. No nosso entendimento, avançando-se para um modelo de profissionalização da arbitragem nas competições desportivas profissionais (de momento, só no âmbito do futebol), assente na celebração de contratos de trabalho destinados às elites do respectivo sector de arbitragem, julga-se que, à luz do actual ordenamento jurídico-desportivo, a correspondente entidade empregadora deverá ser a federação desportiva na qual o árbitro se encontre inscrito e exerça a respectiva actividade (*ex vi* arts. 32.º, al. g), 40.º, n.º 4, e 45.º do Regime Jurídico das Federações Desportivas, aprovado pelo Decreto-Lei n.º 248-B/2008, de 31 de Dezembro, e art. 3.º da Lei n.º 112/99, de 3 de Agosto). O regime jurídico a elaborar não deverá, no nosso entendimento, constranger em demasia as federações sobre a modalidade de contrato de trabalho a celebrar com os respectivos árbitros, antes devendo deixar às partes alguma margem de liberdade para lançarem mão da modalidade contratual que melhor se adeque às necessidades dos respectivos intervenientes e à realidade subjacente a cada modalidade e competição desportiva. Em face do exposto, julga-se que o vínculo laboral a estabelecer com os árbitros, assistentes, juízes ou outros equiparados poderá ser a termo resolutivo certo (porventura

a modalidade contratual mais ajustada a este peculiar contrato de trabalho), não sendo, todavia, de excluir liminarmente a possibilidade de opção pelo contrato sem termo, de duração indeterminada. Sendo ainda certo que, eventualmente, no âmbito de aplicação do referido regime, e sem prejuízo de constarem da lei alguns requisitos genéricos, poderá ser permitido às federações desportivas (mais uma vez, em especial a de futebol, atendendo a que apenas nesta, de momento, se disputam competições de carácter profissional) fixar os requisitos de carácter desportivo (por exemplo, a obtenção do estatuto de árbitro da primeira categoria) para que os árbitros possam aspirar à profissionalização, através do estabelecimento de um vínculo jurídico-laboral com a respectiva federação. Desta forma, no regime jurídico a elaborar deverá ainda ter-se em conta a possibilidade de o referido vínculo jurídico-laboral ser precedido de um vínculo de formação profissional, mais ou menos duradouro (uma espécie de «contrato de formação arbitral»), através deste se procurando proporcionar aos "árbitros e/ou juízes formandos" a experiência essencial e os conhecimentos necessários ao exercício da actividade e visando o estabelecimento do aludido vínculo laboral (e integração na elite, que, em qualquer caso, não poderá ser um grupo fechado e inamovível), uma vez reunidos todos os requisitos legais e desportivos para o efeito. Atendendo a que a estabilidade contratual e profissional também deverá ser um elemento essencial do referido regime jurídico, não parece que a duração do vínculo laboral dos árbitros (caso se utilize o modelo da contratação a termo) deva ser de apenas um ano, devendo antes estar compreendida entre dois e quatro anos (correspondendo aos ciclos olímpicos ou das fases finais dos campeonatos mundiais ou europeus), podendo ser afastada a denúncia livre do mesmo pelo árbitro, pelo menos por um determinado período de tempo (por exemplo, no decurso da época desportiva). Especial atenção deverá merecer a reformulação ou adequação do actual regime fiscal da arbitragem, atendendo a que estamos, por regra, perante uma profissão de desgaste rápido, e que, normalmente, a partir dos 45/50 anos os mesmos dificilmente terão condições (físicas ou regulamentares) para prosseguir a correspondente actividade. O Grupo de Trabalho respondeu afirmativamente à primeira questão que lhe havia sido colocada. Porquê a profissionalização dos árbitros? Porque se entende que essa profissionalização permitirá que a federação desportiva, a troco da devida remuneração, submeta os árbitros a processos ainda mais intensos e exigentes de treino e de preparação, técnica, física, psicológica, etc. Os árbitros de topo deixarão de ser amadores, ou semiprofissionais, para passarem a dedicar-se em exclusivo à arbitragem – ou, caso não seja em exclusivo, passarão a ter na arbitragem, decerto, a sua profissão principal. Esse acréscimo de disponibilidade temporal permitirá a quem organiza a competição desportiva sujeitar esses árbitros a uma preparação mais apurada e acurada (criando, para o efeito, todo um *staff* profissional de apoio e enquadramento, integrando preparadores físicos, terapeutas, médicos, psicólogos, etc.) em ordem a colocar o nível da arbitragem num novo e mais elevado patamar qualitativo. Ora, sejamos claros: do nosso ponto de vista, este desiderato só é compatível com o reconhecimento de que, entre o árbitro (ou entidade equiparada) e a entidade organizadora da competição existe um verdadeiro e próprio contrato de trabalho. É este contrato, com a inserção organizacional que o caracteriza (nos termos do art. 11.º do actual Código do Trabalho, o trabalhador integra-se «no âmbito de organização» da entidade empregadora) e com os poderes típicos do empregador que o contradistinguem (poder de direcção, poder de fiscalização e avaliação, poder disciplinar, etc.), que permitirá ao organizador adestrar esses árbitros, ministrar-lhes todos os conhecimentos pertinentes, submetê-los a uma adequada preparação física, técnica e psicológica, etc. E, naturalmente, pagar-lhes a retribuição correspondente, ajustada à importância da missão que sobre os árbitros recai, enquanto actores indispensáveis do espectáculo desportivo. Objectar-se-á: mas os trabalhadores encontram-se,

Aliás, como aponta certeiramente NATASHA VERGARA PRIETO, mesmo a sujeição dos árbitros desportivos às "leis do jogo" é um argumento que pode, e talvez deva, ser relativizado se pensarmos que as regras desportivas são precisamente definidas e emanadas pela entidade para quem o árbitro desportivo, em última análise, presta trabalho[353].

Contudo, entendemos que não lhe será aplicável o RCTPD, pois o árbitro desportivo não exerce, salvo melhor opinião, uma atividade desportiva no sentido que lhe é dado pelo regime legal[354], pelo que, desde logo também por isso, também não será um praticante desportivo[355]. De resto, e como já

por definição, numa situação de subordinação jurídica, sendo certo que dos árbitros aquilo que se exige, acima de tudo, é independência e imparcialidade. Pode um árbitro ser um trabalhador assalariado? Isso não colide com a independência que lhe é exigida no exercício da sua função arbitral? Cremos que esta questão tem assolado (e ensombrado) as discussões em torno do estatuto jurídico dos árbitros profissionais. Talvez por isso, entre nós e lá fora, sejam frequentes as opiniões que propõem o modelo do contrato de prestação de serviço para a arbitragem profissional. Compreendemos essas opiniões, mas não as subscrevemos. A independência dos árbitros é, decerto, um valor essencial a preservar. Porém, importa esclarecer: independência em relação a quem? Sem dúvida, em relação àqueles que disputam a competição, aos atletas e/ou aos clubes envolvidos na mesma. Em relação a estes, o árbitro não pode senão colocar-se numa posição de rigorosa imparcialidade, assumindo-se como autêntico magistrado desportivo. E também importa garantir a indispensável autonomia técnica do árbitro, quando toma as suas decisões durante a competição – durante a competição, como acima se escreve, o árbitro é o senhor temporário do que se passa. Assim é, assim tem de ser. Mas tudo isto, note-se, é perfeitamente compatível com a figura do contrato de trabalho. Aliás, o Código do Trabalho distingue, com clareza, entre a autonomia técnica e a subordinação jurídica do trabalhador, no seu art. 116.º, no qual se pode ler: «A sujeição à autoridade e direcção do empregador não prejudica a autonomia técnica do trabalhador inerente à actividade prestada, nos termos das regras legais ou deontológicas aplicáveis» (...) Em síntese, a federação desportiva organiza a competição, os clubes disputam-na. O árbitro profissional deve ser um trabalhador dependente daquela, para exercer a sua missão, enquanto agente desportivo altamente preparado e qualificado, com total imparcialidade em relação a estes".

353 NATASHA VERGARA PRIETO, «Los árbitros desportivos...», cit., p. 199.

354 § 2.1. Âmbito objetivo.

355 Significa isto que é aplicável ao árbitro desportivo o regime laboral comum? A este propósito, o Grupo de Trabalho instituído pelo Despacho n.º 12691/2011, de 23 de setembro, apresentou a seguinte conclusão: "é certo que, não existindo um regime especial para este «novo» contrato de trabalho, poder-se-ia pensar que ao mesmo seria inelutavelmente aplicável o chamado «regime geral», constante do Código do Trabalho – o que, reconhece-se, seria pouco recomendável, atentas as óbvias especificidades apresentadas pelo contrato de trabalho dos árbitros. Porém, a jurisprudência que se tem debruçado sobre uma situação algo similar, relativa aos treinadores desportivos, vem-nos demonstrando, de forma exuberante, que a ausência de um regime legal especial para certo subtipo de contrato de trabalho não implica, sem mais, que a esse subtipo se aplique o Código do Trabalho. A nosso ver, raciocínio análogo deverá valer, de momento, para o contrato de trabalho dos árbitros. Neste tão inexplorado terreno o legislador deve actuar com prudência, com pragmatismo

tivemos oportunidade de ver, a circunstância de alguém estar funcionalmente ligado ao Desporto de forma subordinada não significa que lhe é aplicável o RCTPD.

§ 2.2.4. Empresário desportivo

Bibliografia específica: Alexandre Miguel Mestre, «A proibição legal da representação de menores por empresários desportivos: fará mesmo sentido?» in: *Direito do Desporto – aspetos transversais*, Almedina, Coimbra, 2023, pp. 343-353; André Dinis de Carvalho, «Comentário ao acórdão do Supremo Tribunal de Justiça, de 23 de Abril de 2002», *Desporto & Direito*, 1 (2003), pp. 159-176; Id., «A profissão de empresário desportivo – uma lei simplista para uma actividade complexa?», *Desporto & Direito*, 2 (2004), pp. 251-275; Id., «Nótula relativa às disposições contidas na Proposta de Lei de Bases do Desporto de 2003, no que concerne aos empresários desportivos», *Desporto & Direito*, 2 (2004), pp. 287-289; Id., «Relações contratuais estabelecidas entre o desportista profissional e o empresário desportivo» in: *I Congresso de Direito do Desporto*, Almedina, Coimbra, 2004, pp. 193-210; Daniela Mirante, «A qualificação jurídica da actividade de empresário desportivo: anotação ao Acórdão do Supremo Tribunal de Justiça de 20-03-2014», *Revista de Direito Civil*, 2018, I, pp. 241-254; Fernanda Duarte Marques, «A (controversa) qualificação jurídica do contrato do intermediário de futebol» in: Alexandre Miguel Mestre [Coord.], *Compêndio de Direito do Desporto*, Gestlegal, Coimbra, 2021, pp. 878-941; Emanuel Calçada, «Empresário desportivo» in: Alexandre Miguel Mestre [Coord.], *Enciclopédia de Direito do*

e, dir-se-ia, com *souplesse*. O Grupo de Trabalho considera que, mais do que precipitar-se, criando desde já um qualquer regime legal constringente, nesta matéria convém ao legislador sinalizar o caminho, mas deixar que os sujeitos envolvidos o percorram pelo seu próprio pé, permitindo que os mesmos respirem, dêem vida e preencham o conteúdo deste singular contrato de trabalho. Se e quando surgirem associações sindicais de árbitros, então a via da contratação colectiva será, sem dúvida, a mais adequada para definir o regime aplicável a este tão particular contrato de trabalho. Na ausência de contratação colectiva, julga-se que o próprio contrato individual, a celebrar entre a federação e o árbitro (nos termos, porventura, de um "contrato-modelo" elaborado pela federação, mediante a prévia auscultação das associações representativas dos árbitros) poderá desempenhar esse papel jurisgénico e modelador, estabelecendo os termos que irão pautar a relação laboral entre ambos os sujeitos deste novo contrato de trabalho".

Desporto, Gestlegal, Coimbra, 2019, pp. 171-173; João Morais, «Intermediário desportivo» in: Alexandre Miguel Mestre [Coord.], *Enciclopédia de Direito do Desporto*, Gestlegal, Coimbra, 2019, pp. 237-241; João Diogo Valente Manteigas, «Empresário desportivo: o princípio do fim?» in: *Estudos de Direito Desportivo em Homenagem a Albino Mendes Baptista*, Universidade Lusíada Editora, Lisboa, 2010, pp. 137-186; José Manuel Meirim, «Regulação da actividade de empresário desportivo - anotação ao acórdão do Tribunal da Relação de Lisboa de 14.10.2008», *Cadernos de Direito Privado*, 30 (2010), pp. 41-58; José Mendes, «Contrato de representação» in: Alexandre Miguel Mestre [Coord.], *Enciclopédia de Direito do Desporto*, Gestlegal, Coimbra, 2019, pp. 117-118; Lúcio Correia, «O praticante desportivo profissional e o empresário desportivo na nova Lei de Bases da actividade física e do Desporto», *Desporto & Direito*, 11 (2007), pp. 273-283; Luís Paulo Relógio, «Os agentes que queriam ser advogados», *Boletim da Ordem dos Advogados*, 27 (2003), pp. 77-79; Mafalda Miranda Barbosa, «Da nulidade ou da inexistência de um contrato de prestação de serviço, na sua modalidade de contrato de mandato, quando o empresário desportivo não está inscrito na respetiva Federação — comentário ao Acórdão do Supremo Tribunal de Justiça de 28 de setembro de 2017 (Processo n.º 10145/14)», *Boletim da Faculdade de Direito*, 95 (2019), pp. 213-239; Mário Freud Bento Bartolomeu, *Agência comercial desportiva – da actividade do agente à necessidade de protecção da dignidade do praticante desportivo profissional*, Almedina, Coimbra, 2019; Nuno Barbosa, «Uma deontologia para o agente de jogadores» in: *I Congresso de Direito do Desporto*, Almedina, Coimbra, 2005, pp. 179-192; Id., «O estatuto jurídico dos agentes de jogadores no Direito português» in: *Direito Desportivo — Tributo a Marcílio Krieger*, Quartier Latin, São Paulo, 2009, pp. 131-140, p. 132; Id., «O agente de jogadores» in: José Manuel Meirim [Coord.], *O Desporto que os Tribunais praticam*, Coimbra Editora, Coimbra, 2014, pp. 361-376; Rui Morgado, «Comissões (intermediários de futebol)» in: Alexandre Miguel Mestre [Coord.], *Enciclopédia de Direito do Desporto*, Gestlegal, Coimbra, 2019, pp. 87-88; Tamira Velosa, «Responsabilidades dos advogados enquanto agentes de jogadores profissionais de futebol e de clubes», *Boletim da Ordem dos Advogados*, 26 (2003), pp. 34-36; Victor Hugo Ventura, «A estipulação de cláusulas penais em contratos de representação desportiva», *Revista de Direito do Desporto*, 11 (2022), pp. 25-33.

Embora a figura exorbite o Direito do Trabalho propriamente dito[356], o empresário — também designado como "agente de jogadores"[357], "intermediário"[358], "procurador desportivo"[359] ou, como é sugestivamente chamado por João Leal Amado, "terceiro homem"[360] — merece uma palavra. Uma referência justifica-se até porque o legislador decidiu incluir a sua regulamentação no RCTPD[361] o que, pelo menos, pode ser visto como um reconhecimento formal do papel do empresário desportivo na dinâmica do contrato de trabalho no mundo desportivo, sendo, também por isso, um dos elementos que torna o contrato de trabalho do praticante desportivo uma relação especial de trabalho[362].

Indiscutivelmente, e sem prejuízo da sua "má" reputação[363], o empresário desportivo é "uma constante no mundo do desporto"[364]: desde a sua formação, enquanto "actor central no teatro da negociação contratual"[365], passando pela qualidade de intermediário nos conflitos laborais dos atletas com os seus empregadores, até à cessação do contrato, ele tornou-se definitivamente uma

[356] Na literatura estrangeira, cfr. Andrea Zoppini, «I procuratori sportivi nell' evoluzione del Diritto dello Sport», *Rivista di Diritto Sportivo*, 1999, IV, pp. 637-645, Giacomo Borrione, «Osservazioni sul contrato di procura sportiva nel pugilato professionistico», *Rivista di Diritto Sportivo*, 1999, IV, pp. 646-658 e Antonio José Sánchez Pino, «Régimen jurídico de los intermediários de futebolistas y su tratamento fiscal», *Revista Aranzadi de Derecho de Deporte y Entretenimiento*, 55 (2017), pp. 23-64.

[357] Preferindo esta última expressão, porque o agente não é necessariamente titular de uma empresa, Nuno Barbosa, «O estatuto jurídico dos agentes de jogadores no Direito português» in: *Direito Desportivo — Tributo a Marcílio Krieger*, Quartier Latin, São Paulo, 2009, pp. 131-140, p. 132; Id., «O agente de jogadores» in: José Manuel Meirim [Coord.], *O Desporto que os Tribunais praticam*, Coimbra Editora, Coimbra, 2014, pp. 361-376, p. 361, n. 561.

[358] Cfr. artigo 14.º, n.º 3, do RIFPF.

[359] Andrea Zoppini, «I procuratori sportivi...», cit., pp. 637 ss.

[360] João Leal Amado, *Vinculação* versus *liberdade...*, cit., p. 487.

[361] João Zenha Martins, «Contrato de trabalho desportivo e (in)admissibilidade...», cit., p. 86, refere que "a necessidade de um diploma específico para o contrato de trabalho desportivo espelha a necessidade de encontrar critérios que quadrem com institutos especificamente enraizados, de que são exemplos... a intermediação lucrativa por parte dos empresários desportivos".

[362] Assim, exatamente, Lúcio Correia, *Regime jurídico dos praticantes desportivos profissionais...*, cit., p. 74.

[363] André Dinis de Carvalho, «A profissão de empresário desportivo...», cit., p. 261. Também Lúcio Correia, *Regime jurídico dos praticantes desportivos profissionais...*, cit., p. 168, fala de uma figura "polémica" e que, aos olhos do público, está associada a um certo "parasitismo" (p. 172).

[364] Daniela Mirante, «A qualificação jurídica da actividade de empresário desportivo: anotação ao Acórdão do Supremo Tribunal de Justiça de 20-03-2014», *Revista de Direito Civil*, 2018, I, pp. 241-254, p. 245.

[365] João Leal Amado, *Vinculação* versus *liberdade...*, cit., p. 488.

figura inalienável do processo desportivo[366], estando pandilhado em todos os processos que envolvam o jogador e o clube[367].

Como explicar o aparecimento do empresário desportivo? Como explicar que uma profissão que reúne pessoas de proveniência e *background* tão diversos (advogados[368], jornalistas, fotógrafos, agentes imobiliários, negociantes de automóveis, antigos desportistas, profissionais dos ramos do negócio com bons contactos económicos, etc.) seja hoje uma atividade tão aliciante[369], mas ao mesmo tempo tão regulada e condicionada no seu acesso (fala-se mesmo na necessidade de um "Direito profissional do agente de jogadores"[370])?

Embora referindo-se ao contexto americano, André Dinis de Carvalho aponta as razões: desde logo, o empresário desportivo empresta um equilíbrio de forças à relação desportiva, aparece como *negotiation equalizer* ("repõe frequentemente a igualdade negocial"[371]), motivo pelo qual ele nunca foi bem visto pelos clubes, que sempre preferiam, e ainda preferem, negociar diretamente com o desportista, tendencialmente mais fraco do ponto de vista negocial[372]; o recurso a um terceiro profissionalizado permite que o atleta não se ressinta do rebate emocional do processo negocial que, como se sabe, pode afetar a sua performance desportiva (dá-se assim uma "externalização" da carga emocional da negociação) ou, em qualquer caso, que se concentre naquilo que verdadeiramente pretende e sabe fazer: praticar o seu desporto[373];

[366] Também José Luís Pereira Seixas, «Justiça desportiva e a nova Lei de Bases do Desporto – algumas observações», *Desporto & Direito*, 5 (2005), pp. 155-162, p. 157, escreve que se trata de uma "realidade absolutamente incontornável no desporto moderno".

[367] João Lima Cluny, «III Congresso de Direito do Futebol Internacional», *Desporto & Direito*, 17 (2009), pp. 347-350, p. 350, fala de uma "relação a três".

[368] Sobre o problema da incompatibilidade, ver Luís Paulo Relógio, «Os agentes que queriam ser advogados», *Boletim da Ordem dos Advogados*, 27 (2003), pp. 77-79 e Tamira Velosa, «Responsabilidades dos advogados enquanto agentes de jogadores profissionais de futebol e de clubes», *Boletim da Ordem dos Advogados*, 26 (2003), pp. 34-36.

[369] Embora, como repara André Dinis de Carvalho, «A profissão de empresário desportivo...», cit., p. 252, "o que é novo são os montantes envolvidos no desportivo e a acérrima competição que envolve esta actividade".

[370] Nuno Barbosa, «O estatuto jurídico dos agentes...», cit., p. 132.

[371] Albino Mendes Baptista, «O pacto de preferência...», cit., p. 30.

[372] Neste sentido, André Dinis de Carvalho, «Relações contratuais estabelecidas entre o desportista profissional e o empresário desportivo» in: *I Congresso de Direito do Desporto*, Almedina, Coimbra, 2004, pp. 193-210, p. 194.

[373] André Dinis de Carvalho, «A profissão de empresário desportivo...», cit., p. 275.

o aumento (nalguns casos estratosférico) dos salários dos desportistas fez aparecer a necessidade de um "gestor" para matérias tão diversificadas como o investimento e o planeamento fiscal; finalmente, a exposição mediática dos desportistas criou a necessidade de um gestor da imagem do atleta, papel que é, não raro, desempenhado pelo empresário[374]. Em síntese, o empresário desportivo "é o indivíduo que acompanha o atleta a fim de optimizar a sua carreira"[375].

Como dissemos, o empresário desportivo aparece na regulamentação do contrato de trabalho do praticante desportivo, embora, à semelhança daquilo que acontece com o praticante desportivo, a atividade é regulada por normas oriundas de proveniência muito diversa[376]. Assim, ao lado da regulamentação legal – como o RCTPD e, de certa forma, a Lei de Bases da Atividade Física e do Desporto[377] –, é preciso contar com a regulamentação federativa[378] e internacional[379].

O legislador ordinário dedica ao empresário desportivo o Capítulo VII do RCTPD[380], mas, em primeiro lugar, trata de o definir nas suas disposições iniciais. Segundo o artigo 2.º, alínea c), o empresário desportivo é "a pessoa singular ou coletiva que, estando devidamente credenciada, exerça a atividade de representação ou intermediação, ocasional ou permanente, na celebração de contratos desportivos".

À semelhança do que acontecia com o regime legal anterior, pode dizer-se que esta definição legal é demasiado restrita, não só por comparação com certos lugares paralelos — como a Lei de Bases da Atividade Física

374 André Dinis de Carvalho, «Relações contratuais estabelecidas...», cit., p. 194.

375 André Dinis de Carvalho, «A profissão de empresário desportivo...», cit., p. 253.

376 Criticamente, em relação à falta de uniformidade normativa nesta matéria, João Morais, «Intermediário desportivo» in: Alexandre Miguel Mestre [Coord.], *Enciclopédia de Direito do Desporto*, Gestlegal, Coimbra, 2019, pp. 237-241, p. 240, fala de uma "floresta legislativa".

377 Para André Dinis de Carvalho, «Nótula relativa às disposições contidas na Proposta de Lei de Bases do Desporto de 2003, no que concerne aos empresários desportivos», *Desporto & Direito*, 2 (2004), pp. 287-289, p. 287, "organizar, no séc. XXI, uma Lei de Bases do Desporto, ignorando os aspectos profissionais deste, e mantendo em silêncio a existência de empresários desportivos, seria legislar para uma ilusão, e constituiria uma atitude que nem um falso pudor poderia explicar".

378 Como é o RIFPF.

379 Estamos a pensar, concretamente, no recente FAR da FIFA.

380 Como se diz no ac. de 06/12/2017 do TRG (Higina Castelo), proc. nr. 718/16.6T8FNC.L1-7, "a Lei 28/98 foi revogada pela recente Lei 54/2017, de 14 de julho, mais densa e rigorosa a respeito da atividade dos empresários desportivos".

e do Desporto[381] ou a regulamentação federativa[382] —, mas sobretudo com a realidade[383]. De facto, o empresário não se limita a colocar o atleta em contacto com os potenciais empregadores interessados no serviço do desportista. Sem dúvida que "a celebração do contrato que se insere como um episódio, sem dúvida importante, numa relação duradora entre as partes"[384], mas, como já dissemos, o empresário assume modernamente funções e tarefas diversificadas (assessoria e aconselhamento) que acabam por não ser perfeitamente subsumíveis à definição legal[385]. De resto, o empresário não é, em bom rigor, um intermediário porque se este caracteriza pela sua neutralidade e equidistância ao passo que o empresário desportivo talvez tenha o seu parente mais próximo na agência comercial.

Retomando a análise da definição legal, o empresário desportivo desenvolve uma atividade que, sendo dominada por interesses privados, está rodeada, apesar de tudo, de um evidente interesse público. Esse interesse público aflora em diversos aspetos do regime, repercutindo-se, desde logo, no acesso a esta atividade. Para além de um conjunto de incompatibilidades[386], o RCTPD prevê que o empresário deve estar devidamente credenciado[387].

[381] Cfr. o artigo 37.º, n.º 1, da Lei n.º 5/2007, de 16 de janeiro, onde se lê que "são empresários desportivos, para efeitos do disposto na presente lei, as pessoas singulares ou colectivas que, estando devidamente credenciadas, exerçam a actividade de representação ou intermediação, ocasional ou permanente, mediante remuneração, na celebração de contratos de formação desportiva, de trabalho desportivo ou relativos a direitos de imagem".

[382] Segundo o artigo 4.º do RIFPF, "intermediário é a pessoa singular ou coletiva que, com capacidade jurídica, contra remuneração ou gratuitamente, representa o jogador ou o clube em negociações, tendo em vista a assinatura de um contrato de trabalho desportivo ou de um contrato de transferência".

[383] Assim, André Dinis de Carvalho, «Relações contratuais estabelecidas...», cit., p. 208 e Id., «A profissão de empresário desportivo...», cit., p. 269.

[384] André Dinis de Carvalho, «Relações contratuais estabelecidas...», cit., p. 196.

[385] Ac. de 05/03/2020 do TRP (Carlos Portela), proc. nr. 631/13.9TVPRT.P1: "o agente desportivo não é apenas um intermediário na celebração de contratos ou na negociação de transferências de atletas, mas na verdade, oferece ao seu cliente um serviço de aconselhamento financeiro, fiscal, e em tudo o que se relacione com a sua figura, desde a negociação de contratos de patrocínio até à cedência dos direitos de imagem".

[386] Com efeito, o artigo 39.º, do RCTPD, com a epígrafe "limitações ao exercício da atividade de empresário", prevê: "sem prejuízo de outras limitações estabelecidas em regulamentos federativos nacionais ou internacionais, ficam inibidos de exercer a atividade de empresário desportivo as seguintes entidades: a) As sociedades desportivas; b) Os clubes desportivos; c) Os dirigentes desportivos; d) Os titulares de cargos em órgãos das sociedades desportivas ou clubes; e) Os treinadores, praticantes, árbitros, médicos e massagistas".

[387] Tal não invalida, como se prevê na regulamentação federativa aplicável ao futebol, que "no processo de seleção e de contratação, o jogador e o clube devem agir com o devido cuidado, devendo, nomeadamente, antes do início da prestação dos serviços, certificar que o intermediário está registado na FPF" (artigo 5.º, n.º 2, do RIFPF).

Como se estabelece no artigo 36.º, n.º 1, do RCTPD, "só podem exercer atividade de empresário desportivo as pessoas singulares ou coletivas devidamente autorizadas pelas entidades desportivas, nacionais ou internacionais, competentes"[388]. Determina o artigo 37.º, n.º 1, do RCTPD, que "os empresários desportivos que pretendam exercer a respetiva atividade devem registar-se como tal junto da federação desportiva"[389]. No contexto da nova regulamentação internacional nesta matéria no que ao futebol diz respeito, essa credenciação passa pela habilitação da FIFA, após exame[390]. Por outro lado, por causa do interesse público que rodeia esta atividade, segundo as normas regulamentares, o contrato com o empresário deve ser objeto de registo.

As consequências do incumprimento desta credenciação são da maior importância: a inobservância deste ato formal repercute-se na validade jurídica dos contratos de representação desportiva celebrados pelo agente[391]. Porém, ao passo que o regime anterior sancionava estes contratos com a inexistência[392], o RCTPD comina os contratos com

[388] Criticamente, porém, Alexandre Miguel Mestre, «A proibição legal da representação de menores por empresários desportivos: fará mesmo sentido?» in: *Direito do Desporto – aspetos transversais*, Almedina, Coimbra, 2023, pp. 343-353, p. 346: "já tenho, no entanto, algumas dúvidas que a consagração legal de que um registo obrigatório para o acesso à atividade de empresário desportivo seja mesmo uma matéria que careça de intervenção do legislador estatal".

[389] Sobre as formalidades para o registo como empresário desportivo, ver Emanuel Calçada, «Empresário desportivo» in: Alexandre Miguel Mestre [Coord.], *Enciclopédia de Direito do Desporto*, Gestlegal, Coimbra, 2019, pp. 171-173.

[390] O que, aliás, como referia preteritamente André Dinis de Carvalho, «A profissão de empresário desportivo...», cit., p. 257, n. 17, explica porque a atividade é verdadeiramente multidisciplinar, convocando diversas áreas do saber, inclusivamente, dentro do Direito.

[391] No entanto, no ac. de 06/08/2021 do TRL (Carlos Oliveira), proc. nr. 910/20.9T8PDL.L1-7, deu-se mostras de alguma flexibilidade ao decidir que "constando do contrato de intermediação desportiva que ambas as partes estão cientes que a parte outorgante como intermediário ainda estava «a organizar o seu processo de registo, na qualidade de intermediário, junto da Federação Portuguesa de Futebol» e assumindo a contraparte que não se opunha à celebração do contrato, renunciando ao direito de invocar esse vício para não cumprir a obrigação de pagamento a que ficaria vinculada, sendo que se verificou que se veio a concluir o respetivo processo de licenciamento e registo junto da F.P.F., sanou-se o vício inicialmente verificado".

[392] Cfr., entre outros, o ac. de 28/09/2017 do STJ (Olindo Geraldes), proc. nr. 10145/14.4T8LSB.L1.S1 e ac. de 06/01/2017 do TRL (António Valente), proc. nr. 7248/13.6TBCSC.L1-8. Em crítica a este acórdão, considerando que não se está, nestes casos, perante uma situação de inexistência, Mafalda Miranda Barbosa, «Da nulidade ou da inexistência de um contrato de prestação de serviço, na sua modalidade de contrato de mandato, quando o empresário desportivo não está inscrito na respetiva Federação — comentário ao Acórdão do Supremo Tribunal de Justiça de 28 de setembro de 2017 (Processo n.º 10145/14)», *Boletim da Faculdade de Direito*, 95 (2019), pp. 213-239. Também em crítica a este regime, falando de um "afã registrador" do legislador, João Leal Amado, *Vinculação* versus *liberdade*..., cit., p. 494, n. 794.

a nulidade[393]. Aparentemente, e pese embora a distinção teórica e dogmática entre inexistência e nulidade, não existiria qualquer impacto inovador do novo regime. No entanto, é necessário ter presente que, de acordo com a orientação dos nossos tribunais, a invocação da nulidade, um facto impeditivo[394], pode ser obstada pela alegação de abuso de direito, o que não acontece com o vício da inexistência[395]. Por outro lado, se a habilitação é condição para o exercício da atividade, tal também só pode significar, como já decidiu a nossa jurisprudência, que a não renovação da habilitação determina a impossibilidade superveniente do contrato[396].

A ligação entre o atleta e o empresário desportivo é obtida através de um contrato de prestação de serviços (artigo 38.º, n.º 1, do RCTPD)[397]. Envolvendo frequentemente a representação do desportista, ela implica a outorga de uma procuração[398]. A este respeito, estranhamos a regulamentação associativa aplicável ao futebol profissional onde se prevê que "para efeitos da inscrição e registo desportivo, não será válido e eficaz qualquer contrato de trabalho desportivo assinado por procurador do jogador"[399], sendo esse o entendimento de alguma doutrina, para quem caberá sempre ao praticante desportivo a emissão da declaração negocial[400]. Na prática, esta regulamentação esvazia a possibilidade, legal, de recorrer ao empresário desportivo com

393 Cfr. art. 37.º, n.º 3: "são nulos os contratos de representação ou intermediação celebrados com empresários desportivos que não se encontrem inscritos no registo referido no presente artigo". Ver o ac. de 30/11/2022 do TRL (Maria de Deus Correia), proc. nr. 110265/20.0YIPRT.L1-6 e ac. de 18/11/2021 do TRL (Nélson Borges Carneiro), proc. nr. 13647/18. 0T8LSB.L1-2. Porém, durante a vigência do regime anterior era possível encontrar decisões judiciais decidindo pela nulidade. Assim, por exemplo, ac. de 15/11/2011 do STJ (Marques Pereira), proc. nr. 19/08.3TVLSB. L1.S1 e ac. de 23/03/2002 do STJ (Lopes Pinto), proc. nr. 02A844.

394 Nuno Vieira Pássaro, *Direito do Desporto...*, cit., p. 124.

395 Assim, relativamente aos empresários desportivos, ac. de 30/06/2021 do STJ (Olindo Geraldes), proc. nr. 1691/19.4T8LSB.L1.S1 ("o regime da inexistência jurídica é incompatível com o abuso do Direito") e ac. de 27/10/2020 do TRL (Cristina Coelho), proc. nr. 625/19.0T8LSB.L1-7.

396 Cfr. o ac. de 06/08/2021 do TRL (Carlos Oliveira), proc. nr. 910/20.9T8PDL.L1-7.

397 Assim, Maria do Rosário Palma Ramalho, *Tratado de Direito do Trabalho...*, cit., p. 441. Qualificando também o contrato como prestação de serviços, Nuno Vieira Pássaro, *Direito do Desporto...*, cit., p. 160 e Lúcio Correia, *Regime jurídico dos praticantes desportivos profissionais...*, cit., p. 171.

398 Assim, Nuno Barbosa, «O agente de jogadores...», cit., p. 366. Embora tal interpretação nos pareça duvidosa, Nuno Barbosa, «Uma deontologia para o agente de jogadores» in: *I Congresso de Direito do Desporto*, Almedina, Coimbra, 2005, pp. 179-192, p. 185, entende que a procuração será irrevogável por ser conferida também no interesse do empresário.

399 Cfr. artigo 75.º, n.º 11, do RCLPFP.

400 Lúcio Correia, *Regime jurídico dos praticantes desportivos profissionais...*, cit., p. 171.

vista à celebração de um contrato de trabalho, motivo pelo qual é de legalidade duvidosa[401].

No entanto, o poder para celebrar contratos de trabalho em nome do atleta não impede o próprio praticante desportivo de os celebrar[402]. Mais delicada é a questão de saber se o praticante desportivo pode nomear vários empresários desportivos ou se o empresário desportivo detém "exclusividade" na prestação do seu serviço de intermediação ou representação[403]. Mas da parte do empresário pensamos que não pode "substabelecer" os seus poderes em terceiros[404].

Uma coisa é certa: o atleta tem um verdadeiro direito a fazer-se representar por um empresário desportivo[405] e, por isso, um clube não pode, por exemplo, recusar-se a negociar se um jogador pretender que a negociação ocorra com o seu representante. O regime também refere que o empresário desportivo apenas pode agir em representação de uma das partes, mais acrescentando que apenas poderá ser remunerado por uma das partes (cfr. n.º 2 do artigo 36.º)[406]. Por outro lado, a nossa lei, bem ou mal, impede o empresário desportivo de representar menores[407]. Aparentemente, "o objectivo do

[401] No mesmo sentido, ac. de 06/12/2017 do TRG (Higina Castelo), proc. nr. 718/16.6T8FNC.L1-7, já citado, onde se diz que "a atividade do empresário desportivo (...) pode ter na sua génese contratos que lhe permitam celebrar contratos desportivos por conta e até em nome do seu cliente (cliente que poderá ser a entidade empregadora ou formadora, ou poderá ser o praticante de desporto)". Ver ainda, embora ao abrigo do regime aprovado pelo Decreto-Lei n.º 305/95, de 18 de novembro, o ac. de 02/11/2006 do TRG (Maria Rosa Tching), CJ, 2006, V, pp. 279-282 / proc. nr. 1963/06-1.

[402] Em geral, Raúl Guichard / Catarina Brandão Proença / Ana Teresa Ribeiro, «Anotação ao artigo 265.º» in: Luís Carvalho Fernandes / José Carlos Brandão Proença [Coord.], *Comentário ao Código Civil — Parte Geral*, Universidade Católica Editora, Lisboa, 2014, p. 647, defendem que, ainda que a procuração seja outorgada no interesse do representante, ela não prejudica o poder de disposição do representado.

[403] Admitindo estas cláusulas, André Dinis de Carvalho, «Comentário ao acórdão do Supremo Tribunal de Justiça, de 23 de Abril de 2002», *Desporto & Direito*, 1 (2003), pp. 159-176, p. 164, n. 1 e Id., «A profissão de empresário desportivo...», cit., p. 272.

[404] Neste sentido, aparentemente, André Dinis de Carvalho, *Da liberdade de circulação dos desportistas...*, cit., p. 292, n. 573: "o empresário que tenha recebido o encargo é o único sujeito autorizado a promover e tutelar os interesses dos próprios assistidos, podendo, para tal, valer-se de colaboradores para questões meramente administrativas".

[405] Lúcio Correia, *Regime jurídico dos praticantes desportivos profissionais...*, cit., p. 169.

[406] Sobre isto, Nuno Vieira Pássaro, *Direito do Desporto...*, cit., pp. 105 ss.

[407] Criticamente, Alexandre Miguel Mestre, «A proibição legal da representação de menores...», cit., pp. 343-353, afirmando mesmo a inconstitucionalidade do preceito e José Luís Pereira Seixas, «Justiça desportiva e a nova Lei de Bases...», cit., p. 160. Nuno Vieira Pássaro, *Direito do Desporto...*, cit., pp. 124-125, não deixa de sublinhar a prevalência da regulamentação nacional nesta matéria.

preceito é o de impedir que o empresário desportivo se aproveite da natural inexperiência de um menor"[408].

A ligação contratual conhece limites quanto à sua duração pois, prevê a lei, "o contrato tem sempre uma duração determinada, não podendo, em qualquer caso, exceder dois anos de duração" (n.º 4). Acrescenta-se que "o contrato caduca aquando da verificação do termo resolutivo estipulado, podendo ser renovado por mútuo acordo das partes, mas não sendo admissíveis cláusulas de renovação automática do mesmo" (n.º 5).

Como dissemos introdutoriamente, a representação desportiva é uma atividade marcadamente envolta por interesses de ordem económica[409], ao ponto de se poder dizer que o empresário aparece como um investidor-especulador de um mercado de alto risco[410]. Não espanta, por isso, que o contrato de representação seja, em regra, um contrato oneroso, ficando o atleta obrigado a pagar, como tal, uma contrapartida ao empresário. Trata-se, pois, de uma intermediação privada remunerada, o que, bem vistas as coisas, representa uma entorse aos princípios basilares deste ramo do Direito: "a possibilidade de cobrarem aos praticantes desportivos profissionais um montante correspondente a uma percentagem das remunerações por estes auferidas parece contrariar um dos mais antigos princípios do Direito Laboral"[411]. No entanto, o RCTPD deixou cair a referência à remuneração na definição de empresário desportivo[412] pelo que o contrato de prestação de serviços deixou

[408] André Dinis de Carvalho, «A profissão de empresário desportivo...», cit., p. 271.

[409] Citando a jurisprudência *Laurent Piau v. Comissão das Comunidades Europeias* do TJ, proc. nr. T-193/02 (pt. 76), trata-se de uma "actividade económica periférica à actividade desportiva". Em comentario a esta decisão, António José Robalo Cordeiro, «Comentário ao acórdão do Tribunal de Primeira instância de 26 de Janeiro de 2005», *Desporto & Direito*, 6 (2005), pp. 375-413, p. 411, vai mesmo mais longe e fala de uma "actividade puramente económica que não pode por isso beneficiar da especificidade desportiva".

[410] Sobre isto, Feliciano Casanova Guasch, «Validez de los pactos referidos a la participación de los agentes de deportistas en el precio de los traspasos como fórmula de pago de sus servicios», *Revista Aranzadi de Derecho de Deporte y Entretenimiento*, 43 (2014), pp. 207-224, pp. 207 ss.

[411] António Nunes de Carvalho, «O pluralismo do Direito do Trabalho» in: *III Congresso Nacional de Direito do Trabalho — Memórias*, Almedina, Coimbra, 2000, pp. 269-294, p. 279. João Zenha Martins, «Os futebolistas profissionais e as cláusulas...», cit., p. 246, fala aqui de uma "função historicamente reprimível pelo Direito do Trabalho".

[412] O artigo 2.º, alínea d), da Lei n.º 28/98, de 26 de junho, definia empresário desportivo como "a pessoa singular ou coletiva que, estando devidamente credenciada, exerça a atividade de representação ou intermediação, ocasional ou permanente, *mediante remuneração*, na celebração de contratos desportivos" (sublinhado nosso). André Dinis de Carvalho, «A profissão de empresário desportivo...», cit., p. 274, falava justamente de uma "actividade natural e necessariamente onerosa".

de ser, necessariamente, um contrato oneroso[413]. Sendo fixada uma remuneração, o artigo 38.º, n.º 3, do RCTPD, não deixa de impor um limite: "a remuneração paga pelo praticante não pode exceder 10 % do montante líquido da sua retribuição e o dever de pagamento apenas se mantém enquanto o contrato de representação ou intermediação estiver em vigor"[414]. Como se vê, a norma não estabelece qual o valor supletivo da compensação, apenas determinando que não pode exceder aquele teto[415]. A respeito da remuneração do empresário, repare-se que a lei fala na "retribuição" do atleta, o que parece sugerir que se quis delimitar a remuneração do empresário ao conceito de retribuição. O ponto é relevante porque, como veremos, o legislador configura também como retribuição o pagamento de prémios por objetivos[416].

Ainda a propósito da remuneração do empresário, surge a questão de saber se o incumprimento salarial por parte do clube do atleta pode justificar um incumprimento do atleta perante o seu empresário. No fundo, trata-se de saber "se a obrigação de pagar só existe em relação aos montantes efectivamente recebidos pelo jogador, isto é, se o risco de incumprimento por parte da entidade patronal também deve ser transferido para o agente"[417]. Sobre esta questão já se pronunciou o Supremo, decidindo que "as vicissitudes ocorridas na vigência do contrato de trabalho desportivo do treinador, mormente a sua rescisão unilateral por banda da entidade empregadora, são alheias ao empresário desportivo e não contendem com a obrigação de pagamento da comissão acertada entre ambos, uma vez que a prestação dos seus serviços ficou concluída com a celebração do contrato de trabalho

[413] Assim, Maria do Rosário Palma Ramalho, *Tratado de Direito do Trabalho...*, cit., p. 498. Falando de um contrato oneroso, José Mendes, «Contrato de representação» in: Alexandre Miguel Mestre [Coord.], *Enciclopédia de Direito do Desporto*, Gestlegal, Coimbra, 2019, pp. 117-118.

[414] Repare-se que, confrontando-se o RCTPD com o regime legal anterior, há uma diferença relevante: no atual o regime, a limitação vale apenas para o contrato entre o praticante desportivo e o empresário desportivo. O regime anterior ia mais longe dado que, nos termos do regime anterior, "salvo acordo em contrário, que deverá constar de cláusula escrita no contrato inicial, o montante máximo recebido pelo empresário é fixado em 5% do montante global do contrato" (artigo 24.º, n.º 2, da Lei n.º 28/98, de 26 de junho).

[415] Diferentes são os casos das comissões cujos valores são meramente indicativos, podendo ser estipulados valores superiores: neste sentido, Rui Morgado, «Comissões (intermediários de futebol)» in: Alexandre Miguel Mestre [Coord.], *Enciclopédia de Direito do Desporto*, Gestlegal, Coimbra, 2019, pp. 87-88. Na opinião de João Morais, «Intermediário desportivo», cit., pp. 237-241, p. 239, a comissão tem como teto máximo os 10%, tal como previsto no RCTPD.

[416] André Dinis de Carvalho, «A profissão de empresário desportivo...», cit., p. 264, parece sugerir que os prémios não servem como critério de cálculo.

[417] Nuno Barbosa, «Uma deontologia para o agente...», cit., p. 188.

desportivo, tendo sido o próprio treinador a assumir a obrigação de pagamento da comissão"[418].

A violação dos deveres contratuais[419] pode legitimar qualquer uma das partes a resolver o contrato: "o incumprimento culposo dos deveres decorrentes do contrato atribui ao contraente lesado o direito de o resolver com justa causa e com efeitos imediatos" (n.º 6)[420]. Aparentemente, o legislador restringe as possibilidades de resolução de contrato a situações de incumprimento culposo[421], mas alguma regulamentação federativa até admite que sejam apostas cláusulas de rescisão no contrato (!)[422].

O atleta (ou o empresário) pode cumular a resolução do contrato com um pedido de indemnização por eventuais danos causados: "a parte que promover indevidamente a rutura do contrato deve indemnizar a outra do prejuízo que esta sofrer" (n.º 7)[423]. Em relação a este princípio o legislador adianta, no n.º 8, que "as partes podem fixar, por acordo, o montante da indemnização a que se refere o número anterior"[424]. Trata-se da vulgarmente chamada cláusula de liquidação antecipada do dano. Mas o n.º 9, daquela norma, saindo em defesa do atleta, impõe um limite: "quando o dever de indemnizar recaia sobre o praticante desportivo, o respetivo montante não pode exceder o que resultar da aplicação do n.º 3 ao período remanescente do contrato". O legislador estabelece, pois, um limite ou teto indemnizatório quando a obrigação indemnizatória recai sobre o atleta. Não deixamos de assinalar que

[418] Assim, ac. de 20/03/2004 do STJ (Martins de Sousa), proc. nr. 396/2000.L1.S1.

[419] A título de exemplo, o empresário desportivo está vinculado a um dever de sigilo que, na prática, se assemelha ao sigilo forense. Essa identidade já foi mesmo detetada pela doutrina. Lúcio Correia, «O praticante desportivo profissional...», cit., p. 281, assinala que "o dever de sigilo profissional, resultante das funções de empresário desportivo, apresenta contornos de alguma forma semelhantes àqueles resultantes entre cliente e advogado no exercício do mandato forense". O Autor observa ainda que se impõe definir "quando é que o aludido dever poderá ser derrogado ou levantado, por forma a clarificar as relações entre este e o seu representado".

[420] Ver, a título de exemplo, embora julgando a ação improcedente, por não provada, o ac. de 10/05/2018 do TRP (Madeira Pinto), proc. nr. 865/10.8TVPRT.P1.

[421] Sobre isto, em geral, Ana Perestrelo de Oliveira / Madalena Perestrelo de Oliveira, *Incumprimento resolutório — uma introdução*, Almedina, Coimbra, 2019.

[422] Cfr. o artigo 9.º, n.º 2, alínea g), do RIFPF, que prevê que o contrato de representação pode conter "cláusulas de rescisão".

[423] No ac. de 17/05/2012 do TRP (Filipe Caroço), proc. nr. 417/11.5TVPRT.P1, decidiu-se que do contrato entre atleta e empresário desportivo pode constar uma convenção de arbitragem. Sobre isto, Nuno Barbosa, «O agente de jogadores...», cit., pp. 372 ss.

[424] Na jurisprudência, ver, a título de exemplo, o caso relatado no ac. de 19/01/2017 do STJ (António Silva Gonçalves), proc. nr. 613/15.6T8PVZ.P1.S1.

o legislador encara a relação entre o praticante desportivo e o seu empresário com olhos mais conservadores do que a relação com a sua entidade empregadora. Como veremos, o legislador permite que o clube possa peticionar uma indemnização por danos superiores às retribuições vincendas caso o praticante desportivo promova ilicitamente o contrato de trabalho ou se o próprio clube resolver o contrato com justa causa. Pelo contrário, na sua relação com o empresário, o legislador limita a responsabilidade do atleta[425].

Finalmente, é relevante assinalar que quaisquer lacunas do regime legal aplicável ao empresário desportivo serão resolvidas por aplicação das normas gerais do Código Civil, atenta a natureza não laboral da relação jurídica[426].

[425] Sobre isto, com outro desenvolvimento, VICTOR HUGO VENTURA, «A estipulação de cláusulas penais em contratos de representação desportiva», *Revista de Direito do Desporto*, 11 (2022), pp. 25-33.

[426] No mesmo sentido, MARIA DO ROSÁRIO PALMA RAMALHO, *Tratado de Direito do Trabalho...*, cit., p. 447.

§ 3. FORMAÇÃO DO CONTRATO DE TRABALHO

§ 3.1. Instrumentos pré-contratuais

§ 3.1.1. Promessa de contrato de trabalho

Bibliografia específica: Gonçalo Delicado, «Promessa de contrato de trabalho desportivo» in: Alexandre Miguel Mestre [Coord.], *Enciclopédia de Direito do Desporto*, Gestlegal, Coimbra, 2019, pp. 324-326.

Várias razões podem ditar a conveniência para as partes da celebração de um contrato-promessa de trabalho e a atividade profissional desportiva não foge à regra[427].

[427] Como observa Pedro Romano Martinez, *Direito do Trabalho...*, cit., p. 454, "o contrato-promessa de trabalho, funcionando como garantia de celebração de um futuro negócio jurídico, é frequentemente ajustado no domínio das relações a estabelecer com futebolistas profissionais". Por exemplo, as regulamentações federativas impõem, por vezes, limitações à celebração de contratos de trabalho desportivo durante a vigência de um contrato de trabalho, convidando à celebração de contratos-promessa. Concretamente no futebol, prevê o regulamento federativo que "um jogador só pode celebrar um contrato de trabalho desportivo se não se encontrar vinculado desportivamente a outro Clube ou se apenas faltarem 6 meses para caducar o contrato em vigor". Diga-se que estas normas são de licitude duvidosa. Questionando estas normas federativas, sem "arrimo juslaboral", João Leal Amado, *Contrato de trabalho desportivo...* [2017], cit., p. 52. Questão diferente é a de saber se eventualmente existirá uma proibição de os atletas ou treinadores desportivos firmarem contratos de trabalho durante a execução do contrato de trabalho ou, pelo menos, se existe o dever do atleta no sentido de comunicar ao clube a celebração de contrato com outro clube, ou de informar que está em negociações com outro clube, sobretudo nos casos em que ambos disputam a mesma competição desportiva. Quanto à primeira questão, a favor dessa liberdade, sem reservas, Pedro Petrucci de Freitas, «Algumas notas sobre as limitações ao exercício da actividade de treinador profissional de futebol (Parte I)», *Revista da Ordem dos Advogados*, 2015, III-IV, pp. 631-652, pp. 649 ss.

Tal como os seus antecessores, o RCTPD admite a figura, embora tenha introduzido uma importante restrição: o regime legal anterior previa a possibilidade pura e simples de celebração de contratos-promessa, remetendo os seus termos e regime para o regime laboral comum. A redação do artigo 8.º, do RCTPD, ao prever que "é válida a promessa bilateral de contrato de trabalho desportivo", parece determinar que a promessa de trabalho agora só será válida quando tanto empregador como atleta se vinculem à celebração do contrato prometido[428]. Por outras palavras, lá onde os regimes legais anteriores admitiam todas as formas de promessa, incluindo as promessas "monovinculantes", quer do lado do clube como do lado praticante desportivo[429], o regime atual apenas admite, parece, o contrato-promessa bilateral. Portanto, a promessa unilateral, isto é, vinculando apenas uma das partes — empregador ou trabalhador — à celebração de contrato de trabalho, não é válida.

O legislador acabou por ir ao encontro das reivindicações de João Leal Amado[430], Autor que, *de iure condendo*, defendia, na vigência do regime legal anterior[431], que a lei deveria exigir reciprocidade. Num argumento utilizado também para outros propósitos, entende que o contrato-promessa unilateral é demasiado prejudicial para o praticante desportivo: bastaria pensar que, através do contrato-promessa, o atleta se obriga a celebrar um contrato de trabalho que, uma vez celebrado, não pode fazer cessar pelas vias à disposição dos demais trabalhadores. Sabendo-se que o trabalhador não goza de uma liberdade de desvinculação[432] e que mesmo a existência de período

e Lúcio Correia, *Regime jurídico dos praticantes desportivos profissionais...*, cit., p. 113. Quanto à segundo questão, respondendo afirmativamente, fundando essa obrigação no dever de lealdade e boa-fé do desportista, João Leal Amado, *Contrato de trabalho desportivo...* [2017], cit., p. 52 e Lúcio Correia, *Regime jurídico dos praticantes desportivos profissionais...*, cit., p. 113. Note-se que, no âmbito do futebol, o artigo 47.º, n.º 1, do RECITJ, prevê que "um clube que pretenda celebrar um contrato com um jogador profissional deve informar por escrito o clube atual do jogador, antes do início das negociações" (João Zenha Martins, «A vinculação laboral desportiva...», cit., p. 335, n.º 36, filia esta norma numa "imperturbabilidade das competições e a transparência no relacionamento entre todos os operadores desportivos"). Com interesse meramente histórico, ac. de 22/06/1994 do STJ (Fernando Simão), *Questões Laborais*, 2 (1994), p. 125 (sumário).

[428] Sobre isto, Nuno Vieira Pássaro, *Direito do Desporto...*, cit., pp. 199 ss.

[429] Assim, João Zenha Martins, «A vinculação laboral desportiva...», cit., p. 341.

[430] Defensor desta nova solução jurídica, João Leal Amado, *Contrato de trabalho desportivo...* [2017], cit., pp. 54-55.

[431] Mas não, curiosamente, na vigência do Decreto-Lei n.º 305/95, de 18 de novembro. Cfr. João Leal Amado, *Contrato de trabalho desportivo...* [1995], cit., pp. 36 ss.

[432] § 6.2.1. A denúncia.

experimental depende de estipulação expressa nesse sentido[433], o trabalhador estaria obrigado a assumir o pacto tal como projetado. Com base nestes argumentos, entende o Autor, portanto, que apenas deveria ser admitido o contrato-promessa bilateral[434].

Da nossa parte, e como também teremos oportunidade de explicar a propósito dos pactos de opção[435], parece-nos que posição do João Leal Amado, na qual o legislador aparentemente se estribou, acaba por pecar por excesso. Por um lado, ao admitir apenas o contrato-promessa bilateral, o legislador impede, desde logo, a promessa unilateral do lado do clube. Mas, sobretudo, parece-nos que a premissa de que parte o Autor — o caráter prejudicial do contrato-promessa para os interesses do atleta — não desaparecem, antes permanecem, nos contratos-promessa bilaterais. Na verdade, o praticante desportivo que celebra um contrato-promessa bilateral não fica vinculado à celebração de um contrato de trabalho que, uma vez celebrado, não pode fazer cessar pelas vias tradicionais (denúncia no período experimental ou denúncia pura e simples)?

O RCTPD eliminou a referência, que constava nos regimes legais anteriores, segundo a qual valeria como promessa de contrato de trabalho desportivo o acordo pelo qual o formando se obrigasse a celebrar contrato de trabalho com a entidade formadora após a cessação do contrato de formação[436]. Aparentemente, o legislador quis garantir a liberdade do praticante desportivo menor, sob pena de, na prática, o menor ficar vinculado a uma relação que poderia ascender, no limite, às 7 épocas desportivas (3 épocas desportivas no contexto de um contrato de formação desportiva e, como previa a lei, 4 épocas no contexto de um contrato de trabalho)[437]. Essa referência mantém-se, porém, na CCT aplicável ao futebol profissional[438].

433 § 4.1. O período experimental.

434 João Leal Amado, *Vinculação* versus *liberdade*..., cit., pp. 122-123.

435 § 6.8.2. O pacto de opção.

436 Cfr. artigo 37.º da Lei n.º 28/98, de 26 de junho, e artigo 34.º do Decreto-Lei n.º 305/95, de 18 de novembro.

437 Segundo a explicação constante do Projeto de Revisão, revogou-se essa possibilidade por se entender que "essa promessa será admissível nos termos gerais, ao abrigo do princípio da liberdade contratual"

438 Cfr. artigo 6.º, n.º 2: "vale como promessa de contrato de trabalho desportivo o acordo pelo qual o formando se obriga a celebrar com a entidade formadora um contrato de trabalho desportivo após a cessação do contrato de formação".

§ 3.1.2. Contrato de formação desportiva

Bibliografia específica: Daniela Mirante, «Formando desportivo» in: Alexandre Miguel Mestre [Coord.], *Enciclopédia de Direito do Desporto*, Gestlegal, Coimbra, 2019, pp. 201-202; Diogo Nabais, «O contrato de formação desportiva» in: *I.º Congresso Internacional sobre o Regime Jurídico do Contrato de Trabalho Desportivo*, Vida Económica, Porto, 2018, pp. 11-27 (= *Trabalho & Segurança Social*, 2018, XI, pp. 7-14); Pedro Rosa, «Cessação do contrato de formação e cláusulas de rescisão», *Desporto & Direito*, 31 (2013), pp. 49-69; Maurício de Figueiredo Corrêa da Veiga, «Aspectos gerais da formação desportiva – a visão dos tribunais, o clube formador e o dever de proteção ao jovem atleta» in: Alexandre Miguel Mestre [Coord.], *Compêndio de Direito do Desporto*, Gestlegal, Coimbra, 2021, pp. 399-415; Victor Hugo Ventura, «A estipulação de "cláusulas de rescisão" em contratos de formação desportiva», *Revista de Direito do Desporto*, 13 (2022), pp. 21-29.

Encarado como uma espécie de "antecâmara do contrato de trabalho desportivo"[439], o contrato de formação desportiva é uma relação jurídico-desportiva típica dotada, como tal, de um regime jurídico próprio.

O RCTPD define o contrato de formação desportiva como "o contrato celebrado entre uma entidade formadora e um formando desportivo, nos termos do qual aquela se obriga a prestar a este a formação adequada ao desenvolvimento da sua capacidade técnica e à aquisição de conhecimentos necessários à prática de uma modalidade desportiva, ficando o formando desportivo obrigado a executar as tarefas inerentes a essa formação" (alínea b) do artigo 2.º). Também se define aí o formando como "o praticante que, tendo concluído a escolaridade obrigatória ou estando matriculado e a frequentar o nível básico ou secundário de educação, assine contrato de formação desportiva, com vista à aprendizagem ou aperfeiçoamento de uma modalidade desportiva" (alínea d) do artigo 2.º).

A natureza jurídica do contrato de formação desportiva é algo incerta[440]. A ideia de formação sugere que "o contrato de formação desportiva aparece

[439] Nas palavras de João Leal Amado, *Contrato de trabalho desportivo*... [2017], cit., p. 172. Utilizando a mesma expressão, Pedro Rosa, «Cessação do contrato de formação...», cit., p. 54.

[440] No apontamento crítico de Carlos Ferreira de Almeida, *Contratos*, III, Almedina, 2.ª ed., Coimbra, 2013, p. 75, "menos claro e suscetível de recordar velhas práticas que já o Código de

moldado, com as adaptações decorrentes da natureza da actividade, pelo contrato de aprendizagem"[441], pelo que, aparentemente, não se trata de uma relação laboral[442]. No entanto, o contrato de formação desportiva tem uma natureza como que miscigenada, pois o regime apresenta certos traços — como, por exemplo, a resolução do contrato com justa causa pela entidade formadora carece de procedimento disciplinar prévio: cfr. artigo 35.º, n.º 2 — que revelam, pelo menos, uma natureza para-laboral[443].

Como dissemos, o contrato de formação desportiva está definido e regulado no RCTPD, o qual lhe dedica o capítulo VI, que, no essencial, estabelece

Seabra quis abolir é a Lei n.º 28/98, de 26 de junho, que, nos artigos 2.º, alínea c), 31.º e seguintes, regula o contrato de formação desportiva. Na verdade, o regime é, no mínimo, equívoco. Por um lado, usa linguagem e inclui normas próximas da lei geral sobre o contrato de aprendizagem, sugerindo que o contrato de formação desportiva é, como deveria ser, um subtipo do contrato de aprendizagem. Mas, por outro lado, não procede a uma tal qualificação explícita nem contém remissão geral, ainda que subsidiária, para o regime do contrato de aprendizagem (cfr., no artigo 39.º, n.º 1, remissão restrita ao regime de cessação do contrato). Pior ainda, expurgou do regime a componente educacional e eliminou a restrição temporal sobre a "formação em situação de trabalho". Adicionou, além disso, normas que reforçam as vantagens das entidades formadoras, dando relevância a contratos-promessa de trabalho desportivo celebrados durante o período de formação e proporcionando-lhes uma compensação a receber da entidade empregadora em que o ex-formando celebre o primeiro contrato de trabalho desportivo (artigos 37.º e 38.º). É bem possível pois que, na prática e com cobertura legal ou com o uso de contratos-promessa inválidos (por violação da liberdade de trabalho e das normas sobre o suprimento da incapacidade de exercício), os formandos desportivos integrados em clubes profissionais sejam afinal tratados como praticantes (trabalhadores desportivos), com baixo salário e limitada liberdade de escolha do seu futuro profissional e da entidade patronal. Nestas circunstâncias difusas, seria arriscado qualificar o contrato de formação desportiva como sub-tipo do contrato de aprendizagem, tal como está regulado na lei vigente, e mais temerário ainda atribuir-lhe a natureza de contrato com predominante função de liberalidade".

[441] João Zenha Martins, «A inscrição do montante da retribuição...», cit., p. 99, n. 2. Para Pedro Rosa, «Cessação do contrato de formação...», cit., p 50: "este regime deixa transparecer uma indissociável adaptação do regime previsto para os contratos de aprendizagem". No mesmo sentido, Maria do Rosário Palma Ramalho, *Tratado de Direito do Trabalho...*, cit., pp. 440-441 e p. 490 e Daniela Mirante, «Formando desportivo» in: Alexandre Miguel Mestre [Coord.], *Enciclopédia de Direito do Desporto*, Gestlegal, Coimbra, 2019, pp. 201-202.

[442] No entanto, Pedro Rosa, «Cessação do contrato de formação...», cit., p. 51, diz que "é possível defender que o CFD [Contrato de Formação Desportiva] é um contrato de trabalho em regime especial".

[443] Como escreve João Leal Amado, *Contrato de trabalho desportivo...* [2017], cit., p. 174. Diga-se, aliás, que Maria do Rosário Palma Ramalho, *Tratado de Direito do Trabalho...*, cit., p. 447, entende que serão aplicáveis a este contrato as normas reguladoras do contrato de trabalho do praticante desportivo e, apenas na ausência de normas, o regime do contrato de aprendizagem e, subsidiariamente, o regime contido no CT09.

os requisitos formais e substanciais para a celebração deste contrato, os direitos e deveres das partes, alguns aspetos da sua execução e a cessação.

A celebração de um contrato de formação desportiva está rodeada de particulares exigências. Para além dos requisitos de forma, previstos no artigo 29.º, o RCTPD determina que a celebração deste contrato está dependente da realização de um exame físico ao formando, para verificação da aptidão física do praticante desportivo. A exigência legal não é surpreendente pois, como veremos, o Direito do Desporto profissional revela uma acentuada preocupação com a segurança e saúde do praticante desportivo, vinculando o clube e o atleta à realização de exames médicos[444]. A diferença está em que, quanto ao contrato de formação desportiva, o RCTPD comina a não verificação desse requisito com a nulidade do contrato (cfr. n.º 5, do artigo 28.º), solução legal que, inclusivamente, é juridicamente mais gravosa do que a Lei n.º 28/98, de 26 de junho, que determinava a anulabilidade[445].

Em relação à capacidade para celebrar o contrato, o RCTPD prevê que o contrato de formação desportiva pode ser celebrado por praticantes desportivos com idades compreendidas entre os 14 e os 18 anos, desde que o atleta esteja a frequentar a escolaridade obrigatória. Mais uma vez, o legislador, em coerência com o regime aplicável à celebração do contrato de trabalho por praticantes desportivos menores, revela uma preocupação com a formação escolar do atleta[446]. A este propósito, o legislador não deixou de adaptar o regime legal anterior ao regime escolar atualmente em vigor. Com efeito, a Lei n.º 28/98, de 26 de junho, exigia que o formando tivesse concluído a escolaridade obrigatória o que, como é bom de ver, em face do regime legal atualmente em vigor, que impõe a conclusão do ensino secundário[447], inutilizaria o contrato de formação desportiva[448].

Ainda em relação à capacidade para celebrar o contrato de formação desportiva, o legislador também fixou uma idade máxima para a sua celebração: os 18 anos. Parece que, ao contrário do que acontece noutras matérias, em que o legislador se revela demasiado conivente com a utilização imparável de figuras contratuais vocacionadas para a formação dos trabalhadores que escondem, na prática, formas de trabalho precário, o legislador quis que o

[444] § 4.4. Segurança e saúde no trabalho.

[445] Cfr. o artigo 31.º, n.º 5, da Lei n.º 28/98, de 26 de junho.

[446] § 3.4. A capacidade para celebrar contrato de trabalho.

[447] Cfr. Lei n.º 85/2009, de 27 de agosto.

[448] A este propósito, Pedro Rosa, «Cessação do contrato de formação...», cit., p. 50, propunha uma interpretação ab-rogatória da norma da Lei n.º 28/98, de 26 de junho.

contrato de formação desportiva tenha como limite, para o bem e para o mal, os 18 anos de idade. No entanto, parece-nos relevante assinalar que o RCTPD permite, na prática, que atletas com idade superior a 18 anos possam estar vinculados por este contrato uma vez que, nas normas relativas à cessação, prevê-se que "o contrato de formação desportiva caduca, em qualquer caso, no final da época em que o formando desportivo completa 18 anos, podendo ser prorrogado, por acordo entre as partes, por mais uma época desportiva" (artigo 30.º, n.º 3). O que também se subentende do artigo 29.º, n.º 2, do RCTPD, quando aí se estabelece que "os três exemplares são assinados pelo representante da entidade formadora, pelo formando desportivo e pelo seu representante legal, *quando aquele for menor*" (realce nosso). A referência "quando aquele for menor" sugere que é possível que um atleta que já tenha 18 anos de idade possa celebrar um contrato de formação desportiva[449].

Em relação à duração do contrato, prevê o artigo 30.º, n.º 1, do RCTPD, que "o contrato de formação desportiva tem a duração mínima de uma época desportiva e a duração máxima de três épocas desportivas"[450]. Embora a lei seja omissa em relação à violação desta limitação legal, pensamos que será de aplicar, por via analógica, a regra prevista no artigo 9.º, n.º 7, do RCTPD, respeitante ao contrato de trabalho, isto é, considera-se que o contrato de formação desportiva foi celebrado por aquele limite[451].

O RCTPD prevê, nos artigos 32.º e 33.º um conjunto de deveres, para o formando e para a entidade formadora, respetivamente, que, com nuances, coincidem, no essencial, com o feixe de direitos e deveres que vinculam o praticante desportivo e o clube, no contexto do contrato de trabalho do praticante desportivo[452].

Em matéria de tempo de trabalho — ou, como diz o artigo 31.º, "no que respeita ao tempo de formação, feriados e descanso semanal do formando desportivo, é aplicável o regime estabelecido pela presente lei para o praticante desportivo, sendo ajustado de modo a permitir a frequência das aulas

[449] Neste sentido, Maria do Rosário Palma Ramalho, *Tratado de Direito do Trabalho...*, cit., p. 491, n. 545 e Nuno Vieira Pássaro, *Direito do Desporto...*, cit., p. 67.

[450] Diogo Freitas do Amaral, «Os ordenamentos desportivos...», cit., p. 16, sublinha que esta limitação existe "para os proteger numa fase em que já estão porventura muito convencidos do seu valor, mas estarão (ou poderão estar) ainda pouco esclarecidos acerca dos problemas jurídicos, económicos e financeiros destas contratações".

[451] Assim, Nuno Vieira Pássaro, *Direito do Desporto...*, cit., p. 68.

[452] Como escreve Maria do Rosário Palma Ramalho, *Tratado de Direito do Trabalho...*, cit., p. 494, "embora não seja um vínculo laboral, o contrato de formação desportiva investe o formando num conjunto de deveres muito próximos dos deveres do trabalhador num contrato de trabalho".

e a deslocação para o estabelecimento de ensino" — o regime remete para o regime do praticante desportivo[453].

Em relação à cessação, o RCTPD prevê que o contrato de formação desportiva pode cessar através de revogação por acordo, caducidade, resolução com justa causa promovida por qualquer uma das partes bem como por denúncia do formando.

Desde logo, o contrato de formação desportiva pode cessar por acordo de revogação. Uma vez que não estamos perante um contrato de trabalho, é pelo menos duvidoso se as normas gerais relativas à cessação por acordo são aplicáveis: por exemplo, o formando terá um "direito de retratação"? Pensamos que não.

Outra forma de cessação do contrato de formação desportiva é a caducidade pela verificação do termo. Aliás, o contrato de formação desportiva "nasce para caducar"[454]. Como veremos, esse é um traço distintivo do contrato de trabalho[455], mas pensamos que a expressão de João Leal Amado faz ainda mais sentido no caso do contrato de formação desportiva. Não só porque esta relação contratual é, necessariamente, a termo, mas porque, como já vimos, o contrato "caduca, em qualquer caso, no final da época em que o formando desportivo completa 18 anos, podendo ser prorrogado, por acordo entre as partes, por mais uma época desportiva" (artigo 30.º, n.º 3). Por outras palavras, ao passo que o contrato de trabalho está talhado para caducar, embora, em teoria, seja possível às partes celebrar contratos de trabalho a termo sucessivos, sem que a isso a lei se oponha, o contrato de formação desportiva está destinado a caducar no momento em que o atleta atinja aquela idade. A propósito da caducidade do contrato, e até porque não estamos perante um contrato de trabalho, a caducidade não está dependente de comunicação das partes[456].

Como se viu, o contrato de formação desportiva caduca aos 18 anos, "podendo ser prorrogado, por acordo entre as partes, por mais uma época desportiva" (artigo 30.º, n.º 3). Acompanhando a posição de Nuno Vieira Pássaro, consideramos que o acordo para a renovação do vínculo deve ser

[453] § 4.6. O tempo de trabalho. Maria do Rosário Palma Ramalho, *Tratado de Direito do Trabalho...*, cit., p. 494, entende que devem ser estendidas ao menor as regras em matéria de tempo de trabalho aplicáveis aos menores.

[454] Na expressão de João Leal Amado, *Contrato de trabalho desportivo...* [2017], cit., p. 180.

[455] § 3.5. As modalidades do contrato.

[456] Maria do Rosário Palma Ramalho, *Tratado de Direito do Trabalho...*, cit., p. 496.

atual, não podendo ser antecipadamente dado aquando da celebração do contrato de formação desportiva[457].

Qualquer das partes pode resolver o contrato com justa causa. Fica a dúvida de saber se a "justa causa" a que se refere o RCTPD é "laboral" ou se pode ser lida "civilmente", isto é, em sentido lato. Na verdade, embora o regime do contrato de formação desportiva venha integrado no RCTPD, tal não parece ser argumento suficiente para defender a "laboralização" da justa causa até porque, como dissemos *supra*, o contrato de formação desportiva não cria, em rigor, uma relação laboral entre as partes[458]. Aliás, lembramos que também a relação contratual do praticante desportivo com o empresário desportivo pode ser resolvida com justa causa e pensamos que ninguém estará em condições de defender que essa justa causa também é laboral. Ainda assim, acrescenta o n.º 2, do artigo 35.º, que "a resolução com justa causa por iniciativa da entidade formadora deve ser apurada através do competente procedimento disciplinar". Dado que o poder disciplinar é um traço distintivo do contrato de trabalho, fica a dúvida quanto ao verdadeiro alcance desta exigência legal[459].

Ao contrário do que se passa com o contrato de trabalho do praticante desportivo[460], o contrato de formação desportiva permite ao formando denunciar, livremente, o contrato mediante pré-aviso de 30 dias. No entanto, não é aplicável à denúncia o conjunto de regras gerais quanto à denúncia do contrato de trabalho[461]. Por exemplo, não parece defensável permitir que o formando possa exercer um direito de arrependimento.

Em face deste regime jurídico, pensamos não será lícito fazer incluir no contrato de formação desportiva qualquer "cláusula de rescisão"[462], como também não será lícito que se chegue ao mesmo resultado através de instrumento de regulamentação coletiva de trabalho[463]. O legislador quis, seguramente, numa idade tão precoce do atleta, garantir a "liberdade de circulação do formando"[464]. Não deixa de ser intrigante constatar, porém, que o legislador

[457] NUNO VIEIRA PÁSSARO, *Direito do Desporto...*, cit., p. 69.

[458] Assim, defendendo tratar-se de uma "justa causa civil", MARIA DO ROSÁRIO PALMA RAMALHO, *Tratado de Direito do Trabalho...*, cit., pp. 496-497.

[459] Criticamente, MARIA DO ROSÁRIO PALMA RAMALHO, *Tratado de Direito do Trabalho...*, cit., p. 497.

[460] § 6.2.1. A denúncia.

[461] Assim, MARIA DO ROSÁRIO PALMA RAMALHO, *Tratado de Direito do Trabalho...*, cit., p. 496.

[462] Sobre isto, VICTOR HUGO VENTURA, «A estipulação de "cláusulas de rescisão" em contratos de formação desportiva», *Revista de Direito do Desporto*, 13 (2022), pp. 21-29.

[463] Assim, neste sentido, JOÃO LEAL AMADO, *Contrato de trabalho desportivo...* [2017], cit., p. 181.

[464] PEDRO ROSA, «Cessação do contrato de formação desportiva...», cit., p. 68.

permita que um atleta se vincule por contrato de trabalho com 16 anos, podendo aí estipular uma cláusula de rescisão, mas já não permita semelhante estipulação relativamente a um atleta com, por exemplo 17 anos, porque está vinculado por um contrato de formação desportiva. Porventura se justificaria, *de iure condendo*, que o contrato de formação desportiva admitisse a estipulação de uma cláusula de rescisão para atletas com pelo menos 16 anos de idade.

O artigo 34.º, do RCTPD, prevê o pagamento de uma "compensação pela formação" nos casos de "celebração, pelo praticante desportivo, do primeiro contrato de trabalho com entidade empregadora distinta da entidade formadora". Trata-se de um mecanismo de solidariedade que visa compensar o clube formador pelo "produto acabado"[465]. A norma remete para o regime previsto no artigo 19.º e, portanto, como teremos oportunidade de ver, a competência para a criação destas compensações é da contratação coletiva, cabendo apenas às Federações, no caso de falta de interlocução sindical[466].

§ 3.2. Formação do contrato de trabalho

§ 3.2.1. Forma

Bibliografia específica: João Leal Amado, «Nota ao acórdão do Supremo Tribunal de Justiça de 25 de Junho de 2002», *Desporto & Direito*, 2 (2004), pp. 361-362; José Manuel Meirim, «Contratos paralelos dos praticantes desportivos profissionais — Acórdão n.º 178/97, de 4 de março de 1997, do Tribunal Constitucional», *Revista do Ministério Público*, 71 (1997), pp. 133-163; João Zenha Martins, «A inscrição do montante da retribuição no contrato de trabalho desportivo e a sua fixação judicial», *Sub Judice — Justiça e Sociedade*, 27 (2004), pp. 99-116.

O contrato de trabalho desportivo é um contrato solene, estando sujeito, por isso, a forma escrita[467]. A opção do legislador desportivo não surpreende se pensarmos que, no contexto laboral comum, o contrato de trabalho

[465] Ou os clubes formadores, caso o atleta tenha celebrado contrato de formação desportiva com vários clubes formadores. Assim, João Leal Amado, *Contrato de trabalho desportivo...* [2017], cit., p. 182.

[466] Sobre a ilicitude das regulamentações federativas que prevejam estas compensações, cfr. o Parecer da Procuradoria-Geral da República n.º 7/2001, de 18 de abril.

[467] Cfr. artigo 6.º do RCTPD. A exigência de forma, prevista nos regimes legais anteriores, já vem da Base VI, da Lei n.º 2104, de 30 de maio de 1960.

a termo certo, como é o caso do contrato de trabalho do praticante desportivo, também está sujeito a forma escrita[468]. Sucede que as exigências formais do legislador também significam a verificação de certas formalidades, também à imagem e semelhança do que se passa, em geral, com o contrato de trabalho a termo.

Com efeito, o n.º 3, do artigo 6.º, do RCTPD, enumera o seguinte conjunto de menções obrigatórias: identificação das partes, incluindo a nacionalidade e a data de nascimento do praticante; a identificação do empresário desportivo que tenha intervenção no contrato[469], com indicação da parte que representa, ou a menção expressa de que o contrato foi celebrado sem intervenção de empresário desportivo[470]; a atividade desportiva que o praticante se obriga a prestar; o montante e a data de vencimento da retribuição, bem como o fracionamento, se as partes nisso acordarem; a existência de período experimental, se tal for estipulado; a data de início de produção de efeitos do contrato; o termo de vigência do contrato; a data de celebração.

A propósito desta enumeração, pode questionar-se, desde logo, se ela é taxativa, ou seja, se a lei se basta com estas menções. No fundo, o que se pretende perguntar é se certas menções previstas na lei geral também devem ser indicadas no contrato de trabalho do praticante desportivo. Estamos a pensar, mais concretamente, na menção ao local e ao período normal de trabalho, prevista no regime laboral comum[471]. Pensamos que sim.

Há três casos em que a lei define expressamente a consequência jurídica para a inobservância de certas menções do contrato. É o caso, concretamente, da omissão de referência ao início da produção dos efeitos: o regime fixa como sendo a data da celebração do contrato (n.º 4 do artigo 6.º); da indicação do termo do contrato: considera-se celebrado por uma época desportiva ou até ao final da época desportiva em curso (n.º 5 do artigo 9.º); do período experimental: faltando estipulação expressa, considera-se inexistente (n.º 1 do artigo 10.º).

[468] Em relação à exigência de forma escrita, afirmando que a norma tem natureza excecional, não se aplicando, assim, aos treinadores desportivos, ver o ac. de 29/03/2023 do STJ (Júlio Gomes), proc. nr. 2283/20.0T8FNC.L1.S1. Esta decisão judicial também considera ilícita a disposição do CCT aplicável aos treinadores desportivos que determina a forma escrita do contrato de trabalho (cláusula 6.ª).

[469] Sobre o encargo probatório do empresário desportivo, em caso de omissão desta formalidade, cfr. o caso relatado no ac. de 05/03/2020 do TRP (Carlos Portela), proc. nr. 631/13.9TVPRT.P1.

[470] Cfr., também, o artigo 10.º, n.º 6, do RIFPF.

[471] Cfr. artigo 141.º, n.º 1, alínea c), do CT09.

Nos demais casos, o regime não estabelece qual a consequência jurídica. Sem prejuízo da falta pura e simples de forma escrita, que determina naturalmente a nulidade do contrato de trabalho[472], no plano estritamente contratual, as menções em falta não serão, salvo melhor opinião, condições de validade do contrato[473], mas podem desencadear sanções num plano extracontratual: por um lado, essas omissões configuram, nos termos do n.º 3, do artigo 40.º, contraordenação leve. Por outro lado, certas omissões podem levar a que a federação desportiva competente recuse o registo do contrato[474].

A este propósito, parece legítimo perguntar se os elementos em falta podem ser inferidos de elementos contextuais. No fundo, trata-se de saber se esses elementos podem, no limite, ser colmatados *ex post* pelos tribunais ou, para utilizar a expressão singular de João Zenha Martins, se os dados omissos podem ser carreados "numa fase prodómica do ciclo contratual"[475]. Pense-se, por exemplo, na exigência legal da indicação da "actividade desportiva que o praticante se obriga a prestar". A experiência demonstra que os contratos de trabalho nem sempre indicam qual a modalidade desportiva a que se obriga o atleta embora seja possível depreender esse dado das circunstâncias, sobretudo quando elas são notórias. Na verdade, parece de todo dispensável que o contrato de trabalho expressamente refira que o trabalhador, reconhecido por todos como um futebolista profissional, é contratado para reforçar a equipa profissional de futebol e, concretamente, para exercer as funções de futebolista... Verdadeiramente draconiano seria, pois, cominar essa omissão com a nulidade do negócio por vício de forma ou indeterminação do seu objeto ou rejeitar o registo do contrato com esse fundamento...

A possibilidade de "integração" dos elementos em falta tem sido sobretudo colocada relativamente à indicação do valor da retribuição. Em pormenor,

472 Sobre isto, entendendo que a nulidade por falta de forma escrita não prejudica os créditos emergentes da execução do contrato de trabalho, ver o ac. de 10/07/2019 do TRP (Paula Leal de Carvalho), proc. nr. 3880/17.7T8VFR.P1 / CJ, 2019, III, p. 405 (sumário) e ac. de 07/10/2019 do TRP (Rita Romeira), CJ, 2019, IV, pp. 244-248.

473 Escreve João Leal Amado, *Contrato de trabalho desportivo*... [2017], cit., p. 47, que "a falta de cumprimento de algumas dessas indicações não significa que, só por isso, o contrato seja nulo. Tudo depende da natureza do elemento em falta". No mesmo sentido, Lúcio Correia, *Regime jurídico dos praticantes desportivos profissionais*..., cit., p. 95. Para Maria do Rosário Palma Ramalho, *Tratado de Direito do Trabalho*..., cit., p. 453, as menções impostas pelo n.º 3 do artigo 6.º devem considerar-se *ad probationem*. Relativamente aos créditos do trabalhador, ver ac. de 10/07/2019 do TRP (Paula Leal de Carvalho), proc. nr. 3880/17.7T8VFR.P1.

474 Assim, João Leal Amado, *Contrato de trabalho desportivo*... [2017], cit., p. 47.

475 João Zenha Martins, «A inscrição do montante da retribuição...», cit., p. 105.

tem sido discutido se é possível fazer prova do montante da retribuição pago à margem do texto contratual. Numa opinião que é sufragada, entre nós, por João Leal Amado[476], os nossos tribunais, intransigentes numa primeira fase[477], têm vindo a admitir a prova testemunhal[478].

À primeira vista, esse entendimento mais condescendente, possibilitador de uma integração judicial do contrato quanto aos elementos em falta, redundaria "numa dilapidação das preocupações com a forma contratual"[479]. Acresce que essa solução poderia ser repugnante, colocando em funcionamento o instituto do abuso de direito, pois é preciso ter consciência de que a omissão do valor real da retribuição resulta, muitas vezes, de uma estratégia concertada entre clube e atleta que preferem, para fugir à tributação dos rendimentos, pagar valores retributivos à margem do texto contratual. De facto, constata-se muitas vezes que "o interesse do clube e do praticante convergem quanto à ocultação do acordo verdadeiro, no momento da celebração e durante a execução do contrato, só divergindo na hipótese de litígio

[476] João Leal Amado, *Contrato de trabalho desportivo...* [2017], cit., p. 48

[477] Neste sentido, ac. de 26/10/1994 do STJ (Fernando Simão), CJ (STJ), 1994, III, pp. 279-281 / AcD, 399 (1995), pp. 350-357 (contrato de trabalho desportivo celebrado entre treinador de futebol e a União Futebol, Comércio e Indústria de Tomar onde foi fixada contratualmente uma remuneração mensal de 60.000$00 mensais alterado posteriormente entre as partes, que seria de 350.000$00. Refira-se contudo que o regime aplicável ao caso concreto foi o regime laboral comum porque o acordo é anterior a 1995). Estando também em causa um treinador desportivo (treinador adjunto), decidiu-se também no ac. de 27/09/1993 do TRP (Leitão Santos), CJ, 1993, IV, pp. 274-276, já citado, que "a prova testemunhal é inidónea para dar como provado qualquer outra remuneração que a não constante desse documento". Também no ac. de 07/05/2001 do TRP (Sousa Peixoto), proc. 0140193, entendeu-se que "a retribuição é um elemento essencial do contrato de trabalho e deve constar obrigatoriamente do contrato de trabalho desportivo (...) estando sujeita, por isso, à forma exigida para o contrato, sob pena de nulidade (artº 220º do CC). A forma prescrita para o negócio jurídico compreende não só as suas cláusulas essenciais, mas também as estipulações acessórias e coenvolve, ainda, as alterações subsequentes relativas a umas e a outras, embora com restrições (...) De qualquer modo, mesmo que se entendesse que a alteração da retribuição não esteja sujeita à forma escrita, esse facto não podia ser provado por testemunhas, por ser contrária ao conteúdo do documento contratual (artº 394º, nº 1, do CC). A prova dessa alteração só podia ser feita através da confissão ou de documento ainda que menos solene do que o exigido para o contrato de trabalho".

[478] Assim, ac. de 18/02/1993 do TRL (Andrade Borges), proc. nr. 0081474, ac. de 25/06/2002 do STJ (Mário Torres), proc. nr. 01S3722 (para uma anotação a este acórdão, ver João Leal Amado, «Nota ao acórdão do Supremo Tribunal de Justiça de 25 de Junho de 2002», *Desporto & Direito*, 2 (2004), pp. 361-362), ac. de 11/01/2007 do TRC (Azevedo Mendes), proc. nr. 1252/04.2TTCBR.C1, ac. de 12/09/2007 do STJ (Maria Laura Leonardo), proc. nr. 06S4107.

[479] João Zenha Martins, «A inscrição do montante da retribuição...», cit., p. 105.

envolvendo verbas"[480]. Finalmente, há elementos sistemáticos da lei que depõem a favor da tese mais conservadora. Por um lado, a norma do artigo 8.º, do RCTPD, relativa à promessa de contrato de trabalho, exige, através da remissão para o regime geral do CT09, a indicação do montante da retribuição no contrato prometido (leia-se: do contrato de trabalho a celebrar)[481] facto que permite concluir, por identidade ou até maioria de razão, que também o contrato de trabalho desportivo deve ser inválido por falta de referência à retribuição. Por outro lado, esta visão mais redutora seria corroborada pelas normas em matéria de segurança social[482].

Como se disse, não é essa a tese que tem vingado nos nossos tribunais. Bebendo da tese dominante na doutrina generalista[483], assinala-se desde logo que é necessário distinguir entre as formalidades da lei, que determinam a nulidade do negócio, e aquelas que são meramente *ad probationem*, como seria justamente o caso da indicação do valor da retribuição[484]. Defende-se ainda que essa é a solução que maximiza "o princípio da verdade material e a própria tutela do direito à retribuição"[485], sem que a isso se oponham

[480] José Manuel Meirim, «Contratos paralelos dos praticantes desportivos profissionais — Acórdão n.º 178/97, de 4 de março de 1997, do Tribunal Constitucional», *Revista do Ministério Público*, 71 (1997), pp. 133-163, p. 149.

[481] O artigo 103.º, n.º 1, alínea c), do CT09, estabelece que o contrato-promessa deve prever a "atividade a prestar e a correspondente retribuição". Importa também notar, como elemento interpretativo extra, que a Lei n.º 85/95, de 31 de agosto, que concedeu a Autorização legislativa de onde veio a resultar o Decreto-Lei n.º 305/95, de 18 de novembro, concedia ao Governo poderes para a "sujeição da validade de promessa de contrato de trabalho desportivo à necessidade de indicação do início e do termo do contrato prometido, para além dos demais requisitos previstos na lei geral do trabalho" (alínea e)).

[482] Numa norma que teremos oportunidade de analisar mais detidamente, o artigo 76.º, n.º 1, do Código Contributivo, prevê que "consideração remuneração mensal efetiva dos praticantes desportivos profissionais as prestações pecuniárias ou em espécie estabelecidas no contrato que os vincula à respetiva entidade empregadora".

[483] Sobre isto, Júlio Gomes, «O contrato de trabalho a termo ou a tapeçaria de Penélope?» in: *Estudos do Instituto de Direito do Trabalho*, Almedina, Volume IV, Coimbra, 2003, pp. 35-99, pp. 64-65, entende que "a exigência de forma escrita em relação à retribuição tem um significado e um alcance bem mais modestos do que o que sucede com a necessidade de enunciar concreta e circunstanciadamente o motivo (...) acresce que a aplicação do artigo 394.º neste contexto é muito duvidosa". Admitindo a prova testemunhal de pactos verbais acessórios, ver, com interesse, Alberto Mário Coelho Braga Temido, «Contrato de trabalho escrito: estipulações verbais acessórias – admissibilidade de prova testemunhal», *Revista do Ministério Público*, 95 (2003), pp. 95-99.

[484] Citando o ac. de 11/01/2007 do TRC (Azevedo Mendes), proc. nr. 1252/04.2TTCBR.C1: "no segmento contratual respectivo, a exigência de redução a escrito do elemento remuneração constitui uma formalidade *ad probationem*".

[485] João Leal Amado, *Contrato de trabalho desportivo...* [2017], cit., p. 48.

as regras registrais[486], até em harmonia com o conceito amplo que o legislador desportivo assumiu em matéria de retribuição[487]. Todos estes dados apontam no sentido de que "é claramente incompatível com a tese rigidamente formalista de que retribuição é apenas o que como tal foi mencionado no contrato escrito, com inadmissibilidade de prova, designadamente testemunhal, em contrário"[488].

Finalmente, também é preciso contar com outras exigências formais que, por vezes, estão previstas nas regulamentações desportivas embora aí com outras finalidades[489]. Com efeito, pode acontecer, e acontece frequentemente, que a regulamentação associativa imponha certas formalidades que não decorrem da lei. Salvo melhor opinião, esses requisitos não são condição de eficácia do negócio jurídico[490].

§ 3.3. Registo

Bibliografia específica: Bernardo Palmeiro, «Passaporte desportivo» in: Alexandre Miguel Mestre [Coord.], *Enciclopédia de Direito do Desporto*, Gestlegal, Coimbra, 2019, pp. 308-309; Felipe Augusto Loschi Crisafulli, «A possibilidade de os clubes de futebol registarem jogadores fora das janelas de transferência: o que uma leitura mais atenta dos regulamentos revela», *Revista de Direito do Desporto*, 8 (2021), pp. 51-64; João Diogo Manteigas, «Certificado Internacional de Transferência (Futebol)» in: Alexandre Miguel Mestre

[486] Assim, ac. de 25/06/2002 do STJ (Mário Torres), proc. nr. 01S3722: "não constitui óbice a este entendimento a circunstância de ser imposto o registo, na federação desportiva respectiva, quer do contrato inicial, que das suas alterações, pois esse registo apenas é exigível para efeitos de participação do praticante desportivo em competições promovidas por essa federação".

[487] Sobre isto, ver § 4.5. A retribuição do praticante desportivo.

[488] Voltando a citar o ac. de 25/06/2002 do STJ (Mário Torres), proc. nr. 01S3722.

[489] Assim, por exemplo, do RCLPFP exige que o contrato de trabalho contenha a assinatura do jogador com reconhecimento presencial e as assinaturas dos representantes legais dos clubes por semelhança: cfr. artigo 75.º, n.º 7, alínea a). No entanto, não estamos a falar de condições de validade do contrato. Assim, ac. de 23/01/2012 do TRP (António José Ramos), CJ, 2012, I, pp. 224-227 / proc. nr. 643/09.7TTVCT.P1: "no que se refere ao reconhecimento notarial das assinaturas dos contraentes inexiste preceito legal ou convencional que condicione a validade ou eficácia de tais contratos ao respetivo reconhecimento, pelo que um contrato de trabalho desportivo seria válido, mesmo que o respetivo reconhecimento notarial fosse falso".

[490] Por exemplo, Filipe Cerqueira Alves, «Notas sobre a dedutibilidade fiscal de gastos com intermediação desportiva», *Revista de Direito do Desporto*, 13 (2022), 13-20, p. 17.

[Coord.], *Enciclopédia de Direito do Desporto*, Gestlegal, Coimbra, 2019, pp. 72-73; Manuel Alberto Mirra, «Quotas de Inscrição e Transferência de Jogadores (Futebol)» in: Alexandre Miguel Mestre [Coord.], *Enciclopédia de Direito do Desporto*, Gestlegal, Coimbra, 2019, pp. 337-339; Patrícia Saraiva de Aguiar, «Estrangeiros» in: Alexandre Miguel Mestre [Coord.], *Enciclopédia de Direito do Desporto*, Gestlegal, Coimbra, 2019, pp. 188-190; Paulo Rendeiro, «Período de transferências» in: Alexandre Miguel Mestre [Coord.], *Enciclopédia de Direito do Desporto*, Gestlegal, Coimbra, 2019, pp. 311-312; Rute Soares, «Homologação de contrato» in: Alexandre Miguel Mestre [Coord.], *Enciclopédia de Direito do Desporto*, Gestlegal, Coimbra, 2019, pp. 214-215.

Sem prejuízo de outras formalidades que possam ser exigíveis no caso concreto, designadamente, tratando-se de praticantes desportivos estrangeiros[491] ou menores[492], o RCTPD prevê, no artigo 7.º, que o contrato de trabalho

[491] A este propósito, prevê o artigo 23.º, n.º 1, do RIFPF, que "o registo de jogador estrangeiro depende obrigatoriamente da verificação da regularidade da sua situação legal em Portugal, atestada mediante a entrega, na LPFP ou na respetiva Associação Distrital ou Regional, de uma cópia certificada dos documentos de identificação e dos documentos legalmente exigidos com vista à entrada e permanência em território nacional". Desde logo, os atletas estrangeiros oriundos de países fora do espaço europeu devem prestar a sua atividade devidamente titulada por uma autorização de residência. Sobre isto Patrícia Saraiva de Aguiar, «Estrangeiros» in: Alexandre Miguel Mestre [Coord.], *Enciclopédia de Direito do Desporto*, Gestlegal, Coimbra, 2019, pp. 188-190 e Nuno Vieira Pássaro, *Direito do Desporto...*, cit., pp. 193 ss. Embora, quanto a este aspeto, o regime preveja um aligeiramento das formalidades precisamente "por razões de interesse público decorrentes do exercício de uma atividade relevante no domínio desportivo" (artigo 123.º, n.º 1, alínea c), da Lei n.º 23/2007, de 4 de julho, que aprova o regime jurídico de entrada, permanência, saída e afastamento de estrangeiros do território nacional). Sobre o conceito e regime do certificado internacional de transferência, ver João Diogo Manteigas, «Certificado Internacional de Transferência (Futebol)» in: Alexandre Miguel Mestre [Coord.], *Enciclopédia de Direito do Desporto*, Gestlegal, Coimbra, 2019, pp. 72-73. A exigência deste certificado não é contrária ao Direito da União Europeia. Neste sentido, André Dinis de Carvalho, *Da liberdade de circulação dos desportistas...*, cit., p. 289, n. 563. Sobre o vulgarmente chamado "passaporte desportivo", ver resumidamente Bernardo Palmeiro, «Passaporte desportivo» in: Alexandre Miguel Mestre [Coord.], *Enciclopédia de Direito do Desporto*, Gestlegal, Coimbra, 2019, pp. 308-309.

[492] Nos termos do artigo 31.º, n.º 3, da Lei n.º 38/2012, de 28 de agosto, com a redação que lhe foi dada pela Lei n.º 111/2019, de 10 de setembro, no ato do registo do contrato de trabalho do praticante desportivo, "tratando-se de menores de idade, ou outras situações de incapacidade nos termos do Código Civil, no ato de inscrição, a federação desportiva deve exigir a quem exerce o poder parental, a tutela ou acompanhe o maior, a Autorização para a sua sujeição aos controlos de dopagem em competição e fora de competição".

do praticante desportivo está sujeito a registo[493]. Em rigor, é possível distinguir entre o ato da inscrição, isto é, o ato mediante o qual o clube desportivo procede à entrega da documentação exigida com vista ao registo do contrato de trabalho, e o registo propriamente dito, ou seja, o ato praticado pela Federação da modalidade e que consiste na aceitação e introdução dos elementos do contrato na base de dados. De uma perspetiva mais substantiva, o registo é o ato federativo "que visa verificar a conformidade do contrato de trabalho do praticante desportivo com a regulamentação desportiva"[494].

Depois de alguma polémica no passado, gerando aquilo que alguém já apodou de "dossier jurisprudencial"[495], está hoje definitivamente consolidado o entendimento de que este registo não é uma condição de validade do negócio, mas apenas um requisito para que o praticante possa participar nas competições promovidas pela Federação da modalidade[496]. É, como

[493] Segundo nos parece, o mesmo não vale para os treinadores desportivos, embora um "registo" possa ser exigido para outros fins. Assim, segundo o artigo 81.º, n.º 1, do RECITJ, "apenas poderão ocupar o banco de suplentes (...) os treinadores com contrato de trabalho e os médicos e massagistas que tenham sido devidamente registados na Liga". A propósito do registo do contrato de trabalho do treinador desportivo, ver, com interesse histórico, o ac. de 17/03/1992 do TRE (Fernando Pipa), BMJ, 415 (1992), p. 742 (sumário).

[494] Artur Flamínio da Silva / Daniela Mirante, «Arbitragem voluntária e contrato de trabalho desportivo», *Julgar Online*, 2018, IV, p. 14. Sobre este cariz homologatório do contrato de trabalho do praticante desportivo pelos poderes públicos, ver Rute Soares, «Homologação de contrato» in: Alexandre Miguel Mestre [Coord.], *Enciclopédia de Direito do Desporto*, Gestlegal, Coimbra, 2019, pp. 214-215. Na literatura estrangeira, ver Jean Pierre Karaquillo, «La promotion du formalism: une application particulière aux contracts de travail de sportifs professionelles», *Recueil Dalloz*, 1995 (22), pp. 168-170. Tratando-se de um ato administrativo, ele pode ser atacado, nos termos gerais. Sobre um caso de responsabilidade civil por nulidade do registo, ver ac. de 08/10/2002 do TRL (Mário Rua Dias), CJ, 2002, IV, pp. 89-97 (secção cível).

[495] José Manuel Meirim, «A Lei de Bases do Sistema Desportivo...», cit., p. 13, n. 15.

[496] Sobre isto, ver ac. de 12/03/2014 do STJ (Melo Lima), proc. nr. 870/10.4TTMTS.P1.S1 / CJ (STJ), 2014, I, 254-260, ac. de 23/01/2012 do TRP (António José Ramos), CJ, 2012, I, pp. 224-227 / proc. nr. 643/09.7TTVCT.P1, ac. de 28/05/2007 do TRP (Paula Carvalho), CJ, 2007, III, pp. 225-230. Já antes da entrada em vigor dos diplomas que regularam o trabalho desportivo, ver ac. de 18/03/1992 do TRL (César Teles), CJ, 1992, II, pp. 193-196 / BMJ, 415, 1992, pp. 706-707, e ac. de 17/03/1992 do TRE (Loureiro Pipa), CJ, 1992, II, pp. 317-318 (já citado). Envolvendo um basquetebolista, ver o ac. de 14/11/1994 do TRP (Manuel Fernandes), CJ, 1994, V, pp. 266-268. Aparentemente contra, naquela época, ac. de 17/06/1996 do TRP (Sousa Peixoto), CJ, 1996, III, pp. 258-260, tratando de saber se a falta de registo suspende a instância, responde negativamente, mas dizendo-se depois, *obiter dictum*, que "a falta de registo do contrato terá decerto repercussão na apreciação do mérito da causa, uma vez que o contrato não registado se considera judicialmente ineficaz" (p. 260). Consequentemente, e como já decidiu a jurisprudência, se são celebrados dois contratos em dias sucessivos, contratos cujo teor não é coincidente, tendo apenas o primeiro sido

diz Lúcio Correia, "um ato jurídico externo ao vínculo contratual"[497]. A confirmá-lo está, desde logo, a letra da lei, uma vez que o n.º 1, do artigo 7.º, do RCTPD, estabelece que "a participação do praticante desportivo em competições promovidas por uma federação dotada de utilidade pública desportiva depende de prévio registo do contrato de trabalho desportivo na

registado, o segundo contrato prevalece, ainda que não tenha sido registado: ver ac. de 22/02/2007 do TRC (Fernandes Da Silva), CJ, 2007, I, pp. 66-68. Na doutrina, com a mesma leitura, João Leal Amado, *Vinculação* versus *liberdade*..., cit., p. 143 (mais recentemente, Id., *Contrato de trabalho desportivo*... [2017], cit., p. 49 e Id., «Contrato de trabalho desportivo: da desvinculação laboral à desvinculação desportiva», *Prontuário de Direito do Trabalho*, 2018, I, pp. 345-366, p. 346), André Dinis de Carvalho, «Breves considerações sobre o contrato de trabalho desportivo» in: *Direito do Trabalho + Crise = Crise no Direito do Trabalho? — Actas do Congresso de Direito do Trabalho*, Coimbra Editora, Coimbra, 2011, pp. 75-95, p. 79, Lúcio Correia, *Limitações à liberdade contratual*..., cit., p. 58, n. 97 (Id., «O praticante desportivo profissional...», cit., p. 278). Contra, com argumentos que não são convincentes, Ricardo Candeias, *Personalização de equipa e transformação de clube*..., cit., pp. 109 ss. Num artigo publicado nos anos 80, Maria da Conceição Gomes, «O Direito e o futebol...», cit., p. 80, escrevia que "o contrato deverá sob pena de nulidade ser reduzido a escrito e registado na Federação Portuguesa de Futebol". A propósito da obrigatoriedade do registo do contrato de trabalho do praticante desportivo, foi frequentemente invocado nos Tribunais o artigo 11.º do Decreto-Lei n.º 413/87, de 31 de dezembro, onde se lia que "em caso de litígio entre o agente desportivo praticante e a entidade utilizadora dos seus serviços, só poderão ser invocados em juízo os contratos que antes do início da vigência tenham sido registados na respectiva federação, considerando-se inexistentes quaisquer cláusulas contratuais que ali não tenham sido registadas". Embora existindo jurisprudência em sentido contrário (ver ac. de 28/10/1992 do TRL (Albano Soares Dinis Roldão), BMJ, 420 (1992), p. 635 (sumário), ac. de 01/02/1993 do TRP (João Gonçalves), BMJ, 424 (1993), pp. 730-731 (sumário), ac. de 27/09/1993 do TRP (Leitão Santos), BMJ, 429 (1993), pp. 876-877 (sumário), ac. 25/05/1994 do TRL (José Belo Videira), BMJ, 437 (1994), pp. 566-567 (sumário)), a aplicação desta norma foi sistematicamente recusada com fundamento na sua inconstitucionalidade. Ver ac. de 06/11/1991 do TRL (Alexandre Cunha e Silva), BMJ, 411 (1991), p. 640 (sumário), ac. de 18/03/1992 do TRL (César Augusto de Sousa Teles), BMJ, 415, 1992, pp. 706-707, ac. de 24/03/1993 do TRL (José Belo Videira), BMJ, 425 (1993), p. 608 (sumário), ac. de 27/10/1993 do TRL (César Augusto de Sousa Teles), BMJ, 430 (1993), p. 501 (sumário), ac. de 02/03/1994 do TRL (Alexandre Cunha e Silva), BMJ, 435 (1994), pp. 885-886 (sumário), ac. de 30/06/1994 do STJ (Carlos Augusto Constante Horta), BMJ, 438 (1994), p. 538 (sumário), ac. de 01/10/1994 do STJ (Chichorro Rodrigues), BMJ, 440 (1994), pp. 214-229, ac. de 11/10/1995 do STJ (Rogério Correia de Sousa), BMJ, 450 (1995), pp. 265-271 e ac. de 31/01/1996 do STJ (Fernando José Leal Pipa), AcD, 415 (1996), pp. 930-939, sendo julgada depois inconstitucional pelo Tribunal Constitucional, em ac. de 05/03/1996 do TC (Antero Alves Monteiro Dinis), proc. nr. 345/96 / BMJ, 455 (1996) pp. 77-90, e declarada inconstitucional, com força obrigatória geral, pelo ac. de 04/03/1997 do TC (Alberto Tavares da Costa), BMJ, 465 (1997), pp. 103-110 (em comentário, ver José Manuel Meirim, «Contratos paralelos dos praticantes desportivos...», cit., pp. 139 ss.).

[497] Lúcio Correia, *Regime jurídico dos praticantes desportivos profissionais*..., cit., p. 105.

respectiva federação"[498], o mesmo acontecendo, aliás, com a regulamentação associativa[499] e com a CCT aplicável ao futebol profissional[500]. O registo tem, assim, "carácter meramente licenciador"[501], dando apenas ao jogador uma "condição de jogo"[502]. Ainda que o registo conheça janelas temporais para o efeito[503], nada impede que o registo possa ser feito posteriormente[504], isto é, em janelas posteriores.

A propósito do registo, importa dizer que não se trata apenas de um ónus do empregador, mas de uma verdadeira obrigação. No passado, o registo era concebido como um ónus que cabia ao clube, mas que, no limite, podia também ser realizado pelo praticante desportivo[505]. Atualmente, o RCTPD é bem claro ao prever, à cabeça das obrigações do empregador, que "são deveres da entidade empregadora desportiva, em especial... proceder ao registo do contrato de trabalho desportivo, bem como das modificações contratuais posteriormente acordadas" (alínea a), do artigo 11.º). Embora a entidade empregadora tenha um interesse manifesto no registo do atleta, pois é condição necessária para que este possa participar nas competições, a verdade é que também o praticante, e diríamos até, sobretudo o praticante, tem interesse no seu registo. Se é certo, como dissemos, que o registo não é condição de validade do contrato, o registo não pode ser subestimado do ponto de vista dos interesses das partes e, sobretudo, do atleta: "antes do apito inicial do árbitro, do jogo dentro das quatro linhas e dos golos e das defesas que levantam estádios e convocam emoções e paixões, os atletas têm de estar registados"[506].

[498] Registo esse que deve ocorrer, em regra, no chamado "período de transferências". Sobre isto, em síntese, ver PAULO RENDEIRO, «Período de transferências» in: ALEXANDRE MIGUEL MESTRE [Coord.], *Enciclopédia de Direito do Desporto*, Gestlegal, Coimbra, 2019, pp. 311-312.

[499] Cfr. artigo 74.º, n.º 2, do RCLPFP. Cfr. artigos 10.º e 11.º do RECITJ.

[500] Cfr. artigo 8.º do CCT ("a possibilidade de participação do futebolista em competições oficiais depende do registo prévio do seu contrato na LPFP e na FPF, nos termos da regulamentação em vigor").

[501] LÚCIO CORREIA, *Regime jurídico dos praticantes desportivos profissionais...*, cit., p. 106.

[502] FELIPE AUGUSTO LOSCHI CRISAFULLI, «A possibilidade de os clubes de futebol...», cit., p. 53.

[503] Sobre isto, NUNO VIEIRA PÁSSARO, *Direito do Desporto...*, cit., pp. 213 ss.

[504] Assim, atentamente, SÉRGIO PIRES BRÁS, «O bom, o mau e o vilão...», cit., p. 11.

[505] Ver, com interesse, antes da vigência do regime de 1995, o ac. de 20/01/1993 do STJ (PEDRO SOUSA MACEDO), CJ (STJ), 1993, I, pp. 234-238 / proc. nr. 003498 (sumário). Aí se escreve que "seria um absurdo ficar dependente de acto do patrão. Este ficar por processo vesgueiro com a possibilidade de não cumprir, querendo, com o contrato. Não só afronta as mais elementares garantias do trabalhador, como atentaria contra um princípio que é a base da figura jurídica do contrato – *pacta sunt servanda*".

[506] MANUEL ALBERTO MIRRA, «Quotas de Inscrição e Transferência de Jogadores (Futebol)» in: ALEXANDRE MIGUEL MESTRE [Coord.], *Enciclopédia de Direito do Desporto*, Gestlegal, Coimbra, 2019, pp. 337-339.

A violação da obrigação de proceder ao registo – uma "formalidade complementar essencial"[507] – pode, aliás, ter relevância ao nível da cessação do contrato de trabalho, pois pode configurar justa causa de resolução[508], havendo até jurisprudência dos nossos tribunais aparentemente a admitir como válida a estipulação de uma cláusula penal em caso de violação dessa obrigação pelo clube desportivo[509].

§ 3.4. Capacidade para celebrar contrato de trabalho

> **Bibliografia específica:** José Miguel Sampaio e Nora, «Os menores e o futebol profissional» in: José Carlos Lima [Coord.], *Direito das crianças no Desporto,* Afrontamento, Lisboa, 2019, pp. 51-56; Mafalda Miranda Barbosa, «Menores (no Desporto)» in: Alexandre Miguel Mestre [Coord.], *Enciclopédia de Direito do Desporto,* Gestlegal, Coimbra, 2019, pp. 287-289.

Segundo o artigo 5.º, n.º 1, do RCTPD, "só podem celebrar contratos de trabalho desportivo os menores que hajam completado 16 anos de idade e que reúnam os requisitos exigidos pela lei geral do trabalho". O legislador estabelece, assim, e em primeiro lugar, que a idade mínima para a celebração de contrato de trabalho para a prática do desporto em moldes subordinados são os 16 anos[510]. Antes de completar 16 anos de idade, o menor carece de capacidade negocial de gozo, ou seja, não pode ser titular de uma relação jurídico-desportiva laboral, embora, como vimos, possa celebrar contrato de formação desportiva[511]. Embora a lei não estabeleça a consequência,

[507] Lúcio Correia, «O praticante desportivo profissional...», cit., p. 278.

[508] § 6.2.2. A resolução com justa causa.

[509] Cfr. ac. de 06/11/1995 do TRP (Ramos da Fonseca), CJ, 1995, V, pp. 262-264

[510] Problema diverso é o que está relacionado com a regulamentação internacional em matéria de transferência de menores de 18 anos, que impõe restrições. Perante essa impossibilidade, a estratégia dos clubes passa pela celebração de contratos de trabalho com um termo suspensivo, isto é, estipulando-se que apenas produzirá efeitos a partir da data em que o trabalhador desportivo completar 18 anos. Sobre isto, não deixando de notar que, também nesses casos, "a negociação ocorreu com um atleta ainda menor, que certamente já sentiu os efeitos do "comércio" no futebol ainda muito novo", António Ourivio Amorim / Arthur Ancinello Saltz, «A transferência internacional do futebolista menor...», cit., p. 811.

[511] § 3.1.2. O contrato de formação desportiva.

um contrato de trabalho celebrado por menor com idade inferior a 16 anos é nulo, nos termos gerais[512].

Por outro lado, a celebração de contrato de trabalho exige que se cumpram os "requisitos exigidos pela lei geral do trabalho". Fundamentalmente, está em causa a norma geral que prevê que o menor "tenha concluído a escolaridade obrigatória ou esteja matriculado e a frequentar o nível secundário de educação"[513]. Esta remissão para o regime geral faz todo o sentido neste contexto, por razões que se deixam facilmente explicar facilmente[514]. Em primeiro lugar, o desporto profissional é, como se sabe, uma atividade reconhecidamente exigente podendo entrar facilmente em rota de colisão com a escolaridade. As exigências da competição curto-circuitam com as exigências escolares e, perante o dilema, o atleta tende a prescindir do sucesso escolar. O abandono escolar é um risco sério que o legislador desportivo quer certamente combater. Esta razão liga-se a uma outra: se o desporto profissional é uma atividade com um tempo médio de vida curto, é necessário preparar a "reconversão profissional" do trabalhador, ou seja, colocar o trabalhador em condições de poder responder aos novos (e exigentes) desafios da vida pós-desportiva. Isso só será razoavelmente viável se o praticante desportivo tiver, pelo menos, a escolaridade obrigatória[515].

Acrescenta o n.º 2 daquela norma que "o contrato de trabalho desportivo celebrado por menor deve ser igualmente subscrito pelo seu representante legal". Por outras palavras, mesmo tratando-se de um menor com idade superior a 16 anos de idade, a lei veda ao praticante desportivo o exercício autónomo do direito: a sua celebração depende da atuação conjunta dos seus

[512] No mesmo sentido, Maria do Rosário Palma Ramalho, *Tratado de Direito do Trabalho...*, cit., p. 451.

[513] Cfr. artigo 68.º do CT09. Não compreendemos bem a posição de Mafalda Miranda Barbosa, «Menores (no Desporto)» in: Alexandre Miguel Mestre [Coord.], *Enciclopédia de Direito do Desporto*, Gestlegal, Coimbra, 2019, pp. 287-289, p. 288, quando a Autora defende que está "cumprido, *a priori*, o requisito imposto pelo artigo 69.º, C. Trabalho para as situações em que o menor não tenha completado a escolaridade obrigatória e não esteja a frequentar o ensino secundário. Na verdade, a formação profissional a que se refere a norma do Código do Trabalho pode considerar-se cumprida pela formação que é dispensada, através dos treinos e demais preparação, do atleta".

[514] Seguindo aqui de perto João Leal Amado, *Vinculação* versus *liberdade...*, cit., pp. 139-140. Sobre isto, ver também José Miguel Sampaio e Nora, «Os menores e o futebol profissional» in: José Carlos Lima [Coord.], *Direito das crianças no Desporto*, Afrontamento, Lisboa, 2019, pp. 51-56.

[515] João Leal Amado, *Contrato de trabalho desportivo...* [1995], pp. 25-26.

representantes legais[516]. Há aqui claramente uma entorse ao regime laboral comum uma vez que, nos termos gerais, admite-se a celebração de contratos de trabalho a menores com idade inferior a 16 anos, conquanto autorizada pelos representantes legais, e permite-se "livremente" ao menor com idade superior a 16 anos, conquanto não exista a oposição daqueles.

A opção do legislador explica-se pelas condicionantes da atividade desportiva. O RCTPD é particularmente gravoso para o trabalhador no que diz respeito à sua liberdade de desvinculação. Estando excluída a denúncia no contrato de trabalho desportivo, pelo menos de forma livre, o legislador entendeu que um menor não possui ainda a maturidade suficiente para compreender a verdadeira "onerosidade" do contrato de trabalho, impedindo-o, assim, de se vincular autonomamente, exigindo para o efeito a retaguarda dos representantes legais.

A este propósito, e forçando a nota, cabe-nos referir que não estamos perante uma representação legal quando o praticante desportivo, já maior, é "agenciado" pelos pais ou outros parentes que, durante a menoridade do atleta, representaram o atleta. De facto, tornando-se maior, a representação do menor é feita, salvo melhor opinião, através do empresário desportivo[517]. Naturalmente, não estamos perante uma representação *hoc sensu* quando os parentes do praticante desportivo proferem declarações perante a comunicação social, veiculando a sua opinião sobre, por exemplo, o curso de certas negociações por forma a pressionar o clube.

O RCTPD contém importantes regras sobre a representação desportiva em relação a menores[518]. Em primeiro lugar, o regime legal é bem claro ao

[516] Maria do Rosário Palma Ramalho, *Tratado de Direito do Trabalho...*, cit., p. 451, fala aqui de uma "forma atípica de «assistência» ao menor". Não se percebe bem qual o sentido da norma do artigo 75.º, n.º 7, alínea f), do RCLPFP, ao exigir, para o registo do contrato, "autorização de quem exerça o poder parental ou a tutela para celebração do contrato de trabalho". Na verdade, se o contrato está dependente da atuação conjunta daquelas pessoas, por que razão é ainda necessária a sua autorização?

[517] Sobre a figura, ver § 2.2.4. O empresário desportivo.

[518] O RCTPD não contém regras especiais sobre a representação dos clubes, aplicando-se as regras gerais em matéria de representação. A este respeito, considere-se o caso relatado no ac. de 19/06/2013 do TRL (Jerónimo Freitas), proc. nr. 586/11.4TTFUN.L1-4. O clube alegou que os contratos desportivos celebrados entre si e o atleta, tenista de mesa, eram ineficazes nos termos da alínea a), do n.º 5.º da Lei n.º 28/98, de 26 de junho, por apenas estarem assinados pelo Presidente do Clube, invocando que, em face da certidão de registo comercial, resulta que a forma de obrigar o clube era com a assinatura do Presidente, Vice-presidente e Tesoureiro da Direção. O Tribunal decidiu que "a questão que se pode colocar não é tanto a da nulidade do contrato, mas antes de falta de poderes de representação da pessoa colectiva (...)se porventura para representar

vedar a intervenção do empresário desportivo se o atleta for menor de idade (cfr. artigo 36.º, n.º 3)[519]. A solução compreende-se, desde logo, por uma razão de coerência: se o menor, para a celebração de um contrato de trabalho, já está "assistido" por um representante legal, não faz sentido a existência de um representante voluntário[520]. Por outro lado, parece que o legislador pretende que seja o representante legal do menor a administrar os interesses do menor na celebração do contrato de trabalho e não um empresário desportivo, certamente mais interessado em colocar os interesses (económicos) acima dos interesses do menor.

De referir que, nos termos do artigo 5.º, n.º 3, do RCTPD, "é anulável o contrato de trabalho desportivo celebrado com violação do disposto no número anterior", ou seja, o contrato de trabalho que não tenha sido subscrito pelo representante legal é anulável.

§ 3.5. Modalidades

Como se sabe, o Direito do Trabalho exprime uma preferência declarada pelo contrato de trabalho por tempo indeterminado, olhando para o contrato a termo com pesadas cautelas e impondo-lhe restrições. No Desporto profissional, bem pelo contrário, a contratação aprazada é vista com outros olhos. Num traço que já vem de longe[521], o RCTPD não conhece mesmo outro contrato que não o contrato a termo. Com efeito, a contrato de trabalho do praticante desportivo está imperativamente sujeito a termo final ou resolutivo. De certa forma, o termo é "a moldura natural do contrato"[522] ou nas palavras enfáticas de João Leal Amado, "olhado com justificada

a R., contrariamente ao que esta fez mencionar expressamente no contrato, afinal não era bastante a intervenção do presidente e do vice-presidente no primeiro contrato, e apenas do presidente nas renovações seguintes, então a questão radicará na falta de poderes de representação e não na nulidade do contrato (...) Importando não esquecer, ainda, que o empregador está vinculado ao dever de informar o trabalhador sobre os aspectos relevantes do contrato de trabalho onde se incluem não só os que a lei enumera a título exemplificativo, mas todos aqueles que sejam relevantes para a decisão de celebrar o contrato (...) assim sendo, considerado o elenco factual existente, é quanto basta para se concluir que a questão da alegada "falta de assinaturas" jamais se poderia reconduzir à arguida nulidade dos contratos celebrados".

519 Cfr. o artigo 4.º, n.º 4, do RIFPF.

520 Assim, Maria do Rosário Palma Ramalho, *Tratado de Direito do Trabalho*..., cit., p. 499.

521 Cfr. Base VI da Lei n.º 2104, de 30 de maio de 1960.

522 Maria do Rosário Palma Ramalho, *Tratado de Direito do Trabalho*..., cit., p. 459.

desconfiança pelas leis gerais do trabalho, o contrato de trabalho a termo reina, incontestado e sem rival, na relação laboral desportiva"[523].

Segundo o RCTPD, o contrato de trabalho tem uma duração máxima de 5 épocas desportivas (artigo 9.º, n.º 1, do RCTPD)[524].

Como explicar a "transitoriedade do vínculo laboral como regra geral neste universo"[525]? Que razões há para dizer que a natureza desta relação especial de trabalho "repele o carácter de perenidade da relação laboral [comum]"[526]? Como explicar que as partes possam, e devam, recorrer à contratação a termo, quando a sua excecionalidade é, de certa forma, uma decorrência constitucional e até de Direito da União Europeia[527]?

Várias razões podem ser apontadas.

Por um lado, porque a atividade desportiva é, definitivamente, uma profissão de "desgaste rápido"[528], ou como diz João Leal Amado, uma "profissão concentrada"[529]. De facto, a efemeridade é uma nota dominante da dinâmica desportiva. O tempo é uma condicionante madrasta de qualquer desportista: o período de vida ativa útil de um atleta é, em regra, bastante curto e os casos de longevidade são muito raros. Na generalidade das modalidades desportivas, o período de vida ativa termina na casa dos 30 anos de idade. Aliás, não por acaso, o legislador encara mesmo, para efeitos do regime dos acidentes de trabalho, os 35 anos como a idade de referência para o fim da carreira do atleta. O contrato de trabalho a termo surge assim como um instrumento

[523] João Leal Amado, *Vinculação* versus *liberdade*..., cit, p. 102.

[524] Sobre os problemas levantados pela "leitura" do termo do contrato de trabalho durante a suspensão das competições e seu reatamento, ver Ana Brilha, «A vigência do contrato de trabalho desportivo em contexto de pandemia», *Revista de Direito do Desporto*, 7 (2021), pp. 81-87.

[525] Maria do Rosário Palma Ramalho, *Tratado de Direito do Trabalho*..., cit., p. 458

[526] Ac. de 20/09/2006 do STJ (Vasques Dinis), proc. nr. 06S378 / CJ (STJ), 2006, III, pp. 262-265.

[527] Estamos a referir-nos à Diretiva n.º 1999/70/CE, de 28 de junho, cujo Acordo-Quadro, em anexo, prevê, no artigo 5.º, n.º 1, que "para evitar os abusos decorrentes da conclusão de sucessivos contratos de trabalho ou relações laborais a termo e sempre que não existam medidas legais equivalentes para a sua prevenção, os Estados-Membros, após consulta dos parceiros sociais e de acordo com a lei, acordos colectivos ou práticas nacionais, e/ou os parceiros sociais deverão introduzir, de forma a que se tenham em conta as necessidades de sectores e/ou categorias de trabalhadores específicos, uma ou várias das seguintes medidas: a) razões objectivas que justifiquem a renovação dos supramencionados contratos ou relações laborais".

[528] O ac. de 24/01/2007 do STJ (Mário Pereira), proc. nr. 06S1821, fala do "o reconhecimento das particularidades da actividade desportiva profissional, de que podemos salientar a curta carreira do praticante desportivo, ditada pela perda de qualidades físicas e atléticas".

[529] João Leal Amado, «Quem não pode jogar, não pode trabalhar?», *Revista de Legislação e de Jurisprudência*, Ano 148, 4017 (2019), pp. 380-405, p. 397.

mais adequado para avaliar ciclicamente a aptidão física do desportista. Se fosse possível a contratação de atletas por tempo indeterminado, o contrato de trabalho estaria destinado a caducar, não pela verificação de qualquer termo, mas por impossibilidade (física) do atleta em prestar trabalho...

Por outro lado, o contrato a termo é o instrumento jurídico mais adequado para manejar a especial flutuação e volatilidade que caracteriza o mundo desportivo[530]. De certa forma, "o contrato está estruturalmente indexado às épocas desportivas"[531] e, por essa mesma razão, faz todo o sentido que a duração do contrato esteja indexada aos projetos desportivos que, por sua vez, vão sempre referenciados às épocas desportivas.

Mas não é essa, segundo parece, a razão fundamental[532]. Como se sabe, a doutrina distingue hoje duas espécies de termo. Por um lado, o termo limitativo que caracteriza a relação laboral comum onde o termo pretende apenas balizar o período de duração do contrato, mas que não impede o trabalhador de se desvincular mediante denúncia do contrato, nos termos gerais. Ao lado deste, surge o termo estabilizador que, mais do que balizar o contrato, quer obrigar as partes ao cumprimento na íntegra, temporalmente falando, do contrato. No contrato de trabalho do praticante desportivo, o termo assume justamente esta função estabilizadora. Por outras palavras, pretende-se que as partes, e sobretudo o atleta, cumpram o contrato até ao seu termo, limitando as possibilidades desvinculatórias. Se a denúncia do contrato estivesse viabilizada, os clubes mais vulneráveis do ponto de vista económico ficariam ainda mais fragilizados porque correriam o risco de ver os seus melhores atletas denunciar os seus contratos com vista a celebrar, de imediato, um contrato de trabalho com um outro clube que lhes acenasse com uma proposta

[530] Como diz sugestivamente Pedro Pardal Goulão, «Contratação de treinadores...», cit., p. 392, "no palco de cada clube apenas desfilam personagens transitórias".

[531] Maria do Rosário Palma Ramalho, *Tratado de Direito do Trabalho...*, cit., p. 441. Como diz a Autora noutro local, p. 457, "tanto em termos económicos como em termos desportivos stricto sensu, os resultados do empregador dependem, em maior ou menor medida, da renovação cíclica dos seus praticantes desportivos, o que não é compatível com a estabilidade de um contrato de trabalho de duraçao indeterminada".

[532] Se assim fosse, poderia suscitar-se então a seguinte "interrogação legítima" de João Leal Amado, *Vinculação* versus *liberdade...*, cit., pp. 104-105: "por que não estabelecer um sistema semelhante àquele para o contrato de trabalho desportivo, fixando como idade-limite, por exemplo, os 30 ou os 35 anos? Se assim fosse, até essa idade o praticante desportivo seria titular de um normal contrato de duração indeterminada; atingidos os 30 ou os 35 anos, o contrato passaria a ser considerado um contrato a prazo, com a duração, por hipótese, de uma época desportiva e sendo renovável por períodos iguais ou sucessivos".

economicamente mais vantajosa[533]. De certa forma, o termo estabilizador visa evitar o efeito de *race to the... top*, vinculando o praticante desportivo, qual "amarra temporal"[534], a um "pacto de Ulisses", por forma a que a sorte do contrato de trabalho não fique dependente da sedução do atleta perante propostas contratualmente mais vantajosas.

Sem prejuízo dos requisitos de forma[535], o RCTPD é omisso em vários aspetos relativos ao contrato a termo. A ausência de normas aponta, aparentemente, para a aplicação do regime laboral comum, mas é necessário ter presente que há várias regras incompatíveis com a natureza do trabalho desportivo. Com efeito, há certas regras que não podem, por imposição lógica, ser aplicadas ao contrato de trabalho do praticante desportivo. Por exemplo, ao contrário do que acontece no CT09, a execução do contrato depois do seu termo não gera a sua conversão em contrato por tempo indeterminado[536]. Como também não são aplicáveis, a nosso ver, as limitações em matéria de contratos sucessivos[537].

Noutros casos, o legislador afasta expressamente a aplicação de certos aspetos do regime laboral comum. É o caso da compensação pela caducidade pela verificação do termo, como teremos oportunidade de analisar mais em profundidade[538].

§ 3.5.1. Treinador desportivo

Bibliografia específica: Cheldon Leite de Siqueira, Ius ubique treinandi – *contrato de trabalho do treinador desportivo: crítica à contratação a termo*, Lisbon International Press, Lisboa, 2023; Pedro Pardal Goulão, «Contratação de treinadores de futebol – a natureza efémera como legitimação da ditadura do termo», *Desporto & Direito*, 12 (2007), pp. 377-392; Victor Hugo Ventura, «Precários para sempre? O regime da contratação a termo dos treinadores desportivos e a sua compatibilidade com o Direito da União Europeia», *Prontuário de Direito do Trabalho*, 2020, II, pp. 331-354.

533 Sobre isto, § 6.2.1. A denúncia.

534 A expressão é de Felipe Augusto Loschi Crisafulli, «A possibilidade de os clubes de futebol...», cit., p. 55.

535 § 3.2. A forma do contrato de trabalho.

536 De resto, expressamente referido no artigo 4.º da Legge n.º 91, de 23 de março de 1981.

537 Maria do Rosário Palma Ramalho, *Tratado de Direito do Trabalho...*, cit., pp. 458-459.

538 Ver *infra* ponto § 6.6.2.1. A compensação pela caducidade.

Como já vimos, tem sido entendido que o RCTPD é aplicável, analogicamente, ao treinador desportivo[539]. No entanto, a aplicação analógica do RCTPD não dispensa uma averiguação da compatibilidade dos institutos aplicáveis ao praticante desportivo com a natureza da relação de trabalho do treinador.

A este respeito, a questão da modalidade contratual é, seguramente, a mais discutida, ainda que, na prática desportiva, se constate que o treinador desportivo é contratado a termo, desconhecendo-se casos de treinadores que, entre nós, pelo menos no passado recente, tenham sido contratados por tempo indeterminado.

Como vimos, e sem prejuízo das críticas que possam ser dirigidas ao regime, são várias as razões subjacentes à imperatividade da contratação a termo do praticante desportivo[540]. Em primeiro lugar, a contratação a termo surge como a solução mais natural, encontrando a sua razão de ser nas limitações físicas naturais do atleta em face do período de vida ativa útil dos profissionais desportivos. O contrato de trabalho por tempo indeterminado não é adequado a uma realidade, como a desportiva, dado que, em condições normais, a carreira de um praticante desportivo terminará entre os 30 e os 35 anos de idade. Em segundo lugar, a imperatividade do termo e a técnica da estabilização do vínculo que lhe anda associada evitam que o atleta possa, a todo o tempo, denunciar o contrato de trabalho. Como dissemos, se o praticante desportivo pudesse denunciar livremente o seu contrato, estando apenas onerado pelo cumprimento de um prazo de pré-aviso, facilmente se frustrariam os investimentos financeiros dos clubes. Embora a prática seja criticável, e oportunamente criticaremos, a estabilização do vínculo laboral permite que o empregador possa capitalizar esse investimento através da "transferência" do atleta durante o período de vida do contrato.

Essas condicionantes perdem sentido quando pensadas para a realidade do treinador desportivo. Por um lado, o período de vida profissional ativa de um treinador é muitíssimo superior ao do praticante desportivo. O treinador desportivo desenvolve uma atividade predominantemente intelectual que o habilita a prolongar a sua atividade por um período até superior ao de um comum trabalhador. Por outro lado, aquela técnica da estabilização do vínculo contratual perde bastante sentido no caso dos treinadores desportivos. Se bem que o futebol português pode ser apontado como um exemplo

[539] § 2.2.2. O treinador desportivo.

[540] § 3.5. As modalidades do contrato.

contra a tendência, o certo é que a contratação de treinadores desportivos não ocorre no contexto de transações económicas de vulto e, portanto, o treinador desportivo não é, pelo menos por enquanto, um ativo patrimonial com vista a "transacionar"[541].

Tudo somado, seríamos levados a concluir que ao treinador desportivo é aplicável o regime laboral comum em matéria de modalidades de contratação. Por outras palavras, o treinador desportivo só poderia ser contratado por tempo indeterminado ou, conquanto estivessem cumpridos os seus pressupostos, a termo. Entre nós, esta posição é defendida por Maria João Soares Ribeiro[542] e Pedro Miguel Henriques[543], merecendo autonomização Albino Mendes Baptista, Autor que sublinha que "neste domínio a liberdade contratual deve imperar sobre a integração analógica"[544]. E, mais recentemente, deve dar-se nota do agitador estudo de Cheldon Leite de Siqueira, autor que questiona se a contratação a termo é um regime consentâneo com a atividade de treinador, pelo menos em contextos formativos ou lúdicos[545].

Para outro setor da doutrina, o caráter temporário do contrato de trabalho do treinador desportivo decorre da sua própria natureza[546]. Defendiam esta posição Autores como António Nunes de Carvalho[547], Rui Vaz Pereira[548], Pedro Pardal Goulão[549]. Este Autor, contestando que existe uma relação necessária entre a contratação a termo e a satisfação de necessidades temporárias, aponta que "a contratação dos treinadores surge geralmente associada à implementação de determinados projectos desportivos, tais como a conquista de um título, a promoção a escalão competitivo superior ou, mais modestamente, a simples manutenção naquele em que

[541] Contra, António Nunes de Carvalho, «O art. 9.º do Código do Trabalho...», cit., p. 50, refere que "embora possa ser abusivo aludir, genericamente, ao "passe do treinador" como valor patrimonial, a evolução recente aponta neste sentido".

[542] Maria João Soares Ribeiro, «O treinador nos tribunais...», cit., pp. 413 ss.

[543] Pedro Miguel Henriques, «Treinadores: profissionais sem lei...», cit., pp. 279-306.

[544] Albino Mendes Baptista, «Treinadores profissionais: aplicação do regime...», cit., p. 66.

[545] Cheldon Leite de Siqueira, Ius ubique treinandi – *contrato de trabalho do treinador desportivo: crítica à contratação a termo*, Lisbon International Press, Lisboa, 2023.

[546] No contexto espanhol, Francisco Javier Torollo González, «Las relaciones laborales especiales de los deportistas...», cit., p. 185, fala de uma "temporalidade própria dos contratos dos treinadores".

[547] António Nunes de Carvalho, «Comentário ao Acórdão...», cit., p. 174.

[548] Rui Vaz Pereira, «Treinador desportivo...», cit., pp. 214 ss.

[549] Pedro Pardal Goulão, «Contratação de treinadores...», cit., pp. 377 ss.

está inserido"[550]. De uma certa forma, as épocas desportivas estão para o fenómeno do desporto como os ciclos produtivos estão para o fenómeno do trabalho industrial[551]. Indiscutivelmente, a volatilidade é uma marca de água do fenómeno desportivo. Como escreveu recentemente a Relação do Porto, o Desporto é um "domínio consabidamente não conhecido pela estabilidade das posições laborais e em que a permanência dos treinadores e respectivas equipas técnicas acaba por estar estreitamente relacionada com os resultados desportivos e a forma como estes se coadunam, ou não, com os projectos traçados para cada época desportiva"[552]. Assim, e como sentencia Pedro Pardal Goulão, "a estipulação do termo nos contratos de trabalho dos treinadores de futebol é socialmente encarada, mais do que como uma possibilidade, como verdadeiro pressuposto"[553]. De resto, a CCT aplicável aos treinadores desportivos é bem clara quando na sua cláusula 8.ª determina que "o contrato de trabalho terá sempre uma duração determinada, caducando automaticamente expirando o prazo nele estipulado, sem necessidade de qualquer outra declaração ou formalidade". Mais recentemente, esta posição foi sufragada por Nuno Vieira Pássaro[554] e Diogo Soares Loureiro, autor que fala mesmo na "imperatividade do termo contratual"[555], grupo no qual nos podemos incluir[556].

A nossa jurisprudência não é, também, unânime. Havendo acórdãos que aplicam ao treinador as regras gerais da contratação a termo, considerando contrato por tempo indeterminado aquele que é celebrado sem indicação do motivo justificativo[557], também há jurisprudência que entende que os contratos dos treinadores são celebrados por épocas desportivas, de "verão-a--verão"[558] e, assim sendo, "não se impõe a aplicação do regime laboral comum

[550] Pedro Pardal Goulão, «Contratação de treinadores...», cit., p. 390. Criticamente, Pedro Miguel Henriques, «Treinadores: profissionais sem lei...», cit., p. 299, assinala que "se uma empresa contratar um trabalhador a tempo indeterminado, quer que esse trabalhador dê resultados. Quando um Clube/SAD contrata um treinador quer, igualmente, resultados".

[551] Pedro Pardal Goulão, «Contratação de treinadores...», cit., p. 390.

[552] Ac. de 25/06/2018 do TRP (Paula Leal de Carvalho), proc. nr. 1109/17.7T8AGD.P1.

[553] Pedro Pardal Goulão, «Contratação de treinadores...», cit., p. 378.

[554] Nuno Vieira Pássaro, *Direito do Desporto...*, cit., pp. 209 e 251.

[555] Diogo Soares Loureiro, «O regime jurídico-laboral dos treinadores de futebol...», cit., p. 74.

[556] Victor Hugo Ventura, «Precários para sempre? O regime da contratação a termo dos treinadores desportivos e a sua compatibilidade com o Direito da União Europeia», *Prontuário de Direito do Trabalho*, 2020, II, pp. 331-354.

[557] Foi o que se decidiu no ac. de 27/03/2000 do TRP (Machado da Silva), proc. nr. 0040164 (sumário) / BMJ, 495 (2000), p. 361 (sumário).

[558] Assim, ac. de 12/07/1985 do STJ (Dias da Fonseca), BMJ, 349 (1985), pp. 325-328.

no que toca à necessidade de motivação concreta e suficiente do termo resolutivo e efeitos da falta de motivação nesses termos, não ficando por isso sujeito à regra geral da renovação automática constante do regime laboral comum, nem é convertível em contrato por tempo indeterminado"[559], não sendo também aplicáveis, por exemplo, as limitações em matéria de contratos sucessivos[560].

[559] Ac. de 10/07/2008 do STJ (Mário Pereira), CJ (STJ), 2008, II, pp. 295-301 (importa notar que estava em causa um treinador-adjunto).

[560] Tratando-se de um treinador desportivo com cinco contratos de trabalho sucessivos, ver ac. de 12/10/1994 do TRL (Carlos Augusto Constante Horta), BMJ, 440 (1994), p. 533 (sumário).

§ 4. A EXECUÇÃO DO CONTRATO DE TRABALHO DESPORTIVO

§ 4.1. O período experimental

Bibliografia específica: Albino Mendes Baptista, «O período experimental no contrato de trabalho desportivo. Considerações a propósito do "Caso Miguel"» in: *Estudos sobre o contrato de trabalho desportivo*, Coimbra Editora, Coimbra, 2006, pp. 69-94; Júlio Gomes, «Nótula sobre o período experimental no contrato de trabalho desportivo» in: *II Congresso de Direito do Desporto — Memórias*, Almedina, Coimbra, 2007, pp. 255-265; Pedro Miguel Henriques, «Período experimental» in: Alexandre Miguel Mestre [Coord.], *Enciclopédia de Direito do Desporto*, Gestlegal, Coimbra, 2019, pp. 312-314; Pedro Romano Martinez, «Nulidade de cláusulas de convenções colectivas de trabalho – o período experimental no contrato de trabalho desportivo» in: *Estudos Jurídicos em Homenagem ao Professor Doutor António de Sousa Franco*, Volume III, Lisboa, 2006, pp. 735-751.

Uma das maiores novidades do RCTPD foi o esclarecimento, na norma do artigo 10.º, de que o contrato de trabalho do praticante desportivo só inclui período experimental se as partes o estipularem. Independentemente das críticas que possam ser dirigidas à opção legislativa[561], o legislador teve pelo menos o mérito de dissipar as dúvidas que pairavam sobre o regime legal anterior.

Com efeito, o artigo 11.º, n.º 1, da Lei n.º 28/98, de 26 de junho, era algo enigmático e prestava-se a dúvidas interpretativas. Lia-se nessa disposição legal que "a duração do período experimental não pode exceder,

[561] Assim, Maria do Rosário Palma Ramalho, *Tratado de Direito do Trabalho...*, cit., p. 455.

em qualquer caso, 30 dias, considerando-se reduzido a este período em caso de estipulação superior". A letra da norma dava guarida a dois entendimentos. Por um lado, da norma poderia subentender-se que qualquer contrato de trabalho contemplava, como "elemento natural", período experimental — era a posição de ANDRÉ DINIS DE CARVALHO[562], JOÃO ZENHA MARTINS[563] e PEDRO ROMANO MARTINEZ[564]. No entanto, a norma também dava espaço para a posição oposta, isto é, para a interpretação segundo a qual seria necessário que as partes declarassem expressamente a existência de período experimental. Eram desta opinião ALBINO MENDES BAPTISTA e JOÃO LEAL AMADO. O primeiro sublinhava que a contratação de praticantes desportivos é frequentemente antecedida de fases de estudo dos atletas através de aturados processos de *scouting*, observação e avaliação médica[565], motivos pelos quais não faria sentido avaliar o que, logo à partida, já estaria avaliado[566]. O segundo Autor escrevia que "tendo em conta as elevadas verbas não raro envolvidas na contratação dos praticantes desportivos, natural será que a intenção das partes (*maxime* do empregador) seja a de estabelecer uma vinculação firme com o praticante, intenção esta dificilmente compaginável com a ampla faculdade

[562] ANDRÉ DINIS DE CARVALHO, «Breves considerações sobre o contrato...», cit., pp. 81 ss.

[563] Numa pequena nota, defende JOÃO ZENHA MARTINS, *Dos pactos de limitação...*, cit., p. 266, n. 989, que perante o artigo 11.º, da Lei n.º 28/98, de 26 de junho, "a interpretação mais razoável vai no sentido do funcionamento *ope legis* do período experimental, que é regra geral no nosso ordenamento laboral". Mas o Autor não deixa de considerar sindicável pelo instituto do abuso de direito o comportamento do praticante desportivo que denuncia o contrato de trabalho durante o período experimental quando o empregador-clube fez um avultado investimento na sua contratação. No exemplo do Autor, pp. 265-266, a figura do abuso de direito "parece tolher que um basquetebolista surja, em *intra league jumping*, a exercer a denúncia após o empregador ter pago uma avultada verba a um outro clube pela sua transferência".

[564] PEDRO ROMANO MARTINEZ, «Nulidade de cláusulas de convenções colectivas de trabalho – o período experimental no contrato de trabalho desportivo» in: *Estudos Jurídicos em Homenagem ao Professor Doutor António de Sousa Franco*, Volume III, Lisboa, 2006, pp. 735-751, pp. 742-744. O Autor defendia que as regras gerais relativas ao contrato a termo seriam aplicáveis ao contrato de trabalho desportivo e, como tal, a regra é a de que existiria período experimental, salvo se as partes o excluíssem.

[565] ALBINO MENDES BAPTISTA, «O período experimental no contrato de trabalho desportivo. Considerações a propósito do "Caso Miguel"» in: *Estudos sobre o contrato de trabalho desportivo*, Coimbra Editora, Coimbra, 2006, pp. 69-94 (ver também, ID., «Especificidades do contrato de trabalho...», cit., pp. 19 ss.).

[566] Fazendo notar atualmente este aspeto, PEDRO MIGUEL HENRIQUES, «Período experimental» in: ALEXANDRE MIGUEL MESTRE [Coord.], *Enciclopédia de Direito do Desporto*, Gestlegal, Coimbra, 2019, pp. 312-314.

de denúncia do contrato que corresponde ao período experimental"[567]. Portanto, essa era a solução mais adequada tendo em conta os interesses muito particulares que jogam no contrato de trabalho desportivo. Pense-se no clube que depois de investir uma avultada soma para a contratação de determinado atleta, estava sujeito a que este, numa fuga airosa e insindicável, denunciasse o contrato durante o período experimental.

Pensamos que a razão estava com o primeiro naipe de Autores uma vez que estes últimos argumentos não tinham correspondência com a letra da lei e com as finalidades do período experimental. De facto, o argumento de ALBINO MENDES BAPTISTA esquece que o período experimental é uma fase de estudo que aproveita às duas partes e não apenas ao empregador. Para o trabalhador comum, este problema é relativamente irrelevante pois ele conserva, a todo o tempo, a faculdade de denunciar o contrato após o período experimental. Inversamente, e como veremos, a denúncia do contrato de trabalho era, e é, uma faculdade que a lei subtrai ao desportista pelo que a existência, ou não, de período experimental é um dado com uma importância substancial para a posição jurídica do trabalhador. Por outro lado, uma semelhante tese não se harmonizava bem com o n.º 2, daquela norma, cuja redação era a seguinte: "relativamente ao primeiro contrato de trabalho celebrado após a vigência de um contrato de formação não existe período experimental caso o contrato seja celebrado com a entidade formadora". Com efeito, se a regra fosse a de que não existe período experimental no contrato de trabalho desportivo, mas apenas uma limitação da sua duração, não se percebia a finalidade desta norma sobretudo se tivermos presente que, bem ou mal, deve presumir-se que o legislador redige as normas adequada e coerentemente[568]. Depunha ainda a favor desta tese o elemento histórico da lei, uma vez que a Lei n.º 85/95, de 31 de agosto, que continha a autorização legislativa de onde veio a resultar o Decreto-Lei n.º 305/95, de 18 de novembro, previa, na alínea h) do seu artigo 2.º, a "fixação de um período experimental de 15 dias".

Neste relance histórico, uma última nota para referir que, antes da existência de regimes legais reguladores do contrato de trabalho do

[567] JOÃO LEAL AMADO, *Vinculação* versus *liberdade*..., cit., pp. 205-206. Na vigência do regime anterior, o Autor defendia a existência de período experimental: ID., *Contrato de trabalho desportivo*... [1995], cit., pp. 42-44.

[568] Também JOÃO LEAL AMADO, *Vinculação* versus *liberdade*..., cit., p. 208, n. 359, reparava que é "uma solução que, tal como está redigida, parece assentar na idade de que o período de prova resulta da lei, não carecendo de estipulação contratual nesse sentido".

praticante desportivo, a nossa jurisprudência admitia a existência de período experimental[569] sendo possível encontrar jurisprudência posterior onde, *obiter dictum*, se afirmava a sua existência no contrato de trabalho desportivo[570].

Se o período experimental depende de estipulação contratual expressa[571], não podendo exceder 15 dias ou 30 dias, consoante o contrato tenha duração

569 Ver o caso relatado no ac. de 15/07/1993 do TRC (Victor Devesa), CJ, 1993, IV, pp. 96-98. Neste caso concreto, o futebolista tinha demandado a sua entidade empregadora entendendo ser credor de salários que não haviam sido pagos. O clube alegou que o contrato cessara durante o período experimental, mas a alegação não foi dada como provada pelo Tribunal, com dois fundamentos. Em primeiro lugar, não valeria como denúncia durante o período experimental um "parecer" da equipa técnica em como o atleta não preenchia os requisitos para fazer parte do plantel. Tão pouco valeria comunicar ao trabalhador que ele é "livre" "sem se esclarecer se essa liberdade era no sentido de ele se ter desvinculado do R., ou se poderia encontrar outro clube, mas sem que se verificasse essa desvinculação" (p. 97). O Tribunal não resistiu mesmo a comentar que "haverá que ter em conta que a "equipa técnica" se pronunciou pela sua falta de requesitos [sic] para "ponta de lança", mas nada nos diz que só para esse lugar o A. [Autor-trabalhador] foi contratado, bem se sabendo que haveria outros lugares na equipa que ele poderia preencher" (p. 97).

570 Ver ac. de 28/03/2001 do TRP (Sousa Peixoto), proc. nr. 0140177 / CJ, 2001, II, pp. 240-242. Estava em causa um basquetebolista profissional norte-americano discutindo-se na causa se a declaração de rescisão do empregador ocorrera ou não durante o período experimental.

571 Nuno Vieira Pássaro, *Direito do Desporto...*, cit., p. 177, fala de uma "cláusula de experiência". O artigo 11.º, n.º 4, do CCT aplicável ao futebol profissional, esclarece que "na falta de estipulação expressa, presume-se que as partes afastaram a possibilidade de existência de período experimental". Embora a questão hoje tenha interesse meramente histórico, em face do regime legal anterior, Pedro Romano Martinez, «Nulidade de cláusulas de convenções...», cit., p. 749, entendia que a norma "contraria[va] frontalmente a lei". Era pelo menos duvidosa a licitude desta cláusula da convenção coletiva. O artigo 112.º, n.º 5, do CT09, determina que "a duração do período experimental pode ser reduzida por instrumento de regulamentação colectiva de trabalho...". É verdade que, subtilmente, a contratação coletiva apenas faz presumir a inexistência de período experimental, mas, em termos práticos, essa presunção equivale a uma exclusão do período experimental. Também era essa a opinião de Júlio Gomes, «Nótula sobre o período experimental no contrato de trabalho desportivo» in: *II Congresso de Direito do Desporto — Memórias*, Almedina, Coimbra, 2007, pp. 255-265, p. 264. De resto, é questionável, no âmbito do contrato de trabalho comum, que a autonomia coletiva possa, por hipótese, reduzir o período experimental para um dia dado que, na prática, esse regime equivale a uma exclusão. É certo que a nova arquitetura das fontes no Direito do Trabalho, após o CT09, veio liberalizar a intervenção da contratação coletiva e, agora, "as normas legais reguladoras de contrato de trabalho podem ser afastadas por instrumento de regulamentação colectiva de trabalho, salvo quando delas resultar o contrário" (artigo 3.º, n.º 1). Parece-nos, com efeito, que resulta da lei que a autonomia coletiva não pode excluir o período experimental, mas apenas reduzi-lo. A sua exclusão é uma faculdade apenas atribuída à autonomia individual das partes (artigo 111.º, n.º 3) e, como sabemos, em matéria de fontes, o legislador apenas esclarece que as matérias que não podem ser excluídas por instrumento de regulamentação coletiva

inferior ou superior a duas épocas, ocorre perguntar se as partes podem estipular a existência de período experimental quando já existiu, entre as mesmas partes, um contrato de trabalho. A mesma questão pode ainda colocar-se se já tiver existido, entre as partes, um contrato de formação desportiva, como esclarecia o regime legal anterior. A lei não trata desta questão uma vez que apenas estabelece que o período experimental depende de estipulação negocial.

Pelo menos quanto aos futebolistas profissionais, a CCT responde a esse problema: "apenas poderá estabelecer-se um período experimental no primeiro contrato celebrado entre o mesmo jogador e o mesmo clube"[572] e sempre poderia defender-se a aplicação subsidiária da regra, contida no CT09, segundo a qual "o período experimental... é reduzido ou excluído, consoante a duração de anterior contrato a termo para a mesma actividade celebrado pelo mesmo empregador"[573].

de trabalho não o podem ser por contrato individual de trabalho (artigo 3.º, n.º 5). Se a exclusão do período experimental já está acessível à autonomia individual das partes, em princípio não é suficiente uma remissão para os termos da convenção coletiva (com essa opinião, Pedro Romano Martinez, «Nulidade de cláusulas de convenções...», cit., p. 750). De referir que o CCT aplicável aos treinadores desportivos aponta em sentido contrário ao prever que "o período experimental pode ser excluído por acordo escrito das partes" (cláusula 11.ª, n.º 3). No entanto, considerando que o RCTPD é pacificamente aplicado por via analógica aos treinadores desportivos, esta norma pode ser considerada incompatível com o n.º 2 do artigo 3.º do RCTPD.

572 Cláusula 11.ª da CCT aplicável aos futebolistas profissionais.

573 Fazendo aplicar a regra do artigo 112.º, n.º 4, do CT09, Maria do Rosário Palma Ramalho, *Tratado de Direito do Trabalho...*, cit., p. 455, n. 503. Na vigência do regime legal anterior, Pedro Romano Martinez, «Nulidade de cláusulas de convenções...», cit., pp. 744 ss., defendia a existência de período experimental em todos os contratos que fossem celebrados entre as partes, ou seja, a existência de tantos períodos experimentais quantos os contratos celebrados. Importa sublinhar que o Autor escrevia durante a vigência do CT03. Como se sabe, as regras legais contidas, hoje, no artigo 112.º, n.º 4, do CT09, são matéria nova pois eram desconhecidas do CT03. Também por essa razão não concordamos com o Autor quando entendia, pp. 748 ss., que seria inválida a cláusula da CCT aplicável aos futebolistas profissionais, que dispõe que "apenas poderá estabelecer-se um período experimental no primeiro contrato celebrado entre o mesmo jogador e o mesmo clube" (artigo 11.º, n.º 1). Deve dizer-se que já antes de 1995 os nossos tribunais decidiram pela inexistência de período experimental em contratos de trabalho desportivos celebrados sucessivamente. Foi o que aconteceu no já citado ac. de 15/07/1993 do TRC (Victor Devesa), CJ, 1993, IV, pp. 96 98, onde um praticante desportivo, futebolista, celebrou com o clube dois contratos sucessivos de uma época desportiva e perante a alegação, precisamente pelo clube, de que o segundo contrato cessara durante o período experimental, decidiu a Relação de Coimbra que "seria incompreensível que o Réu [clube] só após cerca de um ano em que o A. [Autor] esteve ao seu serviço, se capacitasse da sua falta de requesitos [*sic*!]. O prazo de experiência ainda se compreenderia para o primeiro contrato – partindo do princípio de que existiram dois contratos distintos –, pois, sendo o segundo uma "continuação" do primeiro, não haveria para ele período de experiência" (p. 97).

Aparentemente, a conclusão só pode ser a de que "não faz sentido experimentar o que já está experimentado"[574].

No entanto, pensamos que estas referências devem ser relativizadas porque a questão não pode ser problematizada de uma forma tão linear. A regra do CT09 faz sentido numa relação de trabalho em que, em regra, existe período experimental e ele sai exclusivamente em prejuízo do trabalhador. No comum dos contratos de trabalho, o período experimental serve, sobretudo, os interesses do empregador, pois o trabalhador pode denunciar o contrato de trabalho a todo o tempo. Percebe-se, assim, que o legislador queira limitar a existência do período experimental, não só porque deixam de se verificar os motivos que estão na sua base, como assim se evita dar ao empregador uma janela de oportunidade para denunciar o contrato. Como veremos, algo de diferente se passa com o praticante desportivo uma vez que, com exceção da denúncia contratualmente prevista, o atleta não pode denunciar o contrato de trabalho. Por estas razões, o praticante desportivo pode ter um interesse em estipular esse período no contrato. Por outro lado, mesmo da perspetiva do empregador, também pode existir um interesse legítimo em estipular um período experimental mesmo que tenha existido, imediatamente antes, por exemplo, um contrato de formação desportiva, uma vez que o "contexto competitivo" não é semelhante[575].

Em relação à norma da contratação coletiva, estamos com Júlio Gomes quando o Autor parece sugerir que no horizonte dos outorgantes da CCT estava a situação de contratos celebrados contiguamente ou sem um lapso de tempo relevante[576]. Pelo contrário, há situações em que partes podem ter

[574] Albino Mendes Baptista, «O período experimental...», cit., p. 89.

[575] Noutro contexto, Júlio Gomes, «Do uso e abuso do período experimental», *Revista de Direito e de Estudos Sociais*, 2000, III-IV, pp. 245-276, p. 249, escreve que "já não é tão líquida a existência de um eventual abuso na hipótese de o contrato de trabalho se suceder a um contrato de aprendizagem ou a um estágio ou período de formação. Dir-se-á que também aqui o empregador teve ocasião para conhecer de perto o trabalhador e a sua prestação (e o trabalhador oportunidade para conhecer «por dentro» a empresa). Todavia, pode argumentar-se a favor da existência do período experimental e da licitude da sua invocação com a diversidade de conteúdos funcionais e mesmo de «atitude» que se exigem a um trabalhador subordinado por comparação com um aprendiz ou estagiário".

[576] Júlio Gomes, «Nótula sobre o período experimental...», cit., pp. 257-258. No caso decidido pelo ac. de 17/03/2009 do TRC (Azevedo Mendes), proc. nr. 335/06.9TTAVR.C1, o Tribunal entendeu precisamente que não se aplicaria esta regra num caso em que o praticante desportivo, basquetebolista no caso, se vinculara ao clube, para a época 2004/2005, mas o que aconteceu apenas até abril de 2005 data em que o atleta e o clube revogaram o contrato de trabalho, tendo o Basquetebolista ido jogar por conta de Clube Aracena em Espanha, tendo celebrado novamente contrato de trabalho com o clube no dia 1/8/2006, válido para a época 2016/2007.

interesse em estipular um período experimental porque a anterior relação entre as partes perdeu-se no tempo e renasce a necessidade de avaliar o interesse na manutenção da relação laboral[577]. Pense-se, por exemplo, no praticante desportivo que regressa ao clube ao fim de alguns anos, depois de uma passagem pelo estrangeiro, e o clube pode ter reservas quanto à aptidão desportiva do atleta.

Tendo sido estipulado período experimental, o RCTPD contém um conjunto de regras que estabelecem que ele deixa de ser invocável pelo clube em certos casos.

O período experimental não é invocável pelo clube "quando o praticante participe, pela primeira vez, em competição ao serviço de entidade empregadora desportiva, nas modalidades em cuja regulamentação tal participação impeça ou limite a participação do praticante ao serviço de outra entidade empregadora desportiva na mesma época ou na mesma competição" (alínea a) do artigo 10.º).

Acrescenta a alínea b), que o período experimental deixa de ser invocável "quando o praticante desportivo sofra lesão desportiva que o impeça de praticar a modalidade para que foi contratado e que se prolongue para além do período experimental". Aparentemente, uma lesão do atleta, sobretudo tratando-se de uma lesão grave, deveria suspender o período experimental, que retomaria depois da recuperação. Explica Pedro Romano Martinez que a lei quis proteger o trabalhador impedindo que o empregador denunciasse o contrato deixando o desportista desamparado porque não poderia participar em mais nenhuma competição desportiva até ao final da época[578]. Saúda-se uma norma que deveria existir no regime geral.

Finalmente, e numa novidade em relação ao regime legal anterior, o período experimental deixa de ser invocável pela entidade empregadora desportiva "quando termine o prazo para inscrição na respetiva federação desportiva". Com esta hipótese, pretende-se certamente evitar que o empregador, tendo incumprido a sua obrigação de registar o atleta, denuncie o contrato de trabalho, deixando o trabalhador desempregado

[577] Em geral, neste sentido, Diogo Pereira Duarte, «A formação do contrato de trabalho e o período experimental» in: *Estudos do Instituto de Direito do Trabalho*, vol. VIII, Almedina, Coimbra, 2020, pp. 49-90, pp. 89-90, afirma justamente que "não fará sentido excluir o período experimental no caso de o intervalo entre as duas contratações ter durado, por exemplo, dez anos, pois a necessidade de experimentação voltará a justificar-se", defendendo, nesses casos, que a norma deve ser objeto de uma redução teleológica.

[578] Pedro Romano Martinez, «Nulidade de cláusulas de convenções...», cit., p. 741.

e na impossibilidade de competir por outro clube, pelo menos até à reabertura da possibilidade de registo.

Em todos estes casos "estamos perante normas animadas pelo propósito de tutelar a posição do praticante desportivo, procurando evitar qua a entidade empregadora dissolva o contrato e gere situações potencialmente delicadas, e mesmo gravosas, para este último (...) compreende-se — e aplaude-se — que o legislador proteja o praticante desportivo nestes casos, impedindo a entidade empregadora de denunciar o contrato em tais situações"[579]. Repare-se que, em todos estes casos, o período experimental deixa de ser invocável pelo clube, mas a possibilidade continua à disposição do praticante desportivo.

§ 4.2. Limites ao poder de direção do clube

O praticante desportivo está, naturalmente, como qualquer outro trabalhador, sujeito às ordens e instruções do clube, seu empregador[580].

O poder de direção do clube conhece, no entanto, limites. Esses limites decorrem, desde logo, da circunstância de o praticante desportivo, como também o empregador, estar sujeito a um feixe de normas que contendem com a execução da prestação e que, pelo seu marcado interesse público, transcendem a bilateralidade geométrica da relação de trabalho, devendo prevalecer sobre o interesse do empregador. Por outras palavras, o praticante desportivo não deve perseguir a todo o transe o interesse do empregador, pois há valores que podem falar mais alto. Assim, para além dos limites gerais ao poder de direção do clube que decorrem de princípios gerais de ordem pública — pense-se, por exemplo, no condutor que, numa prova de automobilismo, não prestando auxílio a um competidor que corre risco de vida, pode cometer o crime de omissão de auxílio —, o poder de direção do clube não pode

[579] João Leal Amado, *Contrato de trabalho desportivo...* [2017], cit., pp. 69-70. No mesmo sentido, elogiando a solução legislativa, Lúcio Correia, *Regime jurídico dos praticantes desportivos profissionais...*, cit., p. 128.

[580] Isto sem esquecer que também "a situação debitória do empregador desportivo é, como a de qualquer empregador, uma situação complexa, no sentido em que compreende um feixe amplo e diversificado de deveres" (Maria do Rosário Palma Ramalho, *Tratado de Direito do Trabalho...*, cit., p. 464).

conduzir à violação, por exemplo, das regras do jogo[581], dos deveres de respeito para com os adeptos e demais intervenientes do jogo[582] ou das regras anti-*doping*[583].

Adicionalmente, o Desporto é hoje dominado por uma ética / deontologia[584], imposta não só aos atletas[585], mas também aos clubes[586]. Essas regras estão mesmo positivadas na diversa regulamentação federativa ou associativa de cada modalidade e, segundo pensamos, impõem limites ao poder de direção do empregador. Disso está bem consciente o legislador pois, como prova dessa "soberania"[587], o RCTPD prevê, na alínea e), do artigo 13.º, que o praticante desportivo deve "conformar-se, no exercício da atividade

[581] Em Espanha, cfr. artigo 7.º, n.º 1, do Real Decreto n.º 1006/1985, de 26 de junho. Sobre as regras do jogo, ver MARGARIDA DIAS FERREIRA, «Leis do Jogo» in: ALEXANDRE MIGUEL MESTRE [Coord.], *Enciclopédia de Direito do Desporto*, Gestlegal, Coimbra, 2019, pp. 262-263.

[582] Cfr. o artigo 80.º, do RCLPFP, onde se prevê, na alínea c), do n.º 3, que o praticante desportivo deve "proceder com lealdade e correção para com os restantes intervenientes do jogo, espectadores e demais pessoas Autorizadas a permanecer no recinto do jogo".

[583] Segundo o n.º 1, do artigo 5.º, da Lei n.º 27/2009, de 19 de junho, "cada praticante desportivo tem o dever de se assegurar de que não introduz ou é introduzido no seu organismo qualquer substância proibida ou que não existe recurso a qualquer método proibido", acrescentando-se, no n.º 2, que "o praticante desportivo deve informar-se junto do representante da entidade organizadora do evento ou competição desportiva em que participe, ou junto do responsável pela equipa de controlo de dopagem, se foi ou pode ser indicado ou sorteado para se submeter ao controlo antidopagem, não devendo abandonar os espaços desportivos nos quais se realizou esse evento ou competição sem se assegurar que não é alvo do controlo". Sobre o Desporto e o *doping*, ver NUNO BARBOSA, «O Desporto e a farmácia – um amor proibido», *Desporto & Direito*, 8 (2006), pp. 337-342.

[584] Como assinala LÚCIO CORREIA, *Regime jurídico dos praticantes desportivos profissionais...*, cit., p. 173, "o pensamento desportivo, na sua essência, que assenta na defesa e promoção da Ética desportiva, pelo que as ações praticadas pelos praticantes desportivos no exercício da sua atividade profissional são condicionadas pelas regras da modalidade que praticam – a que os mesmos devem obrigatoriamente obedecer – bem como pelos princípios éticos subjacentes às mesmas".

[585] Pense-se nas regras relativas às apostas online: segundo o artigo 6.º, alínea i), do Decreto-Lei n.º 66/2015, de 29 de Abril, "é proibida a prática de jogos e apostas online, diretamente ou por interposta pessoa... a quaisquer pessoas, tais como os dirigentes desportivos, os técnicos desportivos, os treinadores, os praticantes desportivos, profissionais e amadores, os juízes, os árbitros, os empresários desportivos e os responsáveis das entidades organizadoras das competições e provas desportivas e das competições e corridas de cavalos objeto de aposta, quando, direta ou indiretamente, tenham ou possam ter qualquer intervenção no resultado dos eventos".

[586] Veja-se, a título de exemplo, no domínio do Futebol, o artigo 34.º do RECITJ, onde se prevê que "nenhum clube pode celebrar contrato que permite ao outro clube, e vice-versa, ou quaisquer terceiros, adquirir a capacidade de influenciar, em matéria de emprego ou de transferências, a sua independência, as suas políticas ou o desempenho das suas equipas".

[587] Na expressão de LÚCIO CORREIA, *Regime jurídico dos praticantes desportivos profissionais...*, cit., p. 173.

desportiva, com as regras próprias da disciplina e da ética desportivas". De certa forma, o legislador integra estas regras na esfera dos deveres laborais a que está vinculado o trabalhador e, reflexamente, o empregador. No fundo, "através desta alínea, "pedra angular" da relação de trabalho desportivo[588], o legislador incorpora o respeito da disciplina e da ética desportivas no acervo de obrigações decorrentes do contrato de trabalho do praticante, laboralizando estas matérias"[589] e provando, com isso, que não é possível apartar os universos laboral e desportivo[590].

No entanto, nem sempre é fácil o diálogo entre os mandamentos éticos no Desporto e o dever de lealdade do trabalhador ao seu empregador. Se há casos em que a Deontologia deve prevalecer sobre ordens e instruções do empregador — para José Andrade Mesquita, "viola a autonomia deontológica, por exemplo, a ordem para um piloto de automóveis abrandar, a fim de permitir que um colega, melhor classificado no campeonato, o ultrapasse. Esta ordem põe em causa a deontologia, na medida em que atenta contra a chamada verdade desportiva, que os intervenientes devem salvaguardar. O mesmo se diga de uma ordem para que os jogadores de uma equipa de futebol não marquem golos, em virtude de o adversário precisar de pontos para permanecer na primeira divisão, por exemplo"[591] — há casos que, pelo menos, são mais duvidosos: pense-se no caso do futebolista que rasteira um adversário impedindo que este se isole perante o guarda-redes, sendo expulso, mas evitando com toda a probabilidade um golo.

Pensamos que a subordinação jurídica também não pode prejudicar o espaço de autonomia técnica que deve ser reconhecido ao trabalhador o que, no campo da prestação desportiva, é particularmente evidente. Não porque a prestação desportiva tenha, como muitas vezes tem, uma componente artística, que está dependente do cunho pessoal do atleta, mas porque a sujeição a ordens e instruções não pode, até porque não seria exequível, intrometer-se em domínios que cabem ao atleta. Recorrendo aos exemplos colhidos de José Andrade Mesquita, "o piloto de automóveis que decide não ultrapassar os duzentos quilómetros por hora quando chove intensamente durante a realização das "Vinte e quatro horas de Le Mans" está seguramente a tomar

[588] Nestes termos, Joana Sá Pereira, «A demissão com justa causa do praticante desportivo...», cit., p. 58.

[589] João Leal Amado, *Vinculação* versus *liberdade*..., cit., pp. 247-248.

[590] Lúcio Correia, *Regime jurídico dos praticantes desportivos profissionais*..., cit., pp. 176-177, falando de uma norma que concilia essas duas dimensões.

[591] José Andrade Mesquita, *Direito do Trabalho*..., cit., p. 83.

uma decisão ao abrigo da sua autonomia técnica. Também o futebolista decide, por exemplo, rematar à baliza, passar a bola ou fintar o adversário, ao abrigo da sua autonomia técnica"[592].

A autonomia técnica do praticante desportivo ou as normas da ética desportiva estão longe de esgotar as situações que limitam o poder de direção do empregador. É preciso contar também com a tutela dos direitos de personalidade do trabalhador que representam, a nosso ver, as limitações de maior importância ao poder de direção do empregador. A sua relevância merece uma autonomização.

§ 4.3. Os direitos de personalidade do praticante desportivo

Numa norma que não existia expressamente no regime legal anterior, prevê o artigo 12.º, do RCTPD, que "a entidade empregadora deve respeitar os direitos de personalidade do praticante desportivo, sem prejuízo das limitações justificadas pela especificidade da atividade desportiva" (n.º 1)[593].

Numa primeira aproximação ao problema, pode dizer-se que os praticantes desportivos representam, definitivamente, uma classe profissional que sofre pesados constrangimentos aos seus direitos de personalidade. De facto, se pensarmos na alta roda do Desporto, são várias as práticas que limitam ostensivamente os direitos de personalidade dos trabalhadores e que se tornaram prática corrente. Derrotados pela luta desigual entre os interesses do clube e os interesses dos atletas, os direitos de personalidade tornaram-se uma presa das circunstâncias: a "cultura da empresa"[594], a obstinação dos clubes pela *performance* e pelo sucesso a todo o custo ditam restrições constantes ao estilo de vida do atleta; a mediatização do fenómeno desportivo, envolvendo o risco de "transferência" da imagem negativa do atleta para o clube que representa, fundamenta uma maior vigilância e controlo da liberdade de expressão e da conduta do atleta. Aliás, não raro,

[592] José Andrade Mesquita, *Direito do Trabalho...*, cit., p. 82.

[593] Sobre os direitos de personalidade do praticante desportivo, Nuno Vieira Pássaro, *Direito do Desporto...*, cit., pp. 97 ss.

[594] Tenha-se em vista a situação, exposta por Carolina Santos, «A influência na relação laboral das condutas do trabalhador externas ao âmbito da empresa», *Revista de Direito e de Estudos Sociais*, 2010, I.IV, pp. 207-246, p. 226, em que os atletas do Futebol Clube do Porto tinham perfeito conhecimento das rotinas dos demais colegas.

o critério da concordância prática, aqui aplicável[595], faz balançar o pêndulo para a proteção dos interesses do clube[596]. A tensão entre a tutela dos direitos de personalidade dos atletas e os interesses do empregador (e, em última análise) da própria indústria desportiva, desdobra-se em diversos problemas que, no nosso entender, merecem reflexão autónoma.

§ 4.3.1. Relevância da conduta "extra-laboral"

> **Bibliografia específica:** João Leal Amado, «As condutas extra-laborais do praticante desportivo profissional (alguns tópicos sobre as chamadas «saídas nocturnas» dos praticantes)» in: *Temas Laborais*, Coimbra Editora, Coimbra, 2005, pp. 175-179.

Como qualquer trabalhador, o praticante desportivo está vinculado a um dever de diligência. Corresponde, contudo, ao entendimento comum que a malha do praticante desportivo é, quanto ao seu dever de diligência, mais apertada. Não apenas porque uma performance negligente é escrutinada pela massa adepta, mas porque se firmou a tese de que o dever de diligência tem um raio de ação tal, no Desporto profissional, que se projeta nos tempos de não trabalho, atingindo a vida pessoal do atleta[597].

De facto, sempre se reconheceu que "o desportista profissional, para que o possa ser, é obrigado a um regime de vida que não raras vezes lhe impõe a mais severa das disciplinas"[598]. Ao contrário do que sucedia no passado, o Desporto conta, hoje, com inúmeras ciências auxiliares cujos preceitos são, por sua vez, impostos ao jogador pelo clube. Pense-se nas regras de descanso, no regime alimentar, na proibição do consumo de alimentos altamente calóricos, etc. Como facilmente se compreende, alguns dos exemplos acima

[595] Assim, Maria do Rosário Palma Ramalho, *Tratado de Direito do Trabalho...*, cit., p. 468.

[596] Para Maria do Rosário Palma Ramalho, *Tratado de Direito do Trabalho...*, cit., p. 467, uma vez que aquela norma não acrescenta nada de substancialmente diverso daquilo que já resultaria das regras gerais, a única interpretação útil será a de "viabilizar a imposição de restrições a esse mesmo princípio".

[597] Assim, exatamente, Maria do Rosário Palma Ramalho, *Tratado de Direito do Trabalho...*, cit., p. 465.

[598] Como se diz no Parecer da Câmara Corporativa n.º 27/VII, *Actas da Câmara Corporativa*, 86 (1960), p. 884. Também Lúcio Correia, *Regime jurídico dos praticantes desportivos profissionais...*, cit., p. 177, escreve que "a competição desportiva implica uma dedicação, luta, estrutura física e mental por parte do praticante que são bem distintas das que se verificam pelo trabalhador comum".

referidos sugerem que esse dever de conservação das condições físicas só faz sentido se se estender à rotina do trabalhador. Portanto, "o desportista deve, em parte, pautar a sua vida privada com a prossecução dos objectivos do contrato"[599]. Pode falar-se aqui, com Júlio Gomes, de uma "diligência conservativa e instrumental"[600] ou, tomando de empréstimo a expressão de Rita Canas da Silva, podemos pensar na relação de trabalho desportivo como um dos "modelos contratuais que impõem uma malha especialmente apertada de diligência"[601].

Reconhecendo essa especial necessidade, o RCTPD trata de prever expressamente que o praticante desportivo é obrigado a "preservar as condições físicas que lhe permitam participar na competição desportiva objeto do contrato" (artigo 13.º, alínea c))[602]. Acreditamos, contudo, que este dever de "preservação" não pode ser considerado em termos absolutos sob pena de colocar em causa princípios fundamentais. O princípio deve ser o da liberdade do trabalhador ou, se quisermos, o da irrelevância disciplinar da conduta extra-laboral[603] (a "presunção de liberdade" do trabalhador de que fala

[599] Pedro Romano Martinez, *Direito do Trabalho...*, cit., p. 731. Como nota José João Abrantes, *Contrato de trabalho e direitos fundamentais*, Coimbra Editora, Coimbra, 2005, p. 192, n. 404, referindo-se ao praticante desportivo, "uma vida desregrada poderá pôr em perigo a correcta execução dos seus deveres laborais". Como também diz Luís Domingos da Silva Morais, *Dois estudos – justa causa e motivo atendível de despedimento / o trabalho temporário*, Edições Cosmos, Lisboa, 1991, p. 30: "trata-se de assegurar a manutenção de uma certa esfera de vida privada compatível com a preparação do programa da prestação laboral. Pense-se, por exemplo, nos casos de um jogador profissional de um clube que não leve uma vida regular e sã (aí, o factor culpa pode consistir na negligência em relação à preparação para uma execução minimamente satisfatória da prestação de trabalho devida e esperada pela outra parte) ou do piloto de competição ao serviço de uma «escuderia» que se embriaga frequentemente".

[600] Júlio Gomes, *Direito do Trabalho — Relações Individuais de Trabalho*, Coimbra Editora, Coimbra, 2007, p. 546.

[601] Rita Canas da Silva, «Alguns problemas sobre o regime jurídico das faltas» in: Maria do Rosário Palma Ramalho / Teresa Coelho Moreira [Coord.], *Tempo de trabalho e tempos de não trabalho – o regime nacional do tempo de trabalho à luz do Direito Europeu e Internacional*, APODIT, Lisboa, 2018, pp. 275-284, p. 277.

[602] Isabel Ribeiro Parreira, «Toxicodependência, justa causa e direitos de personalidade» in: *IX e X Congressos Nacionais de Direito do Trabalho — Memórias*, Almedina, Coimbra, 2007, pp. 67-135, p. 88, n. 41, nota justamente que há certos casos em que, em rigor, não estão em causa condutas extra-laborais do praticante desportivo, mas sim a violação de deveres laborais como acontece no consumo de drogas, ainda que o consumo seja meramente pontual.

[603] Até porque, como aponta Diogo Leote Nobre, «A relevância dos comportamentos extra-laborais em sede de justa causa de despedimento», *Revista da Ordem dos Advogados*, pp. 923-960, p. 949: "tanto mais que se revelará de exequibilidade duvidosa o estabelecimento de um nexo de causalidade entre eventuais excessos extra-laborais do praticante e uma sua quebra de produtividade ou rendimento.

José João Abrantes[604]). Como diz João Zenha Martins, numa afirmação que nos parece bem conseguida, "os seus direitos [de personalidade] não acabam onde começa a porta do balneário"[605] sob pena de transformar a relação laboral desportiva numa situação de encarceramento[606].

Segundo nos parece, o problema aqui em causa convoca a chamada "teoria dos efeitos reflexos"[607] cujas ideias fundamentais, cimentadas no âmbito do regime laboral comum, podem migrar para o Direito do Desporto profissional. Aproveitada neste contexto, ela significa que o atleta deve abster-se dos comportamentos que possam prejudicar a execução da prestação. Parece, pois, que não basta que a conduta apenas coloque potencialmente em risco a prestação. Numa tese que é defendida, entre nós, por João Leal Amado[608], Lúcio Correia[609], Teresa Coelho Moreira[610]

[604] José João Abrantes, *Contrato de trabalho...*, cit., p. 190.

[605] João Zenha Martins, «O novo Código do Trabalho...», cit., p. 67.

[606] Na expressão de Lúcio Correia, *Regime jurídico dos praticantes desportivos profissionais...*, cit., p. 154.

[607] João Leal Amado, «As condutas extra-laborais do praticante desportivo profissional» in: *I Congresso de Direito do Desporto – Memórias*, Almedina, Coimbra, 2005, pp. 213-217, p. 214.

[608] João Leal Amado, «As condutas extra-laborais do praticante desportivo profissional (alguns tópicos sobre as chamadas «saídas nocturnas» dos praticantes)» in: *Temas Laborais*, Coimbra Editora, Coimbra, 2005, pp. 175-179, p. 179: "haverá que rejeitar orientações extremadas nesta matéria, quer aquela que sustenta existir um corte radical e absoluto entre a vida pessoal e a profissional, sem qualquer interferência possível entre ambas, quer aquela – com largo curso nos meios desportivos – que conduz a uma espécie de militarização da relação laboral desportiva, reduzindo o praticante à condição unidimensional de agente produtivo, em estado de subordinação jurídica 24 sobre 24 horas, sujeito a constante fiscalização, quando não a apertada vigilância, por parte da respectiva entidade empregadora". Acrescenta João Leal Amado, *Contrato de trabalho desportivo...* [1995], cit., p. 49, que "nem se argumente, como por vezes sucede, com os elevados salários auferidos por alguns desses praticantes: como todos sabemos, uma prisão dourada, sendo dourada, não deixa de ser uma prisão, não fornecendo os inegáveis exageros de ordem salarial qualquer álibi para todas aquelas restrições e/ou intromissões, algumas delas em rota de colisão com a própria dignidade humana".

[609] Lúcio Correia, *Regime jurídico dos praticantes desportivos profissionais...*, cit., p. 78, falando em comportamentos "que se reflitam em concreto na prestação da atividade desportiva". Mais adiante, pp. 154-155, o Autor ressalva "flagrantes excessos e comportamentos censuráveis do praticante desportivo", mas sempre sublinhando "que se reflitam em concreto na prestação da atividade desportiva".

[610] Teresa Coelho Moreira, *Da esfera privada do trabalhador e o controlo do empregador*, Coimbra Editora, Coimbra, 2004, pp. 436-437. No entender da Autora, p. 437, "a proibição ou restrição, por exemplo, das saídas nocturnas dos praticantes desportivos é inconstitucional por violar o direito à reserva sobre a intimidade da vida privada". Como para a Autora o empregador apenas poderá sancionar o trabalhador "se a conduta deste teve repercussão grave e negativa na prestação laboral" (p. 436), a jurista entende, dando um exemplo, que o empregador não pode sancionar um praticante desportivo por ele não ter dormido durante a noite se esse facto não afectou o seu

ou André Dinis de Carvalho[611], e seguindo a regra expressamente prevista pelo regime espanhol[612], os comportamentos não têm relevo disciplinar autónomo apenas adquirindo-o se perturbarem a boa execução da prestação laboral[613] sob pena "de o poder disciplinar, sem apertadas restrições, poder transmutar-se numa arma permanentemente voltada para o trabalhador — uma espada de Dâmocles suspensa sobre a sua cabeça, obrigando-o a uma sujeição total à vontade (e ao capricho) do dador de trabalho"[614].

Sem prejuízo da tese acima referida, João Leal Amado é da opinião de que a norma acima em causa obriga mesmo o atleta a abster-se de comportamentos que comprometam a sua realização ótima (pelo menos do ponto de vista da sua aptidão física)[615]. Embora o Autor não avance exemplos para ilustrar a sua tese, pode pensar-se aqui nos casos em que os atletas praticam desporto no seu tempo de descanso, agravando o desgaste provocado pela competição, ou nos desportistas que tenham hábitos tabagistas[616].

rendimento (p. 436, n. 1109).

611 Parece ser a posição de André Dinis de Carvalho, «Breves considerações sobre o contrato de trabalho...», cit., p. 91, n. 35 (início na p. 90), quando escreve que o desportista pode ser sancionado "se o seu comportamento extra-laboral for susceptível de comprometer a prestação da sua actividade desportiva, inviabilizando, *in casu*, o cumprimento do vínculo contratual assumido, não fazendo, por conseguinte, sentido uma defesa inflexível do direito à reserva sobre a intimidade da vida privada quando o comportamento extra-laboral do praticante desportivo não pode deixar de considerar-se como culposo e, por essa via, censurável para efeitos disciplinares".

612 Cfr. artigo 17.º, n.º 2, do Real Decreto n.º 1006/1985, de 26 de junho: "em caso algum poderão aplicar-se sanções por actuações ou condutas extra-desportivas, salvo se se repercutirem no rendimento profissional do praticante ou prejudiquem de forma notória a imagem do clube ou entidade desportiva"

613 Aparentemente com um entendimento mais rígido, Luís Domingos da Silva Morais, *Dois estudos...*, cit., p. 30: "já poderão assumir relevância aquelas condutas extralaborais que ponham em causa certos deveres especiais (latu sensu) de preparação para o cumprimento da prestação de trabalho (...) no limite, poderá eventualmente admitir-se a procedência da justa causa, mesmo quando condutas desse tipo [vida pouco regular e sã] não tenham até ao momento, em concreto, provocado deficiências notórias na prestação do trabalhador. São situações em que se faz constantemente perigar o cumprimento e, como tal, insustentáveis e atentatórias de uma expectativa justa da contraparte (de acordo com as regras da boa fé)".

614 Aproveitando a lição de António Monteiro Fernandes, «A natureza da infracção disciplinar», ESC, 19 (1966), pp. 29-47, p. 32.

615 João Leal Amado, *Contrato de trabalho desportivo...* [2017], cit., p.85.

616 No mesmo sentido, Júlio Gomes, *Direito do Trabalho...*, cit., p. 546: "o trabalhador tem o dever de abster-se, na alta competição, por exemplo de esforços intensos antes de um desafio ou, até, de evitar pelo menos na proximidade temporal da competição certos estilos de vida mais desgastantes...". Também José João Abrantes, «O novo Código do Trabalho e os direitos de personalidade do trabalhador» in: *A reforma do Código do Trabalho*, Almedina, Coimbra, 2004, pp. 139-160, p. 156,

Sublinhando a amplitude com que deve ser lida a norma aqui em causa, há quem retire desta norma a proibição do pluriemprego[617] o que, de resto, é confirmado pela CCT que rege este setor[618]. Inaceitável, a nosso

n. 50, dá como exemplo o atleta com uma "vida desregrada".

617 É o caso de ANTÓNIO JOSÉ MOREIRA, *Compêndio de leis do trabalho*, Almedina, 10.ª ed., Coimbra, 2002, p. 596 (na anotação do Autor: "e a vida privada? Parece que até o pluriemprego está proibido"). No mesmo sentido, JOÃO ZENHA MARTINS, *Dos pactos de limitação à liberdade...*, cit., pp. 474-475. PEDRO FURTADO MARTINS, «O pluriemprego no Direito do Trabalho» in: *II Congresso Nacional de Direito do Trabalho – Memórias*, Almedina, Coimbra, 1999, pp. 193-219, pp. 199-200, afirma, no contexto da obrigação de o atleta preservar as suas condições físicas, que "o exercício de actividades paralelas será ilícito se implicar a violação deste dever".

618 Ainda mais exigente é a proibição que vincula os treinadores de futebol. Com efeito, o artigo 21.º, da CCT aplicável aos treinadores de futebol, refere, no seu n.º 1, que "ao treinador é vedado o desempenho de qualquer outra actividade desportiva remunerada no período de duração do contrato, salvo convenção expressa em contrário". O n.º 2, da mesma norma, vai mais longe na proibição ao determinar que "é igualmente vedado, na vigência do contrato, o exercício pelo treinador de actividades de qualquer natureza que sejam incompatíveis com a sua prestação laboral, excepto se o contrário for expressamente Autorizado pelo clube". Recentemente, a interpretação desta norma foi objeto de um contributo de PEDRO PETRUCCI DE FREITAS, «Algumas notas sobre as limitações...», cit., pp. 631-652. Constatando tratar-se de uma "cláusula aberta", o Autor distingue entre incompatibilidades "de primeiro grau" e de "segundo grau": as primeiras são "originárias ou legalmente impostas, como é o caso das que são relativas ao exercício de uma determinada profissão" e as segundas são apenas "apreensíveis por verificação casuística, podendo compreender incompatibilidades que se resumem a uma mera impossibilidade prática de conciliação, isto é, decorrente do exercício de actividades que se demonstrem não serem passíveis de conciliação com a actividade de treinador de futebol, por, designadamente, prejudicarem a disponibilidade para a execução da prestação de trabalho, colocando-a em causa, ou actividades que não prejudicam a execução efectiva da prestação de trabalho, mas que, ainda assim, se revelam incompatíveis nos termos da ratio subjacente à disposição convencional, e de maior dificuldade de delimitação ou identificação" (pp. 639-640). O pluri-emprego será um dos casos mais óbvios pois "não seria compaginável com a verdade desportiva que um treinador de futebol dirigisse as equipas de dois clubes ao mesmo tempo, ademais sendo remunerado por ambos" (p. 640). Como casos enquadráveis no n.º 2, o Autor refere o exercício das funções de deputado, de advogado ou a cumulação com funções nos órgãos sociais na Liga Portuguesa de Futebol. Já não concordamos que seja aqui subsumível, como pretende o Autor, o exercício de atividade religiosa desde logo porque os casos citados pelo Autor, por exemplo, o uso de adereços religiosos, só a custo pode ser considerado como uma "atividade". Já JOÃO ZENHA MARTINS, *Dos pactos de limitação...*, cit., pp. 498 ss., entende, a respeito desta cláusula da CCT, que "esbarra, contudo, na exigência de reserva de lei e/ou necessidade de um consentimento do trabalhador especificamente dirigido à assunção da obrigação de exclusividade", "impondo-se, deste modo, o desenvolvimento de um juízo de invalidade quanto a este recorte da obrigação de exclusividade desenhável por um IRCT" (p. 499). Criticamente, ainda, ver ALBINO MENDES BAPTISTA, «Treinadores profissionais: aplicação do regime...», cit., p. 106, exprimindo "dúvidas sobre a validade de cláusula de convenção colectiva impositiva da exclusividade".

ver, é que, a pretexto do cumprimento deste dever, se pretendam limitar dimensões fundamentais do praticante desportivo, inclusivamente com tutela constitucional[619].

§ 4.3.2. Liberdade de expressão

Bibliografia específica: Alexandra Cerqueira da Motta Gonçalves Ribeiro, «Liberdade de expressão (agentes desportivos)» in: Alexandre Miguel Mestre [Coord.], *Enciclopédia de Direito do Desporto*, Gestlegal, Coimbra, 2019, pp. 265-268; Alexandre Miguel Mestre, «Porque se limitam os protestos dos atletas em nome de causas políticas, religiosas, raciais ou outras? A ponderação entre a proteção dos direitos humanos, a "especificidade do Desporto" e diversos (outros) bens jurídicos» in: *Direito do Desporto – aspectos transversais*, Almedina, Coimbra, 2023, pp. 101-118; Id., «Desporto e liberdade religiosa: uma perspetiva jurídica» in: *Direito do Desporto – aspetos transversais*, Almedina, Coimbra, 2023, pp. 83-100; João Pedro Rodrigues, «Publicações em redes sociais» in: Alexandre Miguel Mestre [Coord.], *Enciclopédia de Direito do Desporto*, Gestlegal, Coimbra, 2019, pp. 331-333; Maria de Lurdes Coentro Vargas, *Escândalos no desporto e perturbação do contrato de patrocínio — a desconformidade contextual da prestação*, Dissertação de Doutoramento Dactilografada, fevereiro, 2016.

Acontecimentos recentes no Desporto nacional tornaram a liberdade de expressão do atleta um assunto com particular visibilidade jurídica. Ninguém pretenderá certamente abdicar da premissa de que ao praticante desportivo deve ser reconhecida liberdade de expressão, o que, aliás, o regime espanhol reconhece expressamente[620]. No entanto, a natureza mediática do Desporto poderá justificar certas compressões à liberdade de expressão se pensarmos que há certos comportamentos que, com elevada probabilidade, podem

[619] Sobre isto, ver o recente estudo de Ana Margarida Silva, «O relacionamento entre a vida laboral e a vida privada do praticante desportivo: a aliança que as (des)une», *Revista de Direito do Desporto*, 12 (2022), pp. 74-81.

[620] Artigo 7.º, n.º 2, do Real Decreto n.º 1006/1985, de 26 de junho.

causar um dano à imagem do empregador (e, de resto, a outras entidades que têm um certo interesse juridicamente protegido na conduta social do atleta[621]).

Na relação laboral comum, a liberdade de expressão não deve colocar em causa o normal funcionamento da empresa[622]. No mundo do desportivo, parece que é necessário ir mais longe: a imagem do clube perante os seus adeptos, simpatizantes, seguidores, investidores ou patrocinadores, a coesão do grupo de trabalho ou a necessidade de "blindar" o balneário, justificam legitimamente que os atletas vejam a sua liberdade de expressão comprimida: "aos praticantes desportivos profissionais recomendar-se-á recato e prudência no modo como expressam suas ideias e opiniões, no que concerne a assuntos e aspectos relacionados com a equipa e respectivas vivências"[623]. No entanto, sempre se sublinha que ao atleta só podem ser imputadas as suas opiniões e não as opiniões de terceiros, ainda que sejam familiares próximos[624].

O problema está em saber até onde as compressões à liberdade de expressão serão consideradas legítimas[625]. A liberdade de expressão começa por estar limitada na própria execução do contrato de trabalho[626], mas as limitações penetram na própria esfera pessoal dos atletas. Desde logo, os regulamentos internos dos clubes costumam prever, de forma até minuciosa, disposições sobre esta matéria: obrigar o atleta a comunicar ao Diretor desportivo,

621 Estamos a pensar, concretamente, no contrato de patrocínio. Com outro desenvolvimento, Maria de Lurdes Coentro Vargas, *Escândalos no desporto e perturbação do contrato de patrocínio — a desconformidade contextual da prestação*, Dissertação de Doutoramento Dactilografada, fevereiro, 2016 e Nuno Vieira Pássaro, *Direito do Desporto...*, cit., pp. 77 ss. Até porque, como observa certeiramente Alexandra Cerqueira da Motta Gonçalves Ribeiro, «Liberdade de expressão (agentes desportivos)» in: Alexandre Miguel Mestre [Coord.], *Enciclopédia de Direito do Desporto*, Gestlegal, Coimbra, 2019, pp. 265-268, a indústria desportiva vive "sofregadamente devorada por milhões de pessoas ávidas de informações e de declarações apetecidamente polémicas" (p. 267).

622 Sobre a liberdade de expressão em contexto laboral, Júlio Gomes, *Direito do Trabalho...*, cit., pp. 272 ss.

623 Alexandra Gonçalves Ribeiro, «A liberdade de expressão do praticante...», cit., p. 26.

624 Assim, Amalia de la Riva, «Libertad de expresión y deportistas profesionales – una mirada desde los derechos fundamentales inespecíficos», *Revista de Direito do Desporto*, 9 (2021), pp. 7-17, p. 16. Delicadas são as situações que esses terceiros exprimem certas opiniões que depois são implicitamente "avalizadas" pelos atletas.

625 Cfr. artigo 7.º, n.º 2, do Real Decreto n.º 1006/1985, de 26 de junho: no Direito espanhol, as restrições devem resultar de convenção coletiva de trabalho, "devidamente justificadas por razões desportivas". Apontando o critério da boa-fé, Alexandra Cerqueira da Motta Gonçalves Ribeiro, «Liberdade de expressão...», cit., p. 267.

626 Por exemplo, e certamente por indicação dos clubes, é bastante comum ver os atletas comunicar entre si ou com a equipa de arbitragem de forma a evitar a leitura labial.

no início da época desportiva, as contas e redes sociais de que é titular, para seu "acompanhamento"; não veicular opiniões sobre opções técnicas nesses espaços virtuais[627]; não divulgar informações que possam ser consideradas confidenciais (convocatórias, gravidade de lesões, suas ou de colegas, e respetivo tempo de recuperação) são apenas alguns exemplos reais de disposições que podem ser encontradas em regulamentos internos de clubes desportivos. A estas limitações, estabelecidas logo à partida, juntam-se outras ditadas por razões circunstanciais: pense-se na proibição de falar à comunicação social sem autorização do clube ou nos chamados *blackouts* decretados pelos clubes sob forma de protesto perante as mais variadas situações[628]. E a juntar a estas restrições, determinadas no seio do próprio clube, há ainda que juntar as limitações à liberdade de expressão, sempre discutíveis, impostas pelas entidades que organizam as competições desportivas, sobretudo quando essas manifestações podem ter um significado político, religioso ou social, que merecem uma tutela acrescida[629].

É preciso considerar que a liberdade de expressão do trabalhador não se refere apenas à liberdade para exprimir opiniões[630] e críticas (e só as suas...), cabendo ainda aí certas manifestações da personalidade. A imprensa desportiva dá frequentemente eco de situações bizarras do quotidiano desportivo: pode um clube, como já aconteceu, impor que um atleta vinculado a um emblema que equipa de uma certa cor não use chuteiras de uma cor alusiva ao emblema rival? Ou que conduza um carro pintado de uma cor de um

[627] Sobre a relevância disciplinar das publicações nas redes sociais, ver João Pedro Rodrigues, «Publicações em redes sociais» in: Alexandre Miguel Mestre [Coord.], *Enciclopédia de Direito do Desporto*, Gestlegal, Coimbra, 2019, pp. 331-333.

[628] Exprimindo dúvidas quanto a essa prática dos clubes, Alexandra Gonçalves Ribeiro, «A liberdade de expressão do praticante...», cit., pp. 15-16. No plano dos direitos fundamentais dos atletas, José Melo Alexandrino, *O discurso dos direitos*..., cit., p. 331.

[629] Sobre isto, Amalia de la Riva, «Libertad de expresión y deportistas profesionales...», cit., pp. 7-17. Sobre o condicionamento à liberdade religiosa do praticante desportivo, ver Alexandre Miguel Mestre, «Porque se limitam os protestos dos atletas em nome de causas políticas, religiosas, raciais ou outras? A ponderação entre a proteção dos direitos humanos, a "especificidade do Desporto" e diversos (outros) bens jurídicos» in: *Direito do Desporto – aspetos transversais*, Almedina, Coimbra, 2023, pp. 101-118 e Id., «Desporto e liberdade religiosa: uma perspetiva jurídica» in: *Direito do Desporto – aspetos transversais*, Almedina, Coimbra, 2023, pp. 83-100.

[630] Reconhecendo ao praticante desportivo um direito à crítica, embora com limites, Víctor Manuel Seligrat González, «La protección del honor de los agentes del deporte y el alcance de la libertad de expresión de los deportistas profesionales», *Revista Aranzadi de Derecho de Deporte y Entretenimiento*, 55 (2017), pp. 99-134. Entre nós, Nuno Vieira Pássaro, *Direito do Desporto*..., cit., pp. 151 ss.

clube rival? A nosso ver, não existe nenhum interesse que, do ponto de vista jurídico, possa ser considerado relevante para justificar essa ingerência num espaço que nos parece pertencer, salvo melhor opinião, à estrita pessoalidade do praticante desportivo: "o penteado, a forma, corte ou cor adoptados pela maioria dos praticantes desportivos profissionais no seu respectivo cabelo, ou as tatuagens apostas no corpo, não estão abrangidos pelo dever de preservação das condições físicas a que aquele está adstrito, nem tão pouco envolve ou coloca em risco a sua segurança, nem dos demais jogadores, durante o exercício da modalidade desportiva"[631]. Pelo contrário, parece-nos que esse interesse pode já existir nos casos em que um clube proíbe o atleta de comemorar os seus golos com certas acrobacias quando elas, comprovadamente, podem comprometer a sua condição física.

De forma semelhante, e à semelhança das relações laborais comuns, o clube desportivo pode determinar que, por exemplo, o trabalhador deve utilizar certa indumentária nos eventos desportivos (por exemplo, pode configurar infração disciplinar não utilizar o fato oficial do clube durante uma partida oficial...). Como também parece existir razões para punir disciplinarmente o trabalhador, partindo do exemplo dado por Maria do Rosário Palma Ramalho, se o praticante desportivo se apresenta publicamente com a camisola de um clube rival[632].

Ainda a este propósito, não é de estranhar que os contratos de trabalho dos desportistas profissionais façam incluir cláusulas, ditas *moral clauses*, onde ficam concretizados os comportamentos que potencialmente possam chocar ou ofender a comunidade, a moral pública e a decência, redundando numa "transferência negativa" para a imagem do clube[633].

[631] Sofia Barros Carvalhosa, «As situações abusivas decorrentes da exploração...», cit., pp. 348-349.

[632] Dando este exemplo, Maria do Rosário Palma Ramalho, *Tratado de Direito do Trabalho...*, cit., p. 469, n. 517. Já noutro local, Maria do Rosário Palma Ramalho, «Contrato de trabalho e direitos fundamentais da pessoa» in: *Estudos de Direito do Trabalho*, Volume I, Almedina, Coimbra, 2003, pp. 157-178, p. 176, dava o exemplo do funcionário de um clube desportivo que recebe as quotas dos sócios ostentando a camisola de outro clube.

[633] Sobre estas cláusulas, embora no contexto dos contratos de patrocínio, ver Maria de Lurdes Coentro Vargas, *Escândalos no desporto...*, cit., pp. 266 ss.

§ 4.3.3. Direito à ocupação efetiva

Bibliografia específica: Albino Mendes Baptista, «Grupo normal de trabalho, equipas "B" e dever de ocupação efectiva do praticante desportivo» in: *Direito Laboral Desportivo — Estudos*, Quid Iuris, Volume I, Lisboa, 2003, pp. 9-24; Id., «Razões de ordem técnica e dever de ocupação efectiva do praticante desportivo – a propósito do acórdão da comissão arbitral paritária de 13 de julho de 2001 (proc. n.º 19/2001)» in: *Direito Laboral Desportivo — Estudos*, Quid Iuris, Volume I, Lisboa, 2003, pp. 71-76; João Leal Amado, «Algumas reflexões sobre o chamado "caso Nuno Valente"» in: *Temas Laborais — 2*, Coimbra Editora, Coimbra, 2007, pp. 109-119; José Luís Pereira Seixas, «Ocupação efectiva e trabalhador desportivo», *Revista de Direito e de Estudos Sociais*, 2004, I-II-III, pp. 157-185; José Luís Seixas, «Ocupação efectiva (praticante desportivo)» in: Alexandre Miguel Mestre [Coord.], *Enciclopédia de Direito do Desporto*, Gestlegal, Coimbra, 2019, pp. 293-295; Tiago Fernandes, «O contrato de trabalho do praticante desportivo e o dever de ocupação efetiva», *Revista de Direito do Desporto*, 11 (2022), pp. 55-70.

Numa disposição legal que já vem dos regimes legais anteriores[634], prevê o RCTPD, na alínea b), do seu artigo 11.º, que a entidade empregadora deve "proporcionar aos praticantes desportivos as condições necessárias à participação desportiva, bem como a participação efetiva nos treinos e outras atividades preparatórias ou instrumentais da competição desportiva". A norma prevê, no essencial, aquilo que se convencionou chamar no Direito do Trabalho de "dever de ocupação efetiva" do empregador ou, se quisermos olhar da perspetiva do trabalhador, o seu "direito à ocupação efetiva".

Uma primeira aproximação ao tema exige que se diga que o contrato de trabalho do praticante desportivo desempenhou um papel de "batedor" na luta pela afirmação de um dever de ocupação efetiva no Direito do Trabalho. De facto, os praticantes desportivos representam o contingente de trabalhadores para o qual este direito foi paradigmaticamente pensado[635].

[634] Cfr. artigo 12.º, alínea a), da Lei n.º 28/98, de 26 de junho.

[635] Sublinhando este dado, Maria do Rosário Palma Ramalho, *Tratado de Direito do Trabalho...*, cit., p. 461. Também Pedro Furtado Martins, *Despedimento ilícito, reintegração na empresa e dever de ocupação efectiva – contributo para o estudo dos efeitos da declaração da invalidade do despedimento*, Direito e Justiça — Revista da Faculdade de Direito da Universidade Católica Portuguesa – Suplemento, Lisboa, 1992, p. 176.

Como se sabe, os poucos Autores que, precursoramente, abordaram o problema do direito a trabalhar, começaram justamente por apontar o trabalho dos artistas e dos desportistas como um dos casos em que esse direito deveria ser reconhecido[636].

Verdade seja dita que os interesses que andam associados a esse direito sentem-se com um sublinhado muito especial no mundo do Desporto[637]. As razões deixam-se explicar facilmente: por um lado, a atividade desportiva exige continuidade e consistência sobretudo se pensarmos que estamos numa área em que período de vida profissional é curto. Depois, há certos aspetos da relação de trabalho desportivo — nomeadamente, a disciplina física e tática — que dependem da regularidade na prestação de trabalho. Finalmente, mas certamente não menos importante, num espaço cada mais mediatizado, a participação nas competições é fundamental para que o atleta se mantenha na mente — e, para alguns, no coração... — daqueles que, em última análise, alimentam a indústria do Desporto: os adeptos (fará aqui sentido dizer "longe da vista, longe do coração"[638]). Aliás, o interesse é mancomunado com o clube pois é a exposição do atleta que projeta financeiramente o seu "valor de mercado" (como se exprime João Leal Amado, "longe da vista, baixa de cotação"[639]). Portanto, no contexto desportivo pode dizer-se que "a possibilidade de trabalhar ou de treinar constituem interesses básicos"[640].

[636] Assim, António Nunes de Carvalho, *Das carreiras profissionais no Direito do Trabalho*, Dissertação de Mestrado dactilografada, Lisboa, 1990, p. 490. Num estudo publicado em 1991, Jorge Leite, «Direito de exercício da actividade profissional no âmbito do contrato de trabalho», *Revista do Ministério Público*, 47 (1991), pp. 9-34, p. 17, afirmava que "naturalmente, a notoriedade, o prestígio, o «público» que os executantes de certas profissões podem alcançar constituem, frequentemente, um factor de aumento da sua «cotação no respectivo mercado»". No mesmo sentido, Pedro Furtado Martins, «A relevância dos elementos pessoais na situação jurídica de trabalho subordinado – considerações em torno de uma manifestação típica: o dever de ocupação efectiva», *Revista do Ministério Público*, 47 (1991), pp. 35-93, p. 39.

[637] José Luís Pereira Seixas, «Ocupação efectiva e trabalhador desportivo», *Revista de Direito e de Estudos Sociais*, 2004, I-II-III, pp. 157-185, p. 166: "talvez aquela [atividade] em que esse interesse exubere de forma mais impressiva é a do praticante desportivo". Em termos próximos, João Leal Amado, *Vinculação* versus *liberdade*..., cit., p. 266: "tais interesses são particularmente ostensivos quando esse trabalhador é um praticante desportivo".

[638] Giorgio Ghezzi / Umberto Romagnoli, *Il rapporto di lavoro*, Zanichelli, Bologna, 3.ª ed., 1995, p. 172: "o jogador de futebol, por exemplo, frequentemente deixado fora da equipa ou o artista teatral privado pelo empresário das luzes da ribalta saem do coração do público e, cedo ou tarde, serão esquecidos ou, em todo o caso, serão desvalorizados no mercado".

[639] João Leal Amado, *Contrato de trabalho desportivo*... [1995], cit., p. 45.

[640] José Melo Alexandrino, *O discurso dos direitos*..., cit., p. 333.

Acontece que o legislador, na norma acima citada, estabelece que o empregador tem apenas o dever de "proporcionar... as condições necessárias à participação desportiva" bem como "a participação efetiva nos treinos e outras atividades preparatórias ou instrumentais da competição desportiva". Assim sendo, o praticante desportivo não tem um direito — embora possa ter uma expetativa de facto — a competir, isto é, o direito a participar, ativamente, nos jogos. Haveria que distinguir, em suma, entre uma "dimensão propedêutica", que cabe dentro do direito à ocupação efetiva do trabalhador, e a "dimensão competitiva" que, pelo contrário, fica excluída[641]. Em síntese, "o praticante tem o direito de treinar, mas não o de competir"[642].

Esta "ocupação diminuída", "semiocupação" ou "quase ocupação", como por vezes vem designada, compreende-se. Na verdade, a participação dos atletas nas partidas está dependente dos mais variados fatores de ordem técnica, a ponderar em cada caso concreto. Por outras palavras, um direito à ocupação efetiva seria dificilmente conciliável com a autonomia técnica do clube (na pessoa do treinador) na hora de decidir quais os jogadores que, de facto, vão alinhar nas partidas[643]. De resto, nem de outra forma poderia ser porque os próprios plantéis estão construídos em número tal que seria, à partida, impossível garantir esse direito a todos os trabalhadores. A autonomia deve ser salvaguardada ainda que em prejuízo dos atletas: "os critérios técnico-tácticos atinentes à constituição das equipas prevalecem, em larga medida, sobre a tutela da profissionalidade do praticante desportivo"[644]. Assim, "a entidade empregadora desportiva afigura-se muitas vezes como um autêntico "juiz" das qualidades desportivas, técnicas e pessoais demonstradas pelo praticante ao longo da duração do contrato de trabalho desportivo"[645] e, portanto, no limite, pode falar-se de "uma quase irrestrita liberdade de utilizar ou não os serviços [do atleta]"[646].

Mas será que se pode dizer, verdadeiramente, que o praticante desportivo não terá, em caso algum, um direito ou, pelo menos, uma expetativa

[641] José Luís Pereira Seixas, «Ocupação efectiva e trabalhador desportivo...», cit., p. 167.

[642] João Leal Amado, «Quem não pode jogar...», cit., p. 399.

[643] Sublinhando este aspeto, José Luís Seixas, «Ocupação efectiva (praticante desportivo)» in: Alexandre Miguel Mestre [Coord.], *Enciclopédia de Direito do Desporto*, Gestlegal, Coimbra, 2019, pp. 293-295, diz que "cercear esta escolha seria um paradoxo, incompatível com a própria essência do espetáculo".

[644] João Leal Amado, «Algumas reflexões sobre o chamado "caso Nuno Valente"» in: *Temas Laborais — 2*, Coimbra Editora, Coimbra, 2007, pp. 109-119, p. 116.

[645] Lúcio Correia, *Limitações à liberdade contratual...*, cit., p. 168.

[646] João Leal Amado, «Algumas reflexões sobre o chamado...», cit., p. 116.

juridicamente tutelável a competir? Sendo certo que o objeto do contrato de trabalho do praticante desportivo é complexo e abrange as mais variadas prestações, até de natureza afim ao Desporto, será que a participação nas competições não deve ser encarada, definitivamente, como um aspeto essencial da economia do contrato? Como diz João Leal Amado, não é para participar no "momento mágico da competição" que as partes acordam em celebrar um contrato de trabalho[647]? Aos olhos do atleta, competir "é a razão finalística do seu treino e até do seu contrato"[648] e "treinar sem competir é frustrante e mesmo algo atrofiante"[649]. Competir não é o "ex-libris da atividade laboral do jogador"[650] ou "o auge da prestação laboral"[651]? Não é verdade, como diz Tiago Fernandes, que "o atleta assina (quase) sempre com os olhos postos na competição"[652]? Utilizando as palavras da Relação de Guimarães, embora ditas noutro contexto, o atleta "treina para jogar; realiza exames médicos e tratamentos para estar apto e poder jogar; existe interesse na cedência de um jogador porque joga. Estando impedido de jogar tudo falece"[653].

Diga-se, aliás, que o ordenamento jurídico dá indicadores de que a tutela da profissionalidade do atleta se estende à participação nas competições: esse dado é algo que resulta, ainda que timidamente, do verdadeiro dever — e já não apenas um ónus — de o clube proceder ao registo do atleta, por forma a que ele possa participar nas competições, e cuja violação não só configura contraordenação grave, nos termos do artigo 40.º, como pode fundamentar, no limite, a resolução do contrato com justa causa. Esta ideia de que o atleta tem um interesse em competir juridicamente tutelável justifica até que, em certos casos, determinadas soluções ou interpretações sejam pensadas e inspiradas por forma a tutelar essa expetativa. De resto, um reforço dessa tutela faria mais sentido no Direito português onde não existe, ao contrário do que acontece em Espanha, o mecanismo do direito à cedência "coerciva" do praticante desportivo.

[647] João Leal Amado, «Quem não pode jogar...», cit., p. 399.

[648] José Luís Pereira Seixas, «Ocupação efectiva e trabalhador desportivo...», cit., p. 170.

[649] João Leal Amado, *Vinculação* versus *liberdade...*, cit., p. 268.

[650] Helena Maria Couto de Almeida, «O contrato de trabalho desportivo: formas de cessação do contrato por iniciativa do trabalhador», *Revista Electrónica de Direito*, 21 (2020), pp. 8-24, p. 20.

[651] Natália Araújo dos Santos, *Impostos e futebol...*, cit., p. 39.

[652] Tiago Fernandes, «O contrato de trabalho do praticante desportivo...», cit., p. 61.

[653] Ac. de 09/05/2019 do TRG (Vera Sottomayor), proc. nr. 1989/18.9T8BRG.G1. No célebre acórdão *Bosman* afirma-se mesmo, no parágrafo 120, que "a participação nesses encontros constitui o objecto essencial da actividade de um jogador profissional".

Em certos casos, esse direito pode resultar das circunstâncias. Pense-se no atleta de elevado gabarito que é contratado e que, notoriamente, é encarado por todos como um "titular" da equipa e que, sem razão aparente, não compete. Aliás, é do conhecimento geral que, muitas vezes, as equipas são projetadas a pensar em determinadas peças-chave que são contactadas e aliciadas com esse projeto desportivo. Por forma a persuadir esses atletas, a estrutura do clube faz expressamente saber ao atleta que ocupará um papel fundamental na equipa. E esses contactos são muitas vezes encetados pelo próprio treinador desportivo que afiança a palavra dada. Mais raro, mas que pode perfeitamente acontecer, é que as partes estipulem contratualmente que o desportista, sobretudo pelo seu estatuto, tem o direito a lugar (cativo) na equipa[654] (estipulando-se uma "obrigação de titularidade"[655]). A este propósito, ALBINO MENDES BAPTISTA chega a propor a utilização dos meios da interpretação do contrato: "há sinais que podemos enunciar como demonstrativos da vontade contratual. A nossa convicção é a de que um praticante desportivo, de craveira internacional, quando é contratado é apenas para jogar na equipa "A". E isto porque a carreira passada do jogador cria expectativas que merecem tutela jurídica (...) por outro lado, há retribuições acordadas que são manifestamente inexplicáveis e infundadas quando se integra uma equipa de recurso como é uma equipa "B""[656].

Uma última nota para referir que é possível que o praticante desportivo não participe nas fases preparatórias sem que o seu direito à ocupação efetiva seja colocado em causa. É o caso do jogador que recupera de lesão e é colocado a treinar separadamente, com o acompanhamento de preparador físico do clube, para debelar a sua lesão com vista à sua integração plena no grupo[657]. Como também é perfeitamente lícito que os atletas que tenham participado em competição façam trabalho noutras instalações e, assim, separados do restante grupo, no dia imediatamente seguinte, método vulgarmente chamado de "trabalho condicionado" ou de "trabalho de ginásio" com vista à

[654] Referindo esta hipótese, JOÃO LEAL AMADO, «Quem não pode jogar...», cit., pp. 399-400.

[655] Na expressão de TIAGO FERNANDES, «O contrato de trabalho do praticante desportivo...», cit., p. 61.

[656] ALBINO MENDES BAPTISTA, «Grupo normal de trabalho, equipas "B" e dever de ocupação efectiva do praticante desportivo» in: *Direito Laboral Desportivo — Estudos*, Quid Iuris, Volume I, Lisboa, 2003, pp. 9-24, p. 22.

[657] Os casos de "lesão" estão expressamente previstos no regime espanhol: cfr. artigo 7.º, n.º 4, do Real Decreto n.º 1006/1985, de 26 de junho.

gestão de esforço[658]. Pense-se também nos casos em que é aplicada ao atleta uma suspensão preventiva ou a sanção de suspensão do trabalho com perda de retribuição em que, como é evidente, o trabalhador não pode invocar o direito a participar nos trabalhos da equipa.

§ 4.3.4. Assédio moral

Bibliografia específica: André Dinis de Carvalho, «Assédio moral na relação laboral desportiva» in: Alexandre Miguel Mestre [Coord.], *Enciclopédia de Direito do Desporto*, Gestlegal, Coimbra, 2019, pp. 33-35; João Leal Amado, «Entre a renovação e a hibernação: assédio moral no desporto» in: João Reis / João Leal Amado / Francisco Liberal Fernandes / Maria Regina Redinha [Org.], *Para Jorge Leite — Escritos Jurídico-Laborais*, Vol. I, Coimbra Editora, Coimbra, 2014, pp. 21-42 (= *Desporto & Direito*, 31 (2013), pp. 11-35; Id., «Barcelona e Dembélé: *we'll make him an offer he can't refuse*», *Revista de Direito do Desporto*, 11 (2022), pp. 15-24; Júlio Gomes, «Nótula sobre o assédio moral na relação de trabalho desportivo» in: Lúcio Miguel Correia / Rosalía Ortega Pradillo [Coord.], *I.º Congresso Internacional sobre o Regime Jurídico do Contrato de Trabalho Desportivo*, Vida Económica, Porto, 2018, pp. 99-104; Francisco Pérez Amorós, «O assédio psíquico laboral dos futebolistas profissionais», *Desporto & Direito*, 8 (2006), pp. 277-287.

Não é por acaso que o tema do assédio moral do praticante desportivo surge arrumado no seguimento do tratamento do direito à ocupação efetiva[659]. A prática revela que, infelizmente, existe uma correlação entre o direito à ocupação efetiva do praticante desportivo e o assédio moral. Sendo certo que

[658] Determinante é, porém, como faz notar José Luís Pereira Seixas, «Ocupação efetiva e trabalhador desportivo» in: Alexandre Miguel Mestre [Coord.], *Enciclopédia de Direito do Desporto*, Gestlegal, Coimbra, 2019, pp. 340-361, p. 357 que, "sendo o treino separado uma exceção só admissível por razões de natureza médica ou técnica, devem estas últimas ser aferidas e determinadas com bom senso e sustentadas em critérios metodológicos e organizacionais objetivos que, podendo embora envolver vertente disciplinar, não redundem em atípicas sanções disciplinares".

[659] Como repara Tiago Fernandes, «O contrato de trabalho do praticante desportivo...», cit., p. 68, "conectado à ocupação efetiva surge o assédio moral". Aliás, como repara Glória Rebelo, «A atividade no Código do Trabalho» in: *Estudos de Direito do Trabalho*, Edições Sílabo, Lisboa, 2019, pp. 179-195, p. 186, "antes da entrada em vigor do Código do Trabalho, a tutela do dever de ocupação efectiva encontrava-se estreitamente associada à figura do assédio moral".

o trabalho desportivo é, por natureza, uma atividade tendencialmente dominada por relações de tensão e, até, por um ambiente de pressão psicológica constante[660], a verdade é que, neste setor, há certas práticas assediantes que agridem o direito à ocupação efetiva do atleta e podem causar danos sérios à sua profissionalidade[661].

O chamado *mobbing* desportivo anda invariavelmente ligado à recusa do praticante desportivo em cooperar com os planos do empregador. Não raro, os clubes desportivos, como retaliação ao finca-pé do atleta[662] — porque, por exemplo, não aceita a renovação do vínculo[663], não acorda na sua transferência para um clube terceiro[664] ou pretende jogar na seleção nacional, contra a vontade do clube, que o instiga a renunciar à seleção[665] — "despromovem" o atleta à equipa "B", colocam o praticante desportivo a treinar à margem do restante plantel[666], afastam o atleta de campanhas ou sessões

[660] Assim, Júlio Gomes, «Nótula sobre o assédio moral na relação de trabalho desportivo» in: Lúcio Miguel Correia / Rosalía Ortega Pradillo (coord.), *1º Congresso Internacional sobre o Regime Jurídico do Contrato de Trabalho Desportivo*, Vida Económica, Porto, 2018, pp. 99-104, p. 100. Em termos próximos, também João Leal Amado, «Rafael Leão, Sporting e TAD...», cit., p. 299.

[661] Salvatore Mazzamuto, «Mobbing e diritto sportivo», *Europa e Diritto Privato*, 2008, III, pp. 563-581, pp. 563 ss., dá o exemplo do futebolista italiano António Cassano que durante a temporada 2005/2006 deixou de jogar no clube facto que o impediu de ser convocado para a seleção italiana.

[662] Quando não mesmo, como refere José Luís Seixas, «Ocupação efetiva e trabalhador desportivo», cit., p. 361, "como instrumento subliminar de perseguição disciplinar".

[663] Sobre estes casos, Tiago Fernandes, «O contrato de trabalho do praticante desportivo...», cit., pp. 65 ss.

[664] Sobre estas situações, João Leal Amado, «Barcelona e Dembélé...», cit., p. 22.

[665] Sobre estas situações, cfr. João Leal Amado, «Algumas reflexões sobre o chamado...», cit., pp. 109 ss.

[666] Sobre isto, João Leal Amado, *Vinculação* versus *liberdade...*, cit., pp. 272-273, refere que a violação do dever de ocupação efetiva "resulta de factores extradesportivos, sendo movida pela intenção de o punir, de o prejudicar profissionalmente e/ou de o desgastar psicologicamente – procurando coagi-lo, por exemplo (e, diga-se, este é um exemplo a que se assiste com frequência crescente), à renovação do vínculo contratual com o clube. Neste caso, probatoriamente muito problemático, estaremos perante condutas ilegítimas e abusivas, atentatórias da boa fé contratual". Como observa o Autor, p. 273, n. 467, "a prática vem demonstrando que, muitas vezes, estas propostas patronais vêm acompanhadas da ameaça, nem sempre velada, de excluir o praticante da competição desportiva caso ele não aceite a pretendida renovação...". O Autor também dá conta da utilização deste estratagema quanto às equipas B (p. 277, n. 473: "a prática parece vir demonstrando que este poderá também constituir um terreno privilegiado para actuações patronais abusivas, contrárias à boa fé contratual: será o que sucede quando a decisão de afectar determinado jogador à «equipa B» não se baseie em razões técnico-desportivas, traduzindo-se antes numa medida visando constrangê-lo, p. ex., a renovar o seu contrato com o clube por mais alguns anos («ou assinas

de marketing[667], criticam publicamente o jogador (ou o seu empresário...)[668], não registam o contrato de trabalho desportivo[669], retiram a braçadeira de capitão ao atleta, etc.

O fenómeno exige uma resposta firme do Direito. Naquela que é, na opinião de JOÃO LEAL AMADO, "uma das mais emblemáticas normas" do novo regime legal[670], o RCTPD aditou uma disposição legal que não existia no regime legal anterior. Com a reveladora epígrafe "Direitos de personalidade e assédio" dispõe o n.º 1, do artigo 12.º, do RCTPD, que "a entidade empregadora deve respeitar os direitos de personalidade do praticante desportivo, sem prejuízo das limitações justificadas pela especificidade da atividade desportiva". Acrescenta o n.º 2 da mesma norma que "é proibido o assédio no âmbito da relação laboral desportiva, nos termos previstos na lei geral do trabalho".

Honestamente, esta norma representa uma "aparente" novidade pois, na prática, a tutela dos direitos de personalidade de trabalhador e, mais concretamente, a tutela contra o assédio moral, tal como está desenhada no regime laboral comum, sempre foi aplicável ao praticante desportivo, desconhecendo-se quem defenda ou tenha escrito que essa tutela é incompatível com a natureza desta atividade profissional[671]. Portanto, o atleta tem à sua disposição,

ou vais para a equipa B!») Para o jogador, as maiores dificuldades colocar-se-ão aqui, de novo, a nível probatório; sendo possível superar tais dificuldades, àquele será então lícito rescindir o respectivo contrato de trabalho desportivo"). O Autor retomou o tópico recentemente, JOÃO LEAL AMADO, «Entre a renovação e a hibernação: assédio moral no desporto» in: JOÃO REIS / JOÃO LEAL AMADO / FRANCISCO LIBERAL FERNANDES / MARIA REGINA REDINHA [Org.], *Para Jorge Leite — Escritos Jurídico-Laborais*, Vol. I, Coimbra Editora, Coimbra, 2014, pp. 21-42 (= *Desporto & Direito*, 31 (2013), pp. 11-35, p. 41, definindo a prática como "um comportamento ostracizante indesejado pelo trabalhador do desporto, praticado com o objectivo de o perturbar ou constranger, desestabilizando-o, tentando intimidá-lo, tentando forçar o atleta a prorrogar o vínculo contratual com a entidade empregadora desportiva, promotora do assédio".

667 LÚCIO CORREIA, *Regime jurídico dos praticantes desportivos profissionais...*, cit., p. 142.

668 JÚLIO GOMES, «Nótula sobre o assédio moral...», cit., p. 103. Como refere JOÃO LEAL AMADO, «Rafael Leão, Sporting e TAD...», cit., p. 299, "críticas públicas, propaladas aos quatro ventos através do Facebook, em que o líder do grupo amesquinha os jogadores e os sujeita a uma pressão psicológica extrema, isso, cremos, já não se inscreve nos códigos habituais da prática desportiva profissional". Sobre isto, ver também o estudo de JOANA SÁ PEREIRA, «A demissão com justa causa do praticante desportivo...», cit., pp. 56 ss.

669 LÚCIO CORREIA, *Regime jurídico dos praticantes desportivos profissionais...*, cit., p. 141.

670 JOÃO LEAL AMADO, *Contrato de trabalho desportivo...* [2017], cit., p. 83.

671 Para JOANA SÁ PEREIRA, «A demissão com justa causa do praticante desportivo...», cit., p. 54, esta norma "dissipou uma névoa que pairava sobre este instituto".

porque sempre teve, todos os mecanismos de reação a condutas assediantes[672], podendo, no limite, resolver o contrato com justa causa, nos termos gerais[673]. No entanto, é de aplaudir a iniciativa legislativa, que tem pelo menos o efeito pedagógico de deixar sublinhado, à vista de todos os atores do teatro desportivo, que o praticante desportivo goza da proteção dos seus direitos de personalidade nos mesmos termos que qualquer outro trabalhador[674].

Certo é que o combate ao assédio no Desporto é dificultado pelas especificidades deste setor. De facto, a prova do assédio já é, em qualquer caso, quase diabólica para o trabalhador. Como uma dificuldade acrescida para o atleta, as formas de assédio acima indicadas aparecem frequentemente sob o signo legitimador das "escolhas técnicas" do clube, onde, como vimos, o direito à ocupação efetiva não pode inclusivamente interferir. Os clubes esquivam-se airosamente invocando "a nova metodologia de treino introduzida, bem como as alterações tácticas e estratégicas adoptadas (...) o que possibilita uma maior concentração de esforços e uma maior coesão do grupo"[675].

672 Assim, SALVATORE MAZZAMUTO, «Mobbing...», cit., p. 568, escrevendo que "o desportista tem à disposição o arsenal de remédios contra a violação do contrato de trabalho [que está à disposição do trabalhador comum] e, em particular, a possibilidade de agir judicialmente para obter a condenação da sociedade à cessação da conduta mobbizante e a retomar o normal desenvolvimento da relação contratual". Sobre isto, sublinhando também esse aspeto, FRANCISCO PÉREZ AMORÓS, «O assédio psíquico laboral...», cit., pp. 277-287, especialmente, pp. 285 ss.

673 Assim, JOÃO LEAL AMADO, «Algumas reflexões sobre o chamado...», cit., p. 118, refere que "quando tal suceda, então o ordenamento jurídico faculta ao trabalhador uma resposta à altura: a possibilidade de resolver o contrato com justa causa". No mesmo sentido, ANDRÉ DINIS DE CARVALHO, «Assédio moral na relação laboral desportiva» in: ALEXANDRE MIGUEL MESTRE [Coord.], *Enciclopédia de Direito do Desporto*, Gestlegal, Coimbra, 2019, pp. 33-35 e NUNO VIEIRA PÁSSARO, *Direito do Desporto...*, cit., pp. 39 ss.

674 JOÃO LEAL AMADO, *Contrato de trabalho desportivo...* [2017], cit., p. 83: "o facto de o legislador se ter preocupado com a expressa afirmação de um dever de respeito da entidade empregadora desportiva pelos direitos de personalidade do praticante, bem como a expressa proibição do assédio no âmbito da relação laboral desportiva, tem, a nosso ver, uma elevada carga simbólica, procurando lutar contra as visões que reduzem o atleta à condição de mercadoria e que relativizam o fenómeno do assédio em sede desportiva". No mesmo sentido, MARIA DO ROSÁRIO PALMA RAMALHO, *Tratado de Direito do Trabalho...*, cit., p. 468, refere que a norma "tem a virtualidade de dar visibilidade à temática do assédio no universo do trabalho desportivo".

675 Estamos a citar a justificação concreta de um clube num caso que chegou à Comissão Arbitral Paritária, cuja decisão foi publicada no *Prontuário de Direito do Trabalho*, Atualização n.º 61 (2001). Esta decisão mereceu o comentário de ALBINO MENDES BAPTISTA, «Razões de ordem técnica e dever de ocupação efectiva do praticante desportivo – a propósito do acórdão da comissão arbitral paritária de 13 de julho de 2001 (proc. n.º 19/2001)» in: *Direito Laboral Desportivo — Estudos*, Quid Iuris, Volume I, Lisboa, 2003, pp. 71-76.

Acresce que, na complexa teia da organização do clube, as práticas são executadas de forma sofisticada e velada. Por exemplo, por vezes o clube instrumentaliza o treinador desportivo para esse efeito, dando-lhe instruções para que relegue o atleta para o "banco de suplentes"[676].

Perante este quadro de dificuldades, a solução passa por apelar ao sentido prudencial dos tribunais. A convicção deve formar-se através de elementos que, não provando diretamente, são fortemente indiciários da existência da prática de assédio no local de trabalho, ou seja, um recurso às presunções naturais. Na verdade, como explicar que um avançado seja preterido das opções técnicas quando oferece à sua equipa uma fartura de golos sendo responsável por uma fatia considerável dos mesmos? Como justificar que um titular indiscutível passe permanentemente a não convocado? Não existe uma prova *prima facie* se o atleta que recusa uma proposta contratual é, quase ato contínuo, colocado a treinar "à parte"?

§ 4.3.5. Direitos de imagem

Bibliografia específica: André Augusto Duarte Monção, «E-sports: direitos de arena e de imagem dos cyber-atletas», *Data Venia – Revista Jurídica Digital*, 12 (2021), pp. 73-120; Andrea Susana Linhas Lopes da Silva, «O direito de imagem do desportista profissional», *Data Venia - Revista Jurídica Digital*, 2 (2013), pp. 195-210; Cláudia Trabuco, «O direito ao espectáculo e o direito à imagem dos desportistas — cotejo dos direitos português e brasileiro», *Desporto & Direito*, 29 (2013), pp. 129-152; Maria do Rosário Palma Ramalho, «O direito à imagem do desportista — notas breves» in: *Centenário do Nascimento do Professor Doutor Paulo Cunha — Estudos em Homenagem*, Almedina, Coimbra, 2012, pp. 791-801; Paulo da Rocha Pichel, «Notas sobre a tributação do rendimento proveniente de direitos de imagem dos desportistas», *Revista de Direito do Desporto*, 6 (2020), pp. 50-59; Sofia Barros Carvalhosa, «As situações abusivas decorrentes da exploração comercial da imagem do praticante desportivo profissional» in: *Estudos de Direito Desportivo em Homenagem a Albino Mendes Baptista*, Universidade Lusíada Editora, Lisboa, 2010, pp. 307-353, Id., «Algumas considerações sobre a decisão proferida

[676] Assim, dando este exemplo, Júlio Gomes, «Nótula sobre o assédio moral...», cit., p. 103.

pelo Tribunal da Relação de Lisboa no âmbito do acórdão de 18 de Dezembro de 2007, e que envolve o direito de imagem do praticante desportivo», *Desporto & Direito*, 17 (2009), pp. 303-320; RICARDO CARDOSO, «Direitos de imagem das celebridades desportivas – de onde vêm, o que são e para onde vão» in: ALEXANDRE MIGUEL MESTRE [Coord.], *Compêndio de Direito do Desporto*, Gestlegal, Lisboa, 2021, pp. 1157-1195; RICARDO HENRIQUE TOMÁS, «Direito de imagem» in: ALEXANDRE MIGUEL MESTRE [Coord.], *Enciclopédia de Direito do Desporto*, Gestlegal, Coimbra, 2019, pp. 153-154;

Pertence à própria natureza da atividade desportiva a exposição pública do praticante desportivo. A partir do momento em que a prestação se desenvolve aos olhos do público, não pode o atleta ter uma expetativa razoável de recato e discrição no desenrolar da sua vida profissional (e até pessoal...). O atleta, sobretudo aquele que compete na alta roda, é uma verdadeira "figura pública"[677]. Essa exposição pública não é, porém, ilimitada ou absoluta[678].

Sucede que a indústria desportiva rapidamente percebeu que era possível engendrar um aproveitamento económico da exposição mediática do atleta. De facto, a partir do momento em que indústria do Desporto tomou consciência de que o magnetismo ou *selling power* dos desportistas profissionais era igual, quando não mesmo superior, às estrelas da indústria das artes e do espetáculo[679] (fala-se mesmo de "celebridades desportivas"[680] ou do "desportista-unidade-económica"[681]), tornou-se bastante comum que os atletas cedam os seus direitos de imagem (ou, melhor dizendo, o direito à utilização e exploração da sua imagem, voz, nome, alcunha, assinatura, caligrafia, etc.)[682] a favor dos clubes desportivos para os quais prestam trabalho

[677] ALBINO MENDES BAPTISTA, «Especificidades do contrato de trabalho desportivo...», cit., p. 56, fala aqui de uma especificidade do trabalho desportivo "ao contrário das relações de tipo fabril, onde, em regra, domina o anonimato".

[678] Assim, SOFIA BARROS CARVALHOSA, «Algumas considerações sobre a decisão...», cit., p. 317.

[679] Sobre isto, MIGUEL CARDENAL CARRO, «Contrato de trabajo deportivo y derechos...», cit., pp. 231 ss.

[680] Sobre isto, RICARDO CARDOSO, «Direitos de imagem das celebridades desportivas – de onde vêm, o que são e para onde vão» in: ALEXANDRE MIGUEL MESTRE [Coord.], *Compêndio de Direito do Desporto*, Gestlegal, Lisboa, 2021, pp. 1157-1195.

[681] PAULO DA ROCHA PICHEL, «Notas sobre a tributação do rendimento...», cit., p. 52.

[682] Sobre isto, PAULO DA ROCHA PICHEL, «Notas sobre a tributação do rendimento...», cit., pp. 50-59, especialmente, pp. 50 ss. e, no contexto brasileiro, CAMILA BONIN ANNUNZIATO, «O direito à imagem do atleta profissional brasileiro», *Desporto & Direito*, 33 (2014), pp. 293-310.

para que estes, por sua vez, realizem receita com *mechandising*, artigos colecionáveis ou outros (por exemplo, utilização da imagem em videojogos[683]).

Em face da relevância económica e jurídica do problema, o legislador decidiu regular esta matéria. Numa norma que já constava do projeto de revisão do regime legal anterior, o artigo 14.º, n.º 1, do RCTPD, prevê que "todo o praticante desportivo tem direito a utilizar a sua imagem pública ligada à prática desportiva e a opor-se a que outrem a use para exploração comercial ou para outros fins económicos, sem prejuízo da possibilidade de transmissão contratual da respetiva exploração comercial".

A norma legal parte da regra de que o praticante desportivo é o *dominus* dos seus direitos de imagem[684]. O regime prevê, porém, a possibilidade de oneração dos direitos de imagem do praticante desportivo, isto é, a suscetibilidade de os direitos serem onerados a favor de terceiros. A norma legal tem certamente aqui em vista os acordos de oneração dos direitos de imagem, mas a exploração da imagem do praticante desportivo é possível através de outros instrumentos jurídicos[685], no contexto de um "complexo contratual mais alargado"[686]. Certo é que o contrato de trabalho do praticante desportivo

[683] Com uma resenha instrutiva, ver Carolina Pina / Cristina Mesa, *La explotación comercial de la imagen en las industrias del deporte y del entretenimiento — justificación, marco jurídico y nuevos desafíos desde una perspectiva comparada entre España y Estados Unidos*, Aranzadi, Navarra, 2012, especialmente pp. 103 ss.

[684] Cláudia Trabuco, «O direito ao espectáculo e o direito à imagem dos desportistas — cotejo dos direitos português e brasileiro», *Desporto & Direito*, 29 (2013), pp. 129-152, p. 140: "procurou-se salvaguardar o exclusivo do atleta de aproveitamento económico da sua imagem".

[685] Sobre isto, ver Maria de Lurdes Vargas, «Patrocínio desportivo: um mutante» in: Jorge Manuel Meirim [Org.], *Direito do Desporto*, Universidade Católica Editora, Lisboa, 2017, pp. 199-221, Alexandre Libório Dias Pereira, «Patrocínio e contratos publicitários» in: *Direito do Desporto Profissional — contributos de um Curso de Pós-Graduação*, Almedina, Coimbra, 2011, pp. 97-163; Id., «Contratos de patrocínio publicitário ('sponsoring')», *Revista da Ordem dos Advogados*, 1998, I, pp. 317-335, especialmente pp. 329 ss., Id., «Do patrocínio desportivo ("sponsoring")», *Desporto & Direito*, 6 (2005), pp. 359-365, Id., «Patrocínio desportivo» in: Alexandre Miguel Mestre [Coord.], *Enciclopédia de Direito do Desporto*, Gestlegal, Coimbra, 2019, pp. 309-311. Por exemplo, é comum que o contrato de sponsor preveja, a favor do patrocinador, o direito a resolver o contrato em caso de "desqualificação do patrocinado por causas difamantes, como o *doping*" ou, agora a favor do patrocinado, o direito a resolver o contrato "para os casos em que o patrocinador esteja envolvido num escândalo financeiro ou numa situação de crise prolongada" (p. 333). Ver ainda Francesco Rende, «Libertà contrattuale e tutela della vita privata dell'atleta», *Revista Electrónica de Direito*, 15 (2018), pp. 1-7. Sobre isto, mais em geral, Cláudia Trabuco, «Dos contratos relativos ao direito à imagem», *O Direito*, 2001, II, pp. 389-459.

[686] Com esta expressão, Paulo da Rocha Pichel, «Notas sobre a tributação do rendimento...», cit., p. 52.

é, muitas vezes, a sede para essa estipulação, motivo pelo qual o contrato de trabalho desportivo é uma figura contratual cada vez mais mesclada ou miscigenada com elementos civis ou comerciais como acontece precisamente nos casos dizem respeito à exploração comercial da imagem dos atletas[687].

Em relação a esta matéria, cumpre assinalar que os nossos tribunais não admitem a cessão genérica dos direitos de imagem, cominando esses pactos com a nulidade[688]. Por outro lado, também já se afirmou que o praticante desportivo pode retratar-se perante o consentimento prestado, nos termos do artigo 81.º, n.º 2, do Código Civil, uma vez que o direito à imagem é um direito de personalidade[689]. Finalmente, a cessação do contrato de trabalho, por exemplo, por resolução do trabalhador, implica, por "arrastamento", a cessação do contrato de direitos de imagem[690].

Finalmente, acrescenta o n.º 2, do artigo 14.º, que "ficam ressalvados os direitos da entidade empregadora desportiva quanto à imagem do coletivo dos praticantes, direitos que podem ser objeto de regulamentação em sede de contratação coletiva"[691]. Neste caso, "está implícita uma cedência automática e *ope legis* do praticante desportivo relativamente à utilização da sua própria imagem quando integrada no colectivo dos praticantes"[692]. Em termos práticos, o clube desportivo pode utilizar a imagem do atleta, quando integrada em termos coletivos, para fins institucionais como acontece, por exemplo, quando se fotografa o plantel no início da época desportiva.

[687] Em bom rigor, parece-nos que não estamos perante um acordo desta natureza se o praticante se compromete, por exemplo, no próprio contrato de trabalho, a comparecer em eventos públicos de divulgação de equipamentos.

[688] Ver ac. de 24/02/2005 do TRE (Bernardo Domingos), proc. nr. 2788/04-3. Como se diz no ac. de 18/12/2007 do TRL (Jorge Leal), proc. nr. 7379/2007-2, "através do contrato *sub judice* os autores jogadores profissionais não alienaram o direito à sua imagem. Apenas concederam a terceiro, por um período limitado no tempo, um determinado aproveitamento da sua imagem, da qual continuam a ser os titulares e da qual continuam a gozar e fruir, para além da limitação, socialmente adequada, *supra* mencionada, constante no negócio".

[689] Assim, expressamente, Pedro Petrucci de Freitas, «Da livre renúncia ao pacto de não concorrência pelo trabalhador após a cessação do contrato de trabalho», *Revista de Direito Público*, 9 (2013), pp. 63-73, p. 66, n. 8.

[690] Ver ac. de 22/09/2008 do TRP (Maria Fernanda Soares), proc. nr. 0842844 / CJ, 2008, IV, pp. 231-233.

[691] Cfr. artigo 38.º da CCT aplicável aos futebolistas profissionais.

[692] Maria do Rosário Palma Ramalho, *Tratado de Direito do Trabalho...*, cit., p. 470.

§ 4.4. Segurança e saúde no trabalho

Bibliografia específica: Ana Brilha, «O novo regime do seguro desportivo — verdadeira inovação?», *Desporto & Direito*, 17 (2009), pp. 293-299; Ana Cristina Ribeiro Costa, «Breves notas sobre o praticante desportivo profissional e a segurança e saúde no trabalho: estará *fora de jogo?*», *Revista de Direito do Desporto*, 4 (2020), pp. 20-34; Joana Carneiro, «Seguro de acidentes de trabalho (praticante desportivo)» in: Alexandre Miguel Mestre [Coord.], *Enciclopédia de Direito do Desporto*, Gestlegal, Coimbra, 2019, pp. 369-370; Id., «Particularidades do contrato de seguro de acidentes de trabalho de praticante desportivo», *Prontuário de Direito do Trabalho*, 2017, I, p. 99-126; João Leal Amado, «O caso Jardel e as especificidades do contrato de trabalho desportivo», *Boletim da Ordem dos Advogados*, 22 (2002), pp. 12-13; Paulo Cardoso de Moura, «Seguros obrigatórios nas actividades desportivas e de lazer», *Desporto & Direito*, 8 (2006), pp. 221-257; Sofia Meneses, «Miklós Féher em 2004 e Iker Casillas em 2019 - farão quinze anos de doutrina e jurisprudência alguma diferença?» in: Alexandre Miguel Mestre [Coord.], *Compêndio de Direito do Desporto*, Gestlegal, Lisboa, 2021, pp. 434-455;

A segurança e saúde no trabalho tem no âmbito desportivo um papel de grande importância, até porque, um pouco à semelhança do que acontece noutros aspetos de regime, a dimensão mediática do Desporto profissional empresta a este assunto uma grande atenção e, até, uma certa dose de preocupação pública[693].

Ao contrário da generalidade dos contratos de trabalho, onde a obrigação é, como a experiência assim o demonstra, olimpicamente ignorada, todo o ciclo da relação laboral do atleta é marcado por um "controlo médico"[694]. Desde logo, a realização de exames médicos de admissão[695] é feita, neste setor, com grande disciplina, aproximando-se a uma verdadeira *due diligence* em que

[693] Colocando sobre o Estado o dever de instituir e regulamentar um seguro obrigatório. Sobre isto, Maria João Soares Ribeiro, «O regime jurídico do Desporto...», cit., p. 77.

[694] A expressão é do legislador italiano: cfr. artigo 7.º da *Legge* n.º 91 de 23 de março de 1981.

[695] O artigo 108.º, n.º 3, alínea a), da Lei n.º 102/2009, de 10 de setembro, que aprova o regime jurídico da promoção da segurança e saúde no trabalho, prevê que o empregador deve realizar exame médico de admissão "antes do início da prestação de trabalho". Trata-se de uma excepção à regra geral que decorre do artigo 19.º do CT09, como aliás o próprio proémio desta norma o admite.

o objeto de análise é, afinal, a aptidão física do atleta. Nem de outra forma poderia ser: em primeiro lugar, o RCTPD é bastante enfático ao prever essa obrigação tanto do lado do empregador (cfr. artigo 11.º, alínea c)) como do atleta (cfr. artigo 13.º, alínea d)). Em segundo lugar, como prevê o n.º 4, do artigo 7.º, do RCTPD, o clube deve fazer prova da aptidão física do atleta para registar o contrato de trabalho[696], sendo o registo, por sua vez, condição para a participação do atleta nas competições. Aliás, segundo certa doutrina, esse requisito é condição de validade do contrato de trabalho sendo de assinalar que, no caso do contrato de formação desportiva, o legislador determina expressamente a nulidade do contrato. Em terceiro lugar, mesmo que assim não fosse, há um interesse do empregador em verificar se o atleta tem, de facto, essas condições. Se no comum dos contratos, a condição física e a saúde do trabalhador são, apesar de tudo, aspetos laterais à execução do contrato, pois não contendem necessariamente com ela, ou só remotamente interferem com essa execução, no contexto desportivo, inversamente, a saúde e a condição físicas do trabalhador são pressupostos que se podem considerar essenciais para uma normal execução do contrato. De resto, e não por acaso, os clubes dispõem de equipas médicas próprias congregando especialistas de diferentes ramos do saber médico[697].

Embora ao arrepio das normas da FIFA[698], é comum que a celebração do contrato de trabalho esteja dependente dos resultados dos exames médicos ou, sendo celebrado contrato de trabalho, pode acontecer, como acontece, que seja aposta condição suspensiva, nos termos da qual o contrato apenas produzirá efeitos em caso de aprovação, sem reservas, nos exames médicos, ou que o empregador se reserve ao direito de fazer cessar o contrato durante o período experimental caso o atleta chumbe nos exames médicos[699] ou, como já aconteceu num caso decidido pelos nossos tribunais, que o empregador possa acionar uma cláusula penal aposta no contrato de trabalho caso

[696] Cfr., no mesmo sentido, o artigo 75.º, n.º 7, alínea h), do RCLPFP.

[697] Apontando este dado, Ana Cristina Ribeiro Costa, «Breves notas sobre o praticante...», cit., p. 24.

[698] Cfr. artigo 18.º, n.º 4, do RETJ da FIFA.

[699] Foi o que aconteceu no caso do ac. de 17/03/2009 do TRC (Azevedo Mendes), proc. nr. 335/06.9TTAVR.C1, em que o contrato continha uma cláusula segundo a qual "o jogador será submetido a exames médicos até uma semana depois da sua apresentação na SAD. No caso de alguma lesão ou doença que possa afectar o seu normal rendimento como atleta profissional, a SAD tem o direito de cancelar este contrato".

o desportista se recuse a realizar os exames médicos, obstando à "eficácia plena" do contrato[700].

A preocupação do Direito com a segurança e saúde dos atletas está presente também durante a execução do contrato de trabalho. Assim, existe a preocupação de que aquela aptidão física revelada na fase vestibular do contrato se mantenha durante toda a sua execução. Segundo as regras gerais em matéria de segurança e saúde no trabalho, o empregador deve realizar exames médicos periodicamente (mais precisamente, de 2 em 2 anos)[701]. No entanto, é prática comum que os atletas façam uma bateria de exames médicos com outra regularidade. De facto, tornou-se corrente que os exames médicos sejam realizados, pelo menos, anualmente, no início de cada época desportiva[702]. Se o Direito do Trabalho proíbe, em princípio, a realização de exames médicos durante o curso da relação laboral, no mundo desportivo, pelo contrário, "por estarem em causa trabalhadores que desenvolvem actividades que dependem da verificação de rigorosas condições de saúde"[703], justifica-se que o clube desportivo possa fazer esses exames e possa exigir que os atletas cooperem com os clubes quanto à sua saúde[704].

[700] Ac. de 07/05/1997 do STJ (Carvalho Pinheiro), proc. nr. 96S138 / CJ (STJ), 1997, II, pp. 275-276 / AcD, 432 (1997), pp. 1504-1515.

[701] Cfr. artigo 108.º, n.º 3, alínea b), da Lei n.º 102/2009, de 10 de setembro. A periodicidade já é anual no caso de trabalhadores com idade superior a 50 anos ou menores.

[702] No caso dos atletas vinculados por contrato de formação desportiva, "a entidade formadora é responsável pela realização de um exame médico anual, se periodicidade mais curta não for exigida pelo desenvolvimento do processo de formação, por forma a assegurar que das atividades desenvolvidas no âmbito da formação não resulte perigo para a saúde e para o desenvolvimento físico e psíquico do formando desportivo" (artigo 32.º, n.º 2, do RCTPD).

[703] Assim, referindo-se ao praticante desportivo, Catarina Sarmento e Castro, «A protecção dos dados pessoais dos trabalhadores», *Questões Laborais*, 20 (2002), pp. 139-163, p. 154. Dando precisamente o exemplo do praticante desportivo, falando de "exigências inerentes à actividade", Joana Vasconcelos, «Testes e exames médicos ao trabalhador», *Prontuário de Direito do Trabalho*, 2016, I, pp. 93-100, p. 98, n. 21. Maria do Rosário Palma Ramalho, *Tratado de Direito do Trabalho...*, cit., p. 466, fala mesmo na realização lícita de "exames invasivos da privacidade". Dando também o exemplo da prática desportiva, Maria Regina Redinha, «Da protecção da personalidade no Código do Trabalho» in: João Reis / João Leal Amado / Francisco Liberal Fernandes / Maria Regina Redinha [Org.], *Para Jorge Leite — Escritos Jurídico-Laborais*, Volume I, Coimbra Editora, Coimbra, 2014, pp. 819-853, p. 838.

[704] Em comentário ao "caso Jardel", João Leal Amado, «O caso Jardel e as especificidades do contrato de trabalho desportivo», *Boletim da Ordem dos Advogados*, 22 (2002), pp. 12-13, p. 12, refere que nutre algumas dúvidas quanto ao comportamento do atleta que, numa situação de doença, "terá preferido agir por conta própria, recorrendo aos serviços médicos de outrem e deixando a sua entidade empregadora à margem de todo o processo". Sobre esta questão, ver o estudo de Anne-Marie Grivel, «De l'obligation du sportif professionnel de se soumettre aux soins médicaux pendant sob arrêt de travail», *Droit Social*, 2019, V, pp. 432-434.

Pensamos que os especiais interesses ligados ao Desporto competitivo também legitimam que o empregador possa fazer um controlo sobre o consumo de álcool e/ou estupefacientes por parte dos atletas[705] ou substâncias dopantes[706]. De resto, mesmo os Autores mais refratários a este tipo de testes e exames aos trabalhadores admitem que uma das exceções é justamente o caso do praticante desportivo[707]. No entanto, os exames devem basear-se num interesse legítimo que passe o veredicto da proporcionalidade[708].

Por outro lado, existe ainda uma preocupação reforçada para que o atleta desempenhe sempre a sua atividade de forma continuadamente segura e também... segurada. É disso bom exemplo a regulamentação desportiva aplicável ao futebol onde se determina que "a revogação ou anulação dos certificados de seguro... acarretam a imediata suspensão do jogador de toda a actividade desportiva até à apresentação de novos certificados de seguro"[709].

Em relação à segurança e saúde durante a execução do contrato, merece um sublinhado especial a matéria dos acidentes de trabalho[710]. Como não

[705] Lembramos que, nos termos do artigo 31.º, n.º 3, da Lei n.º 38/2012, de 28 de agosto, com a redação que lhe foi dada pela Lei n.º 111/2019, de 10 de setembro, no ato do registo do contrato de trabalho do praticante desportivo, "tratando-se de menores de idade, ou outras situações de incapacidade nos termos do Código Civil, no ato de inscrição, a federação desportiva deve exigir a quem exerce o poder parental, a tutela ou acompanhe o maior, a Autorização para a sua sujeição aos controlos de dopagem em competição e fora de competição".

[706] Carlos Rodríguez Domínguez, «As consequências jurídicas da dopagem na relação laboral de desportistas: a quebra da boa fé contratual como fundamento de despedimento disciplinar», *Desporto & Direito*, 14 (2008), pp. 327-333, p. 328, refere que esses exames "estão enquadrados como medidas protectoras da segurança no trabalho, pelo que são expressamente permitidos no âmbito jurídico-laboral".

[707] Assim, Teresa Alexandra Coelho Moreira, *Da esfera privada do trabalhador...*, cit., p. 201.

[708] Tal como refere Ana Cristina Ribeiro Costa, «Breves notas sobre o praticante...», cit., p. 26, pensamos que, pelo menos, pode ser discutível a licitude da monitorização do sono dos atletas em tempos de descanso. Sobre esta monitorização permanente, exprimindo dúvidas de um ponto de vista laboral, Margarida Barahona Pereira, «Desafios jurídicos decorrentes da utilização de tecnologias de análise e melhoria contínua de performance desportiva», *Revista de Direito do Desporto*, 10 (2021), pp. 72-80.

[709] Cfr. artigo 75.º, n.º 21, do RCLPFP. Repare-se que se está perante uma suspensão do atleta da competição e não de uma suspensão do contrato de trabalho. Assim, o Regulamento apenas suspende a participação do atleta nas partidas competitivas, não impedindo, salvo melhor opinião, que o atleta participe nos treinos.

[710] Sobre os acidentes de trabalho no contexto do desporto profissional ver, desenvolvidamente, Joana Carneiro, «Acidentes de trabalho dos jogadores de futebol — algumas considerações», *Questões Laborais*, 42 (2013), pp. 437-459. Na jurisprudência, ver o ac. de 02/12/2003 do TRE (Acácio Proença), CJ, 2003, V, pp. 285-288, ac. de 18/02/2008 do TRP (Fernanda Soares), proc. nr. 0715860 / CJ, 2008, I, pp. 230-232, ac. de 11/11/2008 do TRC (Serra Leitão), CJ, 2008, V,

poderia deixar de ser, a contratação de seguro que cubra a eventualidade de acidente de trabalho é obrigatória[711], sem prejuízo da contratação de outros seguros[712]. Aliás, as razões que justificam a relevância das matérias da segurança e saúde no trabalho no contexto desportivo estão presentes, por razões mais fortes, no específico domínio dos acidentes de trabalho. Aproveitando as palavras do próprio legislador no preâmbulo do Decreto-Lei n.º 10/2009, de 12 de janeiro, que estabelece o regime jurídico do seguro desportivo obrigatório, "o desporto, até por definição, é uma actividade predominantemente física, exercitada com carácter competitivo. Cobrir os riscos, através da instituição do seguro obrigatório, é uma necessidade absoluta para a segurança

p. 61 (página única), ac. de 05/01/2009 do TRP (Machado da Silva), CJ, 2009, I, pp. 256-257, ac. de 02/02/2010 do TRE (António Gonçalves Rocha), CJ, 2010, I, pp. 257-25, ac. de 10/11/2010 do TRL (Paula Sá Fernandes), CJ, 2010, V, pp. 162-166, ac. de 24/04/2014 do TRE (Acácio Proença), CJ, 2014, II, pp. 284-287, ac. de 17/09/2014 do STJ (Leones Dantas), CJ (STJ), 2014, III, p. 272 (sumário), ac. de 12/11/2013 do TRG (Edgar Gouveia Valente), CJ, 2013, V, pp. 287-291 (secção cível), ac. de 29/10/2014 do STJ (Pinto Hespanhol), proc. nr. 1083/05.2TTLSB.L2.S1, ac. de 12/10/2017 do TRE (João Nunes), proc. nr. 447/13.2TTFAR.E1, ac. de 15/11/2018 do TRP (José Manuel Araújo de Barros), proc. nr. 1751/14.8TBVCD.P1, ac. de 21/02/2019 do TRG (Vera Sottomayor), proc. nr. 246/14.4TTGMR.G1 e ac. de 02/05/2019 do TRE (Paula do Paço), proc. nr. 447/13.2.TTFAR-A.E1.

[711] Cfr. artigo 42.º, n.º 1, da Lei n.º 5/2007, de 16 de janeiro. Sobre o seguro contra riscos de acidentes de trabalho no contexto desportivo, ver o breve estudo de Joana Carneiro, «Seguro de acidentes de trabalho (praticante desportivo)» in: Alexandre Miguel Mestre [Coord.], *Enciclopédia de Direito do Desporto*, Gestlegal, Coimbra, 2019, pp. 369-370 e Id., «Particularidades do contrato de seguro de acidentes de trabalho de praticante desportivo», *Prontuário de Direito do Trabalho*, 2017, I, p. 99-126. Numa nota breve, até porque corresponde a um paradigma definitivamente ultrapassado, era outrora negado por alguns a tutela do profissional desportivo no plano infortunístico. O argumento utilizado era o da pretensa autonomia do atleta profissional que o excluía do âmbito de aplicação da Lei n.º 1942. Com esta posição, Arnaldo Constantino Fernandes, «Responsabilidade civil...», cit., pp. 210 ss. Transcrevendo alguns passos do Autor, estribando-se em jurisprudência do Supremo Tribunal Administrativo da época, "as leis de acidente de trabalho visam a garantia dos trabalhadores que no exercício da sua profissão correm determinados riscos e não dos que fazem dos riscos uma actividade; tôda a actividade profissional, inclusivé a do bombeiro e a do oficial do exército, deve ser exercida com o menor perigo possível para aqueles e para os homens debaixo do seu comando ou direcção; a melhor técnica do profissional consiste justamente em diminuir o mais possível os riscos ao passo que no desporto perigoso a melhor técnica será a do seu aumento".

[712] Sobre o seguro desportivo, ver Ana Brilha, «O novo regime do seguro desportivo — verdadeira inovação?», *Desporto & Direito*, 17 (2009), pp. 293-299, falando aqui de uma "permissão genérica da pluralidade de seguros" (p. 298), Paulo Cardoso de Moura, «Seguros obrigatórios nas actividades desportivas e de lazer», *Desporto & Direito*, 8 (2006), pp. 221-257, Francisco Rodrigues Rocha, «Seguro desportivo - cobertura de danos não patrimoniais?», *Revista da Faculdade de Direito da Universidade de Lisboa*, 2020, II, pp. 289-316 e Nuno Vieira Pássaro, *Direito do Desporto...*, cit., pp. 233 ss.

dos praticantes"[713]. O que é particularmente evidente no caso do desporto exercido a título profissional uma vez que "a actividade desportiva orientada para o rendimento, ao exigir dos atletas um elevado rendimento e um intenso ritmo competitivo, bem como uma concentrada calendarização das provas desportivas profissionais, aumenta as probabilidades de ocorrerem acidentes pessoais e/ou de trabalho"[714]. Pragmaticamente: "as lesões mais graves podiam implicar com os seus direitos laborais mais elementares"[715].

O Desporto é, definitivamente, um daqueles setores de atividade onde os sinistros, bem como as doenças profissionais incapacitantes, têm uma maior projeção mediática. Se nas relações laborais comuns o acidente de onde resulte a morte ou a incapacidade permanente de um trabalhador só raramente merece atenção pública, contando só, infelizmente, para efeitos meramente estatísticos, no Desporto, a morte, as lesões graves, bem como as doenças profissionais, são encaradas como assunto de interesse nacional. Para isso muito contribui, como é evidente, a forma como o fenómeno do sinistro é vivenciado pela comunidade, sobressaltando a consciência social: com exceção do sinistro ocorrido durante os treinos, os episódios de lesão grave ou a morte do atleta são, quase sempre, diretamente percecionados pelo público, tornando-se um evento rememorado (pense-se no caso do atleta que cai inanimado no relvado, vítima de um aneurisma[716] ou de arritmia[717]), gerando um clima de forte comoção social[718].

A especificidade do acidente de trabalho em contexto desportivo não decorre apenas, contudo, da atenção social. Do ponto de vista jurídico, o acidente no âmbito desportivo envolve questões que problematizam aspetos centrais da teoria geral do infortúnio laboral e que obrigam a repensar o sistema de reparação do dano. Por um lado, uma das premissas fundamentais de que parte a regulamentação laboral atividade desportiva — a profissão

[713] Diferente é a questão da assunção do risco num plano civil. Sobre isto, André Gonçalo Dias Pereira, «Assunção do risco em actividades desportivas no Direito português», *Desporto & Direito*, 9 (2006), pp. 421-435 e Id., «Responsabilidade civil em eventos desportivos», *Desporto & Direito*, 14 (2008), pp. 227-265.

[714] Como se lê na exposição dos motivos da Proposta de Lei n.º 34/XI.

[715] Como se lê no preâmbulo do Projeto de Lei n.º 348/XV.

[716] Ver o caso decidido no ac. de 07/10/1993 do STJ (Zeferino Faria), BMJ, 430 (1993), pp. 450-454.

[717] Como aconteceu no caso relatado no ac. de 30/06/2011 do STJ (Pereira Rodrigues), proc. nr. 383/04.3TTGMR.L1.S1 / CJ (STJ), 2011, II, pp. 271-276.

[718] Mas os treinadores desportivos também podem ser vítimas de acidentes de trabalho: ver ac. de 07/04/2014 do TRP (António Ramos), CJ, 2014, II, pp. 264-266.

desportiva como uma atividade de "desgaste rápido" — tem repercussões no processo de avaliação do nexo de causalidade: nem sempre é fácil determinar, até do ponto de vista do "veredicto médico", em que medida a incapacidade resulta de um evento traumático concentrado no tempo, do processo natural de desgaste biológico[719] ou até se representa, apenas, uma agudização da situação patológica do atleta[720] ou um ponto culminante do seu "histórico de lesões"[721].

Por outro lado, as regras gerais em sede de reparação do dano não podem ser aplicadas *directis et apertis verbis* a uma realidade profissional como a desportiva em que, como se sabe, o período de vida ativa do atleta é muitíssimo inferior à do trabalhador comum. Uma aplicação pura e simples das regras gerais não só produziria resultados manifestamente injustos, de verdadeiro enriquecimento dos atletas, como, reflexamente, lançaria o pânico no sistema de seguro, obrigando a um aumento em flecha dos prémios de seguro, em claro prejuízo para os clubes desportivos. Para tomar consciência das consequências da falta de um regime especial, basta pensar que o regime geral determinaria que o atleta vítima de acidente de trabalho teria direito a uma pensão anual vitalícia na ordem das dezenas de milhares de euros, quando a idade expectável para o fim da carreira de desportista termina, em regra, na casa dos 30 anos.

Perante este estado de coisas, impunha-se a implementação de regras especiais para os praticantes desportivos[722]. Parte destes problemas só ficaram

[719] Daí o Projeto de Lei n.º 348/XV estatuir que "a presente lei estabelece o regime específico relativo à reparação dos danos emergentes de acidentes de trabalho dos praticantes desportivos profissionais, excluindo os danos resultantes de desgaste natural da atividade do praticante desportivo profissional" (artigo 1.º).

[720] Sobre isto, ver o estudo crítico de Sofia Meneses, «Miklós Féher em 2004 e Iker Casillas em 2019 – farão quinze anos de doutrina e jurisprudência alguma diferença?» in: Alexandre Miguel Mestre [Coord.], *Compêndio de Direito do Desporto*, Gestlegal, Lisboa, 2021, pp. 434-455.

[721] Com outro desenvolvimento, Joana Carneiro, «Particularidades do contrato de seguro...», cit., pp. 108 ss.

[722] Antes da aprovação desse regime, os nossos Tribunais, sem cair na tentação do judicialismo sem correspondência com o regime jurídico positivado, recusavam distinguir lá onde o regime dos acidentes de trabalho não distinguia. Vai daí que as decisões anteriores à reforma de 2003, ou posteriores se o caso ditasse a aplicação do regime anterior por via das regras da aplicação da lei no tempo, rejeitassem alegações de recurso com base no argumento da disparidade e na diferente natureza desta relação especial de trabalho. Como ilustração pode citar-se o ac. de 30/04/2008 do STJ (Bravo Serra), proc. nr. 07S4749, onde se reconhece que "não se põe em causa que, tratando-se de profissões de «desgaste rápido», em que o respectivo desempenho inculca limites etários porventura em alguns casos muito inferiores ao surpreendido nas outras profissões,

resolvidos pela Lei n.º 8/2003, de 12 de maio, diploma que viria a ser substituído pela Lei n.º 27/2011, de 16 de junho, atualmente em vigor, que conta com tabelas actuariais e de comutação. Em termos práticos, a "tabela de comutação", em anexo ao diploma legal, e para onde remete o artigo 5.º, representa a conversão do grau de incapacidade tal como resultante da aplicação da tabela nacional de incapacidades por acidente de trabalho e doenças profissionais[723].

O regime contido na Lei n.º 27/2011, de 16 de junho, é, contudo, omisso em vários aspetos, como, aliás, o anterior também era, remetendo para o regime geral em matéria de acidentes de trabalho[724], o que faz expressamente. Assim, e desde logo, o próprio conceito de acidente de trabalho ou a determinação de nexo de causalidade, aspetos que mereceriam, porventura, regras especiais[725], conservam a sua operatividade neste contexto[726]. A título de exemplo, o conceito de tempo de trabalho para efeitos do regime dos acidentes de trabalho significa a tutela plena dos sinistros ocorridos nas partidas oficiais, nos treinos[727], nos estágios[728], bem como os acidentes *in itinere*, isto é, os acidentes

a incapacidade permanente absoluta para o seu exercício vai projectar-se num quantitativo prestacional que perdurará para além daqueles limites. Simplesmente, essa é uma realidade que o legislador não contemplou até Maio de 2003 (e, após esse marco temporal, só veio contemplá-la relativamente aos praticantes desportivos profissionais – que, em tese, não serão os únicos a exercer uma profissão de «desgaste rápido»), não dispondo os órgãos aplicadores do direito de comandos legais que possam fundamentar uma, à primeira vista, disparidade de situações. E referimos uma aparente disparidade de situações, pois que se entende esse não contemplar, só por si, não significa ou redunda numa «injustiça» ou numa discriminação positiva dos sinistrados em tais situações".

723 Sobre a aplicação desta tabela de comutação, ver ac. de 29/01/2015 do TRG (Manuela Fialho), proc. nr. 455/13.3TTBRG.P1.G1 e ac. de 21/02/2019 do TRG (Vera Sottomayor), proc. nr. 246/ 14.4TTGMR.G1,

724 Remete para a Lei n.º 98/2009, de 4 de setembro.

725 Para Joana Carneiro, «Particularidades do contrato de seguro...», cit., p.102, "o elemento causal justifica bastante a existência de um regime especial no âmbito dos praticantes desportivos profissionais".

726 Sobre estes conceitos, ver, para outro desenvolvimento, Júlio Gomes, *O acidente de trabalho — o acidente* in itinere *e a sua descaracterização*, Coimbra Editora, Coimbra, 2014. Não deixará de ser interessante fazer referência ao ac. de 05/05/2008 do TRP (Ferreira da Costa), proc. nr. 0810616, onde se decidiu que "um acidente de trabalho ocorrido durante a execução de um contrato de trabalho nulo ou anulado deverá ter tratamento igual ao do acidente ocorrido na execução de um contrato válido".

727 Assim, exatamente, Joana Carneiro, «Particularidades do contrato de seguro...», cit., p. 104.

728 Sobre a questão dos acidentes de trabalho quando o trabalhador deve pernoitar fora da sua residência, ver, em geral, André Teixeira dos Santos, «Do acidente de trabalho em contexto de pernoita fora da residência do trabalhador por razões do exercício da prestação laboral», *Revista do Ministério Público*, 172 (2022), pp. 121-137, pp. 128 ss.

de trajeto[729]. Pelo contrário, já não são tutelados pela tutela infortunística os acidentes ocorridos nos tempos de descanso do atleta, ainda que na prática de atividade física complementar ou para manutenção da condição física[730].

O ponto onde mais se bradava pela intervenção do legislador diz respeito à adaptação das regras de fixação das pensões vitalícias em função do período de vida útil do atleta, mais curto por comparação com o trabalhador comum. Em resposta a esse problema, o regime fixa *plafonds* de referência para o cálculo das pensões por porte, incapacidade permanente absoluta ou parcial, fixando os 35 anos de idade como o referente para o cálculo[731].

Há outras normas do regime que merecem, no entanto, alguma atenção. Segundo o artigo 8.º, n.º 2, do diploma, o atleta sinistrado "ao receber o boletim de alta, deve declarar que tomou conhecimento do respectivo conteúdo, assinando dois exemplares do mesmo, que entrega à entidade empregadora"[732]. Se a conclusão imediata que tem sido tirada é a de que não se inicia a contagem do prazo de caducidade até esse momento[733], que é de um ano, como decorre do regime geral dos acidentes de trabalho[734], a verdade é que só pode ser encarada como abuso de direito a conduta do atleta que, não tendo assinado o seu boletim clínico vem, volvidos vários anos, exigir o pagamento de uma pensão por incapacidade[735].

Ainda em relação à aplicação do regime geral, importa lembrar uma regra que, por força da especial mobilidade dos atletas de alta competição, torna-se particularmente aplicável. Estamos a pensar no artigo 39.º, da Lei n.º 98/2009, de 4 de setembro, onde se prevê que "o sinistrado tem direito ao fornecimento ou ao pagamento de transporte e estada, que devem obedecer às condições de comodidade impostas pela natureza da lesão ou da doença", acrescentando-se que "o fornecimento ou o pagamento referidos (...) abrangem as deslocações

729 Sobre os acidentes ao serviço das seleções nacionais ver, com outros desenvolvimentos, ANA RITA DOS SANTOS PÓVOAS, *A relação tripartida entre o praticante desportivo...*, cit., (disponível *online*).

730 ANA CRISTINA RIBEIRO COSTA, «Breves notas sobre o praticante...», cit., p. 32.

731 Sobre isto, ac. de 01/06/2022 do STJ (MÁRIO BELO MORGADO), CJ (STJ), 2022, II, pp. 242-247.

732 Cfr. o Projeto de Lei n.º 348/XV: "a entidade empregadora, através do respetivo departamento médico, é responsável pelo cumprimento das obrigações constantes do artigo 35.º da Lei n.º 98/2009, de 4 de setembro, designadamente garantindo a entrega ao sinistrado dos boletins de exame e de alta clínica" (artigo 5.º, n.º 1).

733 Ver, com interesse, ac. de 25/02/2008 do TRP (FERNANDA SOARES), proc. nr. 0716269.

734 Cfr. artigo 179.º da Lei n.º 98/2009, de 4 de setembro.

735 Neste sentido, JOANA CARNEIRO, «Acidentes de trabalho...», cit., p. 447. Contra, ac. de 29/05/2017 do TRP (PAULA LEAL DE CARVALHO), proc. nr. 907/10.7TTMTS.P2. Com indicações jurisprudenciais, ANA CRISTINA RIBEIRO COSTA, «Breves notas sobre o praticante...», cit., pp. 29 ss.

e permanência necessárias à observação e tratamento e as exigidas pela comparência a actos judiciais (...)"[736].

Como vimos, a falta de seguro contra acidentes de trabalho é fundamento de recusa do registo por parte da Federação. A lei estabelece que "no ato do registo do contrato de trabalho desportivo, a entidade empregadora desportiva deve fazer prova (...) de ter efetuado o correspondente seguro de acidentes de trabalho, sob pena de recusa do mesmo"[737]. Há quem retire daqui algumas consequências argumentativas relevantes, pois há quem defenda que a Federação desportiva que tutela a competição é responsável pelo acidente do atleta, caso admita o registo de atleta para o qual o empregador não tenha contratado o seguro obrigatório. Sendo o seguro obrigatório, é no momento do registo que a Federação deve confirmar que o risco está coberto por seguro, devendo recusar o registo na falta de seguro. Utilizando aqui linguagem jurídico-administrativista, não existe aqui uma discricionariedade da Federação, estando esta vinculada a recusar o registo, na ausência de seguro ou, pelo menos, na ausência de prova nesse sentido. Assim sendo, ao admitir a inscrição do atleta sem que o contrato de trabalho venha instruído com o contrato de seguro contra acidentes de trabalho, a Federação deveria ser responsável pelo acidente de trabalho sofrido pelo atleta[738]. Se percebemos as razões apontadas, a verdade é que essa responsabilidade não resulta da lei que estabelece claramente que é ao empregador que cabe a responsabilidade *in totum* pelos danos emergentes de acidente de trabalho em caso de ausência de seguro. A regra que se aventa esteve prevista, é certo,

[736] Acompanhamos Ana Cristina Ribeiro Costa, «Breves notas sobre o praticante...», cit., p. 32, quando a Autora refere que a onerosidade das deslocações (por exemplo, atletas que residem no estrangeiro) não pode precludir o exercício do direito. Ver, com interesse, o ac. de 22/03/2006 do TRL (Duro Mateus Cardoso), proc. nr. 6517/2005-4, que, na vigência do Direito pretérito, decidiu que estas normas legais "não excluem a possibilidade de a deslocação do sinistrado a actos judiciais para que foi convocado (junta médica) ser efectuada por avião desde que a utilização desse meio de transporte seja estritamente necessária. Justifica-se a utilização de viagem aérea entre os EUA e Portugal até porque nem existem alternativas viáveis". Cfr. o Projeto de Lei n.º 348/XV: "o fornecimento ou o pagamento de despesas de transportes e de estada previsto no n.º 2 do artigo 39.º da Lei n.º 98/2009, de 4 de setembro, abrange as deslocações e permanência necessárias à observaçao e tratamento, bem como as exigidas pela comparência a atos judiciais realizadas a partir da sede do empregador ou do domicílio do sinistrado em Portugal à data do acidente" (artigo 13.º).

[737] Cfr. artigo 9.º, n.º 1, da Lei 27/2011, de 16 de junho.

[738] Com esta opinião, Eduardo Soares Antunes, «Os seguros e o desporto: análise do regime jurídico do seguro desportivo obrigatório e legislação conexa» in: Jorge Manuel Meirim [Org.], *Direito do Desporto*, Universidade Católica Editora, Lisboa, 2017, pp. 139-155, p. 150.

no regime legal anterior do seguro desportivo obrigatório[739], mas a verdade é que semelhante regra foi suprimida do regime atualmente em vigor aplicável ao seguro desportivo[740].

§ 4.5. Retribuição

Bibliografia específica: Albino Mendes Baptista, «Cumprimento da obrigação retributiva, salários em atraso e o artigo 36.º do Contrato Colectivo de Trabalho dos Futebolistas», *O Direito*, 2008, IV, pp. 873-887; André Gonçalo Dias Pereira, «Meios de reacção contra os clubes de futebol incumpridores das suas obrigações: salários em atraso, não pagamento das contribuições à Segurança Social e das dívidas fiscais», *Desporto & Direito*, 17 (2009), pp. 269-291; João Leal Amado, «Trabalho desportivo, obrigação de meios e retribuição variável», *Questões Laborais*, 23 (2004), pp. 117-120; Id., «"Show me the money?"», *Revista do Ministério Público*, 113 (2008), pp. 172-177; João Zenha Martins, «A inscrição do montante da retribuição no contrato de trabalho desportivo e a sua fixação judicial», *Sub Judice — Justiça e Sociedade*, 27 (2004), pp. 99-116; Miguel Mota Marques, «Teto salarial» in: Alexandre Miguel Mestre [Coord.], *Enciclopédia de Direito do Desporto*, Gestlegal, Coimbra, 2019, pp. 385-386; Id., «Introdução de um teto salarial nas Ligas de Futebol profissional da UEFA: prevaleceria o estatuto especial da *Lex Sportiva* sobre o Direito

[739] Efetivamente, o artigo 10.º, n.º 1, do Decreto-Lei n.º 146/93, de 26 de Abril, "as federações desportivas que procedam à inscrição de agente desportivo que não fique abrangido pelo seguro desportivo obrigatório ou por seguro que garanta cobertura igual ou superior, bem como as entidades que promovam ou organizem provas desportivas sem terem celebrado seguro desportivo adequado, respondem, em caso de acidente desportivo, nos mesmos termos em que responderia a empresa seguradora, caso houvesse seguro". Na jurisprudência, ver, sobre isto, o ac. de 25/10/2012 do STJ (Oliveira Vasconcelos), proc. nr. 2598/09.9TBVNG.P1.S1, decidindo no sentido de que "quando não houver seguro desportivo ou o seguro não garantir a cobertura igual ou superior ao seguro desportivo obrigatório, as federações desportivas que procederam à inscrição do agente desportivo respondem, no caso de acidente desportivo, nos mesmos termos em que responderia a empresa seguradora, caso houvesse seguro". Em geral, sobre o seguro desportivo, Paulo Farinha Alves, «Seguro desportivo» in: Alexandre Miguel Mestre [Coord.], *Enciclopédia de Direito do Desporto*, Gestlegal, Coimbra, 2019, pp. 370-371 e Paulo Cardoso de Moura, «Seguros obrigatórios nas actividades desportivas...», cit., pp. 221-257.

[740] Assim, Ana Brilha, «O novo regime do seguro desportivo...», cit., p. 299, referindo que, hoje, a consequência é contra-ordenacional.

da União Europeia?», *Revista de Direito do Desporto*, 4 (2019), pp. 80-104; Nuno Barbosa, «As consequências desportivas do incumprimento salarial dos clubes», *Ab Instantia*, 1 (2013), pp. 57-64; Koldo Irurzun Ugalde, «Como o limite salarial afeta o contrato de trabalho desportivo do atleta» in: *Iº Congresso Internacional sobre o Regime Jurídico do Contrato de Trabalho Desportivo*, Vida Económica, Porto, 2018, pp. 105-117; Victor Hugo Ventura, «Os "prémios" por objetivos no regime do contrato de trabalho do praticante desportivo» in: Alexandre Miguel Mestre [Coord.], *Compêndio de Direito do Desporto*, Gestlegal, Lisboa, 2021, pp. 456-474; Id., «Os "prémios" por objetivos no regime do contrato de trabalho do praticante desportivo – nota ao acórdão de 26/10/2022 do Tribunal da Relação de Lisboa», *Revista de Direito do Desporto*, 14 (2023), no prelo.

O contrato de trabalho do praticante desportivo é um contrato oneroso. Dito de outra forma, o praticante desportivo presta trabalho a troco de uma contrapartida que no Direito do Trabalho se convencionou designar por retribuição.

Embora seja omisso em vários aspetos, abrindo a porta à aplicação do regime laboral comum[741] e aos princípios gerais em matéria de retribuição[742],

[741] Assim, decidindo que as regras relativas ao subsídio de Natal e de Férias são aplicáveis ao contrato de trabalho do praticante desportivo, ac. de 19/06/2013 do TRL (Jerónimo Freitas), proc. nr. 586/11.4TTFUN.L1-4.

[742] Uma das singularidades do mundo desportivo é a possibilidade de discriminação salarial entre trabalhadores que, pelo menos formalmente, prestam o mesmo trabalho. De facto, não se conhece nenhum clube desportivo que remunere por igual todos os seus atletas mesmo aqueles que ocupam a mesma posição. Assim, se cada equipa conta, por regra, com três guarda-redes, é bastante comum que as suas retribuições sejam não só diferentes como muitas vezes são até vertiginosamente distantes. Como observa João Zenha Martins, «A inscrição do montante da retribuição...», cit., p. 114, constata-se que "a forte componente qualitativa que caracteriza a prestação laboral desportiva, a destreza, a criatividade e técnica do praticante, sendo atributos insusceptíveis de uma avaliação estritamente objectiva predeterminam quadros remuneratórios dissímeis, que, em princípio, não são juridicamente censuráveis em atenção ao trabalho igual, salário igual". Mas o Autor também defende que "no que toca aos parâmetros retributivos em função de prémios de jogo ou de classificação e dos resultados obtidos, não se vislumbra que exista fundamento atendível (qualidade do praticante) para sustentar uma diferenciação de tratamento". Como o Autor diz noutro local, Id., «A vinculação laboral desportiva...», cit., p. 345, "trata-se de diferenciações que, neste cenário, aparecem baseadas num suporte fáctico que atende à qualidade e à eficiência de cada desportista". Noutro estudo, Id., «Contrato de trabalho desportivo e (in)admissibilidade...», cit., p. 86, o Autor afirma mesmo "a necessidade de um diploma específico para o contrato de trabalho desportivo espelha a necessidade de encontrar critérios que quadrem... a inaplicabilidade do princípio da igualdade retributiva".

nomeadamente as suas garantias[743], o princípio da irredutibilidade[744] ou a remuneração mínima garantida[745], o RCTPD contém um regime especial nesta matéria,

O artigo 15.º, n.º 1, começa por ditar uma regra segundo a qual "compreendem-se na retribuição todas as prestações patrimoniais que, nos termos das regras aplicáveis ao contrato de trabalho desportivo, a entidade empregadora desportiva realize a favor do praticante desportivo pelo exercício da sua atividade ou com fundamento nos resultados nela obtidos"[746].

A retribuição abrange todas as prestações, desde que nelas se encontrem as características que tradicionalmente se apontam ao conceito de retribuição: pense-se nas chamadas "luvas"[747], no muito difundido "prémio de assinatura" (*signing fee*)[748], o qual, de resto, merece um tratamento especial em sede de Segurança Social, nos *fringe benefits* a favor dos atletas, como viagens

[743] Sobre a questão da redução salarial, no contexto da COVID-19, Remedios Roqueta Buj, «La reducción de los salarios contractuales y convencionales en el deporte profesional como consecuencia del coronavirus», *Revista Aranzadi de Derecho de Deporte y Entretenimiento*, 70 (2021), versão digital.

[744] Sobre isto, Nuno Vieira Pássaro, *Direito do Desporto...*, cit., pp. 229.

[745] Sobre isto, Nuno Vieira Pássaro, *Direito do Desporto...*, cit., pp. 238 ss. Lúcio Correia, «O praticante desportivo profissional...», cit., pp. 276, considerava este ponto uma omissão relevante, mas entendemos que o ponto deve ser relativizado porque, na falta de contratação coletiva aplicável a uma certa modalidade, valem as regras gerais relativas à remuneração mínima garantida. Mais recentemente, Lúcio Correia, *Regime jurídico dos praticantes desportivos profissionais...*, cit., p. 165.

[746] Uma regra que, aparentemente, deve ser entendida como próxima da regra geral segundo a qual "presume-se constituir retribuição qualquer prestação do empregador ao trabalhador" (artigo 258.º, n.º 3, do CT09). No entanto, para Maria do Rosário Palma Ramalho, *Tratado de Direito do Trabalho...*, cit., p. 472, a norma deve ser lida cuidadosamente porque parece apontar para um "conceito amplíssimo de retribuição".

[747] Ver ac. de 26/01/1994 do TRL (Belo Videira), CJ, 1994, I, pp. 176-177.

[748] Qualificando o "prémio de assinatura" (no caso, treinador de futebol) como retribuição, cfr. o ac. de 20/06/1972 do STA (Vasco Marinho de Almeida Homem de Melo), AcD, 131 (1972), pp. 1603-1609, onde se escreve, aliás, que "sem dúvida que a necessidade de garantir a prestação dos serviços dum bom trabalhador especializado, como é um treinador de futebol... muitas vezes recomendam o pagamento prévio da retribuição ou duma parte importante da retribuição" (pp. 1608-1609). Em sentido contrário, cfr. ac. de 12/03/2014 do STJ (Melo Lima), proc. nr. 870/10.4TTMTS.P1.S1, onde se nega a natureza retributiva ao prémio de assinatura: "trata-se (...) de um bónus, um bónus motivado pela simples ocorrência da assinatura do contrato". No mesmo sentido, ac. de 03/10/2022 do TRP (Teresa Sá Lopes), proc. nr. 1400/13.1TTPRT.P1 / CJ, 2022, IV (sumário) ("o prémio de assinatura de contrato não se trata de uma contrapartida pelo trabalho, trata-se sim de 'um bónus motivado pela simples ocorrência da assinatura do contrato', não sendo devido a título de retribuição").

de ida e volta à terra Natal para os futebolistas estrangeiros durante as interrupções das competições[749], na estipulação de "jogos de despedida" ou de "homenagem", cujas receitas revertam a favor do atleta[750], na estipulação do pagamento de habitação, etc.[751].

Mais duvidoso é o caso dos direitos de imagem[752]. Entre nós, sendo escassas as referências ao problema, merece nota JÚLIO GOMES que, partindo do conceito de retribuição, mais concretamente de que a prestação deve ser contrapartida pelo trabalho, responde pela negativa com o argumento de que nesses casos não se remunera o trabalho. Como escreve o Autor, "não parece razoável, nem realista, considerar que um jogador, ou um treinador, estão a trabalhar quando a sua imagem aparece numa colecção de cromos ou num *poster*. É, pois, um outro aspecto da personalidade, distinto da força de

[749] Ver o exemplo do ac. de 07/07/2003 do TRP (SOUSA PEIXOTO), proc. nr. 0313126, onde se convencionou "uma viagem de ida e volta à Argentina", o que o Tribunal considerou como retribuição. Ver, com interesse, o ac. de 15/01/2002 do TRL (ANDRÉ DOS SANTOS), CJ, 2002, I, pp. 73-74 (secção cível), já citado, onde se decidiu que os Tribunais do Trabalho são competentes para julgar uma acção de incumprimento do pagamento de viagens de Lisboa para um país estrangeiro que o clube se comprometera a pagar.

[750] Sobre isto, JOÃO LEAL AMADO, «"Show me the money?"», *Revista do Ministério Público*, 113 (2008), pp. 172-177, em comentário ao ac. de 28/01/2008 do TTL (DIOGO RAVARA), publicado como prelúdio àquele comentário, pp. 151-171.

[751] Assim, ac. de 01/06/2017 do TRG (VERA MARIA SOTTOMAYOR), proc. nr. 973/13.3TTGMR.G1 / CJ, 2017, III, p. 382 (sumário): "a utilização de habitação a que o réu se vinculou a proporcionar ao Autor, cuja renda e demais encargos com a sua manutenção era suportada pelo primeiro, tem natureza de prestação em espécie regular e periódica sendo de considerar parte integrante da retribuição do Autor, nos termos no artigo 258º do CT". Em sentido oposto, cfr. ac. de 12/03/2014 do STJ (MELO LIMA), proc. nr. 870/10.4TTMTS.P1.S1, já citado, onde se decidiu que "o subsídio de fixação não pode deixar de ser considerado senão uma importância recebida a título de ajudas de custo". No mesmo sentido, NATÁLIA ARAÚJO DOS SANTOS, *Impostos e futebol...*, cit., p. 43.

[752] RICARDO PEDRO RON LATAS, «Notas sobre la natureza jurídica de las compensaciones por derechos de imagen del deportista profesional» in: *Trabajo y Libertades Públicas*, La Ley, Madrid, 1999, pp. 171-177, pp. 176-177, nota que a natureza extra-salarial das contrapartidas recebidas pelo praticante desportivo pela cessão dos seus direitos de imagem tem três consequências imediatas. Em primeiro lugar, estes valores não são contabilizados para efeitos de cálculo indemnizatório em caso de despedimento ilícito. Em segundo lugar, e dentro da mesma ordem de ideias, tão-pouco o empregador deve contabilizar para efeitos da quotização para a segurança social. E em terceiro lugar, qualquer litígio emergente desta relação jurídica lateral deve ser resolvido na jurisdição civil e não na jurisdição laboral A este propósito, cfr. ac. de 27/05/2003 do STJ (NEVES RIBEIRO), CJ (STJ), 2003, II, pp. 82-84 (secção cível), decidiu-se que "uma execução por quantia certa, em que o exequente é um antigo jogador de futebol de um clube e o título executivo é o reconhecimento por este último de uma dívida emergente de um «contrato de imagem», celebrado com aquele, quando ainda era jogador seu".

trabalho, que está a ser remunerado"[753]. No entanto, é de assinalar que o nosso Supremo já decidiu no sentido oposto, ou seja, que "os valores decorrentes do contrato de cedência de imagem, porque integrantes da remuneração do autor, enquanto treinador de futebol, fazem parte da prestação indemnizatória". Como explica o Tribunal, é comum que o contrato de trabalho e o contrato de cedência de imagem sejam celebrados numa relação de dependência, existindo também, do ponto de vista remuneratório, "numa relação de complementaridade"[754]. Esta tese faz tanto mais sentido se considerarmos que, num contexto como o atual, o praticante desportivo já não trabalha na execução propriamente dita da prestação — a atividade desportiva —, mas ainda com a sua imagem ou até, simplesmente, como muitas vezes acontece, com a sua presença[755].

Ainda no que diz respeito à retribuição, merece um sublinhado especial o n.º 2 do artigo 15.º segundo o qual "é válida a cláusula constante de contrato de trabalho desportivo que determine o aumento ou a diminuição da retribuição em caso de subida ou descida de escalão competitivo em que esteja integrada a entidade empregadora desportiva". Tratando-se de um "mecanismo de adaptação do contrato à possível alteração das circunstâncias vigentes"[756], quando está em causa a diminuição da retribuição, estamos perante uma exceção ao princípio da irredutibilidade da retribuição (artigo 129.º, n.º 1, alínea d), do CT09)[757].

753 Júlio Gomes, *Direito do Trabalho...*, cit., p. 767. Num contexto jurídico-tributário, escreve Paulo da Rocha Pichel, «Notas sobre a tributação do rendimento...», cit., p. 56, que "nem o mais sofisticado paradigma laboral parece comportar a ideia de que a profissão de alguém é a concessão de licenças dos seus direitos de imagem".

754 Ac. de 12/09/2007 do STJ (Maria Laura Leonardo), proc. nr. 06S4107, já citado. O Tribunal não deixa de notar que "não deixa de suscitar alguma perplexidade o recurso a duas figuras contratuais para fixar o valor remuneratório realmente acordado, como contrapartida da prestação do Autor".

755 Qualificando como remuneração, Lúcio Correia, *Regime jurídico dos praticantes desportivos profissionais...*, cit., p. 182.

756 João Leal Amado, *Contrato de trabalho desportivo...* [2017], cit., p. 95.

757 Luís Manuel Teles de Menezes Leitão, *Direito do Trabalho*, Almedina, 6.ª ed., Coimbra, 2019, p. 535, escreve que "a diminuição de retribuição dos trabalhadores desportivos, em caso de mudança de escalão desportivo, que contraria a regra geral do art. 122.º d) CT, tem a sua justificação, dado que os prejuízos que acarreta para a entidade empregadora a descida de escalão tornam economicamente insustentável a manutenção do nível de retribuição dos trabalhadores". Maria do Rosário Palma Ramalho, *Tratado de Direito do Trabalho...*, cit., p. 473, fala de "uma solução absolutamente original, que faz prevalecer os interesses do empregador desportivo numa matéria essencial para o trabalhador e de uma forma que, apesar de traduzir formalmente o acordo do trabalhador (uma vez que se trata de uma cláusula contratual), pode não corresponder a uma vontade negocial absolutamente livre, pela posição subordinada em que o trabalhador se encontra quando celebra o contrato".

Segundo o n.º 4, "as partes no contrato de trabalho desportivo podem decidir fracionar o pagamento das retribuições dos meses de junho e julho e dos subsídios de Natal e de férias, em número nunca inferior a 10 prestações, de montante igual, pagas com a retribuição dos restantes meses"[758].

Para lá do RCTPD, é preciso contar com a existência de um conjunto de normas oriundas da autonomia coletiva. Para lá da fixação de um salário mínimo mais elevado[759], por comparação com a generalidade dos trabalhadores, e em constante atualização[760], que se tem justificado pela curta duração desta atividade profissional, há ainda outras normas cujo conhecimento se releva importante.

Estabelece o artigo 36.º, da CCT aplicável ao futebol profissional, que "a remuneração mensal deverá ser satisfeita em numerário ou através de cheque nominativo, vale postal ou depósito bancário até ao dia 5 do mês subsequente àquele a que disser respeito, salvo se outra forma de pagamento for acordada entre as partes"[761]. Quanto a este dispositivo, é preciso lembrar que, de acordo com a lei, que segue as regras gerais, "a retribuição vence-se mensalmente, até ao quinto dia do mês subsequente ao da prestação de trabalho, devendo estar à disposição do praticante desportivo na data do vencimento ou no dia útil anterior" (artigo 15.º, n.º 3)[762]. A este respeito, estamos com Albino Mendes Baptista quando o autor defende que a sua ressalva final diz menos do que aquilo que os parceiros sociais outorgantes certamente pretenderam com ela. Parece que as partes no contrato de trabalho desportivo podem estipular não só uma forma de pagamento numa modalidade diferente daquelas que estão previstas naquela cláusula — embora estas

[758] Criticamente, Lúcio Correia, *Regime jurídico dos praticantes desportivos profissionais...*, cit., p. 167.

[759] Sobre o problema da fixação de tetos salariais, ver Miguel Mota Marques, «Teto salarial» in: Alexandre Miguel Mestre [Coord.], *Enciclopédia de Direito do Desporto*, Gestlegal, Coimbra, 2019, pp. 385-386 e Id., «Introdução de um teto salarial nas Ligas de Futebol profissional da UEFA: prevaleceria o estatuto especial da *Lex Sportiva* sobre o Direito da União Europeia?», *Revista de Direito do Desporto*, 4 (2019), pp. 80-104. Embora ainda não afete o panorama português, ver com interesse o estudo de Koldo Irurzun Ugalde, «Como o limite salarial afeta o contrato de trabalho desportivo do atleta» in: *I.º Congresso Internacional sobre o Regime Jurídico do Contrato de Trabalho Desportivo*, Vida Económica, Porto, 2018, pp. 105-117.

[760] Com efeito, as últimas alterações ao CCT aplicável ao futebol profissional dizem precisamente respeito às chamadas "cláusulas de expressão pecuniária".

[761] O n.º 2 acrescenta que "o não cumprimento da obrigação [salarial] constitui a entidade patronal em mora, independentemente de interpelação, e confere ao jogador o direito a receber os correspondentes juros calculados à taxa legal em vigor no momento do efetivo pagamento".

[762] Lúcio Correia, *Regime jurídico dos praticantes desportivos profissionais...*, cit., p. 166, é da opinião de que esta norma "reduz a autonomia das convenções coletivas de trabalho".

correspondam aos casos mais correntes —, mas também modelar o tempo ou "vencimento" do pagamento. Por outras palavras, a "forma de pagamento"[763] a que se refere a parte final da cláusula abrange não apenas a forma propriamente dia — pagamento em dinheiro, em cheque, etc. —, mas também o tempo do pagamento[764].

Em relação a esta matéria, o n.º 5.º, do artigo 15.º, do RCTPD, prevê que "quando a retribuição compreenda uma parte correspondente aos resultados desportivos obtidos, esta considera-se vencida, salvo acordo em contrário, com a remuneração do mês seguinte em que esses resultados se verificaram". Na opinião de João Leal Amado, estamos perante uma regra supletiva[765] pelo que, por exemplo, o clube pode, no limite, diferir o pagamento de todos os prémios para o final da época desportiva, havendo acordo nesse sentido[766].

§ 4.5.1. Retribuição variável

Voltando ao artigo 15.º do RCTPD, aí se diz que "compreendem-se na retribuição todas as prestações patrimoniais que (...) a entidade empregadora realize a favor do praticante (...) com fundamento nos resultados nela obtidos". A norma prevê, fundamentalmente, *in fine*, a retribuição variável. No mundo desportivo é bastante comum a estipulação de uma retribuição variável consoante a verificação ou cumprimento de certos objetivos – aquilo que João Zenha Martins chama, sugestivamente, de "indexação retributiva ao sucesso desportivo"[767] – até porque, como observa Alexandre Miguel Mestre, "a lógica puramente desportiva depende, na sua essência,

[763] Ver, a título de exemplo, relativamente a um acordo quanto à "forma de pagamento", o ac. de 15/07/1993 do TRC (Vítor Devesa), BMJ, 429 (1993), p. 893 (sumário).

[764] Acompanhamos os argumentos de Albino Mendes Baptista, «Cumprimento da obrigação retributiva...», cit., pp. 874 ss. Na jurisprudência, ver o ac. de 18/11/1999 do STJ (Victor Devesa), CJ (STJ), 1999, III, pp. 278-281, onde se decidiu que "a data do pagamento da retribuição, por não ser menção obrigatória no contrato, não faz parte do seu núcleo essencial e pode, por acordo, ser alterada".

[765] Sobre o diferimento da obrigação de pagamento de um prémio em duas parcelas após a cessação do contrato de trabalho desportivo, ver o interessante ac. de 12/02/2021 do TRG (Alda Martins), proc. nr. 4295/20.5T8BRG.G1.

[766] João Leal Amado, *Contrato de trabalho desportivo*... [1995], cit., p. 53, defendia, na vigência do Decreto-Lei n.º 305/95, de 18 de novembro, "não sem algumas dúvidas", a supletividade do regime legal, entendimento que mantém: João Leal Amado, *Contrato de trabalho desportivo*... [2017], cit., p. 97.

[767] João Zenha Martins, «As indemnizações por promoção ou valorização...», cit., p. 308.

de resultados, da mediação de forças entre adversários, da obtenção de títulos individuais e coletivos, de apuramentos, de lutas por subidas de divisão ou por recordes"[768].

Estes prémios tanto podem resultar de objetivos individuais (por exemplo, golos, assistências, etc.) como coletivos (vitórias, troféus, subida ou permanência num determinado escalão, apuramento para uma competição internacional, etc.). À margem dos aspetos puramente desportivos, ligados à eficácia do *merit pay* no plano do rendimento desportivo, matéria que aqui não importa desenvolver[769], os prémios levantam vários problemas de um ponto de vista jurídico que estão ligados às especificidades desta atividade profissional.

A primeira questão que se pode colocar é a de saber em que casos é que o praticante desportivo tem um verdadeiro direito a exigir o prémio e não apenas uma mera expetativa. Em relação a esta questão, pensamos que será necessário distinguir dois cenários[770]. Por um lado, os prémios que correspondem a uma liberalidade do empregador[771] e, por outro, aqueles prémios cuja atribuição (valor, condições, etc.) está já contratualmente determinada ou, para utilizar as palavras do legislador laboral, "gratificações que sejam devidas por força do contrato" (artigo 260.º, n.º 3, alínea a), do CT09).

Quanto aos primeiros, pense-se nos casos em que o empregador decide, em face da campanha extraordinária da equipa, e quando nada o fazia prever, premiar os atletas ou o *staff* técnico. Nestes casos, a atribuição do prémio não resulta de qualquer vinculação, de fonte legal ou negocial, do empregador,

[768] ALEXANDRE MIGUEL MESTRE, «Anotação ao artigo 76.º» in: AAVV. [Coord.], *Código dos regimes contributivos do sistema previdencial de Segurança Social anotado e comentado*, Almedina, Coimbra, 2022, pp. 180-182, p. 181.

[769] Ver as considerações de JOÃO LEAL AMADO, *Vinculação* versus *liberdade*..., cit., p. 267, n. 455. JOÃO ZENHA MARTINS, «A inscrição do montante da retribuição...», cit., p. 104: "a prática do *merit pay* conhece o seu fastígio no domínio da contratação laboral desportiva e que sustenta a exaltação da sua lógica meritocrática". Noutro local, ID., «A vinculação laboral desportiva...», cit., p. 346, o Autor fala de uma "cultura contratual de partilha dos riscos".

[770] Ou até três já que, como se decidiu no ac. de 20/01/1993 do STJ (PEDRO SOUSA MACEDO), CJ (STJ), 1993, I, pp. 234-238 / proc. nr. 003498 (sumário), "o pagamento de prémios pela entidade patronal torna a natureza de remuneração quando resulte de uso no sector de actividade ou na empresa, em termos de representar uma expectativa justificada para o trabalhador".

[771] No caso decidido pelo ac. de 28/10/1992 do TRL (ALBANO SOARES DINIS ROLDÃO), BMJ, 420 (1992), p. 635 (sumário), já citado, onde estava precisamente em causa uma cláusula onde se previa que "o clube poderá ainda pagar ao jogador prémios de jogo ou de classificação em dependência dos resultados obtidos". Para o Tribunal, trata-se de uma "mera faculdade de pagamento... a que corresponde não um possível direito de crédito do trabalhador, mas uma simples expectativa sua de vir a receber tais prémios".

mas de uma atribuição patrimonial que o empregador realizou *sponte sua*[772]. Diferentes são os casos em que fica já previamente estipulado que os atletas e o *staff* técnico receberão certas quantias se certos objetivos forem atingidos. Nesses casos, verificando-se o evento que serve de condição[773] — o apuramento para uma competição europeia, a subida de divisão, a classificação nos primeiros lugares, a conquista de certo troféu, etc. — os trabalhadores têm direito a exigir o pagamento do prémio[774]. Tomando de empréstimo as expressões sugestivas de António Menezes Cordeiro, usadas noutro contexto, estaria em causa a diferença entre "expetativas automáticas" e "expetativas simples"[775]. E assim há condições para defender que tais prémios representam verdadeira remuneração, valendo para eles as garantias previstas na lei[776].

A propósito desta matéria, um outro problema que se tem colocado é o da relevância do contributo causal do atleta para a obtenção dos resultados desportivos coletivos e, consequentemente, para a aquisição do direito ao prémio. Por outras palavras, ainda que o prémio esteja contratualizado, pode o clube recusar o pagamento do prémio a um determinado atleta porque, por hipótese, o contributo do desportista em causa foi residual para a obtenção do resultado coletivo? Por exemplo, pode o clube desportivo negar o prémio a um praticante desportivo que teve uma participação meramente episódica na competição cuja conquista era condição de atribuição do prémio?

[772] Ver, com interesse, o ac. de 10/01/1996 do STJ (Loureiro Pipa), proc. nr. 003396 (sumário), onde se diz que "não se tendo apurado nas Instâncias se o clausulado respeitante à atribuição de "prémios de jogo" corresponde a mera "liberalidade" da entidade empregadora (clube desportivo), ou a "retribuição variável", o processo deve baixar à Relação para ampliação da matéria de facto".

[773] Como nota Júlio Gomes, «Em torno da retribuição» in: Bernardo da Gama Lobo Xavier / Joana Vasconcelos [Org.], *O Direito do Trabalho nos grandes espaços – entre a codificação e a flexibilidade*, Universidade Católica Editora, Lisboa, 2005, pp. 167-187, p. 177, "não se vislumbra qualquer razão que impeça que um prémio seja atribuído com uma condição suspensiva".

[774] No ac. de 15/06/1992 do TRP (José Correia), proc. nr. 9250139 (sumário), o tribunal decidiu que "não é devido a um treinador de futebol o prémio de 300000 escudos estabelecido se o clube se classificasse nos primeiros seis lugares da sua zona, se o mesmo treinador não provou essa classificação".

[775] António Menezes Cordeiro, «Convenções colectivas de trabalho e Direito transitório: com exemplo no regime da reforma no sector bancário», *Revista da Ordem dos Advogados*, 2004, I-II, pp. 65-95, p. 91.

[776] Numa posição discutível, Nuno Vieira Pássaro, *Direito do Desporto...*, cit., p. 229, entende, por exemplo, que a remuneração variável pode ser objeto de redução, pois não lhe é aplicável o princípio da irredutibilidade.

A nossa jurisprudência já foi confrontada com situações dessa natureza. Um caso real decidido pelos nossos Tribunais ilustra o problema: ficou estipulado que o trabalhador, futebolista, teria direito a um prémio de € 18.000,00 (dezoito mil euros) se a equipa "fugisse" à despromoção, ou seja, se conseguisse a sua manutenção na divisão. No final da época, lograda a manutenção, o atleta exigiu do clube o dito prémio, pretensão que não foi atendida pelo clube com fundamento na escassa utilização do atleta, que jogara apenas 15 minutos durante toda a época. O clube alegou, em síntese, o abuso de direito do praticante desportivo. Numa decisão que veio a conhecer a anotação concordante de João Leal Amado[777], a Relação do Porto julgou a ação procedente a favor do trabalhador. Entendeu o Tribunal que "pouca, mas alguma participação teve (...) a obrigação de um jogador é de meios e não de resultados: se ele jogar, mesmo que a equipa seja derrotada, nem por isso a prestação do jogador deixa de ser efectuada (...) se o treinador o mantém no banco, o atleta não participa na competição porque para tal não foi solicitado, apesar de estar disponível para o fazer (...) No entanto, o jogador, mesmo no banco, participa dos resultados da equipa, com as inerentes consequências a nível remuneratório. E, não tendo o prémio sido estabelecido como correspectivo da actividade do jogador — tal só acontece com os prémios dos jogos — o direito a rela radicou-se na esfera do A. [trabalhador] a partir do momento em que a R. [clube] conseguiu obter resultados que lhe permitiram manter-se na I Liga"[778].

Desta jurisprudência é possível retirar a ilação de que o prémio por objetivos vale para os atletas com escassa utilização, mas também para os próprios suplentes não utilizados porque também estes, em maior ou menor medida, direta ou indiretamente, participam no resultado desportivo[779]. De facto, e como explica, noutro contexto, Albino Mendes Baptista, "a qualidade de suplente é uma forma de participar em competições oficiais, pois quando um praticante desportivo é convocado é porque representa uma opção técnica e táctica possível, pelo que há claramente uma situação de utilização potencial"[780]. De resto, esta interpretação está em linha com a ideia de que

[777] Ver João Leal Amado, «Trabalho desportivo, obrigação de meios e retribuição variável», *Questões Laborais*, 23 (2004), pp. 117-120.

[778] Ac. de 07/06/2004 do TRP (Ferreira da Costa), proc. nr. 0441079 / CJ, 2004, III, pp. 232-233.

[779] Quanto mais não seja porque, na observação de Francisco Rubio Sánchez, «Derecho à la ocupación efectiva de los deportistas...», cit., p. 36, também os suplentes fazem parte da "ficha de jogo" porque "participam" no jogo.

[780] Citando, embora noutro contexto, Albino Mendes Baptista, «Cedência temporária de praticantes desportivos» in: *Estudos de Direito do Trabalho em Homenagem ao Prof. Manuel Alonso*

a retribuição deve ser paga pela mera disponibilidade para trabalhar. Importa lembrar que o praticante desportivo que está disponível para trabalhar, presta trabalho, apenas não jogando por opção técnica do clube.

Mais recentemente, a Relação do Porto teve de resolver um caso em tudo semelhante. Embora a decisão tenha sido relatada pelo mesmo Juiz Desembargador, a decisão foi, curiosamente, em sentido oposto. A orientação da decisão deixa-se facilmente compreender pelas nuances do caso concreto. Também ficara convencionado, é certo, a atribuição de um prémio por objetivos, mas o teor do clausulado era o seguinte: "caso o clube, no final da época... suba à Super Liga, o jogador terá direito a um prémio de produtividade de valor líquido nunca superior a 10.000,00 euros [dez mil euros]. O prémio será determinado em função do número de participações do segundo outorgante [o trabalhador] nos jogos a contar para o campeonato nacional e do resultado obtido pelo Clube nesses mesmos jogos".

Tomando aquela última decisão como referência de comparação, o Tribunal entendeu o seguinte: "trata-se de situações não compagináveis. Embora a prestação do jogador se traduza numa obrigação de meios que consiste essencialmente em estar disponível para trabalhar, a verdade é que é necessário cumprir um leque de direitos e deveres quando a prestação se efetiva. Ora, no presente caso, parece claro que as partes tiveram a intenção de estabelecer pressupostos mais rigorosos para a aquisição do direito a receber

Olea, Almedina, Coimbra, 2004, pp. 13-53, p. 52. Como diz, noutro contexto, Ricardo Marques Candeias, «Comentário ao Acórdão do Supremo Tribunal de Justiça, de 3 de Julho de 2003», *Desporto & Direito*, 3 (2004), pp. 491-507, pp. 505-506, "a equipa é concebida como um composto funcional de prestações desportivas disponíveis, exercidas coletivamente por intermédio da atividade dos participantes uti singuli, em representação de um clube a que se encontram juridicamente vinculados, para uma determinada competição, de uma específica modalidade desportiva. A equipa é um composto funcional e não um agregado de prestações desportivas, na medida em que o valor patrimonial do ente «equipa» é superior à a soma aritmética dos seus componentes, individual mente considerados. É clarividente existir um valor de complementaridade ou combinação gerado pela participação (em bloco) dos elementos componentes do coletivo. E este composto funcional é patrimonialmente relevante apenas e só porque o é desportivamente. Quanto maior for o sucesso desportivo da equipa, mais será o seu valor patrimonial. A equipa, para além de ser auto-suficiente, é aberta, isto é, ine- rentemente dinâmica quanto ao seu estatuto desportivo. E ela, no todo dos seus elementos, por intermédio dos resultados desportivos que alcança, que determina a categoria do campeonato em que irá participar - no caso do futebol, na I Liga, II Liga, etc. ... é certo que, em última instância, é o clube que adquire esse direito, porque a equipa o representa. Mas, na realidade, quem obtém vitórias e quem sofre derrotas é a equipa".

o prémio exigindo-se, para além da comparência aos treinos e jogos, a participação nestes"[781].

Com efeito, uma vez que o teor da cláusula reserva à entidade empregadora uma certa discricionariedade na atribuição do prémio e na definição do valor do prémio a atribuir ao jogador, o Tribunal entendeu que a promoção do clube desportivo não significa, automaticamente, o nascimento de um direito subjetivo na esfera jurídica do atleta[782]. Naturalmente, o poder discricionário do clube poderá ser sempre sindicado no quadro do princípio do trabalho igual, salário igual, caso se verifique, no caso concreto, uma discriminação ilegítima na atribuição do prémio.

Num outro caso, relatado pela Relação de Guimarães, o clube, através do seu presidente, decidiu atribuir um prémio relativo ao apuramento para a Liga Europa, no valor de € 150.000,00 (cento e cinquenta mil euros), para ser distribuído por jogadores, equipa técnica e restantes funcionários do departamento de futebol. A equipa principal sénior de futebol viria mesmo a apurar-se e a disputar a Liga Europa na época desportiva de 2017/2018. Acontece que a distribuição desse valor era da responsabilidade dos membros da equipa técnica, juntamente com os capitães da equipa principal sénior de futebol, sendo a estes que competia escolher quem, concretamente, receberia o prémio, cabendo-lhes ainda determinar o respetivo montante. Perante esta matéria de facto, entendeu a Relação de Guimarães que os visados não tinham, em rigor, um direito a exigir o prémio pelo apuramento uma vez que era ao clube, ainda que por intermédio de terceiros, que "competia escolher concretamente quem iria receber o prémio e determinar o respectivo montante". A posição do Autor improcedeu, pois "se não recebeu o prémio foi porque a equipa técnica e não a recorrida entendeu que este não era merecedor de qualquer prémio, não se vislumbrando que com tal comportamento tenha sido cometida qualquer discriminação, nem se vislumbrando qualquer razão para alterar a decisão da equipa responsável pela distribuição do prémio"[783].

[781] Ver ac. de 07/10/2013 do TRP (Ferreira da Costa), proc. nr. 348/12.1TTOAZ.P1.

[782] Completa o Tribunal esclarecendo que "claro que se o A. tivesse provado a participação em jogos do campeonato nacional e o resultado obtido em cada um deles, ficaria sempre por resolver a questão da determinação do valor do prémio, no caso concreto, pois as partes não estabeleceram qualquer critério para o efeito no referido aditamento ao contrato. Deve reconhecer-se, no entanto, que se trata de uma questão a jusante, pois uma coisa é o direito ao prémio e outra o seu montante, a decidir por via de integração nos termos do disposto no art.º 239.º do Cód. Civil, se o A. tivesse cumprido o seu ónus. Porém, não o tendo cumprido, fica prejudicado o conhecimento de tal matéria".

[783] Ac. de 09/05/2019 do TRG (Vera Sottomayor), proc. nr. 1989/18.9T8BRG.G1.

Mais uma vez parece-nos que a instituição do prémio não atribuiu uma posição jurídica subjetiva aos atletas, estando dependente de uma decisão do empregador que, no entanto, pode ser sindicada em certos termos, como já dissemos acima[784].

§ 4.5.2. Tutela da retribuição

Sem prejuízo das regras especiais relativas ao cumprimento da obrigação retributiva, acima estudadas, o clube está, como qualquer empregador, vinculado à obrigação de pagar a retribuição. Certo é que são vários os episódios de incumprimento desta obrigação no contexto do Desporto e o seu impacto

[784] Interessante é ainda o caso decidido no ac. de 26/10/2022 do TRL (Alda Martins), proc. nr. 1121/21.1T8ALM.L1-4, em que ficara estipulado que o treinador desportivo, contratado a meio da época desportiva para inverter os maus resultados da equipa, teria direito a um prémio de € 7.000,00 caso assegurasse a manutenção no escalão. Sucede que o clube desportivo veio a conseguir a manutenção, não porque tivesse conseguido essa classificação, mas porque outra equipa não tinha preenchido os requisitos para a sua inscrição. Como repara o tribunal, "o sentido objectivo da estipulação contratual em causa nos presentes autos é de que o prémio de 7.000,00 € seria pago aos autores em função dos resultados alcançados pelos mesmos, que, em concreto, consistiam em assegurar a manutenção da equipa que treinavam na II Liga, e daí que o mesmo se vencesse no prazo de 30 dias após a homologação da classificação pela Federação, que era o acto que tornaria definitiva a manutenção ou despromoção da equipa em função dos resultados. Estava em causa uma atribuição patrimonial que, ao contrário da retribuição base e demais prestações pecuniárias devidas pela mera prestação do trabalho, visava incentivar e reconhecer o mérito e contribuição activa dos autores na prossecução e atingimento do objectivo proposto. É esse o sentido comum, corrente, usual, da estipulação de prémios em função dos resultados no âmbito das relações laborais, e, muito em especial, das relações laborais entre titulares de clubes futebolísticos e respectivos jogadores, treinadores e eventualmente outros elementos da equipa técnica. Não é razoável supor que um empregador, *maxime* uma sociedade anónima desportiva, se disporia a desembolsar a favor dum treinador – necessariamente admitido mediante contrato a prazo, compreendido na época desportiva – uma quantia superior à retribuição base, na condição de o seu clube alcançar uma vantagem desportiva dependente da vontade de terceiro e alcançada sem o concurso do mérito daquele profissional, ou melhor, apesar da falta dele. Ademais, resulta da factualidade provada que os autores foram contratados já no decurso da época desportiva 2019-20 por causa dos maus resultados que a equipa da ré estava a ter e com a finalidade de inverterem a situação e assegurarem a manutenção daquela na II Liga, sendo inequivocamente nessa perspectiva de incentivo e reconhecimento do resultado proposto que se previu a atribuição do Prémio". Em comentário a este acórdão, cfr. Victor Hugo Ventura, «Os "prémios" por objetivos no regime do contrato de trabalho do praticante desportivo – nota ao acórdão de 26/10/2022 do Tribunal da Relação de Lisboa», *Revista de Direito do Desporto*, 14 (2023), pp. 40-50.

não é só jurídico: estes casos não só mancham o prestígio da competição como esse incumprimento sai em claro prejuízo do seu equilíbrio.

A obrigação retributiva, que surge prevista, naturalmente, nas normas gerais reguladoras do contrato de trabalho, aparece reafirmada na regulamentação federativa ou associativa[785]. Contudo, o Direito do Desporto não contém apenas normas de teor proclamatório do direito à retribuição ou, olhando de outra perspetiva, do dever de pagar a retribuição pelo clube. O flagelo do incumprimento salarial e as suas repercussões na *fairness* da competição têm justificado a implementação de um sistema regulamentar dotado de uma eficácia sancionatória e compulsória sobre os clubes desportivos[786]. Pode dizer-se que, de certa forma, estas normas enquadram-se na ideia de que o mérito desportivo dos clubes não pode ancorar-se ou viver parasitariamente do desmérito na gestão financeira[787].

Com efeito, importa considerar um amplo leque de normas, de natureza coletiva, federativa ou associativa que, embora não reconheçam ao praticante desportivo verdadeiros direitos subjetivos, preveem pesadas sanções ou desvantagens associadas ao incumprimento salarial[788]. No plano associativo, o incumprimento salarial é fundamento da sanção da perda de pontos[789].

[785] Cfr., no Futebol, o artigo 33.º, n.º 1, do RECITJ, onde se estabelece que "os clubes são obrigados a cumprir com as suas obrigações financeiras para com os jogadores e outros clubes nos termos estipulados nos contratos assinados com os seus jogadores profissionais e nos contratos de transferências".

[786] Mas estas normas não podem ir mais longe do que prever consequências no plano federativo ou associativo. No ac. de 02/11/1989 do TRL (Antonino Duarte Prazeres Pais), BMJ, 391 (1990), p. 679 (sumário), a Relação de Lisboa decidiu que é juridicamente inexistente a decisão do Conselho de Justiça da Federação Portuguesa de Futebol condenando um clube a pagar salários em dívida a um atleta. Por outro lado, as Ligas não são responsáveis pelos incumprimentos salariais, ainda que, por hipótese, admitam clubes devedores a participar nas competições. Sobre isto, noutra perspetiva, Ricardo Costa, «Comentário ao acórdão do Tribunal Arbitral do Basquetebol – processo n.º 1/2004», *Desporto & Direito*, 7 (2005), pp. 113-132.

[787] Em relação a este tema, em geral, José Miguel Sampaio e Nora, «Pressupostos de natureza financeira (futebol)» in: Alexandre Miguel Mestre [Coord.], *Enciclopédia de Direito do Desporto*, Gestlegal, Coimbra, 2019, pp. 318-319.

[788] Na observação de Nuno Barbosa, «As consequências desportivas do incumprimento salarial dos clubes», *Ab Instantia*, 1 (2013), pp. 57-64, pp. 57-58, "a *ratio* das consequências que irei analisar não se prende com a defesa da posição dos trabalhadores dos clubes, mas sim com a defesa da regularidade da competição — o clube que não cumpra as suas obrigações salariais não deve poder competir, de igual modo com o clube que as cumpre, pois se tal fosse permitido haveria uma certa *concorrência desleal* (os clubes que honram os seus compromissos não têm a mesma disponibilidade para reforçarem a sua equipa do que a que teriam no caso de não o fazerem)" (itálico do Autor).

[789] Cfr. artigo 74.º, n.º 1, do RDLPFP.

No plano federativo, a existência de dívidas aos atletas é fundamento de recusa da inscrição de novos contratos de trabalho[790]. No plano da contratação coletiva, pode indicar-se o artigo 40.º, da CCT aplicável ao futebol profissional, que prevê que "o direito à compensação [pela formação ou promoção do atleta] extingue-se no caso de o clube ser devedor ao jogador de qualquer retribuição até à cessação do contrato". Sendo certo que, através destas normas, o atleta não é propriamente titular de uma posição jurídica subjetiva que lhe permita realizar o seu crédito salarial, a verdade é que estes mecanismos têm uma carga compulsória sobre os clubes, reforçando o crédito salarial.

Os mecanismos desportivos não prejudicam, naturalmente, o recurso aos meios gerais de garantia da retribuição. Os praticantes desportivos estão salvaguardados pelos mecanismos de garantia previstos no regime laboral comum. Assim sendo, o praticante desportivo pode, perante o incumprimento do clube, e desde que os pressupostos legais estejam preenchidos, lançar mão da suspensão do contrato de trabalho ou avançar para a sua resolução com justa causa.

Tratando-se de um crédito laboral, o crédito retributivo pode ser reclamado nos termos gerais, ou seja, um ano após a cessação do contrato[791], gozando dos privilégios creditórios comuns[792]. No mais, os créditos salariais gozam do regime laboral comum[793]. No entanto, a propósito da tutela dos créditos laborais, é relevante assinalar que os praticantes desportivos estão excluídos, aparentemente, do fundo de compensação do trabalho e do fundo de garantia da compensação do trabalho, ainda que a Lei n.º 13/2023, de 3 de abril, tenha determinado a sua suspensão[794].

[790] Cfr. artigo 79.º, n.º 6, do RCLPFP. Sobre isto, André Gonçalo Dias Pereira, «Meios de reacção contra os clubes de futebol incumpridores das suas obrigações: salários em atraso, não pagamento das contribuições à Segurança Social e das dívidas fiscais», *Desporto & Direito*, 17 (2009), pp. 269-291 e Nuno Barbosa, «As consequências desportivas do incumprimento...», cit., pp. 57-64.

[791] Ver ac. de 11/11/1996 do TRP (Sousa Peixoto), CJ, 1996, V, pp. 249-250.

[792] A título de exemplo, cfr. ac. de 23/04/1997 do TRL (Andrade Borges), BTE, II Série, 1-6/2000, pp. 383-384.

[793] Com uma exemplificação, cfr. João Leal Amado, *Contrato de trabalho desportivo...* [1995], cit., p. 54.

[794] Segundo o artigo 2.º, n.º 1, da Lei 70/2013, de 30 de agosto, atualmente em vigor, "a presente lei é aplicável às relações de trabalho reguladas pelo Código do Trabalho, aprovado pela Lei n.º 7/2009, de 12 de fevereiro". Confirmando que este regime não é aplicável às relações especiais de trabalho, Catarina Gomes Santos, «Breve análise (e algumas interrogações) em torno dos regimes jurídicos do Fundo de Compensação do Trabalho (ou Mecanismo Equivalente) e do Fundo de Garantia de Compensação do Trabalho, criados pela Lei n.º 70/2013, de 30 de Agosto», *Questões Laborais*, 51 (2017), pp. 165-202, p. 171. Diga-se, aliás, que nas FAQs do site do Fundo de Compensação

Finalmente, importa notar que o RCTPD estabelece algumas regras especiais nas situações de cedência. Concretamente, segundo o n.º 3, do artigo 20.º, do RCTPD, "cedente e cessionário são solidariamente responsáveis pelo pagamento das retribuições do praticante desportivo que se vencerem no período em que vigore a cedência". Portanto, o praticante desportivo pode exigir as quantias em dívida, na sua totalidade, tanto do cedente como do cessionário.

Acrescenta o RCTPD que, "em caso de não pagamento pontual da retribuição, o praticante deve comunicar o facto à parte não faltosa, no prazo de 45 dias contados a partir do respetivo vencimento, sob pena de desresponsabilização desta" (n.º 4)[795].

§ 4.6. Tempo de trabalho

Bibliografia específica: João Zenha Martins, «Tempo de descanso (dos praticantes desportivos)» in: Alexandre Miguel Mestre [Coord.], *Enciclopédia de Direito do Desporto*, Gestlegal, Coimbra, 2019, pp. 384-385; Victor Hugo Ventura, «À espera de um novo *Bosman*? A compatibilidade do regime do tempo de trabalho do praticante desportivo com o Direito da União Europeia?», *Questões Laborais*, 54 (2019), pp. 81-97.

(http://www.fundoscompensacao.pt/fctl), à pergunta "*Os jogadores de futebol e equipa técnica de um dado clube devem ser considerados no âmbito do novo regime?*" diz-se que "Não. O contrato de trabalho dos jogadores de futebol rege-se pela Lei 28/98, de 26 de Junho (Lei do Contrato de Trabalho Desportivo) e ainda pelo convencionado pelo Contrato Coletivo de Trabalho entre a Liga Portuguesa de Futebol Profissional e o Sindicato dos Jogadores Profissionais de Futebol, e não pelo Código do Trabalho. Já o contrato de trabalho dos integrantes de equipas técnicas de futebol rege-se pelo convencionado no Contrato Coletivo de Trabalho celebrado entre a Associação dos Treinadores de Futebol e a Liga Portuguesa de Futebol Profissional, aplicando-se no que diz respeito à cessação daqueles contratos e que não esteja previsto naquele Contrato Coletivo, a Lei 28/98 de 26 Junho (Lei do Contrato de Trabalho Desportivo) e não o Código do Trabalho. Aplicando-se a lei 70/2013 de 30 de Agosto às relações de trabalho reguladas pelo Código do Trabalho, os regimes jurídicos previstos naquele diploma não são aplicáveis aos jogadores de futebol e aos integrantes das equipas técnicas de clubes de futebol".

[795] Criticamente, Lúcio Correia, *Regime jurídico dos praticantes desportivos profissionais...*, cit., pp. 298 ss.

À semelhança do que acontecia com os regimes anteriores, o RCTPD condensa o regime do tempo de trabalho dos desportistas numa única disposição legal[796].

Segundo o n.º 1 desta norma, o tempo de trabalho do praticante desportivo desdobra-se em três situações típicas, a saber: "o tempo em que o praticante está sob as ordens e na dependência da entidade empregadora desportiva, com vista à participação nas provas desportivas em que possa vir a tomar parte" (alínea a)), "o tempo despendido em sessões de apuramento técnico, táctico e físico e em outras sessões de treino, bem como em exames e tratamentos clínicos, com vista à preparação e recuperação do praticante para as provas desportivas" (alínea b)) e, finalmente, "o tempo despendido em estágios de concentração e em viagens que precedam ou se sucedam à participação em provas desportivas" (alínea c)).

A tripla hipótese prevista naquela norma é reveladora da sensibilidade do legislador para as especificidades da atividade desportiva. De facto, a atividade desportiva não envolve apenas a participação propriamente dita nas competições onde o atleta e o seu clube estão envolvidos. O praticante desportivo participa em diversas etapas preparatórias e complementares ao jogo, as quais representam até o núcleo essencial do seu direito à ocupação efetiva.

O compromisso do atleta com o clube empregador é, como alguém já se exprimiu, omnimodal e oferece um bom exemplo, e atual, para aquelas correntes que defendem que o objeto do contrato de trabalho é o corpo laborioso... O desportista obriga-se a viajar nacional e internacionalmente, em digressões e jogos de exibição ou campanha, a concentrar-se antes e depois das partidas, pelos meios de transporte escolhidos pelo clube (embora o legislador, como veremos, não contabilize esse tempo como tempo de trabalho...). O tempo de trabalho é como que virtual porque os jogos podem ser disputados em horário noturno graças à iluminação artificial.

Forçando a nota, este não é, em bom rigor, um traço exclusivo do trabalho prestado no contexto desportivo, encontrando paralelo no mundo das artes e do espetáculo: também o regime dos artistas e profissionais de espetáculos prevê que é tempo de trabalho "o período de prestação efetiva da atividade autoral, artística, técnico-artística e mediação cultural, bem como todo o tempo em que o trabalhador está adstrito à execução da sua

[796] Cfr. artigo 15.º da Lei n.º 28/98, de 26 de junho, norma que retomava, *ipsis verbis*, o regime do Decreto-Lei n.º 305/95, de 18 de novembro (igualmente o artigo 15.º). Criticamente, Lúcio Correia, *Regime jurídico dos praticantes desportivos profissionais...*, cit., p. 119, refere que o legislador perdeu uma oportunidade única para densificar esta matéria.

prestação, em especial para efeitos de ensaios, execução, pré e pós-produção, finalização, pesquisa e estudo, bem como outras atividades promocionais e de divulgação"[797]. Na observação certeira de João Leal Amado, "a especificidade da atividade laboral desportiva consiste, justamente, numa peculiar distribuição da jornada laboral entre os treinos e a competição, de maneira semelhante a como os artistas dividem o seu tempo laboral entre os ensaios e as atuações perante o público ou representações"[798]. Acresce que a mediatização do espetáculo desportivo e a sua conversão num produto comercial redundou num alargamento substancial do âmbito de atividades do praticante desportivo, pelo menos daqueles que, mercê do seu protagonismo, são "convocados" para as mais variadas tarefas. Afinal, o atleta que, no início da preparação da época, é "destacado" para participar na sessão de apresentação dos equipamentos não está a prestar trabalho?

Se o legislador desportivo encara esses períodos como tempos de trabalho, a verdade é que, como vimos, o mesmo legislador trata de desconsiderar esses tempos para efeitos dos limites ao período normal de trabalho[799].

A norma legal em causa – o n.º 2 do artigo 16.º – trata indistintamente duas situações que podem ser tratadas em separado: por um lado, o tempo despendido nos estágios de concentração e, por outro lado, o tempo despendido nas viagens que antecedem e sucedem a participação em provas desportivas.

Segundo a alínea c), do n.º 1, desta norma, é tempo de trabalho o período despendido em "estágios de concentração e em viagens que precedam ou se sucedam à participação em provas desportivas". Sucede que o n.º 2, uma disposição que é decalcada do Direito espanhol[800], dita que "não relevam, para efeitos dos limites ao período normal de trabalho previstos na lei geral, os períodos de tempo referidos na alínea c) do número anterior", ou seja, não relevam, para efeitos do cômputo dos limites ao período normal de trabalho[801],

[797] Cfr. artigo 17.º, n.º 1, do Decreto-Lei n.º 105/2021, de 29 de novembro.

[798] João Leal Amado, *Contrato de trabalho desportivo...* [2017], cit., p. 98.

[799] Maria do Rosário Palma Ramalho, *Tratado de Direito do Trabalho...*, cit., p. 471, fala aqui de um "desvio assinalável em relação ao regime comum dos limites do tempo de trabalho".

[800] Cfr. artigo 9.º do Real Decreto n.º 1006/1985, de 26 de junho.

[801] A letra da lei sugere que o período normal de trabalho dos praticantes desportivos é de 8 horas por dia e 40 horas por semana. O CCT aplicável aos futebolistas profissionais (CCT entre a LPF e o SJPF, publicado no BTE n.º 33/1999, com alterações posteriores) prevê que o período normal de trabalho não pode exceder 7 horas por dia (cfr. cláusula 21.ª, n.º 1). Este CCT é aplicável apenas aos futebolistas profissionais. Salvo melhor opinião, o contrato de trabalho do praticante desportivo das demais modalidades deverá reger-se pelos limites gerais ao período normal de trabalho, a saber, 8 horas por dia e 40 horas semanais. Contra, aparentemente, Maria Francisca Schubeius

esses tais períodos despendidos em "estágios de concentração e em viagens que precedam ou se sucedam à participação em provas desportivas". Na prática, e tomando de empréstimo o comentário de João Leal Amado, "de acordo com a lei, o tempo de estágios/viagens é tempo laboral, mas, no fundo, é como se não fosse..."[802].

Temos para nós que esta solução legislativa, que Albino Mendes Baptista entende ser aplicável também aos treinadores desportivos[803], é de compatibilidade duvidosa com o Direito da União Europeia e, mais concretamente, com a regulamentação europeia em matéria de organização do tempo de trabalho. Como sabemos, no Direito do Trabalho português, por força do Direito da União Europeia, o conceito de "tempo de trabalho" é um conceito que não se esgota na noção de tempo de trabalho efetivo pois, segundo a jurisprudência consolidada do TJ, à luz da qual esta matéria deve ser compreendida, e sobretudo aplicada, o conceito de tempo de trabalho deve ser lido com uma amplitude que abranja o chamado "tempo de disponibilidade", sobretudo quando essa disponibilidade se revela no local de trabalho ou em local determinado pelo empregador[804].

de Landerset Gomes, «Enquadramento jurídico-tributário das cláusulas de rescisão...», cit., (s/ paginação), sugerindo que o regime do praticante desportivo é mais favorável (para o empregador, bem entendido), "em vez do regime rígido do contrato de trabalho comum em que, por regra, o empregador apenas pode exigir a prestação do trabalho durante quarenta horas semanais e oito horas por dia".

[802] João Leal Amado, *Contrato de trabalho desportivo...* [2017], cit., p. 98.

[803] Albino Mendes Baptista, «É o regime laboral comum aplicável aos contratos entre clubes e treinadores profissionais?», *Revista do Ministério Público*, 80 (1999), pp. 129-139, p. 134. O Autor diz mesmo que "é absolutamente incompatível com as características da prestação de trabalho do treinador profissional a sujeição a limites máximos dos períodos normais de trabalho fixados na lei geral, a saber, oito horas por dia e quarenta horas por semana" pois "solução diferente conduziria ao absurdo e traduzir-se-ia na negação do núcleo essencial desta prestação de trabalho. Aliás, qualquer treinador profissional que, com completo despropósito, invocasse os limites do período normal de trabalho previstos na lei geral actuaria, na mais liminar análise, em abuso de direito" (!). Criticamente, Diogo Soares Loureiro, «O regime jurídico-laboral dos treinadores de futebol...», cit., p. 74, refere que a aplicação desses limites "consubstanciaria uma perigosa ameaça à capacidade de trabalho dos técnicos". Contra, invocando até a ilegalidade da norma do CCT aplicável aos treinadores desportivos, Ricardo Nascimento, «Em busca de um regime jurídico-laboral específico...», cit., p. 69.

[804] Em síntese, em diversas ocasiões, o TJ foi chamado a interpretar o sentido e alcance do artigo 2.º, n.º 1, da Diretiva n.º 2003/88/CE, de 4 de novembro de 2003 (ou de versões anteriores desta Diretiva), segundo o qual é "tempo de trabalho" "qualquer período durante o qual o trabalhador está a trabalhar ou se encontra à disposição da entidade patronal e no exercício da sua actividade ou das suas funções, de acordo com a legislação e/ou a prática nacional". No acórdão *Vorel* de

11/01/2007 (proc. nr. C-437/05), decidiu o TJ que "as permanências que o trabalhador realiza em regime de presença física no estabelecimento da entidade patronal devem ser consideradas na íntegra «tempo de trabalho» na acepção da Directiva 93/104, independentemente das prestações de trabalho que tenham sido realmente efectuadas pelo interessado durante essas permanências" (ponto 27). Acrescenta que "o facto de as permanências comportarem determinados períodos de inactividade não tem, portanto, qualquer importância neste contexto. Com efeito, o factor determinante para se considerar que os elementos característicos do conceito de «tempo de trabalho» (...) estão presentes nas permanências que um trabalhador realiza no local de trabalho é o facto de este ser obrigado a estar fisicamente presente no local determinado pela entidade patronal e de estar à sua disposição para poder prestar de imediato os seus serviços em caso de necessidade"(ponto 28) concluindo o Tribunal que "consequentemente, há que concluir que, no âmbito de uma permanência no próprio local de trabalho, os períodos durante os quais aguarda por um trabalho efectivo devem ser qualificados na íntegra como tempo de trabalho e, se for caso disso, como horas extraordinárias" (ponto 31). Já antes, no acórdão *Simap* de 03/10/2001 (proc. nr. C-303/98), o TJ considerou como tempo de trabalho a situação de médicos e outro pessoal hospitalar que tinham de estar presentes no seu local de trabalho, nas instalações hospitalares, para a hipótese de ser necessária a prestação de cuidados médicos. Semelhantemente, no acórdão *Jaeger* de 09/09/2003 (proc. nr. C-151/02), onde também estava em causa serviço prestado num hospital (apenas com a nuance de que neste caso os médicos podiam dormir nas instalações do hospital em dormitórios), o Tribunal também considerou que o tempo de trabalho durante o qual os médicos estão no local de trabalho e à "disposição" do empregador deve ser considerado tempo de trabalho. No mesmo sentido, também deve referir-se o acórdão *Dellas* de 01/12/2005 (proc. nr. C-14/04). Esta jurisprudência conheceu um reforço no recente acórdão *Matzak* de 21/02/2018 (proc. nr. C-518/15) onde se decidiu que o tempo de prevenção que um trabalhador, ainda que no domicílio, com a obrigação de responder às chamadas da sua entidade patronal num prazo de 8 minutos, restringe muito significativamente as possibilidades de ter outras atividades e, portanto, deve ser considerado "tempo de trabalho". Mais recentemente, esta jurisprudência conheceu um reforço nos acórdãos *Matzak* (proc. nr. C 518/15) *D. J. v. Radiotelevizija Slovenija* (proc. nr. C-344/19), *RJ v. Stadt Offenbach am Main* (proc. nr. C-580/19), *XR vs. Dopravní podnik hl. m. Prahy, akciová společnost* (proc. nr. C-107/19) e *MG vs. Dublin City Council* (proc. nr. C-214/20), precisando, nesta última jurisprudência, que "se resultar de uma apreciação global de todas as circunstâncias do caso, nomeadamente da amplitude e das modalidades dessa faculdade de exercer outra atividade profissional, e da inexistência de uma obrigação de participar em todas as intervenções asseguradas a partir desse quartel, que as restrições impostas ao referido trabalhador durante esse período não são de uma natureza tal que afetem objetiva e muito significativamente a faculdade de este último gerir livremente, durante o referido período, o tempo durante o qual os seus serviços profissionais enquanto sapador bombeiro não são solicitados".

Sucintamente, embora haja discórdia quanto à qualificação do chamado "regime de localização ou chamada" em que o trabalhador se encontra, por exemplo, no seu domicílio, já parece haver um acordo total no sentido de que o regime de presença ou prontidão no local de trabalho, ou em outro local determinado pelo empregador, deve ser qualificado como tempo de trabalho. Sobre isto, numa análise que, naturalmente, já vem dos regimes legais anteriores à codificação, ver Francisco Liberal Fernandes, «Sobre o conceito de tempo de trabalho no Código do Trabalho», *Questões Laborais*, 27 (2006), pp. 135-137, pp. 135 ss., Id., *O tempo de trabalho – comentários aos artigos 197 a 236.º do Código do Trabalho (revisto pela Lei n.º 23/2012, de 25 de Junho)*, Coimbra Editora, Coimbra, 2012

Após o lançamento da primeira edição desta obra e da publicação de um artigo sobre esta matéria[805], o TJ introduziu algumas nuances descaracterizadoras[806]. Mais concretamente, nas decisões *RJ v. Stadt Offenbach am Main*[807],

(sublinhando, p. 29, em anotação ao artigo 197.º, que "aquela disponibilidade não é equiparável à que é possível desfrutar durante os períodos de descanso em que o trabalhador dispõe de autonomia plena para gerir o seu tempo"), Id., «Um breve olhar sobre a Directiva N.º 2003/88/CE, relativa à organização do tempo de trabalho», *Prontuário de Direito do Trabalho*, 93 (2012), pp. 101-121, Maria de Fátima Ribeiro, «Breves notas críticas sobre a evolução de alguns aspectos do regime da duração e organização do tempo de trabalho», *Questões Laborais*, 28 (2006), pp. 219-240, Id., «O tempo de trabalho e a Lei N.º 21/96» in: *Juris et de Jure – Nos 20 Anos da Faculdade de Direito da Universidade Católica Portuguesa – Porto*, Publicações Universidade Católica, Porto, 1998, pp. 987-1029, Albino Mendes Baptista, «Tempo de trabalho efectivo, tempos de pausa e tempo de "terceiro tipo"», *Revista de Direito e de Estudos Sociais*, 2002 (1), pp. 29-53 (também publicado em *V Congresso Nacional de Direito do Trabalho – Memórias*, Almedina, Coimbra, 2003, pp. 177-191 e *Jurisprudência do trabalho anotada – relação individual de trabalho*, 3.ª ed., Quid Iuris, Lisboa, pp. 363-372), António Vilar, «Tempo de trabalho – quando o trabalhador permanece adstrito à realização da prestação, mas não está a desempenhar a actividade» in: *VIII Congresso Nacional de Direito do Trabalho – Memórias*, Almedina, Coimbra, 2006, pp.133-144, Miguel Lopes Cardoso, «A duração e organização do tempo de trabalho - evolução de 2003 para 2009», *Revista de Ciências Empresariais e Jurídicas*, 15 (2009), pp. 285-310. Mais recentemente, Catarina de Oliveira Carvalho, «Reflexões sobre o conceito de tempo de trabalho no direito europeu e respetiva articulação com o direito nacional» in: *Estudos de Direito do Trabalho em Homenagem ao Professor António Monteiro Fernandes*, Parte I, Nova Causa, 2017, pp. 279-313; Francisco Liberal Fernandes, «Tempo de trabalho e tempo de descanso» in: Maria do Rosário Palma Ramalho / Teresa Coelho Moreira [Coord.], *Tempo de trabalho e tempos de não trabalho*, APODIT, Lisboa, 2018, pp. 11-23, João Zenha Martins, «Tempo de trabalho e tempo de repouso: qualificação e delimitação de conceitos» in: Maria do Rosário Palma Ramalho / Teresa Coelho Moreira [Coord.], *Tempo de trabalho e tempos de não trabalho*, APODIT, Lisboa, 2018, pp. 25-67 (= *Revista do CEJ*, 2017 (2), pp. 209-249) e Pedro Ferreira de Sousa / Fábio Nave Moreira, «O tempo de disponibilidade do trabalhador — perspetiva laboral, fiscal e contributiva», *Prontuário de Direito do Trabalho*, 2018, II, pp. 195-216 (considerando que, quanto ao tempo de disponibilidade, "esse período já deve ser considerado tempo de trabalho no caso de eventual limitação – quer em termos temporais, quer em termos espaciais que coloque em causa o mínimo adequado à gestão autónoma e discricionária da atividade do trabalhador"). Na jurisprudência, ac. 04/05/2006 do TRC (Serra Leitão), proc. nr. 261/06 ("o tempo de deslocação do trabalhador desde a sede da entidade patronal até aos locais onde vai laborar e por determinação desta, e vice-versa, deve ser considerado como fazendo parte do horário de trabalho. A partir do momento em que o trabalhador se apresenta ao serviço nas instalações da sua entidade patronal, para se deslocar para um determinado local onde vai exercer a sua actividade, fica adstrito à realização da prestação em que se consubstancia o objecto do contrato de trabalho").

805 Victor Hugo Ventura, «À espera de um novo *Bosman*? A compatibilidade do regime do tempo de trabalho do praticante desportivo com o Direito da União Europeia?», *Questões Laborais*, 54 (2019), pp. 81-97.

806 Cfr. a jurisprudência *MG v. Dublin City Council* (proc. nr. C-214/20) ("

807 Proc. nr. C-580/19.

XR vs. Dopravní podnik hl. m. Prahy, akciová společnost[808] e *MG vs. Dublin City Council*[809], o TJ precisou que não é tempo de trabalho "se resultar de uma apreciação global de todas as circunstâncias do caso, nomeadamente da amplitude e das modalidades dessa faculdade de exercer outra atividade profissional (...) que as restrições impostas ao referido trabalhador durante esse período não são de uma natureza tal que afetem objetiva e muito significativamente a faculdade de este último gerir livremente, durante o referido período, o tempo durante o qual os seus serviços profissionais não são solicitados".

Partindo destas premissas, e lembrando que a noção do tempo de trabalho, tal como definida pela jurisprudência do TJ, é um "conceito-quadro que vai conformar a noção do período normal de trabalho"[810], será a norma do n.º 2, do artigo 16.º, compatível com o Direito da União Europeia?

§ 4.6.1. Os tempos despendidos em estágios de concentração

Como vimos, o regime legal determina que o tempo despendido nos estágios de concentração não é contabilizado para efeitos dos limites ao período normal de trabalho. A pergunta impõe-se: será esta norma compatível com o Direito da União Europeia?

Como ponto de partida, pode dizer-se que os estágios são, hoje, práticas cada vez mais comuns dos clubes desportivos e já não são apenas utilizados para os encontros realizados "fora". De facto, constata-se que os clubes os utilizam cada vez mais para os encontros realizados "em casa", agendando a concentração para a véspera do encontro. Acredita-se que a reunião do plantel e equipa técnica nos estágios tem um efeito mobilizador que deve ser aproveitado não só para os encontros realizados "fora de portas", mas também para os jogos caseiros. Os estágios tornaram-se ritos de organização e disciplina porque se acredita que a organização e a disciplina são ingredientes indispensáveis para a receita do sucesso desportivo.

Essa disciplina tem uma tradução imediata no regime dessas concentrações: é do conhecimento público que, durante os estágios, os atletas não podem ausentar-se sem autorização do clube e, por isso, a sua liberdade está, desde logo, bastante limitada. É verdade que, numa grande parte do

[808] Proc. nr. C-107/19.

[809] Proc. nr. C-214/20.

[810] Assim, João Zenha Martins, «Tempo de trabalho e tempo de repouso...», cit., p. 36.

estágio, o praticante não está, em rigor, a executar a prestação propriamente dita para a qual foi contratado, mas deve estar disponível para o que vier a ser programado pelo clube. Efetivamente, durante o estágio, o clube, muitas vezes na pessoa do seu treinador, é soberano para decidir o curso dos acontecimentos. Por exemplo, o clube define qual o horário para despertar, reunir, treinar, almoçar, comparecer para palestras preparativas dos jogos, etc., podendo o empregador, aliás, alterar discricionariamente a "agenda" ou "ordem de trabalhos" do estágio e, com isso, do praticante desportivo. Numa palavra: o praticante desportivo está permanentemente à disposição do seu empregador.

Em abono da verdade, também é do conhecimento geral que esses estágios não estão exclusivamente vocacionados para o treino e para o "trabalho" propriamente dito. Constata-se que estes períodos envolvem frequentemente períodos de lazer para os atletas. É comum vê-los juntos em passeios matinais, entretidos jogando consola ou, simplesmente, em convívio. E, nalguns casos, há momentos que são deixados à discrição dos atletas. Acontece que, na crueza dos factos, o praticante está obrigado a estar num local determinado pelo clube, sob as ordens e instruções deste, não podendo, em rigor, gerir e dispor desses tempos como quiser. Por outras palavras, sendo certo que os períodos de estágio envolvem atividades lúdicas, também não é menos certo que muitas dessas atividades são programadas pelo empregador, estando o praticante desportivo obrigado a participar nelas[811]. De resto, parece assente

[811] De resto, o caráter lúdico não seria suficiente para descaracterizar a qualificação laboral de uma atividade que seja exercida em moldes subordinados. Sobre isto, ver o recente estudo de Milena Rouxinol, «Contrato de trabalho – um modelo formoso e não seguro (ou: quando o trabalhador é um "Adónis musculado deambulando pela praia")», *Questões Laborais*, 51 (2017), pp. 123-142, especialmente, pp. 139-140. Como escreve a Autora, numa observação que acompanhamos, "temos de reconhecer que não ocorreria à doutrina juslaboral excluir do espectro de atividades suscetíveis de constituir objeto de um contrato de trabalho aquelas cuja execução representa, para o prestador, algum, maior ou menor, prazer, elevação emocional, realização pessoal... De resto, tem-se, hoje, como adquirido que o facto de a prestação consistir num jogo, tradicionalmente, mera atividade lúdica, não exclui que ela se enquadre num contrato de trabalho". O estudo da Autora versa sobre a natureza laboral das relações entre os participantes em *reality shows* e respetivas produtoras. Forçando um pouco a nota, e ressalvadas as diferenças óbvias entre as duas situações, existe uma certa semelhança entre a situação desses participantes e dos praticantes desportivos durante os estágios. É que também estes, à semelhança daqueles, devem permanecer num local determinado pelo empregador e participar nas atividades, ainda que lúdicas, promovidas pelo clube. Sobre isto, com outro desenvolvimento, Rita Garcia Pereira, «Casa dos Segredos: Um novo templo para a subordinação jurídica?» in: *Para Jorge Leite - Escritos jurídico-laborais*, Volume II, Coimbra Editora, Coimbra, 2014, pp. 697-731. Não deixa de ser curioso notar que o CCT aplicável ao futebol

que o atleta que decida "evadir-se" do estágio, sem autorização do clube, poderá ser sancionado disciplinarmente pelo empregador. Como observa João Zenha Martins, pensando no caso *Grigore*, "as consequências ligáveis à inobservância desse dever pressupõem que o contrato de trabalho se encontra a ser executado *de pleno*; logo, também o cumprimento desse dever pressuporá que o trabalhador exerce uma actividade que, correspondendo ao esquema de interesses que ditam a execução do contrato, não pode ser dissociada do conceito de tempo de trabalho"[812].

Se dúvidas persistirem, pensamos que ficará evidente aos olhos de todos que estes estágios envolvem a sujeição do atleta se pensarmos na seguinte pergunta: pode o praticante desportivo, pura e simplesmente, decidir não participar no estágio, comunicando para o efeito ao clube que tenciona aparecer apenas no estádio à hora da realização do jogo porque, por exemplo, prefere que as horas que antecedem a partida sejam passadas com a sua família...? A resposta a esta questão torna forçosa a seguinte conclusão: uma situação como esta, na qual o trabalhador está obrigado a permanecer num local determinado pelo seu empregador, estando sujeito às suas ordens e instruções, deve ser considerada, a nosso ver, como tempo de trabalho para efeitos dos limites ao período normal de trabalho. Mesmo que se considere que em algumas situações o atleta não está, rigorosamente, a executar a prestação típica para a qual foi contratado, a verdade é que, pelo menos, está à disposição do clube para o efeito. Os estágios representam situações em que acreditamos que se pode dizer, com verdadeira propriedade, aquilo que um Autor espanhol, referindo-se aos praticantes desportivos, descreveu como uma subordinação jurídica "dia a dia e minuto a minuto"[813].

profissional concretize, na cláusula 21.ª, n.º 1, alínea b), que é considerado como tempo de trabalho, sendo inclusivamente contabilizado para efeitos dos limites ao período normal de trabalho, o tempo gasto em "sauna e massagens". Se nos é permitida a ironia, escusado será dizer que o praticante desportivo não estará seguramente em sofrimento laboral no período que despensa na sauna ou enquanto é massajado...

[812] João Zenha Martins, «Tempo de trabalho e tempo de repouso...», cit., p. 52.

[813] Fernando Suárez González, «Los deportistas profesionales» in: *Trabajo subordinado y trabajo autónomo en la delimitación de fronteras del derecho del trabajo – estudios en homenaje al profesor José Cabrera Bazán*, Tecnos, Madrid, 1999, pp. 39-56, p. 50. Aproveitando o comentário de João Leal Amado, *Contrato de trabalho desportivo*... [2017], cit., p. 99, pode dizer-se que "a especificidade da atividade desportiva reclama, decerto, uma razoável dose de flexibilidade na regulamentação destas questões", mas, ao mesmo tempo, pode questionar-se "se este regime não redundará, de algum modo, numa certa *overdose*". Também José Melo Alexandrino, *O discurso dos direitos*..., cit., p. 331, refere que "um estágio mais ou menos prolongado contém suficientes elementos de privação da liberdade".

A soma dos elementos desta equação (disponibilidade + presença em local determinado pelo empregador) é suscetível de redundar, na nossa opinião, na qualificação desse tempo como tempo de trabalho[814]. Estamos em crer que apenas nos casos em que o praticante desportivo recupera, de facto, a sua liberdade, como quando, por exemplo, recolhe à noite ao quarto do hotel onde a equipa está hospedada, é que esses tempos podem não ser considerados como tempos de trabalho[815]. Nas palavras de João Zenha Martins, que parecem ter perfeitamente cabimento aqui, "o que parece decisivo é que, em razão de um contrato de trabalho, o trabalhador tem de ficar afastado do seu meio familiar e social, predestinando o seu tempo ao cumprimento de uma obrigação profissional. Com isso, o trabalhador não dispõe de margens para conformar, com significativa liberdade, o que fazer durante esse período (gestão da auto-disponibilidade do *seu* tempo segundo os *seus* interesses e preferências, em actividades familiares, recreativas, sociais, cívicas, culturais ou outras), estando estreitada, desde logo, a possibilidade de escolher o local onde quer estar"[816]. Será que se pode dizer, na linha da mais recente jurisprudência, que, nesses casos, resulta de uma apreciação global de todas as circunstâncias do caso que as limitações não afetam objetiva e muito

[814] Na opinião de João Zenha Martins, «Tempo de descanso...», cit., pp. 384-385, "no atual ordenamento laboral desportivo, não se afigura possível qualificar como período de descanso o tempo de disponibilidade".

[815] Claro que se poderia dizer que, mesmo nesses momentos, o trabalhador não pode dispor do seu tempo à sua total discrição. De facto, e como também é do conhecimento público, o período noturno está sujeito a regras igualmente apertadas impostas pelos clubes desportivos, para bem da conservação da condição física dos atletas. Por exemplo, é do conhecimento público que as saídas noturnas estão proibidas para os atletas, existindo até "horários de recolha obrigatória". Repare-se, inclusivamente, que estas obrigações ultrapassam os estágios, valendo para a rotina diária do atleta. Aliás, é sabido que os atletas devem, por imposição do empregador, abster-se de certos hábitos mesmo durante o gozo das férias, por forma a não comprometer o regresso "pleno" aos trabalhos. Ora, estas restrições são completamente estranhas ao trabalhador comum que pode, perfeitamente, dispor livremente dos seus períodos noturnos. Seríamos assim levados a concluir que o atleta está permanentemente vinculado ao poder de direção do empregador e, portanto, literalmente, todo o seu tempo de vida seria, afinal, tempo de trabalho. Será assim? A resposta é negativa. Sem prejuízo do caráter excessivo de algumas dessas regras, de licitude duvidosa em certos casos, importa não confundir "tempo de disponibilidade" com a sujeição a regras específicas de conservação da aptidão física. Com efeito, um dos deveres a que está vinculado o atleta, que não tem paralelo no regime laboral comum, é o dever de "preservar as condições físicas que lhe permitam participar na competição desportiva objeto do contrato" (alínea c) do artigo 13.º do RCTPD). Essas obrigações de preservação da condição física, que acompanham o atleta na sua rotina diária, não representam "tempo de trabalho".

[816] João Zenha Martins, «Tempo de trabalho e tempo de repouso...», cit., p. 44.

significativamente a faculdade do praticante desportivo gerir livremente o seu tempo?

Mas para além destes "tempos de disponibilidade", os estágios envolvem tempo de trabalho no sentido estrito, ou seja, envolvem períodos em que o trabalhador presta trabalho efetivo. Devemos ter presente que, hoje, o praticante desportivo não se obriga apenas a jogar e competir, o que aliás é reconhecido pelo próprio legislador ao enunciar certas atividades acessórias ou preparatórias como tempo de trabalho. De facto, o atleta já não trabalha apenas jogando ou, na expressão que se tornou citada *ad nauseam*, "o desportista profissional não joga, trabalha"[817]. Pensamos que os estágios são exemplos acabados disso mesmo. Por exemplo, estes estágios envolvem invariavelmente palestras de preparação para o jogo. O atleta que, durante 2 horas, escuta a palestra do treinador não presta trabalho? Acresce que a dimensão mediática do Desporto (o chamado "desporto-espetáculo") alargou em larga medida o âmbito dos deveres profissionais a que está vinculado o praticante desportivo. Dando mais um exemplo, os estágios envolvem as já tradicionais conferências de imprensa de antevisão da partida. O atleta "escalado" para falar à comunicação social não presta trabalho? O tempo correspondente a estas atividades – e outras poderiam ser nomeadas – não é, na verdade, tempo de trabalho? Aliás, levada à letra, parece que a norma aqui em causa desconsidera todo o tempo afeto aos estágios. Quer isso dizer que os habituais estágios de pré-temporada que se prolongam muitas vezes por várias semanas, envolvendo até a realização de encontros amigáveis ou a participação em torneios, não é tempo de trabalho?

Portanto, e em síntese, pensamos que os períodos correspondentes aos estágios de concentração, quer sejam qualificados como tempo de disponibilidade ou tempo de trabalho em sentido estrito, podem ser contabilizados para efeitos dos limites ao período normal de trabalho. O que equivale a dizer que é defensável que a norma do artigo 16.º, n.º 2, do RCTPD, na parte em que desconsidera os tempos afetos aos estágios, é contrária à regulamentação europeia em matéria de organização do tempo de trabalho e à jurisprudência do TJ.

Vejamos agora qual a sorte dos tempos despendidos em viagens.

[817] Estamos a citar MANUEL ALONSO OLEA / M.ª EMILIA CASAS BAAMONDE, *Derecho del Trabajo*, 26.ª ed., Civitas, Madrid, 2009, p. 139.

§ 4.6.2. Os tempos despendidos em viagens

Como se disse, o regime legal também desconsidera para o cômputo dos limites do período normal de trabalho o tempo despendido nas viagens que precedem e sucedem a participação nas competições desportivas (podendo aplicar-se o mesmo, por via analógica, às viagens que antecedem e sucedem os estágios de concentração).

Em princípio, os tempos de deslocação não são, para o Direito do Trabalho, tempos de trabalho. De facto, por mais penoso que seja o trajeto diário de ida e volta, durante esse período o trabalhador ainda não está, em rigor, sob o jugo da subordinação jurídica. Acontece que os tempos de deslocação conheceram, mais recentemente, importantes desenvolvimentos. Com efeito, segundo a jurisprudência recente do TJ, os tempos de deslocação podem, em certos casos, ser considerados como tempos de trabalho. Concretamente, nos casos em que "as deslocações são inseparáveis da qualidade de trabalhador que não tem local de trabalho fixo ou habitual", ou seja, no caso dos vulgarmente chamados trabalhadores itinerantes, o tempo afeto a deslocações é qualificado como tempo de trabalho[818].

O praticante desportivo não é, seguramente, um trabalhador itinerante. É certo que a prática desportiva envolve deslocações regulares e periódicas. Semanal ou quinzenalmente, os clubes deslocam-se ao terreno de jogo dos seus adversários e, quer se trate de competições domésticas ou europeias, esses encontros implicarão, inevitavelmente, viagens de ida e volta. A verdade

[818] Com efeito, no ac. *Tyco* de 10/09/2015, proc. nr. C-266/14, decidiu-se que "durante o tempo necessário de deslocação, que, na maioria das vezes, não se pode reduzir, esses trabalhadores não podem dispor livremente do seu tempo e dedicar-se aos seus próprios interesses, pelo que, por conseguinte, estão à disposição da entidade patronal" (pt. 39), "tendo em conta que as deslocações são inseparáveis da qualidade de trabalhador que não tem local de trabalho fixo ou habitual, o local de trabalho desses trabalhadores não pode ser reduzido aos locais de intervenção física dos mesmos junto dos clientes da entidade patronal" (pt. 43), "seria contrário a esta diretiva que o tempo de descanso dos trabalhadores que não têm local de trabalho fixo ou habitual fosse reduzido devido à exclusão do tempo de deslocação residência-clientes do conceito de «tempo de trabalho»" (pt. 45) concluindo daí que "o artigo 2.º, ponto 1, da Diretiva n.º 2003/88 deve ser interpretado no sentido de que, em circunstâncias como as que estão em causa no processo principal, em que os trabalhadores não têm local de trabalho fixo ou habitual, constitui «tempo de trabalho», na aceção desta disposição, o tempo de deslocação que estes trabalhadores gastam diariamente entre a sua residência e o domicílio do primeiro e do último cliente designado pela sua entidade patronal" (pt. 50). Sobre este acórdão, na doutrina nacional, ver o recente estudo de Tiago Rocha, «Algumas considerações sobre o conceito de tempo de trabalho, em especial sobre o conceito de tempo de deslocação», *Questões Laborais*, 52 (2018), pp. 33-74.

é que essa regularidade, ainda que semanal, não é suficiente para enquadrar os praticantes desportivos como trabalhadores itinerantes. Pelo contrário, aliás, pode dizer-se que os atletas têm um local de trabalho fixo para onde devem, diariamente, deslocar-se: o centro de treinos do clube. Falha assim, a nosso ver, a hipótese de encarar os trabalhadores desportivos como itinerantes e, consequentemente, cai a possibilidade de qualificar essas viagens dos atletas como tempos de trabalho, com os fundamentos gizados pela jurisprudência do TJ.

Mas a possibilidade de qualificar essas viagens como tempo de trabalho não fica ainda totalmente descartada. Temos para nós que as viagens realizadas pelos atletas para a participação nas provas desportivas não podem ser encaradas como tempos de descanso. Essa convicção é baseada nos moldes em que se realizam essas viagens. Basta pensar que essas deslocações são realizadas em horário determinado pelo empregador a quem cabe, aliás, organizar toda a logística, ou seja, são realizadas por meios que pertencem à entidade empregadora (como é tipicamente o caso do autocarro do clube) ou por meios escolhidos pelo clube (por exemplo, por avião). Acresce que o atleta partilha esse tempo, porque tem de partilhar, com os seus companheiros de equipa (naturalmente, tratando-se de desportos coletivos) e também com os representantes do clube, estando, aliás, durante a viagem, num certo sentido, sob as instruções destes.

Ora, a partir do momento em que o trabalhador está obrigado a deslocar-se nos termos e condições definidos pelo empregador, ou seja, segundo o seu horário e logística, e pelos seus meios, estando sob as suas ordens e instruções, não serão esses dados reveladores, afinal, de um estado de sujeição do trabalhador? Não estarão reunidos os elementos suficientes para que esse tempo seja qualificado como tempo de trabalho[819]? Repare-se, até, como se verá, que a própria convenção coletiva aplicável ao futebol profissional, ao prever que os estágios devem ter uma duração não superior a 72 horas, ressalva que nessas 72 horas devem ser também contabilizados os tempos de deslocação, um dado que é revelador de que o tempo de viagem é encarado como um fator de desgaste físico e mental para o atleta.

Um pouco à semelhança do que se fez quanto aos estágios, pense-se na seguinte questão fundamental: pode o praticante desportivo recusar-se

[819] Entre nós, Júlio Gomes, *Direito do Trabalho...*, cit., pp. 661-662, defende justamente "que se deve distinguir entre as deslocações feitas sobre as ordens, em execução dos comandos do empregador, e as restantes".

deslocar de acordo com a programação e logística do clube? Mais concretamente, pode informar o clube de que pretende deslocar-se na sua viatura particular, no horário que entender, e encontrar-se com a restante equipa no estádio, perto da hora do jogo? Não seria essa recusa fundamento de reação disciplinar pelo empregador? Avocando novamente o pensamento de João Zenha Martins, esse "quadro consequencial não deve ser desatendido no processo qualificativo"[820].

Importa não subestimar a importância das viagens do ponto de vista do interesse do empregador: as viagens não são programadas e organizadas pelo empregador por meras razões de conveniência para os atletas. Na verdade, a organização das viagens é, bem vistas as coisas, uma concretização do poder organizativo do empregador, ao qual o praticante desportivo está submetido. Desta sujeição do praticante ao poder de organização do empregador devem ser retiradas as seguintes consequências argumentativas: o tempo durante o qual o trabalhador está sujeito ao poder organizativo do empregador, estando obrigado, no caso, a conformar-se com as condições impostas por aquele para a sua deslocação, deve ser considerado tempo de trabalho.

Para evidenciar o ponto, coloque-se em contraste as situações do atleta e do trabalhador comum: este, finda a sua jornada de trabalho, desloca-se para sua casa pelos seus próprios meios e nesse trajeto pode já, de certa forma, abstrair da sua jornada, entrando já num período de "repouso" laboral; aquele, pelo contrário, findo o encontro desportivo, tem ainda pela frente um trajeto que não só não é livre de escolher como é partilhado com colegas e inclusivamente com o empregador (ou, melhor dito, representantes deste). Pode este último caso ser encarado, verdadeiramente, como "tempo de descanso"? Repare-se que a situação já é bem diferente quando, diariamente, o atleta se desloca para o centro de treinos, pelos seus próprios meios. Nesses casos, a situação do praticante desportivo é perfeitamente equiparável ao trabalhador comum e, portanto, esses tempos não são qualificáveis como tempo de trabalho.

Portanto, a norma do artigo 16.º, n.º 2, do RCTPD, na parte em que desconsidera os tempos afetos às viagens que precedem e sucedem as competições, é contrária à regulamentação europeia em matéria de organização do tempo de trabalho e, concretamente, à interpretação da noção de "tempo de trabalho" que é feita pelo TJ.

[820] João Zenha Martins, «Tempo de trabalho e tempo de repouso...», cit., p. 53.

§ 4.6.3. As "especificidades" do trabalho desportivo?

O presente capítulo sugere conclusões sobre as quais talvez ainda paire uma certa desconfiança. Na verdade, a norma do artigo 16.º, do RCTPD, não é, como tantas outras, uma manifestação das "especificidades" da atividade desportiva[821]? Este não é um caso flagrante em que a "natureza" de uma atividade é incompatível com a aplicação do regime aplicável aos demais trabalhadores? Aliás, parece reunir consenso entre todos que a natureza do fenómeno desportivo é dificilmente compatível com a aplicação pura e simples das regras gerais em matéria de tempo de trabalho[822]. E o próprio legislador salvaguarda, no n.º 3 daquela norma, que "a frequência e a duração dos estágios devem limitar-se ao que, tendo em conta as *exigências próprias da modalidade e da competição* em que o praticante intervém e a idade deste, *deva ser considerado*

[821] Bernardo da Gama Lobo Xavier, *Iniciação ao Direito do Trabalho*, 2.ª ed., Verbo, Lisboa / São Paulo, 1999, p. 160, notava que um dos fatores da especificidade do contrato de trabalho do praticante desportivo é "o modo como é feito a gestão do tempo de trabalho (competições, treinos e estágios) e dos descansos". Também Maria do Rosário Palma Ramalho, *Tratado de Direito do Trabalho...*, cit., p. 441, refere que "os tempos de trabalho destes trabalhadores, por estarem indexados às competições desportivas, exigem uma adaptação das regras gerais em matéria de tempo de trabalho".

[822] A cláusula 4.ª da CCT aplicável ao futebol profissional está de sobreaviso quando dispõe que "às relações emergentes de contrato de trabalho desportivo... serão aplicáveis... as disposições aplicáveis ao contrato de trabalho, com excepção daquelas que se mostrem incompatíveis com a natureza específica da relação laboral dos futebolistas profissionais nomeadamente, as relativas à duração do trabalho". O regime é omisso em relação ao regime do tempo de trabalho dos praticantes desportivos menores de idade, salvo naquela ressalva, prevista no n.º 4, onde se diz que "a frequência e a duração dos estágios devem limitar-se ao que, tendo em conta as exigências próprias da modalidade e da competição em que o praticante intervém e *a idade deste*, deva ser considerado indispensável". Como sabemos, os menores de idade podem celebrar contratos de trabalho desportivo embora com as especificidades de que já demos conta. Mas também sabemos que o trabalho subordinado prestado por menores está rodeado de especiais cautelas e constrangimentos. Assim, o art. 76.º, n.º 2, do CT09, dispõe que "o menor com idade igual ou superior a 16 anos não pode prestar trabalho entre as 22 horas de um dia e as 7 horas do dia seguinte, sem prejuízo do disposto nos números seguintes". Ora, uma das exceções a este constrangimento vem precisamente previsto no n.º 3 daquela norma onde na alínea b) se prevê uma derrogação àqueles limites "que se justifique por motivos objetivos, em atividade de natureza cultural, artística, desportiva ou publicitária, desde que tenha um período equivalente de descanso compensatório no dia seguinte ou no mais próximo possível". Mais uma vez, vemos como a especificidade do espetáculo desportivo se sobrepõe às regras gerais. Na ironia de Alberto Melo Filho, «Prefácio», cit., p. 14, a não existir uma exceção desta natureza, em qualquer jogo que se iniciasse às 21h, qualquer atleta menor que estivesse em campo teria de ser substituído ao intervalo...

indispensável" (sublinhado nosso)[823]. E esse "efeito de travão" é reforçado pelo n.º 5 da mesma norma que prevê que "podem ser estabelecidas por convenção colectiva regras em matéria de frequências e de duração dos estágios de concentração". Pelo menos no futebol profissional, a autonomia coletiva trata de o fazer, fixando um limite de 36 ou 72 horas, consoante as partidas se realizem em "campo próprio" ou "campo alheio", respetivamente, mais se acrescentando que, nestes últimos casos, o tempo necessário à deslocação é computado naquelas 72 horas[824].

Se estas considerações têm um fundo de verdade, não é menos certo que o espaço de manobra do legislador ordinário para adaptar os regimes legais à natureza e especificidades de uma certa atividade dá-lhe apenas permissão para modelar o regime se e enquanto respeitar as normas de hierarquia superior ou, pelo menos, nos termos em que estas consintam derrogações à sua disciplina. Ora, a modelação do regime do tempo de trabalho pelo legislador ordinário deve obediência ao Direito da União Europeia e, mais concretamente, à regulamentação em matéria de organização do tempo de trabalho.

De local nenhum resulta que o praticante desportivo está excluído do âmbito subjetivo de aplicação da Diretiva n.º 2003/88/CE ou que o fenómeno desportivo está excluído do seu âmbito objetivo de aplicação[825]. Refira-se, aliás, que o legislador europeu está consciente das especificidades de certas relações especiais de trabalho e trata de as excluir do âmbito de aplicação das Diretivas. Tal acontece, por sinal, no caso desta Diretiva, que faz expressamente excluir do seu âmbito certos trabalhadores ou atividades, ao mesmo tempo que, em certos aspetos do seu regime, permite aos Estados-Membros prever normas que excluam algumas classes de trabalhadores ou setores de

[823] Maria do Rosário Palma Ramalho, *Tratado de Direito do Trabalho...*, cit., p. 471, não deixa de notar que "o efeito prático destas normas é reduzido, pela sua natureza meramente orientadora".

[824] Cfr. cláusula 21.ª, n.º 3, da CCT aplicável.

[825] É certo que, nas suas disposições finais, a Diretiva n.º 2003/88/CE prevê que "respeitando os princípios gerais de protecção da segurança e da saúde dos trabalhadores, os Estados-Membros podem estabelecer derrogações aos artigos 3.º a 6.º, 8.º e 16.º sempre que, em virtude das *características especiais da actividade exercida*, a duração do tempo de trabalho não seja medida e/ou pré-determinada ou possa ser determinada pelos próprios trabalhadores" (sublinhado nosso). Uma das normas que pode ser derrogada é a relativa aos limites ao período normal de trabalho (artigo 6.º). Acontece que a possibilidade concedida aos Estados-Membros, sendo um reconhecimento de que há certas "características especiais da actividade exercida" que o podem justificar, exige que se trate de casos que o "tempo de trabalho não seja medido e/ou pré-determinado ou possa ser determinado pelos próprios trabalhadores". Salvo melhor opinião, não se vê em que medida a atividade desportiva caiba num desses casos.

atividade. Novamente: isso não acontece com o praticante desportivo. O que equivale a dizer, em síntese, que o conceito de tempo de trabalho tal como ele é construído pela jurisprudência to TJ, é inteiramente aplicável ao regime do praticante desportivo.

Estamos perfeitamente conscientes de que este ponto sugere conclusões que serão impopulares aos olhos dos clubes desportivos. O juízo de incompatibilidade do regime do tempo de trabalho dos praticantes desportivos torna inviáveis as formas de preparação que são tradicionalmente utilizadas no contexto desta atividade profissional. Com semelhante tese, que espaço de manobra resta para os clubes para a preparação das competições? De certa forma, o edifício da competição desportiva está construído sobre certas práticas de que os estágios e as viagens são elementos até hoje concebidos como imprescindíveis. Até porque, como alguém já sugeriu, a matéria do tempo de trabalho não é particularmente incomodativa para os atletas em face dos salários principescos que são praticados neste setor de atividade...[826] Mas, ao mesmo tempo, a história do Direito do Desporto não se fez colocando em crise a validade de normas jurídicas "legitimadoras" de práticas desportivas contrárias ao Direito? Não representou o célebre acórdão *Bosman*, responsável por vergar normas que davam cobertura a práticas ilegítimas bem sedimentadas pelo *establishment* desportivo, a "hora astral" do Direito do Desporto? O regime do tempo de trabalho do praticante desportivo parece precisamente mais um caso de uma solução legislativa que se conservou discretamente acobertada em práticas nunca racionalizadas ou questionadas juridicamente.

[826] Francisco Javier Torollo González, «Las relaciones laborales especiales de los deportistas...», cit., p. 180.

§ 5. VICISSITUDES DO CONTRATO DE TRABALHO DESPORTIVO

§ 5.1. Suspensão do contrato de trabalho

Bibliografia específica: Ana Brilha, «O desporto em *lay off*», *Revista de Direito do Desporto*, 6 (2020), pp. 115-126, Id., «A vigência do contrato de trabalho desportivo em contexto de pandemia», *Revista de Direito do Desporto*, 7 (2021), pp. 81-87; João Leal Amado, «A pandemia e os seus efeitos no contrato de trabalho dos jogadores de futebol», *Revista de Direito do Desporto*, 5 (2020), pp. 7-15; Miguel Lucas Pires, «Lay-off simplificado: podem os clubes de futebol recorrer a este mecanismo?», *Revista de Direito do Desporto*, 5 (2020), pp. 16-22;

O RCTPD não prevê regras especiais em relação à suspensão do contrato de trabalho. Na falta de um regime legal, devem ser aplicadas, salvo melhor opinião, as regras gerais previstas no CT09[827], tendo ainda presente, claro, as regras da convenção coletiva aplicável ao futebol profissional[828]. A aplicação das regras gerais nem sempre está isenta de dificuldades, bastando pensar, por exemplo, na controversa aplicação dos regimes de *lay-off* aos clubes desportivos durante o período pandémico[829].

[827] Di-lo expressamente o legislador espanhol: artigo 12.º do Real Decreto n.º 1006/1985, de 26 de junho.

[828] Segundo a CCT aplicável aos treinadores desportivos de futebol, "a entidade patronal que se oponha a que o treinador retome o serviço após a sua apresentação deve indemnizar o treinador nos termos estabelecidos na cláusula 41.ª" (artigo 29.º, n.º 6). Tal como António Nunes de Carvalho, «O art. 9.º do Código do Trabalho...», cit., p. 47, exprimimos as nossas dúvidas quanto à legalidade e constitucionalidade desta norma convencional, dúvidas essas que se estendem à CCT aplicável aos futebolistas profissionais que prevê semelhante regra (artigo 30.º, n.º 7).

[829] Prescindindo de desenvolvimentos, sobre isto, João Leal Amado, «A pandemia e os seus efeitos no contrato de trabalho dos jogadores de futebol», *Revista de Direito do Desporto*, 5 (2020),

Considerando que, nos termos do artigo 296.º, n.º 1, do CT09, "determina a suspensão do contrato de trabalho o impedimento temporário por facto respeitante ao trabalhador que não lhe seja imputável e se prolongue por mais de um mês"[830], pensamos que não determinará a suspensão do contrato de trabalho a suspensão desportiva do praticante desportivo, por razões disciplinares. Assim, o atleta que, por exemplo, é suspenso por vários jogos oficiais em resultado da amostragem de um cartão vermelho, no seguimento de uma jogada mais violenta, não vê o seu contrato de trabalho suspenso, ainda que não possa competir durante um certo período[831]. Importa lembrar que, ainda que a competição seja o objeto nuclear do contrato de trabalho do praticante desportivo, a prestação não se esgota na competição pois ainda aí cabe o treino, a preparação física, etc., atividades para as quais o atleta não está suspenso, claro está. No entanto, como veremos, de acordo com a jurisprudência dos nossos tribunais, uma suspensão prolongada no atleta pode dar origem à caducidade do contrato de trabalho[832].

Tal não invalida que o clube não possa reagir disciplinarmente em determinados casos pois há certas condutas do atleta que, por envolverem uma culpa grave e provocarem um dano reflexo ou colateral à imagem do empregador, podem legitimar uma reação disciplinar do clube. Pense-se nos casos de *doping*, que determinam a suspensão desportiva do atleta, ou nos casos em que o praticante desportivo é suspenso por agressão a um adversário. Pense-se também nos casos de detenção e prisão preventiva do praticante desportivo[833].

pp. 7-15, Miguel Lucas Pires, «Lay-off simplificado: podem os clubes de futebol recorrer a este mecanismo?», *Revista de Direito do Desporto*, 5 (2020), pp. 16-22, Ana Brilha, «O desporto em *lay off*», *Revista de Direito do Desporto*, 6 (2020), pp. 115-126 e Id., «A vigência do contrato de trabalho desportivo em contexto de pandemia», *Revista de Direito do Desporto*, 7 (2021), pp. 81-87.

830 Em termos próximos, o artigo 30.º, n.º 1, da CCT aplicável aos futebolistas profissionais: "quando o jogador esteja temporariamente impedido por facto que não lhe seja imputável, nomeadamente o cumprimento do serviço militar obrigatório, e o impedimento se prolongue por mais de um mês, mantêm-se os direitos, deveres e garantias das partes, na medida em que não pressuponham a efetiva prestação de trabalho".

831 Pelo contrário, Ana Brilha, «O doping como quebra contratual...», cit., p. 324, sugere a suspensão do contrato de trabalho em caso de *doping*.

832 § 6.6.1. A caducidade por impossibilidade.

833 Sobre isto, na doutrina generalista, Albino Mendes Baptista, «Faltas por motivo de prisão», *Questões Laborais*, 11 (1998), pp. 47-64, Id., *Jurisprudência do trabalho anotada – relação individual de trabalho*, Quid Iuris, 3.ª ed., 2000, especialmente, pp. 420 ss., Teresa Alexandra Coelho Moreira, «O respeito pela esfera privada do trabalhador: natureza jurídica das faltas cometidas por motivo de prisão baseada em crimes praticados fora do trabalho», *Questões Laborais*, 18 (2001),

§ 5.2. Convocatória para a seleção nacional

Bibliografia específica: Alexandre Miguel Mestre, «A renúncia ou "indisponibilidade" para a seleção nacional de futebol: o enquadramento legal e regulamentar, a propósito do "caso Rafa"» in: *Direito do Desporto – aspetos transversais*, Almedina, Coimbra, 2023, pp. 339-342; Carlos Lopes Ribeiro, «Cedência de atletas às selecções nacionais» in: Alexandre Miguel Mestre [Coord.], *Enciclopédia de Direito do Desporto*, Gestlegal, Coimbra, 2019, pp. 68-69; Emílio A. García Silvero, «A libertação de desportistas para as selecções nacionais: aspectos jurídicos e económicos», *Desporto & Direito*, 9 (2006), pp. 355-382; João Leal Amado, «Algumas reflexões sobre o chamado "caso Nuno Valente"» in: *Temas Laborais — 2*, Coimbra Editora, Coimbra, 2007, pp. 109-119 (= *Desporto & Direito*, 7 (2005), pp. 29-39); Telma Rocha, «A participação nas seleções nacionais – uma introdução», *Revista de Direito do Desporto*, 2 (2019), pp. 44-93.

Sintomático da interferência de entidades terceiras no desenvolvimento da relação laboral desportiva[834], uma das vicissitudes do contrato de trabalho do praticante desportivo é a convocação do atleta para representar a seleção nacional[835]. Nesta matéria, e como seria expectável, o RCTPD manteve a obrigação de o atleta participar nos trabalhos da seleção nacional, obrigação que

pp. 155-189, Abílio Neto, «Natureza e consequências das faltas dadas por um trabalhador, motivadas por condenação em prisão», *Revista de Direito e Estudos Sociais*, 1987, I, pp. 49-55, Eduardo Maia Costa, «Comentário ao acórdão do STJ de 14-5-97», *Revista do Ministério Público*, 70 (1997), pp. 147-157, Manuel Simas Santos, «Comentário ao acórdão do STJ de 26-10-1987», *Revista do Ministério Público*, 35/36 (1988), pp. 167-184, Rita Canas da Silva, «Alguns problemas sobre o regime jurídico das faltas» in: Maria do Rosário Palma Ramalho / Teresa Coelho Moreira [Coord.], *Tempo de trabalho e tempos de não trabalho – o regime nacional do tempo de trabalho à luz do Direito Europeu e Internacional*, APODIT, Lisboa, 2018, pp. 275-284, Cristina Martins da Cruz, «Ausências ao trabalho por motivo de prisão e não prestação de trabalho por impossibilidade ou recusa do trabalhador», *Revista do CEJ*, 2018, II, pp. 258-278, especialmente, pp. 261 ss. e Pedro Mota Pinho, *A prisão do trabalhador e as suas consequências no contrato de trabalho*, Nova Causa, Braga, 2019.

[834] Assim, Maria do Rosário Palma Ramalho, *Tratado de Direito do Trabalho...*, cit., p. 465. Emílio A. García Silvero, «A libertação de desportistas para as selecções nacionais: aspectos jurídicos e económicos», *Desporto & Direito*, 9 (2006), pp. 355-382, p. 373: "a libertação dos desportistas profissionais para participar nas suas selecções corresponde propriamente à natureza do contrato de trabalho com o seu clube ou sociedade desportiva".

[835] Sobre isto, com outro desenvolvimento, Telma Rocha, «A participação nas seleções nacionais – uma introdução», *Revista de Direito do Desporto*, 2 (2019), pp. 44-93.

já vinha do regime legal anterior[836] e que, atualmente, se reitera mesmo noutros diplomas legais[837]. Refira-se que esse dever não está na "disponibilidade" do atleta[838] e o jogador regularmente convocado para integrar os trabalhos da seleção pode responder disciplinarmente, não só perante a Federação[839], mas também perante a própria entidade empregadora[840]. Com efeito, embora o clube desportivo até possa ter, por vezes, um interesse na ausência do jogador dos trabalhos da seleção (desgaste acumulado com viagens, risco de lesões, etc.), também pode acontecer que a entidade empregadora tenha nisso um relevante interesse, bastando pensar que a convocatória valoriza o atleta.

Acontece que a participação nos trabalhos da seleção nacional, se para o efeito o atleta for convocado, não é apenas uma obrigação do praticante desportivo. Com efeito, a obrigação recai também sobre o clube: afirma-o a lei (cfr. artigo 11.º, alínea b), do RCTPD) e a CCT aplicável ao futebol profissional (cfr. alínea g) do artigo 14.º). Fundamentalmente, o legislador pretendeu tornar claro, sobretudo perante os clubes desportivos, que a participação nos trabalhos na seleção está rodeada de um evidente interesse público[841], inclusivamente sem direito a qualquer compensação financeira[842], e, portanto,

[836] Cfr. artigo 13.º da Lei n.º 28/98, de 28 de novembro.

[837] Segundo o artigo 63.º, n.º 3, do Decreto-Lei n.º 248-B/2008, de 31 de dezembro, que aprova o regime jurídico das federações desportivas e as condições de atribuição do estatuto de utilidade pública desportiva, "a participação nas selecções nacionais é obrigatória".

[838] Sobre isto, ver Alexandre Miguel Mestre, «A renúncia ou "indisponibilidade" para a seleção nacional de futebol: o enquadramento legal e regulamentar, a propósito do "caso Rafa"» in: *Direito do Desporto – aspetos transversais*, Almedina, Coimbra, 2023, pp. 339-342.

[839] Di-lo o RDFPF quando se prevê, no artigo 160.º, que "o jogador que, regularmente convocado, abandone ou não compareça injustificadamente a treino, jogo ou atividade das seleções nacionais ou relacionada com a representação desportiva da FPF ou de Portugal, é sancionado com suspensão de 1 a 6 meses e, acessoriamente e se for jogador profissional, com multa entre 5 e 10 UC".

[840] Assim, Lúcio Correia, *Regime jurídico dos praticantes desportivos profissionais...*, cit., p. 159.

[841] Cfr. o artigo 45.º, da Lei n.º 5/2007, de 16 de janeiro, que aprova a Lei de Bases da Atividade Física e do Desporto, que prevê que "a participação nas selecções ou em outras representações nacionais é classificada como missão de interesse público". Falando também de uma "missão de interesse público", Maria do Rosário Palma Ramalho, *Tratado de Direito do Trabalho...*, cit., p. 463. Nuno Vieira Pássaro, *Direito do Desporto...*, cit., p. 237, fala de um "dever especial". Nas palavras de João Leal Amado, «Algumas reflexões sobre o chamado...», cit., p. 112, "os praticantes desportivos estão legalmente obrigados a manter uma vida desportiva dupla, ora ao serviço da selecção, ora ao serviço do seu clube. Trata-se de uma espécie de bigamia desejada, acarinhada e mesmo estimulada pelo legislador, que veda ao clube a possibilidade de se reservar o exclusivo das prestações desportivas do atleta"

[842] Carlos Lopes Ribeiro, «Cedência de atletas às selecções nacionais» in: Alexandre Miguel Mestre [Coord.], *Enciclopédia de Direito do Desporto*, Gestlegal, Coimbra, 2019, pp. 68-69.

as ordens, regulamentos ou acordos que visem condicionar ou prejudicar o atleta por integrar a seleção nacional serão nulos[843] e podem até configurar assédio laboral[844].

§ 5.3. Cedência do praticante desportivo

Bibliografia específica: Albino Mendes Baptista, «Cedência temporária de praticantes desportivos» in: *Estudos de Direito do Trabalho em Homenagem ao Prof. Manuel Alonso Olea*, Almedina, Coimbra, 2004, pp. 13-53; António Monteiro Fernandes, «Cedência temporária ('Empréstimo') de Atleta (I)» in: Alexandre Miguel Mestre [Coord.], *Enciclopédia de Direito do Desporto*, Gestlegal, Coimbra, 2019, pp. 69-71; João Leal Amado, «Cavalheirismo e profissionalismo: notas soltas a propósito do "caso Maciel"», *Temas Laborais — 2*, Coimbra Editora, Coimbra, 2007, pp. 121-133 (= *Desporto & Direito*, 9 (2006), pp. 437-449); José João Abrantes, «Poderes disciplinares dos clubes durante a "cedência" do praticante desportivo» in: *Estudos de Direito do Trabalho*, AAFDL, Lisboa, 2018, pp. 301-305; João Zenha Martins, «Cedência de praticantes desportivos: especificidades» in: *Estudos dedicados ao Professor Doutor Luís Alberto Carvalho Fernandes*, Volume II, Lisboa, 2011, pp. 133-171; Rafael Teixeira Ramos, «Cedência temporária ('Empréstimo') de Atleta (II)» in: Alexandre Miguel Mestre [Coord.], *Enciclopédia de Direito do Desporto*, Gestlegal, Coimbra, 2019, pp. 70-72.

Dentro das vicissitudes do contrato de trabalho do praticante desportivo, impõe-se tratar daquela que alguém já descreveu como "a mais significativa das vicissitudes" do contrato de trabalho do praticante desportivo[845]:

[843] Nesse sentido, expressamente, o artigo 1.º, n.º 1, do Anexo I do Regulamento FIFA. Sobre esta matéria, João Leal Amado, «Algumas reflexões sobre o chamado "caso Nuno Valente"» in: *Temas Laborais — 2*, Coimbra Editora, Coimbra, 2007, pp. 109-119 (= *Desporto & Direito*, 7 (2005), pp. 29-39).

[844] Sobre isto, § 4.3.4. O assédio moral.

[845] Nestes termos, João Leal Amado, «Contrato de trabalho desportivo: da desvinculação...», p. 346. Também Maria do Rosário Palma Ramalho, *Tratado de Direito do Trabalho...*, cit., p. 476, fala de "um dos aspectos de maior especificidade do regime jurídico do contrato de trabalho desportivo".

a cedência temporária do praticante desportivo, também designada como "empréstimo".

Numa primeira aproximação ao instituto, pode dizer-se que a figura da cedência temporária tem, no Direito do Desporto, uma importância sem paralelo. O seu significado prático decorre, desde logo, da abertura do ordenamento jurídico à utilização da figura[846]. Se no Direito do Trabalho comum a regra é a da proibição, naturalmente com as exceções que estão previstas na lei[847], no Desporto profissional a posição de princípio é no sentido da sua admissibilidade. A abertura do ordenamento jurídico baseia-se fundamentalmente na constatação de que a cedência do praticante desportivo tem vantagens para todas as partes envolvidas. Do ponto de vista do cedente, o mecanismo permite, desde logo, amortizar custos com a aquisição do passe do atleta (e, muitas vezes, com os seus salários) e permitir que o atleta, que muitas vezes não faz parte dos planos imediatos do empregador, possa tarimbar noutro clube. Para o cessionário, a cedência permite, na prática, adquirir os serviços de desportistas sem realizar o investimento que, de outra forma, seria necessário. Aos olhos do atleta, a cedência dá-lhe muitas vezes a oportunidade para um novo fôlego à sua carreira: a cedência representa uma janela de oportunidade para que o atleta possa competir e jogar com regularidade o que, muitas vezes, é uma hipótese que está inviabilizada no clube de proveniência. Graças à cedência, o praticante desportivo evita o que alguém já descreveu como "parêntesis de ostracismo"[848]. Por todas estas razões, o instituto tornou-se de uso corrente podendo dizer-se, com ALBINO MENDES BAPTISTA, que "a relação laboral desportiva é dominada pela mobilidade"[849]. De resto, não deixa de ser pleno de significado que ao passo que no regime laboral comum a cedência se diga "ocasional", já no contexto desportivo,

[846] Para uma perspetiva comparada entre o Direito português e brasileiro, ver RAFAEL TEIXEIRA RAMOS, «Cedência temporária ('Empréstimo') de Atleta (II)» in: ALEXANDRE MIGUEL MESTRE [Coord.], *Enciclopédia de Direito do Desporto*, Gestlegal, Coimbra, 2019, pp. 70-72.

[847] Segundo o artigo 289.º, do CT09, cuja epígrafe é precisamente "admissibilidade de cedência ocasional", "a cedência ocasional é lícita quando se verifiquem cumulativamente as seguintes condições: a) o trabalhador esteja vinculado ao empregador cedente por contrato de trabalho sem termo; b) a cedência ocorra entre sociedades coligadas, em relação societária de participações recíprocas, de domínio ou de grupo, ou entre empregadores que tenham estruturas organizativas comuns; c) o trabalhador concorde com a cedência; d) a duração da cedência não exceda um ano, renovável por iguais períodos até ao máximo de cinco anos" (n.º 1).

[848] As palavras são de FRANCISCO RUBIO SÁNCHEZ, «Derecho à la ocupación efectiva de los deportistas...», cit., p. 36.

[849] ALBINO MENDES BAPTISTA, «Cedência temporária...», cit., p. 18.

o legislador refere-se à "cedência de praticantes", sem mais, o que sugere a ideia de que a figura não surge, como no CT09, com uma vocação de excecionalidade[850].

No entanto, a permissão do ordenamento jurídico não significa, de forma alguma, que a sua utilização é livre. Bem pelo contrário, a cedência temporária merece um enquadramento legal — artigos 20.º ss. do RCTPD[851] — e também é preciso contar com as normas de natureza convencional ou associativa[852] que impõem regras quanto à sua utilização.

Como não poderia deixar de ser, a cedência do praticante desportivo depende do cumprimento de diversos pressupostos de ordem formal e substancial. Pode dizer-se, "à cabeça", que a cedência temporária do praticante desportivo carece de acordo do trabalhador, funcionando este consentimento o verdadeiro "pivot" deste instituto[853]. A importância do consentimento é tão relevante que consideramos que ele não pode ser antecipadamente dado, por exemplo, no contrato de trabalho. Por outras palavras, o consentimento deve ser atual[854].

[850] Como sublinha João Leal Amado, «Cavalheirismo e profissionalismo: notas soltas a propósito do "caso Maciel"», *Temas Laborais — 2*, Coimbra Editora, Coimbra, 2007, pp. 121-133 (= *Desporto & Direito*, 9 (2006), pp. 437-449), p. 122: "bem poderá dizer-se que, também aqui, a especificidade do trabalho desportivo se repercutiu fortemente no respectivo regime legal, sendo o supramencionado princípio da proibição substituído pelo seu oposto, o princípio da permissão".

[851] Pensamos que Pedro Romano Martinez, *Direito do Trabalho...*, cit., p. 731, se equivoca quando refere que os artigos 19.º e 20.º da Lei n.º 28/98, de 26 de junho, que transitaram para o novo regime, dizem respeito à cessão da posição contratual. Aliás, o Autor aplica à cedência ocasional as regras gerais previstas no CT09, ou seja, os artigos 288.º ss. Também criticamente, João Leal Amado, «Cavalheirismo e profissionalismo...», cit., p. 441, n. 5.

[852] Cfr., quanto ao futebol, o artigo 78.º do RCLPFP.

[853] Manuel Correa Carrasco, «Las cesiones temporales de deportistas profesionales en el ordenamiento jurídico español» *Iº Congresso Internacional sobre o Regime Jurídico do Contrato de Trabalho Desportivo*, Vida Económica, Porto, 2018, pp. 177-202, p. 183. João Leal Amado, «Cavalheirismo e profissionalismo...», cit., p. 440, sublinha que se trata de uma "declaração de vontade imprescindível".

[854] Portanto, não nos parecem admissíveis as cláusulas contratuais através das quais o atleta dá antecipadamente o seu acordo a uma eventual cedência. Acompanhamos João Leal Amado, «Quem não pode jogar...», cit., p. 405, n. 12, quando o Autor defende a nulidade deste acordo: "trata-se, evidentemente, de uma cláusula nula, por reduzir o jogador o jogador à condição de mera mercadoria, que poderia ser "emprestada" ou "vendida" a bel-prazer do clube empregador. Tanto para a cedência como para a transferência do atleta exige-se o consentimento atual e esclarecido do mesmo. E, aliás, a transferência supõe a celebração de um novo contrato de trabalho desportivo por parte do atleta, coisa que não se reduz a este singelo consentimento apriorístico e genérico para que seja transferido para outro clube de futebol, qualquer que ele seja". No mesmo sentido, Maria do Rosário Palma Ramalho, *Tratado de Direito do Trabalho...*, cit., p. 477.

Forçando a nota, ao contrário do que se passa no Direito espanhol, o Direito português não concebe a possibilidade de o próprio praticante desportivo exigir a sua cedência[855] porque, por hipótese, está descontente com o facto de não competir. Nesse caso, resta ao jogador a hipótese de resolver o contrato com base em *sporting just cause*, como veremos[856].

Da transição para o novo regime legal, perdeu-se a norma, prevista no regime anterior, segundo a qual estava vedado às partes estipular "objecto diverso da actividade desportiva que o praticante se obrigou a prestar nos termos do contrato de trabalho desportivo"[857]. Confessamos que, aos nossos olhos, esta norma tinha pouco ou nenhum alcance prático porque não conseguíamos ver, no contexto desportivo, em que situações é que um atleta seria cedido com vista a exercer uma atividade desportiva estranha ao objeto do contrato de trabalho. A nosso ver, só academicamente seriam concebíveis hipóteses nela subsumíveis. Seria o caso de um futebolista cedido para integrar a equipa de andebol do cessionário ou, num exemplo equivalente, de um basquetebolista cedido para integrar o plantel da equipa de futebol (!). Salvo se se entendesse, o que pensamos que não era o caso, que o seu sentido útil fosse o de assegurar ao atleta um posto no cessionário idêntico àquele que lhe cabia no cedente, impedindo que o técnico do cessionário colocasse a atleta cedido a jogar numa posição diversa daquela que ocupava na equipa do cedente (por exemplo, um avançado que é colocado a jogar como "médio"). Não se percebendo qual o alcance da norma, andou bem o legislador ao decidir pela sua supressão.

Também nesta matéria é preciso atentar na CCT aplicável ao futebol profissional: nos termos do artigo 9.º, no n.º 5, "na falta de especificação, presumem-se sub-rogados pelo cessionário todos os direitos e obrigações do cedente" tratando-se de uma presunção relativa[858]. A este respeito, o n.º 4 vem dizer que "no contrato podem ser estabelecidas condições remuneratórias diversas das acordadas no contrato de trabalho desportivo, desde que não envolvem diminuição da retribuição nele prevista"[859]. É bastante comum que o clube que cede o futebolista suporte uma fatia substancial do vencimento

[855] Cfr. artigo 11.º, n.º 2, do Real Decreto n.º 1006/1985, de 26 de junho. Advogando a criação da solução de *iure condendo*, Albino Mendes Baptista, «Cedência temporária de praticantes...», cit., pp. 48 ss.

[856] § 6.2.2.1. A "justa causa desportiva" (*sporting just cause*).

[857] Cfr. Artigo 19.º, n.º 2, da Lei n.º 28/98, de 26 de junho.

[858] Albino Mendes Baptista, «Cedência temporária de praticantes...», cit., p. 30.

[859] Assim, ac. de 28/05/2015 do TRG (Manuela Fialho), proc. nr. 1348/12.7TTBRG.G1.

do atleta até porque, mais uma vez em regra, o atleta é cedido a um clube de menor dimensão e com menor capacidade económica. Mas a convenção e a lei não impedem que possam ser acertadas condições remuneratórias mais vantajosas embora essa seja uma hipótese com pouco ou nenhum curso. Mas, a acontecer, o clube cedente não está obrigado a manter a melhoria salarial concedida durante o período da cedência aquando da reincorporação do atleta nos seus quadros[860]. Como também não representa qualquer violação do princípio da irredutibilidade da retribuição que o atleta seja cedido a um clube de um escalão superior e, ao regressar ao clube cedente, seja remunerado de acordo com os escalões remuneratórios praticados na divisão do clube cedente.

Ainda em relação a esta norma, alguma doutrina tem entendido que o atleta que acorda na sua cedência renuncia à parte variável da retribuição, mormente àquela que é calculada em função dos resultados desportivos. Escreve ALBINO MENDES BAPTISTA que "seria absurdo que alguém que deu o seu consentimento à cedência, que teve interesse na mesma, viesse reclamar prémios em função de resultados desportivos para os quais não deu qualquer contributo. Tal comportamento seria manifestamente contrário ao princípio da boa fé, que deve nortear toda a vida do contrato, e traduzir-se-ia na violação do princípio da justa retribuição. Poder-se-ia até dar o caso de o clube cessionário ter também instituído prémios em função dos resultados da efectiva participação na competição, como titular ou suplente, ou apenas como titular, situação em que reclamar a este título fosse o que fosse não faria qualquer sentido. Neste contexto, só numa análise muito literal e numa leitura muito formalista do direito é que se poderia sustentar o direito do praticante desportivo à parte variável da retribuição calculada em função dos resultados. Julgamos que tal direito só existirá se houver determinação expressa no acordo de cedência nesse sentido. O que, em todo o caso, se apresentará pelo menos enigmático face à situação de flagrante favor em que o praticante desportivo é colocado face aos elementos do plantel que trabalharam e contribuíram para o resultado desportivo, e que muito legitimamente se poderão questionar a que propósito alguém que não deu qualquer contributo para aquele resultado, pode vir a beneficiar de algo que surgiu por exclusivo labor de outros"[861].

[860] Neste sentido, ALBINO MENDES BAPTISTA, «Cedência temporária de praticantes...», cit., p. 31.

[861] ALBINO MENDES BAPTISTA, «Cedência temporária de praticantes...», cit., p. 32.

Este entendimento merece a nossa observação discordante. Em relação ao clube cedente, cabe-nos dizer, em primeiro lugar, que o Autor parece partir da hipótese, que admitimos como sendo a paradigmática, em que o praticante desportivo é cedido antes do início da época desportiva e com os efeitos válidos para toda essa época desportiva. Nesse caso, parece-nos certo o entendimento de que o atleta não tem qualquer direito junto do clube cedente a qualquer prémio em função dos resultados desportivos obtidos na época desportiva em que precisamente esteve cedido. No entanto, é necessário ter presente que a cedência do atleta pode dar-se a meio da época desportiva, no chamado "mercado de inverno", e pode acontecer que o atleta já tenha participado em partidas oficiais em representação do clube cedente. Nesse caso, estamos em crer que o atleta terá direito aos prémios fixados em função dos resultados desportivos que o clube cedente venha a alcançar ainda que, no momento em que esses resultados são obtidos (subida de divisão, título de campeão nacional, apuramento para as competições europeias, manutenção, etc.), esteja ao serviço do clube cessionário. Importa lembrar que, segundo a nossa jurisprudência, de que já demos conta quando estudámos a retribuição no contrato de trabalho desportivo, e à qual aderimos, o atleta tem direito aos prémios ainda que a sua contribuição causal tenha sido remota[862]. A título de exemplo, que já demos, um futebolista que tenha contabilizado apenas alguns minutos de jogo durante toda a época desportiva tem direito aos prémios nos mesmos termos que um jogador "totalista". Assim sendo, o futebolista cedido a meio da época desportiva tem direito aos prémios por objetivos promovidos pelo clube cedente caso tenha participado em jogos oficiais em representação do clube cedente no período anterior à cedência.

Pensamos que o mesmo princípio vale para os prémios de jogo praticados pelo clube cessionário. Aliás, diríamos que mais e melhores razões justificam esse entendimento. Repare-se que a argumentação de Albino Mendes Baptista não é coerente quando também nega esse direito ao trabalhador junto do cessionário. Para colocar em evidência a incoerência da argumentação do Autor basta recordar que, como vimos, o Autor defende que o pagamento de prémios ao atleta cedido pelo cedente poderia gerar convulsões no plantel "face à situação de flagrante favor em que o praticante desportivo é colocado face aos elementos do plantel que trabalharam e contribuíram para o resultado desportivo, e que muito legitimamente se poderão questionar a que propósito alguém que não deu qualquer contributo para aquele

[862] § 4.5.1. A retribuição variável.

resultado, pode vir a beneficiar de algo que surgiu por exclusivo labor de outros". Mas, se isto é assim, ocorre agora perguntar se não serão os atletas ligados contratualmente ao cessionário que ficarão precisamente nessa "situação de flagrante favor" de que fala o Autor se pensarmos que dentro dos "elementos do plantel que trabalharam e contribuíram para o resultado desportivo" um deles foi precisamente o... atleta cedido. Da nossa parte, pensamos que o atleta cedido tem direito aos prémios de jogo[863].

A cedência do praticante desportivo pode ser feita a título gratuito ou oneroso o que, também neste ponto, distancia a cedência no contexto desportivo da cedência ocorrida no contexto do regime laboral comum. Neste último caso, está previsto na CCT aplicável ao futebol profissional que o atleta cedido "terá direito a receber, se outro acordo mais favorável não for estipulado entre as partes, 7% daquela quantia"[864]. Este direito do praticante desportivo apenas nasce, pois, em caso de cedência onerosa. No entanto, parece que o direito do atleta apenas surge quando a contraprestação for expressa em dinheiro (a norma fala em "quantia"). Daí que JOÃO ZENHA MARTINS entenda que este direito está afastado nas cedências recíprocas, isto é, nos casos em que os clubes acertam um empréstimo recíproco[865]. Ainda que se diga que a cedência de um atleta pode gerar, e muitas vezes gera, uma mais-valia económica para o clube (pense-se no *merchandising*), compreende-se a solução legislativa, até por razões de segurança jurídica[866]. Ainda em

[863] Neste sentido, JOÃO ZENHA MARTINS, «Cedência de praticantes desportivos...», cit., p. 145.

[864] Esta compensação não pode ser qualificada como retribuição. Nesse sentido, ALBINO MENDES BAPTISTA, «Cedência temporária de praticantes...», cit., p. 34.

[865] JOÃO ZENHA MARTINS, «Cedência de praticantes desportivos...», cit., p. 140.

[866] Assim, JOÃO ZENHA MARTINS, «Cedência de praticantes desportivos...», cit., p. 141. No entanto, mesmo nos casos de cedências onerosas, é necessário levar em linha de conta novas tendências do desporto moderno. É bastante comum que os clubes acertem transferências definitivas de atletas em que a contrapartida do "clube-comprador" já não é apenas uma soma em dinheiro, mas também, em conjunto, a cedência temporária de atletas dos seus quadros. De facto, tornou-se uma prática generalizada do desporto moderno que o "clube-vendedor" receba não só uma contrapartida a satisfazer em dinheiro, mas também jogadores vindos a título de "empréstimo" sendo que estas operações configuram também cedências temporárias para os devidos efeitos. O problema já se deixa antever: nestes casos não é possível falar de "7% daquela quantia" porque precisamente não existe referente em dinheiro. O que existe é uma operação económica global, estimada num certo valor, e onde a cedência temporária representa parte do valor. Assim, os 7% que devem ser pagos ao futebolista têm como base de incidência ou de cálculo não a contrapartida financeira, que não existe, mas sim o valor económico que as partes atribuem àquele empréstimo. A título de exemplo, se um clube propõe a compra do passe de um atleta por 10 milhões de euros e o clube que detém o passe contrapropõe 12 milhões de euros, se as partes chegarem a acordo que o clube

relação a esta compensação, fica também a dúvida de saber quem a suporta, algo que a convenção coletiva não esclarece[867].

A conjugação do regime legal, convencional e associativo[868] ainda deixa, porém, várias questões em aberto[869]. Algumas dessas questões são, aliás, bem conhecidas do regime laboral comum. Por exemplo, um dos pontos mais controvertidos continua a ser o problema da titularidade do poder disciplinar[870]. Se, entre nós, há quem não se queira comprometer com uma resposta de princípio, deixando que seja o contrato de cedência a governar esse ponto[871], os Autores que tomam uma posição de princípio divergem: há quem defenda que a titularidade do poder disciplinar se mantém com o cedente, pois é ele que se mantém como empregador formal, e, portanto, o cessionário não pode aplicar sanções, ainda que conservatórias[872], mas também há quem entenda

comprador pagará 11 milhões de euros e ainda cede por uma época o atleta X, pode concluir-se, até por intermédio das regras de interpretação dos negócios jurídicos, que as partes atribuem à cedência temporária do atleta X um valor económico de 1 milhão de euros, sendo que o atleta terá direito a 7% desse valor.

867 Albino Mendes Baptista, «Cedência temporária de praticantes...», cit., p. 33, diz que "na falta de estipulação contratual, faz sentido, segundo julgamos, que seja o cessionário a suportar essa compensação, uma vez que é a entidade que assume as vestes de interessada nos serviços do praticante desportivo e pelos quais se predispõe a pagar um preço".

868 Numa das normas mais relevantes nesta matéria, o artigo 78.º, n.º 6, do RCLPFP, prevê que "durante o período da cessão, é proibida a utilização dos jogadores cedidos nos jogos disputados entre os clubes cedentes e cessionários, considerando-se apenas o clube cedente originário no caso de sub-cedência". A favor de uma solução idêntica à atualmente em vigor, João Leal Amado, «Cavalheirismo e profissionalismo...», cit., pp. 130 ss. Também a favor da proibição, Fernando Veiga Gomes, «Dos direitos económicos...», cit., pp. 165-166. No quadro normativo anterior, em que era deixado às partes a possibilidade de determinar que o atleta não poderia disputar jogos contra o cedente, a favor dessa solução, João Zenha Martins, «Cedência de praticantes desportivos...», cit., p. 145 e Albino Mendes Baptista, «Cedência temporária de praticantes...», cit., pp. 45-46. Quanto ao número de atletas que podem ser cedidos, ver Nuno Vieira Pássaro, *Direito do Desporto...*, cit., pp. 43 ss.

869 Albino Mendes Baptista, «Cedência temporária de praticantes...», cit., p. 21, n. 26, entende que não é compatível com o contrato de trabalho do praticante desportivo a aplicação do artigo 292.º do CT09 (o Autor cita norma equivalente do regime anterior) quando se verifica a cedência ilícita do praticante desportivo. Com efeito, é difícil defender que uma cedência ilícita confere ao praticante desportivo cedido "o direito de optar pela permanência ao serviço do cessionário em regime de contrato de trabalho sem termo".

870 Falando da "aplicação de quadros normativos conhecidos a questões que agora surgem", Nuno Barbosa, «Sessão de encerramento» in: *IV Congresso de Direito do Desporto*, Almedina, Coimbra, 2015, pp. 179-181, p. 180.

871 É o caso de José João Abrantes, «Poderes disciplinares dos clubes durante a "cedência" do praticante desportivo» in: *Estudos de Direito do Trabalho*, AAFDL, Lisboa, 2018, pp. 301-305.

872 João Zenha Martins, «Cedência de praticantes desportivos...», cit., pp. 161 ss. No mesmo sentido, Maria do Rosário Palma Ramalho, *Tratado de Direito do Trabalho...*, cit., p. 478.

que o cessionário pode aplicar sanções disciplinares conservatórias[873]. Polémica é, também, como já é, de resto, no regime laboral, a responsabilidade por acidentes de trabalho. No âmbito do regime laboral comum tem sido entendido que essa responsabilidade fica a cargo do cedente, mas no contexto específico do desporto há jurisprudência que já decidiu que a responsabilidade é do cessionário[874].

Tal como acontece no regime laboral comum, cedente e cessionário podem regular os mais variados aspetos da cedência[875]: por exemplo, as partes podem prever uma espécie de "cláusula de resgate" do atleta por parte do cedente[876], acertar um direito de opção a favor do clube cessionário[877] ou de "sub-cedência"[878].

[873] Albino Mendes Baptista, «Cedência temporária de praticantes...», cit., pp. 35-36. No mesmo sentido, aparentemente, João Leal Amado, *Contrato de trabalho desportivo...* [2017], cit., p. 122 e Lúcio Correia, *Regime jurídico dos praticantes desportivos profissionais...*, cit., pp. 294-295.

[874] Ac. de 21/10/2009 do STJ (Bravo Serra), proc. nr. 1051/03.9TTSTB.S1, tendo o Tribunal valorado que tenha ficado convencionado que o cessionário ficaria "responsável pela situação física do jogador". Ver também ac. de 03/02/2009 do TRE (Acácio Proença), CJ, 2009, I, pp. 286-290. Aparentemente no mesmo sentido, António Monteiro Fernandes, «Cedência temporária ('Empréstimo') de Atleta (I)» in: Alexandre Miguel Mestre [Coord.], *Enciclopédia de Direito do Desporto*, Gestlegal, Coimbra, 2019, pp. 69-71, p. 69. Dando conta de decisões jurisprudenciais nesse sentido, em Espanha, Manuel Correa Carrasco, «Las cesiones temporales de deportistas...», cit., pp. 196-197.

[875] No ac. de 29/06/2016 do TRL (Eduardo Azevedo), proc. nr. 69/14.0TTBRR.L1-4, decidiu-se poderia ser encarado como abuso de direito o comportamento de um clube que, tendo cedido o seu atleta, viesse posteriormente exigir ainda um valor extra derivado de uma "justa indemnização a título de promoção ou valorização do praticante desportivo".

[876] Lúcio Correia, *Regime jurídico dos praticantes desportivos profissionais...*, cit., pp. 202 ss. Um dos aspetos mais controvertidos, sobretudo na falta de estipulação das partes, é a de saber se o praticante desportivo deve acatar a ordem de regresso ao clube. Dizendo que não, Albino Mendes Baptista, «Cedência temporária de praticantes...», cit., p. 41.

[877] Assim, expressamente, Albino Mendes Baptista, «Especificidades do contrato de trabalho desportivo...», cit., p. 58, João Leal Amado, «Ainda sobre as cláusulas de opção...», cit., p. 189, n. 48 (esclarecendo que "o direito potestativo é atribuído ao clube cessionário e a situação de sujeição recai sobre o clube cedente, não sobre o praticante"), Lúcio Correia, *Limitações à liberdade contratual...*, cit., pp. 196 ss. e Id., *Regime jurídico dos praticantes desportivos profissionais...*, cit., pp. 202 ss.

[878] Que, em regra, se pode considerar proibida. Sobre isto, Nuno Vieira Pássaro, *Direito do Desporto...*, cit., pp. 230-231.

§ 5.4. Parentalidade

O RCTPD é omisso em matéria de parentalidade, o que, à partida, abre o caminho à aplicação do regime laboral comum *ex vi* artigo 3.º, n.º 1. Não deixa de ser curioso constatar, porém, que a matéria da parentalidade é um tema tabu no contexto do desporto[879]. Muitas vezes, motivos que permitem a ausência ao comum dos trabalhadores são vistos, no Desporto profissional, como mais uma prova de superação e de demonstração de compromisso. Pense-se no atleta masculino que, após o nascimento do seu filho, continua a treinar-se com a equipa e a participar nos jogos ou no jogador que, após o falecimento do seu pai, vai a jogo no dia seguinte.

Em relação às futebolistas, importa lembrar, como já demos conta, que a FIFA aprovou uma alteração aos seus regulamentos, passando a prever-se uma proteção no âmbito da maternidade[880]. No entanto, esta ideia de deferir às federações internacionais ou nacionais[881] a proteção da parentalidade não só pode colidir com a reserva de lei nesta matéria, como nunca poderá colocar em causa os direitos mínimos previstos na lei. Certo é que, grosso modo, as normas do regulamento são disposições que replicam regras ou princípios já existentes entre nós. Assim, por exemplo, quando se estatui que a validade de um contrato de trabalho não pode estar dependente da condição de gravidez da desportista (n.º 1 do artigo 18.º-quater do RETJ), a presunção de que o despedimento de uma futebolista durante a sua gravidez ou licença de maternidade se ficou a dever à sua situação de gravidez (alínea a), do n.º 2, do artigo 18.º-quater do RETJ, que, de certa forma, já resultaria do artigo 63.º, n.º 2, do CT09), ou a indemnização mínima de 6 meses (tal como o artigo 63.º, n.º 8, remetendo para o artigo 392.º, n.º 3, do CT09), mas acrescentando-se que a contratação coletiva pode prever uma indemnização diferente, caso em que a negociação coletiva prevalecerá (parágrafos iii) e iv), da alínea a), do n.º 3, do artigo 18.º-quater do RETJ).

[879] Sobre isto, ver o estudo de Felipe Augusto Loschi Crisafulli, «A possibilidade de os clubes de futebol...», cit. pp. 53-55.

[880] Entre nós, na Proposta de Ação n.º 8 do Relatório Final do *Grupo de Trabalho para as Políticas Públicas em matéria de Igualdade no Desporto* sugere-se: "8.1. Garantir a remuneração das atletas do alto rendimento desportivo durante a gravidez e durante os 120 dias de licença de maternidade" e "8.2. Criar uma subvenção financeira a 100%, após o término dos 120 dias de licença de maternidade, num período razoável para a recuperação da aptidão física necessária para o alto rendimento desportivo".

[881] Sendo algo que vem expressamente previsto, em Espanha, na Ley n.º 39/2022, de 30 de dezembro: cfr. artigo 4.º, n.º 7, cometendo esse papel às Federações desportivas e Ligas.

Seja como for, pensamos que, por imperativo constitucional, os atletas têm o direito a gozar as faltas e licenças de parentalidade previstas no CT09, nos mesmos termos em que elas assistem aos demais trabalhadores, não podendo invocar-se, salvo melhor opinião, uma incompatibilidade com a natureza jurídica da atividade.

§ 6. CESSAÇÃO DO CONTRATO DE TRABALHO DESPORTIVO

O regime da cessação do contrato de trabalho é um dos aspetos medulares do RCTPD por ser talvez o domínio onde é mais clara a luta corpo a corpo entre os vetores da vinculação e da liberdade do praticante desportivo[882]. Para recuperar as considerações introdutórias, é no regime da cessação que se sente em toda a sua voltagem o curto-circuito entre os vértices laboral, desportivo e económico do triângulo que forma o desenho fundamental da relação especial de trabalho desportivo[883].

O contraste do regime do contrato de trabalho com o regime laboral comum torna-se evidente a partir do momento em que se constata que as formas tradicionais de cessação do contrato de trabalho, como o despedimento e a denúncia, são, no Direito do Desporto, lançadas em bases diversas[884].

[882] Em nota prévia à sua Dissertação de Doutoramento, João Leal Amado, *Vinculação* versus *liberdade...*, cit., p. 7, refere que a sua Dissertação consiste "numa investigação sobre aquela que me [lhe] parece ser a questão central colocada ao Direito por este contrato: a questão da mobilidade profissional do praticante desportivo e dos entraves que a essa mobilidade poderão ser estabelecidos". Já antes, o mesmo Autor, Id., «O contrato de trabalho do praticante desportivo (sumário)» in: *Estudos do Instituto de Direito do Trabalho*, Almedina, Vol. I, Coimbra, 2001, pp. 471-475, p. 474, o reconhecia: "pode dizer-se que as questões jurídicas nucleares da relação laboral desportiva gravitam em torno da *liberdade de trabalho*" (sublinhado do próprio Autor). Mas o Autor também refere, mais recentemente, que "a ordem jurídica deve contribuir para desdramatizar a rutura contratual no sector laboral-desportivo" (João Leal Amado, «Contrato de trabalho desportivo: da desvinculação...», p. 353).

[883] § 1.1. Razões da especialidade do trabalho desportivo.

[884] João Leal Amado, *Vinculação* versus *liberdade...*, cit., p. 229: "na relação laboral comum, a parte mais interessada na tutela da estabilidade (= manutenção do contrato) é, tipicamente, o trabalhador, a parte mais interessada na liberdade de desvinculação (= dissolução do contrato) é, tipicamente, o empregador; ora, na relação laboral desportiva a graduação ou correlação destes interesses modifica-se substancialmente, ao praticante interessando, tanto ou mais do que a estabilidade, uma ampla liberdade de desvinculação contratual, e a entidade empregadora reclamando, tanto

Quanto ao despedimento, diz-se com razão que a figura tem, no contrato de trabalho do praticante desportivo, um protagonismo mais acanhado por comparação com o regime geral do contrato de trabalho (João Leal Amado fala aqui de "uma pálida sombra daquilo que representa na relação laboral comum"[885]). Isto acontece porque, desde logo, o clube não tem interesse em recorrer ao despedimento[886]: mesmo que o legislador associe ao despedimento com justa causa uma tutela indemnizatória plena, amparando até a pretensão indemnizatória do clube com o património do clube contratante do atleta, como veremos, a verdade é que o despedimento sempre significaria, na prática, perder um ativo patrimonial importante uma vez que, cessado o contrato, o clube deixa pura e simplesmente de poder "transacionar" o atleta. Na explicação de António Pinto Monteiro, "se, no âmbito da relação laboral comum, é o despedimento do trabalhador que constitui o mais importante e dramático domínio do Direito do Trabalho, o mesmo já não sucede, porém, em sede de contrato de trabalho do praticante desportivo. Na verdade, ainda que se esteja perante um comportamento infracional grave do praticante desportivo, raramente a entidade empregadora recorrerá ao despedimento com justa causa, pois a indemnização a receber dificilmente a compensará da perda que sofre ao privar-se de um "activo patrimonial" tão importante"[887].

ou mais do que uma liberdade de desvinculação, uma forte estabilidade contratual". Também Alexandre Baptista Coelho, «O contrato de trabalho...», cit., pp. 261-262, refere que o Direito do Trabalho e o Direito do Trabalho desportivo seguem escopos diversos. Ao passo que aquele pretende realizar a segurança no trabalho, no direito desportivo privilegia-se sobretudo a liberdade contratual temperada como uma segurança mínima.

885 João Leal Amado, «As "cláusulas de rescisão" no contrato de trabalho desportivo» in: *O Direito do Desporto em perspetiva*, Almedina, Coimbra, 2015, pp. 93-122, p. 100. Id., *Vinculação* versus *liberdade*..., cit., p. 253.

886 Frisando a vulnerabilidade dos empregadores nestes casos, Bernardo da Gama Lobo Xavier, *O despedimento colectivo no dimensionamento da empresa*, Verbo, Lisboa, 2000, p. 16, n. 36, começa por notar "a eventualidade do despedimento como qualificando a posição proeminente do empregador, face a quem não quer nem pode perder o emprego" (o trabalhador, bem entendido), mas logo acrescenta: "notar-se-á, contudo, que a situação é apenas conatural à posição de empresário nas situações correntes e vai-se abrandando nas conjunturas favoráveis de emprego. A situação é absolutamente inversa, implicando a eventualidade do despedimento por parte do trabalhador uma arma intimidante, nos casos de profissionais dificilmente substituíveis, em absoluto terrífica, nos casos de cracks desportivos, artistas famosos, etc.".

887 António Pinto Monteiro, «Sobre as "cláusulas de rescisão" dos jogadores de futebol», *Revista de Legislação e de Jurisprudência*, Ano 135, 3934 (2005), pp. 5-26, p. 9. Em termos próximos, João Leal Amado, *Vinculação* versus *liberdade*..., cit., p. 239: "no âmbito da relação laboral comum, o despedimento constitui, sem dúvida, o mais importante, controverso e mesmo dramático domínio de que se ocupa este ramo do ordenamento, situando-se o respectivo regime jurídico num

O protagonismo do despedimento é roubado pelas formas de cessação promovidas pelo praticante desportivo. Não que isso signifique que a denúncia seja, no contexto desportivo, a forma de cessação privilegiada. Bem pelo contrário: a denúncia é uma forma de cessação do contrato de trabalho que o legislador desportivo encara mesmo como um evento quase patológico. Com efeito, o bloqueamento estrutural que o Direito do Trabalho dirige à desvinculação livre do empregador estende-se à desvinculação *ad nutum* promovida pelo praticante desportivo[888]. Ao introduzir um tão vincado desvio ao regime laboral comum, pelas razões que mais à frente se explicarão, "pode então afirmar-se que a demissão está para a relação laboral desportiva como o despedimento está para a relação laboral comum, em foco, no centro de todas as atenções"[889].

§ 6.1. Cessação do contrato promovida pelo clube

§ 6.1.1. Despedimento por causas subjetivas

> **Bibliografia específica:** Diogo Leote Nobre, «Justa causa» in: Alexandre Miguel Mestre [Coord.], *Enciclopédia de Direito do Desporto*, Gestlegal, Coimbra, 2019, pp. 257-259; João Leal Amado, «O pontapé e a disciplina», *Desporto & Direito*, 16 (2008), pp. 99-103; Pedro Monteiro Fernandes, «Despedimento do praticante desportivo» in: Alexandre Miguel Mestre [Coord.], *Enciclopédia de Direito do Desporto*, Gestlegal, Coimbra, 2019, pp. 133-134.

delicado e instável ponto de encontro de interesses económicos, sociais e humanos do maior relevo. Contudo, se o despedimento é, consabidamente, um dos mais nobres e relevantes capítulos do Direito do Trabalho, há que reconhecer que outro tanto não acontece em sede de contrato de trabalho desportivo. A verdade é que, na prática, o despedimento queda aqui bastante longe de revestir importância análoga àquela que possui na relação laboral típica". O dramatismo parece ser mesmo a palavra de ordem. Também Albino Mendes Baptista, «Breves notas sobre o princípio...», cit., p. 50, refere que "o despedimento no contrato de trabalho desportivo não tem a mesma carga "dramática" do despedimento do trabalhador comum". Joana Farrajota, *A resolução do contrato sem fundamento*, Almedina, Coimbra, 2015, p. 151, também diz que "a decisão de despedimento dependerá, pois, não só da gravidade da infracção cometida pelo praticante desportivo, mas do valor de mercado deste".

[888] Lúcio Correia, *Regime jurídico dos praticantes desportivos profissionais...*, cit., p. 190, fala aqui de uma "liberdade distinta e específica (e a nosso mais restrita)".

[889] João Leal Amado, «As "cláusulas de rescisão" no contrato...», cit., p. 100. João Leal Amado, «Ainda sobre as cláusulas de opção...», cit., p. 228, também refere, noutro local, que "a matéria da demissão assume particular centralidade regulativa, destronando a figura do despedimento patronal".

O despedimento do praticante desportivo pode ser uma opção pouco convidativa para o clube, mas o recurso aos meios expulsivos não é uma hipótese meramente académica. Estando munido, como qualquer outro empregador, de um poder disciplinar (artigo 18.º do RCTPD)[890], o clube pode aplicar a sanção disciplinar máxima: o despedimento com justa causa (artigo 18.º, n.º 1, alínea d), e artigo 23.º, n.º 1, alínea c), ambos do RCTPD).

No contexto desportivo continua a valer a proibição dos despedimentos sem justa causa[891], constitucionalmente prevista, mas não há dúvidas de que há certos eventos e, mais concretamente, certos comportamentos desviantes do atleta, que podem criar situações insuportáveis de total impossibilidade de subsistência da relação laboral, sobretudo se pensarmos que a relação

[890] O RCTPD condensa a regulação do exercício do poder disciplinar numa única norma: o artigo 18.º. Isso não impede que a norma contenha importantes especificidades. Em primeiro lugar, o leque de sanções disciplinares não é tão abrangente como no regime laboral comum: prevendo-se que o empregador pode aplicar a sanção de "repreensão registada", "sanção pecuniária", "suspensão do trabalho com perda de retribuição" e "despedimento com justa causa", parece que o empregador não pode, por exemplo, aplicar a sanção disciplinar de repreensão simples (assim, João Zenha Martins, «Contrato de trabalho desportivo: prelúdios...», cit., p. 510, n. 82) ou da perda de dias de férias (assim, Nuno Vieira Pássaro, *Direito do Desporto...*, cit., pp. 185-186). Em relação ao poder disciplinar do clube desportivo, há certas práticas comuns no mundo desportivo cuja licitude é, no mínimo, duvidosa. Como ponto de partida, importa lembrar que, no Direito do Desporto profissional deve continuar a vigorar o princípio da tipicidade das sanções disciplinares. Consequentemente, não é lícito ao empregador-clube criar outras sanções que não aquelas que estão legalmente previstas como também não é lícita a aplicação de sanções disciplinares dissimuladas, douradas pela pílula da discricionariedade técnica do clube. Por exemplo, quando o clube decide retirar a braçadeira de capitão a certo atleta porque este, por hipótese, não demonstrou "compromisso" com os interesses do clube, pode isso ser encarado como uma sanção disciplinar? Quando o jogador não é convocado para o jogo seguinte porque, por exemplo, não demonstrou empenho na partida ou foi displicente, também se pode questionar se estas medidas não esconderão, na verdade, um propósito disciplinar. Duvidosas são, ainda, certas práticas desportivas, regulamentadas pelos clubes para o efeito, que determinam que o praticante desportivo vê subtraída a sua retribuição em caso de suspensão se o clube entender que a conduta do atleta não serviu os interesses da equipa (é o caso do praticante desportivo que, com alguma finalidade, é expulso por contestar uma decisão da arbitragem).
Ainda em relação ao artigo 18.º, do RCTPD, nos termos do n.º 4, "a aplicação de sanções disciplinares deve ser precedida de procedimento disciplinar no qual sejam garantidas ao arguido as adequadas garantias de defesa". As regras gerais em matéria do exercício do poder disciplinar são perfeitamente aplicáveis ao contrato de trabalho do praticante desportivo. Concretamente, de acordo com o artigo 329.º, n.º 6, do CT09, a sanção disciplinar não pode ser aplicada sem audiência prévia do trabalhador. Por exemplo, a decisão disciplinar deve ser notificada por escrito e não, como já aconteceu, mediante publicação em redes sociais... Sobre a necessidade de procedimento disciplinar, Nuno Vieira Pássaro, *Direito do Desporto...*, cit., pp. 186-187.

[891] Para tomar de empréstimo a expressão de Lúcio Correia, «Comentário ao acórdão da Comissão...», cit., p. 515, pode falar-se aqui de uma "estabilidade contratual em sentido bidirecional".

de trabalho desportivo do atleta, como também, aliás, do treinador desportivo, é marcadamente fiduciária[892]. Numa norma próxima do regime laboral comum, o RCTPD estabelece que "constitui justa causa... o incumprimento contratual grave e culposo que torne praticamente impossível a subsistência da relação laboral desportiva" (n.º 3 do artigo 23.º)[893].

Na avaliação da impossibilidade de subsistência da relação laboral, a conduta do atleta deve ser, contudo, contextualizada, isto é, deve processar-se por referência ao contexto específico do meio desportivo. A atividade desportiva é um espaço social onde certos comportamentos são valorados *cum grano salis*. Por outras palavras, certos comportamentos que poderiam ser encarados como infrações disciplinares graves, são vistos, no contexto desportivo, como situações menos gravosas, senão mesmo rotineiras, e, por isso, estéreis do ponto de vista da avaliação disciplinar. Assim, se "o critério terá de ser o de uma entidade empregadora desportiva razoável, equilibrada e ponderada" ou dito de outro modo, mas equivalente, "o critério de aplicação do princípio da proporcionalidade se afere tendo em conta um «empregador médio», de acordo com parâmetros de objectividade e de razoabilidade"[894], também não é menos verdade que esses parâmetros de objetividade e normalidade devem considerar aquelas especificidades. Como também há que contar com a condescendência do clube, muitas vezes pusilânime perante comportamentos desviantes dos atletas mais temperamentais, com as vedetas ou coqueluches do plantel, concedendo-lhes mesmo uma maior libertinagem[895].

[892] Em relação aos treinadores desportivos, escreve Rui Vaz Pereira, «Treinador desportivo...», cit., p. 219, que "a natureza acentuadamente fiduciária da relação entre treinador e o clube e o carácter eminentemente pessoal da mesma conduzem à necessidade de cessação do contrato logo que se verifique uma quebra na "confiança" por parte do empregador".

[893] Criticando esta noção de justa causa, porque parece restringir o conceito à violação de deveres contratuais, "o que não se compadece com a complexidade da posição debitória do trabalhador", Maria do Rosário Palma Ramalho, *Tratado de Direito do Trabalho...*, cit., p. 485. No entendimento de Diogo Leote Nobre, «Justa causa» in: Alexandre Miguel Mestre [Coord.], *Enciclopédia de Direito do Desporto*, Gestlegal, Coimbra, 2019, pp. 257-259, a noção de justa causa do RCTPD recupera, "no essencial", a noção do regime laboral comum. Na opinião de Helena Maria Couto de Almeida, «O contrato de trabalho desportivo...», cit., p. 23, defende que o RCTPD deveria ser alterado, introduzindo-se uma enumeração à cláusula geral.

[894] Nas palavras de João Leal Amado, «O pontapé e a disciplina», *Desporto & Direito*, 16 (2008), pp. 99-103, respetivamente p. 103 e p. 102.

[895] Mário Pinto / Pedro Furtado Martins / António Nunes de Carvalho, *Comentário às leis do trabalho — regime jurídico do contrato individual de trabalho*, Lex, Lisboa, 1994, p. 133, reconhecem que "são clássicos os exemplos das «estrelas» de cinema ou do desporto, a quem muito é tolerado em atenção ao particular interesse que a respectiva entidade patronal tem em conservá-las ao seu serviço".

Pense-se, paradigmaticamente, na violência verbal ou "troca de palavras" mais acesa e inflamada, fruto de desinteligências, muitas vezes com o treinador, onde os atletas por norma utilizam uma linguagem que, nas relações sociais típicas, seria considerada ofensiva e, na relação laboral comum, fundamento para reação disciplinar. No contexto desportivo (ou, como disse recentemente a Relação de Lisboa, nos "bastidores da cena futebolística"[896]), este vernáculo é tido como uma linguagem meramente coloquial e, portanto, o seu carácter lesivo extravia-se na normalidade com que esta linguagem é encarada. Constata-se que "no âmbito de um viver social desportivo... existe tolerância social em relação a alguma margem de aspereza de linguagem e de confrontação de palavras e ideias. Os excessos de linguagem e de atitude convivem aqui como um correspondente "poder de encaixe" por parte de quem frequenta e se move nesses mesmos espaços e nesses mesmos meios, de «luta desportiva»"[897].

Pense-se, ainda, nas altercações, picardias ou escaramuças entre atletas que, em muitos casos, chegam mesmo a gerar situações factuais de agressão. Assim, os nossos tribunais já consideram ilícito o despedimento de um atleta que "no decorrer de uma jogada integrada num exercício de treino da equipa de futebol profissional da ré, após chocar e cair no relvado com um outro jogador da ré, que fazia parte da equipa de treino contrária, por considerar que o envolvimento daquele outro jogador tinha sido desleal para consigo, ficou exaltado e, estando os dois ainda caídos no relvado, agrediu-o com um pontapé, tendo-se de seguida agarrado reciprocamente, após o que vieram a ser separados por outros colegas de equipa"[898].

Naturalmente que, no plano disciplinar, a impunidade não é, nem pode ser, a palavra de ordem. Situações há que podem gerar a situação de inviabilidade de manutenção da relação de trabalho a que se refere o RCTPD e, de resto, o regime laboral comum. Vários exemplos podem servir de ilustração: é o caso do trabalhador que recorre a métodos dopantes para melhorar o seu rendimento desportivo, com o desconhecimento da entidade desportiva[899],

[896] Ac. de 12/09/2009 do TRL (Maria do Carmo Ferreira), proc. nr. 288/18.0T9LRS.L1-9.

[897] Estamos a citar o ac. de 07/01/2016 do TRE (Ana Barata Brito), proc. nr. 756/13.0TATVR.E1.

[898] Ver ac. de 18/06/2008 do STJ (Bravo Serra), proc. nr. 08S1156 / CJ (STJ), 2008, II, pp. 276-281 (nesta coletânea o acórdão vem datado de 13/06/2008).

[899] Sobre isto, desenvolvidamente, Sérgio Nuno Coimbra Castanheira, *O fenómeno do doping no desporto — o atleta responsável e o irresponsável*, Almedina, Coimbra, 2011, especialmente pp. 271 ss., Id., «Regime jurídico da luta contra a dopagem no desporto» in: *Direito do Desporto Profissional — Contributos de um Curso de Pós-Graduação*, Almedina, Coimbra, 2011, pp. 181-240, Ana Brilha,

do atleta que aceita subornos para comprometer a sua equipa em lances do jogo para dar vantagem à equipa adversária ou do desportista que comete certas infrações do foro desportivo[900] que podem manchar gravemente a imagem do clube perante os seus adeptos, simpatizantes, investidores ou patrocinadores como, por exemplo, os comportamentos ou declarações racistas. Pense-se ainda no trabalhador desportivo que viola as regras relativas às apostas desportivas *online*[901]. E, claro está, para além destas "condutas específicas de caráter ético-desportivo", valem os fundamentos previstos no regime laboral comum[902].

Concretamente em relação ao fenómeno do *doping*, o praticante desportivo está até sujeito a um padrão de avaliação da sua conduta mais exigente[903]. Se, no plano desportivo, "no combate à dopagem no desporto o legislador optou por exigir aos atletas um padrão de cuidado máximo, de extrema diligência, designado por *utmost caution* pelo Código Mundial Antidopagem,

«O doping como quebra contratual: uma primeira leitura», *Desporto & Direito*, 14 (2008), pp. 299-326, JOÃO LEAL AMADO, «Mutu e a cocaína: uma droga demasiado cara? (breve reflexão à luz da lei portuguesa)», *Desporto & Direito*, 19 (2009), pp. 97-107 e CARLOS RODRÍGUEZ DOMÍNGUEZ, «As consequências jurídicas da dopagem na relação laboral de desportistas: a quebra da boa fé contratual como fundamento de despedimento disciplinar», *Desporto & Direito*, 14 (2008), pp. 327-333. Note-se que, nesta matéria, é fundamental o desconhecimento da entidade empregadora. Caso bem diferente, preclusivo do poder disciplinar do clube, é o do conhecimento (ou até, não sendo raro, a "instigação") do clube. Assim, numa pequena nota paralela, JOÃO LEAL AMADO, «Liberdade de expressão e infracção disciplinar», *Questões Laborais*, 37 (2011), pp. 129-143, p. 135, n. 7: "o recurso ao *doping* é proibido e pode originar responsabilidade criminal e desportiva por parte de quem desrespeitar essa proibição. Porém, se um jogador de futebol se dopar com conhecimento e Autorização da sua entidade empregadora, é óbvio que esta não poderá invocar esse facto para, lançando mão do poder disciplinar laboral, despedir com justa causa esse jogador".

[900] Embora, como escreve JOÃO LEAL AMADO, «Quem não pode jogar...», cit., p. 404, "apenas as quebras da disciplina desportiva que, dir-se-ia, exorbitem do trivial, isto é, que não se compreendam no círculo de comportamentos derivados da, e explicados pela, "agressividade controlada" característica da competição, apresentando particular gravidade e analisando-se em condutas manifestamente censuráveis do praticante, poderão refletir-se no plano laboral, legitimando uma sanção por parte da entidade empregadora".

[901] Assim, LÚCIO CORREIA, *Regime jurídico dos praticantes desportivos profissionais...*, cit., p. 178.

[902] LÚCIO CORREIA, *Regime jurídico dos praticantes desportivos profissionais...*, cit., pp. 346 ss.

[903] Que, de resto, é um dever legal e regulamentar expresso. Cfr. o artigo 3.º, n.º 1, da Lei n.º 38/2012, de 28 de agosto, que aprova a lei antidopagem no desporto, adotando na ordem jurídica interna as regras estabelecidas no Código Mundial Antidopagem: "é proibida a dopagem a todos os praticantes desportivos dentro e fora das competições desportivas". Sobre isto, em geral, ANTÓNIO MANUEL VITÓRIA VENCES DE BRITO, «O Direito do Desporto e o *doping* – enquadramento legislativo e regulamentar no âmbito português» in: ALEXANDRE MIGUEL MESTRE [Coord.], *Compêndio de Direito do Desporto*, Gestlegal, Lisboa, 2021, pp. 581-607.

significando máxima cautela, maior prudência e máxima atenção, que excede em muito a bitola do *bonus pater familias*, exigida ao cidadão comum"[904], pensamos que esse bitola é perfeitamente aplicável no plano contratual, justificando o seu despedimento com justa causa se o atleta for apanhado nas malhas do *doping*[905].

§ 6.1.2. Despedimento por causas objetivas

> **Bibliografia específica:** Lúcio Correia, «O despedimento coletivo na relação laboral do praticante desportivo profissional – especificidade ou desadequação do regime jurídico português?» in: Alexandre Miguel Mestre [Coord.], *Compêndio de Direito do Desporto*, Gestlegal, Coimbra, 2021, pp. 362-398; Pedro Rosa, «Despedimento coletivo» in: Alexandre Miguel Mestre [Coord.], *Enciclopédia de Direito do Desporto*, Gestlegal, Coimbra, 2019, pp. 132-133.

A RCTPD, à semelhança do regime legal anterior, também prevê que o contrato de trabalho do praticante desportivo pode cessar por despedimento coletivo (cfr. alínea f), do artigo 23.º)[906]. As formas de desvinculação por causas objetivas esgotam-se, porém, com a referência a esta forma de despedimento. Perante esta previsão legal, tudo levaria a crer que as formas cessação do contrato de trabalho baseadas em causas objetivas são, no âmbito desportivo, mais restritas do que no regime laboral comum e, inclusivamente, do que nos regimes legais anteriores pois, num passado mais distante, uma referência ao despedimento por extinção do posto de trabalho surgia no regime legal do contrato de trabalho do praticante desportivo[907].

[904] Ac. de 04/07/2019 do TCAS (Pedro Nuno Figueiredo), proc. nr. 51/19.1BCLSB.

[905] Neste sentido, Carlos Rodríguez Domínguez, «As consequências jurídicas da dopagem...», cit., pp. 331 ss.

[906] Mas que o legislador desportivo não densifica, tudo levando a crer que é de aplicar o regime laboral comum *tout court*. Advogando que o regime laboral comum pode tornar-se desadequado e defendendo a criação de regras especiais, veja-se Lúcio Correia, «O despedimento coletivo na relação laboral...», cit., pp. 396 ss. e Id., *Regime jurídico dos praticantes desportivos profissionais...*, cit., pp. 332 ss.

[907] Vinha indicado no artigo 20.º, n.º 1, alínea g), do Decreto-Lei n.º 305/95, de 18 de novembro.

Ora, quer isto dizer que o regime do despedimento por extinção do posto de trabalho não é aplicável a esta relação especial de trabalho? É essa a consequência que deve ser retirada, no plano interpretativo, da omissão a essa forma de cessação? Trata-se de mais um daqueles casos em que o silêncio do legislador tem um valor eloquente como acontece, por exemplo, e como vimos *supra*, com a denúncia do contrato de trabalho pelo atleta? Salvo melhor opinião, pensamos que não[908], embora seja essa a opinião de alguma doutrina[909].

À primeira vista, a ablação da referência ao despedimento por extinção do posto de trabalho, prevista expressamente, como dissemos, no regime de 1995, veio emendar um lapso do legislador. De facto, a extinção do posto de trabalho não seria, vistas as coisas num olhar de relance, um instituto racionalmente concebível no desporto pois daria azo a situações bizarras. Faria sentido extinguir o posto de trabalho de guarda-redes ou de lateral direito?

Acontece que esta inadequação é mais aparente do que real. Com efeito, o despedimento coletivo e o despedimento por extinção do posto de trabalho são formas de cessação que, na prática, se distinguem apenas, hoje, fundamentalmente, pelo número de trabalhadores que estiverem envolvidos no processo de destruição do emprego. Isto porque os motivos que servem de fundamento a estas formas de despedimento são comuns a ambos

[908] No mesmo sentido, veja-se a referência de Bernardo da Gama Lobo Xavier, *O despedimento colectivo no dimensionamento...*, cit., p. 367. Referindo-se expressamente ao despedimento por extinção do posto de trabalho no contexto desportivo, ver Lúcio Correia, «A cessação...», cit., pp. 134 ss.

[909] Assim, Maria do Rosário Palma Ramalho, *Tratado de Direito do Trabalho...*, cit., p. 483, dizendo que "não estando incluídas neste enunciado [leia-se, nas diversas alíneas do artigo 23.º] as figuras do... despedimento por extinção do posto de trabalho e do despedimento por inadaptação, que já existiam na lei geral ao tempo do surgimento de regime do trabalho desportivo, e, tendo este regime natureza especial, deve concluir-se que estas figuras não têm aplicação ao universo do trabalho desportivo", João Zenha Martins, «O novo Código do Trabalho...», cit., p. 65, n. 125 (com início na p. 64), falando inclusivamente na sua "manifesta imprestabilidade", Pedro Monteiro Fernandes, «Despedimento do praticante desportivo» in: Alexandre Miguel Mestre [Coord.], *Enciclopédia de Direito do Desporto*, Gestlegal, Coimbra, 2019, pp. 133-134, falando aqui de uma "especialidade face ao Código do trabalho", Sérgio Tenreiro / David Falcão, *Lições de Direito do Trabalho — a relação individual de trabalho*, Almedina, 6.ª ed., Coimbra, 2019, p. 175, "são excluídos, enquanto causa de cessação deste tipo de contrato, os despedimentos por extinção do posto de trabalho e por inadaptação", Lúcio Correia, «O despedimento coletivo na relação laboral...», cit., pp. 367 e 369, Id., *Regime jurídico dos praticantes desportivos profissionais...*, cit., pp. 312-313 e Inês dos Reis Rodrigues, «Considerações sobre o regime do contrato de trabalho desportivo com ênfase na resolução com justa causa por parte do praticante desportivo» in: Alexandre Miguel Mestre [Coord.], *Enciclopédia de Direito do Desporto*, Gestlegal, Coimbra, 2019, pp. 311-339, p. 323 ("neste domínio não tem aplicação o despedimento por extinção do posto de trabalho, nem o despedimento por inadaptação").

os institutos e, portanto, o fator diferenciador é, na realidade, o número de trabalhadores envolvidos. E, sendo assim, se o despedimento coletivo é admitido no âmbito desportivo, como expressamente prevê a lei, por identidade de razão o despedimento por extinção do posto de trabalho também o será ou deverá ser. Aliás, o contrário seria até contraditório: possibilitar o recurso ao despedimento coletivo, vedando o recurso ao despedimento por extinção do posto de trabalho, seria o equivalente a possibilitar o mais e proibir o menos: o clube que pretendesse despedir vários atletas, por motivos económicos, estaria habilitado a fazê-lo, recorrendo ao mecanismo do despedimento coletivo, mas se o mesmíssimo clube quisesse, por hipótese, despedir apenas um atleta, com os mesmos fundamentos, já não poderia recorrer ao despedimento por extinção do posto de trabalho... Por outras palavras, as causas objetivas apenas habilitariam os clubes a destruir emprego em massa, em larga escala, mas não, ao contrário do que seria desejável, poucos postos de trabalho. E o mesmo deve valer, salvo melhor opinião, para o despedimento por inadaptação embora reconheçamos que critérios como a redução continuada de produtividade ou qualidade sejam de aplicação espinhosa ao mundo desportivo pelos diversos fatores que podem interferir no desempenho do jogador[910].

[910] Contra a aplicação do despedimento por inadaptação ao contexto desportivo, Remedios Roqueta Buj, «La supletoriedad actual del Estatuto de los Trabajadores en la relación especial de deportista profesional», *Revista Aranzadi de Derecho de Deporte y Entretenimiento*, 65 (2019) (consultado *online*), em especial, sublinhando que o praticante desportivo já está sujeito a um especial dever de diligência. Aparentemente, seria possível o recurso ao despedimento por inadaptação, figura prevista e regulada nos artigos 373.º ss do CTT09. Por um lado, o praticante poderia ser despedido em virtude de uma "redução continuada de produtividade ou de qualidade" (alínea a), do n.º 1, do artigo 374.º), pelo menos para quem entendesse que os resultados desportivos são uma forma de produtividade. Acresce que poderia ainda verificar-se a situação do n.º 2, do artigo 374.º, uma vez que estaria em causa um "trabalhador afecto a cargo de complexidade técnica ou de direcção quando não se cumpram os objectivos previamente acordados, por escrito, em consequência do seu modo de exercício de funções e seja praticamente impossível a subsistência da relação de trabalho". Acontece que a aplicação da figura do despedimento por inadaptação é um cenário que esmorece no contexto desportivo. De facto, o recurso à figura do despedimento por inadaptação segundo a hipótese da alínea a), do n.º 1, do artigo 374.º, seria particularmente espinhosa pela dificuldade de medir a performance do desportista (ou, se quisermos, do treinador). Para utilizarmos o exemplo de Bruno Mestre, «A "saga" do despedimento por extinção do posto de trabalho e as repercussões do Acórdão do Tribunal Constitucional n.º 602/2013 – algumas notas», *Questões Laborais*, 43 (2013), pp. 197-208, p. 207, "se julgarmos um futebolista de alta competição pela sua capacidade de jogar na NBA (*National Basketball Association*), apenas poderemos chegar à conclusão de que o mesmo é um profundo incompetente e que merece ser despedido!". Por outro lado, o recurso ao despedimento por inadaptação nos termos daquele n.º 2, do artigo 374.º, exige "que não se cumpram os objectivos previamente acordados, por escrito". De facto,

A possibilidade de extinguir postos de trabalho faz tanto mais sentido no contexto desportivo se pensarmos que, hoje, os clubes desportivos, sobretudo os de maior dimensão, contam com um gordo rol de atletas nas suas fileiras, pois é bastante comum que os clubes tenham um plantel composto por dezenas de atletas "emprestados" a outros clubes.

Contudo, também nos parece pertinente notar que a utilização de mecanismos de cessação do contrato de trabalho por causas objetivas revela-se pouco atrativo ou aliciante no contexto desportivo por causa da sua pesada procedimentalização sobretudo se pensarmos que o contrato de trabalho desportivo é um contrato celebrado a termo. Por essa razão, revela-se mais eficiente o recuso ao acordo de revogação ou, simplesmente, o decurso do prazo, deixando operar a caducidade[911]. Isto não quer significar, porém, que o despedimento coletivo não seja utilizado. De resto, os clubes recorrem a esta forma de cessação do contrato de trabalho quando são despromovidos a um escalão inferior, pelo corte substancial nas receitas oriundas da própria participação na competição como para fazer face aos compromissos salariais como os atletas. Mas pensamos que não preenchem os requisitos para o recurso a esta forma de cessação quando os clubes desportivos, na transição entre épocas desportivas, fazem uma "reestruturação" do plantel por razões meramente técnicas.

Como última nota, importa notar que, como resulta do regime laboral comum, os despedimentos por causas objetivas estão associados ao pagamento de uma compensação calculada nos termos do artigo 366.º, do CT09, o que, no caso dos trabalhadores desportivos, dada a sua contratação a termo, significa o direito a uma compensação de 24 dias por cada ano de antiguidade,

a experiência demonstra que não existem, muito menos por escrito, objetivos fixados. Por norma, acertam-se prémios por certos objetivos, mas não objetivos como fundamento de rutura do vínculo contratual. No entanto, mesmo que se fosse esse o caso, sempre seria de considerar, como apontam João Leal Amado, / Milena Silva Rouxinol / Joana Nunes Vicente / Catarina Gomes Santos / Teresa Coelho Moreira, *Direito do Trabalho – relação individual*, Almedina, Coimbra, 2019, p. 1066, que "uma tal cláusula nunca poderá funcionar como uma cláusula automática de despedimento (ao jeito de uma condição resolutiva), visto que, segundo os termos do próprio Memorando da *troika*, o despedimento apenas poderá ocorrer caso o incumprimento dos objetivos acordados se deva a "razões que sejam da exclusiva responsabilidade do trabalhador" – o que pressupõe a razoabilidade dos objetivos acordados e a demonstração, pelo empregador, de que o incumprimento dos mesmos se deve a uma qualquer falta/falha do trabalhador". Em suma, e como reconhece Albino Mendes Baptista, «Para uma leitura serena e atenta...», cit., p. 22, "a qualificação de um treinador como incompetente poderia, nesse cenário, consubstanciar justa causa de despedimento, o que, por exemplo, face à lei portuguesa seria altamente duvidoso".

911 Assim, João Leal Amado, *Contrato de trabalho desportivo...* [2017], cit., p. 139.

como prevê o n.º 6 daquela norma[912]. A este propósito, importa referir que as entidades empregadoras desportivas não estão obrigadas a aderir ao Fundo de Compensação do Trabalho ou ao Fundo de Garantia de Compensação do Trabalho[913], ainda que tenha sido determinada a suspensão no âmbito da Agenda do Trabalho Digno[914].

§ 6.1.3. Despedimento por "justa causa desportiva"?

Bibliografia específica: Victor Hugo Ventura, «Pode um treinador ser despedido por "justa causa desportiva"?», *Questões Laborais*, 57 (2020), pp. 277-291.

Um dos aspetos mais intrigantes no regime da relação laboral desportiva tem que ver com o perímetro de eventos que permitem afirmar a existência de uma justa causa de resolução do contrato pelo empregador[915]. O problema coloca-se porque há certos traços desta relação de trabalho, que mais não são do que as razões que ditam a sua especialidade, que podem fazer repensar os fundamentos da resolução contratual. A natureza especial da atividade desportiva pode justificar um alargamento objetivo e subjetivo do conceito de justa causa, possibilitando ao clube a resolução do contrato de trabalho em casos em que, à partida, pensando nas demais relações de trabalho, não seria possível?

A hipótese foi lançada, no contexto do contrato de trabalho dos artistas e profissionais de espetáculos, por Bernardo da Gama Lobo Xavier: "a fragilidade e precaridade dos laços que unem os trabalhadores de espectáculos às respectivas empresas exige métodos de desvinculação que nada podem ter a ver com os esquemas vigentes do comum dos contratos de trabalho. Estão estes últimos assentes no bloqueamento estrutural dos despedimentos (...) um regime destes é indesejável para a actividade de espectáculos". Desenvolve o Autor: "a pessoalidade e a correlativa fragilidade do contrato não consentem situações de estabilidade artificialmente criadas: o Direito não pode

912 Assim, atentamente, Pedro Rosa, «Despedimento coletivo» in: Alexandre Miguel Mestre [Coord.], *Enciclopédia de Direito do Desporto*, Gestlegal, Coimbra, 2019, pp. 132-133.

913 Cfr. Lei n.º 70/2013, de 30 de agosto.

914 Cfr. artigo 32.º, n.ºs 4 e 5, da Lei n.º 13/2023, de 3 de abril.

915 Ver também Victor Hugo Ventura, «Pode um treinador ser despedido por "justa causa desportiva"?», *Questões Laborais*, 57 (2020), pp. 277-291.

dispor meios fictícios para a sobrevivência de uma relação ténue e precária, que depende não só da adesão e recíproca confiança entre o profissional e o empresário, como também de um especial entendimento entre os membros do grupo executante, e em que o público tem ainda a sua palavra a dizer. Na verdade, como se poderá coagir o empresário a manter relações contratuais com um executante que «não faz equipe» com os seus colegas? ou com um artista que caia no desagrado do público?"[916].

A observação do Autor condensa, no essencial, o que está aqui em causa e conserva todo o seu potencial problemático no âmbito da relação de trabalho desportivo. Se o praticante desportivo pode, como veremos, invocar uma "justa causa desportiva", pode o empregador, em sentido oposto, invocar uma espécie de "justa causa desportiva" para resolver o contrato de trabalho?

Tal como vimos introdutoriamente, uma das características que diferencia esta relação de trabalho — tornando-a, afinal, uma relação especial de trabalho — é a circunstância de o trabalhador desempenhar a sua atividade perante o público. Contudo, mais do que isso, constata-se que o público é, na prática, para o atleta e, sobretudo, para o treinador desportivo, o verdadeiro escrutinador da prestação, ou seja, é o veredicto do público que, em última análise, determina o rumo dos acontecimentos e, para o problema que aqui agora nos interessa, o destino do contrato de trabalho.

Como se sabe, o Desporto é um "domínio consabidamente não conhecido pela estabilidade das posições laborais e em que a permanência dos treinadores e respectivas equipas técnicas acaba por estar estreitamente relacionada com os resultados desportivos e a forma como estes se coadunam, ou não, com os projectos traçados para cada época desportiva"[917]. A ideia de que o profissional desportivo deve "cair" perante expetativas goradas é mesmo recebida com uma certa naturalidade no contexto de uma cultura desportiva, como é claramente a portuguesa, em que o Desporto é vivenciado com um temperamento assumidamente latino. Os resultados desportivos dececionantes fermentam uma relação de animosidade entre adeptos e treinador desportivo. A ditadura dos resultados produz facilmente um clima de forte crispação entre os adeptos e os praticantes desportivos e, sobretudo, o treinador. Este último, olhado como artífice dos êxitos desportivos pode rapidamente tornar-se o vilão a quem são assacadas as responsabilidades pelo fracasso desportivo.

[916] Bernardo da Gama Lobo Xavier, «Contratos de trabalho dos profissionais de espectáculos (direito aplicável)», *Revista de Direito e de Estudos Sociais*, 1986, I, 2.ª série, pp. 103-139, pp. 131-132.

[917] Ac. de 25/06/2018 do TRP (Paula Leal de Carvalho), proc. nr. 1109/17.7T8AGD.P1.

O treinador desportivo vive, assim, na vertigem contratual pois "o inebriamento no êxito é directamente proporcional à intolerância no fracasso"[918]. Por outras palavras, "como se diz na moderna forma de especulação jornalístico-metafísica que é o comentário desportivo, o treinador é escravo dos resultados"[919].

Ora, o Direito não poderia ignorar esta "força normativa dos factos". Numa abertura que também tem sido consentida noutros ordenamentos jurídicos[920], defende certa doutrina que a natureza da relação jurídico-desportiva "co-envolve a abertura a situações de rompimento contratual diversas das que se conhecem na relação laboral comum, que funciona, em regra, de acordo com um modelo bipolar muito menos complexo"[921]. O público tem de desempenhar, como que por direito próprio, o papel de "verdadeiro termómetro da sua aceitação e, definitivamente, a causa externa mais evidente (...) de (...) resolução do contrato de trabalho"[922]. O que dizer? Será que dentro "[d]a dispersão existente de conceitos e consequências associadas aos adeptos"[923] se podem incluir efeitos ligados à cessação contratual?

918 Pedro Pardal Goulão, «Contratação de treinadores...», cit., p. 390.

919 António Nunes de Carvalho, «O art. 9.º do Código do Trabalho...», cit., p. 49.

920 Assim, no ordenamento jurídico italiano, abordando a questão, Emilia Calabrò, «Tre questioni in tema...», cit., pp. 859-860.

921 Albino Mendes Baptista, «Subsídios para a criação de um regime jurídico do contrato de trabalho do profissional de espectáculo» in: *Estudos Jurídicos em Homenagem ao Professor António Motta Veiga*, Almedina, Coimbra, 2007, pp. 27-58, p. 35. Noutro local, Albino Mendes Baptista, «É o regime laboral comum aplicável...», cit., p. 137, "não faz qualquer sentido tratar esta realidade com a objectividade típica das empresas, face à importância que no desporto assumem as massas associativas". Como chama a atenção o Autor, "atente-se na acentuada componente fiduciária desta relação de trabalho, em que a confiança tem de existir não só entre a direcção do clube e o treinador, mas também, e muito particularmente, entre este e os (muitas vezes) milhares de sócios do clube" (= Id., «Especificidades do contrato de trabalho...», cit., p. 32). Também Margarida Porto, *A participação de menor em espectáculo ou outra actividade de natureza cultural, artística ou publicitária – análise das especificidades do regime legal*, Almedina, Coimbra, 2010, p. 733, começa por notar que "a relação laboral do trabalhador do espectáculo, em especial do artista, é uma relação que depende muito não só da sua aptidão profissional, como também da existência de espectáculos, da relação de confiança existente entre ele e o empresário, da sua relação com os colegas de trabalho e, no limite, da comunicação social, justificando-se que em muitos casos a relação seja meramente temporária".

922 Quem o diz, embora referindo-se aos artistas, é Francisco Javier Torollo González, «Las relaciones laborales especiales de los deportistas...», cit., p. 196. Também Pedro Pardal Goulão, «Contratação de treinadores...», cit., pp. 390-391, escreve que "a ordem natural das coisas diz-nos que o técnico de uma equipa de futebol profissional não resiste, não pode resistir, ao desânimo (nem sequer à mera saturação) dos adeptos, à desconfiança dos dirigentes ou, inclusivamente, à decepção dos investidores".

923 Soraia Quarenta, «Adepto» in: Alexandre Miguel Mestre [Coord.], *Enciclopédia de Direito do Desporto*, Gestlegal, Coimbra, 2019, pp. 20-21.

Da nossa parte, consideramos que há aspetos desta argumentação que nos suscitam as maiores reservas[924]. É certo que o Direito é uma ciência que não pode ignorar a realidade, mas pensamos que o Direito não pode, sem mais, ser seduzido por um arrebatamento da realidade, sobretudo quando daí resulta uma inversão dos seus princípios.

Por um lado, é necessário ter presente que o treinador desportivo, como, aliás, o praticante desportivo, não está vinculado a uma obrigação de resultado, mas sim a uma obrigação de meios. O reconhecimento daquilo que ALBINO MENDES BAPTISTA chama de "justa causa objectiva relacionada com a performance profissional"[925], não só vincula, na prática, o trabalhador desportivo a uma obrigação de resultado, como aproxima esta possibilidade de desvinculação de uma condição resolutória que, como veremos, é admitida em moldes muito restritos[926]. Em segundo lugar, temos dificuldade em admitir que um princípio tão fundamental como a segurança no emprego, constitucionalmente prevista e que abrange, salvo melhor opinião, os profissionais desportivos, possa ficar refém da lotaria dos apetites e do temperamento do público[927].

Não desconhecemos que o público tenha relevância jurídico-laboral. Não ignoramos, por exemplo, que é dever do trabalhador, nos termos da lei geral, "respeitar e tratar... as pessoas que se relacionem com a empresa com urbanidade e probidade" (artigo 128.º, n.º 1, a), do CT09), afirmação que faz particular sentido no contexto desportivo uma vez que, como vimos, o praticante desportivo está vinculado a deveres, previstos inclusivamente em normas federativas, que vinculam o praticante a um particular dever de respeito pelo público[928]. Contudo, nos casos retratados pela doutrina, o trabalhador

[924] Como também reconhece ALBINO MENDES BAPTISTA, «Treinadores profissionais: aplicação do regime...», cit., p. 101, "a invocação de justa causa de despedimento de um treinador, fundada na não obtenção dos resultados desportivos esperados, coloca, no nosso ordenamento jurídico, as maiores dificuldades". Noutro local, diz ALBINO MENDES BAPTISTA, «Para uma leitura serena e atenta...», cit., p. 22, que "a qualificação de um treinador como incompetente poderia, nesse cenário, consubstanciar justa causa de despedimento, o que, por exemplo, face à lei portuguesa seria altamente duvidoso".

[925] ALBINO MENDES BAPTISTA, «Subsídios para a criação de um regime...», cit., p. 54.

[926] § 6.5. A (in)admissibilidade da condição resolutiva.

[927] Embora, como aponta, FERNANDO VALDÉS DEL-RÉ, «Jurisprudencia en unificación de doctrina y relaciones especiales: alguns puntos críticos», *Relaciones Laborales: Revista Crítica de Teoría y Práctica*, 1998 (2), pp. 1-11 (editorial), p. 11, talvez se possa dizer que ""a «aceitação do público» é um argumento que, exprimido na sua realidade crua, atende descarnadamente aos interesses do empresário artístico e cuja tradução mais fiel no regime comum do trabalho seria a «aceitação do mercado»".

[928] § 4.2. Os limites ao poder de direção do clube.

não revela uma falta de lisura ou desrespeito para com o público ou para com a massa adepta. Não se verifica, de forma alguma, um comportamento sobre o qual pode pairar um juízo de censura. O clube pode reagir disciplinarmente se o atleta, por exemplo, dirige gestos ou palavras obscenas para o público ou se revela uma performance altamente negligente. Coisa diferente, parece-nos, são os casos de divórcio entre a massa adepta e o atleta porque, por hipótese, o público forma a opinião de que o atleta não está comprometido com a equipa.

Acresce que, na prática, estas situações, pela própria natureza das coisas, estão fora do controlo do atleta e, de resto, do próprio clube[929]. Pense-se na posição do treinador desportivo, invariavelmente sujeito à ditadura maniqueísta "ganhador / perdedor" (e, consequentemente, "bom / mau") "mesmo quando muitas das vezes o sucesso ou insucesso que lhe é irracionalmente imputado, de facto, não está directamente relacionado com a sua prestação e, inevitavelmente, submete-o a uma condição de fraqueza perante o clube/SAD, que ele dificilmente consegue alterar"[930]. Bem vistas as coisas, a contestação dos adeptos assume frequentemente contornos de verdadeira paranoia, muitas vezes induzida pelo discurso inflamado dos habituais cavaleiros do apocalipse e dos áugures catastrofistas que preenchem a grelha de programação televisiva, os quais, como que vestindo o manto de Cassandra, adivinham o insucesso desportivo envilecendo o treinador desportivo como uma evidência[931].

[929] Eva Garrido Pérez, «Los artistas en espectáculos públicos» in: *Trabajo subordinado y trabajo autónmo en la delimitación de fronteras del derecho del trabajo – estudios en homenage al profesor José Cabrera Bazán*, Tecnos, Madrid, 1999, pp. 335-355, p. 338, frisa justamente o público como "facto altamente aleatório e cambiante quanto a gostos e apetites, e decisivo em última instância na permanência ou não da actividade artística (...) um factor aleatório sobre cuja conformação e orientação o empregador ou organizador do espectáculo público possuem escassa capacidade de decisão ou influência. A aceitação ou não pelo público da actividade artística contratada reflecte uma incerteza dos comportamentos que afectam ou condicionam a duração dos contratos, de modo que sem prejuízo de estar pré-fixada ou ainda determinando-se uma duração inicial pode provocar o fim da actividade artística em qualquer momento, entendendo-se com isso cumprida a obra ou serviço contratado com o objectivo de proceder à extinção do contrato".

[930] Estamos a citar Pedro Miguel Henriques, «Treinadores: profissionais sem lei...», cit., p. 283. De resto, o Autor avança logo no parágrafo introdutório do seu estudo, p. 281, que "o cargo de treinador é extremamente vulnerável às emoções (nem sempre racionais) de sócios e adeptos".

[931] Na jurisprudência, ver o ac. de 18/02/1993 do TRL (Andrade Borges), proc. nr. 0081474 (sumário), onde se decidiu que "não há justa causa para despedir um treinador de futebol se, num determinado domingo, este tiver sido vivamente contestado pela massa associativa do Réu, face ao mau resultado do jogo Penafiel-Marítimo, para o Campeonato Nacional da 1. Divisão".

Finalmente, e como se não bastasse, esta construção teórica tem graves inconvenientes no plano prático. De facto, como provar esse "divórcio dos adeptos com o clube"? Se nos é permitida a ironia, basta ao empregador invocar o rácio de lenços brancos vistos na bancada e os decibéis dos apupos...? Pode o empregador juntar ao processo, para prova de que o trabalhador goza de "má imprensa", cópias das primeiras páginas dos jornais desportivos...? Afinal como concretizar, objetivamente, aquilo que alguém já descreveu como um "fator meta-jurídico"[932]?

§ 6.2. Cessação do contrato promovida pelo praticante desportivo

§ 6.2.1. Denúncia

Bibliografia específica: Catarina Cravo, «A denúncia como forma de desvinculação do jogador de futebol», *Revista de Direito do Desporto*, 2 (2019), pp. 94-101; J. M. Saraiva de Almeida, «A ruptura unilateral imotivada do contrato de trabalho desportivo por iniciativa do praticante desportivo», *Minerva — Revista de Estudos Laborais*, 1 (2002), pp. 93-113; João Leal Amado, «As "cláusulas de rescisão" e a Comissão Arbitral Paritária», *Desporto & Direito*, 1 (2003), pp. 83-93; Id., «Futebol, trabalho desportivo e comissão arbitral paritária: um acórdão histórico sobre as "cláusulas de rescisão"» in: *Estudos do Instituto de Direito do Trabalho*, Almedina, Volume IV, Coimbra, 2003, pp. 187-203; Id., «As "cláusulas de rescisão" no contrato de trabalho desportivo» in: *O Direito do Desporto em perspetiva*, Almedina, Coimbra, 2015, pp. 93-122; João Zenha Martins, «Os futebolistas profissionais e as cláusulas de rescisão» in: *Estudos dedicados ao Professor Doutor Bernardo da Gama Lobo Xavier*, Universidade Católica Editora, Volume II, Lisboa, 2015, pp. 239-271; Id., «A configuração legal do direito convencional de o praticante fazer cessar unilateralmente o contrato de trabalho desportivo: um olhar crítico», *Revista de Direito do Desporto*, 4 (2020), pp. 7-19; Lúcio Correia, «Cláusulas de rescisão» in: Alexandre Miguel Mestre [Coord.], *Enciclopédia de Direito do Desporto*, Gestlegal,

[932] Fernando Valdés Dal-Ré, «La relación de los artistas: notas sobre su configuración», *Relaciones Laborales*, 2008, II, 99-108, p. 100.

Coimbra, 2019, pp. 75-77; Id., «Contributo para o estudo da cláusula penal/cláusula de rescisão no contrato de trabalho desportivo», *Minerva – Revista de Estudos Laborais*, 8 (2006), pp. 45-142; Luís Gonçalves da Silva, «Cláusula penal (contrato de trabalho desportivo)» in: Alexandre Miguel Mestre [Coord.], *Enciclopédia de Direito do Desporto*, Gestlegal, Coimbra, 2019, pp. 77-79; Luís Manuel Teles de Menezes Leitão, «Cláusulas de rescisão e cláusulas penais no contrato de trabalho desportivo» in: *Colecção de Estudos Instituto do Conhecimento AB – Estudos Comemorativos dos 20 anos da Abreu Advogados*, Almedina, Coimbra, 2015, pp. 511-524; Luís Paulo Relógio, «Cláusulas de rescisão — sua natureza» in: *Iº Congresso Internacional sobre o Regime Jurídico do Contrato de Trabalho Desportivo*, Vida Económica, Porto, 2018, pp. 161-175; Nuno Manuel Pinto Oliveira, «Clubes de futebol, jogadores e transferências: o problema da validade das "cláusulas de rescisão" - anotação ao acórdão do Supremo Tribunal de Justiça de 7.3.2007, proc. 1541/06», *Cadernos de Direito Privado*, 17 (2007), pp. 53-68; Raquel Moura Pinto, «Cláusulas de rescisão - admissibilidade no contrato de trabalho desportivo» in: Alexandre Miguel Mestre [Coord.], *Compêndio de Direito do Desporto*, Gestlegal, Coimbra, 2021, pp. 416-433.

Com exceção da denúncia durante o período experimental, os regimes legais reguladores do contrato de trabalho do praticante desportivo sempre foram omissos em relação à desvinculação do trabalhador sem justa causa, isto é, quanto à denúncia do contrato do trabalho[933].

Nunca foi lapso do legislador nem se tratava, tão-pouco, de uma lacuna legal. O silêncio sempre teve um valor verdadeiramente eloquente: a lei quis excluir a denúncia do contrato de trabalho. A exclusão sistemática da denúncia era uma consequência que se impunha para dar sentido útil ao caráter estabilizador do termo do contrato de trabalho desportivo[934]. Como facilmente se compreende, atribuir ao praticante desportivo uma faculdade de desvinculação *ad nutum* colocaria em causa a ideia de garantir, pelo menos

[933] Ao contrário do que sucedia anteriormente em que a ausência de um regime próprio dos trabalhadores desportivos redundava na aplicação das regras gerais em matéria de cessação do contrato de trabalho. Contendo outros desenvolvimentos, J. M. Saraiva de Almeida, «A ruptura unilateral imotivada do contrato de trabalho desportivo por iniciativa do praticante desportivo», *Minerva — Revista de Estudos Laborais*, 1 (2002), pp. 93-113, especialmente pp. 98 ss.

[934] § 3.5. As modalidades do contrato.

em teoria, que a relação contratual se mantenha até ao seu termo. Essa preservação contratual seria necessária em defesa dos interesses dos clubes e também da competição[935]. Ao restringir as hipóteses de desvinculação do trabalhador aos casos de resolução com justa causa, o legislador garante que o contrato de trabalho apenas terminará no seu termo, salvo se o empregador consentir na revogação do contrato — o que sucede amiúde em caso de cedência definitiva do atleta *in medio tempore* — ou ocorrendo algum evento que determine a resolução com justa causa. De resto, a preocupação em suprimir as possibilidades de desvinculação livre por parte do desportista também se revelaram mais recentemente quanto ao período experimental pois, como vimos, o RCTPD dissipou as dúvidas que subsistiam no regime legal anterior e o período experimental depende, agora, de estipulação das partes[936].

Contudo, o RCTPD introduziu, quanto a esta matéria, uma grande novidade: a possibilidade, prevista na CCT aplicável aos futebolistas profissionais[937] e inspirada no regime espanhol[938], de o contrato de trabalho poder cessar por "denúncia por iniciativa do praticante desportivo, quando contratualmente convencionada" (alínea e), do n.º 1 do artigo 23.º). Concretamente, prevê-se agora que "as partes no contrato de trabalho desportivo podem estipular o direito de o praticante fazer cessar unilateralmente e sem justa causa o contrato em vigor, mediante o pagamento à entidade empregadora de uma indemnização fixada para o efeito" (n.º 1 do artigo 25.º)[939].

[935] Diferentemente, o treinador profissional não está, assim parece, sujeito a estas limitações. Cfr., aliás, a cláusula 46.ª, n.º 1, da CCT aplicável aos treinadores desportivos: "o treinador pode resolver o contrato, independentemente de justa causa, mediante comunicação dirigida à entidade empregadora com antecedência mínima de metade do prazo pelo qual o contrato de trabalho foi celebrado, salvo se o clube o dispensar total ou parcialmente do cumprimento desse prazo". No mesmo sentido, Pedro Pardal Goulão, «Contratação de treinadores...», cit., p. 389 e Albino Mendes Baptista, «Treinadores profissionais: aplicação do regime...», cit., pp. 102 ss.

[936] § 4.1. O período experimental.

[937] Faz questão de o dizer o artigo 17.º, n.º 1, da CCT aplicável ao futebol profissional: "é ilícita a rescisão por decisão unilateral sem justa causa quando não seja contratualmente convencionada"

[938] Com efeito, o artigo 16.º, n.º 1, do Real Decreto n.º 1006/1985, de 26 de junho, prevê que "a extinção do contrato por vontade do desportista profissional, sem causa imputável ao clube, dará a este o direito, se for esse o caso, a uma indemnização que, *na ausência de pacto a esse respeito*, será fixada pelo tribunal em função de circunstâncias de ordem desportiva, do prejuízo causado à entidade desportiva, motivos da ruptura e demais elementos que o jogador considere ponderáveis" (sublinhado nosso).

[939] Discutindo se o pacto tem de ser necessariamente oneroso, ou seja, se a cláusula deve envolver necessariamente o pagamento de uma indemnização por parte do atleta, João Zenha Martins, «A configuração legal do direito convencional de o praticante fazer cessar unilateralmente o contrato de trabalho desportivo: um olhar crítico», *Revista de Direito do Desporto*, 4 (2020), pp. 7-19, pp. 12 ss, concluindo pela negativa.

Para além de aproximar o regime desportivo das regras gerais[940], tudo leva a crer que o legislador quis colocar um ponto final na controvérsia sobre a validade das vulgarmente chamadas "cláusulas de rescisão"[941]. Durante largo período, foram várias as construções ensaiadas pela doutrina para enquadrar e justificar a validade das "cláusulas de rescisão"[942] — cláusula penal[943], denúncia[944], faculdade de arrependimento[945], cláusula liberatória[946], multa

[940] Neste sentido, Beatriz Gonçalves, «As cláusulas de não concorrência no contrato de trabalho desportivo» in: Alexandre Miguel Mestre [Coord.], *Compêndio de Direito do Desporto*, Gestlegal, Lisboa, 2021, pp. 287-310, p. 304: "este regime instituído pela lei 54/2017 corresponde claramente a uma aproximação ao regime geral".

[941] Nuno Barbosa, «Sessão de encerramento», cit., p. 180, falava de um tema "candente".

[942] No fundo, para utilizar as palavras de Pedro Romano Martinez, «As cláusulas de rescisão...», cit., p. 124. "por via da cláusula de rescisão, ao abrigo da liberdade contratual, pretende-se tornar lícito um comportamento que a lei considera ilícito".

[943] Assim, Maria do Rosário Palma Ramalho, *Tratado de Direito do Trabalho...*, cit., p. 487. Em Espanha, é a opinião de José María González del Río, «La cláusula de rescisión del contrato de trabajo: el caso «Miralles» (comentario a la STSJ Sala de lo Social de Cataluña de 2 de febrero de 2004)», *Relaciones Laborales*, 2005, I, pp. 573-580, p. 580, Autor que entende que "a cláusula de rescisão compartilha a natureza jurídica da cláusula penal, se bem que exclusivamente na sua função de liquidação [do dano]".

[944] Pedro Romano Martinez, «As cláusulas de rescisão...», cit., pp. 124-125. Para o Autor "há uma diferença entre a revogação – mesmo quando negociada com um «preço» - e a denúncia paga; (...) tendo sido ajustada uma cláusula de rescisão, tal como no regime geral [!], ao trabalhador passa a ser conferido o direito de livre denúncia do contrato de trabalho desportivo, mediante o pagamento da quantia estipulada".

[945] António Pinto Monteiro, «Sobre as "cláusulas de rescisão" dos jogadores...», cit., pp. 12 ss. Na sua opinião, a cláusula de rescisão é uma "faculdade de arrependimento" (uma espécie de multa penitencial ou *Reugeld*), atribuída ao trabalhador. Trata-se de uma espécie de faculdade alternativa *a parte debitoris* porque o devedor pode optar entre cumprir o contrato de trabalho, nos termos e prazo acordados ou, alternativamente, pagar a quantia fixada na cláusula. Por essa razão, o Autor enquadra a "resolução" do contrato por esta via na revogação por mútuo acordo. Cfr. também Nuno Manuel Pinto Oliveira, «Clubes de futebol, jogadores e transferências: o problema da validade das "cláusulas de rescisão" – anotação ao acórdão do Supremo Tribunal de Justiça de 7.3.2007, proc. 1541/06», *Cadernos de Direito Privado*, 17 (2007), pp. 53-68. Contra este entendimento, João Leal Amado, «Ainda sobre as cláusulas de opção...», cit., pp. 211-212. Como analisa lucidamente o Autor, p. 212, "nas «cláusulas de rescisão» existe também, é claro, um acordo (pois é a vontade concordante de ambos os sujeitos que faz nascer a cláusula), mas esta cláusula, se for tida como uma multa penitencial, permitirá a demissão do trabalhador, isto é, facultará ao praticante a ruptura do vínculo contratual por sua iniciativa unilateral. Destarte, ao accionar a referida cláusula o praticante desportivo exercerá uma faculdade unilateral de livre arrependimento, a troco do preço convencionado".

[946] É a posição de Lúcio Correia, «A cessação...», cit., p. 137, Id., «Contributo para o estudo da cláusula penal/cláusula de rescisão no contrato de trabalho desportivo», *Minerva – Revista de Estudos Laborais*, 8 (2006), pp. 45-142. Reafirmando essa natureza jurídica, mais recentemente,

penitencial[947], condição resolutiva[948] —, mas a verdade é que a validade destas cláusulas era altamente discutida na doutrina no plano nacional e até comunitário[949].

Com efeito, a norma do artigo 27.º, n.º 1, da Lei n.º 28/98, de 26 de junho, era vista como um obstáculo à introdução de "cláusulas de rescisão" no contrato de trabalho do praticante desportivo. Mais adiante, teremos oportunidade de analisar a norma mais em detalhe, mas, fundamentalmente, ela previa uma limitação indemnizatória ditando que a indemnização pela ilicitude do despedimento / resolução ou pela resolução com justa causa nunca poderia ser superior ao valor das retribuições vincendas do praticante desportivo. Ao prever um plafonamento indemnizatório, as chamadas "cláusulas de rescisão" pareciam colidir frontalmente com aquele limite. Basta pensar que elas possibilitavam a estipulação de um valor muitas vezes superior — ou muitíssimo superior — àquele limte. A verdade é que a possibilidade de introduzir no contrato "cláusulas de rescisão" estava prevista, e está prevista, aliás, na CCT aplicável ao setor e, por outro lado, sempre também se pode dizer que o legislador não se pronunciava expressamente sobre esta questão[950].

Id., «Cláusulas de rescisão» in: Alexandre Miguel Mestre [Coord.], *Enciclopédia de Direito do Desporto*, Gestlegal, Coimbra, 2019, pp. 75-77 e Id., *Regime jurídico dos praticantes desportivos profissionais...*, cit., pp. 258 ss.

[947] Pedro Almeida, «Os efeitos da resolução do contrato de trabalho desportivo por iniciativa do jogador profissional de futebol», *Revista Internacional de Direito do Trabalho*, 3 (2022), pp. 297-338, p. 311 e Raquel Moura Pinto, «Cláusulas de rescisão – admissibilidade no contrato de trabalho desportivo» in: Alexandre Miguel Mestre [Coord.], *Compêndio de Direito do Desporto*, Gestlegal, Coimbra, 2021, pp. 416-433, p. 426.

[948] É o entendimento de Luís Paulo Relógio, «Cláusulas de rescisão...», cit., pp. 169 ss. Também João Zenha Martins, «Os futebolistas profissionais e as cláusulas...», cit., p. 254: refere que "a cláusula de rescisão apenas difere da revogação por mútuo acordo quanto ao momento em que produz os seus efeitos e quanto ao sujeito a quem cabe, de acordo com a estimação dos seus interesses, a actuação do direito desvinculativo. Num caso, os sujeitos decidem promover a extinção do contrato no imediato; no outro, decidem apor uma condição resolutiva, de natureza potestativa, em benefício do praticante, sujeito a quem é outorgada a actuação de direito desvinculativo de acordo com o esquema negocial forjado e a quem se reserva o evento cessatório".

[949] Sobre isto, Francisco Javier Torollo González, «Las relaciones laborales especiales de los deportistas...», cit., pp. 190 ss., e Massimiliano Marinelli, «Diritto comunitario e recesso dello sportivo...», cit., pp. 590-591.

[950] João Zenha Martins, «Os futebolistas profissionais e as cláusulas...», cit., pp. 264-265: "o conhecimento da sua acostumada prática não encontrou no RCTD [Regime do Contrato de Trabalho Desportivo] previsão quanto à sua interdição".

Mais em profundidade, a discussão entroncava num debate que também era lançado no contexto do regime laboral comum[951], pois também aí também se discutia, e discute-se, se é permitida às partes a fixação antecipada dos montantes indemnizatórios em caso de cessação ilícita do contrato ou, para utilizar a expressão de João Zenha Martins, de se é lícita a "gestão contratual dessas consequências"[952].

No contexto desportivo, a maior parte da nossa doutrina defendia a validade destas cláusulas. Pedro Romano Martinez criticava o regime legal acima referido sufragando a "supletividade da solução indemnizatória" e, portanto, considerava-o afastável pelas partes, nos termos gerais do artigo 809.º do Código Civil. Assim, o Autor subtraía as relações jurídico-desportivas do âmbito do artigo 339.º do CT09, admitindo, como tal, os acordos de agravamento da responsabilidade[953]. Em comentário à jurisprudência que admite estas cláusulas, reconhece que "importa sublinhar que nelas se verificaram circunstâncias particulares que justificam uma solução diferente da vigente para as restantes relações de trabalho subordinado, fazendo aplicação do princípio da destinação do trabalho que está subjacente ao pluralismo de regimes laborais (...) em suma, dir-se-á que a admissibilidade de cláusulas deste tipo poderá ser defendida relativamente a situações especiais para as quais se entenda que não deve valer a solução decorrente do regime geral"[954]. Esta ideia de respeitar a especialidade da relação de trabalho desportivo também servia de argumento a Albino Mendes Baptista. Apontava o Autor que os jogadores de maior craveira são representados por empresários experientes o que entregaria a esta relação especial de trabalho aquele equilíbrio do poder negocial entre trabalhador e empregador que não tem paralelo nas demais relações laborais. Acresce que a retribuição do atleta profissional pode mesmo ter sido acertada como contrapartida à introdução de uma "cláusula de

[951] Nas palavras de João Zenha Martins, «Os futebolistas profissionais e as cláusulas...», cit., p. 241, "a questão convoca, no fundo, uma digressão sobre a imperatividade do regime da cessação do contrato de trabalho".

[952] João Zenha Martins, «Os futebolistas profissionais e as cláusulas...», cit., p. 255.

[953] Pedro Romano Martinez, «As cláusulas de rescisão...», cit., p. 116. Entende o Autor, pp. 120-121, que "não contrariando o regime legal (art. 809.º do CC) e não havendo razões de ordem pública, pode admitir-se a validade de convenções de responsabilidade civil, como a que decorre de uma cláusula aposta num contrato de trabalho desportivo em que se altere o valor da indemnização prevista no regime legal".

[954] Pedro Furtado Martins, *Cessação do contrato de trabalho...*, cit., pp. 33-34.

rescisão"[955]. Em suma, "além de parecer inteiramente razoável, não se descortina qualquer razão de ordem pública que o impeça"[956]. O argumento do artigo 27.º também não convencia MARIA RAQUEL REI para quem "a solução desejável é a alteração legislativa do artigo 27.º e não a contaminação dos contratos de trabalho com o mau regime previsto neste artigo"[957]. A favor da validade das cláusulas de rescisão militava ainda ANDRÉ DINIS DE CARVALHO[958].

Em sentido contrário, afirmando enérgica e terminantemente a ilegalidade destas cláusulas em face daquele regime legal, poderia indicar-se, desde logo, JOÃO LEAL AMADO[959] seguido, mais recentemente, por LUÍS MANUEL TELES DE MENEZES LEITÃO[960]. Para além do argumento literal,

[955] Com estes argumentos, ALBINO MENDES BAPTISTA, «Breve apontamento sobre...», cit., p. 142 (= ID., *Direito laboral desportivo...*, cit, p. 26).

[956] ALBINO MENDES BAPTISTA, *Jurisprudência do trabalho anotada...*, cit., p. 798 (= ID., *Direito laboral desportivo...*, cit., pp. 84-85). A opinião do Autor não era perfeitamente compreensível pois arrancava da afirmação de que "a lei não permite, de forma expressa, a elevação por contrato individual de trabalho do montante a pagar por ocasião da cessação do contrato", observando que no contexto desportivo essas cláusulas representam "autênticos *jack-pots*" para o trabalhador. E, no plano jurídico, considera "não se questiona a existência de especialidades neste tipo de relações de trabalho, mas esse é um caminho que terá de ser o legislador a trilhar" sublinhando que "as referidas cláusulas contratuais contrariam frontalmente o regime legal. No actual quadro legal os valores das indemnizações consagrados na lei, apenas podem ser regulados por instrumento de colectiva de natureza convencional". Mas depois escreve: "a alternativa que se nos oferece é entender que esta norma viola o disposto no art. 18.º, n.º 2, da CRP, estando todos os trabalhadores legitimados a acordar, em sede de contrato de trabalho individual de trabalho, indemnizações superiores às legalmente fixadas" (!).

[957] MARIA RAQUEL REI, «Notas acerca da penhorabilidade do "passe" do jogador profissional de futebol», *Revista de Direito Civil*, 1 (2016), pp. 141-152, p. 148, n. 18.

[958] ANDRÉ DINIS DE CARVALHO, *Da liberdade de circulação dos desportistas...*, cit., pp. 316 ss.

[959] JOÃO LEAL AMADO, «As "cláusulas de rescisão" e a Comissão Arbitral Paritária», *Desporto & Direito*, 1 (2003), pp. 83-93, p. 93, diz que permiti-lo seria uma "monstruosa aberração jurídica". Diz o Autor, em suma, que "é certo que o contrato de trabalho desportivo é um contrato de trabalho que apresenta traços *sui generis*, é um «contrato especial de trabalho», mas, manifestamente, não há especificidade que possa justificar tamanha disparidade de regimes" (p. 93). No mesmo sentido, ID., *Vinculação* versus *liberdade...*, cit., pp. 319 ss. Mais recentemente, ID., «Ainda sobre as cláusulas de opção...», cit., p. 208 ss.

[960] Já em conclusão, desabafa LUÍS MANUEL TELES DE MENEZES LEITÃO, «Cláusulas de rescisão e cláusulas penais no contrato de trabalho desportivo» in: *Colecção de Estudos Instituto do Conhecimento AB – Estudos Comemorativos dos 20 anos da Abreu Advogados*, Almedina, Coimbra, 2015, pp. 511-524, p. 524, que as cláusulas de rescisão "têm vindo a manter uma grande aplicação prática, mostrando alguma inefectividade do regime legal do contrato de trabalho desportivo. Apenas uma aplicação estrita das disposições legais pelos nossos tribunais poderá impedir que a área laboral desportiva continue a funcionar à margem da lei".

fundado na norma do artigo 27.º da Lei n.º 28/98, de 26 de junho, os Autores não deixavam também de sublinhar o efeito inibitório de "blindagem"[961] ou "encarceramento contratual" — "algo não muito distante do trabalho forçado" — das cláusulas de rescisão[962] tornando esse acordo num autêntico pacto leonino[963]. Argumento que se compreende quando se constata que os valores das cláusulas atingiam, e atingem, valores exorbitantes tornando num mecanismo de liberdade meramente formal a faculdade de arrependimento que a cláusula pretensamente introduziria no contrato. O argumento seria particularmente evidente ao comparar o valor estipulado na cláusula de rescisão com o valor que o atleta tinha de desembolsar por uma resolução... ilícita. Em termos práticos, "constituiria um autêntico *nonsense* que o «dinheiro de arrependimento lícito» acordado pelas partes excedesse o «dinheiro de demissão ilícita» previsto na lei"[964]. Daí que, no entender desta doutrina, era pelo menos cínico dizer que a cláusula de rescisão podia ser vista como "uma conquista do praticante e como uma concessão da entidade empregadora"[965]. Acresce que, como também já era notado por JOÃO LEAL AMADO, a cláusula de rescisão não vulnera apenas a liberdade que o Direito do Trabalho tradicionalmente reconhece ao trabalhador para escolher a entidade para quem presta trabalho. Elas também ameaçam a própria liberdade de escolha da profissão

[961] Tratando do sinal penitencial, ANTÓNIO PINTO MONTEIRO, *Cláusula penal...*, cit., p. 220, escreve que "considerar que esta contrapartida não é uma indemnização, nem representa qualquer sanção, antes o preço daquele direito, constitui um juízo formalmente correcto, mas o resultado material não se altera: seja por que razão for (inadvertência das partes ou alteração superveniente), existe uma compulsão ao cumprimento; independentemente da terminologia jurídica mais adequada à qualificação da soma a pagar (sanção/preço/indemnização), ela destinar-se-á a compensar ou satisfazer o contraente que se dispõe a cumprir".

[962] JOÃO LEAL AMADO, *Vinculação* versus *liberdade...*, cit., respetivamente, pp. 317 e 319. Também com aquela expressão, LÚCIO CORREIA, «Algumas reflexões sobre o caso...», cit., p. 436.

[963] Em Espanha, ver o caso *Miralles*, respeitante um basquetebolista profissional, consultável em *Relaciones Laborales*, 2005, I, pp. 899-907, onde foi acordada uma cláusula de rescisão de 200 milhões de pesetas. O Tribunal valorou a autonomia negocial do praticante desportivo e até a circunstância, que o Tribunal considerou relevante, de o atleta se ter feito acompanhar pelo seu representante. De resto, a ideia inicial do clube era fixar uma "cláusula de rescisão" de 500 milhões de pesetas ficando também aí evidenciado o poder de negociação do atleta. O Tribunal rejeitou a aplicação do artigo 1154.º do Código Civil espanhol, disposição legal onde vem prevista uma faculdade semelhante à prevista no artigo 812.º do Código Civil português.

[964] JOÃO LEAL AMADO, *Vinculação* versus *liberdade...*, cit., p. 344.

[965] JOÃO LEAL AMADO, *Vinculação* versus *liberdade...*, cit., p. 342.

e a liberdade irredutível de decidir se pretende ou não trabalhar[966]. Assim, se um praticante desportivo pretendesse exercer outra profissão ou até "pendurar as chuteiras" ver-se-ia forçado a rever a sua decisão por causa da cláusula de rescisão. Fechando a nota, repare-se que os Autores que defendiam a ilicitude das cláusulas de rescisão eram precisamente os mesmos autores que consideravam legítima e bem fundada a limitação da responsabilidade prevista no artigo 27.º da Lei n.º 28/98, de 26 de junho. Opostamente, aqueles autores que defendiam a licitude da cláusula de rescisão criticavam os limites daquela norma.

Posto isto, e sabendo-se que era discutida a sua validade, como explicar o sucesso das "cláusulas de rescisão" quando o regime legal anterior não era, pelo menos, favorável à tese da sua licitude? Como explicar que elas fossem admitidas ainda que "repugna[ssem] à lógica jurídica e ao carácter essencialmente tuitivo que preside ao Direito do Trabalho"[967]? Como explicar, mais em geral, aquilo que Albino Mendes Baptista descreve como uma "mundialização das cláusulas de rescisão"[968]?

As cláusulas de rescisão aparecem assim como um produto da inventiva protecionista dos clubes desportivos. Argumenta-se que, sem elas, os clubes desportivos, sobretudo os pequenos, ficariam totalmente vulneráveis, à mercê dos clubes com maior poder económico, pois estes muito facilmente recrutariam os melhores atletas a troco de uma indemnização que correria o risco de ser irrisória. Basta mais uma vez recordar que, entre nós, o legislador estabelecia um limite indemnizatório correspondente ao valor das retribuições vincendas do atleta o que para os grandes clubes poderia representar um encargo bagatelar por comparação com o valor desportivo do atleta. Dizer que o trabalhador que resolvesse ilicitamente o contrato ficaria constituído na obrigação de indemnizar o clube, mas que essa indemnização não poderia ser superior ao valor das retribuições vincendas poderia significar, na prática, uma tutela meramente aparente ou ilusória para os clubes desportivos[969]. As cláusulas de

[966] João Leal Amado, *Vinculação* versus *liberdade...*, cit., p. 319.

[967] Nestes termos, José María González del Rio, «Las cláusulas de rescisión y su incompatibilidad con el Derecho comunitario – aplicación de la doctrina Bosman», *Relaciones Laborales*, 2001, II, pp. 185-196, p. 185.

[968] Albino Mendes Baptista, «Para uma leitura serena e atenta...», cit., p. 37.

[969] João Leal Amado, «Futebol, trabalho desportivo e comissão arbitral paritária: um acórdão histórico sobre as "cláusulas de rescisão"» in: *Estudos do Instituto de Direito do Trabalho*, Almedina, Volume IV, Coimbra, 2003, pp. 187-203, p. 202, fala de "uma luta sem quartel para adquirir os serviços de um qualquer praticante, mesmo na vigência de um contrato de trabalho deste com dado clube".

> rescisão tinham, assim, como têm hoje, uma "vocação proteccionista da estabilidade contratual"[970], surgindo, deste modo, como um "reforço da dimensão conservatória do termo"[971]. De resto, lançando o problema num horizonte mais alargado, o confronto já não se faria entre os clubes grandes e pequenos, mas entre os clubes nacionais e estrangeiros[972]. Com uma certa dose de chauvinismo ou protecionismo, um sistema legal sem cláusulas de rescisão "pode colocar os clubes portugueses a saque dos grandes clubes europeus e internacionais"[973]. Num certo sentido, a cláusula de rescisão foi um instrumento forjado pela inventiva dos clubes[974] com vista a um "ordenamento" da concorrência desportiva. De certa forma, as "cláusulas de rescisão" transcendem o plano da relação de trabalho: "as cláusulas de rescisão parecem ter uma vertente de regulação das relações laborais e uma vertente de regulação das relações comerciais entre as partes"[975], havendo quem fale, a este propósito, de um "transplante comercialístico"[976].

Esta novidade legislativa suscita diversas observações. Começando pelas certezas, parece seguro que esta faculdade ou "ónus indemnizatório"[977] apenas pode ser estipulada a favor do praticante desportivo. A estipulação de uma cláusula de denúncia a favor do clube seria nula não só porque essa possibilidade não está prevista na lei, mas, sobretudo, porque semelhante

[970] Guilherme Müller Araújo, «Webster, Matuzalém e El-Hadary: o "preço" da rescisão unilateral no Tribunal Arbitral do Desporto» in: *Estudos de Direito Desportivo em Homenagem a Albino Mendes Baptista*, Universidade Lusíada Editora, Lisboa, 2010, pp. 101-135, p. 126.

[971] António Nunes de Carvalho, «O art. 9.º do Código do Trabalho...», cit., p. 50.

[972] António Pinto Monteiro, «Sobre as "cláusulas de rescisão" dos jogadores...», cit., p. 26: "os clubes portugueses ficariam numa situação de profunda desigualdade e praticamente indefesos perante a "depredação desportiva" de que seriam vítimas! Esta "singularidade" lusitana – se fosse esse o caso, isto é, se fosse de entender que o limite previsto naquele art. 27.º, n.º 1, seria aplicável às cláusulas de rescisão – além de juridicamente incorrecta e sem fundamento, bem ruinosa seria para os clubes portugueses e o desporto nacional... é caso para dizer, lembrando o conhecido provérbio alemão, cuidado, ao deitares fora a água da banheira não vá também o bebé...".

[973] Albino Mendes Baptista, «Breve apontamento...», cit., p. 27.

[974] Mas também, como assinala Lúcio Correia, *Regime jurídico dos praticantes desportivos profissionais...*, cit., p. 189, resultando da "comparticipação" dos empresários desportivos.

[975] Maria Francisca Schubeius de Landerset Gomes, «Enquadramento jurídico-tributário das cláusulas de rescisão...», cit., (s/ paginação).

[976] João Zenha Martins, «Os futebolistas profissionais e as cláusulas...», cit., p. 239.

[977] Para utilizar a expressão de Lúcio Correia, «Comentário ao acórdão da Comissão...», cit., p. 501.

hipótese configuraria, no fim de contas, um despedimento pago, o que não é constitucionalmente consentido[978]. Por outro lado, dizer-se que a denúncia contratualmente prevista é uma faculdade que assiste apenas ao trabalhador também equivale a dizer que terceiros estranhos ao contrato não podem invocar essa cláusula embora saibamos que, na prática, é pelo "impulso" de clubes terceiros que a cláusula é acionada[979].

[978] No mesmo sentido, João Zenha Martins, «Os futebolistas profissionais e as cláusulas...», cit., pp. 263-264, refere que não é lícita uma cláusula de rescisão a favor da entidade desportiva uma vez que uma tal estipulação burlaria a proibição do despedimento sem justa causa constante do artigo 53.º da CRP76.

[979] Assim, João Leal Amado, «As "cláusulas de rescisão" no contrato...», cit., p. 107: "é certo que, por vezes, o praticante desportivo acaba mesmo por accionar a "cláusula de rescisão", pagando ao empregador a verba estipulada e fazendo cessar o vínculo contratual. Trata-se, no entanto, de situações relativamente raras, nas quais, de resto, o encargo indemnizatório acaba por ser assumido por um terceiro (em regra, o clube que pretende contratar esse praticante) e não pelo próprio trabalhador demissionário. Ainda aqui, como se vê, o praticante fica refém do contrato de trabalho, apenas logrando desvincular-se porque surge, e na medida que surja, um terceiro disposto a pagar a vultuosa quantia em causa e, assim, a resgatá-lo". A este propósito, têm subsistido certos equívocos e mitos que, em parte, se devem ao discurso mediático concertado dos responsáveis pelo desporto. Concretamente, é recorrentemente dito que os clubes estão numa posição de vulnerabilidade em relação a clubes terceiros que podem, se assim o entenderem, conquanto tenham poder económico à altura, invocar inelutavelmente a cláusula de rescisão e "raptar" o jogador ("o clube X vai acionar a cláusula de rescisão" ou "o clube Y vai bater a cláusula", ouve-se sistematicamente). É inteiramente verdade que o clube se encontra numa posição de sujeição uma vez que esta faculdade confere ao praticante desportivo um direito potestativo na sua pura aceção. Contudo, a cláusula de rescisão não deixa de ser uma... cláusula constante do acordo entre o clube e o atleta. Parece um truísmo ou implicatura dizê-lo, mas, como tal, para ela valem os princípios fundamentais em matéria de contratos como o princípio da relatividade. Assim, a cláusula é apenas "acionável" ou invocável pelo atleta e não por terceiros estranhos ao negócio, salvo se isso resultar do clausulado do contrato (sobre isto, ver *infra* § 6.5. A (in)admissibilidade da condição resolutiva). Fenómeno bem diferente, diga-se, é o do pagamento da quantia que está associada à denúncia. Nesse caso, já é juridicamente possível que um terceiro possa intervir, pagando esse valor. Isso acontece porque já não estamos perante a invocação do direito, algo que só está ao alcance da vontade e da ação do atleta, mas sim do dever que está associado à invocação do direito a fazer cessar o contrato. Com efeito, e segundo as regras gerais, aqui perfeitamente aplicáveis, "a prestação pode ser feita tanto pelo devedor como por terceiro, interessado ou não no cumprimento da obrigação" (artigo 767.º, n.º 1, do Código Civil). O n.º 2, desta norma, contém, é certo, uma exceção: "o credor não pode, todavia, ser constrangido a receber de terceiro a prestação, quando se tenha acordado expressamente em que esta deve ser feita pelo devedor, ou quando a substituição o prejudique". Na verdade, não é prática que as cláusulas de rescisão ressalvem que o pagamento deva ser feito pelo próprio atleta. Por outro lado, a substituição do atleta por uma entidade terceira não prejudica o clube-empregador. Este último trecho da norma refere-se, como aliás é pacífico na dogmática civilista, aos casos de prestações infungíveis, ou seja, aos casos em que, pelas especiais qualidades do concreto devedor, o credor não tem interesse em que a prestação seja cumprida por terceiro. Tratando-se do pagamento de

Também nos parece certo que o trabalhador preserva a possibilidade de se desvincular à margem da invocação da denúncia nas situações em que exista justa causa. Nada impede, portanto, que o atleta resolva o contrato com justa causa, existindo motivo para tal. A este propósito, ocorre perguntar se todos os casos de resolução ilícita por parte do trabalhador se reconduzem ao pagamento do quantitativo estipulado no contrato de trabalho para esta denúncia. Concretamente, o trabalhador que resolve o contrato, alegando para tal justa causa, fica constituído no pagamento do montante previsto na cláusula de denúncia caso venha a apurar-se em juízo que resolveu o contrato ilicitamente? A questão é pertinente porque o praticante desportivo pode considerar-se lesado nos seus direitos e garantias, por comportamento culposo do empregador (ou a ele imputável), mas o tribunal considerar que a resolução do contrato é uma reação excessiva perante o quadro factual alegado (e provado...).

Como sabemos, este é um ponto delicado por natureza dado que a apreciação da justa causa é sempre subjetiva. Por um lado, consideramos que a existência de uma denúncia contratualmente prevista não deveria ter um efeito inibitório sobre o trabalhador na hora de avançar para a resolução do contrato com justa causa se a isso se vir e achar convictamente obrigado e legitimado. Não é razoável colocar sobre o trabalhador a espada de Dâmocles sujeitando o exercício do direito de resolução à lotaria das decisões dos tribunais numa matéria tão espectral como a avaliação e verificação da justa causa de resolução. É dramático constatar, aproveitando um passo de JÚLIO GOMES, que "o trabalhador não apenas tem que assumir a perda do posto de trabalho, por decisão sua, como também o risco de vir a ter de pagar uma indemnização ao empregador"[980].

uma quantia em dinheiro, o pagamento pode ser feito por qualquer terceiro "interessado ou não no cumprimento da obrigação". Interfere também aqui uma justificação de fundo, que nos parece pedagógico trazer agora à lembrança: os direitos de crédito são instrumentos jurídicos ao serviço e funcionalizados a um determinado interesse (económico, moral ou outro) do credor. Desde que esse interesse seja satisfeito, pelo devedor ou terceiro, a obrigação considera-se cumprida e o credor a isso não se pode opor salvo naqueles casos que a lei, como indicámos, o ressalva. De resto, diz o artigo 768.º, n.º 1, do Código Civil, que "quando a prestação puder ser efectuada por terceiro, o credor que a recuse incorre em mora perante o devedor". Fenómeno diferente é o do pagamento do valor estipulado poder ser feito a um terceiro, isto é, o atleta obrigar-se perante o clube a entregar a quantia estipulada a um terceiro designado pelas partes. Admitindo esta hipótese, JOÃO ZENHA MARTINS, «A configuração legal do direito convencional...», cit., pp 11 ss.

[980] JÚLIO GOMES, *Direito do Trabalho...*, cit., p. 1057.

Mas, ao mesmo tempo, estamos conscientes de que essa é a única saída para impedir eficazmente manobras fraudulentas e escapatórias dos trabalhadores. Basta pensar que qualquer desportista, porventura em conluio com o clube terceiro interessado no seu recrutamento, mas desinteressado em pagar o valor da cláusula de denúncia, poderia resolver o contrato alegando uma qualquer razão, escapando assim airosa e afoitamente ao pagamento do valor estipulado na cláusula de denúncia. Parece, pois, que a única solução viável será a de admitir que "tendo sido estipulado uma "cláusula de rescisão", esse será, em princípio, o preço a pagar pelo praticante desportivo que se demita sem justa causa — e isto, quer se trate de um caso em que o praticante assume a ausência de justa causa e exerce a faculdade de denunciar o vínculo, ao abrigo do artigo 25.º, quer se trate de um caso em que o praticante invoca justa causa para resolver o contrato, ao abrigo do art. 23.º, n.º 1-d), vindo essa alegada justa causa a ser declarada improcedente pelo tribunal"[981]/[982].

Parece-nos que esta interpretação também terá uma outra consequência: se todos os casos de cessação ilícita do contrato promovida pelo praticante desportivo devem ser tratadas como uma denúncia contratual, levando a que o atleta fique constituído na obrigação de pagar o montante aí estipulado, eventuais convenções de agravamento da responsabilidade ou cláusulas penais em caso de resolução ilícita do contrato deixam, definitivamente,

981 João Leal Amado, *Contrato de trabalho desportivo...* [2017], cit., p. 153. No mesmo sentido, Inês dos Reis Rodrigues, «Considerações sobre o regime...», cit., p. 330 e Tiago Fernandes, «O contrato de trabalho do praticante desportivo...», cit., p. 65. Contra, defendendo que a cláusula de rescisão tem uma finalidade distinta, Pedro Almeida, «Os efeitos da resolução do contrato de trabalho desportivo...», cit., pp. 313 ss.

982 Mas semelhante raciocínio já não valerá para o despedimento ilícito promovido pelo clube. Assim, atentamente, Tiago Fernandes, «O contrato de trabalho do praticante desportivo...», cit., p. 65.

de fazer sentido[983]/[984]. A experiência demonstra, porém, que os contratos de

[983] Um exemplo de uma cláusula penal a favor do trabalhador desportivo, que o Tribunal aceitou como válida, pode ser visto no ac. de 06/11/1995 do TRP (Ramos da Fonseca), CJ, 1995, V, pp. 262-264. Em Espanha, admitindo a validade destas cláusulas, ver Miguel María García Caba, «La cláusula penal moratoria y su aplicación a los futbolistas profesionales», *Nueva Revista Española de Derecho del Trabajo*, 183 (2016), pp. 267-276. A propósito das cláusulas penais no contrato de trabalho do praticante desportivo, cfr. o ac. de 12/07/1985 do STJ (Dias da Fonseca), BMJ, 349 (1985), pp. 325-328, tendo o Tribunal aceite a validade de uma tal cláusula porque "tal cláusula é consciente e deliberadamente assumida por ambas as partes, e não se vê princípio algum de interesse público que contrarie" pelo que, conclui o Tribunal, "natural é que o Tribunal venha a julgar no sentido da obrigatoriedade do seu cumprimento — até em homenagem e defesa do princípio de boa fé contratual". Também no ac. de 07/05/1997 do STJ (Carvalho Pinheiro), proc. nr. 96S138 / CJ (STJ), 1997, II, pp. 275-276 / AcD, 432 (1997), pp. 1504-1515, o clube e o atleta estipularam no contrato uma cláusula penal no sentido de este último pagar à primeira uma indemnização não inferior a dez vezes a retribuição mensal (350000 escudos/mês no primeiro ano) se contribuísse para prejudicar a sua plena eficácia. O Tribunal não viu qualquer problema pois "as partes podiam efectivamente, no uso da liberdade negocial conferida pelo artigo 405 do Código Civil, convencionar uma cláusula dessa natureza" entendendo que "o estabelecimento da cláusula penal visou garantir a produção dos efeitos do contrato, não tendo por objectivo fixar qualquer indemnização pela cessação do contrato – que não chegou sequer a produzir os seus normais efeitos. Por isso tal cláusula não viola qualquer norma da L.C.C.T. (regime jurídico aprovado pelo Decreto-Lei n.º 64-A/89, de 27 de Fevereiro)" acrescentando ainda que "dada a relevância dos interesses da Autora [clube], afectados pela conduta do Réu, claramente atentatória de boa-fé contratual, não há lugar a uma sua eventual redução".
A cláusula penal é um instrumento que pode fazer sentido para reagir a incumprimentos que não justifiquem a sanção expulsiva. Neste sentido, admitindo a estipulação de cláusulas penais, António Pinto Monteiro, *Cláusula penal e indemnização*, Almedina, Coimbra, 1990, p. 155, falando, p. 153, n. 336, "[d]as sanções, designadamente de natureza pecuniária, aos jogadores de futebol que faltem aos treinos, se ausentem em períodos de estágio, etc.". Admitindo as cláusulas penais em contexto desportivo, Luís Gonçalves da Silva, «Cláusula penal (contrato de trabalho desportivo)» in: Alexandre Miguel Mestre [Coord.], *Enciclopédia de Direito do Desporto*, Gestlegal, Coimbra, 2019, pp. 77-79, Maria João Soares Ribeiro, «O treinador nos tribunais...», cit., p. 408 e Lúcio Miguel Correia, «O preço da responsabilidade...», cit., p. 160. Contra, mais em geral, Júlio Gomes, *Direito do Trabalho...*, cit., p. 910, n. 2217, escreve que "importará, quanto a nós, proteger também a liberdade de trabalho e de escolha da profissão nas suas várias facetas, a qual pode ser prática e seriamente comprometida por uma cláusula de rescisão de montante muito elevado (não importando para este efeito se se trata aqui ou não de uma cláusula penal). E o problema não é solucionado invocando o artigo 812.º: é que o trabalhador não sabe, nem pode prever, perante uma cláusula, se o tribunal vai considerar que se impõe a redução pela equidade e em que medida é que tal resolução operará, pelo que há risco de que uma cláusula de valor elevado produza os seus efeitos e cerceie a liberdade de desvinculação do trabalhador" (no mesmo sentido, Júlio Gomes, «Em torno da retribuição», cit., p. 177). Na jurisprudência, admitindo a estipulação de uma cláusula penal, embora com um voto de vencido, ac. de 12/05/2016 do STJ (Ana Luísa Geraldes), CJ (STJ), pp. 231-234.

[984] Também não serão válidas cláusulas de exclusão ou redução da responsabilidade: cfr. Carla Gonçalves Borges, «Cláusulas de isenção de responsabilidade» in: Alexandre Miguel Mestre [Coord.], *Enciclopédia de Direito do Desporto*, Gestlegal, Coimbra, 2019, pp. 74-75.

trabalho com atletas ou treinadores não deixam de conter uma cláusula de denúncia do contrato e uma cláusula para o caso de resolução ilícita do contrato, a qual, por vezes, estabelece mesmo um valor superior ao valor previsto para a denúncia contratualmente prevista.

Algumas questões ficam, porém, em aberto: pode a cláusula de rescisão estipular um valor bagatelar ou meramente simbólico ou, no limite, dispensar qualquer valor[985]?

§ 6.2.1.1. A redução do valor

Em relação à denúncia contratualmente prevista, o n.º 2, do artigo 25.º, do RCTPD, prevê que "o montante convencionado pelas partes pode ser objeto de redução pelo tribunal, de acordo com a equidade, se for manifestamente excessivo, designadamente tendo em conta o período de execução contratual já decorrido".

Fundamentalmente, o legislador pretende combater eventuais abusos na estipulação do valor da cláusula. Parece hoje evidente aos olhos de todos que as cláusulas de rescisão têm uma vocação não só jurídica, mas também uma dimensão publicitária não despicienda. A propaganda não pode fazer esquecer, porém, que a cláusula de rescisão é, antes de tudo o resto, isso mesmo: uma cláusula contratual que, por isso, está sujeita aos princípios do Direito. De facto, se com ela se pretende que o atleta possa desvincular-se unilateralmente, sem necessidade de motivo, desde que para isso pague um determinado valor, que fica convencionado, os valores que são previstos não podem tornar essa prerrogativa uma miragem para o atleta. Aproveitando um passo da tese de António Pinto Monteiro, embora dita noutro contexto, pode dizer-se que "destinando-se a cláusula a permitir a retractação, uma atitude contrária à sua redutibilidade, no caso de ela se vir a revelar manifestamente excessiva, poderia levar a que a retractação, na prática, não funcionasse, frustrando-se, assim, a finalidade visada pelos contraentes ao estipularem a cláusula de rescisão"[986].

No entanto, a realidade revela o contrário. O *marketing* associado a estas cláusulas[987] tem aumentado os valores para verdadeiros "preços de casino"[988]

[985] Embora referindo haver "margem para discussão", parece defendê-lo João Leal Amado, «O estranho caso das cláusulas de opção», *Revista de Direito do Desporto*, 7 (2021), pp. 40-48, p. 45, n. 11.

[986] No contexto do sinal penitencial, António Pinto Monteiro, *Cláusula penal...*, cit., p. 221.

[987] Ou, como assinala Lúcio Correia, *Regime jurídico dos praticantes desportivos profissionais...*, cit., p. 255, estas cláusulas servem apenas de "índice financeiro inicial para a realização da transferência".

[988] No contexto da compensação de formação, João Leal Amado, *Vinculação* versus *liberdade...*, cit., p. 466.

a tal ponto que o seu valor é frequentemente superior aos próprios salários vincendos do trabalhador senão mesmo, como acontece em muitos casos, superior aos salários que o atleta ganhará ou poderá vir a ganhar em toda a sua carreira. Em suma, é fixada uma quantia que não está, de forma alguma, ao alcance do poder económico do trabalhador, mesmo que este amealhasse todos os seus salários.

Admitindo a denúncia contratualmente prevista, a troco de uma contrapartida, o RCTPD não deixa de prever um remédio para as situações de abuso na estipulação do valor[989], resgatando a racionalidade e o escopo destas cláusulas[990], embora o regime não forneça critérios objetivos para o efeito, para além de se levar em conta o período de execução contratual já decorrido[991]. De resto, na vigência do regime legal anterior, a redução dos valores das cláusulas de rescisão era uma hipótese admitida, mais concretamente, por aplicação analógica do mecanismo previsto para as cláusulas penais, ou seja, por aplicação do artigo 812.º do Código Civil[992].

[989] Lúcio Correia, «A cessação...», cit., p. 139, fala aqui de um "mecanismo jurídico apto a combater intoleráveis violações aos princípios fundamentais da liberdade contratual e de trabalho do praticante desportivo".

[990] No entanto, na opinião de Lúcio Correia, «Cláusulas de rescisão», cit., 77, o caráter abusivo não pode derivar apenas do seu valor excessivo (!).

[991] Em crítica à disposição legal, Lúcio Correia, *Regime jurídico dos praticantes desportivos profissionais...*, cit., p. 279, sugere que deveriam entrar em equação fatores como o valor económico-desportivo do jogador, o período remanescente do contrato de trabalho, o investimento na formação do atleta, os custos envolvidos na contratação e outros "lucros cessantes", como os relacionados com *marketing* e *merchandising*. Na opinião de Helena Maria Couto de Almeida, «O contrato de trabalho desportivo...», cit., p. 23, "deveria constar deste artigo, um conjunto de regras fixas, ou seja, uma fórmula fixa, para o apuramento do valor das cláusulas de rescisão". No mesmo sentido, João Zenha Martins, «A configuração legal do direito convencional...», cit., p. 15. O Autor fornece, porém, alguns critérios, tal como a idade do atleta, afirmando, inclusivamente, que não serão lícitas cláusulas cujo valor vai aumentando à medida que se aproxima o *terminus* do contrato.

[992] Assim, admitindo a utilização desse mecanismo, Pedro Romano Martinez, «As cláusulas de rescisão...», cit., p. 126. Contra, Nuno Manuel Pinto Oliveira, «Clubes de futebol, jogadores e transferências...», cit., p. 68, referindo que a tese pretende controlar excessos "devolvendo ao juiz a faculdade de controlar a justiça do preço de arrependimento ou da desistência". Havendo quem considere a cláusula pura e simplesmente nula: Francisco Rubio Sánchez / Emilio García Silvero / José María González del Rio, «La relación laboral especial de los deportistas...», cit., p. 276. Recusando a redução de uma cláusula penal no contexto desportivo ver o ac. de 07/05/1997 do STJ (Carvalho Pinheiro), proc. nr. 96S138 / CJ (STJ), 1997, II, pp. 275-276 / AcD, 432 (1997), pp. 1504-1515, já citado. Reduzindo o valor indemnizatório, cfr. ac. de 12/07/1985 do STJ (Dias da Fonseca), BMJ, 349 (1985), pp. 325-328.

§ 6.2.2. A resolução com justa causa

Bibliografia específica: Helena Maria Couto de Almeida, «O contrato de trabalho desportivo: formas de cessação do contrato por iniciativa do trabalhador», *Revista Electrónica de Direito*, 21 (2020), pp. 8-24; Guilherme Müller Araújo, «Webster, Matuzalém e El-Hadary: o "preço" da rescisão unilateral no Tribunal Arbitral do Desporto» in: *Estudos de Direito Desportivo em Homenagem a Albino Mendes Baptista*, Universidade Lusíada Editora, Lisboa, 2010, pp. 101-135; Inês dos Reis Rodrigues, «Considerações sobre o regime do contrato de trabalho desportivo com ênfase na resolução com justa causa por parte do praticante desportivo» in: Alexandre Miguel Mestre [Coord.], *Enciclopédia de Direito do Desporto*, Gestlegal, Coimbra, 2019, pp. 311-339; J. M. Saraiva de Almeida, «A ruptura unilateral imotivada do contrato de trabalho desportivo por iniciativa do praticante desportivo», *Minerva — Revista de Estudos Laborais*, 1 (2002), pp. 93-113; Joana Sá Pereira, «A demissão com justa causa do praticante desportivo – o caso dos jogadores da equipa de futebol do Sporting Clube de Portugal», *Revista de Direito do Desporto*, 3 (2019), pp. 53-76; Pedro Almeida, «Os efeitos da resolução do contrato de trabalho desportivo por iniciativa do jogador profissional de futebol», *Revista Internacional de Direito do Trabalho*, 3 (2022), pp. 297-338, p. 311.

Quanto à cessação do contrato promovida pelo praticante desportivo com justa causa, a disposição geral apenas se refere a essa possibilidade, sem introduzir especificidades. O RCTPD considera justa causa, nos termos do artigo 23.º, n.º 3, "o incumprimento contratual grave e culposo que torne praticamente impossível a subsistência da relação laboral desportiva"[993]. Quanto a nós, parece manter-se perfeitamente válida a ideia de que a avaliação da justa causa de resolução do contrato deve ser feita de acordo com o padrão de "um indivíduo de inteligência e sensibilidade normais"[994]. A este propósito, será que aquela ideia, explorada por certa doutrina generalista, segundo a qual "o limiar da gravidade do incumprimento do empregador possa situar-se

[993] Em relação ao regime legal anterior, ver ac. de 18/11/1999 do STJ (Victor Devesa), CJ (STJ), 1999, III, pp. 278-281, já citado.

[994] Albino Mendes Baptista, «Prazo para o exercício do direito de rescisão do contrato de trabalho por iniciativa do trabalhador» in: *Direito Laboral Desportivo — Estudos*, Quid Iuris, Volume I, Lisboa, 2003, pp. 65-69, p. 67.

abaixo do limiar do incumprimento do trabalhador que justifica o despedimento"[995], poderá migrar para a compreensão da justa causa no contexto do RCTPD ou, pelo contrário, o investimento que está frequentemente associado à contratação de praticantes desportivos pode "justificar que se seja mais exigente face à gravidade do incumprimento, para que o trabalhador possa resolver o contrato"[996]?

Estamos com a primeira tese. Como já vimos, o período experimental depende de estipulação expressa das partes, motivo pelo qual o atleta não poderá, em princípio, contar com essa possibilidade de desvinculação[997]. Acresce que durante toda a execução do contrato o desportista não pode, como já dissemos, denunciar livremente o contrato, restando-lhe apenas a hipótese da denúncia contratualmente prevista, hipótese pouco apelativa considerando os valores que, em regra, são estipulados ("oferta lícita, mas demasiado onerosa"[998])[999]. Se a tudo isto acrescentássemos que os interesses económicos que rodeiam esta relação de trabalho devem justificar uma leitura mais exigente do conceito de justa causa, parece-nos que a resolução do contrato com justa causa promovida pelo atleta correria o risco de se tornar uma hipótese mais aparente do que real.

Ao falar de um "incumprimento contratual grave e culposo que torne praticamente impossível a subsistência da relação laboral desportiva", parece que o legislador quis restringir os fundamentos resolutivos à chamada justa causa subjetiva[1000]. João Leal Amado mostra-se cético em relação à possibilidade

[995] Júlio Gomes, *Direito do Trabalho...*, cit., pp. 1044-1045. No mesmo sentido, Albino Mendes Baptista, «Notas sobre a cessação do contrato de trabalho por iniciativa do trabalhador no novo Código do Trabalho» in: *A reforma do Código do Trabalho*, Coimbra Editora, Coimbra, 2004, pp. 537-549, pp. 548-549.

[996] Júlio Gomes, «Prefácio» in: André Dinis de Carvalho, *Da liberdade de circulação dos desportistas...*, cit., p. 6: "a liberdade de rescisão do trabalhador, como o autor destaca, não pode deixar de ser mitigada pela consideração dos elevados investimentos feitos na formação dos trabalhadores desportivos e, até, no valor económico que se espera retirar do contrato, o que pode, de acordo com a boa fé e necessidade de ter em conta os interesses da contraparte contratual, justificar que se seja mais exigente face à gravidade do incumprimento, para que o trabalhador possa resolver o contrato".

[997] § 4.1. O período experimental.

[998] Joana Sá Pereira, «A demissão com justa causa do praticante desportivo...», cit., p. 61.

[999] § 6.2.1. A denúncia.

[1000] Assim, criticamente, Maria do Rosário Palma Ramalho, *Tratado de Direito do Trabalho...*, cit., p. 486.

de o praticante desportivo resolver com fundamentos objetivos[1001]. No fundo, está em causa a aplicação das hipóteses previstas no n.º 3 do artigo 394.º do CT09[1002]. Da nossa parte, não vemos como é que a resolução com justa causa objetiva pode ser incompatível com a natureza especial desta relação de trabalho até porque a hipótese de resolução por justa causa desportiva[1003], prevista hoje na lei, configura, justamente, a nosso ver, uma justa causa objetiva[1004]. Na verdade, parece razoável que o praticante desportivo não possa resolver o contrato por falta não culposa do pagamento da retribuição ou por força da necessidade de cumprimento de obrigação legal incompatível com a continuação do contrato? Mas, a título de exemplo, não nos parece possível que o atleta possa resolver o contrato, com fundamento numa "alteração substancial e duradoura das condições de trabalho no exercício lícito de poderes do empregador" nos casos em que o clube desportivo muda de treinador antes do início da época ou durante a época desportiva em curso[1005].

Assim, o praticante desportivo pode resolver o contrato por violação dos seus direitos e garantias, nos termos gerais: a título de exemplo, pensamos que há justa causa para resolver o contrato quando o empregador não procede ao registo do contrato de trabalho do atleta, inutilizando parte da sua época desportiva[1006], como também são perfeitamente aplicáveis as situações de agressão à posição jurídica do trabalhador que estão previstas, em geral, no artigo 394.º, do CT09, como é o caso, para dar apenas um exemplo,

[1001] João Leal Amado, «Rafael Leão, Sporting e TAD...», cit., p. 306. Aparentemente no mesmo sentido, Pedro Almeida, «Os efeitos da resolução do contrato de trabalho desportivo...», cit., p. 302, n. 10.

[1002] João Leal Amado, *Vinculação versus liberdade...*, cit., p. 263: "a ideia de legitimar uma demissão do praticante fundada em razões que apenas a este digam respeito e totalmente alheias à entidade empregadora desportiva não parece ter cabimento no seio deste contrato de trabalho, mostrando-se mesmo susceptível de ocasionar disfunções graves nesta área".

[1003] § 6.2.2.1. A "justa causa desportiva" (*sporting just cause*).

[1004] Com a mesma opinião, Maria do Rosário Palma Ramalho, *Tratado de Direito do Trabalho...*, cit., p. 486.

[1005] Embora noutro contexto, Albino Mendes Baptista, «O período experimental...», cit., p. 90.

[1006] Com esta opinião, João Leal Amado, *Contrato de trabalho desportivo...* [2017], cit., p. 50, Lúcio Correia, *Regime jurídico dos praticantes desportivos profissionais...*, cit., p. 107 e Maria do Rosário Palma Ramalho, *Tratado de Direito do Trabalho...*, cit., p. 454, n. 501.

da "falta culposa do pagamento pontual da retribuição"[1007], a violação das condições de segurança no trabalho[1008] ou o assédio laboral[1009].

Em relação à resolução do contrato com justa causa subjetiva, é necessária cautela no caso das violações continuadas, bastante comuns no mundo desportivo: pense-se, como já demos nota, no flagelo do incumprimento salarial ou nas situações de assédio laboral. A este propósito, é preciso cautela na hora de avaliar a conduta passiva e aparentemente conivente do praticante desportivo[1010]. Concretamente, o artigo 45.º, alínea a), da CCT aplicável ao futebol profissional, quando exclui a resolução do contrato pelo jogador "quando houver revelado, por comportamento posterior, não os considerar perturbadores das relações de trabalho" deve ser lido com cautela. No caso concreto da colocação do atleta na equipa "B", opção desportiva que, muitas vezes, esconde uma prática persecutória, partilhamos da opinião de Albino Mendes Baptista, quando o Autor escreve que "o facto de continuar a comparecer e a realizar sempre os treinos com os seus colegas não é um comportamento que revele que não considera perturbador das relações de trabalho a sua inserção num grupo de trabalho diferente do normal"[1011].

1007 Pensando concretamente no incumprimento salarial, o trabalho desportivo é uma realidade profissional onde fica bem patenteado que não faz sentido exigir ao trabalhador a prova do nexo de causalidade entre a falta de pagamento da retribuição e um prejuízo sério do trabalhador. Muitos desportistas profissionais, como aqueles que disputam o primeiro escalão das suas modalidades, são pagos em somas que lhes permitem levar uma vida lauta e desafogada. Significa isto que o incumprimento da obrigação de pagar a retribuição ou a expectativa no seu cumprimento deixam de ser tuteladas?

1008 Sobre a chamada "invasão a Alcochete" como fundamento de cessação do contrato de trabalho, ver o estudo de Inês dos Reis Rodrigues, «Considerações sobre o regime...», cit., especialmente, pp. 333 ss., e João Leal Amado, «Rafael Leão, Sporting e TAD...», cit., pp. 295 ss.

1009 Embora versando sobre aspetos processuais, veja-se o caso do atleta resolveu o contrato de trabalho por alegar tido "alvo de uma campanha difamatória por parte de dirigentes e representantes", cfr. ac. de 19/11/2008 do STJ (Vasques Dinis), proc. nr. 08S1690.

1010 Júlio Gomes, *Direito do Trabalho...*, cit., p. 1056: "o trabalhador acha-se frequentemente entre a espada e a parede sob vários aspectos: se não rescinde o contrato de trabalho, expõe-se ao risco de, mais tarde, se entender que anuiu ou concordou, mesmo que tacitamente, com a mudança, mais ou menos gradual, das suas condições de trabalho".

1011 Albino Mendes Baptista, ««Prazo para o exercício do direito de rescisão...», cit., p. 69. Aproveitando a lição de Bernardo da Gama Lobo Xavier, «O exercício da rescisão por justa causa», ESC, 23 (1967), pp. 11-60, p. 57: "a desigualdade económica e social, a necessidade premente de conservar o emprego, e outros factores bem conhecidos, determinam para o trabalhador a dura necessidade de não utilizar o seu direito de rescisão. Daí não resulta necessariamente que houve renúncia, ou que as relações de trabalho decorram normalmente".

§ 6.2.2.1. A "justa causa desportiva" (*sporting just cause*)

Bibliografia específica: André Feiteiro, «Justa causa desportiva» in: Alexandre Miguel Mestre [Coord.], *Enciclopédia de Direito do Desporto*, Gestlegal, Coimbra, 2019, pp. 259-260.

A juntar à possibilidade de resolver o contrato com justa causa, o Direito do Desporto profissional prevê ainda a chamada "justa causa desportiva"[1012]. Esta possibilidade vem contemplada agora no n.º 4, do artigo 23.º, do RCTPD, onde se prevê que "por convenção coletiva pode ser estabelecido o direito de o praticante resolver o contrato em caso de não participação nas competições oficiais ao longo da época desportiva"[1013], mas a verdade é que a CCT aplicável ao futebol profissional não prevê qualquer cláusula neste sentido.

A figura aparece, porém, e mais em detalhe, na regulamentação da FIFA, onde se prevê que um *established professional* pode resolver o contrato se tiver participado num número de encontros oficiais inferior a 10%[1014]. Embora se trate de uma faculdade raramente invocada no mundo desportivo, e seja de legitrimidade duvidosa, como vimos, ela merece várias observações, seguindo de perto o *leading case* da jurisprudência do CAS[1015].

Em primeiro lugar, o atleta que pretenda resolver o contrato com justa causa desportiva deve ser um *established professional*. Para a densificação deste conceito devem ser consideradas as "circunstâncias do atleta", tais como as suas expetativas, idade, estatuto bem como o valor pago pelo passe do atleta

[1012] João Zenha Martins, «A vinculação laboral desportiva...», cit., p. 360, n. 108, fala aqui de uma justa causa "autonomizável, *qua tale*, da justa causa laboral e qualificável como justa causa desportiva".

[1013] Levantando algumas dúvidas quanto à interpretação desta faculdade, Lúcio Correia, «O despedimento coletivo na relação laboral...», cit., p. 367.

[1014] Cfr. artigo 15.º do RETJ da FIFA. João Leal Amado, *Vinculação* versus *liberdade*..., cit., p. 154, n. 295, rejeita essa justa causa desportiva pois não considera tais regulamentos como fontes de Direito do Trabalho e, portanto, não são operativos neste ramo do Direito. O Autor olha-os, mesmo como uma espécie de ingerência do ordenamento desportivo no ordenamento laboral. Transcrevendo uma passagem do Autor, "repete-se: determinar em que consiste a justa causa de despedimento ou de demissão e fixar a indemnização devida em caso de ruptura contratual *ante tempus* é tarefa para as normas laborais, não para as regras federativas, as quais, como é óbvio, não são fonte de Direito do Trabalho". Retoma a crítica em p. 274, n. 470: "falar em «justa causa desportiva» constitui mesmo um autêntico *nonsense*: «justa causa desportiva» não existe, o que poderá existir, isso sim, será justa causa para rescindir o contrato de trabalho desportivo – e, por seu turno, a existência desta última não poderá senão ser aferida em função das pertinentes normas juslaborais (lei, convenção colectiva, etc.".

[1015] Cfr. CAS 2007/A/1369.

e o número de jogos anteriormente realizados (cfr. pts. 79 ss.). Por exemplo, o atleta que é contratado como "terceiro guarda-redes" não pode ter uma expectativa razoável de jogar com regularidade. Para interpretação deste conceito, o CAS utiliza como subsídio interpretativo o artigo 1.º, do Anexo IV, do Regulamento da FIFA, para afirmar a presunção de que, pelo menos, os menores de 21 anos não são profissionais consumados (cf. pts. 49 ss.). Porém, mesmo que o atleta seja um *established professional*, o exercício do direito pode ser sindicado pelo abuso de direito se, por exemplo, o atleta não demonstrar o seu descontentamento ao clube durante a época (cfr. pts. 90 ss.).

Em segundo lugar, o praticante desportivo deve ter participado em menos de 10% dos jogos oficiais. O critério para o cálculo dos 10% é o número de minutos de participação do atleta e não o número de jogos[1016]. Compreende-se que assim seja, pois, caso contrário, o clube estaria em condições de inutilizar o direito do jogador bastando para isso colocar o jogador a competir em 10% dos jogos, mas apenas nos últimos minutos (cfr. pts. 54 ss). Esta interpretação é afirmada ainda no Comentário da FIFA ao Regulamento que, embora não seja um instrumento vinculativo, é um elemento relevante para a sua interpretação. Para efeitos desta contabilização, são considerados os jogos nacionais e internacionais (cf. ponto 5 das Definições do Regulamento), mas não são contabilizados os jogos na equipa "B" (cfr. pt. 67).

Em terceiro lugar, o direito deve ser exercido no prazo de 15 dias após o último jogo oficial. Um exercício intempestivo do direito implica uma resolução ilícita do contrato, constituindo o atleta na obrigação de indemnizar o clube, nos termos gerais (cfr. pts. 95 ss.)

Finalmente, ainda que os regulamentos abram espaço interpretativo para essa tese[1017], estamos de acordo com Albino Mendes Baptista quando o Autor refere que a resolução por "justa causa desportiva" não dá direito a qualquer indemnização ou compensação ao trabalhador, tal como também acontece nos casos em que o trabalhador resolve o contrato com justa causa

[1016] Neste sentido, André Feiteiro, «Justa causa desportiva» in: Alexandre Miguel Mestre [Coord.], *Enciclopédia de Direito do Desporto*, Gestlegal, Coimbra, 2019, pp. 259-260. Embora, como refere Albino Mendes Baptista, «Equipas "B", cedência temporária...», cit., pp. 147-149, os clubes podem facilmente contornar este direito colocando o atleta a jogar como suplente nos jogos. O Autor entende, porém, que a utilização do atleta em percentagem superior à prevista não prejudica o direito se essa utilização ocorrer, por exemplo, já no final da temporada.

[1017] Efetivamente, o artigo 15.º, do RETJ, refere, num passo que traduzimos livremente, que "em tal caso [resolução por justa causa desportiva], não devem ser impostas sanções desportivas, embora possa ser arbitrada compensação".

objetiva (isto é, nos termos do artigo 394.º, n.º 3, do CT09)[1018]. Pelo contrário, parece que o Tribunal pode arbitrar uma compensação a favor do clube, salvo se for feita prova de que o atleta foi negligenciado pelo clube.

§ 6.2.2.2. Procedimento de resolução

Os regimes legais anteriores eram omissos em relação ao exercício da faculdade de resolução do contrato de trabalho. O RCTPD segue na linha dos seus antecessores, mas introduz uma formalidade, já prevista na CCT aplicável ao futebol profissional[1019]: segundo o n.º 1, do artigo 27.º, "a eficácia da cessação do contrato de trabalho desportivo depende da comunicação às entidades que procedem ao registo obrigatório do contrato". À semelhança do que acontece com a celebração do contrato de trabalho[1020], esta comunicação não é condição de validade, mas de mera eficácia[1021]. A norma acrescenta que "a comunicação deve ser realizada pela parte que promoveu a cessação, com indicação da respetiva forma de extinção do contrato" (n.º 2).

O RCTPD é omisso em relação aos demais aspetos formais, deixando em aberto, segundo nos parece, a aplicação do regime laboral comum. Como sabemos, o Código do Trabalho exige que o trabalhador resolva o contrato dentro dos trinta dias posteriores ao momento em que ocorre o evento que impossibilita, na ótica do trabalhador, a subsistência da relação de trabalho, o que é particularmente importante nas violações continuadas[1022].

Parece-nos também que a resolução do contrato deve seguir a forma escrita, condição de licitude da resolução, sem prejuízo da sua eficácia. A exigência de forma escrita não prejudica que a declaração resolutiva não possa vir corporizada, como por vezes acontece, em certas declarações ou comportamentos concludentes dos atletas embora esses comportamentos também devam ser entendidos com a devida cautela[1023]. Por exemplo, tornou-se

[1018] Albino Mendes Baptista, «Pressupostos da desvinculação desportiva...», cit., p. 31.

[1019] Cfr. artigo 44.º da CCT.

[1020] Sobre o registo, cfr. § 3.3. O registo do contrato de trabalho.

[1021] Assim, João Leal Amado, «Contrato de trabalho desportivo: da desvinculação...», cit., p. 346.

[1022] Atentamente, Albino Mendes Baptista, ««Prazo para o exercício do direito de rescisão...», cit., p. 69, observa que "enquanto se mantiver um comportamento violador, não se pode falar em comportamento posterior a algo que continua a acontecer".

[1023] Forçando a nota, deve dizer-se que o mesmo vale para certas declarações emitidas pelo clube. Assim, veja-se o caso relatado no ac. de 25/06/2018 do TRL (Paula Leal de Carvalho), proc. nr. 1109/17.7T8AGD.P1, onde se julgou que pode ser considerada uma declaração de despedimento, ilícito para todos os efeitos, a mensagem enviada pela Direção do clube ao treinador, no rescaldo de mais um resultado negativo, informando-o de que não ia dar o treino da tarde, autorizando-o

prática comum de certos atletas com uma posição negocial forte veiculem perante a comunicação social que não pretendem voltar ao clube o que, do ponto de vista técnico-jurídico, poderia ser encarado como uma resolução tácita do contrato de trabalho ou, pelo menos, uma recusar antecipada do cumprimento. Cremos, porém, que estas declarações, no contexto do desporto, devem ser encaradas como formas de pressão negocial e não como declarações resolutórias.

Quanto à resolução do contrato de trabalho promovida pelo praticante desportivo, é preciso contar com regras especiais para os futebolistas profissionais que decorrem da CCT aplicável ao setor. Com efeito, o artigo 52.º, n.º 2, da CCT, aplicável aos futebolistas profissionais, exige que a comunicação da resolução seja vertida por escrito — como já acontece com o regime comum — e por carta registada com aviso de receção. ALBINO MENDES BAPTISTA é da opinião de que estamos perante uma formalidade *ab probationem*[1024]. Para o Autor, cujo escrito se reporta ao regime do Decreto-Lei n.º 64-A/89, de 27 de fevereiro, essa é a única interpretação que torna esta cláusula compatível com o artigo 339.º do CT09 (norma equivalente à do n.º 1 do artigo 59.º daquele diploma), uma vez que essa norma, tal como na altura esta última, dá espaço à autonomia coletiva para a regulamentação da cessação do contrato de trabalho, mas apenas no que diz respeito aos "critérios de definição e os prazos de procedimento e de aviso prévio" (n.º 1) bem como os "valores de indemnizações" (n.º 2). No mais, "o regime estabelecido no presente capítulo [Capítulo VII – Cessação do contrato de trabalho] não pode ser afastado por instrumento de regulamentação colectiva de trabalho". Como resulta claramente da letra da norma, a formalidade da comunicação a realizar é uma das matérias da cessação do contrato de trabalho cuja regulamentação o legislador não quis entregar, ou colocar à disposição, da contratação coletiva.

a despedir-se dos jogadores e buscar os seus pertences, encontrando-se já preparado o treinador da equipa dos juniores para dar o treino aos seniores. No caso relatado no ac. de 12/03/2014 do STJ (MELO LIMA), proc. nr. 870/10.4TTMTS.P1.S1, decidiu-se que "a declaração feita pelo Clube empregador em que faz saber ao empresário do jogador e, através deste, à pessoa do próprio jogador, que «já não estava interessado na concretização do contrato», consubstancia uma declaração expressa e inequívoca de despedimento".

[1024] ALBINO MENDES BAPTISTA, «Pressupostos da desvinculação desportiva do jogador», *Lusíada — Direito*, 2003, I, pp. 11-32, pp. 13 ss.

§ 6.2.3. Abandono de trabalho

Bibliografia específica: Victor Hugo Ventura, «A aplicação da figura do abandono de trabalho ao contrato de trabalho do praticante desportivo», *Revista de Direito do Desporto*, 7 (2021), pp. 76-83.

O contrato de trabalho desportivo também pode cessar por abandono de trabalho[1025]. A figura do abandono estava expressamente prevista nos regimes legais anteriores[1026], mas o RCTPD, sem justificação aparente, suprimiu essa indicação. Quanto a nós, e seguindo uma linha de raciocínio semelhante àquela desenvolvida a respeito do despedimento por extinção do posto de trabalho, não há, a nosso ver, a despeito do silêncio do legislador, razões para excluir a aplicação desta forma de cessação da atividade desportiva[1027]. De resto, a referência ao abandono de trabalho subsiste na contratação coletiva aplicável ao futebol profissional[1028].

Na verdade, se a figura do abandono de trabalho surgiu como um expediente mais célere para que o empregador possa reagir afoitamente a situações que, em princípio, apenas poderiam ser atacadas disciplinarmente[1029], não se vê por que razão o empregador-clube não poderá fazer uso do regime do abandono de trabalho para reagir a uma "ausência do trabalhador do serviço acompanhada de factos que, com toda a probabilidade, revelam a intenção de não o retomar" ou, se quisermos, da presunção de abandono em caso de ausência durante 10 dias consecutivos. Aliás, no mundo desportivo

[1025] Embora incidindo mais em questões processuais, cfr. ac. de 09/10/2006 do TRP (Fernanda Soares), proc. nr. 0613318.

[1026] Cfr. artigo 26.º, n.º 1, alínea g), da Lei n.º 28/98, de 26 de junho, e artigo 20.º, n.º 1, alínea g), do Decreto-Lei n.º 305/95, de 18 de novembro.

[1027] Lúcio Correia, *Limitações à liberdade contratual...*, cit., p. 71, n. 124 (com início na p. 70). Contra, Maria do Rosário Palma Ramalho, *Tratado de Direito do Trabalho...*, cit., p. 483, dizendo que "não estando incluídas neste enunciado [leia-se, nas diversas alíneas do artigo 23.º] as figuras do abandono de trabalho (que era, aliás, previsto no anterior regime do trabalho desportivo) (...) e, tendo este regime natureza especial, deve concluir-se que esta figura não tem aplicação ao universo do trabalho desportivo". No mesmo sentido, ver João Zenha Martins, «Contrato de trabalho desportivo: prelúdios...», cit., p. 513, n. 88, afirmando que, nesses casos, o clube deve despedir o atleta com justa causa.

[1028] Cfr. cláusula 53.ª da CCT.

[1029] Assim, ver, por todos, João Leal Amado, «Abandono do trabalho: um instituto jurídico em remodelação» in: Catarina de Oliveira Carvalho / Júlio Vieira Gomes [Coord.], *Direito do Trabalho + Crise = Crise do Direito do Trabalho? – Actas do Congresso de Direito do Trabalho*, Coimbra Editora, Coimbra, 2011, pp. 13-27 (= *Revista de Legislação e de Jurisprudência*, 3961 (2010), pp. 235-241).

conhecem-se episódios que poderiam facilmente desencadear esta forma de cessação do contrato. Pense-se naqueles casos em que, durante o vulgarmente chamado "defeso", o atleta profere declarações perante a comunicação social, afirmando que não tenciona regressar ao clube no reinício da época, o que efetivamente vem a verificar-se. Sem prejuízo do caráter pouco convidativo que as cessações contratuais promovidas pelo empregador têm no contexto desportivo, como já vimos[1030], não poderá o clube recorrer, pelo menos em tese, à figura do abandono de trabalho? Estará ele obrigado a cumprir o cerimonial do procedimento disciplinar com vista ao despedimento do atleta por faltas injustificadas? Em suma, que razões existirão para distinguir o praticante desportivo de qualquer outro trabalhador "desertor"?

É certo que a aplicação da figura do abandono de trabalho à realidade desportiva pode levantar problemas de articulação no plano dos efeitos indemnizatórios que a lei liga ao abandono de trabalho. Com efeito, o artigo 401.º do CT09, para onde remete o 403.º, n.º 5, do CT09, determina que o trabalhador fica constituído na obrigação de pagar uma indemnização de "valor igual à retribuição base e diuturnidades correspondentes ao período em falta, sem prejuízo da indemnização por danos causados pela inobservância do prazo de aviso prévio ou de obrigação assumida em pacto de permanência". Ora, as realidades referidas nesta norma não são, em rigor, pensáveis para a atividade desportiva. Por um lado, jamais se poderá falar que o atleta não deu pré-aviso porque, como explicámos desenvolvidamente *supra*, a figura da denúncia não existe nesta relação especial de trabalho[1031] e, assim, não há, porque por definição não pode existir, o incumprimento de qualquer pré-aviso. Por outro lado, a referência legal *in fine* ao pacto de permanência também carece aqui de sentido dado que, por natureza, o contrato de trabalho do praticante desportivo envolve a obrigação de permanência do atleta o qual, durante o período de vigência do contrato, não pode denunciar o contrato. Fala-se aqui, como vimos, de um termo estabilizador[1032].

Acresce que, mesmo numa adaptação daqueles efeitos à realidade desportiva, ora ficcionando a falta de pré-aviso (de 15 ou 30 dias, consoante o caso) ora encarando o termo estabilizador como uma espécie de pacto de permanência de fonte legal (!), facilmente chegaríamos à conclusão de que os efeitos indemnizatórios daí resultantes ficariam muito longe das regras especiais

[1030] § 6.2. Cessação do contrato promovida pelo praticante desportivo.
[1031] Salvo a denúncia contratualmente acordada: cfr. § 6.2.1. A denúncia.
[1032] § 3.5. As modalidades do contrato.

previstas na lei para os praticantes desportivos. Como veremos *infra*, o regime legal vigente consagra uma tutela indemnizatória plena, pois a parte que deu causa à cessação fica constituída na obrigação de indemnizar a parte fiel pelos danos causados, sem limite[1033].

No entanto, acreditamos que a dificuldade em articular os efeitos da figura do abandono de trabalho com a realidade desportiva, no plano indemnizatório, não pode servir de fundamento para, sem mais, desconsiderar a sua aplicação ao contrato de trabalho do praticante desportivo. De resto, esse mesmíssimo problema remonta aos regimes legais anteriores, que, como dissemos, previam o recurso à figura do abandono, e, no entanto, essa desarticulação era resolvida pela doutrina, interpretando habilmente os efeitos indemnizatórios associados à figura do abandono de trabalho.

Com efeito, o Decreto-Lei n.º 305/95, de 18 de novembro, prevendo expressamente a figura do abandono de trabalho, determinava, no artigo 20.º, n.º 2, a aplicação do artigo 40.º do Decreto-Lei n.º 64-A/89, de 27 de fevereiro, solução que teve continuidade no regime que lhe sucedeu, pois a Lei n.º 28/98, de 26 de junho, também remetia para aquela norma geral disciplinadora da cessação do contrato de trabalho. A remissão era justamente fonte de problemas de articulação com os princípios fundamentais em matéria de cessação do contrato de trabalho do praticante desportivo. Na verdade, aquele artigo 40.º, do Decreto-Lei n.º 64-A/89, de 27 de fevereiro, mandava aplicar a moldura indemnizatória correspondente à falta de pré-aviso. Com efeito, o artigo 40.º, no seu n.º 4, previa que "o abandono do trabalho vale como rescisão do contrato e constitui o trabalhador na obrigação de indemnizar a entidade empregadora de acordo com o estabelecido no artigo anterior", sendo que a disposição legal anterior, o artigo 39.º, previa que "uma indemnização de valor igual à remuneração de base correspondente ao período de aviso prévio em falta, sem prejuízo da responsabilidade civil pelos danos eventualmente causados em virtude da inobservância do prazo de aviso prévio". Em termos práticos, o atleta "desertor" poderia ficar constituído na obrigação de pagar uma indemnização bastante modesta, pelo menos por comparação com o regime que o regime do praticante desportivo associava à desvinculação ilícita: a indemnização por todos os danos causados, embora com o teto indemnizatório das retribuições vincendas.

[1033] § 6.3. A tutela indemnizatória.

> Em anotação aos diplomas de 1995[1034] e de 1998[1035], João Leal Amado defendia que a remissão deveria ser entendida em termos hábeis sob pena de esvaziar aquela indemnização pelos danos causados. Assim, considerava o Autor que o abandono do trabalhador desportivo deveria ser encarado, pelo menos no plano indemnizatório, como uma resolução ilícita e, portanto, ser-lhe aplicável a regra geral, ou seja, a regra segundo a qual o praticante desportivo ficaria constituído na obrigação de indemnizar o empregador por todos os danos causados, sem prejuízo dos tetos indemnizatórios previstos e ressalvados na lei.

A incompatibilidade teleológica do regime indemnizatório do abandono de trabalho com as traves do regime do praticante desportivo não deve servir, pois, para afastar a aplicação deste instituto. Determinante, para nós, é que a hipótese legal do abandono tenha perfeito cabimento para a relação especial de trabalho do praticante desportivo, cabendo ao intérprete um esforço no sentido da adequação da estatuição do regime legal dessa figura.

Como resolver? Se a denúncia do contrato de trabalho, seja ela tácita ou expressa, não é admitida como forma de cessação da relação especial de trabalho desportivo, devendo ser encarada, para todos os efeitos legais, como uma resolução ilícita[1036], então a consequência natural a retirar é que o abandono de trabalho deve ser tratado, pelo menos no plano indemnizatório, como uma resolução ilícita, constituindo o atleta na obrigação de pagar uma indemnização ao empregador-clube nos termos gerais. Esta construção deixa-se explicar facilmente. No regime laboral comum, é natural que o trabalhador fique constituído na obrigação de indemnizar o empregador no valor correspondente ao pré-aviso em falta, pois, aí, o trabalhador pode, a todo o tempo, denunciar o contrato. No caso do atleta, uma vez que a denúncia não é admitida, assimilar o abandono a uma denúncia só pode significar a sua equiparação a uma resolução (ilícita, bem entendido) do contrato de trabalho.

De resto, e como adiantámos *supra*, essa interpretação sai confortada pela convenção coletiva aplicável aos futebolistas profissionais onde justamente se estabelece que "o abandono do trabalho vale como rescisão sem justa causa,

[1034] João Leal Amado, *Contrato de trabalho desportivo...* [1995], cit., p. 82.

[1035] João Leal Amado, *Vinculação* versus *liberdade...*, cit., pp. 310-311

[1036] Para alguma doutrina, o abandono de trabalho deve ser encarado como um caso de resolução ilícita do contrato. Assim, João Leal Amado, «Abandono do trabalho...», cit., p. 14 ("o abandono do trabalho surge, na economia do actual CT, como uma hipótese de ruptura ilícita/irregular do contrato por iniciativa do trabalhador").

produzindo, assim, os mesmos efeitos da rescisão ilícita do contrato, nomeadamente, a constituição do jogador na obrigação de indemnizar a entidade patronal de acordo com o estabelecido no art. 50.º deste CCT"[1037].

Em suma, entendemos que o contrato de trabalho do praticante desportivo pode cessar com recurso à figura do abandono de trabalho sendo aplicável as regras indemnizatórias que o RCTPD estabelece para os casos em que uma das partes promove ilicitamente a cessação do contrato de trabalho. Quais os efeitos indemnizatórios a que nos referimos, é algo a que nos dedicaremos seguidamente.

§ 6.3. Tutela indemnizatória

Bibliografia específica: Albino Mendes Baptista, «Indemnização pela ruptura ilícita do contrato de trabalho, artigo 27.º da Lei do Contrato de Trabalho Desportivo e o acórdão do Tribunal da Relação do Porto de 22 de Setembro de 2008», *Revista do Ministério Público*, 116 (2008), pp. 29-56; Id., «The compensation for the illicit breach of sports contract in the Portuguese Law — an unwise, unreasoning, unbalanced and unconstitucional solution», *Sports Law Bulletin*, 4 (2009), pp. 42-45; João Leal Amado, «Mutu e a cocaína: uma droga demasiado cara? (breve reflexão à luz da lei portuguesa)», *Desporto & Direito*, 19 (2009), pp. 97-107; Lúcio Miguel Correia, «O preço da responsabilidade pela rutura contratual de um contrato de trabalho desportivo», *Lusíada — Direito*, 10 (2012), pp. 139-165.

Não andaremos muito longe da verdade se dissermos que o regime da tutela indemnizatória é o ponto de maior contraste em relação ao regime anterior significando, consequentemente, numa alteração a um dos seus aspetos capitais[1038]. À luz da Lei n.º 28/98, de 26 de junho, a parte que motivasse a cessação do contrato de trabalho ou que resolvesse ilicitamente o contrato, ficava constituída na obrigação de indemnizar a outra parte. Estabelecia-se, porém, um teto indemnizatório: a indemnização não poderia ser superior

[1037] Cfr. artigo 53.º, n.º 4, da CCT aplicável.

[1038] João Leal Amado, *Vinculação* versus *liberdade*..., cit., p. 309, não deixa de notar que este é mesmo "um dos mais delicados nódulos problemáticos da relação laboral desportiva".

ao valor correspondente às retribuições devidas ao trabalhador até ao termo do contrato.

Esta norma era duramente criticada pela doutrina. Do ponto de vista do praticante desportivo, uma limitação do *plafond* indemnizatório representava sempre uma dura e inadequada exceção ao princípio geral da reparação integral dos danos. Invocava-se, até, que a norma da Lei n.º 28/98, de 26 de junho, seria inconstitucional por violação de um pretenso princípio constitucional da "justa indemnização". Na prática, esta norma permitia aos clubes desembaraçarem-se dos praticantes desportivos (ou dos treinadores desportivos) com gastos reduzidos. Para utilizar a linguagem de uma alegação produzida em recurso a uma decisão judicial, "est[aria] descoberto o elixir milagroso que permitir[ia] aos clubes de futebol «despacharem» o treinador sem grandes encargos financeiros"[1039]. Por outro lado, a norma também ignorava o ressarcimento dos danos não patrimoniais resultantes da cessação ilícita do contrato o que não se harmonizava com o entendimento que desde há muito se foi formando na doutrina e na jurisprudência, no contexto do Direito Civil, que admitia, hoje diríamos pacificamente, o ressarcimento de danos não patrimoniais no contexto de incumprimentos contratuais[1040]. Se à data da entrada em vigora da Lei n.º 28/98, de 26 de junho, a nossa jurisprudência era inflexível em matéria de ressarcimento dos danos não patrimoniais emergentes do

[1039] Conforme pode ler-se no caso relatado no ac. de 12/07/1985 do STJ (Dias da Fonseca), BMJ, 349 (1985), pp. 325-328, p. 326.

[1040] Embora, quanto a este particular ponto, seria possível uma interpretação que permitisse peticionar uma indemnização superior à balizada na lei. Importa lembrar que, no caso do despedimento ilícito, é o próprio ato do despedimento que é ilícito e fonte de danos. No caso da resolução do contrato pelo trabalhador, a fonte dos danos não está na resolução, mas sim nos factos que a fundamentam. No caso da resolução, há danos a montante do próprio dano da perda do emprego. Basta pensar que o trabalhador pode demandar civilmente o empregador por danos causados sem que tenha de recorrer a uma resolução do contrato. Por outras palavras, os limites daquela norma contemplariam apenas os danos, patrimoniais e não patrimoniais, associados à perda do emprego. A este propósito, em relação ao regime anterior, João Zenha Martins, «Os futebolistas profissionais e as cláusulas...», cit., p. 251, admitia que "o praticante po[deria] ser ressarcido por danos não patrimoniais que sobrepassem as retribuições vincendas", posição que reiterou mais recentemente: João Zenha Martins, «A configuração legal do direito convencional...», cit., p. 8. Na jurisprudência, durante a vigência do regime anterior, admitindo o ressarcimento dos danos não patrimoniais de um atleta, embora não fazendo referência ao regime do contrato de trabalho do praticante desportivo (!), ver ac. de 11/01/2007 do TRC (Azevedo Mendes), proc. nr. 1252/04.2TTCBR.C1.

incumprimento contratual, a verdade é que o paradigma se alterou radicalmente, o que colocou a solução daquele regime em claro curto-circuito com as tendências modernas do Direito da Responsabilidade Civil[1041].

Contudo, o verdadeiro contraste era sentido confrontando a situação do praticante desportivo com a generalidade dos trabalhadores: o trabalhador ilicitamente despedido saía fragilizado por comparação com um comum trabalhador. Com a aprovação do Decreto-Lei n.º 64-A/89, de 27 de fevereiro, diploma que implementou o regime da cessação do contrato de trabalho, regime vigente no momento da aprovação da Lei n.º 28/98, de 26 de junho, o legislador laboral trilhou uma senda que viria a ser seguida pelo legislador desportivo já que também a indemnização no contexto dos contratos de trabalho a termo estava limitada aos montantes retributivos vincendos. Existia, desde modo, uma certa unidade ou simbiose no Direito do Trabalho, globalmente considerado, quanto à indemnização pela cessação ilícita do contrato de trabalho a termo, no contexto desportivo ou não. Ora, a solução quer do CT03 como CT09 iam e vão no sentido oposto: as retribuições vincendas correspondem não ao teto máximo (ou, se é lícito o paralelismo com a gíria futebolística, a "linha de fundo" para os tribunais), mas sim ao *plafond* mínimo que a contraparte lesada tem direito a encaixar em caso de cessação ilícita do contrato de trabalho a termo. Com efeito, o artigo 396.º, n.º 4, do CT09, dispõe que "no caso de contrato a termo, a indemnização não pode ser inferior ao valor das retribuições vincendas", numa linha de continuidade com o artigo 440.º, n.º 2, alínea a), do CT03, que até era ainda mais enfático pois aí se lia que "sendo o despedimento declarado ilícito, o empregador é condenado... no pagamento da indemnização pelos prejuízos causados, não devendo o trabalhador receber uma compensação inferior à importância correspondente ao valor das retribuições que deixou de auferir desde a data do despedimento até ao termo certo ou incerto do contrato". Assim, a norma do regime do contrato de trabalho desportivo, nascida em 1998, e alinhada com as normas laborais gerais em vigor à data da sua entrada em vigor, veio a perimir perante os cânones do Direito do Trabalho desde 2003, surgindo deslocada em relação à filosofia que inspira hoje as regras em matéria de cessação ilícita do contrato a termo[1042].

[1041] A esse propósito, escrevia ALBINO MENDES BAPTISTA, «Indemnização pela ruptura ilícita do contrato de trabalho...», cit., p. 43: "este artigo nasceu velho e mais velho está".

[1042] Profundamente crítico em relação ao regime da Lei n.º 28/98, de 26 de junho, LÚCIO MIGUEL CORREIA, «O preço da responsabilidade pela rutura contratual de um contrato de trabalho

Aliás, a desigualdade entre o trabalhador comum e o praticante desportivo era tão gritante que a constitucionalidade desta norma foi mesmo colocada em causa[1043] e as decisões do TC julgando esta norma inconstitucional ainda hoje são proferidas. A título de exemplo, o TC afirmou recentemente que "o legislador está obrigado a assegurar, ao praticante desportivo, o mesmo grau de proteção que dispensa ao trabalhador comum, ou, pelo menos, uma proteção que não configure um tratamento desigual em medida significativamente excedente da medida da diferença (...) Ora sem dúvida que uma tão cavada diferenciação de regimes

desportivo», *Lusíada — Direito*, 10 (2012), pp. 139-165, pp. 148 ss., era da opinião de que "a Lei n.º 28/98 (RJCTD) está em conflito com o Código do Trabalho. Ou melhor dizendo, a Lei n.º 28/98 que estaria em harmonia com a LCCT (entretanto revogada) passou a "colidir" com o Código do Trabalho, em termos do montante da indemnização a atribuir ao trabalhador em caso de rescisão com [*sic*; sem] justa do contrato de trabalho a termo. Faz algum sentido esta dualidade de regimes? Ora, desde há muito que defendemos que, esta disposição corresponde a uma visão ridiculamente conservadora da realidade desportiva e ignora princípios fundamentais e estruturantes da Constituição da República Portuguesa, não fazendo sentido, ainda hoje, mantê-la. Para além, de custar a perceber, como é que esta disposição normativa resiste ainda às normas do Código do Trabalho de 2003, e posteriores e importantes alterações efetuadas no Código do Trabalho de 2009 e 2012. Este art. 27.º n.º 1 do RJCTD é uma autêntica miscelânea, que faz a sobreposição da responsabilidade civil das partes no âmbito da cessação do contrato de trabalho desportivo, e depois, incompreensivelmente, limita-a ao valor das retribuições vincendas (...) esta solução legislativa constante do n.º 1 do art. 27.º do RJCTD que teima perdurar, no meu entendimento, é manifestamente inconstitucional, por violação dos arts. 13.º e 59.º da CRP". Também André Dinis de Carvalho, «Breves considerações...», cit., p. 95, é da opinião de que "há domínios em que as especialidades do trabalho desportivo não fundamentam diferenças em relação ao regime geral do Código do Trabalho, maxime em matéria de indemnização em caso de despedimento ilícito".

1043 Ver ac. de 199/2009 do TC, proc. nr. 910/08. O Tribunal considera que há uma violação do princípio da igualdade em comparação com os trabalhadores contratados a termo segundo o regime geral. Com efeito, para estes a indemnização não só não tem teto como até tem um *plafond* mínimo. Semelhantemente, no ac. de 22/09/2008 do TRP (Maria Fernanda Soares), proc. nr. 0842844 / CJ, 2008, IV, pp. 231-233, já citado, "há nitidamente uma diferença no tratamento de situações jurídicas idênticas. Tratamento desigual que "choca" o senso comum! Porque será que o trabalhador comum recebe sempre um montante indemnizatório mínimo, e o praticante desportivo só pode receber esse mesmo montante como limite máximo? Salvo melhor opinião, não encontrámos razões objectivas para a diferença de tratamento de situações iguais: a rescisão com justa causa do contrato de trabalho a termo e o direito à correspectiva indemnização. E pelas razões acabadas de indicar temos que concluir que o disposto no art. 27.º n.º 1 da Lei n.º 28/98 é inconstitucional por violar o princípio da igualdade previsto no art. 13.º da Constituição da República Portuguesa, quando interpretado no sentido de que a rescisão do contrato a termo operada pelo praticante desportivo, com fundamento em justa causa, apenas lhe confere uma indemnização que nunca pode ser superior ás prestações a que ele tinha direito se acaso o contrato de trabalho apenas terminasse no seu termo".

de indemnização não encontra o mínimo de correspondência, por um critério razoável e objetivo, em diferentes situações e condições de prestação laboral que a justifique"[1044].

Do ponto de vista do clube lesado, a norma era igualmente criticável já que o prejuízo causado ao clube pela cessação ilícita do contrato promovida pelo atleta poderia revelar-se bastante superior, como aliás frequentemente se vinha a revelar, ao valor das retribuições vincendas, sobretudo "nos casos em que o clube ou sociedade desportiva estão em condições de demonstrar que os danos causados são superiores ao espartilho legislativo, seja sob a forma de lucros cessantes, seja sob a forma de danos emergentes"[1045]. Bastava pensar no desportista que resolvia o contrato inopinadamente (sem invocação de justa causa ou com justa causa inexistente) quando o clube havia feito um investimento de monta na sua contratação projetando a venda do seu "passe" a curto ou médio prazo. Nesses casos, o teto máximo previsto na lei impedia que o clube visse plenamente cobertos e ressarcidos os seus danos. À semelhança do que se passava com o trabalhador desportivo, também aqui os empregadores desportivos se viam infundadamente discriminados em relação aos empregadores comuns. Como assinalava António Pinto Monteiro, "repare-se no

[1044] Ac. n.º 170/2019 (Lino Rodrigues Ribeiro), proc. nr. 645/17. Em sentido contrário, ver ac. de 25/03/2015 do STJ (Fernandes da Silva), CJ (STJ), 2015, I, pp. 266-268 / proc. nr. 4776/05.0TTLSB.L2.S1, refere que "a inclusão de certas matérias neste diploma é sinónimo de que, relativamente a elas, há particularidades relevantes".

[1045] Neste sentido, Albino Mendes Baptista, «Indemnização pela ruptura ilícita do contrato de trabalho, artigo 27.º da Lei do Contrato de Trabalho Desportivo e o acórdão do Tribunal da Relação do Porto de 22 de Setembro de 2008», *Revista do Ministério Público*, 116 (2008), pp. 29-56, especialmente, pp. 52 ss., e Id., «Breve apontamento sobre as cláusulas...», cit., pp. 141-147, artigos que finalmente cumpriram a promessa de se pronunciar sobre o problema depois de, anteriormente, deixar indiciada em vários trabalhos a sua opinião negativa quanto à limitação da responsabilidade que decorria do artigo 27.º da Lei n.º 28/98, de 26 de junho. Anteriormente, em crítica passageira a esta opção do legislador desportivo, deixando, porém, o ponto para outras calendas ("matéria para outro campeonato", dizia) cfr. Albino Mendes Baptista, «Desporto, processo e Estado de Direito democrático» in: *Temas de Direito do Trabalho e de Processo do Trabalho*, Livraria Petrony, Lisboa, 2008, pp. 225-227, p. 225, e Id., «Efeitos da ilicitude do despedimento no contrato a termo, indemnização por danos não patrimoniais e o acórdão do Tribunal da Relação de Lisboa, de 14 de Fevereiro de 2007» in: *Temas de Direito do Trabalho e de Direito Processual do Trabalho*, Livraria Petrony, Lisboa, 2008, pp. 93-110, p. 104, n. 27, onde o Autor escreve que o artigo 27.º, da Lei n.º 28/98, de 26 de junho, se "traduz[ia] numa "especialidade" contrária às "razões da especificidade". O Autor não deixou mesmo de denunciar na literatura estrangeira: Id., «The compensation for the illicit breach of sports contract in the Portuguese Law — an unwise, unreasoning, unbalanced and unconstitucional solution», *Sports Law Bulletin*, 4 (2009), pp. 42-45.

contra-senso: no regime geral do contrato de trabalho, em que o trabalhador pode fazer cessar licitamente o contrato mesmo sem justa causa, ele responde por todo o dano – já no regime especial do contrato de trabalho desportivo, em que o praticante age ilicitamente se fizer cessar o contrato sem justa causa, ele não responde por todo o dano, pois beneficia de uma atenuação da sua responsabilidade!"[1046]. Como se não bastasse, esta limitação indemnização ignorava as atuações dolosas dos praticantes desportivos[1047]. Aliás, de certa forma esta solução serviria de estímulo a esses comportamentos: "pode[ria] constituir um convite à violação do contrato de trabalho desportivo nos últimos meses que antecedem o seu termo", "uma espécie de acicate ao incumprimento contratual"[1048], colocando em perigo, em última análise, o valor do *competitive balance* que é a verdadeira *alma mentis* ou dínamo do Desporto[1049].

Verdade seja dita que na doutrina havia quem olhasse para esta norma com outros olhos. Na opinião de JOÃO LEAL AMADO, esta limitação indemnizatória, se já tinha sentido no regime laboral comum[1050], ganha sentido no contexto do trabalho desportivo. No regime laboral comum, o trabalhador pode desvincular-se livremente e a todo o tempo. Contrariamente, no Direito do Trabalho desportivo, os contratos estão imperativamente sujeitos a termo sendo que esse aprazamento tem uma função estabilizadora, ou seja, e como já vimos, o termo do contrato significa uma limitação à faculdade de desvinculação do trabalhador. Como forma de contrabalançar esta restrição à liberdade de desvinculação, o legislador resolveu,

[1046] ANTÓNIO PINTO MONTEIRO, «Sobre as "cláusulas de rescisão" dos jogadores...», cit., p. 13.

[1047] PEDRO ROMANO MARTINEZ, «As cláusulas de rescisão...», cit., p. 115.

[1048] ALBINO MENDES BAPTISTA, «Para uma leitura serena e atenta...», cit., p. 31.

[1049] Como escreve JOÃO ZENHA MARTINS, «Contrato de trabalho desportivo...», cit., p. 105, "a criação de assimetrias competitivas, como revela a *empiria*, afasta plateias e destrói o fascínio do espetáculo (...) a "incerteza do resultado" uma característica axial de qualquer competição desportiva".

[1050] De facto, na vigência do CT03, o Autor defendia que os tribunais não deveriam desviar-se do espartilho do artigo 443.º então vigente. Dizia então JOÃO LEAL AMADO, «O incumprimento da obrigação retributiva...», cit., p. 95, que "a meu ver, porém, o preceito será criticável, mas não vislumbro argumentos suficientes para desatender à sua letra, aliás cristalina quanto a este ponto: mal ou bem (porventura mal!), o legislador estabeleceu a referida moldura indemnizatória entre 15 e 45 dias de retribuição por cada ano de antiguidade, ou seja, estabeleceu um limite máximo e um limite mínimo para a mesma, limites estes que nada Autoriza a cingir aos danos patrimoniais. Assim, ainda que os danos (patrimoniais e não patrimoniais) sejam superiores, o *quantum* indemnizatório não poderá ultrapassar o referido limite máximo, tal como, ainda que aqueles danos sejam inferiores, o *quantum* indemnizatório não poderá vir abaixo do limite mínimo. Solução esta, repete-se, quiçá criticável, mas que, *de jure condito*, não parece que possa ser desatendida pelo aplicador do direito".

pelo menos no entendimento de alguns Autores, tornar claro para as partes, sobretudo para o atleta, que a sua demissão nunca teria um valor indemnizatório superior às retribuições vincendas. Quer dizer: por forma a que a liberdade do trabalhador não fosse suprimida na sua totalidade (pelo menos em termos práticos), o trabalhador conseguia identificar, na prática, e com total segurança, qual o valor limite da sua demissão. Numa linguagem mais sugestiva, o trabalhador desportista conseguiria saber, por simples cálculo aritmético, qual o preço da sua liberdade[1051]. A não existir este teto, o atleta profissional ficaria totalmente refém do seu contrato de trabalho porque não raro os custos da sua transferência atingem valores estratosféricos — valores esses "convertíveis" depois em "dano" na esfera do empregador — que nenhum atleta teria o poder de cobrir. Com efeito, "impedir o atleta de pôr termo a um contrato e não estatuir limites (máximos) seria salvaguardar os interesses de uma das partes (a entidade empregadora) e sacrificar, em excesso, a liberdade contratual da outra (do praticante)"[1052]. Ora, partindo da ideia, tão cara a JOÃO LEAL AMADO, de que "a constituição de um vínculo laboral entre as partes e não num qualquer vínculo de natureza dominial em que o praticante passe a ser objecto de uma espécie de direito real do clube contratante"[1053] o legislador decidiu "manter a responsabilidade do praticante dentro dos limites do compromisso contratual assumido, expresso na retribuição acordada"[1054] por forma a garantir, em termos práticos, a hipótese para que o praticante desportivo recupere a sua liberdade laboral, como qualquer trabalhador. Esta opinião era ainda sufragada por LUÍS MANUEL TELES DE MENEZES LEITÃO, Autor que também era da opinião de que a limitação à liberdade de desvinculação do desportista profissional seria contrabalançada (servindo de contrapeso ou contrapartida) com a limitação à sua responsabilidade[1055].

[1051] Esta ideia era explorada por JOÃO LEAL AMADO, «Ainda sobre as cláusulas de opção...», cit., p. 216, de que "o praticante desportivo sempre gozará da faculdade de se libertar do vínculo contratual *ante tempus*, mediante simples declaração unilateral comunicada ao empregador, sem que este possa impedir essa desvinculação nem, muito menos, exigir o cumprimento do contrato" e, diz agora na p. 217, "expondo-se a meras consequências de tipo indemnizatório".

[1052] RICARDO CANDEIAS, *Personalização de equipa e transformação de clube...*, cit., pp. 106-107.

[1053] JOÃO LEAL AMADO, «Mutu e a cocaína: uma droga demasiado cara? (breve reflexão à luz da lei portuguesa)», *Desporto & Direito*, 19 (2009), pp. 97-107, p. 105.

[1054] JOÃO LEAL AMADO, «Mutu e a cocaína...», cit., p. 106.

[1055] LUÍS MANUEL TELES MENEZES LEITÃO, «Cláusulas de rescisão e cláusulas penais...», cit., p. 521.

A solução passa agora pela tutela indemnizatória plena[1056]. Embora o n.º 1, do artigo 24.º, determine que "a parte que der causa à cessação ou que a haja promovido indevidamente deve indemnizar a contraparte pelo valor das retribuições que ao praticante seriam devidas se o contrato de trabalho tivesse cessado no seu termo", o n.º 2 acrescenta: "pode ser fixada uma indemnização de valor superior ao que resulta da aplicação do número anterior, sempre que a parte lesada comprove que sofreu danos de montante mais elevado".

Ao abandonar a técnica do plafonamento do dano do regime legal anterior, a solução contida no RCTPD está agora em sintonia com os instrumentos internacionais[1057] e com a CCT aplicada ao futebol profissional[1058], cuja validade era tema controvertido durante a vigência da Lei n.º 28/98, de 26 de junho[1059].

[1056] Assim, perde hoje sentido a afirmação de BERNARDO DA GAMA LOBO XAVIER, *O despedimento colectivo no dimensionamento...*, cit., p. 721, segundo a qual "o empregador não tem qualquer arrimo jurídico para se preservar do prejuízo que lhe causa a demissão contratual da «prima-dona» ou do naipe de jogadores que assegura a sua presença como empresa num mundo particularmente competitivo e especulativo".

[1057] O artigo 17.º, n.º 1, do RETJ da FIFA, reconhece que "a parte que estiver em falta deverá pagar compensação" sendo que "a compensação por rescisão é calculada tendo em consideração a legislação do país em questão, a especificidade do desporto e quaisquer outros critérios objectivos. Os referidos critérios incluem, em particular, a remuneração e outros benefícios pagos ao jogador, nos termos do contrato actual e/ou do novo contrato, o tempo restante do contrato até um máximo de cinco anos, custos e despesas pagos ou incorridos pelo clube anterior (amortizados ao longo da vigência do contrato) e se rescisão contratual ocorre num período protegido".

[1058] Do ponto de vista do clube lesado, o artigo 50.º, da CCT aplicável ao futebol profissional aplicável, dispõe que "quando a justa causa invocada... venha a ser julgada insubsistente por inexistência de fundamento ou inadequação dos factos, o jogador fica constituído na obrigação de indemnizar o clube ou sociedade desportiva em montante não inferior ao valor das retribuições que lhe seriam devidas se o contrato tivesse cessado no seu termo" (n.º 1). Acrescenta o n.º 2 que "se pela cessação do contrato resultarem para a entidade empregadora prejuízos superiores ao montante indemnizatório fixado no número anterior, poderá aquela intentar a competente acção de indemnização para ressarcimento desses danos, sem prejuízo da produção dos efeitos da rescisão". Do ponto de vista do praticante desportivo lesado, prevê o artigo 48.º que "a rescisão do contrato (...) confere ao jogador o direito a uma indemnização correspondente ao valor das retribuições que lhe seriam devidas se o contrato de trabalho tivesse cessado no seu termo". Acrescenta o n.º 3 que "se pela cessação do contrato resultarem para o jogador prejuízos superiores ao montante indemnizatório fixado no n.º 1, poderá aquele intentar a competente ação de indemnização para ressarcimento desses danos".

[1059] A CCT aplicável ao futebol profissional previa, na prática, uma tutela indemnizatória plena, o que contrariava o regime legal vigente. Em face do limite indemnizatório constante do artigo 27.º da Lei n.º 28/98, de 26 de junho, o Supremo Tribunal de Justiça chegou a considerar inválida essa cláusula em acórdão dotado de uma especial força jurídica: cfr. ac. de 07/03/2007 do STJ (SOUSA PEIXOTO), proc. nr. 06S1541 / CJ (STJ), 2007, I, pp. 271-280, proferido no âmbito de uma ação de anulação de cláusulas de convenções coletivas, ação especial prevista nos artigos 183.º ss. do Código

Aparentemente, o legislador, na linha daquilo que acontece com o regime laboral comum, faz agora coincidir a indemnização com o valor das retribuições vincendas (a indemnização é "(...) pelo valor das retribuições que ao praticante seriam devidas se o contrato de trabalho tivesse cessado no seu termo"[1060]), ao contrário do regime legal anterior, onde parecia entendimento firme que a lei não fixava um "dano abstrato" e, portanto, era no quadro da moldura que o tribunal deveria fixar o *quantum* indemnizatório, cabendo ao Autor a prova dos danos[1061].

O paradigma indemnizatório em que apostou o RCTPD tem um potencial problemático significativo. Ao abandonar a técnica do plafonamento do dano ou, pelo menos, ao possibilitar ao lesado o ressarcimento por todo o dano para além do valor das retribuições vincendas, o legislador abre as portas à invocação de todo e qualquer dano, desde que esse dano mereça a tutela do Direito e tenha a relação de causalidade adequada que é pressuposto da tutela indemnizatória. A verdade é que, tanto do lado do clube como do lado do praticante desportivo, serão agora pensáveis várias hipóteses que, pelo seu potencial problemático, devem ser autonomizadas.

do Processo do Trabalho. Tratando-se de um acórdão do Supremo, diz o artigo 186.º que "o acórdão do Supremo Tribunal de Justiça sobre as questões a que se refere o artigo 183.º tem o valor ampliado de revista em processo civil e é publicado na 1.ª série do jornal oficial e no Boletim do Trabalho e do Emprego". Estávamos perante, pois, para nos socorrer novamente de João Leal Amado, «Comentário de urgência ao acórdão do Supremo Tribunal de Justiça, de 7 de Março de 2007 (caso «Zé-Tó»)», *Desporto & Direito*, 12 (2007), pp. 501-517, p. 509, de um "caso especial de acórdão uniformizador de jurisprudência no domínio do Direito do Trabalho, acórdão que, enquanto tal, constitui um precedente judicial qualificado". Da leitura do texto da convenção ressaltava ainda um aspeto: ao contrário da Lei n.º 28/98, de 26 de junho, a convenção fixava uma indemnização pelo dano abstrato, ou seja, independentemente da verificação efetiva de dano pois a indemnização seria, no mínimo, a correspondente às retribuições vincendas. Na linguagem de João Leal Amado, «Comentário de urgência...», cit., pp. 501 ss., "onde a lei fixa um tecto, a convenção colectiva fixa um soalho"

1060 Pedro Almeida, «Os efeitos da resolução do contrato de trabalho desportivo...», cit., p. 303, refere-se a uma "base automática de indemnização a pagar por uma das partes, sem necessidade de demonstração da existência de danos".

1061 Durante a vigência da Lei n.º 28/98, de 26 de junho, cfr. ac. de 06/02/1999 do TRP (Sousa Peixoto), BMJ, 484 (1999), p. 438 (sumário), onde se decidiu, embora com um voto de vencido, que "a fixação judicial da indemnização está dependente dos danos efectivamente alegados e provados, cabendo o ónus da alegação e prova ao Autor, o praticante desportivo" e, do mesmo Relator, o ac. de 07/05/2001 do TRP (Sousa Peixoto), proc. nr. 0140193, onde o praticante desportivo, no caso, futebolista, não fez prova dos prejuízos julgando-se o seu pedido improcedente. Na doutrina Pedro Romano Martinez, «As cláusulas de rescisão...», cit., p. 115, observa que "apesar de se tratar de um valor máximo – tal como noutros casos em que pode haver uma graduação de montantes (v.g., art. 391.º do CT) – há uma natural tendência para se entender como valor fixo". Albino Mendes Baptista, «Para uma leitura serena e atenta...», cit., p. 36, considerava que as retribuições vincendas deveriam funcionar como "presunção de dano".

§ 6.3.1. Tutela indemnizatória do clube

Bibliografia específica: Albino Mendes Baptista, «Indemnização pela ruptura ilícita do contrato de trabalho, artigo 27.º da Lei do Contrato de Trabalho Desportivo e o acórdão do Tribunal da Relação do Porto de 22 de Setembro de 2008», *Revista do Ministério Público*, 116 (2008), pp. 29-56; Id., «The compensation for the illicit breach of sports contract in the Portuguese Law — an unwise, unreasoning, unbalanced and unconstitucional solution», *Sports Law Bulletin*, 4 (2009), pp. 42-45; Guilherme Müller Araújo, «Webster, Matuzalém e El-Hadary: o "preço" da rescisão unilateral no Tribunal Arbitral do Desporto» in: *Estudos de Direito Desportivo em Homenagem a Albino Mendes Baptista*, Universidade Lusíada Editora, Lisboa, 2010, pp. 101-135; João Leal Amado, «Mutu e a cocaína: uma droga demasiado cara? (breve reflexão à luz da lei portuguesa)», *Desporto & Direito*, 19 (2009), pp. 97-107; Lúcio Miguel Correia, «O preço da responsabilidade pela rutura contratual de um contrato de trabalho desportivo», *Lusíada — Direito*, 10 (2012), pp. 139-165; Sérgio Pires Brás, «O bom, o mau e o vilão: considerações (breves) a propósito da tutela do clube empregador nas situações de denúncia do contrato de trabalho desportivo por parte do jogador profissional de futebol», *Revista de Direito do Desporto*, 11 (2022), pp. 42-54.

Ao abrir a porta à tutela indemnizatória plena, sem teto, o regime legal vai colocar diversos problemas. Pode o clube desportivo, que investiu vários milhões de euros no passe de um atleta, demandar o praticante desportivo que resolveu ilicitamente o contrato, exigindo-lhe os custos de transação[1062]? Pode o clube desportivo acionar o praticante desportivo, exigindo-lhe, entre outros valores, os custos acrescidos com a contratação de um substituto[1063]? Será que o clube pode peticionar a responsabilidade do atleta por lucros cessantes porque, por hipótese, o atleta que resolveu o contrato ilicitamente era o jogador mais influente do plantel e a sua saída, quando nada o fazia prever,

[1062] Afirmativamente, Albino Mendes Baptista, «Para uma leitura serena e atenta...», cit., pp. 26-27.

[1063] Albino Mendes Baptista, «Para uma leitura serena e atenta...», cit., p. 25, nota que "a mera necessidade de contratar um outro jogador com características similares significa um custo patrimonial, que não tem de ficar a cargo de uma entidade que não rompeu o contrato e contra a qual não foi invocada qualquer justa causa de rescisão".

enfraqueceu drasticamente a equipa fazendo com que, suponha-se, o clube não se tivesse apurado para uma competição europeia, perdendo as respetivas receitas?

Naturalmente, tudo dependerá de uma questão de prova dos danos e, mais concretamente, do nexo de causalidade entre a cessação do contrato e certos danos invocados pelo clube[1064]. Sendo certo que na avaliação do dano releva, por exemplo, a circunstância de o atleta ser uma atleta internacional pela seleção do seu país[1065] ou dificilmente substituível pelas suas aptidões[1066], a verdade é que nos parece que "os resultados desportivos são uma álea e a importância de um jogador não se pode medir pelos resultados obtidos por toda uma equipa de jogadores e de técnicos, incluindo os treinadores"[1067].

A propósito dos danos indemnizáveis, segundo alguma doutrina, o trabalhador deverá indemnizar o clube pela frustração de uma eventual

[1064] Admitindo-o, PEDRO ALMEIDA, «Os efeitos da resolução do contrato de trabalho desportivo...», cit., p. 305. LÚCIO MIGUEL CORREIA, «O preço da responsabilidade...», cit., p. 164, sugere o seguinte elenco de factores: o momento da competição desportiva escolhido para a realização da cessação injustificada do contrato; a quantidade de competições desportivas em que a entidade empregadora está envolvida no momento da cessação injustificada; o lugar ocupado pelo praticante desportivo na equipa; as alternativas existentes no próprio grupo de trabalho; as implicações que a referida cessação possa ter no desempenho do colectivo; os gastos na formação do atleta, caso estes tenham ocorrido; os custos da própria contratação do atleta; a idade do praticante desportivo; a projecção do futuro do praticante desportivo; a afectação da imagem do clube ou do praticante desportivo; a cessação ou frustração dos contratos publicitários e de merchandising;

[1065] Assim, no caso relatado no ac. de 06/06/2018 do TRL (DURO MATEUS CARDOSO), proc. nr. 742/16.9T8CSC.L1-4, onde estava em causa um atleta de andebol, este aspeto foi precisamente valorado.

[1066] A este propósito, parece interessante referir o no ac. de 07/05/1997 do STJ (CARVALHO PINHEIRO), proc. nr. 96S138 / CJ (STJ), 1997, II, pp. 275-276 / AcD, 432 (1997), pp. 1504-1515, onde o clube e o atleta estipularam no contrato uma cláusula penal no sentido de este último pagar à primeira uma indemnização não inferior a dez vezes a retribuição mensal (350000 escudos/mês no primeiro ano) se contribuísse para prejudicar a sua plena eficácia. Ficou dado como assente que o atleta tinha dois metros de altura, "altura essa incomum entre jogadores de basquetebol portugueses", ocupava as posições vulgarmente designadas por 3, 4 e 5, "sendo raros os jogadores portugueses que fazem estas três posições", o jogador estava cotado nos primeiros lugares dos jogadores de basquetebol, tendo em conta a média de pontos marcados, de resssaltos defensivos e assistências, integrando habitualmente a selecção nacional de basquetebol, sendo "considerado nos meios basquetebolísticos um dos melhores praticantes da modalidade... e ao seu nível e nas posições que habitualmente faz haverá além dele mais um ou dois jogadores portugueses... essas posições são normalmente ocupadas nas equipas portuguesas de basquetebol por jogadores estrangeiros, sobretudo norte-americanos... por isso o Réu é um jogador cobiçado pelos grandes clubes da modalidade".

[1067] Ac. de 06/06/2018 do TRL (DURO MATEUS CARDOSO), proc. nr. 742/16.9T8CSC.L1-4.

transferência que se gorou pela cessação do contrato de trabalho promovida ilicitamente pelo praticante desportivo ou promovida pelo clube, com justa causa. Segundo esse entendimento, o desportista que rompe o vínculo contratual ilicitamente (ou que é despedido com justa causa) impede o clube de realizar uma mais-valia com a alienação do seu "passe"[1068], e isto independente de se tratar de um ato emulativo, isto é, com a intenção de prejudicar o empregador.

Salvo o devido respeito, esta posição parte de premissas que não são aceitáveis. Em primeiro lugar, ainda que seja verdadeira a afirmação de que o "passe" representa um autêntico *asset* para os clubes desportivos[1069], a tese de que o praticante desportivo frustra a expetativa do empregador não é consentânea com os moldes, legalmente exigíveis, a que deve obedecer a transferência dos atletas. Como veremos, a transferência é concebida como um acordo negocial tripartido onde, como tal, deve estar presente o consentimento do trabalhador. Efetivamente, o consentimento do praticante desportivo para a cedência — tanto definitiva como temporária, aliás — é um elemento constitutivo desse negócio jurídico, havendo mesmo quem fale, neste contexto, de um "direito de veto" do atleta[1070] ou de uma expetativa de ganho dos clubes como "direitos condicionais"[1071]. Na síntese bem conseguida de João Leal Amado / Daniel Lorenz, "o atleta é, sempre, um sujeito da transferência, ele não é, jamais, um mero objecto da mesma"[1072]. De resto, mesmo que se estipule

[1068] Assim, Albino Mendes Baptista, «Para uma leitura serena e atenta...», cit., p. 24, referindo que "se um clube tem uma perspectiva fundada de "transferir" um jogador e com isso obter um ganho patrimonial não se vê como essa situação não deva merecer a tutela do Direito".

[1069] Sobre a utilização económica dos "passes", cfr. o ac. de 02/02/2010 TRE (António Gonçalves Rocha), CJ, 2010, I, pp. 257-258, já citado, onde o Tribunal decidiu que "não é admissível a prestação de caução duma pensão devida a um futebolista através do "passe" dum outro jogador, ainda que avaliado em quantia muito superior ao valor do caucionamento". Mas já se decidiu que os passes dos jogadores de futebol podem ser objeto de arresto: ver ac. de 21/11/2000 do STJ (Pinto Monteiro), CJ (STJ), 2000, III, pp. 130-133. Sobre a sua penhorabilidade, ver Nuno Vieira Pássaro, *Direito do Desporto...*, cit., pp. 175 ss.

[1070] No contexto da cedência temporária, Manuel Correa Carrasco, «Las cesiones temporales de deportistas...», cit., p. 185.

[1071] Utilizando esta expressão, Daniel Lorenz, «Direitos económicos...», cit., pp. 159-160. Em termos próximos, ver o ac. de 10/01/2019 do STJ (Fátima Gomes), proc. nr. 385/18.2T8PVZ.P1.S1 ("os direitos económicos emergentes do contrato de trabalho desportivo representam uma expectativa jurídica ou um direito sujeito a condição suspensiva: se o jogador for transferido na vigência do contrato, o clube/entidade patronal receberá tais vantagens patrimoniais; se isso não suceder, nada terá a receber").

[1072] João Leal Amado / Daniel Lorenz, «Os chamados "direitos económicos"...», cit., p. 193.

antecipadamente que o atleta dá o seu consentimento à sua transferência futura, em clube a determinar no futuro — ou, eventualmente, até já sabido à data do acordo... —, esse consentimento é, no nosso entender, nulo: o consentimento deve ser atual.

Pelo contrário, a ideia de que o trabalhador frustra a expetativa do empregador sugere que a "transferência do atleta" se processa potestativamente como se o praticante desportivo não tivesse, como tem, uma palavra a dizer. Se a transferência ocorresse legalmente nesses moldes, ou seja, a exclusivo talante do empregador, sem necessidade de consentimento do trabalhador, pensamos que nesse caso existiriam, de facto, condições legais para defender essa tese. Nesse caso, o empregador teria um verdadeiro *direito* a transferir o praticante desportivo, direito alocado unicamente na sua esfera de controlo. Porém, a partir do momento em que o Direito exige, e bem, que a transferência deve contar com o consentimento do trabalhador, elemento esse *conditio sine qua non*, não se pode dizer que a resolução ilícita do desportista é preclusiva de uma expetativa juridicamente tutelável do clube[1073].

Mas há mais razões. Esta tese é ainda particularmente perigosa porque, no limite, o praticante desportivo que pura e simplesmente recuse uma transferência pode ser acionado civilmente pelo clube por ter impedido a hipótese de o clube realizar uma mais-valia com a venda do seu "passe". Pense-se no atleta que foi contratado pelo período de quatro épocas desportivas e para o qual, no final da terceira época, o clube tinha "planeado" uma transferência por valores que vão ao encontro dos seus interesses e que até representam, para o próprio atleta, um salto remuneratório de monta. Acontece que essa proposta é oriunda das "Arábias", campeonato e região para os quais o desportista não tem qualquer interesse em se transferir. Considere-se até o caso de o atleta não admitir mesmo transferência alguma e desejar cumprir o contrato até ao fim, estando mesmo interessado na sua renovação. É perfeitamente legítimo que o praticante desportivo esteja agradado e feliz com

[1073] No mesmo sentido, João Leal Amado, *Vinculação* versus *liberdade*..., cit., p. 241, n. 415: "em rigor, a entidade empregadora desportiva não goza de um verdadeiro «direito de cedência ou transferência dos praticantes» ao seu serviço. Durante a vigência do contrato de trabalho desportivo, a entidade empregadora goza, isso sim, de um mais modesto *direito de negociar a cedência ou transferência do praticante*, o qual sempre carecerá do acordo deste último, ficando condicionada ao respectivo assentimento" (sublinhado do próprio Autor). Por isso, como raciocina bem o Autor, "isto significa, em suma, que os praticantes desportivos e os seus «passes» só cum grano salis podem ser considerados «activos desportivos» dos clubes empregadores, elementos dos respectivos patrimónios. Desde logo, um tal «activo» não é livremente mobilizável pelo clube, pois a transferência ou a cedência do praticante apenas poderão verificar-se mediante o respectivo assentimento" (pp. 241-242, n. 415).

o clube que representa e com a cidade onde vive, porventura com a sua família, também ela perfeitamente integrada e sem vontade de mudar de ares. Neste caso, o atleta pode ser responsabilizado pelo facto de ter "impedido" a realização de uma mais-valia? Pensamos que ninguém estará em condições de defender que o dever de lealdade do trabalhador para com o seu empregador abrange ainda uma espécie de dever de cooperação com vista à sua transferência...

Não queremos deixar de sublinhar este ponto. Durante a vigência da Lei n.º 28/98, de 26 de junho, era comum ver a doutrina argumentar que a técnica do plafonamento do dano, na medida máxima das retribuições vincendas, era um convite tentador ao incumprimento dos contratos de trabalho. Efetivamente, ao atleta aliciado por uma proposta de trabalho mais vantajosa oriunda de outro clube bastaria resolver ilicitamente o contrato pois já saberia, de antemão, que o valor da indemnização a cobrir seria o correspondente, no máximo, ao montante global das retribuições vincendas, valor esse que, nalguns casos, representaria uma bagatela para os clubes terceiros interessados na contratação do atleta. Se há um fundo de verdade nesta observação, ocorre-nos perguntar se no horizonte de reflexão destes Autores que admitem a ressarcibilidade destes danos não estava precisamente o plano de instalar o incumprimento como prática comum no Direito do Desporto. De facto, se estes Autores queriam mostrar-se sensíveis à expetativa dos clubes que pretendem transferir os seus atletas durante a período de vida do contrato, querem com isso reconhecer que os contratos de trabalho dos praticantes desportivos eram firmados já com vista ao seu incumprimento, pelo menos por parte dos empregadores.

Não deixava de ser irónico que o trabalhador que rompia o seu contrato fosse encarado como um malfeitor para o Direito dos Contratos, fonte de danos que devem ser reparados integralmente, mas o empregador que pretendesse contratar o atleta para o "endossar" a um outro clube tivesse, por seu turno, uma expetativa juridicamente tutelável... No fundo, este discurso quer normalizar algo que o Direito encara como patológico, a saber, o fim do contrato antes do seu termo[1074], numa tendência que aparece pomposa

[1074] João Leal Amado, «Os «fundos de jogadores»: um breve olhar...», cit., pp. 185 ss. chamava a atenção para este facto a propósito dos "fundos de investimento". Merecem ser citadas as suas observações que nos parecem transponíveis para o fenómeno que apontámos no texto. De resto, os dois fenómenos andam muitas vezes de mãos dadas. Diz o Autor que "a actividade do Fundo caracteriza-se, pois, por ser sobremaneira especulativa, postulando, afinal, que os contratos de trabalho desportivo não venham a ser pontual e escrupulosamente cumpridos pelos contraentes.

e linguisticamente maquilhada como um "florescente mercado de contratos em curso de execução"(!)[1075].

Mais: não deixa de ser mesmo preocupante que, de uma forma geral, certos atores desportivos encarem como abusiva e intolerável a postura de certos atletas ou treinadores desportivos que pretendem cumprir os seus contratos até ao fim (!). Multiplicam-se os casos de treinadores desportivos, cujo projeto desportivo fracassou, ou de atletas, cujo rendimento ficou abaixo do esperado, que manifestam publicamente a sua vontade de cumprir os seus contratos até ao seu termo, mas que, por isso, são encarados como oportunistas[1076]. Aliás, essas situações estão mesmo na base de estratégias dos clubes desportivos que acima identificámos até como configurando assédio laboral[1077]. Em síntese, pensamos que João Leal Amado faz uma observação certeira quando assinala que "a salvaguarda do valor fundamental da liberdade de trabalho impõe, justamente, que o legislador envie uma mensagem forte aos «operadores» desta indústria: a de que nem todos os investimentos são tutelados pelo direito, a de que, ainda quando se pague muito (ao clube anterior) pela «aquisição» de um futebolista, tal «aquisição» traduz-se, tão-só, na constituição de um vínculo laboral entre as partes e não num qualquer

Em linguagem corrente, dir-se-ia que à SAD, enquanto entidade empregadora desportiva titular de um contrato a termo com o jogador alvo, caberá evitar que este contrato caduque pelo decurso do prazo, devendo assim «transaccionar» o jogador na vigência do contrato de trabalho, repartindo depois as receitas desta operação com o Fundo, tendo em conta a percentagem do passe por este detida. A reificação do jogador, a sua redução ao estatuto de simples mercadoria (ainda que, porventura, uma mercadoria cara...) revela-se aqui de uma forma ostensiva (...) No plano da dinâmica negocial, não deixa de ser irónico verificar que o impacto destes «fundos de jogadores» se traduz num «sobreaquecimento» do mercado de trabalho desportivo, na medida em que aqueles fundos vinculam o clube-empregador a diligenciar no sentido de transaccionar o jogador alvo *medio tempore*, durante a vigência do respectivo contrato de trabalho, em lugar de, como seria de esperar, ambos os contraentes actuarem movidos pelo propósito de cumprir escrupulosamente os termos do contrato de trabalho desportivo que celebraram. Constatação algo irónica, como se disse, visto que os clubes reclamam do ordenamento jurídico, não raro, a predisposição de instrumentos jurídicos que assegurem a estabilidade contratual nas suas relações com os jogadores, mas acabam, em virtude dos compromissos assumidos perante estes «fundos de investimento», por tentar transaccionar sistematicamente os jogadores, não permitindo que os contratos sejam cumpridos até ao seu *terminus* natural (isto é, até à verificação do respectivo termo resolutivo)".

[1075] Para usar a expressão crítica de João Leal Amado / Daniel Lorenz, «Os chamados "direitos económicos"...», cit., p. 192.

[1076] Neste sentido também João Leal Amado, «Barcelona e Dembéle...», cit., p. 17.

[1077] § 4.3.4. O assédio moral.

vínculo de natureza dominial, em que o praticante passe a ser objecto de uma espécie de direito real do clube contratante/«comprador»"[1078].

§ 6.3.1.1. Responsabilidade solidária do novo clube

Bibliografia específica: Patrícia Franco, «A cumplicidade na cessação do contrato de trabalho desportivo», *Revista de Direito do Desporto*, 1 (2019), pp. 39-88.

Uma das normas mais sonantes do RCTPD[1079] é a que prevê a responsabilidade solidária do novo clube do atleta pelos danos causados pela cessação ilícita do contrato promovida pelo praticante desportivo. Precisamente com a epígrafe "responsabilidade solidária", lê-se no artigo 26.º, n.º 1, que "se o praticante fizer cessar o contrato unilateralmente e sem justa causa, presume-se que a nova entidade empregadora desportiva interveio, direta ou indiretamente, na cessação". O n.º 2 acrescenta que "se a presunção não for ilidida, a nova entidade empregadora desportiva responde solidariamente pelo pagamento da indemnização devida pela cessação do anterior contrato"[1080]. Fundamentalmente, o legislador determina aqui "uma situação de eficácia externa da obrigação, na projecção da chamada teoria do terceiro cúmplice"[1081].

A norma, replicando a regulamentação da FIFA[1082], "legaliza" uma solução que aparecia, no passado, na regulamentação federativa, e vai fundamentalmente ao encontro da reivindicação de alguma doutrina. Numa tese

[1078] João Leal Amado, «Ainda sobre as cláusulas de opção...», cit., pp. 224-225. Em termos próximos, João Leal Amado / Daniel Lorenz, «Os chamados "direitos económicos"...», cit., p. 196, onde os Autores afirmam que "o atleta não é, jamais, uma mera *res in patrimonio* (do clube-empregador ou do terceiro-investidor), o atleta é um sujeito, é uma pessoa que, como tal, controla o seu percurso profissional, decidindo se, para quem e em que termos irá ser transferido".

[1079] Pedro Almeida, «Os efeitos da resolução do contrato de trabalho desportivo...», cit., p. 316, fala aqui de "uma das mais relevantes intervenções do legislador". Nas palavras enfáticas de João Carvalho, «A proveniência do jogador de futebol», *Boletim da Ordem dos Advogados*, 21 (maio de 2019), disponível *online* (consultado a 10/06/2019), "a opção legislativa adotada nesta matéria deve ser objeto de análise profunda, pois, trata-se de um tema que *per si*, merece ser o artista a solo de variadíssimos estudos".

[1080] Nuno Vieira Pássaro, *Direito do Desporto*..., cit., pp. 48, fala de uma responsabilidade extra-contratual.

[1081] Maria do Rosário Palma Ramalho, *Tratado de Direito do Trabalho*..., cit., p. 490.

[1082] Cfr. artigo 17.º, n.º 5, do RETJ, onde se prevê que "o clube contratante é civilmente responsável caso "se considere ter induzido o jogador a violar um contrato durante o período protegido" e acrescenta que se "presume, salvo demonstração em contrário, que qualquer clube que inscreva um profissional que tenha rescindido o seu contrato sem justa causa o tenha induzido a tal rescisão".

que defende já desde o ano de 2002[1083], João Leal Amado falava, como que profeticamente, em artigo publicado no ano de 2007, de "uma via a ser explorada no contexto de uma reformulação do quadro normativo aplicável nesta matéria"[1084]. Por um lado, sentia-se a necessidade de implementar um regime de responsabilização de terceiros por forma a combater os comportamentos dos clubes que conluiavam com o atleta, instigando-o à resolução ilícita do contrato[1085]. Por outro lado, a extensão do dano, muitas vezes na ordem dos milhares, quando não mesmo milhões de euros, tornava a responsabilidade patrimonial do praticante desportivo uma ilusão. Com base no argumento do *deepest pocket*, impunha-se a previsão de uma retaguarda indemnizatória mais segura para o clube lesado[1086].

Arrojado seria, mas talvez provocatório, fazer funcionar semelhante regra com vista à responsabilização solidária dos empresários desportivos[1087], já que estes, como se sabe, dão muitas vezes a sua autêntica "bênção" às decisões dos praticantes desportivos[1088]. Como já demos nota, a prática demonstra que "não poucas vezes os empresários desportivos revelam uma posição essencial

[1083] João Leal Amado, *Vinculação* versus *liberdade*..., cit., pp. 347 ss.

[1084] João Leal Amado, «Comentário de urgência...», cit., p. 511. Lúcio Miguel Correia, «O preço da responsabilidade...», cit., p. 163, parecia defender essa solução *de iure condito*: "por outro lado, igualmente, deve ser responsabilizado subsidiariamente, pelo pagamento dos montantes devidos *ex vi* da rescisão sem justa causa, o clube com quem o praticante desportivo venha a celebrar um novo contrato de trabalho desportivo no ano subsequente (ou na época desportiva subsequente)". Aplaudindo a solução legal, Pedro Almeida, «Os efeitos da resolução do contrato de trabalho desportivo...», cit., p. 318.

[1085] Levantando o problema do aliciamento por parte de clubes estrangeiros, mormente devido ao problema da aplicação da lei no espaço, Patrícia Franco, «A cumplicidade na cessação do contrato...», cit., pp. 83, n. 163.

[1086] Isto sem prejuízo do funcionamento de um aparelho de sancionamento num plano desportivo.

[1087] É certo que o RETJ, no n.º 5, do artigo 17.º, que "qualquer pessoa sujeita aos Estatutos da FIFA e aos Regulamentos da FIFA (dirigentes de clubes, agentes de jogadores, jogadores, etc.) que agir de forma a induzir uma rescisão de contrato entre um Profissional e um clube de modo a facilitar uma transferência do jogador será sancionada", mas a norma parece referir-se apenas a sanções de ordem desportiva e já não a responsabilidade civil. O recente FAR da FIFA, no seu artigo 22.º, n.º 2, estatui que "os agentes desportivos estão proibidos de abordar jogadores com contrato com um clube com a finalidade de os persuadir a rescindir o contrato prematuramente ou de violar qualquer obrigação estipulada no contrato. Deve presumir-se, salvo disposição em contrário, que qualquer agente desportivo envolvido numa ruptura contratual promovida pelo jogador sem justa causa induziu tal ruptura" (tradução livre nossa). Defendendo esta responsabilização, Patrícia Franco, «A cumplicidade na cessação do contrato...», cit., pp. 86 ss.

[1088] Felipe Augusto Loschi Crisafulli, «A possibilidade de os clubes de futebol...», cit., p. 61, n. 41.

no processo de ruptura contratual dos praticantes, tendo frequentemente uma acção impulsionadora naquele sentido, tendo em conta que o correcto cumprimento dos contratos não é economicamente vantajoso, para estes"[1089]. Na nossa doutrina, há quem escreva mesmo que "torna-se legítimo presumir-se que o empresário desportivo foi a chave e a principal causa da quebra do contrato de trabalho entre o jogador e clube"[1090].

Da nossa parte, uma vez que o regime não está pensado para os empresários desportivos, e sabendo-se que, tratando-se de uma regra excecional, não é permitida a aplicação analógica, a única possibilidade passará por recorrer à tutela delitual da eficácia externa do vínculo contratual, nos termos, ainda que restritos, em que ela tem sido aceite[1091].

Em relação aos seus pressupostos e ao seu funcionamento, esta norma merece várias observações.

Em primeiro lugar, esta responsabilidade apenas funciona nos casos em que o praticante promove a cessação do contrato e sem justa causa. Sendo assim, não há lugar à responsabilização de terceiros se, por exemplo, o atleta denuncia o contrato, com base em estipulação contratual, mas, por hipótese, não cumpre com a sua obrigação de pagar o valor convencionado. Nesses casos, e salvo melhor opinião, o clube apenas poderá demandar o praticante desportivo e já não qualquer outro clube com o qual este venha a celebrar um contrato de trabalho. Este regime de responsabilidade também não funciona se for o clube desportivo a resolver o contrato, ainda que com justa causa. Assim, se o atleta, devido ao seu comportamento, tornar insuportável a manutenção do contrato de trabalho, levando ao seu despedimento com justa causa, o clube não poderá acionar o novo clube do praticante desportivo. A solução talvez se compreenda mal porque o praticante desportivo, em conluio com o clube com quem pretende celebrar novo contrato de trabalho, pode alterar o seu comportamento, tornando-se um elemento "tóxico" do plantel, com vista a que seja o clube a despedi-lo com justa causa[1092].

[1089] Lúcio Correia, «O praticante desportivo profissional...», cit., p. 282. Mais recentemente, Id., *Regime jurídico dos praticantes desportivos profissionais...*, cit., pp. 76-77.

[1090] João Diogo Valente Manteigas, «Empresário desportivo: o princípio do fim?» in: *Estudos de Direito Desportivo em Homenagem a Albino Mendes Baptista*, Universidade Lusíada Editora, Lisboa, 2010, pp. 137-186, p. 151.

[1091] Sobre isto, ver por todos, Eduardo Santos Júnior, *Da responsabilidade civil de terceiro por lesão do direito de crédito*, Coimbra Editora, Coimbra, 2003.

[1092] Embora não invocando esta norma, Nuno Vieira Pássaro, *Direito do Desporto...*, cit., pp. 52, refere que o clube contratante pode ser responsabilizado em caso de existência de uma cláusula anti-rivais que seja violada pelo praticante desportivo.

Em segundo lugar, importa dizer que esta responsabilidade aparece sob a forma de uma presunção[1093], que o próprio legislador concebe como ilidível. Assim sendo, parece que este normativo não configura esta responsabilidade como objectiva, isto é, independente de culpa, até porque uma semelhante interpretação esvaziaria por completo o efeito da presunção. No entanto, o clube contratante pode ilidir a presunção, demonstrando que não teve qualquer participação na decisão do praticante desportivo de resolver o contrato sem justa causa[1094]. Não deixamos de notar, porém, que o clube terceiro deve, na prática, fazer prova de um facto negativo...

Em terceiro lugar, a responsabilidade é assacada ao "novo" clube do praticante desportivo, pelo que será de excluir a responsabilidade de qualquer clube que eventualmente tenha um vínculo anterior[1095].

Ao contrário do regime legal espanhol, o legislador português não consagra qualquer prazo limitador da responsabilidade do novo clube, ou seja, o novo clube poderá ser responsabilizado ainda que celebre o contrato de trabalho com o atleta, volvidas, por exemplo, duas épocas desportivas[1096].

Finalmente, e como decorre da epígrafe da norma, a responsabilidade é solidária. Tal equivale a dizer que o atleta que resolve ilicitamente o contrato de trabalho e o clube contratante respondem pela indemnização devida, podendo o clube lesado acionar qualquer um deles, ou ambos, pela totalidade do dano, sem prejuízo da previsão de regras de "regresso"[1097].

1093 Lúcio Correia, «A cessação...», cit., p. 143, refere que é necessária a prova de condutas desleais e anti-concorrenciais. Pedro Romano Martinez, «As cláusulas de rescisão...», cit., pp. 116 ss., referindo-se à regulamentação federativa, defendia que ainda nestes casos é necessária a prova da culpa do clube contratante.

1094 Para Joana Sá Pereira, «A demissão com justa causa do praticante desportivo...», cit., p. 64, o clube deverá fazer prova de que "não praticou nenhuma conduta desleal ou anti-concorrencial".

1095 Sobre isto, Patrícia Franco, «A cumplicidade na cessação do contrato...», cit., pp. 65 ss.

1096 Cfr. o artigo 16.º, n.º 1, do Real Decreto n.º 1006/1985, de 26 de junho, que estabelece que a responsabilidade se limita aos casos em que o novo contrato de trabalho vem a ser celebrado no prazo de um ano a contar da cessação do contrato de trabalho. Defendendo que o legislador português poderia ter implementado uma semelhante regra, Lúcio Correia, *Regime jurídico dos praticantes desportivos profissionais...*, cit., p. 380.

1097 Com efeito, de acordo com o artigo 26.º, do RCTPD, "sendo a indemnização satisfeita pela nova entidade empregadora desportiva, esta tem direito de regresso contra o praticante, na parte correspondente ao valor previsto no n.º 1 do artigo 24.º" (n.º 3) ou "sendo a indemnização satisfeita pelo praticante desportivo, este tem direito de regresso contra a entidade empregadora desportiva, na parte que exceda o valor previsto no n.º 1 do artigo 24.º" (n.º 4). Criticando estas regras, Pedro Almeida, «Os efeitos da resolução do contrato de trabalho desportivo...», cit., pp. 320 ss., defendendo uma divisão salomónica entre atleta e clube contratante.

§ 6.3.2. Tutela indemnizatória do praticante desportivo

Como já se disse, o RCTPD confere uma tutela indemnizatória plena também ao praticante desportivo[1098] embora, em rigor, o legislador apenas se refere aos casos em que o atleta resolve o contrato com justa causa (alínea d), do n.º 1, do artigo 24.º). *A contrario sensu*, parece que o legislador exclui esse regime indemnizatório quando é o clube que promove ilicitamente a cessação do contrato, ou seja, quando o praticante desportivo é ilicitamente despedido. No entanto, segundo a interpretação que temos como a melhor, a norma do n.º 1 também se deve aplicar, analogicamente, aos casos em que o despedimento é ilícito[1099]. Portanto, quer seja despedido com justa causa, quer seja o atleta que, pela sua própria mão, resolve o contrato com justa causa, o praticante desportivo pode exigir o pagamento de todos os danos causados, patrimoniais[1100] ou extra-patrimoniais[1101].

A propósito dos danos ressarcíveis, um dos problemas que mais se tem colocado é o de saber se os atletas (bem como, aliás, os treinadores desportivos) terão direito aos prémios por objetivos que tiverem sido contratualmente estipulados.

[1098] Elogiando a nova solução, que permite ao praticante desportivo ser ressarcido também por danos não patrimoniais, Pedro Almeida, «Os efeitos da resolução do contrato de trabalho desportivo...», cit., p. 305.

[1099] É a opinião de Lúcio Correia, «A cessação...», cit., p. 141.

[1100] Como aponta Víctor Manuel Seligrat González, «Acoso laboral en el deporte professional – delimitación de sus perfiles, naturaleza de la responsabilidad civil exigible, daños indemnizables y su reparación, *Revista Aranzadi de Derecho de Deporte y Entretenimiento*, 53 (2016), pp. 67-107, p. 103, a resolução do contrato com justa causa pelo praticante desportivo — ou, se quisermos, o despedimento sem justa causa — pode ser particularmente dramática para o atleta e, mais concretamente, para a sua profissionalidade. Basta pensar que, ao contrário dos demais trabalhadores, os praticantes desportivos estão muitas vezes impedidos de celebrar, ato contínuo, um novo contrato de trabalho, dadas as limitações impostas pela regulamentação federativa. O que também equivale a dizer que, durante esse período, o atleta fica impossibilitado de conservar as suas aptidões físicas e técnicas pelos meios mais desejáveis: terá de o fazer pelos seus próprios meios, o que, como facilmente se compreende, não são comparáveis aos meios do empregador. No mesmo sentido, João Zenha Martins, «A configuração legal do direito convencional...», cit., p. 16, afirma que "a falta de competição provoca danos significativos à profissionalidade". Recusando ao treinador desportivo o dano da "visibilidade", ver o ac. de 20/03/2023 do TRP (Paula Leal de Carvalho), proc. nr. 3754/19.7T8MAI.P2.

[1101] A este respeito, ver o ac. de 24/06/2020 do TRL (Leopoldo Soares), proc. nr. 1606/16.1T8BRR-4, que reconheceu os danos morais de um treinador "emprateleirado".

A questão já vem de longe. A primeira decisão judicial publicada que se conhece sobre o assunto remonta aos anos 60, num caso decidido pelo Supremo Tribunal Administrativo. Em causa estava, não um praticante desportivo, mas sim um treinador desportivo ilicitamente despedido pelo clube. No contrato de trabalho ficara estipulado que o treinador teria direito a um prémio de $ 150.000,00 (cento e cinquenta mil escudos) caso o clube conquistasse o título de campeão da 1.ª divisão e uma quantia, a combinar com o clube, mas que não iria além de 20% deste valor, caso o clube vencesse a Taça de Portugal. Ficou ainda estipulado, na cláusula 11.ª do contrato, que "se qualquer dos outorgantes deixar de cumprir as obrigações assumidas pelo presente contrato, o mesmo considera-se rescindido e terá de indemnizar a parte lesada, em quantia referente à importância total do contrato". No entendimento do Supremo Tribunal Administrativo, o treinador teria direito aos prémios contratualmente fixados pois "a esperança ou expectativa de vir a receber os prémios com os quais se pretendeu aliciar a sua vontade pode ser determinante na aceitação de um contrato, dando-lhe preferência sobre outro. É certo que a obtenção dos prémios não dependeria manifestamente apenas da actuação do A., mas também, além da própria sorte dos jogos, da actuação dos seus jogadores e da das equipas adversárias. A essas contingências estaria sujeita a perspectiva do recebimento dos prémios. Mas, através do despedimento – não justificado – do A., impediu o R., só por si que a condição pudesse verificar-se, amputando-a de um dos elementos indispensáveis – ou seja, a continuação do exercício do A."[1102].

Nos anos 80, o mesmo problema chegou novamente à apreciação dos nossos tribunais, envolvendo também um treinador. Tendo o contrato cessado, por iniciativa da entidade empregadora, e julgando-se tal cessação um despedimento ilícito, o Tribunal condenou o clube no pagamento das retribuições vincendas bem como de uma quantia de $ 50.000,00 a título de prémio de subida de divisão. O Tribunal valorou a cláusula contratual segundo a qual em caso de resolução do contrato com justa causa promovida pelo treinador desportivo, este teria direito a todos os salários "incluindo os prémios condicionados a objectivos e determinados eventos (prémios de qualificação, de jogos e outros)"[1103].

A esta decisão, favorável ao trabalhador, contrapôs-se, nos anos 90, uma decisão da Relação do Porto, à qual infelizmente apenas tivemos acesso ao

[1102] Ac. de 02/05/1967 do STA (Fernando Correia Pereira da Silva), ESC, 23 (1967), pp. 184-188.
[1103] Ac. de 12/07/1985 do STJ (Dias da Fonseca), BMJ, 349 (1985), pp. 325-328.

sumário, onde se lê, na parte decisória, que "não é devido a um treinador de futebol o prémio de $ 300.000,00 (trezentos mil escudos) estabelecido se o clube se classificasse nos primeiros seis lugares da sua zona, se o mesmo treinador não provou essa classificação"[1104]. Volvido um mês, a Relação de Lisboa voltou a pronunciar-se sobre uma situação semelhante, mas considerou, inversamente, que o treinador desportivo já teria direito, porque estariam em causa, segundo o contrato, "prémios condicionados à realização de determinados eventos independentemente da sua verificação"[1105]. No entanto, e mais uma vez, apenas tivemos acesso ao sumário da decisão.

Já neste século, a Relação de Coimbra foi chamada a decidir o litígio que colocou em confronto um treinador desportivo e uma Associação Desportiva. O treinador resolvera o contrato com justa causa com fundamento em incumprimento da obrigação de pagar pontualmente a retribuição. Para além da avaliação da justa causa, o Tribunal teve de apurar o montante indemnizatório. O contrato de trabalho que ligava as partes previa uma cláusula nos termos da qual "(...) se o segundo contraente for obrigado a rescindir o contrato com justa causa, terá este o direito de receber uma indemnização correspondente a todas as prestações vincendas previstas neste contrato, incluindo os prémios condicionados à realização de determinados eventos". Ora, o Tribunal, trabalhando a partir das regras gerais em matéria de interpretação das declarações negociais, concluiu que "se o contrato tivesse a sua duração temporal prevista (a denominada "época futebolística") nada podia afastar, em teoria pelo menos, a hipótese de o clube em questão conseguir alcançar os desideratos desportivos, melhor dito competitivos, elencados no dito convénio. E, se tal ocorresse, fora de dúvidas estava que o Autor teria direito a perceber tais prémios. Daí que, justificada do ponto de vista lógico, se mostra a sua inclusão no montante indemnizatório a pagar pela empregadora, no caso de por seu incumprimento o contrato ter findado prematuramente"[1106].

Mais recentemente, o Supremo foi confrontado com o caso de um treinador contratado para as temporadas 2002/2003 e 2003/2004, mas despedido em junho de 2003, despedimento esse que viria a ser julgado ilícito. Entre outras quantias, o trabalhador peticionou a condenação do clube no pagamento dos prémios por objetivos que ficaram contratualmente acordados, respeitantes à época em que, por causa do seu despedimento, não pôde

1104 Ac. de 15/06/1992 do TRP (José Correia), proc. nr. 9250139 (sumário).
1105 Ac. de 07/07/1992 do TRL (Álvaro Vasco), proc. nr, 0077444 (sumário).
1106 Ac. de 04/03/2003 do TRC (Serra Leitão), CJ, 2003, II, pp. 52-54.

liderar a equipa, ou seja, à época 2003/2004. Mais concretamente, o treinador desportivo peticionou o prémio correspondente à vitória nas "meias-finais" da Taça de Portugal e na "final" da Taça de Portugal, bem como um prémio pela qualificação da equipa para uma das competições europeias, nessa época. O trabalhador não teve sucesso. Entendeu o Supremo que "verificando-se um despedimento ilícito, não se mostra consentâneo com os princípios que regem tal matéria que a entidade empregadora, uma sociedade desportiva, deva indemnizar o trabalhador, um treinador de futebol, como se todas as metas e objectivos previstos no contrato tivessem sido atingidos. Tal significaria converter, após o despedimento, algo que era aleatório em algo certo". Acrescentou o Tribunal que "não se pode aceitar que, estando em causa a atribuição de determinados prémios, com natureza aleatória, dependentes (entre o mais) da actividade do trabalhador/treinador, o valor daqueles venha a ser fixado em função da actividade de um terceiro (trabalhador/treinador). E isto independentemente de serem bons ou maus os resultados obtidos por esse terceiro, pois em tal caso a *alia* que impendia sobre o treinador despedido acabava por ser transposta para um terceiro e aquele (treinador inicial) limitava-se a beneficiar ou não (consoante os resultados desportivos obtidos) da actividade do treinador substituto"[1107].

Feita a recensão jurisprudencial, pensamos que é necessário distinguir duas hipóteses. Em primeiro lugar, podemos identificar os casos em que as partes fixam e liquidam que a indemnização a receber pelo praticante desportivo ou pelo treinador inclui os prémios condicionados a objetivos, o que nos parece uma cláusula perfeitamente válida.

Diferentes serão os casos em que, na ausência de qualquer estipulação contratual, se pode discutir se esses prémios entram, e com que fundamento, no raio de ação da tutela indemnizatória do praticante desportivo (ou do treinador). Lembrando que, nos termos do n.º 2, do artigo 25.º, do RCTPD, "pode ser fixada uma indemnização de valor superior ao que resulta da aplicação do número anterior, *sempre que a parte lesada comprove que sofreu danos de montante mais elevado*" (sublinhado nosso), o problema está em saber, tal como acontece no regime geral[1108], se os prémios que o trabalhador deixou de auferir podem entrar nesse cômputo indemnizatório.

[1107] Ac. de 12/09/2007 do STJ (MARIA LAURA LEONARDO), proc. nr. 06S4107, já citado.

[1108] Cfr. artigo 393.º, n.º 2, alínea a), do CT09, onde se prevê que "o empregador é condenado... no pagamento de indemnização dos danos patrimoniais e não patrimoniais, que não deve ser inferior ás retribuições que o trabalhador deixou de auferir desde o despedimento até ao termo certo ou incerto (...)". Com interesse para esta questão, os nossos tribunais já decidiram o trabalhador não

Tendo sido abandonada a velhinha *conditio sine qua non*, segundo a qual a obrigação indemnizatória deveria cobrir todos os danos que sobreviessem ao dano ou, se quisermos, a doutrina da equivalência das condições, segundo a qual todas as condições sem as quais o dano não se teria produzido podem ser consideradas como causas do dano, o entendimento dominante, que recebeu acolhimento na lei, é o da relação de adequação entre o facto danoso e o dano. Segundo os princípios assentes da responsabilidade civil e da tutela indemnizatória, o lesante deve colocar o lesado na situação em que provavelmente estaria se o facto danoso — no caso, a resolução ilícita — não tivesse ocorrido. A reconstrução da situação hipotética que existira se não tivesse ocorrido o evento lesivo baseia-se numa ideia de probabilidade objetiva ou na apreciação da causa como idónea segundo um juízo de apreciação sobre a adequação abstrata baseada na ideia de probabilidade objetiva[1109]. Como sabemos, no caso mais específico da responsabilidade contratual, tem vindo a estabilizar-se, quer na doutrina como na jurisprudência, a tese segundo a qual a parte infiel deve indemnizar a parte lesada pelo interesse contratual positivo[1110].

Partindo destes princípios fundamentais, pensamos, segundo uma ideia de probabilidade razoável, que só a custo se pode dizer que a resolução ilícita do contrato impediu o praticante desportivo ou o treinador de obter os prémios a que eventualmente aspirava. Sendo certo, parafraseando J. Baptista Machado, que "ter um direito condicionado não é mesmo que não ter qualquer direito"[1111] e que "a situação jurídica condicional confere o direito de exigir a manutenção do estado de coisas, a situação objetiva, de modo a que, uma vez verificada a condição, a aquisição possa automaticamente produzir os seus efeitos"[1112], a verdade é que o trabalhador desportivo que é despedido

tem direito ao prémio de produtividade se resolveu o contrato ainda que com justa causa. Isto porque o prémio de produtividade apenas se vencera no final daquele ano e, assim sendo, o direito a esse prémio não tinha ainda nascido na esfera jurídica do trabalhador no momento em que este resolve o contrato. Ver ac. de 15/11/2000 do TRC (Serra Leitão), CJ, 2000, V, pp. 62-63.

1109 Relembrando a lição de Francisco Manuel Pereira Coelho, «O nexo de causalidade na responsabilidade civil», *Boletim da Faculdade de Direito*, 1951 – Suplemento IX, pp. 65-242. p. 223, é ressarcível "o lucro que, com certa probabilidade, fosse de esperar, atendendo ao curso normal das coisas ou às especiais circunstâncias do caso concreto".

1110 Ver, por todos, José Carlos Brandão Proença, *Lições de cumprimento e não cumprimento das obrigações*, Universidade Católica Editora, 2.ª ed., Porto, 2017, pp. 377 ss.

1111 João Baptista Machado, «A cláusula do razoável» in: *Obra dispersa*, Vol. I, Scientia Ivrdica, Braga, 1991, pp. 457-621, p. 491.

1112 Aproveitando a passagem de Ana Isabel Afonso, *A condição — reflexão crítica em torno de subtipos de compra e venda*, Universidade Católica Editora – Porto, Porto, 2014, p. 247.

numa fase bem prematura da época, momento em que o horizonte daquelas vitórias e objetivos está ainda bem longínquo, não pode alegar que a resolução o impediu, com probabilidade séria, de atingir os objetivos a que se tinha proposto. Estamos em crer que não basta dizer que esses objetivos seriam teoricamente alcançáveis ou, para utilizar uma expressão que se tornou moeda corrente no Desporto, "matematicamente possíveis". Seria conforme à boa-fé a pretensão de um treinador desportivo que, ilicitamente despedido logo no início da época, vem exigir judicialmente o prémio correspondente à conquista da *Champions League*?

Lançada a nossa posição nestas bases, também consideramos que é precisamente aquela ideia de probabilidade objetiva que pode justificar, a nosso ver, que o trabalhador possa demandar a entidade empregadora exigindo o valor dos prémios correspondentes a objetivos que, com elevada probabilidade, seriam cumpridos. Assim, por exemplo, o treinador desportivo que é despedido na reta final da temporada quando a posição na tabela classificativa permite antever que o clube, com elevada probabilidade, se apurará para uma competição europeia, não poderá demandar o correspondente prémio? O treinador desportivo que, na prática, já garantiu a manutenção, pois só uma hecatombe de resultados nas derradeiras jornadas colocaria o clube nos lugares de despromoção, não poderá exigir o pagamento do correspondente prémio se, por hipótese, foi forçado a resolver o contrato com justa causa?

§ 6.3.2.1. Dedução do *aliunde perceptum*

Uma das novidades do RCTPD, que já tinha sido aventada pela Comissão de Revisão[1113], foi a supressão da norma, prevista no regime anterior[1114] e na CCT aplicável ao futebol profissional[1115], onde se previa a dedução do

[1113] Na nota preambular diz-se apenas que "merece destaque a eliminação (...) (d)a dedução do chamado *aliunde perceptum*, solução que poderia estimular a inércia do praticante desportivo e, no limite, premiar a entidade empregadora Autora do despedimento ilícito, que seria a grande beneficiária do labor do praticante após o despedimento".

[1114] Previa o artigo 27.º, n.º 3, da Lei n.º 28/98, de 26 de junho, que à indemnização deviam ser deduzidas "as remunerações que, durante o período correspondente à duração fixada para o contrato, o trabalhador venha a receber pela prestação da mesma actividade a outra entidade empregadora desportiva".

[1115] Assim, no artigo 48.º, n.º 1, determina-se que "a rescisão do contrato (...) confere ao jogador o direito a uma indemnização correspondente ao valor das retribuições que lhe seriam devidas se o contrato de trabalho tivesse cessado no seu termo, *deduzidas das que eventualmente venha a auferir pela mesma atividade a partir do início da época imediatamente seguinte àquela em que ocorreu a rescisão e até ao termo previsto para o contrato*" (sublinhado nosso).

aliunde perceptum. A solução da Lei n.º 28/98, de 26 de junho, era criticada pela doutrina[1116] e, inclusivamente, a sua inconstitucionalidade foi uma tese que chegou a ser levada à consideração dos nossos tribunais[1117]. No essencial, argumentava-se que não era compreensível que o regime do praticante desportivo decidisse pela dedução das retribuições auferidas pelo atleta durante o período de apreciação da licitude da cessação do contrato, quando, no regime laboral comum, justamente no caso do contrato de trabalho a termo, as retribuições vincendas representam o mínimo indemnizatório a receber pelo trabalhador, não havendo lugar a qualquer dedução do *aliunde perceptum*.

Embora o silêncio do legislador desportivo nem sempre signifique a inaplicabilidade de certas regras laborais comuns, como já vimos noutros lugares, pensamos que a ausência da referência às deduções do *aliunde perceptum* só pode ser entendida como uma opção do legislador no sentido de não haver lugar a estas deduções no caso de despedimento ilícito no contexto do contrato de trabalho do praticante desportivo[1118]. Parece-nos que, convocando a aplicação do regime laboral comum, o valor das retribuições vincendas representa o valor indemnizatório mínimo, tal como acontece para a generalidade dos contratos de trabalho a termo. Com efeito, estamos em crer que é esta a solução que melhor condiz com o regime aplicável à indemnização no caso da resolução do contrato a termo onde se tem entendido que a indemnização prevista na lei — o valor das retribuições vincendas — é um valor mínimo, protegido, portanto, da dedução de eventuais ganhos posteriores do trabalhador. Mais uma vez, não se vê razões para sujeitar o praticante desportivo a um tratamento diferenciado, por comparação com os trabalhadores comuns, sobretudo se pensarmos na curta carreira destes profissionais[1119].

[1116] João Leal Amado, *Vinculação* versus *liberdade...*, cit., pp. 305-306. O Autor retoma as críticas que havia tecido em anotação ao regime legal de 1995: Id., *Contrato de trabalho desportivo...* [1995], cit., pp. 78-79.

[1117] Ver, embora rejeitando a tese da inconstitucionalidade da solução legal, o ac. de 22/06/2017 do STJ (Ferreira Pinto), proc. nr. 2059/14.4/TTLSB.L1.S1, e ac. de 11/09/2019 do STJ (Ferreira Pinto), proc. nr. 914/14.0TTLSB.L1.S1.

[1118] Em comentário à norma, João Leal Amado, *Contrato de trabalho desportivo...* [2017], cit., pp. 150-151.

[1119] Contra, cfr. o ac. de 20/03/2023 do TRP (Paula Leal de Carvalho), proc. nr. 3754/19.7T8MAI.P2.

§ 6.4. Reintegração do praticante desportivo

Ao contrário das leis anteriores, o regime atualmente em vigor é omisso quanto à reintegração do atleta ilicitamente despedido. Se o regime de 1998, bem como, aliás, o regime de 1995, associavam expressamente a reintegração do atleta à ilicitude da cessação do contrato de trabalho promovida pelo empregador[1120], o RCTPD deixou, pura e simplesmente, de fazer referência à consequência reintegratória.

À primeira vista, parece que o legislador escutou as críticas que a doutrina dirigia à solução da lei anterior[1121]. A opção legislativa a favor da reintegração do atleta ilicitamente despedido era encarada, pela doutrina, como desadequada no contexto específico desportivo. Por um lado, a relação laboral desportiva é, pelo menos no entendimento dominante, uma relação de trabalho marcadamente fiduciária e o despedimento, ilícito ou não, levaria inevitavelmente (se não lhe serviu já de pressuposto) a uma degradação dessa confiança. Por outro lado, acredita-se que a reintegração do atleta ilicitamente despedido pode revelar-se altamente prejudicial para valores tidos como sagrados no contexto desportivo. Pense-se o quão disruptivo pode ser para a chamada "paz do balneário" que um atleta mal visto seja novamente reintegrado, contra a vontade do *staff* técnico e, até, dos colegas de equipa. Acresce que essa reintegração também pode ser encarada como provocatória pela massa adepta e simpatizantes do clube[1122]. A incompatibilidade da reintegração com a atividade desportiva seria ainda mais evidente no caso dos treinadores desportivos[1123].

[1120] Cfr. artigo 27.º, n.º 2, da Lei n.º 28/98, de 26 de junho, onde se previa que "quando se trate de extinção promovida pela entidade empregadora, o disposto no número anterior não prejudica o direito do trabalhador à reintegração no clube em caso de despedimento ilícito". De resto, por força do artigo 42.º, n.º 2, aditado pela Lei n.º 114/99, a violação daquele artigo 27.º, n.º 2, era sancionada contra-ordenacionalmente. O artigo 21.º, n.º 2, do Decreto-Lei n.º 305/95, de 18 de novembro, também estabelecia o princípio. Na jurisprudência, ver ac. de 06/11/2019 do TRL (Leopoldo Soares), proc. nr. 914/14.0TTLSB.L1-4.

[1121] João Leal Amado, *Vinculação* versus *liberdade*..., cit., pp. 302-303, Lúcio Correia, *Limitações à liberdade contratual*..., cit., p. 73, n. 127 (com início na p. 72), Albino Mendes Baptista, «Especificidades do contrato de trabalho desportivo...», cit., p. 31, Id., «Para uma leitura serena e atenta...», cit., p. 27, n. 29, onde o Autor diz mesmo que "só quem não sabe minimamente o que é a realidade desportiva é que pode pensar que esta solução tem alguma razoabilidade", e Joana Farrajota, *A resolução do contrato sem fundamento*..., cit., p. 150.

[1122] Lúcio Correia, *Regime jurídico dos praticantes desportivos profissionais*..., cit., p. 370.

[1123] Albino Mendes Baptista, «É o regime laboral comum aplicável...», cit., p. 137. Contra, aparentemente, afirmando até a ilegalidade da norma do CCT aplicável aos treinadores desportivos, Ricardo Nascimento, «Em busca de um regime jurídico-laboral específico...», cit., p. 69.

De resto, também no trabalho dos artistas e profissionais de espetáculos, cujo regime é igualmente omisso quanto às consequências da ilicitude do despedimento, há quem entenda, com semelhantes fundamentos, que a reintegração não é aplicável[1124].

No plano do Direito legislado, estaríamos perante mais um caso em que o silêncio do legislador teria valor eloquente. Por outras palavras, com a supressão da referência, o legislador quis, aparentemente, excluir a tutela reintegratória ao praticante desportivo[1125]. Contudo, a partir do momento em que a reintegração é um corolário da norma fundamental nos termos da qual "é garantida aos trabalhadores a segurança no emprego, sendo proibidos os despedimentos sem justa causa ou por motivos políticos ou ideológicos"[1126], será a interpretação conforme ao Direito Constitucional Laboral?

Como ponto de partida, importa considerar que uma semelhante interpretação não poderá ser vista como um caso exótico ou sem precedentes no Direito do Trabalho positivo. Para além dos artistas e profissionais de espetáculos, como acima se disse, embora aí de fonte pretoriana, a reintegração

[1124] Com esta opinião, Albino Mendes Baptista, «Subsídios para a criação de um regime...», cit., pp. 35-36: "pense-se, por agora, por exemplo, na necessidade de enquadrar legalmente a "relevância do público", inclusive para efeitos de definição de deveres laborais ou de criação de novas formas de cessação do contrato ou na reconfiguração destas regras, como será o caso da "tutela reintegratória".

[1125] É essa a opinião de João Leal Amado, *Contrato de trabalho desportivo...* [2017], cit., p. 152, Diogo Leote Nobre, «Justa causa...», cit., pp. 257-258, João Zenha Martins, «Contrato de trabalho desportivo: prelúdios...», cit., p. 510, n. 81 (defendendo que a tutela reintegratória do atleta ilicitamente despedido representa uma "clara desconsideração pela matriz pluralista do Direito do Trabalho"), Id., «Contrato de trabalho desportivo...», cit., p. 86 (falando, entre outros, de um "instituto especificamente enraizado"), Id., «Contrato de trabalho desportivo e (in)admissibilidade...», cit., p. 86 (afirmando que havia a "a necessidade de um diploma específico para o contrato de trabalho desportivo espelha a necessidade de encontrar critérios que quadrem... a inexistência de um direito à reintegração do praticante desportivo em caso de despedimento ilícito"), «Lúcio Correia, «A cessação...», cit., p. 141 e Maria do Rosário Palma Ramalho, *Tratado de Direito do Trabalho...*, cit., p. 489, Pedro Monteiro Fernandes, «Despedimento do praticante...», cit., pp. 133-134. Para quem entenda que a reintegração não é aplicável no contexto desportivo, importa considerar que essa tese tem ainda outras consequências. Assim, concretamente, excluída que fica a possibilidade de reintegração, o atleta também não poderá lançar mão de mecanismos que estão na dependência lógica e funcional: pense-se na providência cautelar de suspensão dos efeitos do despedimento. Assim, atentamente, João Leal Amado, *Contrato de trabalho desportivo...* [1995], cit., p. 83. Forçando um pouco a nota, tem sido essa a interpretação dos tribunais quanto ao trabalho doméstico que, como vimos, também exclui, por princípio, a reintegração do trabalhador: nesse sentido, ac. de 26/06/2002 do TRL (Ferreira Marques), proc. nr. 0012864 e ac. de 21/04/1993 do TRL (Andrade Borges), CJ, 1993, III, p. 166 (página única).

[1126] Assim, expressamente, José Joaquim Gomes Canotilho / Vital Moreira, *Constituição da República Portuguesa anotada*, Coimbra Editora, Coimbra, 2007, p. 710 (anotação ao artigo 53.º).

aparece excluída noutros casos, motivada pela ideia, como se exprime o Tribunal Constitucional, de que, em certos casos, "a ruptura da relação laboral pode suscitar problemas de incontornável gravidade, directamente projectados na própria laboração empresarial. Problemas de incontornável gravidade, esses, que são os elementos objectivos decisivos para a não reintegração. Não pode, pois, dizer-se que esta é causada pelo empregador, ou que o novo regime corresponda à previsão de uma nova causa de cessação do contrato de trabalho por vontade do empregador"[1127]. É o caso, designadamente, das microempresas ou dos trabalhadores que exerçam cargos de administração ou direção[1128]. É ainda o caso, buscando noutras latitudes, do contrato de trabalho doméstico[1129]. Aliás, não falta mesmo quem defenda que "mesmo na ausência de regimes especiais é possível defender que em certas situações não é aplicável a norma legal que atribui o direito à reintegração na empresa"[1130] e, por isso, a tutela reintegratória está afastada noutros casos em que a relação de confiança assim o imponha[1131].

Será esse o caso, por identidade ou até maioria de razão, do regime do praticante desportivo? Se, em 1995 e 1998, o legislador acolheu "o princípio da coercibilidade do vínculo"[1132], poderá dizer-se, com segurança, que "a voluntariedade da relação desportiva não convive facilmente com a coercibilidade do vínculo jurídico-laboral do praticante"[1133]? A resposta não é, a nosso ver, linear.

O foco de conflito que ditou o despedimento do trabalhador pode, na verdade, já não existir à data em que a reintegração ocorre. Na verdade, hoje as equipas técnicas e a composição dos plantéis alteram-se radicalmente no espaço de apenas uma época desportiva. Suponha-se que o praticante desportivo se desentende acesamente com um colega, de onde vem a resultar o seu despedimento. Imagine-se que esse desentendimento gera, também, um pesado desconforto na esfera da equipa (por exemplo, outros jogadores incompatibilizam-se com o jogador na sequência daquela ocorrência).

[1127] Ac. n.º 306/2003 do TC, proc. nr. 382/2003.

[1128] Cfr. artigo 392.º, n.º 1, do CT09.

[1129] Cfr. artigo 31.º, n.º 1, do Decreto-Lei n.º 235/92, de 24 de outubro.

[1130] PEDRO FURTADO MARTINS, *Despedimento ilícito...*, cit., p. 30.

[1131] PEDRO FURTADO MARTINS, *Despedimento ilícito...*, cit., p. 28, dando o exemplo, p. 29, de várias relações jurídicas onde a regra da reintegração não está prevista (trabalho em partidos políticos, instituições religiosas), etc.

[1132] JOÃO LEAL AMADO, *Contrato de trabalho desportivo...* [1995], cit., p. 83.

[1133] JOÃO LEAL AMADO, *Vinculação* versus *liberdade...*, cit., p. 304.

Pode perfeitamente suceder, e não raro sucede, que, no momento em que acontece a reintegração, esses mesmíssimos atletas já não estejam no plantel. Como, aliás, a própria estrutura técnica, e quiçá até a diretiva, já não estejam igualmente no clube. Faz sentido recusar a reintegração ao atleta como base num potencial foco de conflito que, em rigor, já não existe?

Por outro lado, o argumento de que a reintegração do atleta pode curto-circuitar com a vontade da massa adepta é um ponto de vista que pode e deve ser relativizado. Basta pensar que pode acontecer que a massa adepta esteja justamente com o atleta ilicitamente despedido e pretenda o seu regresso à equipa. Em síntese, pensamos que a tese de que a reintegração é gravemente prejudicial para o "grupo de trabalho", que gera a "conflitualidade latente" de que fala João Leal Amado[1134], é uma construção que dá por demonstrado um resultado que carece de demonstração. Não se ignora que a reintegração possa, muitas vezes, redundar nesse prejuízo. O que rejeitamos é a assunção de que é isso que se passa inevitavelmente. Daí que recusemos, sem mais, que a tutela reintegratória fique afastada do regime do praticante desportivo. Assim, e salvo melhor opinião, a reintegração do praticante desportivo não é incompatível com a natureza especial do trabalho desportivo, sendo aplicável a esta relação especial de trabalho.

No caso dos treinadores desportivos, para quem os conceba como cargos diretivos[1135], fica em aberto, a nosso ver, a aplicação da norma da regra do artigo 392.º, n.º 1, do CT09, desde que, nos termos da disposição legal, o clube apresente "factos e circunstâncias que tornem o regresso do trabalhador gravemente prejudicial e perturbador do funcionamento da empresa".

§ 6.5. A (in)admissibilidade da condição resolutiva

Em princípio, o Direito do Trabalho não admite a aposição de condições resolutivas no contrato de trabalho, pois, caso contrário, seria possível defraudar as regras gerais em matéria de cessação e, mais concretamente, a proibição de despedimentos sem justa causa[1136]. Pense-se, por exemplo,

[1134] João Leal Amado, *Contrato de trabalho desportivo...* [2017], cit., p. 151.

[1135] § 2.2.2. O treinador desportivo.

[1136] Sobre isto, ver, em geral, João Leal Amado, «Contrato de trabalho e condição resolutiva (breves considerações a propósito do Código do Trabalho)» in: *Estudos de Direito do Trabalho em Homenagem ao Professor Manuel Alonso Olea*, Almedina, Coimbra, 2004, pp. 343-356 (= *Temas Laborais*, Coimbra Editora, Coimbra, 2005, pp. 41-55).

na hipótese de prever que o contrato de trabalho cessa caso o trabalhador falte 3 vezes seguidas ou 8 vezes interpoladamente quando, nos termos gerais, são 5 e 10 faltas, respetivamente, aquelas que justificam o despedimento do trabalhador.

Acontece que o jogo de interesses da atividade profissional desportiva pode tornar juridicamente admissíveis — e até aconselháveis — as condições resolutivas[1137]. Pelo menos, "a sua rejeição liminar relevaria de algum conceitualismo, desconhecendo a realidade dos interesses em presença nesta muito particular relação laboral"[1138]. Pense-se no acordo entre entidade desportiva e atleta pelo qual se prevê que o contrato se dissolverá se o clube descer de divisão[1139]. Neste caso existem interesses de ambas as partes que o Direito, neste contexto, não deveria ignorar: o clube, preterido para uma liga inferior, pode ter um interesse legítimo em reestruturar o seu plantel ou reduzir a massa salarial porque a descida de divisão significa uma quebra significativa de receitas. Ao ver o clube onde alinha ser despromovido, o atleta, por seu turno, também pode ter todo o interesse em desvincular-se por não pretender jogar num escalão inferior, o que tem (ou pode ter) um impacto sumamente negativo ou depreciativo na sua valorização profissional[1140]. Aliás, aos olhos

[1137] Admitindo a condição resolutiva, Albino Mendes Baptista, «Especificidades do contrato de trabalho...», cit., pp. 32-33, referindo mesmo que "as coisas devem ser vistas por um prisma radicalmente distinto", João Leal Amado, *Vinculação* versus *liberdade*..., cit., pp. 223 ss. (é do maior interesse recordar que, em geral, o Autor, em «Contrato de trabalho e condição resolutiva...», cit., pp. 343 ss., se opõe à aponibilidade de condições resolutivas no contrato de trabalho, mas acrescenta, p. 355: "tudo isto, note-se, vale relativamente ao trabalhador comum, pois casos há em que a resposta poderá ser diferente. É, desde logo, o que se passa em sede de contrato de trabalho desportivo, onde a condição resolutiva pode assumir contornos de autêntico instrumento de libertação contratual para o praticante desportivo"), Archer Azevedo, «(In)aponibilidade da condição resolutiva ao contrato de trabalho», *Questões Laborais*, 50 (2017), pp. 153-178, especialmente, pp. 171 ss. No mesmo sentido, João Leal Amado / Milena Silva Rouxinol / Joana Nunes Vicente / Catarina Gomes Santos / Teresa Coelho Moreira, *Direito do Trabalho*..., cit., pp. 428-429, n. 121. Já quanto às condições suspensivas, ver João Zenha Martins, «A vinculação laboral desportiva...», cit., p. 335.

[1138] João Leal Amado, *Vinculação* versus *liberdade*..., cit., p. 229.

[1139] João Zenha Martins, «Os futebolistas profissionais e as cláusulas...», cit., p. 260, considera que se trata de uma cláusula de rescisão a cláusula mediante a qual se "atribua ao atleta o direito de cessação unilateral do contrato caso não logre participar em pelo menos metade dos jogos oficiais do calendário desportivo, para o que terá de pagar ao clube um montante cifrado em 50% das retribuições vincendas".

[1140] Citando o já citado ac. de 24/01/2007 do STJ (Mário Pereira), proc. nr. 06S1821, "estamos numa área de actividade com natureza e fisionomia próprias, em que os empregadores visam a obtenção de resultados, não apenas económicos, mas também desportivos, não raramente

do praticante desportivo esta solução faz particular sentido se pensarmos que o jogador não pode denunciar livremente o contrato[1141]. A CCT aplicável ao futebol profissional admite expressamente as condições resolutivas[1142], mais concretamente, por eventual "extinção do contrato em caso de descida de divisão ou sociedade desportiva". A contratação coletiva utiliza o advérbio "nomeadamente", que é um indicador na linguagem jurídica de que estamos perante uma mera exemplificação.

Segundo pensamos, já não será admissível uma condição resolutiva que pretenda, na verdade, iludir as normas laborais ou defraudar os direitos e garantias do trabalhador, sobretudo quando o evento estiver na esfera de controlo do empregador[1143]. Para além do exemplo dado introdutoriamente, seria o caso de se estipular que o contrato de trabalho de um treinador desportivo cessa se, por exemplo, a equipa averbe mais do que certo número de derrotas consecutivas ou se, numa clara medida de insatisfação com o trabalho do atleta, um futebolista não marque mais do que um determinado número de golos. Ao contrário do que já foi admitido por tribunais espanhóis, não serão lícitas, a nosso ver, cláusulas que permitam ao empregador resolver o contrato caso o trabalhador não cumpra objetivos traçados[1144], como também não serão lícitas cláusulas que façam cessar o contrato se o atleta chumbar nos

interligados entre si, objectivos definidos por factores e conjunturas que se vão alterando (vg. por variação de disponibilidades financeiras, por vezes contingentes, como são, por exemplo, os patrocínios, ou o sucesso ou insucesso desportivo), o que reclama a possibilidade de adaptar a qualidade dos plantéis, isto é, o grupo de praticantes desportivos disponíveis, a esses objectivos".

1141 Archer Azevedo, «(In)aponibilidade da condição...», cit., pp. 171 ss., frisa justamente que a sua admissibilidade poderia servir de "contra-peso" à inexistência de um direito do praticante desportivo a denunciar o contrato. O Autor não deixa de dizer, porém, que "seria benéfico, tanto para os clubes como para o jogador, a intervenção do legislador, como forma de cimentar o regime legal que já se pratica no dia-a-dia, eliminando a existência de possíveis diferendos na admissibilidade de determinadas cláusulas" (p. 175).

1142 Cfr. artigo 41.º, n.º 1, alínea d).

1143 Como observa João Zenha Martins, «A configuração legal do direito convencional...», cit., pp. 13-14, se "não são rejeitáveis, com referência ao praticante, condições potestativas (*ad beneplacitum*) destinadas a beneficiá-lo, o mesmo não sucederá, face ao desvalor jurídico que ela traz consigo e diante do alcance da proibição de despedimentos sem justa causa, com uma *conditio si voluerit* em favor da entidade empregadora desportiva".

1144 Sobre isto, criticando as decisões dos tribunais espanhóis, António Monroy Antón, «El despido procedente de deportistas profesionales por incumplimiento de objetivos», *Diário La Ley*, 7450 (2010).

exames médicos[1145], for apanhado nas malhas do *doping*[1146] ou com hábitos tabagistas[1147]. Consciente dos abusos, o legislador espanhol, admitindo as condições resolutivas, trata de esclarecer que estas cláusulas são lícitas "salvo se as mesmas constituírem manifesto abuso de direito por parte do clube ou entidade desportiva"[1148]. Tudo depende, pois, da análise individual da cláusula: "só uma análise casuística das diversas situações concretas, atendendo aos interesses em jogo e ponderando-os criteriosamente, habilitará o intérprete a concluir pela validade ou invalidade das correspondentes cláusulas"[1149].

Os nossos tribunais já admitiram a validade de condições resolutivas no contrato de trabalho no contexto desportivo[1150]. Por exemplo, a Relação do Porto já considerou válida a cláusula aposta num contrato de treinador-adjunto segundo a qual o contrato cessaria se o mesmo acontecesse com o treinador principal[1151]. Embora nos pareça uma decisão de mérito mais discutível, a nossa jurisprudência também já considerou válida a cláusula de um contrato de trabalho desportivo nos termos da qual o contrato cessaria caso a entidade empregadora perdesse um dos seus patrocinadores[1152].

Finalmente, a respeito das condições resolutivas, há ainda quem inclua aqui as chamadas "*release clauses*"[1153] ("cláusula de transferência" como lhes chama João Zenha Martins[1154]), isto é, a cláusula que espoleta a cessação

1145 Admitindo estas cláusulas, Lúcio Correia, *Regime jurídico dos praticantes desportivos profissionais...*, cit., p. 344, n. 741.

1146 Discordamos, assim, da opinião, embora de *lege ferenda*, de Carlos Rodríguez Domínguez, «As consequências jurídicas da dopagem...», cit., p. 333, quando o Autor sugere "a inclusão de cláusulas-tipo anexas aos contratos de trabalho especiais, nas quais se torne expresso que uma sanção em matéria de dopagem comportará a extinção automática do contrato de trabalho".

1147 Em geral, João Leal Amado, «A Lei n.º 37/2007, o tabaco e o trabalho: algumas questões», *Revista de Legislação e de Jurisprudência*, 3947 (2007), pp. 117-126, p. 125.

1148 Cfr. artigo 13.º, alínea g), do Real Decreto n.º 1006/1985, de 26 de junho.

1149 João Leal Amado, *Vinculação* versus *liberdade...*, cit., p. 229. Em termos próximos, Lúcio Correia, «A cessação...», cit., p. 127 e Id., *Regime jurídico dos praticantes desportivos profissionais...*, cit., p. 344.

1150 Na maior parte dos casos estarão em causa condições resolutivas. No entanto, em certos casos, podem estar em causa, na verdade, cláusulas resolutivas quando à ocorrência do evento condicionante não estiver ligado, de forma automática, a extinção do contrato. Sobre a distinção entre condições resolutivas e cláusulas resolutivas, ver Ana Isabel Afonso, *A condição...*, cit., pp. 180 ss.

1151 Ac. de 12/07/2017 do TRP (Jerónimo Freitas), proc. nr, 4725/15.8T8MTS.P1.

1152 Assim, ver ac. de 12/11/2012 do TRP (António José Ramos), proc. nr. 502/10.0TTVFR.P1 / CJ, 2012, V, p. 307 (sumário).

1153 Na expressão de Felipe Augusto Loschi Crisafulli, «A possibilidade de os clubes de futebol...», cit., p. 60, n. 37.

1154 João Zenha Martins, «Os futebolistas profissionais e as cláusulas...», cit., pp. 252-253, n. 47.

do contrato de trabalho caso algum clube terceiro pague o valor estipulado na cláusula de rescisão[1155].

§ 6.6. Caducidade do contrato de trabalho

Segundo a alínea a), do artigo 23.º, do RCTPD, o contrato de trabalho do praticante desportivo pode cessar por caducidade. Como sabemos, a caducidade é um fenómeno que agrega diversos eventos e que, também no Direito do Trabalho, cobre fenómenos diferenciados[1156]. Vejamos que casos podem tipicamente determinar a caducidade do contrato de trabalho do praticante desportivo[1157].

§ 6.6.1. Caducidade por impossibilidade

Bibliografia específica: João Leal Amado, «Jogar futebol: um prazer que se paga ou que se faz pagar? (a propósito do Acórdão da Relação de Guimarães, de 6/12/2018)», *Revista de Direito do Desporto,* 4 (2020), pp. 35-47.

Tal como acontece na generalidade dos contratos de trabalho, também o contrato de trabalho do praticante desportivo não resiste a eventos que ditem a "impossibilidade superveniente, absoluta e definitiva de o trabalhador prestar o seu trabalho ou de o empregador o receber"[1158]. As situações de

[1155] Admitindo essa hipótese, Catarina Cravo, «A denúncia como forma de desvinculação do jogador de futebol», *Revista de Direito do Desporto,* 2 (2019), pp. 94-101, p. 99 e Albino Mendes Baptista, «Breve apontamento sobre as cláusulas de rescisão», *Revista do Ministério Público,* 91 (2002), pp. 141-147, p. 145, quando refere que a lei não impede "a inserção no contrato de uma condição resolutiva nos termos da qual o contrato cessa se surgir um clube de maior dimensão interessado na contratação de um certo praticante desportivo, a troco do pagamento de uma determinada verba estipulada".

[1156] Assim, António Menezes Cordeiro, *Manual de Direito do Trabalho,* Almedina, Coimbra, 1991, pp. 789 ss.

[1157] Numa posição que não acompanhamos, Lúcio Correia, *Regime jurídico dos praticantes desportivos profissionais...*, cit., p. 325, refere que "a cláusula ou condição resolutiva constitui verdadeiro fundamento de caducidade do contrato".

[1158] Cfr. artigo 343.º, alínea b), do CT09. Nos termos do artigo 30.º, n.º 5, da CCT aplicável ao futebol profissional, "o contrato caducará, porém, no momento em que se torne certo que o impedimento é definitivo".

acidente ou de doença são aqueles casos que, paradigmaticamente, ditam uma impossibilidade de o atleta prestar trabalho. Uma doença do foro cardíaco pode impossibilitar um futebolista de competir ao mais alto nível. O basquetebolista que sofre um acidente de viação, do qual vem a ser necessária a amputação de uma perna, fica naturalmente numa situação natural de impossibilidade de prestar trabalho.

No entanto, é necessário ter presente que a impossibilidade deve ser ajuizada por referência à modalidade desportiva e, mais em pormenor, à concreta prestação do praticante desportivo. Há certas patologias ou condicionantes cuja repercussão na viabilidade da execução do contrato de trabalho só podem ser valoradas no caso concreto, ou seja, considerando a modalidade em causa e a prestação concreta do atleta. Por exemplo, uma tendinite crónica no pulso pode impossibilitar um guarda-redes de continuar a prestar trabalho, mas ser irrelevante para qualquer um outro jogador de campo.

Posto isto, também é necessário ter presente que não são apenas as condições físicas do praticante desportivo que podem ditar uma impossibilidade, levando à caducidade do contrato de trabalho. É preciso contar ainda com outras situações em que o atleta está fisicamente apto, mas, ainda assim, fica impossibilitado de prestar trabalho. Pense-se nos casos em que o atleta é banido da modalidade ou, segundo cremos, suspenso por um período de tempo que torne insuportável para um empregador de boa-fé a manutenção da relação laboral. Parece-nos, de facto, que há certos casos em que está em causa uma impossibilidade temporária, mas, considerando os legítimos interesses do empregador, o contrato pode caducar por impossibilidade definitiva[1159].

[1159] Fazendo referência ao interesse do credor para o apuramento do caráter temporário ou definitivo da impossibilidade, Pedro Romano Martinez, *Direito do Trabalho...*, cit., pp. 946-947, n. 2034. Explorando uma abordagem "não neutra" que leve em consideração as circunstâncias que ditaram a impossibilidade, ver Rita Canas da Silva, *Suspensão laboral – ausência temporária da prestação de trabalho*, Almedina, Coimbra, 2017, pp. 864 ss. Defendendo uma especial exigência na verificação da definitividade da impossibilidade, Júlio Gomes, *Direito do Trabalho...*, cit., pp. 917 ss. Também respondendo pela negativa, Milena Rouxinol, «Revisitando a caducidade do contrato de trabalho devia a impossibilidade superveniente, absoluta e definitiva de o trabalhador prestar trabalho (maxime, por doença)», *Prontuário de Direito do Trabalho*, 2016, II, pp. 131-152, p. 137 (refere a Autora que "subjazendo à figura da suspensão deste contrato, eminentemente, a protecção do emprego do trabalhador, então a relação não deve cessar ainda que o empregador invoque ter perdido o interesse na prestação, mesmo que a impossibilidade de realização da mesma seja muito prolongada"). Em estudo fundamental publicado sobre a suspensão do contrato de trabalho, Jorge Leite, «Notas para uma teoria da suspensão do contrato de trabalho», *Questões Laborais*, 20 (2002), pp. 121-138, p. 128, escreve: "não é a execução posterior da prestação e, menos ainda, o correspondente interesse do credor que explicam e justificam a figura da suspensão. A impossibilidade

Como ilustração, vale a pena citar o recente caso decidido pela Relação de Guimarães, em que o Tribunal considerou que o contrato de trabalho cessaria por caducidade num caso em que atleta foi suspenso desportivamente por agressão a um árbitro desportivo. No caso concreto, o contrato de trabalho era válido por três temporadas, vigorando até ao dia 30 de junho de 2017, mas, durante a sua última época desportiva, o atleta veio a ser suspenso pelo período de 6 meses, suspensão essa que terminaria apenas no dia 7 de julho de 2017. Para a Relação de Guimarães, "um jogador profissional de futebol, sendo-lhe aplicada a sanção de suspensão por seis meses, fica totalmente impossibilitado de cumprir o seu principal dever no âmbito da relação laboral, que respeita à obrigação de prestar o seu trabalho que no caso consiste primordialmente na participação nos jogos oficiais da sua equipa, já que todas as demais prestações são meramente complementares e totalmente dependentes da primordial. Treina para jogar; realiza exames médicos e tratamentos para estar apto e poder jogar; existe interesse na cedência de um jogador porque joga. Estando impedido de jogar tudo falece. Em suma, com a aplicação da sanção de suspensão o autor ficou totalmente impedido de executar a prestação a que se obrigou de participar/jogar nos jogos oficiais que o clube realizasse, sendo por isso de considerar a impossibilidade do recorrente de prestar o seu trabalho de absoluta"[1160].

Temos esta decisão como boa, mas fazemos notar que ela deve ser devidamente contextualizada. Pensamos que a Relação de Guimarães julgou que a suspensão desportiva do atleta determina a caducidade do contrato porque o período durante o qual o praticante desportivo ficou suspenso impediria que o atleta voltasse a competir pelo clube. O busílis do problema está justamente neste ponto. O Tribunal valorou o facto de o praticante desportivo ficar impossibilitado de competir até ao final do termo do contrato. A não ser assim, o clube ficaria com o pesado encargo de manter um trabalhador que, na prática, não poderia utilizar em competição até ao final do contrato. Pensamos que situação diferente seria se a suspensão não prejudicasse o regresso do atleta. Suponhamos que o contrato de trabalho do atleta também era válido para a temporada 2017/2018. Neste caso, estamos em crer

transitória de cumprimento do contrato não determina a sua extinção, mesmo que o credor mostre não ser sequer possível a sua execução futura, ou que nela deixou de ter interesse, exactamente porque a figura da suspensão está aqui ao serviço de outros fins que não apenas, nem principalmente, os do credor (...) assim, por exemplo, a doença ou a incapacidade (...) não determinam a extinção do contrato, mas a sua suspensão, mesmo quando se conheça com segurança que o impedimento se prolongará para além do termo do contrato".

1160 Ac. de 09/05/2019 do TRG (Vera Sottomayor), proc. nr. 1989/18.9T8BRG.G1.

que a decisão não seria, porventura, a mesma, dado que, nesse caso, a impossibilidade não seria definitiva: o atleta ficaria "às ordens" do clube desportivo, podendo competir na plenitude, durante a temporada seguinte.

João Leal Amado entende que o contrato não caduca nessas situações. Em comentário a esta decisão, o Autor entende que a Relação de Guimarães ignora que o objeto do contrato de trabalho não se esgota na competição: o praticante desportivo "fica, decerto, transitoriamente impedido de jogar. Mas não, em rigor, de trabalhar"[1161]. Bastaria pensar que o atleta não fica desportivamente impedido de treinar, dado da maior importância se pensarmos que o treino representa, num certo sentido, o núcleo fundamental do objeto do contrato de trabalho.

Compreendemos o ponto de vista do Autor, mas não podemos concordar. Utilizando linguagem obrigacional, a competição representa um aspeto fundamental da utilidade que o credor-clube dá à prestação do devedor-atleta. Por outras palavras, sem poder utilizar o atleta em competição, a prestação deixa de ter utilidade para o credor-clube. Aliás, levada às suas últimas consequências, a tese de João Leal Amado significaria que um atleta que, por exemplo, seja banido da competição, não vê o seu contrato de trabalho caducar porque, de facto, ainda pode treinar ao serviço da entidade empregadora... Seria razoável impor à entidade empregadora a manutenção de um contrato de trabalho de um atleta nesses casos?

Uma última nota para referir que, embora sejam os exemplos sejam quase académicos, o contrato de trabalho pode extinguir-se ainda por eventos ocorridos do lado do empregador (por exemplo, extinção da entidade empregadora). A este propósito, João Leal Amado entende que não há lugar à compensação pela caducidade embora, a seu ver, se justificasse uma modelação do regime atendendo às especificidades do contrato de trabalho desportivo[1162].

[1161] João Leal Amado, «Quem não pode jogar...», cit., p. 400. Como acrescenta o Autor, pp. 401-402, "jogar, no plano jurídico, não é um elemento indefetível deste contrato, que bem pode ser normalmente executado, durante largo período, sem que o atleta alguma vez chegue a jogar". Diz ainda o jurista, p. 402, que "ele não ficou totalmente impedido de executar a prestação a que se obrigou (em que a circunstância de jogar era, juridicamente, eventual e não necessária), pelo que não haveria, nesse sentido, uma situação de impossibilidade absoluta de prestação de trabalho, em termos de determinar a imediata caducidade do vínculo contratual".

[1162] João Leal Amado, *Contrato de trabalho desportivo...* [1995], cit., p. 75. Posteriormente, o Autor, *Vinculação* versus *liberdade*..., cit., pp. 238-239, sugere que "seria mais adequado articular aqui um qualquer sistema que atendesse, como factores relevantes para o cálculo da referida compensação, não apenas à antiguidade do praticante desportivo (ao tempo já decorrido de vigência do contrato), mas também ao prazo contratual ainda por decorrer, enquanto expressão daquela que era a expectativa de continuidade do praticante ao serviço da entidade empregadora".

§ 6.6.2. Caducidade pela verificação do termo

A verificação do termo é um dos casos de caducidade do contrato de trabalho. Aliás, o contato de trabalho do praticante desportivo está geneticamente concebido para cessar pela verificação do termo. Em primeiro lugar, porque esta relação especial de trabalho é imperativamente a termo, como já vimos. Em segundo lugar, porque, ao contrário do regime laboral comum, a caducidade pela verificação do termo — di-lo expressamente quer o legislador (artigo 23.º, n.º 2, do RCTPD) como a contratação coletiva[1163] — "opera automaticamente" e, portanto, não há necessidade de comunicação nesse sentido, tanto por parte do empregador como por parte do trabalhador[1164]. Portanto, o contrato de trabalho do praticante desportivo nasce para caducar, aproximando-se, neste caso, do regime da generalidade dos contratos civis[1165]. A cessação do contrato de trabalho pela verificação do termo deixa ainda o atleta, desportivamente falando, livre para competir ao serviço de outro clube[1166].

§ 6.6.2.1. Compensação pela caducidade

> **Bibliografia específica:** João Leal Amado, «A caducidade do contrato de trabalho desportivo — anotação ao acórdão do STJ, de 20-09-2006», *Prontuário de Direito do Trabalho,* 73 (2006), pp. 145-150.

Numa norma que é inovadora em relação ao regime legal anterior, o n.º 2, do artigo 23.º, do RCTPD, vem prever que a caducidade pela verificação do termo não constitui o clube na obrigação de pagar qualquer compensação ao atleta. Na verdade, o legislador decidiu positivar um entendimento que, na vigência do regime anterior, já era partilhado pela doutrina[1167]

1163 Ver o disposto no artigo 7.º, n.º 2, da CCT aplicável ao futebol profissional: "...o contrato caducará, sem necessidade de aviso prévio, expirado o prazo estipulado".

1164 No mesmo sentido, artigo 6.º do Real Decreto n.º 1006/1985, de 26 de junho.

1165 Assim, exatamente, Pedro Romano Martinez, *Direito do Trabalho...*, cit., p. 942: "aplicam-se as regras gerais de direito civil". Com interesse histórico, ver o ac. de 31/01/1985 do TRE (Carita Grave), BMJ, 345 (1985), p. 466 (sumário), onde se decidiu que o contrato do treinador desportivo se renovaria automaticamente, salvo havendo oposição à renovação.

1166 Cfr. artigo 15.º, n.º 2, do RECITJ.

1167 Ver Albino Mendes Baptista, «A compensação de antiguidade...», cit., pp. 59 ss.

e jurisprudência[1168], pelo menos a partir do momento em que JOÃO LEAL AMADO reviu a posição que defendia em anotação ao regime de 1995[1169]. O ponto parece, pois, assente.

Contudo, cumpre dar nota de que a situação pacífica do ordenamento jurídico português contrasta com o debate que, em Espanha, ainda anda aceso relativamente à matéria. Sendo certo que o diploma espanhol que rege a relação laboral dos praticantes desportivos não contém nenhuma norma semelhante à nossa, ou seja, uma norma que afaste expressamente o direito à compensação — uma omissão que, logo à partida, lança a discussão sobre a supletividade da norma geral que determina o pagamento dessa compensação[1170] —, os argumentos que são esgrimidos pela doutrina e pelos tribunais espanhóis podem servir para, pelo menos, lançar uma pedra no charco na acalmia do Direito português. De facto, pese embora existam decisões judiciais espanholas negando esse direito, também são várias as decisões dos tribunais espanhóis que julgam aplicável aos atletas a compensação pela caducidade do contrato de trabalho do praticante desportivo[1171], uma contradição

[1168] Neste sentido, ac. de 20/09/2006 do STJ (VASQUES DINIS), proc. nr. 06S378 / CJ (STJ), 2006, III, pp. 262-265, já citado.

[1169] JOÃO LEAL AMADO, *Contrato de trabalho desportivo...* [1995], cit., p. 75. Aí defendia o Autor a aplicação da norma da compensação ao praticante desportivo "não se conseguindo vislumbrar argumentos válidos no sentido de excluir os praticantes desportivos", pois, concluía o Autor, "parece inevitável concluir, em sede de caducidade, pelo direito do praticante, cujo contrato se extinga pelo decurso do prazo, à compensação fixada pelo art. 46.º/3 da LCCT". O Autor vai inverter depois a sua posição na sua Dissertação de Doutoramento *Vinculação* versus *liberdade...*, cit., pp. 222-223. Aí reconhece, embora sem nunca citar a sua posição anterior (!), que as razões subjacentes à compensação pela caducidade — essencialmente, amenizar a precariedade laboral associada à contratação a termo — "carecem de sentido em sede de contrato de trabalho desportivo". Remata então o jurista que "o regime jurídico da caducidade do contrato a termo traçado pela LCCT mostra-se, por conseguinte, claramente desadaptado ao contrato de trabalho desportivo, quer no que diz respeito ao *modus operandi* da caducidade, quer no tocante aos respectivos efeitos indemnizatórios".

[1170] Cfr. artigo 49.º, n.º 1, alínea c), do Estatuto dos Trabalhadores espanhol.

[1171] Para o debate jurisprudencial, ver JAVIER FERRERO MUÑOZ / JUAN ALFONSO PRIETO HUANG, «Es aplicable la indemnización prevista en el artículo 49.1 c) del Estatuto de los trabajadores a los futbolistas profesionales?», *Revista Aranzadi de Derecho de Deporte y Entretenimiento*, 55 (2017), pp. 155-167, JOSÉ MANUEL MATEO SIERRA, «Indemnizaciones por la extinción de contratos temporales de deportistas profesionales. La sentencia del tribunal supremo de 26 de marzo de 2014», *Revista Aranzadi de Derecho de Deporte y Entretenimiento*, 43 (2014), pp. 601-603, DAVID HERNANDO ESPADA, «Derecho del deportista profesional a la indemnización por término del contrato? Comentario a la sentencia de la Sala de lo Social del Tribunal Supremo, de 26 de Marzo de 2014», *Revista Aranzadi de Derecho de Deporte y Entretenimiento*, 43 (2014), pp. 635-645, ROBERTO FERNÁNDEZ VILLARINO, «Cuestiones de orden prático en torno a la aplicación del régimen indemnizatorio

de julgados que, recentemente, foi mesmo objeto de sentença uniformizadora do Supremo Tribunal no sentido de que os praticantes desportivos têm direito à compensação pela caducidade do contrato de trabalho[1172]. Partindo da experiência vizinha, com que fundamentos pode a norma do artigo 23.º, n.º 2, do RCTPD, ser questionada?

À primeira vista, a norma do artigo 23.º, n.º 2, estaria em perfeita harmonia com os fundamentos associados ao pagamento de uma compensação pela verificação do termo (e consequente caducidade) do contrato de trabalho. Segundo a tese dominante na doutrina, a compensação pela caducidade do contrato de trabalho a termo surge como um efeito de anestesia ou paliativo à precarização associada à contratação a termo: no comum dos contratos de trabalho a termo, o empregador beneficia da possibilidade

por finalización de contrato a los deportistas profesionales – conforme a la sentencia del Tribunal Supremo de 26/03/2014», *Revista Aranzadi de Derecho del Deporte y Entretenimiento*, 45 (2014), pp. 327-333, Remedios Roqueta Buj, «La supletoriedad actual del Estatuto de los Trabajadores en la relación especial de deportista profesional», *Revista Aranzadi de Derecho de Deporte y Entretenimiento*, 65 (2019) (consultado *online*), David Hernando Espada, «Indemnización por finalización del contrato en los deportistas profesionales – cuadratura del círculo? Comentario a la Sentencia de la Sala de lo Social del Tribunal Supremo de 14 de mayo de 2019», *Revista Aranzadi de Derecho de Deporte y Entretenimiento*, 65 (2019) (consultado online), José María González del Rio, «El derecho del deportista profesional a la indemnización por expiración de su vínculo contractual laboral», *Revista Española de Derecho del Trabajo*, 227 (2020) (consultado *online*), Carolina Palomar Liceras, «Una polémica zanjada. La STS de 23 de enero de 2020. El derecho de los deportistas profesionales a la indemnización del artículo 49.1 c) ET para la extinción de contratos temporales de trabajo por la llegada a su término final: comentario a la Sentencia de 23 de enero de 200 del Tribunal Supremo, Sala de lo Social», *Revista Aranzadi de Derecho de Deporte y Entretenimiento*, 67 (2020) (consultado *online*); Carmen Viqueira Pérez / Miguel Basterra Hernández, «No hay deportistas de élite para el Derecho del Trabajo: la indemnización por término del contrato temporal», *Revista de Jurisprudencia Laboral*, 4 (2020), consultado *online*, Emil Edissonov, «Los deportistas profesionales tienen derecho a la indemnización prevista en el art. 49.1.c) ET por la extinción de sus contratos de trabajo por expiración del tiempo convenido: crónica y valoración de la doctrina del TS», *Revista Aranzadi de Derecho de Deporte y Entretenimiento*, 70 (2021), consultado *online* (pronunciando-se favoravelmente à interpretação do Tribunal), José Antonio Martínez Rodríguez, «La indemnización por término del contrato temporal en los deportistas profesionales – Comentario a la STS 344/2020, de 23 de enero de 2020», *Revista General de Derecho del Trabajo y de la Seguridad Social*, 59 (2021), pp. 792-803 (afirmando não existir razões para não aplicar esta compensação aos desportistas) e Pablo Cazorla Gonzálvez-Serrano / Alejandro Cornet, «Cuestiones controvertidas en torno al régimen indemnizatorio de aquellos deportistas amparados en el Real Decreto 1006/1985, de 26 de junio, por el que se regula la relación laboral especial de los deportistas profesionales», *Revista Aranzadi de Derecho de Deporte y Entretenimiento*, 78 (2023) 18 pp. (consultado *online*) (pronunciando-se favoravelmente);

[1172] Sentença de 14/05/2019 da Secção Social do Supremo Tribunal espanhol, proc. nr. 367/2019.

de assumir um compromisso temporário — desde que, naturalmente, se verifiquem os correspondentes pressupostos de ordem formal e substancial —, mas fica obrigado a abonar ao trabalhador uma compensação legal. Ela surgiria, assim, como uma espécie de moeda de troca pela precariedade do vínculo compensando o trabalhador pela frustração das suas expetativas em poder vir a ter um vínculo por tempo indeterminado[1173]. Por outro lado, perante a hipótese de fazer caducar o contrato, o empregador encontra na compensação uma certa forma de incentivo à manutenção do trabalhador. Por outras palavras, o cenário de ter de pagar uma compensação ao trabalhador levaria o empregador a, pelo menos, considerar a hipótese de "oferecer" um contrato de trabalho por tempo indeterminado (*ex novo* ou automaticamente, com a continuidade do trabalhador após o termo) ou, pelo menos, a permitir a renovação do vínculo, se ainda fosse legalmente possível.

Lançado o regime da compensação legal nestas bases, não estariam reunidas as condições para que, no contrato de trabalho do praticante desportivo, ela cobrasse sentido. A norma do artigo 23.º, n.º 2, do RCTPD, é encarada

[1173] Defendendo que a compensação visa compensar o trabalhador pela precariedade do vínculo, Júlio Gomes, *Direito do Trabalho...*, cit., p. 924 (sublinhando que o valor da compensação varia de acordo com a antiguidade do trabalhador), Paula Ponces Camanho, «Algumas reflexões sobre o regime jurídico do contrato de trabalho a termo» in: *Juris et de Jure – Nos 20 anos da Faculdade de Direito da Universidade Católica Portuguesa – Porto*, Universidade Católica Portuguesa, Porto, 1998, pp. 969-986, p. 985 ("o estabelecimento daquele direito destina-se a compensar o trabalhador pela situação de precariedade em que se encontra(ou)"), Filipe Fraústo da Silva, «Implicações do Código do Trabalho em matéria de admissibilidade de termo resolutivo do contrato», *Prontuário de Direito do Trabalho*, 69 (2004), pp. 105-117, pp. 116 (falando de uma "natureza mista": "por um lado, ela justifica-se na actuação, embora lícita, do empregador (responsabilidade por acto lícito); por outro, não se alheia do grau de precariedade do vínculo, variando conforme a duração do contrato"), Pedro Romano Martinez, *Direito do Trabalho...*, cit., p. 943 ("trata-se de uma situação excecional resultante da precariedade do vínculo"), Maria do Rosário Palma Ramalho, *Tratado de Direito do Trabalho, Parte II – Situações Laborais Individuais*, Almedina, Coimbra, 6.ª ed., 2016, p. 766 ("compensar os trabalhadores pela maior incerteza da sua situação juslaboral"), Luís Manuel Teles de Menezes Leitão, «Formas de cessação do contrato de trabalho e procedimentos» in: *Temas Laborais — Estudos e Pareceres*, Volume I, Almedina, Coimbra, 2006, pp. 107-122, p. 111 ("trata-se de uma compensação pela natureza precário do vínculo (...) através da qual se visa tornar mais onerosa para o empregador a contratação a termo"), Id., «Natureza jurídica da compensação decorrente da caducidade do contrato a termo e sua elegibilidade no âmbito do Fundo Social Europeu — Parecer» in: *Temas Laborais — Estudos e Pareceres*, Volume I, Almedina, Coimbra, 2006, pp. 189-203, especialmente, pp. 195-197, António Menezes Cordeiro, *Manual de Direito do Trabalho...*, cit., p. 639, fala de um "suplemento de tutela ao trabalhador contratado a termo e ainda, em geral, desincentivar a contratação precária" e Alice Pereira de Campos, *Contrato de trabalho a termo – uma forma de trabalho precário?*, Universidade Católica Editora, Lisboa, 2013, pp. 203 ss.

como uma consequência natural[1174]. Como ponto de partida, é necessário relembrar e ter presente que, ao contrário do que sucede no regime laboral comum, a contratação a termo é imperativa no Direito do Desporto profissional[1175]. As partes veem, neste domínio, a sua liberdade contratual restringida à temporalidade do vínculo uma vez que a contratação a termo lhes é imposta. Assim sendo, "seria de todo desadequado que o clube (ou sociedade desportiva) se visse onerado com o pagamento de uma compensação (pela perda de emprego) quando contratou com base num modelo legal que não lhe permite contratar de outro modo"[1176]. O que também significa que a compensação não poderia surgir como um instrumento de incentivo à "efetivação" do vínculo pois os clubes não podem, ao contrário do que acontece nos demais contratos de trabalho, oferecer ao atleta um contrato por tempo indeterminado ou, se quisermos, deixar que o contrato se converta num contrato de trabalho por tempo indeterminado, esgotando o número máximo de renovações ou a duração máxima do contrato[1177]. Acresce que, nos termos da lei e também

[1174] Maria do Rosário Palma Ramalho, *Tratado de Direito do Trabalho...*, cit., p. 483, fala de uma "justificação óbvia".

[1175] Assim, João Leal Amado, «A caducidade do contrato de trabalho desportivo — anotação ao acórdão do STJ, de 20-09-2006», *Prontuário de Direito do Trabalho*, 73 (2006), pp. 145-150. No mesmo sentido, Maria do Rosário Palma Ramalho, *Tratado de Direito do Trabalho...*, cit., p. 484. Com referência aos "casos especiais de contratos de trabalho a termo irrenováveis mas em que a exclusão da renovação deriva directamente do regime legal", Pedro Furtado Martins, «Contrato de trabalho a termo irrenovável e compensação de caducidade», *Prontuário de Direito do Trabalho*, 87 (2010), pp. 183-200, especialmente pp. 188-190. O Autor cita o caso dos contratos a termo celebrados ao abrigo da Portaria n.º 348-A/98, de 18 de junho, reguladora do contrato de trabalho celebrado entre trabalhadores em processo de inserção e as empresas de inserção, e para a jurisprudência não era devida compensação. Decidiu-se assim no ac. de 03/02/2004 do TRE (Chambel Mourisco), proc. nr. 2453/03-2 e ac. de 21/03/2007 do TRL (Duro Mateus Cardoso), proc. nr. 42/2007-4. Sobre o caso da função pública, ver Rui Assis, «A compensação pela caducidade do contrato de trabalho em funções públicas a termo resolutivo certo» in: *Para Jorge Leite — Escritos Jurídico-Laborais*, Coimbra Editora, Coimbra, 2014, pp. 43-51.

[1176] Albino Mendes Baptista, «A compensação de antiguidade...», cit., p. 61.

[1177] Lúcio Correia, *Limitações à liberdade contratual...*, cit., p. 61, n. 101 (com início na p. 60): "a ratio deste direito indemnizatório consiste em compensar o trabalhador pela situação de precariedade contratual em que se encontra e, de alguma forma, desincentivar a contratação a termo. Ora, se a entidade empregadora desportiva não pode contratar de outro modo senão a termo, então não faz sentido que, ainda assim, esta seja onerada com uma compensação especial, quando lhe está vedada a contratação com uma duração indeterminada". Também na opinião do ac. de 20/09/2006 do STJ (Vasques Dinis), proc. nr. 06S378 / CJ (STJ), 2006, III, pp. 262-265, já citado, o Tribunal afirma que "aceitando-se tal natureza, para protecção do trabalhador e desincentivo à contratação por tempo determinado, não pode deixar de concluir-se, atendendo a que a limitação temporal é da essência do contrato de trabalho desportivo, que não existe em relação a ele justificação para a dita compensação"

do CCT aplicável ao futebol, a caducidade opera automaticamente e não por iniciativa do empregador, como vimos. O que, no fim de contas, é mais uma razão que reforça a ideia de que não faz sentido olhar para a compensação como um mecanismo de combate à precariedade dos praticantes desportivos pois estes, por definição, são precários[1178].

Em suma, a hipótese de compensar o atleta pela verificação do termo seria, pois, um mecanismo frustre, uma vitória pírrica para um trabalhador que, na crueza dos factos, é (e sempre será) votado à precariedade. E, portanto, tudo somado, a ideia da compensação não faz, aparentemente, sentido neste contexto[1179]. Numa nota à margem, também é interessante constatar que, de forma semelhante, o sistema de desincentivos à contratação a termo em matéria de Segurança Social não faz sentido num contexto, como é o desportivo, em que esta modalidade contratual se impõe ao empregador, motivo pelo qual o legislador prevê expressamente que esse sistema não é aplicável ao contrato de trabalho do praticante desportivo[1180].

Acontece que este entendimento é fundado em premissas que têm sido questionadas ou, pelo menos, relativizadas, o que reabre a necessidade de, pelo menos, repensar a norma do n.º 2, do artigo 23.º, do RCTPD. Por um lado, a tese de que a compensação legal visa reparar as expectativas frustradas do trabalhador tem sido disputada por importante doutrina até porque não encontra um reflexo perfeito nos dados legais. Há quem saia em defesa do entendimento de que a compensação legal visa, na verdade, compensar o trabalhador pura e simplesmente pela perda do emprego ou pela sua situação de precariedade[1181], não faltando quem veja aqui uma simples compensação pelo exercício lícito de uma faculdade, ou seja, uma espécie de responsabilidade

[1178] No contexto da norma que determina que a caducidade do contrato de trabalho a termo do trabalhador com mais de 70 anos de idade, FILIPE FRAÚSTO DA SILVA, «Implicações do Código do Trabalho ...», cit., pp. 116-117, começando por afirmar que "compreende-se melhor a solução, embora ela não fosse inevitável", refere que "a precariedade do vínculo nestes casos não resulta de opção do empregador, ela é imposta por lei".

[1179] Vale a pena citar as considerações do Juiz FLORENTINO EGUARAS MENDIRI no seu voto de vencido ao acórdão do Tribunal Superior de Justiça de Bilbau: "a sua temporalidade não impede que possamos realizar uma comparação com os restantes trabalhadores a termo de âmbito normal".

[1180] Cfr. artigo 79.º, n.º 2, do Código Contributivo. Sobre isto, § 8. Segurança Social.

[1181] FRANCISCO LIBERAL FERNANDES, «Sobre a indemnização em caso de caducidade do contrato a termo do trabalhador reformado que continua ao serviço da mesma entidade patronal», *Questões Laborais*, 20 (2002), pp. 221-231, p. 231, "a referida compensação está estrutural e funcionalmente ligada à precariedade inscrita no contrato a termo e, consequentemente, ao facto de este não se transformar em contrato de duração indeterminada".

por factos lícitos[1182]. Aliás, a redação do artigo 344.º, n.º 2, do CT09, segundo a qual "em caso de caducidade de contrato de trabalho a termo certo por verificação do seu termo, o trabalhador tem direito a compensação correspondente a 24 dias de retribuição base e diuturnidades[1183] por cada ano completo de antiguidade, calculada nos termos do artigo 366.º, *salvo se a caducidade decorrer de declaração do trabalhador*" (sublinhado nosso), reforça esta ideia[1184] pois, aparentemente, o trabalhador terá direito a compensação caso do contrato de trabalho conste uma cláusula de não renovação, ou seja, nos casos em que o trabalhador sabe, de antemão, que o contrato de trabalho não se renovará[1185] o que, de resto, vai ao encontro do que já era entendido pela doutrina maioritária[1186]. De resto, que a compensação não visa compensar expetativas

[1182] Assim, Filipe Fraústo da Silva, «30 anos de contrato de trabalho a termo» in: *A reforma do Código do Trabalho*, Coimbra Editora, Coimbra, 2004, pp. 215-275, p. 273. No mesmo sentido, Cláudia Madaleno, «Compensação pela cessação de contrato a termo», *Revista de Direito e de Estudos Sociais*, 2014, I, pp. 275-307, p. 279.

[1183] De acordo com a Lei n.º 13/2023, de 3 de abril.

[1184] Sara Leitão, «Duração, renovação e sucessão de contratos a termo: alterações introduzidas pela Lei n.º 93/2019, de 4 de setembro», *Revista de Direito e de Estudos Sociais*, 2019, I-IV, pp. 201-236, p. 225: "parecem definitivamente arredadas as dúvidas sobre a função e natureza da compensação por caducidade (...) esta compensação passa a destinar-se a compensar o trabalhador pela cessação do contrato de trabalho a termo certo, o que se justifica sempre que tal cessação não tenha origem na vontade deste último". No mesmo sentido, João Leal Amado / Milena Silva Rouxinol / Joana Nunes Vicente / Catarina Gomes Santos / Teresa Coelho Moreira, *Direito do Trabalho – Relação Individual*, Almedina, Coimbra, 2019, p. 420: "trata-se de uma clarificação que dissipa as dúvidas em torno da ratio desta compensação: compensação pela perda do emprego, não tanto pela natureza precária do vínculo contratual".

[1185] Neste sentido, João Leal Amado / Milena Silva Rouxinol / Joana Nunes Vicente / Catarina Gomes Santos / Teresa Coelho Moreira, *Direito do Trabalho*..., cit., pp. 418 ss. Sara Leitão, «Duração, renovação e sucessão...», cit., pp. 222 ss.

[1186] Na vigência do regime legal anterior, Assim, Maria Irene Gomes, «Considerações sobre o regime jurídico do contrato de trabalho a termo certo no Código do Trabalho», *Questões Laborais*, 24 (2004), pp. 137-169, pp. 167 ss., Paulo Morgado de Carvalho, «Percurso pelo regime da cessação do contrato de trabalho, no Código do Trabalho», *Sub Judice*, 27 (2004), pp. 11-39, p. 17, Albino Mendes Baptista, «Inovações do Código do Trabalho em matéria de contrato a termo resolutivo», *Prontuário de Direito do Trabalho*, 68 (2004), 53-78, p. 72, João Leal Amado, «De novo sobre uma velha questão: a compensação por caducidade nos contratos a termo certo», *Revista da Ordem dos Advogados*, 2014, II, pp. 411-424, João Zenha Martins, «O princípio da não discriminação dos trabalhadores com contrato de trabalho a termo na jurisprudência do Tribunal de Justiça: algumas notas», *Questões Laborais*, 54 (2019), pp. 49-79, pp. 66 ss.. e, na sua edição mais recente, Pedro Furtado Martins, *Cessação do contrato de trabalho*, 4.ª ed., Principia, Cascais, 2017, pp. 55 ss. Na vigência do regime anterior, pronunciando-se contra o direito à compensação, Paula Ponces Camanho, «O contrato de trabalho a termo» in: *A reforma do Código do Trabalho*, Coimbra Editora, Coimbra, 2004, pp. 302-303, n. 23, Cláudia Madaleno, «Compensação pela cessação...», cit., p. 286.

frustradas é demonstrado ainda pelo regime do contrato de trabalho a termo incerto[1187] bem como por outros lugares paralelos[1188]. Tal equivale a dizer, portanto, que a compensação pela caducidade do contrato de trabalho pela verificação do termo não está associada a uma frustração das expetativas do trabalho. Os elementos legais referidos parecem apontar no sentido de que a compensação está associada à perda do emprego, a qual só não será devida se a perda do emprego for unicamente imputável ao trabalhador. E, assim, parece não haver razão para distinguir os casos em que o termo é de origem voluntária ou legal[1189]. Parafraseando um acórdão da Relação de Guimarães, "verdadeiramente, em qualquer circunstância o contrato a termo tem o

[1187] Nas palavras de João Leal Amado, «De novo sobre uma velha questão: a compensação por caducidade nos contratos a termo certo», *Revista da Ordem dos Advogados,* 2014, II, pp. 411-424, p. 419, "a lei não criou esta compensação em ordem a ressarcir o trabalhador que despertou e viu o seu sonho renovatório desvanecer-se bruscamente; tudo visto e ponderado, parece que a lei concebeu esta figura em moldes mais latos e abrangentes, como forma de compensar o trabalhador pela perda do seu emprego. É isso que explica, parece-nos, que tal compensação seja devida no âmbito de contratos a termo não renováveis (...) os quais se extinguem automaticamente aquando da verificação do evento resolutivo e nos quais, portanto, o trabalhador não depositou nem poderia depositar quaisquer expectativas de renovação. esse trabalhador, contudo, perde o emprego e, por isso mesmo, a lei entendeu compensá-lo, constituindo o empregador na obrigação de satisfazer esse crédito suplementar ao trabalhador".

[1188] Estamos a pensar no artigo 293.º, n.º 3, da Lei do Contrato de Trabalho em Funções Públicas, aprovada pela Lei n.º 35/2014, de 20 de junho, onde se prevê que "exceto quando decorra da vontade do trabalhador, a caducidade do contrato a termo certo confere ao trabalhador o direito a uma compensação, calculada nos termos previstos no Código do Trabalho para os contratos a termo certo". Acompanhando o raciocínio do ac. de 17/12/2014 do STA (Fonseca da Paz), proc. nr. 0588/14, "se a razão de ser das normas que estabelecem a compensação têm como objectivo compensar uma situação de menor estabilidade, essa razão de ser sai até reforçada no sector público, porque não há conversão do contrato a termo certo em contrato com termo indeterminado. Por outro lado, na perspectiva do trabalhador, nos casos em que o contrato atinge o limite máximo de duração justifica-se por maioria de razão a compensação, por prolongar a situação de precariedade e insegurança do trabalhador".

[1189] Vale a pena citar as considerações do Juiz Florentino Eguaras Mendiri no seu voto de vencido ao acórdão do Tribunal Superior de Justiça de Bilbau: "a sua temporalidade não impede que possamos realizar uma comparação com os restantes trabalhadores a termo de âmbito normal". Noutro contexto, escreve Francisco Liberal Fernandes, «Sobre a indemnização...», cit., p. 230, que "a caducidade do contrato a termo implica sempre a lesão (ainda que de efeitos diversos) do mesmo tipo de interesses do trabalhador, isto é, de interesses que têm directamente a ver com a precaridade do vínculo laboral instituído, qualquer que seja a especificidade jurídica que revista", acrescentando, p. 231: "não descortinamos razão bastante que possa justificar uma diferenciação de tratamento, cujo critério resida unicamente na origem legal ou voluntária daquela cláusula acidental".

seu fim anunciado, razão que justifica a compensação por precariedade"[1190]. Lançada a filosofia da compensação nestas bases, fica facilitada a tarefa de ver a situação do praticante desportivo no âmbito das *rationes legis* da compensação.

Por outro lado, dizer-se que a compensação serve como incentivo para que o empregador mantenha ao seu serviço um trabalhador contratado a termo é um argumento mais aparente do que real pois, na esmagadora maioria dos casos, o empregador não tem chances reais de conservar o trabalhador nos seus quadros. Basta pensar que a contratação a termo está tipicamente associada a necessidades temporárias e, portanto, o mais natural será que, satisfeita a necessidade temporária, o trabalhador não venha a ser integrado na organização do empregador. Assim sendo, o caso do praticante desportivo acaba por não ser, ao contrário do que parece, muito distante da situação com que, do ponto de vista factual, se depara a generalidade dos trabalhadores contratados a termo. Claro que se pode dizer que, no caso do praticante desportivo, não pode existir, por definição, um incentivo à contratação dos atletas por tempo indeterminado, uma vez que, como já dissemos repetidas vezes, essa é uma forma de contratação que está vedada neste setor. Mas será que a compensação não pode servir de incentivo para a renovação do vínculo, sobretudo se pensarmos que ele não conhece limites à sua renovabilidade? Como diz a jurisprudência dos tribunais espanhóis, "ainda quando no seu âmbito — por prescrição legal — não seja possível a existência de uma relação por tempo indeterminado, não se nos suscitam dúvidas a respeito de que se produz uma maior estabilidade pelo incentivo às prorrogações — penalizando com a compensação"[1191]. Acresce que a realidade demonstra que o contrato de trabalho do praticante desportivo não cessa necessariamente pela verificação do seu termo. De facto, e como vimos, o contrato de trabalho cessa tipicamente através da celebração de acordo de revogação. O que também significa que, no fim de contas, a compensação pela caducidade do contrato de trabalho não significa um cenário inevitável para a cessação do contrato: o acordo de revogação está aí para o provar.

Finalmente, dizer-se não faz sentido falar de um mecanismo de combate à precariedade porque os atletas profissionais são, por definição, precários, é contribuir ironicamente para a precarização destes profissionais. Na verdade, se se constata que esta classe de trabalhadores é precária por natureza,

[1190] Ac. de 30/06/2016 do TRG (Manuela Fialho), proc. nr. 57/14.7TTBRG.G1.

[1191] Ac. de 26/03/2014 da Secção Social do Supremo Tribunal espanhol (ponto 7, parágrafo 1).

a compensação funcionaria justamente como atenuante à sua irremediável condição. A resposta do Direito a problemas que, por natureza, não podem ser resolvidos, não pode bastar-se com a resignação, sobretudo quando pensamos que a causa última desse estado de coisas — a imperatividade do termo no contrato de trabalho do praticante desportivo — é um produto do legislador. Se é permitido traçar o paralelismo, dizer que a compensação não é aplicável porque jamais será possível remediar a precariedade destes trabalhadores faz lembrar a tese, que chegou a fazer escola no passado, segundo a qual os danos não patrimoniais não deveriam ser indemnizáveis pois, por natureza, estes danos não podem ser reparados. Como se sabe, foi a tese oposta que vingou: é preferível um sistema que compense os danos morais do lesado do que um sistema que deixe o lesado desamparado de qualquer reparação. Do mesmo modo, devem ser deferidos a esta classe de trabalhadores mecanismos que, pelo menos, desagravem a sua situação. Repare-se, finalmente, que não se pede ao legislador que crie mecanismos específicos. O que se pede é que seja reconhecido a estes trabalhadores o mesmo estatuto concedido aos demais trabalhadores contratados a termo, isto é, que à caducidade do contrato de trabalho do praticante desportivo pela verificação do termo corresponda o pagamento de uma compensação.

Acontece que a norma não é apenas suscetível de ser questionada quanto ao seu mérito. Esta norma do RCTPD pode ser questionada num horizonte de reflexão de conformidade mais alargado. Por um lado, em aberto está a hipótese de contestar a norma no plano da sua constitucionalidade, mormente, por violação do princípio da igualdade[1192] e, mais concretamente, da regra, dirigida ao legislador ordinário, para tratar igualmente o que é igual e desigualmente o que é objetivamente diferenciável.

O pagamento de uma compensação pela caducidade pela verificação do termo do contrato de trabalho do praticante desportivo é um problema que já foi levado à apreciação do TC. No final dos anos 90, o STJ, estribando-se na posição inicialmente defendida por JOÃO LEAL AMADO[1193], decidiu pela aplicação do regime geral da compensação aos praticantes desportivos[1194].

[1192] Ou inclusivamente, mais geral, com o princípio da segurança no emprego pois, aproveitando a passagem de JOÃO ZENHA MARTINS, «O princípio da não discriminação...», cit., p. 66, "o princípio constitucional da segurança no emprego implica a construção legislativa de um conjunto de meios orientados à sua realização, sendo que a necessidade de pagamento de uma compensação a um trabalhador que tenha visto terminar um contrato a termo será um desses meios".

[1193] JOÃO LEAL AMADO, *Contrato de trabalho desportivo...* [1995], p. 75.

[1194] Ac. de 09/10/1996 do STJ (MANUEL PEREIRA), proc. nr. 004319, já citado.

Inconformado com a decisão do STJ, o clube interpôs recurso para o TC alegando, em síntese, que a norma do regime laboral comum que previa, à época, o direito à compensação pela caducidade, seria inconstitucional quando interpretada no sentido de também ser aplicável ao contrato de trabalho do praticante desportivo.

Numa decisão que, ironicamente, viria a merecer a anotação concordante de... João Leal Amado (!)[1195], o TC concluiu, contra a pretensão do clube, que uma semelhante interpretação não seria constitucionalmente sindicável[1196]. Fundamentalmente, o TC considerou que a compensação é, no fim de contas, "um encargo inerente à actividade desenvolvida pelos clubes justificado por valores com dignidade histórico-constitucional — os da relação entre a pessoa e o trabalho".

À primeira vista, esta decisão do TC não conserva qualquer utilidade no presente, uma vez que a decisão se reporta ao Decreto-Lei n.º 305/95, de 18 de novembro, regime que não continha qualquer norma sobre a compensação pela caducidade do contrato de trabalho do praticante desportivo. Diferentemente, o RCTPD não só se pronuncia sobre o problema como resolve pelo sentido oposto, ou seja, recusando que o atleta tenha direito a uma compensação pela verificação do termo. O que acontece é que, salvo melhor opinião, os argumentos que, à data, sustentavam essa interpretação, conservam a sua vitalidade para contestar a norma do RCTPD.

Para além das razões formais que já foram assinaladas, ligadas à natureza imperativa do termo e à caducidade automática do vínculo, antes do novo RCTPD invocavam-se ainda razões de ordem substancial para justificar que a compensação pela verificação do termo, e consequente caducidade, seria contrária à natureza especial desta relação de trabalho. Concretamente, dizia-se que aceitar uma semelhante solução representaria um pesado encargo financeiro para as sociedades desportivas.

Temos para nós que este argumento não só é vazio de conteúdo como até prova demais. Na verdade, o que distingue, afinal, um clube desportivo de uma qualquer empresa? Não se vê por que razão o pagamento de uma compensação por parte de um clube desportivo representa um pesado encargo e o mesmo não se passa em qualquer empresa. Nem se diga que a obrigação de pagar uma compensação pode representar um encargo sobre os ombros

[1195] João Leal Amado, *Vinculação* versus *liberdade...*, cit., p. 223, n. 386 (com início na p. 222), referindo-se à posição defendida pelo clube, nota que o TC "não deu qualquer espécie de guarida a tão peregrina tese" (!).

[1196] Ac. n.º 128/98 do TC (Maria Fernanda Palma), proc. nr. 792/96.

dos pequenos clubes pois que, no âmbito do regime laboral comum, o legislador também não contempla qualquer exceção para as micro- ou pequenas empresas, dado que também estas estão obrigadas a compensar os trabalhadores cujos contratos de trabalho a termo cessem por sua iniciativa.

Na verdade, e como foi aclarado pelo TC, as razões económicas invocadas escondiam um outro argumento: a obrigação de pagar uma compensação ao praticante desportivo colidiria com o direito fundamental ao Desporto, tal como previsto na Constituição da República Portuguesa. Será mesmo assim? Citando o acórdão do TC acima referido, "o exercício de tal direito não tem a virtualidade de afectar, ainda que minimamente, o direito ao desporto, constitucionalmente consagrado, dado que não inviabiliza, de forma alguma, a subsistência dos clubes desportivos. Haveria inconstitucionalidade se uma norma estabelecesse um encargo desprovido de fundamento com dignidade constitucional que, por ser de tal forma insuportável, comprometesse em absoluto o associativismo desportivo (...) o direito do atleta a uma compensação por caducidade de um contrato qualificado como de trabalho a termo não impede de forma alguma a promoção, o estímulo, a orientação e o apoio por parte do Estado da prática e da difusão da cultura física e do desporto, em virtude de não existir qualquer conexão necessária entre o exercício de tal direito e uma eventual limitação do cumprimento das referidas incumbências do Estado".

Por outro lado, uma semelhante solução legal pode colocar em causa o princípio da igualdade, com previsão constitucional. Também o Supremo espanhol, na decisão que uniformizou a jurisprudência nesta matéria, afirma que "a pertença a um sector de atividade (aqui, o desporto) não pode justificar que a contratação a termo fique à margem das garantias ou direitos que possuem as pessoas contratadas a termo noutros âmbitos funcionais (...) a aplicação supletiva do artigo 49.º, n.º 1, alínea c) [norma do *Estatuto dos Trabalhadores* que prevê a compensação pela caducidade do contrato de trabalho pela verificação do termo] contribui para minorar as diferenças entre relações especiais e comuns, em particular, evitando injustificadas discriminações entre trabalhadores a termo do tipo comum e trabalhadores a termo de tipo especial (...) a peculiaridade das atividades desportivas não é, por si só, bastante para descartar a aplicação das regras próprias do regime contratual comum sobre a cessação do contrato de trabalho ou sobre a temporalidade"[1197].

[1197] Como se argumenta no ac. de 26/03/2014 do STS espanhol, trata-se de uma "desigualdade de tratamento que se apresenta contrária ao indubitável processo de laboralização das relações de trabalho especiais".

Como também não parece que colha o tentador e demagógico argumento de que os praticantes desportivos são profissionais que recebem chorudas remunerações e que atribuir-lhes uma compensação pela caducidade seria, por isso, chocante. Como dissemos introdutoriamente, não só esse argumento deve ser relativizado[1198], como os regimes legais, como é o caso do RCTPD, não distinguem consoante a remuneração dos trabalhadores[1199].

Em Espanha, o problema tem ainda sido considerado no quadro do Direito da União Europeia. Concretamente, a interpretação segundo a qual o regime da compensação pela verificação do termo, e consequente caducidade do contrato, não é aplicável aos trabalhadores desportivos, tem sido considerada incompatível com as regras comunitárias relativas à contratação a termo. Concretamente, em causa estaria a violação do artigo 4.º, n.º 1, da Diretiva n.º 1999/70/CE, de 28 de junho, quando aí se prevê que "no que diz respeito às condições de emprego, não poderão os trabalhadores contratados a termo receber tratamento menos favorável do que os trabalhadores permanentes numa situação comparável pelo simples motivo de os primeiros terem um contrato ou uma relação laboral a termo, salvo se razões objectivas justificarem um tratamento diferente". Será que se pode dizer que o artigo 23.º, n.º 2, do RCTPD, ao determinar que o praticante desportivo não tem direito a compensação, é contrária ao Direito da União Europeia?

À primeira vista, o praticante desportivo não estaria, por natureza, discriminado, pois falharia a "situação comparável" a que se refere o Acordo-Quadro e a Diretiva. Com efeito, o legislador comunitário quis combater a discriminação dos trabalhadores contratados a termo perante os trabalhadores

1198 Ver § 1.1. Razões da especialidade do trabalho desportivo.

1199 Como bem refere José María González del Rio, «El derecho del deportista profesional...», cit., s/ paginação, é "ilógico juridicamente discriminar um desportista nos seus direitos laborais simplesmente pelo facto de receber um salário muito elevado". Como mais à frente refere a Autora, traduzindo um tanto ou quanto livremente uma observação que acompanhamos, "pode parecer injusto (e seguramente o é) que vivamos numa sociedade em que, por exemplo, as habilidades basquetebolísticas (*balompédicas*) sejam mais valorizadas que os anos de esforço de um investigador que luta contra o cancro ou que o talento de um neurocirurgião, e também pode parecer clamoroso que um futebolista de segunda divisão possa receber um salário sensivelmente superior ao de um catedrático universitário ou inclusivamente ao de um magistrado do Supremo Tribunal. Do mesmo modo também pode parecer indecente que haja alguns desportistas com salários milionários cuja avareza em ganhar ainda mais os transforme em evasores ficais que, supreendenmente, são vitoriados pelos adeptos à entrada dos Tribunais quando vão reconhecer os seus delitos. No entanto, e apesar de todo isto e do receio de ver quem, tendo por vezes uma formação académica escassa, possa receber salários milionários, nem por isso deixa de ser trabalhador e por isso não pode ser despojado dos direitos que a norma laboral lhe reconhece".

que, em situação comparável, estão vinculados por tempo indeterminado. Fundamentalmente, "o princípio da igualdade de tratamento visa assegurar que os interesses dos trabalhadores contratados a termo não sejam lesados além do inevitável, i.e., o facto de os seus contratos terem uma duração limitada no tempo"[1200].

No entanto, a questão não pode ser colocada de forma tão linear: se o Direito da União Europeia pretende reagir contra uma discriminação dos trabalhadores a termo quando existem outros trabalhadores contratados por tempo indeterminado que gozam de uma situação mais favorável, sem razão objetiva que o justifique, então, não se deverá considerar, até por maioria de razão, que o Direito deve repudiar situações que agravam a situação estrutural de *certos* trabalhadores a termo perante os demais trabalhadores a termo? Por outras palavras, se o legislador quer combater a discriminação dos trabalhadores a termo quando há trabalhadores contratados por tempo indeterminado, não se poderá dizer, pelo menos de iure condendo, que também se quer combater a discriminação de *certos* trabalhadores a termo? O praticante desportivo não deverá ter o direito a compensação pela caducidade do contrato de trabalho... à semelhança de qualquer outro trabalhador contratado a termo?

Sendo certo que o TJ tem adoptado uma visão restritiva, importa lembrar que, segundo a jurisprudência do TJ, que hoje se pode reputar de consolidada, a natureza temporária de uma relação de trabalho não pode servir, sem mais, como razão objetiva. Com efeito, tem entendido o TJ que "nem a natureza temporária da relação laboral, nem a inexistência de qualquer disposição na regulamentação nacional quanto à atribuição de uma compensação pela cessação do contrato de trabalho... são suscetíveis de constituir, por si sós, tais razões objetivas"[1201]. Na jurisprudência *Gaviero*, o TJ afirmou que "reconhecer que a mera natureza temporária de uma relação laboral basta para justificar essa diferença esvaziaria de conteúdo os objectivos da Directiva 1999/70 e do acordo-quadro" pois que, "em vez de melhorar as condições do trabalho a termo e de promover a igualdade de tratamento prosseguidas tanto pela Directiva 1999/70 como pelo acordo-quadro, o recurso a esse critério equivaleria a perpetuar a manutenção de uma situação desfavorável aos trabalhadores contratados a termo"[1202].

1200 Alice Pereira de Campos, *Contrato de trabalho a termo...*, cit., p. 158.

1201 Estamos a citar o caso *Diego Porras* (proc. nr. C-596/14). Este entendimento remonta já ao caso *Yolanda Del Cerro Alonso v. Osakidetza-Servicio Vasco de Salud* (proc. nr. 307/05).

1202 Agora citando o ac. *Gaviero Gaviero e Iglesia Torres v. Consellería de Educación e Ordenación Universitaria de la Xunta de Galicia* (processos apensos nrs. C-444/09 e C-456/09), pt. 57.

§ 6.7. Revogação do contrato de trabalho

O contrato de trabalho desportivo pode cessar por acordo de revogação (cfr. alínea b), do n.º 1, do artigo 23.º, do RCTPD). Esta forma de cessação desempenha no mundo desportivo um papel de primeira grandeza: não andaremos longe da verdade se afirmarmos que o acordo de revogação ou distrate é a forma de cessação mais utilizada no Desporto profissional. Para além das vantagens que, em geral, são apontadas a esta forma de cessação, a dinâmica do mundo desportivo empresta-lhe ainda outra notoriedade. Como assinalámos *supra*, as formas de cessação do contrato de trabalho promovidas pelo empregador são pouco aliciantes para os clubes[1203]. Tanto por razões disciplinares como por causas objetivas, o recurso ao despedimento significa, invariavelmente, a perda de um importante ativo patrimonial. Ainda que o regime legal contenha, atualmente, uma tutela indemnizatória plena, sem teto, a verdade é que o cenário de recuperação do investimento em sede indemnizatória é, por razões compreensíveis, pouco apelativo para os clubes. Daí que o protagonismo do despedimento tenha sido roubado pelo acordo de revogação. O acordo de revogação já não é apenas um mecanismo para sanar discretamente situações de crise contratual como acontece quando os treinadores, sob um forte clima de contestação, "colocam o seu lugar à disposição", acertando com o clube a dissolução do vínculo. O acordo de revogação vem frequentemente integrado numa realidade negocial mais alargada, "aberto" a outras partes, com vista à alienação dos direitos desportivos e económicos sobre o atleta permitindo aos clubes a realização de um encaixe financeiro: ele surge, muitas vezes, no contexto de um acordo de cedência definitiva do atleta[1204].

A figura está expressamente prevista no regime legal, mas o RCTPD, na linha dos seus antecessores, não regula o acordo de revogação. A frugalidade do regime legal deixa em aberto, pelo menos em princípio, a aplicação do regime laboral comum.

Pensamos que as regras gerais laborais serão perfeitamente aplicáveis. Por exemplo, para além das formalidades do negócio, exigidas por lei, o acordo de revogação não atribui ao trabalhador, também aqui, o direito

[1203] § 6. Cessação do contrato de trabalho desportivo.

[1204] Não deixa de ser interessante dar nota de que no ac. de 09/11/2013 do TRL (Sérgio Almeida), proc. nr. 2463/12.0TTLSB.L1-4, o tribunal decidiu que "salvo nos casos mais mediáticos a data da transferência de um futebolista profissional não é um facto público e notório".

a qualquer compensação legal[1205]. Em relação à aplicação das regras do regime laboral comum, ALBINO MENDES BAPTISTA entende que sempre que o distrate surja enquadrado num acordo de alienação dos direitos económicos e desportivos, o atleta não deve gozar do direito de retratação de que goza o trabalhador comum sob pena de, na prática, esse direito poder "sabotar" o negócio e introduzir uma grave perturbação na competição desportiva. No fundo, o Autor considera que esta norma do regime laboral comum não é compatível com a natureza especial da relação de trabalho do praticante desportivo[1206] e também com a relação especial de trabalho do treinador desportivo[1207].

Na esteira de LÚCIO CORREIA[1208] e JOÃO LEAL AMADO[1209], não vemos razões para que não seja aplicável o direito de retratação. Embora "este

[1205] No caso relatado no ac. de 04/12/1995 do TRP (LEITÃO SANTOS), proc. nr. 9510618 (sumário), afirmou-se justamente que "o contrato de trabalho a termo celebrado entre um treinador de futebol e o seu clube e terminado por mútuo acordo em virtude da falta de condições para aquele exercer a actividade para que fôra contratado, não dá direito a esse treinador a haver o salário acordado, desde a data da rescisão até final do mesmo termo". Também se decidiu no ac. de 10/05/1993 do TRP (ABEL SARAIVA), CJ, 1993, III, pp. 263-264, que é lícito que as partes, futebolista e clube, acordem na revogação do contrato estipulando "nada terem a exigir entre si, a título de indemnização ou a qualquer outro título".

[1206] ALBINO MENDES BAPTISTA, «Especificidades do contrato de trabalho...», cit., p. 32: "o facto de as rupturas contratuais dos praticantes desportivos serem, muitas vezes, acompanhadas (e mesmo sugeridas, como se verá) por empresários desportivos, a situação, em tal âmbito, de alguma fragilidade dos clubes, e a necessidade de não perturbar anormalmente as competições desportivas, levam-nos à afirmação da incompatibilidade de tal direito com as especificidades da relação laboral desportiva".

[1207] ALBINO MENDES BAPTISTA, «É o regime laboral comum aplicável...», cit., p. 138: "discordamos deste "direito de arrependimento", particularmente em situações de denúncia do contrato por iniciativa do trabalhador e, *maxime*, relativamente a trabalhadores dotados de elevado poder negocial. No que diz respeito ao treinador de futebol pode acontecer uma situação do género que se passa a considerar. Este comunica à entidade empregadora com a antecedência mínima de seis meses a denúncia do seu contrato. Suponha-se que esse prazo coincide com o início da época desportiva seguinte. O clube contrata, entretanto, um outro treinador com vista à preparação da nova época desportiva. *Já depois do início desta*, aquele exerce o "direito de arrependimento". Este cenário é minimamente razoável?" (itálicos do Autor).

[1208] LÚCIO CORREIA, *Regime jurídico dos praticantes desportivos profissionais...*, cit., p. 319.

[1209] JOÃO LEAL AMADO, *Vinculação* versus *liberdade...*, cit., pp. 294-295: "afigura-se-nos, por exemplo, que o acordo revogatório deveria conduzir inapelavelmente à morte do contrato de trabalho, sem que este último pudesse revivescer por vontade do praticante desportivo, através do exercício do chamado «direito de arrependimento». Com efeito, sendo aplicável o regime geral o praticante desportivo gozará, como qualquer outro trabalhador, do direito de arrependimento, isto é, da faculdade de revogar unilateralmente o distrate, até ao 2.º dia útil seguinte à data de produção dos seus efeitos, mediante comunicação escrita à entidade empregadora (art. 1.º/1 da Lei n.º 38/96, de 31 de Agosto [norma que corresponde, com uma solução substancialmente diversa, ao art. 350.º, 1, do Código do Trabalho de 2009]). Ora, este direito potestativo, reconhecido pela lei ao trabalhador, de «dar o dito por não dito», poderá suscitar forte perturbação e conflitualidade nesta área,

regime geral possa causar eventual conflitualidade no âmbito do ressurgimento da relação laboral desportiva", também não vemos "qualquer motivo jurídico ou outro para que o mesmo normativo não seja aplicado à relação laboral desportiva"[1210]. Importa não esquecer que os potenciais danos emergentes do exercício do direito de retratação podem ser perfeitamente prevenidos mediante o reconhecimento presencial das assinaturas das partes, expediente que, de acordo com o regime laboral comum, impede o exercício desse direito[1211]. Aliás, os clubes estarão em boas condições de conhecer essa possibilidade uma vez que estes negócios são assiduamente assessorados por juristas ou advogados. Mas ainda que assim não fosse, e conforme já sugerimos noutro lugar, o exercício do direito de retratação sempre poderá ser sindicado nos termos gerais do abuso de direito[1212].

§ 6.7.1. Cedência definitiva ("transferência")

> **Bibliografia específica:** António Ourivio Amorim / Arthur Ancinello Saltz, «A transferência internacional do futebolista menor e a preservação do superior interesse da criança» in: Alexandre Miguel Mestre [Coord.], *Compêndio de Direito do Desporto*, Gestlegal, Coimbra, 2021, pp. 799-815; João Lobão, «Transferência internacional» in: Alexandre Miguel Mestre [Coord.], *Enciclopédia de Direito do Desporto*, Gestlegal, Coimbra, 2019, pp. 388-389; Luís Cassiano Neves, «FIFA Transfer Matching System (TMS)» in: Alexandre Miguel Mestre [Coord.], *Enciclopédia de Direito do Desporto*, Gestlegal, Coimbra, 2019, pp. 200-201.

sobretudo se nos não esquecermos de que o distrate faz aqui habitualmente parte de um triângulo negocial (que é ainda formado pelo contrato de transferência celebrado entre os dois clubes e pelo contrato de trabalho celebrado entre o praticante e o novo empregador) gerador do fenómeno da coligação de contrato de que acima se fala. Torna-se aqui particularmente aconselhável, por isso, que seja observado o art. 1.º/4 da referida lei, isto é, que as assinaturas das partes do acordo revogatório, devidamente datado, sejam objecto de reconhecimento notarial presencial ou realizadas em presença de um inspector do trabalho. Se assim for, desaparecerá o direito de arrependimento do trabalhador/praticante, salvo se ao distrate for aposto um termo suspensivo que ultrapasse um mês sobre a data da respectiva assinatura (art. 1.º/5) [art. 350.º, n.º 4]". Mais recentemente, João Leal Amado, *Contrato de trabalho desportivo...* [2017], cit., pp. 136-137.

1210 Lúcio Correia, «A cessação...», cit., p. 129.

1211 Cfr. artigo 350.º, n.º 4, do CT09.

1212 Sobre isto, Victor Hugo Ventura, «Novas e velhas questões sobre o direito de retratação», *Questões Laborais*, 49 (2016), pp. 77-104.

Ao contrário do que acontece com a generalidade das relações de trabalho, é comum que o acordo de revogação do contrato de trabalho desportivo esteja envolvido num contexto negocial mais complexo. Mais concretamente, o acordo de revogação do contrato de trabalho está frequentemente associado ao acordo de venda do passe do atleta, este último celebrado entre os clubes que acordam na transferência[1213].

O legislador refere-se, embora com alguma parcimónia ou ligeireza[1214], à figura da cedência definitiva no artigo 22.º, do RCTPD, onde se lê que "a transferência do praticante desportivo é regulada pelos regulamentos da respetiva federação dotada de utilidade pública desportiva, sem prejuízo do disposto nesta lei, nomeadamente no artigo 19.º". A remissão para a norma do artigo 19.º do RCTPD significa, por exemplo, que o acordo de cedência definitiva deve assumir a forma escrita e que o praticante desportivo deve, claro está, dar o seu consentimento. No entanto, a cedência não está sujeita a registo, mas apenas, claro está, o contrato de trabalho que, no seguimento da transferência, se venha a celebrar[1215]. No mais, o legislador não regula expressamente a cedência definitiva do praticante desportivo, devendo valer as regras gerais, bem como a regulamentação associativa, federativa e internacional[1216].

Em bom rigor, a figura da cedência definitiva, como se exprime o legislador, distingue-se do cenário referido introdutoriamente, em que há lugar a dois negócios jurídico-laborais distintos: o acordo de revogação seguido da celebração de um contrato de trabalho. Na cedência definitiva, encontramos o que Albino Mendes Baptista descreve sugestivamente como uma "cessão *sui generis* em que encontramos acoplados um negócio extintivo e um negócio constitutivo"[1217]. Por um lado, e ao contrário do que acontece com a cedência

[1213] Beatriz Gonçalves, «As cláusulas de não concorrência...», cit., p. 301, fala de um "encadeamento de contratos".

[1214] Cfr. artigo 13.º, alínea a), do Real Decreto n.º 1006/85, de 26 de junho.

[1215] João Leal, «Inscrição (futebol)» in: Alexandre Miguel Mestre [Coord.], *Enciclopédia de Direito do Desporto*, Gestlegal, Coimbra, 2019, pp. 224-226.

[1216] Num plano internacional, ver João Lobão, «Transferência internacional» in: Alexandre Miguel Mestre [Coord.], *Enciclopédia de Direito do Desporto*, Gestlegal, Coimbra, 2019, pp. 388-389. Sobre o *Transfer Matching System*, ver Luís Cassiano Neves, «FIFA Transfer Matching System (TMS)» in: Alexandre Miguel Mestre [Coord.], *Enciclopédia de Direito do Desporto*, Gestlegal, Coimbra, 2019, pp. 200-201. Relativamente aos menores, ver António Ourivio Amorim / Arthur Ancinello Saltz, «A transferência internacional do futebolista menor e a preservação do superior interesse da criança» in: Alexandre Miguel Mestre [Coord.], *Compêndio de Direito do Desporto*, Gestlegal, Coimbra, 2021, pp. 799-815 e Nuno Vieira Pássaro, *Direito do Desporto*..., cit., pp. 247 ss.

[1217] Albino Mendes Baptista, «Cedência temporária de praticantes...», cit., p. 15.

temporária[1218], a cedência definitiva determina a cessação da relação de trabalho com o cedente[1219]. Por outro lado, a cedência definitiva tem uma natureza constitutiva porque cria uma relação de trabalho, já não apenas de facto, mas formal, com a cessionário[1220]. Trata-se, pois, nesta perspetiva, de um "contrato atípico inominado estabelecido com vista à celebração do contrato de trabalho"[1221].

Uma coisa é certa: é hoje pacífico que a figura da cedência definitiva pode ser utilizada, pois longe vão os tempos em que a transferência de desportistas era vista como promíscua ("deve-lhes ser vedado comprá-los e a estes vender-se", como se lia no preâmbulo do Decreto n.º 32 946, de 3 de agosto de 1943) e estava dependente de autorização do Estado (!). Tão pouco se pode

[1218] A este respeito, não deixa de ser interessante referir que a Relação de Guimarães já sugeriu que as cedências temporárias com cláusulas de compra de opção... obrigatória (!) podem representar um acordo simulatório e que, de um ponto de vista jurídico, tudo se passa como se tivesse ocorrido uma transferência definitiva e o contrato de trabalho tivesse cessado no dia do acordo de cedência temporária: cfr. o ac. de 12/02/2021 do TRG (Alda Martins), proc. nr. 4295/20.5T8BRG.G1: "o que verdadeiramente foi acertado entre a Ré e a Y foi a venda, com efeitos imediatos e a título definitivo, dos direitos de inscrição desportiva do Autor. Sucede que, para cumprimento das regras de *fair play* financeiro da União das Associações Europeias de Futebol ("UEFA"), a Y necessitava de diferir no tempo o pagamento do preço acordado pela aquisição dos direitos de inscrição desportiva do Autor, razão pela qual as partes celebraram um contrato que previa a cedência temporária dos referidos direitos por dois anos e depois a obrigação de aquisição (note-se, obrigação, e não opção!) sujeita ao advir dum evento de verificação certa, pois nos últimos 30 anos a Y qualificou-se sempre para a Liga Nacional Profissional Série A do futebol italiano e nos últimos dez anos ficou sempre classificada nos dez primeiros lugares. Assim, formalmente, o Contrato de Trabalho Desportivo celebrado entre o Autor e a Ré cessou no dia 1 de Julho de 2019, porém o jogador passou a estar ao serviço da Y a partir de 31 de Agosto de 2017, entidade com a qual celebrou o vínculo contratual acima descrito e da qual passou a auferir a remuneração devida pela prestação da sua actividade profissional. Tanto a Ré como a Y sabiam bem o sentido e alcance do acordo celebrado, que só pode ter sido este: pese embora sob a capa de uma cedência temporária, o Autor foi transferido para a Y em 31 de Agosto de 2017 (...) Conforme resulta da sentença, o tribunal recorrido acolheu no essencial estas considerações e – enquadrando-as juridicamente nas figuras e regime da simulação relativa".

[1219] Maria do Rosário Palma Ramalho, *Tratado de Direito do Trabalho...*, cit., p. 479, fala mesmo de uma "vicissitude extintiva do contrato de trabalho desportivo".

[1220] Tal como se escreve no ac. de 23/10/2006 do TRP (Fernanda Soares), proc. nr. 0612882, "estamos, assim, perante uma cessão da posição contratual, na medida em que no caso se verificam todos os pressupostos exigidos pelo art. 424º e segts. do CC". Contra, aparentemente, Maria do Rosário Palma Ramalho, *Tratado de Direito do Trabalho...*, cit., p. 479, diz que esta figura "não se pode confundir... com a possibilidade de cessão da posição contratual do empregador, que é admissível no contrato de trabalho, nos termos gerais do art. 424.º do CC, embora, quanto a esta última, o regime concreto da transferência desportiva, que venha a ser definido, possa ser algo de muito próximo".

[1221] Ac. de 15/01/2002 do TRL (André dos Santos), CJ, 2002, I, pp. 73-74 (secção cível).

dizer que a cedência definitiva também não é possível pelo caráter *intuitus personae* do vínculo laboral[1222]. Bem pelo contrário, pode dizer-se que a figura está bem enraizada na prática desportiva[1223].

Já em relação ao contrato de transferência entre os clubes desportivos, importa referir que estes acordos podem por vezes incluir cláusulas com um impacto laboral e, por isso mesmo, a sua legitimidade num plano jurídico-desportivo pode ser discutida. Pense-se, desde logo, nas cláusulas que podem influenciar a relação do clube-empregador com o atleta, nas cláusulas de *third-party ownership*[1224], nas cláusulas que contemplam uma majoração da

[1222] Carlos Alberto da Mota Pinto, *Cessão da posição contratual*, Almedina, Coimbra, 2003, p. 157, n. 1.

[1223] Como diz a Relação de Lisboa, é "como se este conceito correspondesse, na matéria, a uma realidade de conhecimento comum e cuja definição era, por isso, desnecessária. E digamos que assim é (...) o atleta, que antes prestava a sua atividade a uma entidade desportiva, passa a prestá-la a outra e isto chama-se "transferência" (cfr. ac. de 20/11/2012 do TRL (Orlando Nascimento), proc. nr. 211/10.0TCFUN.L1-7).

[1224] Sobre o problema do *third parties ownership* (vulgarmente, TPO), ver o estudo, com enfoque realista (*"truth be told"*, como diz o Autor), de Daniel Lorenz, «Direitos económicos (jogadores de futebol)» in: Alexandre Miguel Mestre [Coord.], *Enciclopédia de Direito do Desporto*, Gestlegal, Coimbra, 2019, pp. 159-160, Luiz Fernando Aleixo Marcondes, «TPI (Third Party Investor)» in: Alexandre Miguel Mestre [Coord.], *Enciclopédia de Direito do Desporto*, Gestlegal, Coimbra, 2019, pp. 387-388, Álvaro Melo Filho, «Direitos econômicos e TPO: banimento eficaz?», *Desporto & Direito*, 33 (2014), pp. 311-327 e Nuno Vieira Pássaro, *Direito do Desporto: uma visão prática*, AAFDL Editora, Lisboa, 2021, pp. 93 ss. e 203 ss. Questionando a compatibilidade com o Direito da União Europeia, Dzhamil Oda, «Proibição pela FIFA da detenção por terceiros de direitos económicos sobre jogadores de futebol e o artigo 101.º do Tratado sobre o Funcionamento da União Europeia», *Revista de Direito do Desporto*, 4 (2019), pp. 53-79. Sobre os direitos económicos, ver Luís V. B. Pires, «Direitos económicos de um atleta detidos por terceiros – proibição ou regulação», *Desporto & Direito*, 29 (2013), pp. 179-188, Emanuel Medeiros, «Integridade e transparência financeiras no desporto» in: *IV Congresso de Direito do Desporto*, Almedina, Coimbra, 2015, pp. 143-150, especialmente, pp. 147 ss. Fernando Veiga Gomes, «Dos direitos económicos no direito do futebol» in: *IV Congresso de Direito do Desporto*, Almedina, Coimbra, 2015, pp. 151-170. A proibição é, hoje, bastante enérgica e abrange todas as formas de investimento a troco de direitos em relação a futuras transferências de jogadores. Inicialmente, essa proibição dependia do grau de influência concreta que o investidor poderia ter na independência do clube ou do atleta (por exemplo, clausulando-se que a transferência dependeria do acordo do investidor, que o clube comprador deveria ser escolhido pelo investidor, que o atleta deveria ser vendido antes do final de certa época desportiva, etc.). Portanto, só no caso concreto se poderia avaliar se o investimento seria, ou não, legítimo. Atualmente, a proibição é, aparentemente, absoluta, não se permitindo que qualquer entidade, singular ou coletiva, tenha direitos em futuras transferências de jogadores. Com efeito, essa proibição decorre do artigo 18.º-tre, do Regulamento da FIFA, bem como do artigo 35.º, n.º 1, do RECITJ, onde se prevê que "nenhum clube ou jogador pode celebrar um acordo com terceiros em que estes sejam autorizados a participar, total ou parcialmente, em compensação a pagar relativamente a futura transferência de um jogador de um clube para outro, ou que lhe sejam concedidos quaisquer direitos em relação a uma futura transferência ou compensação por transferência".

verba recebida pelo clube vendedor em caso de sucesso desportivo do clube comprador[1225] ou, pensando em estipulações que oferecem menos dúvidas, na cláusula de "recompra" do passe do atleta[1226] ou nos direitos de preferência para o mesmo fim[1227].

§ 6.8. Registo da cessação

A cessação do contrato de trabalho desportivo depende de registo. Com efeito, segundo o artigo 27.º, n.º 1, do RCTPD, "a eficácia da cessação do contrato de trabalho desportivo depende da comunicação às entidades que procedem ao registo obrigatório do contrato, nos termos do disposto no artigo 7.º". Um pouco como acontece com a celebração do contrato de trabalho, estamos em crer, porém, e salvo melhor opinião, de que esta comunicação não é condição de validade da forma de cessação do contrato de trabalho. Assim, "trata-se da prática de atos jurídicos conexos ou decorrentes da celebração ou extinção da relação laboral que, contudo, são alheios ao seu objeto

[1225] Para João Leal Amado, «O Direito do Desporto e a sua axiologia: uma crónica estival sobre o Carmo e a Trindade» (disponível online no *Observatório Almedina*), "ora, nós temos, em Portugal, um diploma legal, aliás o principal diploma legal em matéria desportiva, que consiste na Lei n.º 5/2007, de 1 de janeiro – a Lei de Bases da Atividade Física e do Desporto. E dessa lei consta uma norma, o art. 3.º, que prescreve que a atividade desportiva é desenvolvida em observância dos princípios da ética desportiva, da defesa do espírito desportivo e da salvaguarda da verdade desportiva. É certo que, como há muito escreveu José Manuel Meirim, em anotação a este artigo, "a precisão dos conceitos continua ausente, o que pode gerar algumas dificuldades na interpretação e aplicação da norma". Mas, convenhamos, um contrato celebrado entre dois clubes rivais (que jogam um com o outro, um contra o outro, num campeonato em que todos jogam com e contra todos), em que um deles aceita receber do outro, ao longo de um quinquénio, uma verba pecuniária que depende, necessariamente, da vitória do clube pagador e da inerente derrota do clube recetor, não respeita nem promove os valores de uma sã competição desportiva. No caso português, creio que esta cláusula contratual vulnera o disposto no art. 3.º da Lei de Bases da Atividade Física e do Deporto, que estabelece critérios vinculativos e orientadores de toda a atividade desportiva, inclusive da profissional. O papel do direito desportivo é, em boa medida, o de evitar que exercícios insensatos de liberdade contratual contribuam para pôr em xeque a credibilidade das competições desportivas profissionais".

[1226] Lúcio Correia, *Regime jurídico dos praticantes desportivos profissionais...*, cit., p. 207.

[1227] Lúcio Correia, *Regime jurídico dos praticantes desportivos profissionais...*, cit., p. 231, escreve que "a questão da preferência na relação laboral desportiva entrecruza-se, de forma indelével, com as transferências de jogadores".

ou execução do mesmo e não relevam para efeitos contratuais, mas apenas para efeitos desportivos"[1228].

Segundo o n.º 2, da mesma norma, "a comunicação deve ser realizada pela parte que promoveu a cessação, com indicação da respetiva forma de extinção do contrato". Se bem interpretamos a disposição legal, a comunicação deve indicar apenas a forma de extinção do contrato de trabalho, pelo que não é de exigir, desde logo, que a comunicação indique quais os fundamentos da cessação do contrato de trabalho, isto quando o meio utilizado suponha essa fundamentação (como acontece com a resolução com justa causa, promovida pelo atleta, ou com o despedimento, promovido pelo empregador).

§ 6.9. Liberdade pós-contratual do praticante desportivo

O artigo 19.º, do RCTPD, é talvez a norma com mais significado na evolução histórica do regime do contrato de trabalho desportivo sendo também, até por carregar esse peso simbólico, uma norma com potencial problemático. O n.º 1 comina como "nulas as cláusulas inseridas em contrato de trabalho desportivo visando condicionar ou limitar a liberdade de trabalho do praticante desportivo após o termo do vínculo contratual"[1229]. A primeira observação que esta norma merece é a de que ela abrange qualquer tipo de cessação do contrato e, portanto, também abrange os casos de resolução sem justa causa[1230].

Em concreto, esta norma pode tornar incompatíveis (leia-se, nulas ou de nenhum efeito) certas práticas comuns no mundo desportivo[1231]. Esta norma visou, em primeira linha, combater aquelas cláusulas ou normas que obrigavam o atleta a pagar certa quantia ao clube, findo o seu contrato, se pretendesse

[1228] Lúcio Correia, *Regime jurídico dos praticantes desportivos profissionais...*, cit., p. 388.

[1229] Ver também o artigo 29.º do Anexo III, da CCT aos futebolistas profissionais, que estende essa proibição às cláusulas inseridas no contrato de formação desportiva.

[1230] João Leal Amado, *Vinculação* versus *liberdade...*, cit., pp. 335-336.

[1231] Os acordos são frequentemente configurados para não tornar evidente o condicionamento do atleta. Ver o caso relatado no ac. de 20/05/1988 do STJ (Salviano de Sousa), BTE, II Série, 4-5-6/1990, pp. 391-393 / BMJ, 377 (1988), pp. 381-385, onde o Tribunal considerou nula uma cláusula pela qual "no final do presente contrato, o Clube, no caso de não haver acordo para a sua renovação, compromete-se a negociar e ceder o passe do atleta pelo triplo do valor em escudos que pagou pelo passe". Ver ainda o ac. de 02/12/1993 do TRL (Ventura de Carvalho), CJ, 1993, V, pp. 189-190, onde um futebolista e o clube acordaram, no acordo de revogação do contrato de trabalho, que os salários em dívida seriam pagos pela libertação do atleta, ficando livre para assinar por outro clube.

jogar noutro clube. Mas, dentro do "conjunto muito amplo de práticas restritivas da liberdade laboral dos trabalhadores desportivos"[1232], tem sido questionada a validade dos pactos de promessa, de preferência e, sobretudo, dos pactos de opção no contexto desportivo, vinculando as partes à sua celebração (como é o caso da promessa) ou colocando as partes numa posição de sujeição para a sua celebração (como é o direito de preferência ou de opção).

Embora a discussão à volta da validade destes instrumentos se situe no contexto desta norma, a relevância prática de cada um destes pactos justifica uma análise separada.

§ 6.9.1. Pacto de não concorrência

> **Bibliografia específica:** Beatriz Gonçalves, «As cláusulas de não concorrência no contrato de trabalho desportivo» in: Alexandre Miguel Mestre [Coord.], *Compêndio de Direito do Desporto,* Gestlegal, Lisboa, 2021, pp. 287-310; João Leal Amado, «Cláusulas anti rivais: uma crónica baseada em factos quase verídicos», *Revista de Direito do Desporto,* 10 (2021), pp. 54-60; João Zenha Martins, «Contrato de trabalho desportivo e (in)admissibilidade de cláusulas anti rivais», *Revista da Ordem dos Advogados,* 2021, I-II, pp. 85-117; Ricardo Nascimento, «Cláusulas ou pactos de não concorrência em contratos de treinadores» in: *The balance between worker protection and employer powers — insights from around the World,* Cambridge Scholars Publishing, Newcastle, 2018, pp. 458-478; Id., «Pacto de não concorrência» in: Alexandre Miguel Mestre [Coord.], *Enciclopédia de Direito do Desporto,* Gestlegal, Coimbra, 2019, pp. 305-308;

Os pactos de não concorrência serão, definitivamente, os casos mais flagrantes que caem na alçada desta norma legal[1233]. As estipulações contratuais,

[1232] André Dinis de Carvalho, *Da liberdade de circulação dos desportistas...,* cit., pp. 314.

[1233] Neste sentido, João Leal Amado, *Vinculação* versus *liberdade...,* cit., pp. 125-126, João Zenha Martins, «A vinculação laboral desportiva...», cit., p. 348, Ricardo Nascimento, «Pacto de não concorrência» in: Alexandre Miguel Mestre [Coord.], *Enciclopédia de Direito do Desporto,* Gestlegal, Coimbra, 2019, pp. 305-308, e Maria Irene Gomes, «Questões a propósito dos requisitos exigidos para a lícita constituição da cláusula de não concorrência no âmbito do contrato de trabalho», *Questões Laborais,* 42 (2014), pp. 241-263, p. 243, n. 7. Expressamente, cfr. artigo 4.º da Legge n.º 91 de 23 de março de 1981.

bastante difundidas[1234], onde fica acordado que determinado atleta não pode prestar trabalho para certos clubes desportivos — as vulgarmente chamadas cláusulas "anti-grandes" ou "anti-rivais"[1235] — são nulas, por violação deste imperativo legal[1236], devendo daí ser retiradas todas as consequências, mormente para efeitos de registo[1237].

Percebe-se que assim seja. Por um lado, o curto período de vida ativa de um praticante desportivo é dificilmente compaginável com uma obrigação de não concorrência que introduza na biografia profissional do atleta um parágrafo de inatividade ou, pelo menos, que limite o praticante desportivo no exercício da sua atividade e, mais concretamente, na escolha da sua entidade empregadora. É por demais sabido que um longo período sem competir pode ter efeitos irreversíveis na carreira de um atleta, lesando-o gravemente na sua profissionalidade e até, no limite, na sua própria capacidade de trabalho.

Por outro lado, a proibição dos pactos de não concorrência também exprime a convicção de que não existe um interesse legítimo da entidade empregadora em proibir que o atleta continue a exercer a sua atividade ao serviço de outro clube uma vez que, em rigor, o conjunto de capacidades ou aptidões de um praticante desportivo representa um "património pessoal" do atleta[1238]. Ainda que se possa dizer que o "corpo de conhecimentos" de um praticante desportivo (por exemplo, no plano da disciplina tática) foi adquirido ao serviço de um certo clube, o que nos parece é que a Ordem Jurídica já prevê sistemas de recompensa aos clubes que contribuem para a formação

[1234] João Zenha Martins, «Contrato de trabalho desportivo...», cit., p. 85: "são um *deus ex machina*, omnipresente no desporto profissional, designadamente no universo do futebol". Mais adiante, p. 92, fala de "um exemplo vivo da prática rica e inventiva que os sujeitos laborais foram criando".

[1235] Para João Zenha Martins, «Contrato de trabalho desportivo e (in)admissibilidade...», cit., p. 96, as cláusulas anti rivais não podem ser assimiladas a pactos de não concorrência.

[1236] Neste sentido, João Leal Amado, *Contrato de trabalho desportivo...* [1995], cit., p. 85, Id., «Cláusulas anti rivais: uma crónica baseada em factos quase verídicos», *Revista de Direito do Desporto*, 10 (2021), pp. 54-60, João Zenha Martins, «A vinculação laboral desportiva...», cit., p. 349, Ricardo Grilo, «As cláusulas "anti rival" e a sua adequação...», cit., pp. 101 ss. e Nuno Vieira Pássaro, *Direito do Desporto...*, cit., p. 51.

[1237] Acompanhando João Zenha Martins, «Contrato de trabalho desportivo...», cit., p. 107.

[1238] Apontando os mesmos argumentos, João Zenha Martins, «Os futebolistas profissionais e as cláusulas...», cit., p. 267, n. 94 (= Id., *Dos pactos de limitação...*, cit., p. 645), refere o Autor que "além de se tratar de factores relativos à destreza física dos praticantes não imputáveis à entidade empregadora desportiva, a efemeridade da profissão (desgaste rápido) postula uma competição permanente que conflitua com a vocação abstensiva da cláusula de não concorrência". Mais recentemente, João Zenha Martins, «Contrato de trabalho desportivo e (in)admissibilidade...», cit., p. 97.

dos atletas, sendo apenas por aí que os clubes podem mitigar os eventuais prejuízos que decorrem da perda dos serviços de atletas, em cuja formação investiram, a favor de um outro clube.

Cumpre-nos acrescentar, até porque deixámos esta interrogação em suspenso quando analisámos o regime do treinador desportivo, que nos parece que esta regra é perfeitamente aplicável aos treinadores desportivos[1239] o que equivale a dizer que os pactos de não concorrência estipulados também aí são nulos, em parte pelas mesmas razões[1240].

Uma última nota para referir que a previsão legal deve ser interpretada habilmente quanto ao alcance do seu âmbito de aplicação. Com efeito, quando a lei prevê que "são nulas as cláusulas inseridas em contrato de trabalho desportivo (...)" pensamos que esta norma deve ser lida amplamente, abrangendo não só o contrato de trabalho, mas também, sobretudo, acordos de revogação. Assim, e sob pena de total esvaziamento das razões de política legislativa que ditaram esta proibição, são nulas as cláusulas, introduzidas em acordos de revogação, através das quais o praticante desportivo se obriga a não exercer a sua atividade durante um certo período de tempo ou para determinados clubes após a cessação do contrato de trabalho. Serão assim nulas, retomando os exemplos mencionados introdutoriamente, das cláusulas "anti-rivais" que são por vezes estipuladas nos acordos de revogação do contrato de trabalho[1241].

[1239] Diferente foi o caso do ac. de 03/02/2003 do TRP (Sousa Peixoto), proc. nr. 0212443, onde o Tribunal considerou como lícita a cláusula onde se previa que o clube continuaria a pagar ao treinador os salários como se este se mantivesse ao seu serviço e que tal obrigação cessaria no caso de ele se vincular a outra entidade empregadora, devendo entender-se que tal obrigação só cessaria quando o treinador celebrasse contrato de trabalho com outro Clube. Neste caso, não estamos, pois, perante uma cláusula de não concorrência.

[1240] Sobre os pactos de não concorrência dos treinadores desportivos, com a orientação do texto, Ricardo Nascimento, «Cláusulas ou pactos de não concorrência em contratos de treinadores» in: *The balance between worker protection and employer powers — insights from around the World*, Cambridge Scholars Publishing, Newcastle, 2018, pp. 458-478, defendendo precisamente que os conhecimentos do treinador representam um "património pessoal" seu que não adquiriu graças ao clube.

[1241] Neste sentido, Ricardo Grilo, «As cláusulas "anti rival" e a sua adequação...», cit., pp. 103 ss. Contra este entendimento, admitindo a validade dos pactos de não concorrência nos acordos de revogação, Beatriz Gonçalves, «As cláusulas de não concorrência no contrato de trabalho desportivo» in: Alexandre Miguel Mestre [Coord.], *Compêndio de Direito do Desporto*, Gestlegal, Lisboa, 2021, pp. 287-310. Aparentemente no mesmo sentido, Nuno Vieira Pássaro, *Direito do Desporto...*, cit., pp. 52 ("sendo apenas nulas se forem fixadas em contrato de trabalho desportivo").

Segundo alguma doutrina, destes pactos seria necessário distinguir os acordos entre os clubes desportivos. A nosso ver, tais acordos não serão válidos, por força do artigo 138.º, n.º 1, do CT09[1242]. Segundo a doutrina, esses acordos já serão válidos se os clubes desportivos onerarem a transferência durante a pendência do contrato de trabalho, pois nesse caso o praticante desportivo está, por definição, limitado na sua liberdade de trabalho[1243].

§ 6.9.2. Pacto de opção

Bibliografia específica: Albino Mendes Baptista, «Especificidades do contrato de trabalho desportivo e pacto de opção» in: *Estudos sobre o Contrato de Trabalho Desportivo*, Coimbra Editora, Coimbra, 2006, pp. 15-67; Ana Teresa Ribeiro, «A liberdade de trabalho nos contratos de trabalho desportivos – breves notas sobre os pactos de opção unilaterais» in: *Constitucionalismos e (con)temporaneidade – Estudos em Homenagem ao Professor Doutor Manuel Afonso Vaz*, Universidade Católica Editora, Porto, 2020, pp. 529-543; Esteve Bosch Capdevila, «Os direitos de opção e de preferência para a prestação de serviços por parte de desportistas profissionais: o "caso Eto'o"», *Desporto & Direito*, 7 (2005), pp. 41-53; Joana Marta Gonçalves, «Os pactos de opção no contrato de trabalho desportivo», *Revista de Direito do Desporto*, 2 (2019), pp. 34-43; João Leal Amado, «Contrato de trabalho desportivo e pacto de opção» in: *Ab Uno Ad Omnes — 75 anos da Coimbra Editora*, Coimbra Editora, Coimbra, 1998, pp. 1169-1180; Id., «Ainda sobre as cláusulas de opção e de rescisão no contrato de trabalho desportivo» in: *Temas Laborais — 2*, Coimbra Editora, Coimbra, 2007, pp. 153-233; Id., «A opção sobre N'Doye: um acórdão histórico da CAP», *Questões Laborais*, 31 (2008), pp. 129-138; Id., «A insustentável leveza de uma decisão – anotação ao Acórdão de 6/6/2018 do TRL», *Revista de Legislação e de Jurisprudência*, Ano 148, 4012 (2018), pp. 52-70; Lúcio Correia, «Comentário ao acórdão da Comissão Arbitral Paritária – processo n.º 48-CAP/2007», *Desporto & Direito*, 15 (2008), pp. 491-518; João Zenha Martins, «A vinculação laboral desportiva

[1242] Neste sentido, João Leal Amado, «A Autoridade da Concorrência...», cit., pp. 323-331.

[1243] Assim, João Leal Amado, «Cláusulas anti rivais...», cit., pp. 54-60. Em relação aos pactos entres clubes, ver também João Zenha Martins, «Contrato de trabalho desportivo e (in)admissibilidade...», cit., pp. 111 ss.

e os pactos de opção» in: *Liberdade e Compromisso: Estudos dedicados ao Professor Mário Fernando de Campos Pinto*, Universidade Católica Editora, Volume II, Lisboa, 2009, pp. 321-377; Tiago Rodrigues Bastos, «A (in)validade das cláusulas de opção nos contratos de trabalho desportivo», *Boletim da Ordem dos Advogados*, 21 (Maio de 2019), texto *online* (consultado a 10/06/2019); João Leal Amado, «Contrato de trabalho desportivo e pacto de opção» in: *Ab Uno Ad Omnes — 75 anos da Coimbra Editora*, Coimbra Editora, Coimbra, 1998, pp. 1169-1180; Id., «Ainda sobre as cláusulas de opção e de rescisão no contrato de trabalho desportivo» in: *Temas Laborais — 2*, Coimbra Editora, Coimbra, 2007, pp. 153-233, Id., «A opção sobre N'Doye: um acórdão histórico da CAP», *Questões Laborais*, 31 (2008), pp. 129-138; Id., «A insustentável leveza de uma decisão - anotação ao Acórdão de 6/6/2018 do TRL», *Revista de Legislação e de Jurisprudência*, Ano 148, 4012 (2018), pp. 52-70; Id., «O estranho caso das cláusulas de opção», *Revista de Direito do Desporto*, 7 (2021), pp. 40-48; Paulo Leite Gonçalves, «O direito de opção na prestação do desportista profissional» in: António Moreira [Coord.], *II Congresso de Direito do Desporto — Memórias*, Almedina, Coimbra, 2007, pp. 267-280;

Não sendo um instrumento apenas conhecido do Direito do Desporto, os pactos de opção correspondem a uma prática comum no contexto desportivo[1244]. Na sua modalidade mais difundida, o pacto de opção pode ser definido como a convenção pela qual é atribuído a uma das partes, ou a ambas, o direito potestativo a prolongar a duração inicial do vínculo contratual[1245].

Do ponto de vista dos clubes desportivos, são várias as razões que podem tornar este pacto uma estipulação aliciante. Desde logo, o pacto de opção é um instrumento útil de gestão do risco associado ao investimento feito pelos clubes. Aproximando-se o termo do contrato, o pacto de opção permite ao

[1244] João Zenha Martins, «A vinculação laboral desportiva...», cit., p. 322: "no mundo da contratação laboral desportiva, os pactos de opção constituem uma prática corrente, sendo um *deus ex machina*". Também João Leal Amado, «O estranho caso das cláusulas de opção», cit., p. 40, fala da sua "importância intrínseca em sede de trabalho desportivo".

[1245] É possível encontrar uma passagem de João Baptista Machado, «Comentário ao acórdão de 16 de Fevereiro de 1984», *Revista de Legislação e de Jurisprudência*, Ano 117, 3724 (1984), pp. 201-207, p. 203 (n. 1 com início na p. 202) onde o Autor observa que "é também frequente ouvir-se entre nós (e o mesmo acontece no estrangeiro) que determinada colectividade desportiva detém sobre certo jogador um «direito de opção» por mais uma época. Também aqui se trata de uma cláusula de reserva, de um verdadeiro *direito de opção* inscrito num contrato desportivo (contrato de trabalho)".

empregador avaliar, tendo em conta o desempenho do atleta[1246] e a folha salarial, se é compensatória a manutenção do praticante desportivo no plantel. Ao invés de se vincular, por exemplo, por 3 épocas desportivas, as partes podem acordar em 2 épocas desportivas, atribuindo ao clube a possibilidade de, no final da segunda época, estender o vínculo, unilateralmente, por mais uma época desportiva. Por outro lado, o pacto de opção pode revelar-se um instrumento útil em momentos de alteração na estrutura diretiva do clube, deixando à nova estrutura a hipótese de decidir pela conveniência de manter o atleta no clube.

A sua difusão na prática desportiva não significa, porém, que ele seja pacífico junto da literatura especializada. Bem pelo contrário, a validade dos pactos de opção, sobretudo aqueles que beneficiam o clube desportivo, continua a ser bastante discutida na doutrina, embora, verdadeiramente, não é no quadro do artigo 19.º, do RCTPD, ou seja, da tutela da liberdade pós-contratual, que o tema deveria ser tratado, como veremos adiante. Seja como for, pode dizer-se que a desconfiança em relação ao pacto de opção começa com a perigosa constatação de que o pacto de opção desportivo "não incide sobre um bem ou objecto, mas sim sobre o exercício de uma actividade laboral de carácter desportiva por conta de outrem"[1247]. Concretamente, pode o empregador reservar para si o poder de prolongar o vínculo contratual através de uma faculdade potestativa?

Entre nós, João Leal Amado é o Autor que mais tem pugnado pela invalidade destas cláusulas, embora, verdade seja dita, não esteja sozinho[1248]. O Autor nunca deixou cair o seu ponto de vista no esquecimento. Num combate verdadeiramente perseverante, o Autor iniciou a sua luta logo durante

1246 E, nesse sentido, diz Lúcio Correia, *Regime jurídico dos praticantes desportivos profissionais...*, cit., p. 195, o pacto de opção permite ao clube desportivo atuar como "autêntico «juiz» das qualidades desportivas, técnicas e pessoais demonstradas pelo praticante".

1247 Lúcio Correia, *Limitações à liberdade contratual...*, cit., p. 165.

1248 Assim, no mesmo sentido do Autor, André Dinis de Carvalho, *Da liberdade de circulação dos desportistas...*, cit., pp. 315-316 (embora nos pareça, como faremos referência *infra*, que é necessário interpretar bem a sua posição), Joana Marta Gonçalves, «Os pactos de opção no contrato de trabalho desportivo», *Revista de Direito do Desporto*, 2 (2019), pp. 34-43, Tiago Rodrigues Bastos, «A (in)validade das cláusulas de opção nos contratos de trabalho desportivo», *Boletim da Ordem dos Advogados*, 21 (Maio de 2019), texto *online* (consultado a 10/06/2019) e Ana Teresa Ribeiro, «A liberdade de trabalho nos contratos de trabalho desportivos – breves notas sobre os pactos de opção unilaterais» in: *Constitucionalismos e (con)temporaneidade – Estudos em Homenagem ao Professor Doutor Manuel Afonso Vaz*, Universidade Católica Editora, Porto, 2020, pp. 529-543.

a vigência do Decreto-Lei n.º 305/95, de 18 de novembro[1249], e nunca desarmou desde então, reiterando a sua posição durante o período de vigência do Lei n.º 28/98, de 26 de junho[1250], e, mais recentemente, após a aprovação da Lei n.º 54/2017, de 14 de julho[1251].

A posição do Autor manteve-se estável, baseando-se nos mesmos argumentos. Em primeiro lugar, aponta João Leal Amado que o pacto de opção, se estipulado a favor do clube, é um mecanismo que permite contornar fraudulentamente normas legais imperativas. Por um lado, estipular um direito de opção a favor do clube significa, na prática, para o Autor, estipular uma faculdade de denúncia do contrato de trabalho o que, claro, está legalmente impedido a ambos os contraentes e, mais concretamente, ao empregador. Do seu ponto de vista, se o contrato de trabalho é válido por duas temporadas, com mais uma de opção, a favor do clube, tal equivale a convencionar que o contrato é válido por três épocas desportivas, estipulando-se que o empregador pode denunciar o contrato no final da segunda época desportiva. Na explicação do próprio Autor, que remonta já aos anos 90, "o pacto de opção a favor do clube surge, cristalino, como um instrumento tendente a defraudar as normas que regem o contrato de trabalho desportivo. Na verdade, se uma qualquer cláusula contratual que permitisse o despedimento *ad nutum* ofenderia aberta e declaradamente uma proibição legal e constitucional — a proibição de despedimento sem justa causa —, bem pode dizer-se que o pacto de opção ofende a mesma proibição de modo disfarçado e oblíquo"[1252]. Em publicações recentes, o Autor serve-se mesmo de uma

[1249] João Leal Amado, *Contrato de trabalho desportivo...* [1995], cit., pp. 33-34.

[1250] João Leal Amado, «Contrato de trabalho desportivo e pacto de opção» in: *Ab Uno Ad Omnes — 75 anos da Coimbra Editora*, Coimbra Editora, Coimbra, 1998, pp. 1169-1180, Id., *Vinculação* versus *liberdade...*, cit., p. 130, Id., «Ainda sobre as cláusulas de opção e de rescisão no contrato de trabalho desportivo» in: *Temas Laborais — 2*, Coimbra Editora, Coimbra, 2007, pp. 153-233, especialmente, no que aos pactos de opção diz respeito, pp. 180 ss. Id., «A opção sobre N'Doye: um acórdão histórico da CAP», *Questões Laborais*, 31 (2008), pp. 129-138 (sublinha o Autor, ironicamente, que "só quem andar indesculpavelmente distraído poderá invocar surpresa nesta matéria...").

[1251] João Leal Amado, *Contrato de trabalho desportivo...* [2017], cit., pp. 107-109 e pp. 194 ss., Id., «A insustentável leveza...», cit., pp. 52-70 e, apontando diretamente a mira à nossa posição, Id., «O estranho caso das cláusulas de opção», cit., pp. 40-48.

[1252] João Leal Amado, «Contrato de trabalho desportivo e pacto...», cit., p. 1176. Completa o Autor, p. 1177, "previstos e proibidos que estão os despedimentos sem justa causa, a entidade empregadora encontra no pacto de opção um outro mecanismo desvinculatório, através do qual fica com as mãos inteiramente livres para extinguir a relação contratual, ao passo que o praticante fica colocado numa situação de autêntica sujeição jurídica. O pacto de opção traduz-se, pois, a meu ver, numa forma oculta de violação da lei, num acordo *in fraudem legis*".

imagem curiosa: a cláusula de opção, qual "cavalo de Tróia"[1253], "é a cláusula de denúncia patronal a olhar-se ao espelho"[1254].

Acresce que o RCTPD veio, aparentemente, reforçar o entendimento do Autor. Isto porque o regime atualmente em vigor contém uma norma, inovadora e discretamente sistematizada nas "disposições finais" (!), onde se prevê que "são nulas as cláusulas contratuais que contrariem o disposto nesta lei que produzam um efeito prático idêntico ao que a lei quis proibir" (artigo 42.º). Em anotação a esta norma, que mais não é, na opinião do Autor, do que "uma positivação legal da figura da fraude à lei", João Leal Amado enquadra aqui precisamente o caso dos pactos de opção que reputa, assim, como fraudulentos[1255].

Em segundo lugar, mesmo que não se considere que não existe, no pacto de opção, um mecanismo que finte fraudulentamente os propósitos legislativos, sempre se pode dizer que semelhante acordo coloca o atleta numa posição de sujeição que, aos olhos do Autor, seria inadmissível, sobretudo se pensarmos nos fins protetores do Direito do Trabalho. Na verdade, o clube ficaria investido na prerrogativa de, querendo, prolongar o vínculo contratual, sem que para isso o atleta tenha de dar o seu assentimento. Numa frase que viria a tornar-se um *slogan* da tese do Autor, "o jogador está comprometido, o clube livre de compromissos"[1256]. Nesta matéria, como em tantas outras, "tem de prevalecer o fundo sobre a forma, a materialidade das soluções sobre os expedientes contratuais"[1257].

Por todos estes motivos, o Autor defende que apenas seriam válidos os pactos que conferissem um direito de opção exclusivamente ao praticante desportivo ou, pelo menos, a ambos os contraentes, nas mesmas condições.

João Leal Amado reiterou diversas vezes o seu entendimento durante a vigência da Lei não 28/98, de 26 de junho. Não por acaso: foi durante este período que a tese começou a ser disputada pelo pensamento de Autores

[1253] João Leal Amado, «O estranho caso das cláusulas de opção», cit., p. 46.

[1254] João Leal Amado, «A insustentável leveza de uma decisão...», cit., p. 70. Mais recentemente, o autor refere-se a um "equivalente funcional da livre denúncia contratual" (João Leal Amado, «O estranho caso das cláusulas de opção», cit., p. 45).

[1255] João Leal Amado, *Contrato de trabalho desportivo...* [2017], cit., pp. 194 ss.

[1256] João Leal Amado, «Contrato de trabalho desportivo e pacto...», cit., p. 1175.

[1257] João Leal Amado, «O estranho caso das cláusulas de opção», cit., p. 44.

influentes como ALBINO MENDES BAPTISTA[1258], LÚCIO CORREIA[1259], JOÃO ZENHA MARTINS[1260] e PAULO LEITE GONÇALVES[1261]. Como primeira nota, pensamos que na análise destes juristas interferiu claramente a visão de fundo quanto à filosofia do contrato de trabalho do praticante desportivo[1262]. Se, como vimos, JOÃO LEAL AMADO defende que a nulidade do pacto de opção é a solução mais consentânea com os fins laborais protetivos, que não podem ser ignorados em sede desportiva[1263], já para este grupo de Autores "este princípio está longe de ter o significado [no contexto desportivo] que tem na relação laboral comum"[1264]. De facto, "não faz sentido

1258 No estudo, ALBINO MENDES BAPTISTA, «Especificidades do contrato de trabalho desportivo e pacto de opção» in: *Estudos sobre o Contrato de Trabalho Desportivo*, Coimbra Editora, Coimbra, 2006, pp. 15-67, e ID., «Pacto de opção, contrato de trabalho desportivo e o acórdão da Comissão Arbitral Paritária, de 28 de Março de 2008» in: *Estudos dedicados ao Professor Mário Fernando de Campos Pinto*, Universidade Católica Editora, Volume II, Lisboa, 2009, pp. 51-78.

1259 LÚCIO CORREIA, *Limitações à liberdade contratual...*, cit., pp. 163 ss., ID., «Comentário ao acórdão da Comissão...», cit., pp. 499 ss. e ID, *Regime jurídico dos praticantes desportivos profissionais...*, cit., pp. 187 ss. O Autor não deixa de sufragar uma visão "moderada", pois, a seu ver, "não podemos concordar com a invalidade generalizada da verificação destes pactos de opção a favor da entidade empregadora desportiva, sem que *in concreto* se demonstre que estes constituem uma evidente fraude à lei" (p. 513).

1260 JOÃO ZENHA MARTINS, «A vinculação laboral desportiva...», cit., pp. 321-377 e, mais recentemente, *a latere*, ID., «Contrato de trabalho desportivo e (in)admissibilidade...», cit., p. 114, n. 114.

1261 PAULO LEITE GONÇALVES, «O direito de opção na prestação do desportista profissional» in: *II Congresso de Direito do Desporto — Memórias*, Almedina, Coimbra, 2007, pp. 267-280.

1262 Remetemos para as considerações no ponto § 1.1. Razões da especialidade.

1263 Como diz recentemente JOÃO LEAL AMADO, «O estranho caso das cláusulas de opção», cit., p. 46, "este é um problema crucial, que está no coração do modo como se concebe e regula o contrato de trabalho desportivo". Também nas palavras de TIAGO RODRIGUES BASTOS, «A (in)validade das cláusulas...», cit., "esta é uma questão que separa, definitivamente, as águas entre os que não querem deixar de valorizar o trabalho com uma fonte de realização pessoal e o trabalhador como um ser humano livre, não havendo, nesse aspecto, nenhuma especialidade no campo do desporto — ou, a ter lugar, será no sentido de sublimar esta vertente dado tratar-se de uma carreira curta e exercida por jovens —, e que defendem, portanto, que a liberdade contratual não pode constituir fonte de limitação da liberdade do trabalhador para além dos casos já expressamente previstos na lei; e os que dão primazia ao lado empresarial e comercial da atividade desportiva, fazendo prevalecer, assim, os desígnios das entidades que o promovem: as entidades empregadoras desportivas, atribuindo à manifestação de vontade do jogador na celebração do contrato um valor absoluto, indiferentes à ponderação de outros valores".

1264 ALBINO MENDES BAPTISTA, «Especificidades do contrato de trabalho desportivo...», cit., p. 44. De resto, para o Autor, p. 59, parece que o problema está inclusivamente mal colocado dado que o pacto de opção não deve ser ponderado em confronto com o art. 18.º da Lei n.º 28/98, de 26 de Junho, porque "o que sucede no pacto de opção estabelecido em benefício do clube não é um condicionamento ou limitação da liberdade do trabalho, após o termo do vínculo, sendo antes um

evocar o *favor laboratoris* e a consequente tendência paternalista do legislador e julgador perante o trabalhador"[1265] e, por isso, este é um tópico que não pode ser estudado "assente em princípios vocacionados para a relação laboral comum"[1266]. Esta tese também tem vingado na nossa jurisprudência[1267].

Independentemente desta clivagem quanto à filosofia do regime do contrato de trabalho do praticante desportivo, há ainda razões de ordem técnica que nos fazem alinhar com a tese da validade dos pactos de opção, qualquer que seja a sua configuração: a favor do clube, do atleta ou de ambos.

Começando pelos pactos de opção a favor do clube, pensamos que João Leal Amado parte de premissas que não são corretas quando escreve, a título de exemplo, que, num contrato de trabalho válido por duas épocas desportivas, com direito de opção a favor do empregador por mais uma temporada, o clube se vincula por três épocas desportivas, com a possibilidade de denunciar o contrato no final da segunda época desportiva[1268]. Desde logo, não é rigoroso dizer-se que o clube se vincula, neste caso, por três épocas desportivas porque, no final da segunda época desportiva, o contrato de trabalho cessa se o clube não exercer o seu direito de opção. Como aponta Lúcio Correia, "o não exercício do direito de opção não constitui uma forma de cessação do contrato de trabalho do praticante desportivo, extinguindo-se este pela verificação do termo acordado com o praticante desportivo, e não, pelo não exercício de uma manifestação de vontade da entidade empregadora desportiva"[1269]. Por outro lado, dizer que o não exercício do direito de opção equivale a uma denúncia *ad nutum* de um contrato de trabalho convencionado por três épocas equivale a dizer que deve valer como

mecanismo, previamente aceite, de prorrogação contratual. Não estamos, pois, face a um problema de liberdade de trabalho". Em réplica, João Leal Amado, «Ainda sobre as cláusulas de opção e de rescisão no contrato de trabalho desportivo» in: *Temas Laborais — 2*, Coimbra Editora, Coimbra, 2007, pp. 153-233, especialmente, no que aos pactos de opção diz respeito, pp. 180 ss.

1265 Paulo Leite Gonçalves, «O direito de opção na prestação...», cit., p. 276. Pensamos que o Autor se excede quando escreve, p. 277, que "numa sociedade de informação como a nossa, só não anda esclarecido quem não deseja...". Tal argumento, levado ao limite, colocaria em causa os próprios fins do Direito do Trabalho...

1266 Lúcio Correia, «Comentário ao acórdão da Comissão...», cit., p. 514.

1267 Ac. de 06/06/2018 do TRL (Duro Mateus Cardoso), proc. nr. 742/16.9T8CSC.L1-4. Falando de uma "decisão histórica", Lúcio Correia, *Regime jurídico dos praticantes desportivos profissionais...*, cit., p. 224.

1268 Assim, exatamente, João Leal Amado, *Vinculação versus liberdade...*, cit., p. 130.

1269 Estamos a citar Lúcio Correia, *Limitações à liberdade contratual...*, cit., p. 183, repudiando a tese da invalidade do pacto de opção "com base num alegado despedimento entranhado na não prorrogação contratual, dependente do não exercício do direito de opção".

denúncia um comportamento negativo (abstenção ou silêncio) do empregador. Dificilmente se pode conceber que o comportamento negativo do empregador, como é o não exercício do direito de opção, equivale a uma denúncia do contrato...[1270]. Ao contrário do que pretende João Leal Amado, o não exercício do direito de opção pelo clube não tem um efeito extintivo, mas sim, se assim se puder dizer, puramente abdicativo. O máximo que se pode dizer é que a relação laboral teria persistido com o exercício do direito de opção.

A nosso ver, o pacto de opção não confere qualquer direito de denúncia ao empregador, mas apenas uma faculdade de prorrogação do vínculo por um período superior ao aprazado[1271]. De resto, defender a tese de João Leal Amado implicaria outras consequências de vulto: por exemplo, em caso de cessação ilícita do contrato de trabalho promovida pelo clube, este fica constituído na obrigação de indemnizar o atleta no valor das retribuições vincendas até ao final do contrato. Quer isto dizer que o clube ficaria constituído na obrigação de, pelo menos, pagar os salários devidos até ao final da temporada a que corresponde a opção... não exercida? Finalmente, dizer que o trabalhador fica numa posição de precariedade laboral é uma afirmação que pode ser perspetivada inversamente, pois também se pode dizer que o trabalhador que se vincula por duas épocas desportivas, com mais uma de opção se o empregador assim o entender, garantiu um contrato de trabalho válido por duas épocas desportivas conservando ainda a chance de vir a trabalhar por mais uma época[1272].

Ainda sobre a posição de João Leal Amado, o que estranhamos é que o Autor admita o pacto de opção unicamente a favor do trabalhador[1273], hipótese mais rara, mas não inédita[1274], e, sobretudo, o pacto de opção bilateral.

[1270] Neste sentido, João Zenha Martins, «A vinculação laboral desportiva...», cit., p. 327, escreve que "o silêncio de um dos sujeitos não pode traduzir um comportamento declarativo por meio do qual se faz cessar o contrato". Em termos próximos, Lúcio Correia, *Limitações à liberdade contratual...*, cit., p. 183 e Id., *Regime jurídico dos praticantes desportivos profissionais...*, cit., p. 209.

[1271] Assim, também, João Zenha Martins, «A vinculação laboral desportiva...», cit., p. 326 e Lúcio Correia, «Comentário ao acórdão da Comissão...», cit., p. 517.

[1272] Com este argumento, Lúcio Correia, *Limitações à liberdade contratual...*, cit., p. 184. Como conclui até o Autor, p. 185, "o praticante desportivo até pode beneficiar da compressão da sua liberdade de trabalho do que pela recuperação da mesma".

[1273] Sobre isto, João Leal Amado, «A opção de Marcelo», *Desporto & Direito*, 8 (2006), pp. 295-300.

[1274] Também Lúcio Correia, *Limitações à liberdade contratual...*, cit., p. 166, diz que "não é uma mera hipótese académica". Ver, a título de exemplo, o ac. de 22/02/2007 do TRC (Fernandes da Silva), CJ, 2007, I, pp. 66-68, já citado. Neste caso, as partes celebraram um contrato válido para a época 2003/2004, tendo estipulado, em acordo posterior, que "o contrato será igualmente válido para a época 2004/2005 se o atleta entender estar de posso de todas as suas faculdades e o desejar".

Entende o jurista que, nesses casos, desaparece em absoluto a sujeição do trabalhador, como no caso do pacto de opção unicamente a favor do trabalhador, ou gera-se um equilíbrio que, aparentemente, atenuaria esse estado, como acontece na bilateralização da opção. E, de resto, sempre estaríamos perante acordos mais favoráveis ao trabalhador[1275]. Em síntese, "a entidade empregadora não pode vincular o praticante sem ela própria se vincular, o praticante não pode obrigar-se sem que o seu empregador também o faça — um acordo vinculativo de sentido único é inadmissível, ao menos quando a parte vinculada seja o trabalhador"[1276].

A tese merece as nossas reservas, pelas razões que cumpre explicitar.

Quanto à primeira hipótese, isto é, quanto ao direito de opção unicamente a favor do praticante desportivo, esse cenário colide com os princípios e as regras fundamentais que regem o contrato de trabalho do praticante desportivo. João Leal Amado funda a sua licitude na "função tuitiva desempenhada pelo Direito do Trabalho"[1277]. Contudo, importa não esquecer que o praticante desportivo está impossibilitado de denunciar o contrato, pois apenas o pode resolver com justa causa, salvo nos casos de denúncia contratualmente acordada, bem entendido. Assim sendo, da mesma forma que o Autor acusa o direito de opção a favor do clube de defraudar a proibição de despedimento sem justa causa, motivo pelo qual semelhante direito seria nulo porque *in fraudem legis*, também um direito de opção a favor do praticante desportivo deveria, por um imperativo de coerência, ser acusado de fraude às regras da cessação deste contrato. Pegando no exemplo típico de João Leal Amado, se o contrato de trabalho é estipulado por duas épocas desportivas com mais uma época de opção, a favor do praticante desportivo, tal equivaleria a estipular, na prática, um contrato de trabalho por três épocas desportivas em que o praticante desportivo poderia, *ad nutum*, fazer cessar o contrato. Uma vez que o atleta está impedido de denunciar o contrato, salvo nos casos de denúncia contratualmente prevista[1278], esse direito de opção não representaria, afinal, um mecanismo fraudulento para contornar a proibição

O tribunal, recorrendo às regras gerais de interpretação das declarações negociais, considerou esta cláusula um pacto de opção a favor do atleta.

[1275] Semelhantes argumentos também são explorados por Lúcio Correia, «Comentário ao acórdão da Comissão...», cit., p. 505.

[1276] João Leal Amado, *Vinculação* versus *liberdade*..., cit., p. 134.

[1277] João Leal Amado, *Vinculação* versus *liberdade*..., cit., p. 135.

[1278] § 6.2.1. A denúncia.

legal da denúncia[1279]? Se JOÃO LEAL AMADO descreve ironicamente o pacto de opção como uma *pizza* da qual o clube desportivo pode ir tirando fatias a seu talante[1280], ocorre perguntar, devolvendo a imagem ao Autor, se, nestes casos, não seria agora o trabalhador desportivo a ser servido à sua discrição, quando é a lei que impede a sua faculdade de denúncia.

Ainda que se diga que a intolerância do ordenamento jurídico à denúncia do empregador é mais radical, até porque está constitucionalmente prevista, a verdade é que o legislador ordinário também veda, no contexto desportivo, a denúncia ao atleta, o que aliás faz para proteger outros interesses que se consideram também constitucionalmente dignos de proteção. Por isso, por razões de coerência, também um direito de opção a favor do atleta deveria ser encarado, por JOÃO LEAL AMADO, como *in fraudem legis*.

Semelhantes reservas mereceriam, pelas mesmas razões, os pactos de opção bilaterais, isto é, os pactos que conferem um direito de opção a favor de ambos os contraentes (clube e praticante desportivo). Por um lado, mantém-se viva a incoerência acima identificada, pois que também o pacto de opção bilateral poderia ser encarado como uma fraude a princípios fundamentais do Direito do Desporto profissional, como a proibição dos despedimentos sem justa causa (do lado do empregador-clube) e a proibição da denúncia (do lado do trabalhador-atleta). Mas existe ainda um outro aspeto da argumentação de JOÃO LEAL AMADO que não nos convence. Se bem compreendemos o pensamento do Autor, o direito de opção, quando atribuído ao

[1279] ALBINO MENDES BAPTISTA, «Especificidades do contrato de trabalho desportivo...», cit., pp. 49-50: "atendendo à proibição legal de ruptura contratual pelo praticante desportivo sem justa causa alguém se predispõe a invocar que estamos perante um mecanismo destinado a defraudar a norma legal atinente, permitindo-lhe a consecução de um efeito que a lei lhe não consente?". Donde conclui este último Autor que "julgamos que, por uma razão de coerência, a defesa da invalidade do pacto e opção a favor do clube levará necessariamente à conclusão de igual invalidade no caso desse pacto ser estabelecido em benefício do praticante desportivo. Como se disse, se este não se pode desvincular sem justa causa, a cláusula de opção, naquele modo de ver, seria um modo de contornar tal proibição, o que, afinal, seria também uma forma de fraude à lei". Em comentário a esta passagem, JOÃO LEAL AMADO, «Ainda sobre as cláusulas de opção...», cit., p. 187, escreve, em réplica, que "tem dificuldade em acompanhar o raciocínio de Mendes Baptista". Isto porque, a seu ver, "o praticante desportivo compromete, decerto, a sua liberdade, mas salvaguarda o vector da estabilidade profissional, visto que também ele poderá exercer o constituído direito de opção e prorrogar o contrato de trabalho. Não há pois, *in casu*, lugar para qualquer sucedâneo do «despedimento *ad nutum*», pelo que é perfeitamente compreensível que se sustente a tese da inadmissibilidade da cláusula de opção em benefício do empregador e já se tolere a figura da opção bilateral ou recíproca".

[1280] JOÃO LEAL AMADO, «O estranho caso das cláusulas de opção», cit., p. 47.

empregador, coloca o atleta num estado de sujeição perante o clube quanto à duração do vínculo. Esse estado de sujeição, preclusivo do vetor da liberdade, seria, a seu ver, inadmissível.

Bem pelo contrário, JOÃO LEAL AMADO acredita que a opção bilateral "salvaguarda o vector da estabilidade profissional, visto que também ele poderá exercer o constituído direito de opção e prorrogar o contrato de trabalho". Esta visão sai eventualmente reforçada pela "bilateralização" do pacto de promessa a que aderiu o legislador[1281]. Mas o problema não era, a seu ver, que a prorrogação estivesse dependente apenas da vontade do empregador, colocando o trabalhador naquilo que o Autor descreve como um estado de sujeição? Recordamos que JOÃO LEAL AMADO tem reservas sobre o direito de opção a favor do empregador porque "o trabalhador desportivo ficará colocado numa situação de sujeição jurídica face ao direito potestativo do empregador — direito potestativo extintivo no caso da denúncia (3–1), direito potestativo modificativo no caso da opção (2+1)"[1282]. Ocorre perguntar: em que medida o pacto de opção bilateral faz desparecer esse estado de sujeição? Não fica o empregador ainda investido com a "última palavra" quanto à duração do vínculo? O trabalhador também está, é certo, equipado com a chance de prolongar o vínculo. No entanto, não continua sujeito a que o clube, contra a sua vontade, estenda o período de vigência do contrato?

Por outras palavras, ainda que a "simetria" crie uma certa "igualdade de armas", legitimadora um certo "equilíbrio de forças"[1283], o argumento invocado pelo Autor para rejeitar o direito de opção exclusivamente a favor do empregador não desaparece quando o pacto de opção é bilateral isto porque ainda se mantém bem vivo o problema do pretenso estado de sujeição do trabalhador[1284]. Voltamos a sublinhar o ponto: quando o pacto de opção é estipulado exclusivamente a favor do clube, o trabalhador está refém da vontade do empregador que, unilateralmente, pode determinar a prorrogação

1281 § 3.1.1. A promessa de contrato de trabalho.

1282 JOÃO LEAL AMADO, «Ainda sobre as cláusulas de opção...», cit., p. 183.

1283 Também LÚCIO CORREIA, *Limitações à liberdade contratual...*, cit., p. 177, refere que "a posição mais equitativa que o praticante desportivo e a entidade empregadora desportiva se encontram dá azo a que poucas dúvidas se levantem sobre a sua licitude".

1284 Detetando a incoerência, ALBINO MENDES BAPTISTA, «Especificidades do contrato de trabalho desportivo...», cit., p. 60. Partindo da situação de um direito de opção recíproco, nota certeiramente o Autor que "parece inquestionável que se o clube entendesse exercer o direito de opção, e o praticante pretendesse a desvinculação, não a obteria, pois neste ponto estaria numa situação de sujeição. Num certo sentido, a situação seria semelhante à que existiria num pacto de opção estabelecido exclusivamente a favor do clube".

do vínculo. Assim, ainda que o trabalhador não esteja interessado na continuação da relação laboral, a vontade do clube revela-se, no fim de contas, soberana: cabe ao empregador definir se pretende, ou não, a manutenção do vínculo. Ora, essa sujeição do praticante desportivo não desparece nos pactos de opção bilaterais, pois que, ainda que o atleta não pretenda a prorrogação do vínculo, o clube pode, potestativamente, determinar a manutenção do contrato de trabalho. Nas palavras certeiras de Lúcio Correia, "o pacto de opção bilateral ou recíproco poderá "transformar-se" ou num pacto de opção a favor da entidade empregadora desportiva ou a favor do praticante desportiva, sempre que o titular pretenda exercê-lo, ao arrepio da vontade da parte contrária"[1285]. Mais uma vez, pensamos que um exemplo prático ilustrará devidamente o ponto: suponha-se a celebração de um contrato de trabalho por três temporadas em que ambas as partes têm a faculdade de prorrogar o vínculo por mais uma temporada. Suponha-se também que, aproximando-se o fim da terceira época desportiva, o praticante desportivo é "sondado" por outros clubes interessados nos seus serviços e o atleta, por seu turno, também revela interesse em trocar de projeto desportivo. Nas suas cogitações, o atleta decide que não pretende exercer o seu direito de opção. Acontece que o pacto de opção bilateral coloca o praticante desportivo no mesmíssimo estado de sujeição em que estaria se o direito de opção fosse exclusivamente a favor do empregador, pois que o clube pode, se assim entender, acionar o seu direito de opção, fazendo prorrogar o contrato por mais uma época desportiva.

Fechado este ponto, importa dizer que nos parece que o problema da validade dos pactos de opção, pelo menos enquanto negócio que confere a uma das partes o poder de prolongar o vínculo contratual, surge um tanto ou quanto deslocado no contexto da liberdade "pós-contratual" do atleta, ou seja, no contexto do artigo 19.º, n.º 1, do RCTPD. Bem vistas as coisas, o pacto de opção não surge como um constrangimento à liberdade pós-contratual do atleta pois o exercício do direito de opção ocorre ainda durante o período de vida do contrato, com vista à sua extensão[1286]. Este aspeto já foi, aliás,

[1285] Lúcio Correia, *Limitações à liberdade contratual...*, cit., p. 178.

[1286] Como explica João Baptista Machado, «Comentário ao acórdão...», cit., p. 203 (n. 1 com início na p. 202), "propendemos a classificar o direito emergente desta cláusula como um direito potestativo *modificativo*, muito embora, quanto à sua substância prática, ele não se distinga de um direito potestativo constitutivo: o direito de prorrogação unilateral da relação contratual que atinge o seu termo equivale, em termos prático-económicos, ao direito de celebração de um contrato com determinado conteúdo" (itálicos do Autor). Quando André Dinis de Carvalho, *Da liberdade de circulação dos desportistas...*, cit., pp. 315-316, se pronuncia contra os pactos de opção parece-nos, por

observado por João Zenha Martins[1287] e pela jurisprudência dos nossos tribunais. Na explicação muito clarividente da Relação de Lisboa, "tal cláusula, como é manifesto, só atua na pendência da relação contratual, podendo levar à prorrogação do contrato existente. Se prorroga, não faz cessar. Não cessando, não tem a virtualidade de impor limitação da liberdade de trabalho após o termo do vínculo contratual"[1288].

Seja como for, entendemos que o pacto de opção é válido em qualquer das suas configurações — a favor da entidade empregadora, do atleta ou de ambos — por se tratar de uma simples faculdade de prorrogação do vínculo contratual. Mas estamos de acordo que o pacto de opção não poderá servir para driblar normas legais imperativas. Por exemplo, se a lei estabelece que o contrato de trabalho só pode ser estipulado para, no máximo, 5 épocas desportivas, não será válido um pacto de opção aposto num contrato para vigorar por 5 épocas desportivas que permita a sua extensão por mais 1 época[1289]. E mesmo quem admite, em tese, a validade destes pactos, não falta ainda quem admita que o exercício do direito de opção possa ser sindicado por abuso de direito[1290].

Finalmente, importa referir que o pacto de opção deve estar sujeito ao cumprimento de certos requisitos. Desde logo, embora pareça um truísmo dizê-lo, o pacto de opção depende de acordo entre as partes[1291] e o seu

isso, que o Autor cai em erro quando refere que "mesmo após ter cessado o vínculo contratual, o empregador continua a ter as rédeas do contrato, decidindo livremente da sorte da carreira desportiva do jogador. Estaremos perante um *direito de retenção* "encapotado"?" (itálico do Autor).

[1287] João Zenha Martins, «A vinculação laboral desportiva...», cit., p. 330: "não existe *propriu sensu* uma restrição *pós-contratual* colidente com o art. 18.º do RCTD [hoje, artigo 19.º], na medida em que se considera *como um único contrato aquele que seja objecto de renovação* —, e não um direito à extinção do mesmo" (itálico do Autor). No mesmo local, mais à frente, Id., «A vinculação laboral desportiva...», cit., p. 353, reforça o Autor a ideia, referindo-se ao artigo 18.º da Lei n.º 28/98, de 26 de junho, de que "o preceito apenas proíbe cláusulas que condicionem ou limitem a liberdade de trabalho do praticante desportivo *após* o termo do vínculo contratual e já não as que se destinam, funcionalmente, à prorrogação do vínculo" (itálico do Autor). No mesmo sentido, Ana Teresa Ribeiro, «A liberdade de trabalho...», cit., p. 533, n. 17.

[1288] Ac. de 06/06/2018 do TRL (Duro Mateus Cardoso), proc. nr. 742/16.9T8CSC.L1-4.

[1289] Com a mesma opinião, Lúcio Correia, *Limitações à liberdade contratual...*, cit., p. 192. No mesmo sentido, João Zenha Martins, «A vinculação laboral desportiva...», cit., p. 368.

[1290] Assim, Lúcio Correia, «Comentário ao acórdão da Comissão...», cit., p. 509, referindo o caso do clube que, não utilizando o praticante desportivo, e perante o cenário de o ver "fugir" para um clube rival, aciona o direito de opção para "reter" o jogador sem que tenha interesse na sua utilização.

[1291] Lúcio Correia, «Comentário ao acórdão da Comissão...», cit., p. 508, refere que é fundamento de ilicitude do pacto que o praticante desportivo não tenha dado o seu consentimento. A nosso ver, nem se pode falar de ilicitude do pacto, pois um pacto supõe, claro está, um assentimento do atleta, pelo que, na verdade, não chega sequer a existir qualquer pacto num semelhante caso.

exercício depende de forma escrita[1292]. As partes também podem condicionar o exercício do pacto a certas condições, por exemplo, estipular-se que, em caso de apuramento para uma competição europeia, o clube tem a faculdade de renovação do contrato de trabalho por mais uma época desportiva[1293]. Uma última nota para referir que, entre nós, ALBINO MENDES BAPTISTA e LÚCIO CORREIA consideram inválido o pacto de opção estabelecido a favor do clube relativamente ao qual o praticante desportivo não retire qualquer benefício económico[1294]. No mesmo sentido, também JOÃO ZENHA MARTINS fala aqui de um "prémio de opção" a ser pago ao atleta[1295]. É verdade que o Direito do Trabalho determina que certos pactos onerosos para o trabalhador devem estar associados, tipicamente, ao pagamento de uma prestação específica, como acontece, paradigmaticamente, no pacto de não concorrência. No entanto, de lugar algum resulta da lei essa obrigação, sob pena de, no limite, a validade de qualquer pacto que seja oneroso para os interesses do trabalhador ficar dependente do pagamento de uma contrapartida económica.

§ 6.9.3. Pacto de preferência

BIBLIOGRAFIA ESPECÍFICA: ALBINO MENDES BAPTISTA, «O pacto de preferência na relação laboral desportiva», *Minerva — Revista de Estudos Laborais*, 9 (2006), pp. 21-50 (= *Temas de Direito do Trabalho e de Direito Processual do Trabalho*, Livraria Petrony, Lisboa, 2008, pp. 191-224), pp. 28-29; ESTEVE BOSCH CAPDEVILA, «Os direitos de opção e de preferência para a prestação de serviços por parte de desportistas profissionais: o "caso Eto'o"», *Desporto & Direito*, 7 (2005), pp. 41-53; JOÃO LEAL AMADO, «Pactos de preferência na relação laboral desportiva — breve comentário ao Acórdão do STJ, de 18-12-2012», *Desporto & Direito*, 27 (2013), pp. 431-437; TIAGO PATRÍCIO, «Pacto

1292 LÚCIO CORREIA, «Comentário ao acórdão da Comissão...», cit., p. 517.

1293 LÚCIO CORREIA, «Comentário ao acórdão da Comissão...», cit., p. 511.

1294 ALBINO MENDES BAPTISTA, «Especificidades do contrato de trabalho desportivo...», cit., p. 65. O Autor pensa, concretamente, em contrapartidas de natureza económica. No mesmo sentido, LÚCIO CORREIA, *Limitações à liberdade contratual...*, cit., p. 197 e p. 200 e ID., *Regime jurídico dos praticantes desportivos profissionais...*, cit., p. 230.

1295 JOÃO ZENHA MARTINS, «A vinculação laboral desportiva...», cit., p. 355. Reafirma-o a p. 361 dizendo ainda, p. 369, que um pacto de opção sem contrapartida para o atleta é nulo.

de preferência no contrato de trabalho desportivo – comentário ao Acórdão do Supremo Tribunal de Justiça de 18 de Dezembro de 2012», *Ab Instantia*, 2 (2013), pp. 137-170.

O regime anterior era omisso em relação aos pactos de preferência. No entanto, durante a vigência da Lei n.º 28/98, de 26 de junho, as condições normativas não eram favoráveis à validade dos pactos de preferência, justamente por força da norma que protegia, como protege atualmente, a liberdade pós-contratual do praticante desportivo.

Concretamente, João Leal Amado entendia que os pactos de preferência entravam "em flagrante rota de colisão com o art. 18.º/1 da Lei n.º 28/98"[1296], algo que já defendia em anotação ao regime de 1995[1297]. À semelhança daquilo que acontece no contexto dos pactos de opção[1298], a sua posição foi reiteradamente publicada em estudos posteriores. Em artigo especificamente dedicado aos pactos de preferência no contexto desportivo, escreve o Autor que "a liberdade de trabalho do praticante desportivo postula a liberdade de escolher o clube/empregador; postula, inclusive, a liberdade de escolher um clube que ofereça piores condições remuneratórias (mas que, porventura, ofereça melhores condições desportivas, humanas, climáticas, de integração familiar, etc.); e, por maioria de razão, pressupõe também a liberdade de, em igualdade de condições, optar por aquele clube que o praticante bem entenda. Ora, estas irrecusáveis dimensões da liberdade de trabalho do praticante desportivo são cerceadas através da figura do pacto de preferência, pelo que, julga-se, atenta a norma matricial e proibitiva contida no art. 18.º, n.º 1, da Lei n.º 28/98, este pacto deverá ter-se como nulo". Donde conclui retoricamente o Autor: "se o art. 18.º, n.º 1, não serve para ferir de morte os pactos de preferência, qual a serventia deste artigo? Que cláusulas serão visadas por esta norma proibitiva? Não constituirá a tutela da liberdade de trabalho credencial mais do que suficiente para ditar a nulidade de tais pactos, assumida e indiscutivelmente limitativos daquela liberdade?"[1299].

Naturalmente, a aprovação do novo regime não alterou a posição do Autor que, assim, defende a incompatibilidade dos pactos de preferência com

[1296] João Leal Amado, *Vinculação* versus *liberdade*..., cit., p. 128.

[1297] João Leal Amado, *Contrato de trabalho desportivo* [1995], cit., p. 85.

[1298] § 6.8.2. O pacto de opção.

[1299] João Leal Amado, «Pactos de preferência na relação laboral desportiva — breve comentário ao Acórdão do STJ, de 18-12-2012», *Desporto & Direito*, 27 (2013), pp. 431-437, respetivamente, p. 434 e p. 435.

a norma legal equivalente do RCTPD, isto é, o artigo 19.º, n.º 1[1300], posição que também é defendida por MARIA DO ROSÁRIO PALMA RAMALHO[1301] e NUNO VIEIRA PÁSSARO[1302].

Adivinha-se que, à semelhança do que acontece com os pactos de opção, a posição do Autor encontra posições dissidentes na doutrina: Autores como ALBINO MENDES BAPTISTA[1303], JOÃO ZENHA MARTINS[1304], LÚCIO CORREIA[1305] e TIAGO PATRÍCIO[1306] alinham pela validade destes pactos. Em comum a todos estes Autores estão fundamentalmente os argumentos já utilizados em defesa dos pactos de opção, concretamente, o poder negocial acrescido dos praticantes desportivos por comparação com o trabalhador comum ou a circunstância de, em rigor, o pacto de preferência não agredir a proibição prevista no artigo 19.º do RCTPD.

Em abono da verdade, mesmo quem defende a validade dos pactos de preferência, e a nossa jurisprudência tem admitido[1307], não deixa de reconhecer a complexidade do direito de preferência no contexto desportivo. Tomando como ponto de comparação o contrato de compra e venda ou o arrendamento, onde no comum dos casos o que sucede é que o obrigado à preferência deve preferir certo sujeito "tanto por tanto", em igualdade de condições, no trabalho desportivo entra em jogo um feixe de condições contratuais e laborais[1308] que dificultam o veredicto quanto à "igualdade" das ofertas[1309].

[1300] JOÃO LEAL AMADO, *Contrato de trabalho desportivo*... [2017], cit., pp. 106-107.

[1301] MARIA DO ROSÁRIO PALMA RAMALHO, *Tratado de Direito do Trabalho*..., cit., p. 481.

[1302] NUNO VIEIRA PÁSSARO, *Direito do Desporto*..., cit., pp. 155 ss.

[1303] ALBINO MENDES BAPTISTA, «O pacto de preferência...», cit., p. 24. Mas a primeira defesa da validade dos pactos de preferência foi feita no seu estudo, ID., «Especificidades do contrato de trabalho desportivo...», cit., pp. 43-44, n. 108. Posição que também mereceu a réplica discordante de JOÃO LEAL AMADO, «Ainda sobre as cláusulas de opção...», cit., p. 181, n. 41 (segue na p. 182), dando conta da sua "estupefacção" perante a "afirmação perturbadora" de que o pacto de preferência não contraria qualquer razão de ordem pública.

[1304] JOÃO ZENHA MARTINS, «A vinculação laboral desportiva...», cit., pp. 355 ss. O Autor não deixa de considerar inválido o pacto de preferência a favor de um clube terceiro (p. 358). Mais recentemente, *a latere*, ID., «Contrato de trabalho desportivo...», cit., p. 114.

[1305] LÚCIO CORREIA, *Limitações à liberdade contratual*..., cit., pp. 216 ss. e, mais recentemente, ID., *Regime jurídico dos praticantes desportivos profissionais*..., cit., pp. 231 ss.

[1306] TIAGO PATRÍCIO, «Pacto de preferência...», cit., p. 170.

[1307] Ver o ac. de 18/12/2012 do STJ (GREGÓRIO SILVA JESUS), proc. nr. 9035/03.0TVLSB.L1.S1.

[1308] Assim, com uma leitura abrangente, LÚCIO CORREIA, *Regime jurídico dos praticantes desportivos profissionais*..., cit., pp. 252-253.

[1309] JOÃO ZENHA MARTINS, «As indemnizações por promoção ou valorização...», cit., p. 306, n. 48, reconhece que "no desporto, não raro, os agentes, designadamente os praticantes, orientam as suas escolhas em função de factores não matematizáveis, como seja o prestígio, o ambiente

Por exemplo, o praticante desportivo recebe uma proposta que contempla não só uma remuneração paga em dinheiro, mas ainda uma remuneração em espécie, como um apartamento. Quando é que se poderá dizer que o titular do direito de preferência iguala a proposta quando ela envolve, por exemplo, comparar uma habitação?

Quem defende a validade dos pactos de preferência também deve dar respostas quanto aos aspetos formais e procedimentais do exercício do direito de preferência, questões que, em rigor, não são autónomas da preferência desportiva, mas que decorrem do regime da preferência genericamente considerado. Estamos a pensar, claro está, na formalização[1310], no prazo para o exercício da preferência e no problema de saber se o obrigado à preferência deve revelar a identidade do proponente, isto é, se o praticante desportivo deve levar ao conhecimento do clube, titular do direito de preferência, a identidade do clube que apresentou proposta[1311].

§ 6.9.4. Indemnizações a título de valorização e formação

> **Bibliografia específica:** André Gribel, «Compensação por formação no futebol», *Revista de Direito do Desporto*, 8 (2021), pp. 77-84; António Robalo Cordeiro, «Comentário ao acórdão do Tribunal de Justiça das Comunidades Europeias, de 8 de Maio de 2003 (processo n.º C-438/00)», *Desporto & Direito*, 1 (2003), pp. 97-118; Gonçalo Almeida, «Mecanismo de Solidariedade» in: Alexandre Miguel Mestre [Coord.], *Enciclopédia de Direito do Desporto*, Gestlegal, Coimbra, 2019, pp. 278-282; Id., «Instrumentos de compensação financeira a clubes formadores» in: Alexandre Miguel Mestre [Coord.], *Compêndio de Direito do Desporto*, Gestlegal, Lisboa, 2021, pp. 942-961; Carlos Pinto Correia, «Liberdade de circulação dos trabalhadores — o problema dos jogadores profissionais de futebol», *Scientia Ivridica – Revista de Direito Comparado Português e Brasileiro*, 256/258 (1995),

de trabalho ou a localização do clube". Sobre isto, sublinhando estes aspetos, Esteve Bosch Capdevila, «Os direitos de opção e de preferência para a prestação de serviços por parte de desportistas profissionais: o "caso Eto'o"», *Desporto & Direito*, 7 (2005), pp. 11-53.

1310 Albino Mendes Baptista, «O pacto de preferência...», cit., p. 46, defende que o pacto de preferência deve ser assinado por ambos os contraentes não bastando a assinatura do obrigado.

1311 Defendendo-o, Lúcio Correia, *Regime jurídico dos praticantes desportivos profissionais...*, cit., p. 245.

pp. 201-244; Guilherme von Cüpper, «A aplicação do mecanismo de solidariedade FIFA às transferências internas com "dimensão internacional" – um (pequeno) passo a caminho de uma reforma necessária», *Revista de Direito do Desporto*, 6 (2020), pp. 60-75; João Augusto Martins, «Jogador Formado Localmente (I)» in: Alexandre Miguel Mestre [Coord.], *Enciclopédia de Direito do Desporto*, Gestlegal, Coimbra, 2019, pp. 249-250; João Leal Amado, «O *caso Bosman* e a «indemnização de promoção ou valorização» (art. 22.º, n.º 2, do DL 305/95, de 18-11)», *Questões Laborais*, 7 (1996), pp. 4-17; Id., «O novo regime do contrato de trabalho desportivo e as "indemnizações de transferência"», *Questões Laborais*, 12 (1998), pp. 226-240; Id., «O caso Bosman e as cláusulas de nacionalidade (breves considerações em torno de um protocolo)», *Revista Jurídica da Universidade Moderna*, 1 (1998), pp. 361-384; Id., «Das «cláusulas de nacionalidade» às «cláusulas de formação local»: uma diferença insuficiente?» in: *Temas Laborais — 2*, Coimbra Editora, Coimbra, 2007, pp. 135-152 (= *Desporto & Direito*, 10 (2006), pp. 11-28); João Zenha Martins, «As indemnizações por promoção ou valorização e o sistema laboral desportivo português», *Prontuário de Direito do Trabalho*, 76/77/78 (2007) – *Número Especial em Homenagem à Obra do Dr. Vítor Ribeiro*, pp. 291-357; M. Henrique Mesquita / Jorge Leite / João Leal Amado, «Liberdade de trabalho e transferência de futebolistas profissionais», *Questões Laborais*, 7 (1996), pp. 72-94; Lúcio Correia, «Algumas reflexões sobre o caso Bueno/Rodriguez — um caso de "rebeldia" à liberdade de trabalho do praticante desportivo», *Desporto & Direito*, 12 (2007), pp. 419-439; Miguel Nogueira Leite, «Jogador Formado Localmente (II)» in: Alexandre Miguel Mestre [Coord.], *Enciclopédia de Direito do Desporto*, Gestlegal, Coimbra, 2019, pp. 250-251; Nuno Santos Rocha, «A compensação por formação nas transferências internacionais – as disposições particulares da União Europeia e do Espaço Económico Europeu, em especial o caso da "exceção à exceção" previsto no parágrafo 3 do artigo 6.º do Anexo 4 do Regulamento relativo ao Estatuto e Transferência de jogadores da FIFA» in: Alexandre Miguel Mestre [Coord.], *Compêndio de Direito do Desporto*, Gestlegal, Lisboa, 2021, pp. 1103-1120; Rita Figueira, «Reflexões sobre a liberalização do mercado no futebol», *Desporto & Direito*, 13 (2007), pp. 37-46.

No contexto da liberdade pós-contratual do praticante desportivo, o legislador manteve um dos aspetos mais emblemáticos que marcaram a transição do Decreto-Lei n.º 305/95, de 18 de novembro, para a Lei n.º 28/98, de 26 de junho: a supressão das chamadas indemnizações de transferência. A história é conhecida e está amplamente documentada na literatura especializada.

> Procurando sumariar o trajeto, pode dizer-se que os praticantes desportivos sempre desenvolveram a sua atividade profissional num quadro de pesados constrangimentos à sua liberdade[1312]. Preteritamente, o futebolista, o pugilista ou ciclista que pretendessem transferir-se internamente ou para o estrangeiro estavam dependentes da emissão de uma autorização estatal favorável[1313], uma solução que manteve a sua vigência mesmo depois do surgimento da Lei n.º 2104, de 30 de maio de 1960.
>
> Corria o ano de 1965 quando o legislador, em alteração legislativa a este último diploma, resolveu deixar à guarda das federações desportivas de cada modalidade a regulação das transferências dos praticantes desportivos das respetivas modalidades[1314]. Investida nessa competência regulamentar, a Federação Portuguesa de Futebol aprovou um Regulamento onde se previa, entre outras coisas, as chamadas "indemnizações

[1312] Mas já não os amadores: ver o n.º 3 da Base IX da versão original da Lei n.º 2104, de 30 de maio de 1960, onde se esclarecia que "na regulamentação das transferências, não será coarctada aos praticantes amadores a faculdade de no fim de cada época desportiva escolherem o organismo que desejem representar".

[1313] Cfr. o artigo 62.º do Decreto n.º 32 946, de 3 de agosto de 1943, diploma que regulamentava o Decreto-Lei n.º 32 241, de 5 de setembro de 1942, que criou a Direcção-Geral da Educação Física, Desportos e Saúde Escolar. Determinava aquela norma que "o desportista que uma vez tiver sido inscrito como representante de um clube para a disputa de competições oficiais só poderá mudar de clube depois de Autorizado a isso pela Direcção Geral [da Educação Física, Desportos e Saúde Escolar]". Mais: o praticante desportivo que quisesse fazê-lo não era livre de o fazer a qualquer título. Isto porque o diploma enumerava, taxativamente, os casos em que tal seria possível. Assim, o praticante desportivo só podia mudar de clube por "mudança de residência, por motivo justificado, do desportista para outra localidade" (alínea a)), pela "existência de motivo legítimo de incompatibilidade com o meio" (alínea b)) ou por "impossibilidade, para jogador de comprovados recursos, de progredir por falta de condições no clube a que pertence" (alínea c)). Mais se acrescentava que "salvo o caso previsto na alínea a), ou ainda em casos excepcionais, assim reconhecidos pelo Ministro, a transferência só será autorizada após a permanência de três anos no clube" (n.º 3). E sentenciava-se finalmente no n.º 4 que "a infracção do disposto neste artigo importa a irradiação dos infractores de todos os organismos desportivos". Estes diplomas só viriam a ser revogados quase três décadas depois, pela Lei de Bases do Sistema Desportivo aprovada pela Lei n.º 1/90, de 13 de janeiro.

[1314] Tal aconteceu com o Decreto-Lei n.º 45 750, de 3 de junho de 1964.

de transferência". Em termos práticos, estas indemnizações mais não eram do que valores que o clube poderia exigir após a extinção do contrato de trabalho para que o atleta assinasse por outro clube. Alegava-se que estas indemnizações eram justificadas pela necessidade de obter um retorno do investimento na formação e valorização do jogador ao mesmo tempo que seriam um desincentivo aos clubes que fizessem planos de "desencaminhar" jogadores. Em síntese, dizia-se que estas indemnizações contribuíam, pelo menos, para um maior equilíbrio e justiça na competição.

É fundamentalmente a partir daqui que a história se sobressalta. Se aquele Regulamento "não resistiu aos ventos libertadores da Revolução de Abril"[1315], sendo erradicado por via da Portaria de Regulamentação do Trabalho de 1975, a verdade é que a "carta de alforria" viria a ser posteriormente "cassada" porque as indemnizações de transferência ressurgiriam como que lazaramente em 1991, por via da CCT então outorgada entre os parceiros sociais do setor do futebol profissional[1316].

Estando prevista em Instrumento de Regulamentação Coletiva de Trabalho, foi com alguma naturalidade, mas não sem muita contestação à mistura, que estas indemnizações surgem no primeiro diploma legal regulador do contrato de trabalho desportivo, isto é, no Decreto-Lei n.º 305/95, de 18 de novembro, devidamente credenciado pela respetiva autorização legislativa parlamentar[1317].

Como facilmente se compreende, estas cláusulas introduziram um evidente elemento de perturbação do mercado de trabalho desportivo: afinal, elas mais não eram do que "cláusulas de disciplina do mercado de trabalho reveladoras de que as entidades que a elas recorrem se não conformam

[1315] Estamos a citar João Leal Amado, *Vinculação* versus *liberdade...*, cit., p. 408.

[1316] Estamos a referir-nos à CCT publicada no BTE n.º 5/1991, objeto de Portaria de Extensão, publicada no BTE n.º 26/1991.

[1317] Cfr. artigo 22.º, n.º 2, onde se previa que "pod[ia] ser estabelecida, por convenção colectiva ou regulamento federativo, a obrigação de pagamento de uma justa indemnização, a título de promoção ou valorização do praticante desportivo, à anterior entidade empregadora por parte da entidade empregadora desportiva que com esse praticante desportivo celebre, após a cessação do anterior, um contrato de trabalho desportivo". O diploma que concedeu a Autorização, a Lei n.º 85/95, de 31 de Agosto, possibilitava ao Governo Autorização para, nas alíneas f) e g) do art. 2.º, a "consagração da liberdade de trabalho, prevendo-se compensações devidas a título de promoção ou valorização do praticante desportivo e prémios de formação, de acordo com os regulamentos da respectiva federação desportiva e sem prejuízo do disposto em instrumento de regulamentação colectiva" e "garantir que a consagração de compensações e prémios não possa, em caso algum, inviabilizar na prática a liberdade de contratar do praticante".

com o livre jogo das forças do mercado"[1318], "tolhendo os movimentos do praticante não obstante o seu vínculo contratual já ter cessado"[1319]. O certo é que estas indemnizações acabaram por resistir, numa primeira fase, ao rombo provocado pelos valores "abrilistas" da liberdade dos trabalhadores.

No entanto, a adesão de Portugal à Comunidade Europeia trouxe novos ventos libertadores, oriundos da jurisprudência comunitária. Nas palavras de João Leal Amado, "foi justamente o espaço normativo representado pela União Europeia que veio a constituir uma formidável plataforma de assalto a tais indemnizações"[1320]. A capitulação das indemnizações de transferência foi escrita na jurisprudência *Bosman*, provavelmente a decisão mais publicitada e glosada de sempre do Tribunal das Comunidades Europeias[1321]. O jogador Jean-Marc Andrés Bosman, modesto jogador da primeira divisão belga, inscreveu o seu nome na história do futebol ainda que, futebolisticamente falando, não tenha passado de um jogador mediano[1322]. Não foi caso para menos: "Jean-Marc Bosman

[1318] M. Henrique Mesquita / Jorge Leite / João Leal Amado, «Liberdade de trabalho e transferência de futebolistas profissionais», *Questões Laborais*, 7 (1996), pp. 72-94, p. 79.

[1319] João Leal Amado, «A Lei n.º 85/95 e o contrato de trabalho desportivo», *Questões Laborais*, 5 (1995), pp. 114-116, p. 116.

[1320] João Leal Amado, *Vinculação* versus *liberdade...*, cit., p. 416.

[1321] Carlos Pinto Correia, «Liberdade de circulação dos trabalhadores — o problema dos jogadores profissionais de futebol», *Scientia Ivridica – Revista de Direito Comparado Português e Brasileiro*, 256/258 (1995), pp. 201-244, p. 236, fala de um "furor mediático". É virtualmente impossível ou bizantino fazer a relação de toda a bibliografia publicada sobre este acórdão. Ficando-nos apenas pela literatura nacional, ver António Nunes de Carvalho, «Jurisprudência crítica – (caso Bosman) liberdade de circulação dos trabalhadores – regras de concorrência aplicáveis às empresas – jogadores profissionais de futebol – regulamentações desportivas relativas à transferência de jogadores que obrigam o novo clube a pagar uma indemnização ao antigo – limitação do número de jogadores nacionais de outros Estados-Membros que podem ser utilizados em competição – anotação ao acórdão do Tribunal de Justiça das Comunidades de 15 de Dezembro de 1995», *Revista de Direito e de Estudos Sociais*, pp. 203-256.

[1322] O contexto era o seguinte: segundo os regulamentos federativos belgas, os contratos de trabalho desportivos teriam uma duração entre um e cinco anos, expirando, no último ano de duração do contrato, no dia 30 de junho. Antes do termo do contrato, e o mais tardar até ao dia 26 de abril, o clube, caso estivesse interessado em continuar a contar com os serviços do jogador, deveria propor ao jogador a renovação do vínculo. O jogador seria livre de aceitar ou recusar a oferta. Caso o jogador não aceitasse, podia haver lugar a uma "transferência forçada" entre os dias 1 e 31 de maio sem necessidade de consentimento do clube com o qual o jogador estava vinculado. Em face desta regulamentação, o Cour d'appel de Liège fez uso do mecanismo do reenvio prejudicial para questionar a conformidade com o Direito Comunitário das regras que impunham o pagamento de indemnização à anterior entidade empregadora bem como as regras que limitavam o número de jogadores não nacionais nas competições. As conclusões do Advogado Geral referendário podem ainda ser encontradas, reproduzidas, na Revista *Questões Laborais*, 7 (1996), pp. 82-94.

entrou, sozinho, numa luta hercúlea contra todos os grandes poderes do futebol: a FIFA, a UEFA, as federações nacionais, os clubes e até alguns governos"[1323] provocando "uma enorme dor de cabeça no quartel-general da UEFA e da FIFA"[1324].

Em termos sumários, a decisão *Bosman*, pronunciando-se também sobre as chamadas "cláusulas de nacionalidade"[1325], decidiu que "a circunstância de os clubes empregadores serem obrigados a pagar indemnizações por ocasião do recrutamento de um jogador proveniente de outro

[1323] Jorge Carvalho, «Comentário ao acórdão Bosman», *Themis — Revista de Direito da Faculdade de Direito da Universidade Nova de Lisboa*, 1 (2000), pp. 219-231, p. 231.

[1324] Luís Paulo Relógio, «O papel das associações de desportistas profissionais no novo século», *Desporto & Direito*, 10 (2007), pp. 29-42, p. 38.

[1325] Sobre isto, João Leal Amado, «O caso Bosman e as cláusulas de nacionalidade (breves considerações em torno de um protocolo)», *Revista Jurídica da Universidade Moderna*, 1 (1998), pp. 361-384 e António Robalo Cordeiro, «Comentário ao acórdão do Tribunal de Justiça das Comunidades Europeias, de 8 de Maio de 2003 (processo n.º C-438/00)», *Desporto & Direito*, 1 (2003), pp. 97-118. No entanto, subsistem ainda algumas normas associativas que, de forma velada, podem colocar em causa aqueles princípios como é o caso das cláusulas que impõem a inscrição na competição ou na ficha de jogo de atletas formados localmente. Cfr., por exemplo, o artigo 57.º, n.º 1, do Regulamento da Liga Placard (Futsal), onde se prevê que "os Clubes participantes no presente Campeonato têm obrigatoriamente de inscrever e fazer constar das fichas técnicas dos jogos pelo menos 7 jogadores formados localmente na FPF, independentemente do seu estatuto". Criticamente, considerando que os jogadores formados localmente serão, tendencialmente, jogadores nacionais, criando assim, uma condicionante incompatível com a jurisprudência comunitária, João Leal Amado, «Das «cláusulas de nacionalidade» às «cláusulas de formação local»: uma diferença insuficiente?» in: *Temas Laborais — 2*, Coimbra Editora, Coimbra, 2007, pp. 135-152 (= *Desporto & Direito*, 10 (2006), pp. 11-28). Sobre o regime dos *homegrown players*, ver João Augusto Martins, «Jogador Formado Localmente (I)» in: Alexandre Miguel Mestre [Coord.], *Enciclopédia de Direito do Desporto*, Gestlegal, Coimbra, 2019, pp. 249-250, Miguel Nogueira Leite, «Jogador Formado Localmente (II)» in: Alexandre Miguel Mestre [Coord.], *Enciclopédia de Direito do Desporto*, Gestlegal, Coimbra, 2019, pp. 250-251 e João Leal Amado, «O CONI e o copo meio cheio de italianos (um novo episódio de uma velha novela)», *Desporto & Direito*, 4 (2004), pp. 91-95, p. 94: "as instituições desportivas poderão, decerto, invocar a especificidade do desporto em ordem a tentar introduzir alterações ao direito comunitário; mas aquelas instituições já não poderão invocar a autonomia do ordenamento desportivo para se esquivarem ao respeito devido ao direito comunitário". Mais recentemente, no âmbito do proc. nr. C-680/21 (*UL, SA Royal Antwerp Football Club vs. Union royale belge des sociétés de football association ASBL*), o Advogado-Geral Maciej Szpunar entendeu que "o artigo 45.º TFUE deve ser interpretado no sentido de que se opõe à aplicação das regras relativas aos jogadores formados localmente, conforme adotadas pela União das Federações Europeias de Futebol (UEFA) e pela Union royale belge des sociétés de football association (URBSFA), segundo as quais, para participarem nas competições pertinentes, os clubes devem inscrever, numa lista, um número mínimo de oito jogadores formados localmente incluídos num número máximo de 25 jogadores, na medida em que tais jogadores formados localmente possam ser provenientes de outro clube da federação nacional de futebol em causa".

clube afecta as possibilidades de os jogadores encontrarem emprego, bem como as condições em que esse emprego é oferecido" (parágrafo 75) e, como tal, "ao preverem que um jogador profissional de futebol não pode exercer a sua actividade num outro clube estabelecido noutro Estado-Membro se esse clube não tiver pago ao anterior a indemnização de transferência cujo montante foi acordado entre os dois clubes ou determinado em conformidade com os regulamentos das associações desportivas, as referidas regras constituem um entrave à livre circulação dos trabalhadores" (parágrafo 100).

Importa notar que o TJ também teve a oportunidade de afirmar que esta é uma proibição que se impõe não só às regulamentações estabelecidas por autoridades públicas, mas também às regulamentações provindas de outras instâncias que regulam o desporto como acontece, por exemplo, com a regulamentação de fonte associativa. Por outras palavras, a liberdade de circulação, bem como, aliás, o princípio da não discriminação em razão da nacionalidade, não podem ser prejudicadas por poderes normativos privados. Como também explicou o Tribunal, algo que já explicara em jurisprudência anterior, "a abolição dos obstáculos à livre circulação de pessoas e à livre prestação de serviços entre os Estados-Membros seria comprometida se a abolição das barreiras de origem estatal pudesse ser neutralizada por obstáculos resultantes do exercício da sua autonomia jurídica por associações ou organismos de direito privado" (parágrafo 83)[1326].

A sentença *Bosman* teve um significado indiscutível para o Desporto no espaço europeu, embora, na atualidade, a sua importância deva ser relativizada. Na verdade, se antes da decisão muitos Estados-Membros tinham implementado nas suas regulamentações desportivas um sistema que obrigava ao pagamento de uma indemnização para o recrutamento de atleta, ainda que o seu contrato de trabalho já tivesse cessado, o que é certo é que esse sistema se mantém na prática dado que, hoje, os atletas são invariavelmente transferidos durante a vigência do contrato de trabalho, transferência essa que envolve, também invariavelmente, o pagamento de uma "indemnização". De resto, mesmo nos casos dos atletas recrutados "a custo zero", o recrutamento também envolve, frequentemente, o pagamento de somas avultadas, por exemplo, a título de prémio

[1326] No fundo, e como notava Miguel Gorjão Henriques, «O Tribunal de Justiça como instância de resolução de litígios desportivos: a propósito do caso *Meca-Medina*» in: *II Congresso de Direito do Desporto — Memórias*, Almedina, Coimbra, 2007, pp. 121-139, p. 138, "a organização do futebol estava em rota de colisão com várias disposições do Tratado".

de assinatura. Tudo somado, embora aquela decisão tenha banido do mercado desportivo estas indemnizações pela transferência, de fonte legal ou regulamentar, a evolução do mercado, em consequência, ironicamente, daquela decisão, ditou que as transferências de atletas ainda envolvam sempre o pagamento de "indemnizações". Claro está que estas indemnizações não caem no âmbito daquela decisão uma vez que se processam no quadro da autonomia privada das partes.

Seja como for, esta jurisprudência deixou em aberto outros problemas. É necessário ter presente que esta jurisprudência vale apenas para as transferências transfronteiriças e já não para as transferências puramente internas, isto é, entre clubes nacionais, pelo menos enquanto estiverem em causa atletas também nacionais. Esta dualidade de sistemas pode redundar em efeitos perversos. Desde logo, um jogador tem mais dificuldade em trocar de clube internamente do que emigrar, redundando numa discriminação indireta ou às avessas[1327]. *A latere*, os entraves à circulação de trabalhadores no plano interno estimulam a emigração dos valores nacionais, empobrecendo o desporto nacional. Em segundo lugar, o sistema potencia as fraudes uma vez que, numa manobra de engenharia jurídica para fintar a aplicação daquela jurisprudência, o clube nacional sempre poderia "recrutar" um clube estrangeiro para servir de testa-de-ferro e realizar a transferência "a dois tempos"[1328] naquilo que se vulgarizou chamar de *bridge transfers*[1329]. Em terceiro lugar, uma transferência entre dois clubes portugueses poder ter elementos de "estraneidade" que traem o pensamento legislativo, colocando em causa a compatibilidade o preceito, pelo menos se lido literalmente. Pense-se no caso de um trabalhador-atleta nacional de um qualquer Estado-Membro da UE (por exemplo, um jogador espanhol, francês ou alemão que se transfere entre clubes portugueses).

Contudo, o RCTPD não eliminou as chamadas "indemnizações a título de promoção ou valorização". Com efeito, o artigo 19.º, n.º 2, prevê que "pode ser estabelecida por convenção coletiva a obrigação de pagamento à anterior

[1327] Sobre isto, André Dinis de Carvalho, *Da liberdade de circulação dos desportistas...*, cit., pp. 104-105 e pp. 237 ss. O Autor fala mesmo, p. 106, de um sistema que propicia a "clausura intraestadual".

[1328] João Leal Amado, *Vinculação* versus *liberdade...*, cit., pp. 423 ss.

[1329] Sobre isto, José Miguel Albuquerque, «*Bridge transfers*» in: Alexandre Miguel Mestre [Coord.], *Enciclopédia de Direito do Desporto*, Gestlegal, Coimbra, 2019, pp. 58-59.

entidade empregadora de uma justa compensação a título de promoção ou valorização de um jovem praticante desportivo, por parte da entidade empregadora que com esse praticante venha a celebrar um contrato de trabalho desportivo, após a cessação do anterior".

Atualmente, a única compensação desta natureza prevista na contratação coletiva é, como não poderia deixar de ser, a que decorre da CCT aplicável aos futebolistas profissionais. Esquematicamente, é necessário distinguir dois casos donde nasce a obrigação de pagamento de uma "justa indemnização a título de compensação pela formação ou promoção dos jogadores". Cumpridos que estejam certos pressupostos, também eles previstos na CCT, há lugar ao pagamento da compensação quando à cessação de contrato de formação desportiva se siga a celebração do primeiro contrato de trabalho desportivo com clube distinto do clube formador ou quando à cessação de contrato de trabalho desportivo se siga a celebração de contrato de trabalho desportivo com outro clube conquanto o atleta não tenha, em 31 de Dezembro do ano da cessação do contrato, completado ainda 24 anos de idade.

Do texto da CCT retiram-se alguns casos em que não há lugar a qualquer compensação. Em primeiro lugar, a cessação do contrato de formação desportiva ou de contrato de trabalho desportivo de atleta com menos de 24 anos pode dar lugar àquilo que a convenção coletiva chama de "compromisso desportivo como amador". De facto, o praticante desportivo pode legitimamente pretender não seguir qualquer carreira profissional, ou por precocemente fim a uma carreira profissional já em curso, dedicando-se apenas ao desporto na qualidade de amador[1330]. Nesse caso, não só não ocorre um "aproveitamento" por parte de uma outra entidade como em rigor não se pode falar de um clube de proveniência uma vez que o atleta não transitou para outro clube, pelo menos num trânsito jurídico-desportivamente relevante para este efeito. A título de exemplo, se um contrato de formação ou um contrato de trabalho de um atleta de 20 anos cessa pelo seu termo e este decide continuar a prática da modalidade, mas em moldes amadores, numa Associação Recreativa da sua região, esta Associação não fica constituída na obrigação de pagamento da qualquer compensação.

O mesmo se passa quando o praticante desportivo se vincula por contrato de trabalho, mas com um clube estrangeiro. Neste caso, a celebração do contrato de trabalho desportivo não gera o direito à compensação porque pura e simplesmente esta situação cai fora do âmbito de aplicação da norma, sem

[1330] Sobre este conceito, § 2.1. Âmbito objetivo.

prejuízo do funcionamento dos mecanismos da FIFA[1331] e que o TJ já entende como compatíveis com o Direito da União Europeia[1332].

Finalmente, também pensamos que esta compensação não é devida se o atleta mudar de atividade desportiva pois, nesse caso, o clube de proveniência não pode alegar que contribuiu para a promoção ou valorização do atleta[1333]. Por exemplo, o atleta abandona a carreira futebolística para praticar, ainda que profissionalmente, futsal ou futebol de praia.

Independentemente da discussão à volta da natureza jurídica deste instituto[1334], estamos aqui perante uma compensação legal inspirada numa ideia

[1331] Sobre estes mecanismos, ver os estudos de Gonçalo Almeida, «Mecanismo de Solidariedade» in: Alexandre Miguel Mestre [Coord.], *Enciclopédia de Direito do Desporto*, Gestlegal, Coimbra, 2019, pp. 278-282 e Id., «Instrumentos de compensação financeira a clubes formadores» in: Alexandre Miguel Mestre [Coord.], *Compêndio de Direito do Desporto*, Gestlegal, Lisboa, 2021, pp. 942-961, Nuno Santos Rocha, «A compensação por formação nas transferências internacionais – as disposições particulares da União Europeia e do Espaço Económico Europeu, em especial o caso da "exceção à exceção" previsto no parágrafo 3 do artigo 6.º do Anexo 4 do Regulamento relativo ao Estatuto e Transferência de jogadores da FIFA» in: Alexandre Miguel Mestre [Coord.], *Compêndio de Direito do Desporto*, Gestlegal, Lisboa, 2021, pp. 1103-1120, André Gribel, «Compensação por formação no futebol», *Revista de Direito do Desporto*, 8 (2021), pp. 77-84 e Guilherme von Cüpper, «A aplicação do mecanismo de solidariedade FIFA às transferências internas com "dimensão internacional" – um (pequeno) passo a caminho de uma reforma necessária», *Revista de Direito do Desporto*, 6 (2020), pp. 60-75, Nuno Vieira Pássaro, *Direito do Desporto...*, cit., pp. 59 ss., pp. 71 ss., pp. 81 ss.

[1332] Veja-se o ac. *Bernard* (proc. nr. C-325/08), onde o TJ decidiu que "o artigo 45.º TFUE não se opõe a um sistema que, para realizar o objectivo de encorajar o recrutamento e a formação de jovens jogadores, garante a indemnização do clube formador, no caso de um jovem jogador assinar, no termo do seu período de formação, um contrato de jogador profissional com um clube de outro Estado-Membro, desde que esse sistema seja apto para garantir a realização do referido objectivo e não vá além do necessário para o alcançar. Para garantir a realização do referido objectivo, não é necessário um regime, como o que está em causa no processo principal, segundo o qual um jogador «esperança» que, no termo do seu período de formação, assina um contrato de jogador profissional com um clube de outro Estado-Membro poderá ser condenado no pagamento de uma indemnização cujo montante não depende dos custos reais de formação". Sobre isto, João Leal Amado, «Comentário ao acórdão do Tribunal de Justiça...», cit., pp. 247- 262 e, mais em geral, Rita Figueira, «Reflexões sobre a liberalização do mercado no futebol», *Desporto & Direito*, 13 (2007), pp. 37-46.

[1333] Referindo-se ao ordenamento jurídico espanhol, detetando este problema, Francisco Javier Torollo González, «Las relaciones laborales especiales de los deportistas...», cit., p. 189.

[1334] João Leal Amado, «O *caso Bosman* e a «indemnização de promoção ou valorização» (art. 22.º, n.º 2, do DL 305/95, de 18-11)», *Questões Laborais*, 7 (1996), pp. 4-17, p. 16, entende que esta compensação "regista algumas afinidades funcionais com a figura dos pactos de permanência" embora devem apontar-se diferenças de relevo: o pacto de permanência tem origem contratual, apenas existindo neste caso, ao passo que a compensação pela formação tem origem, como decorre da

de solidariedade entre clubes desportivos porque "quem semeia deve colher os frutos... ou ser compensado"[1335]. Pensando no regime previsto na CCT aplicável ao futebol profissional, tutela-se assim a expetativa de um clube que, tendo formado um jogador ou apostado num atleta jovem (até aos 24 anos), e tendo muitas vezes envidado esforços no sentido de prolongar o vínculo, não teve sucesso e / ou retorno financeiro.

Pese embora a sua finalidade benigna e meritória, e ainda que seja evidente que, por definição, estas compensações não colocam problemas do ponto de vista comunitário[1336], este regime tem sido criticado[1337] e, inclusivamente, já foi questionado no plano da sua constitucionalidade: certo é que

norma em análise, na autonomia coletiva; o pacto de permanência obriga o trabalhador enquanto a compensação pela formação onera o clube adquirente do "passe" do jogador (embora a lei permita que seja satisfeita pelo próprio atleta). Por sua vez, Pedro Romano Martinez, «As cláusulas de rescisão...», cit., p. 109, escreve que "pese embora se falar em «justa indemnização», o valor a pagar não se funda em responsabilidade civil, nem sequer objectiva por intervenções lícitas, correspondendo, antes, a uma compensação justificada pela actividade de formação e promoção do atleta". João Nogueira da Rocha, «Compensação por formação» in: Alexandre Miguel Mestre [Coord.], *Enciclopédia de Direito do Desporto*, Gestlegal, Coimbra, 2019, pp. 94-96, fala na "responsabilidade do clube que profissionalizou o jogador".

1335 João Leal Amado, «O *caso Bosman* e a "indemnização...», cit., p. 16. Como se diz no ac. de 26/11/2013 do TRP (Maria João Areias), proc. nr. 462/11.0TBVCD.P1, "o que está aqui em causa é o interesse do clube formador em ser reembolsado pelos "frutos" do seu investimento que vierem a ser colhidos pelo clube com o qual o jogador vem a celebrar um contrato de trabalho. Trata-se de tutelar a formação do jogador desportivo que, tendo implicado despesas para o clube formador, dela vem posteriormente a beneficiar um terceiro". Pensando no mecanismo da FIFA, escreve Gonçalo Almeida, «Mecanismo de Solidariedade», cit., p. 279, que se trata de uma "percentagem razoável e satisfatória por forma a premiar, em função de um eventual rendimento financeiro que os jogadores pudessem proporcionar ao longo das suas carreiras desportivas, todos os clubes que contribuíram para a sua formação e educação".

1336 Por forma a não colidir com a Jurisprudência europeia, o legislador teve o cuidado de esclarecer, no n.º 3, do artigo 19.º, que a indemnização de transferência apenas é aplicável "em relação às transferências de praticantes que ocorram entre clubes portugueses com sede em território nacional", sem prejuízo da existência de um semelhante sistema a nível europeu.

1337 Assim, Lúcio Correia, «Algumas reflexões sobre o caso...», cit., p. 437, n. 37, observa que "em certa medida discutir-se-á se estas indemnizações, por si só, não constituirão também limitações à liberdade de trabalho do praticante desportivo". Por outro lado, diz-se que o pagamento desta compensação pode repercutir-se no salário do atleta. Contra este entendimento, João Zenha Martins, «As indemnizações por promoção ou valorização...», cit., p. 307, argumenta que "não há uma relação biunívoca entre a indemnização e o salário a auferir de um modo tal que se possa afirmar que o conhecimento do valor que entretece a indemnização permite apurar, *ipso facto*, o *quantum* salarial".

o TC já decidiu no sentido de que este regime não sofre de inconstitucionalidade porque defende interesses legítimos e de forma proporcional[1338].

Lançados os traços essenciais do regime, a norma aparece desamparada dos aspetos mais operativos desta compensação, o mesmo é dizer, quanto aos termos em que a compensação é calculada e processada ou outros aspetos[1339]. Os únicos elementos de referência acessíveis, desde logo aos parceiros sociais, decorrem do n.º 2 e do n.º 4. O primeiro fala no "pagamento de uma *justa* indemnização" (sublinhado nosso) e o n.º 4 impõe um limite: "o valor da compensação não poderá, em caso algum, afetar de forma desproporcionada, na prática, a liberdade de contratar do praticante"[1340]. Tudo o resto parece que é deixado ao (prudente) arbítrio da contratação coletiva[1341].

A propósito desta indemnização, não concordamos com ALBINO MENDES BAPTISTA quando o Autor defende que a compensação não é de "funcionamento automático" porque o clube que alega ter promovido o atleta deve fazer prova de concretos atos de promoção (por exemplo, ter uma "Academia" ou centro de formação desportiva)[1342]. Seguindo semelhante linha de raciocínio, JOÃO ZENHA MARTINS entende que não é devida compensação quando o atleta não competiu ao serviço da entidade empregadora[1343] ou, utilizando outro exemplo do primeiro Autor, se o atleta foi colocado na "equipa B" durante toda a época desportiva[1344].

1338 Ver ac. n.º 181/2007 do TC (PAULO MOTA PINTO), proc. nr. 343/03 / BTE, II Série, 4-5-6/2007, pp. 651-673. Sobre este acórdão, ver o apontamento de JOSÉ MANUEL MEIRIM, «O desporto que o tribunal constitucional pratica», *Jurisprudência Constitucional*, 14 (2007), pp. 38-58, especialmente pp. 51 ss. Na doutrina, considerando esta compensação compatível com o artigo 47.º da Constituição da República Portuguesa de 1976, PEDRO ROMANO MARTINEZ, *Direito do Trabalho...*, cit., pp. 732 ss.

1339 Por exemplo, a norma não esclarece se há limites ao período de tempo que deve mediar entre a cessação do contrato de trabalho e a celebração do novo contrato. Assim, JOÃO ZENHA MARTINS, «As indemnizações por promoção ou valorização...», cit., p. 310, n. 57. O n.º 6 do artigo 19.º dá ao praticante desportivo a faculdade de pagar o valor da compensação, mas MARIA DO ROSÁRIO PALMA RAMALHO, *Tratado de Direito do Trabalho...*, cit., p. 482, entende que o atleta gozará de um direito de regresso sobre o clube.

1340 PEDRO ROMANO MARTINEZ, «As cláusulas de rescisão...», cit., p. 124, entende que não é possível a aplicação do mecanismo da redução equitativa (aplicando analogicamente o artigo 812.º do Código Civil) a estas compensações.

1341 Propondo uma interpretação restritiva do conceito de "justa compensação", RICARDO GRILO, «As cláusulas "anti rival" e a sua adequação...», cit., p. 104, n. 9.

1342 ALBINO MENDES BAPTISTA, «Breves notas sobre o princípio...», cit., p. 56. e ID., «"Caso Fehér" - um voto...», cit., p. 155. No mesmo sentido, referindo-se à existência de uma Academia, JOÃO ZENHA MARTINS, «Contrato de trabalho desportivo: prelúdios...», cit., p. 514, n. 89.

1343 Assim, JOÃO ZENHA MARTINS, «As indemnizações por promoção ou valorização...», cit., p. 310.

1344 ALBINO MENDES BAPTISTA, «"Caso Fehér" - um voto...», cit., p. 156, qualificando até a colocação do jogador na "Equipa B" como um "acto de despromoção".

A nosso ver, parece-nos que norma parte da presunção inilidível de que o clube prestou a formação ao praticante desportivo durante aquele período da carreira do atleta sendo que essa presunção não admite, por parte dos obrigados ao pagamento da compensação, a possibilidade de contraprova de que não foram praticados concretos atos de formação ou valorização: "a formação não tem de ser provada, ela presume-se"[1345]. Aproveitando um passo da jurisprudência *Bosman*[1346], na "impossibilidade de prever com segurança o futuro desportivo dos jovens jogadores e o número limitado desses jogadores que desenvolvem uma actividade profissional, *tais indemnizações caracterizam-se pela sua natureza eventual e aleatória e são, de qualquer modo, independentes dos encargos efectivamente suportados pelos clubes para formar tanto os jogadores profissionais* como os que nunca o serão" (sublinhado nosso). Pensamos que o mesmo vale, de resto, para o mecanismo de solidariedade da FIFA[1347].

Segundo o n.º 7, do artigo 19.º, "não é devida a compensação quando o contrato de trabalho seja resolvido com justa causa pelo praticante ou quando este seja despedido sem justa causa"[1348]. Esta norma retoma, embora só parcialmente, o regime contido no Decreto-Lei n.º 305/95, de 18 de novembro. Na vigência do diploma de 1995, a solução era criticada por João Leal Amado que entendia, com argumentos convincentes, que a formação ministrada pelo clube não deveria ser prejudicada pela forma de cessação do contrato de trabalho[1349]. Aparentemente, a norma tem aqui um escopo sancionatório[1350].

[1345] No contexto espanhol, Francisco Javier Torollo González, «Las relaciones laborales especiales de los deportistas...», cit., p. 189.

[1346] Parágrafo 109.

[1347] No mesmo sentido, Gonçalo Almeida, «Mecanismo de Solidariedade», cit., p. 279, refere que o direito dos clubes formadores existe "independentemente do investimento efectivamente realizado por tais clubes formadores no seu treino e educação".

[1348] João Zenha Martins, «A vinculação laboral desportiva...», cit., p. 322, parece entender que o clube pode cumular o pedido de indemnização, no contexto, por exemplo, de um despedimento com justa causa, com a compensação prevista nesta norma: "quando a "rescisão" opera sem justa causa, para lá da obrigação de pagamento da compensação, existe ainda, com possibilidade cumulativa, uma obrigação de indemnização pelos danos que forem causados".

[1349] João Leal Amado, *Contrato de trabalho desportivo...* [1995], cit., pp. 91-93.

[1350] Assim, João Leal Amado, *Contrato de trabalho desportivo...* [2017], cit., pp 112, refere que "o legislador considera que nestes casos, em que a entidade empregadora desportiva incorre em incumprimento grave e culposo ou promove o despedimento ilícito do praticante, a limitação da liberdade de trabalho deste último, representada pela referida compensação, se revelaria intolerável e injustificada". Maria do Rosário Palma Ramalho, *Tratado de Direito do Trabalho...*, cit., p. 483, diz que "a regra tem uma justificação óbvia, que é a de evitar a exigência da compensação pela entidade que deu causa à cessação do contrato".

Na verdade, se a situação de desemprego é involuntária, obrigar o clube interessado nos serviços do atleta a pagar uma compensação pela formação acaba por ser, na prática, mais um fator de dificuldade à contratação do atleta. Assim, parece que o legislador quis desonerar o processo por uma causa que, no fim de contas, não é imputável ao atleta. No entanto, também nos parece que a norma deve ser lida restritivamente na medida em que, como vimos, o atleta também pode resolver o contrato com justa causa objetiva[1351], ou seja, em situações que, em rigor, não são imputáveis ao clube, pelo menos a título de culpa. Por exemplo, lida ao pé da sua letra, parece resultar da norma que o clube desportivo perde o direito à indemnização se o atleta resolver o contrato com fundamento numa alteração substancial das suas condições de trabalho no exercício lícito dos seus poderes lícitos ou por *sporting just cause*[1352].

Pode inferir-se, *a contrario sensu*, o que, aliás, é confirmado pelo CCT aplicável ao futebol profissional, que o direito do clube se mantém quando o empregador resolve o contrato com justa causa, no seguimento de procedimento disciplinar, ou por causas objetivas, ou quando é o trabalhador que resolve o contrato, mas ilicitamente. Na verdade, se é o praticante desportivo que dá causa à cessação do contrato, seja porque motivou o despedimento com justa causa, seja porque avançou para a resolução do contrato, mas ilicitamente, compreende-se que o clube mantenha o direito à compensação que, de outra forma, se perderia por um motivo que não lhe é imputável. Pensamos que o clube também mantém o direito nos casos de acordo de revogação ou pelo exercício da denúncia contratualmente prevista pelo praticante desportivo[1353].

[1351] § 6.2.2. A resolução com justa causa.

[1352] Sobre isto, § 6.2.2.1. A "justa causa desportiva" (*sporting just cause*).

[1353] O artigo 40.º, da CCT aplicável ao futebol profissional, acrescenta que "o direito à compensação extingue-se no caso de o clube ser devedor ao jogador de qualquer retribuição até à cessação do contrato". O tom categórico da norma parece precludir o direito à compensação mesmo quando o clube não liquidou os salários à data da cessação do contrato, mas pretende cumprir a obrigação salarial.

§ 6.9.5. Liberdade desportiva

Bibliografia específica: João Leal Amado, «Contrato de trabalho desportivo: da desvinculação laboral à desvinculaçao desportiva», *Prontuário de Direito do Trabalho*, 2018, I, pp. 345-366; José Rebelo da Silva, «Desvinculação desportiva» in: Alexandre Miguel Mestre [Coord.], *Enciclopédia de Direito do Desporto*, Gestlegal, Coimbra, 2019, pp. 142-143; Sónia Carneiro / Paulo Mariz Rozeira / Amândio Novais, «A cessação do contrato do trabalho desportivo por iniciativa do praticante desportivo: o caso do futebol profissional» in: *Iº Congresso Internacional sobre o Regime Jurídico do Contrato de Trabalho Desportivo*, Vida Económica, Porto, 2018, pp. 229-251.

Uma das maiores novidades do RCTPD, uma "inovação emblemática"[1354], é a norma do artigo 27.º, n.º 3: "o vínculo desportivo tem natureza acessória em relação ao vínculo contratual e extingue-se com a comunicação prevista no presente artigo, podendo ser registado novo contrato, nos termos gerais". Decidimos sistematizar a análise desta norma legal no quadro da liberdade pós-contratual do desportista porque o ordenamento jurídico-desportivo contém várias disposições, de origem convencional, federativa e associativa, que afetam, no plano desportivo, a liberdade pós-contratual do praticante desportivo. De facto, esta liberdade pós-contratual do atleta tem sido prejudicada por uma malha de normas, de proveniência associativa, federativa e coletiva, que, na prática, afetam a consistência prática desta recente norma do RCTPD e, mais em profundidade, a própria liberdade pós-contratual do praticante desportivo.

Concretamente, o artigo 52.º, n.º 1, da CCT aplicável ao futebol profissional, faz depender a possibilidade de competir por outro clube do reconhecimento judicial da justa causa da resolução, uma norma com paralelo na regulamentação a nível federativo[1355]. Lê-se que "a participação de um

[1354] Joana Sá Pereira, «A demissão com justa causa do praticante desportivo...», cit., p. 75.

[1355] O n.º 3, do artigo 11.º, do RECITJ, prevê que "para efeitos do presente regulamento a desvinculação do jogador em relação ao clube pelo qual se encontra registado apenas pode resultar da caducidade do contrato registado, de documento escrito pelo qual o jogador e clube puseram termo ao contrato, de documento escrito no qual o clube declare que não se opõe a nova inscrição do jogador, de decisão da Comissão Arbitral prevista no Contrato Coletivo dos Jogadores Profissionais de Futebol, celebrado entre a LPFP e o SJPF, ou de outra instância arbitral competente para o efeito, de decisão administrativa da LPFP ou da FPF ou decisão judicial que julgue procedente a rescisão com justa causa ou a impugnação do despedimento".

jogador em competições oficiais ao serviço de um clube terceiro na mesma época em que, por sua iniciativa, foi rescindido o contrato de trabalho desportivo depende do reconhecimento da sua desvinculação desportiva nos termos deste CTT ou do acordo do clube". Em termos práticos, o atleta que queira competir ao serviço de outro clube, após ter resolvido o seu contrato de trabalho com um outro, deve, por exemplo, propor uma ação com vista a que lhe seja reconhecida a licitude da resolução e, munido com essa decisão, celebrar um contrato de trabalho. Por outro lado, também a regulamentação associativa aplicável ao futebol profissional prevê que o atleta que resolva ilicitamente o contrato de trabalho é sancionado com a impossibilidade de competir por outro clube até ao hipotético termo do contrato (!)[1356].

Aparentemente, estas normas pretendem sair em defesa da integridade da competição e do *competitive balance*. Se os praticantes desportivos pudessem, ato contínuo à resolução contratual, e independentemente de justa causa, participar na mesma competição, mas ao serviço de outro clube, a filosofia que inspira a ideia de um termo estabilizador do contrato de trabalho sairia frustrada. No limite, se a resolução ocorresse na "janela" para as inscrições, o atleta poderia, na jornada seguinte, vir a disputar uma partida ao serviço do clube rival do empregador com quem estava contratualmente vinculado. Por todas estas razões, há quem defenda o bem fundado destas normas[1357].

No entanto, há quem dispute a validade destes dispositivos[1358]. Em relação às normas da contratação coletiva, João Leal Amado, mesmo antes do quadro legal do RCTPD, reputava-as já de ilegais e inconstitucionais[1359], entendimento sufragado também João Zenha Martins[1360], e cuja tese veio a ter

[1356] Segundo o artigo 79.º, n.º 20, do RCLPFP, "ficam automaticamente impedidos de registar novos contratos os jogadores que hajam rescindido, unilateralmente, o seu contrato de trabalho ou contrato de formação sem justa causa ou os mesmos sejam feitos cessar pelos clubes, com justa causa". O n.º 21 acrescenta que "o impedimento produz efeitos até ao termo do contrato rescindido, salvo se o clube declarar que se acha totalmente ressarcido dos danos causados com a rescisão".

[1357] Nomeadamente, Sónia Carneiro / Paulo Mariz Rozeira / Amândio Novais, «A cessação do contrato do trabalho...», cit., pp. 241 ss. e, mais recentemente, Sérgio Pires Brás, «O bom, o mau e o vilão...», cit., pp. 48 ss.

[1358] Relativamente aos regulamentos desportivos, Luís Manuel Teles de Menezes Leitão, «Cláusulas de rescisão e cláusulas penais no contrato de trabalho desportivo» in: *IV Congresso de Direito do Desporto*, Almedina, Coimbra, 2015, pp. 79-92, pp. 90-91.

[1359] João Leal Amado, *Vinculação* versus *liberdade*..., cit., pp. 337 ss.

[1360] João Zenha Martins, «Os futebolistas profissionais e as cláusulas...», cit., p. 269, n. 98, e Id., «A natureza jurídica de algum Direito do Desporto...», cit., pp. 84 ss., exprimindo aí "dúvidas acerca da conformidade constitucional do estabelecimento de uma interdição que surge como uma sanção insusceptível de recondução ao leque de sanções disciplinares desenhado na Lei".

acolhimento na jurisprudência dos nossos tribunais: a norma do artigo 52.º da CCT aplicável ao futebol foi considerada inconstitucional pelo STJ, por violação do artigo 47.º, n.º 1, da Constituição da República Portuguesa[1361].

A recente norma do artigo 27.º, n.º 3, do RCTPD, reconfortou este entendimento. Naquilo que entende ser resultado do próprio teor literal desta norma, João Leal Amado entende que a cessação do contrato de trabalho, ainda que ilicitamente promovida pelo praticante desportivo, extingue o vínculo desportivo. Consequentemente, o Autor defende a ilegalidade das normas federativas que impedem o registo de um novo contrato de trabalho[1362]. Com a mesma opinião, ainda que referindo-se ao quadro normativo anterior, escreve Lúcio Correia que "cessado o vínculo laboral desportivo, goza, pois, o praticante desportivo da liberdade de mudar de entidade empregadora desportiva, não podendo ser instituída qualquer limitação por via regulamentar ou acto administrativo"[1363], posição que nos parece recentemente reforçada pelo Autor[1364] e por outra doutrina[1365].

Mais recentemente, João Zenha Martins, «A configuração legal do direito convencional...», cit., p. 9, referindo-se a "disposições cuja validade não se encontra isenta de dúvidas". Com a mesma opinião, no contexto do Direito espanhol, a propósito dos treinadores desportivos, Rosalía Ortega Pradillo, «Pecularidade del régimen jurídico...», cit., p. 214.

1361 Cfr. ac. de 07/03/2007 do STJ (Sousa Peixoto), proc. nr. 06S1541 / CJ (STJ), 2007, I, pp. 271-280, já citado, especialmente, pp. 275 ss.

1362 João Leal Amado, *Contrato de trabalho desportivo...* [2017], cit., pp. 165 ss. Contra, afirmando que a norma deve ser lida como admitindo apenas os casos de cessação lícita, sob pena de defraudar o espírito do sistema, Sónia Carneiro / Paulo Mariz Rozeira / Amândio Novais, «A cessação do contrato do trabalho...», cit., pp. 241 ss. Em "réplica" a esta posição, João Leal Amado, «Contrato de trabalho desportivo: da desvinculação laboral à desvinculação desportiva», *Prontuário de Direito do Trabalho*, 2018, I, pp. 345-366, pp. 362 ss. Sufragando a posição daqueles autores, ver, mais recentemente, Sérgio Pires Brás, «O bom, o mau e o vilão...», cit., pp. 48 ss.

1363 Lúcio Correia, «Algumas reflexões sobre o caso...», cit., p. 432.

1364 Lúcio Correia, *Regime jurídico dos praticantes desportivos profissionais...*, cit., p. 389: "o praticante desportivo recupera a liberdade contratual para poder celebrar novo vínculo desportivo com outra entidade empregadora nacional ou estrangeira, concluindo-se que, independentemente da avaliação judicial posterior da justa causa de resolução do contrato, o desportista profissional poderá prosseguir a sua carreira, ao abrigo do fundamental princípio da liberdade de trabalho".

1365 Pedro Almeida, «Os efeitos da resolução do contrato de trabalho desportivo...», cit., p. 325: "em resultado desta norma, parece que, na perspetiva da lei, deixou de ser possível que sejam erguidos limites à prossecução futura da atividade desportiva do jogador em razão da forma como o vínculo laboral com o clube tenha cessado, não sendo admissível a existência de impedimentos ao registo de um novo contrato de trabalho do jogador, com um clube terceiro, com base numa alegada não-desvinculação desportiva decorrente da ilícita cessação do anterior contrato". No mesmo sentido, Joana Sá Pereira, «A demissão com justa causa do praticante desportivo...», cit., pp. 65 ss.

Da nossa parte, compreendemos que estas normas convencionais, federativas ou associativas visem tutelar a integridade da competição. No entanto, estas regras parecem esquecer que no Direito do Trabalho impera o princípio fundamental, corolário da liberdade de trabalho constitucionalmente prevista, de que a resolução do contrato de trabalho, ainda que ilícita, é eficaz, isto é, produz a dissolução do vínculo laboral. Mesmo que se esgrima que estas disposições têm uma finalidade legítima, parece completamente irrazoável, para garantir a realização desses fins, que o atleta fique impossibilitado de competir até ao termo hipotético do contrato de trabalho. Suponhamos que o atleta, vinculado por um contrato de trabalho válido por 4 épocas desportivas, vem a resolver o contrato de trabalho ilicitamente logo na primeira época desportiva. Para além de ficar constituído na obrigação de pagar uma indemnização correspondente às retribuições vincendas, ou até mais do que isso, como vimos[1366], será razoável determinar ainda que o atleta só poderá vir a competir ao serviço de outro clube apenas no final da quarta época desportiva? Ainda que se possa dizer que o praticante desportivo sempre poderá vincular-se e competir por um clube estrangeiro, uma vez que, naturalmente, estas normas têm um âmbito de aplicação nacional[1367], a verdade é que estas soluções regulamentares parecem, pelo menos, falhar o teste da proporcionalidade na defesa dos interesses que visem proteger.

[1366] § 6.3. A tutela indemnizatória.

[1367] Sublinhando este ponto, SÉRGIO PIRES BRÁS, «O bom, o mau e o vilão...», cit., p. 53.

§ 7. ARBITRAGEM E TRIBUNAL ARBITRAL DO DESPORTO

Bibliografia específica: Ana Celeste Carvalho, «A arbitragem desportiva» in: *Estudos jurídicos em comemoração do centenário da AAFDL — contributo para o presente e futuro dos meios de resolução alternativa de litígios*, Volume I, AAFDL Editora, Lisboa, 2018, pp. 11-59, Artur Flamínio da Silva / Daniela Mirante, «O estatuto dos árbitros e o Tribunal Arbitral do Desporto», *Desporto & Direito*, 29 (2013), pp. 153-171), Id., *O regime jurídico do tribunal arbitral do Desporto anotado e comentado*, Petrony Editora, Lisboa, 2016, Id. «Arbitragem voluntária e contrato de trabalho desportivo», *Julgar*, 2018, I, texto disponível *online;* Id., «A jurisdição estadual e o Tribunal Arbitral do Desporto: delimitação de competências em sede de arbitragem necessária — anotação ao Acórdão do Tribunal da Relação de Lisboa de 15-03-2018», *Revista de Direito Civil*, 2018, III, pp. 659-668; Id., «A arbitragem voluntária em matéria laboral: o fim da competência das comissões arbitrais paritárias — anotação ao Acórdão do Tribunal da Relação do Porto de 06-11-2017», *O Direito*, 2018, III, pp. 635-647; Artur Flamínio da Silva, *A resolução de conflitos desportivos em Portugal — entre o Direito Público e o Direito Privado*, Almedina, Coimbra, 2017 (obra que corresponde à Dissertação de Doutoramento do Autor: a este propósito, ver, com interesse, a arguição a cargo de Gustavo Gramaxo Rozeira, «Arguição da Dissertação de Doutoramento de Artur Flamínio da Silva sobre "Resolução de conflitos desportivos em Portugal — entre o Direito Público e o Direito Privado"», Revista *Themis*, 32 (2017), pp. 195-204), Id., «A arbitragem necessária no Direito Administrativo tem o preço da inconstitucionalidade – anotação ao acórdão do Tribunal Central Administrativo Sul de 6 de Dezembro de 2017», *O Direito*, 2019, I, pp. 199-219; Albino Mendes Baptista, «G-18, tribunal desportivo e comissão arbitral paritária» in: *Direito Laboral Desportivo — Estudos*, Quid Iuris, Volume I, Lisboa, 2003, pp. 103-105, Id., «Comentário ao acórdão do Supremo Tribunal de Justiça, de 5 de Dezembro de 2002», *Desporto & Direito*, 1 (2003), pp. 137-158, Id., «Novo modelo de arbitragem (seis propostas de alteração do estatuto e do funcionamento da comissão arbitral paritária)» in: *Direito Laboral Desportivo - Estudos*, Quid Iuris, Volume I, Lisboa, 2003, pp. 107-109; João Leal Amado, «Arbitrabilidade dos litígios emergentes do contrato de trabalho desportivo», *Questões Laborais*, 13 (1999), pp. 109-112 e Id., «Acção de anulação de decisão arbitral (tribunal competente)», *Questões Laborais*, 16 (2000), pp. 238-240; Daniela Mirante, «Arbitragem dos litígios laborais desportivos» in: José Manuel Meirim [Coord.], *O desporto que os tribunais praticam*, Coimbra Editora, Coimbra, 2014, pp. 837-854; João Correia, «Para um novo contencioso desportivo» in: *I Congresso de Direito do Desporto - Memórias*, Almedina, Coimbra, 2005, pp. 77-83; Nuno Albuquerque, «Tribunal Arbitral do Desporto: o importante não era justificar o erro, mas impedir que ele se repetisse», *Desporto & Direito*, 29 (2013), pp. 173-177; André Pereira da Fonseca, «Arbitragem Voluntária» in: Alexandre Miguel Mestre [Coord.], *Enciclopédia de Direito do Desporto*, Gestlegal, Coimbra, 2019, pp. 29-30, José Luis Carretero Lestón, «Arbitraje deportivo» in: *I Congresso de Direito do Desporto*, Almedina, Coimbra, 2005, pp. 69-83; José Luís Pereira Seixas, «A justiça e o futebol ou a justiça do futebol», *Boletim da Ordem dos Advogados*, 22 (2002), pp. 8-11.

O Desporto profissional conta também com regras específicas em matéria litigiosa concedendo um relevo muito especial à arbitragem de conflitos laborais. Historicamente, os litígios laborais desportivos sempre se quiseram subtraídos à jurisdição estadual. Efetivamente, o Desporto profissional é um domínio onde os meios alternativos de resolução de litígios, e o recurso à arbitragem, têm prosperado com especial força[1368].

São várias as razões que determinam que a arbitragem ocupe um papel destacado neste ramo do Direito. Em primeiro lugar, por razões históricas

[1368] Assim, exatamente, Dário Moura Vicente, «Arbitragem de conflitos individuais de trabalho» in: *Estudos do Instituto de Direito do Trabalho*, Instituto de Direito do Trabalho (IDT), Volume VI, Almedina, Coimbra, 2012, pp. 33-48, p. 37. Mais em geral, Pedro Romano Martinez, «Mediação e arbitragem em Direito laboral (estudo legislativo)», *Revista de Direito e de Estudos Sociais*, 2015, IV, pp. 7-28, especialmente, pp. 20 ss.

ou "genéticas", porventura nunca questionadas ou racionalizadas[1369], fruto daquela aversão à interferência do Estado nos assuntos do Desporto[1370]. Os atores do teatro desportivo nunca viram com bons olhos a ideia de ver o Estado intervir na resolução das suas disputas. Nas palavras de um Autor francês, "a questão faz ecoar um azedume regularmente provocado pela atualidade judiciária quando a atividade desportiva é entregue à balança da justiça"[1371]. De certa forma, a autonomia do Desporto perante o Estado e o Direito de fonte estadual terá porventura aqui a sua concretização mais acabada[1372].

Em segundo lugar, porque, como se sabe, a celeridade da arbitragem não só agrada como é de uma importância vital no contexto desportivo. De facto, o mundo desportivo exige decisões que devem ser tomadas com especial espontaneidade e rapidez, porque assim o exige a natureza das coisas: da mesma forma que o árbitro que dirige uma partida deve ajuizar no momento, e o recurso a mecanismos de revisão da sua decisão à *posteriori* são reduzidos, também em matéria jurídico-desportiva querem-se decisões obtidas expeditamente. Numa palavra, a "justiça desportiva [é] adversa ao cerimonial judiciário"[1373].

Acresce que a curta carreira do desportista assim o exige: como vimos, a carreira do praticante desportivo é uma profissão de desgaste rápido e, por isso, de curta duração, pelo menos por comparação com os demais trabalhadores, e está subordinada a ciclos desportivos. Uma atividade profissional que se desenvolve nestes moldes não se compadece com as delongas do funcionamento da justiça estadual, sob pena de a vida profissional de um praticante desportiva ficar parcialmente consumida (e, no limite, inutilizada) à espera

[1369] Questionando a viabilidade e as pretensas vantagens da arbitragem desportiva em contexto desportivo, veja-se Ana Celeste Carvalho, «A arbitragem desportiva...», cit., pp. 11 ss.

[1370] Sobre isto, § 1.1. Razões da especialidade.

[1371] François Alaphilippe, «Desporto e Direito...», cit., p. 12.

[1372] Como nota João Leal Amado, «Arbitrabilidade dos litígios emergentes do contrato de trabalho desportivo», *Questões Laborais*, 13 (1999), pp. 109-112, p. 110, "o Desporto profissional é uma área "tradicionalmente avessa à intervenção dos tribunais judiciais" ou, como diz o mesmo Autor noutro local, «Acção de anulação de decisão arbitral (tribunal competente)», *Questões Laborais*, 16 (2000), pp. 238-240, p. 238, está aqui em causa uma "tradicional aversão dos organismos desportivos à intervenção/intromissão dos tribunais estaduais nesta área".

[1373] Albino Mendes Baptista, «G-18, tribunal desportivo e comissão arbitral paritária» in: *Direito Laboral Desportivo — Estudos*, Quid Iuris, Vol. I, Lisboa, 2003, pp. 103-105, p. 104.

de uma decisão judicial[1374]. Na síntese de Luc Silance, "o fator tempo constitui um elemento essencial do contencioso desportivo"[1375].

Finalmente, a arbitragem é, como se sabe, um espaço privilegiado para a resolução de litígios através de decisões especializadas e conhecedoras da realidade desportiva. Corresponde à convicção generalizada de que "as questões desportivas devem ter palco e âmbito próprio e especializado para serem decididas, sítio esse no qual os princípios e regras técnicas (ou quiçá inerente à peculiaridade de um esporte em particular) possam ter um conhecimento aprofundado e diferenciado"[1376].

Tudo somado, o recurso à arbitragem para a resoluções de litígios desportivos surge como uma solução natural[1377]. No entanto, a implementação de um sistema de arbitragem, com a consequente subtração da litigância desportivo-laboral da administração da justiça pelo Estado, suscitou desde muito cedo o problema da conformidade constitucional sobretudo se pensarmos na jurisprudência *Bosman* que mudou "o paradigma de que os litígios desportivos eram resolvidos "*in house*", fazendo escalar o recurso a "entidades externas", como os tribunais ou autoridades administrativas[1378]. A verdade é que, confrontados com a questão, os nossos tribunais decidiram, e mais do que uma

[1374] Assim, Albino Mendes Baptista, «Novo modelo de arbitragem (seis propostas de alteração do estatuto e do funcionamento da comissão arbitral paritária)» in: *Direito Laboral Desportivo – Estudos*, Quid Iuris, Volume I, Lisboa, 2003, pp. 107-109, p. 107: "tendo em conta que a carreira de um futebolista é curta, que é essencial a aplicação de sanções desportivas, e que o ritmo das competições é acelerado, a solução dos litígios tem de ser rápida, sendo incompatível com a lentidão e formalismo da justiça estatal".

[1375] Estamos a citar Luc Silance, «Un elemento del contenzioso sportivo: il tempo», *Rivista di Diritto Sportivo*, 1995, p. 606.

[1376] Com estas palavras, Luís Geraldo Lanfredi, «Em busca da legitimidade intrínseca da Justiça Desportiva: ainda a re(discussão) dos limites da intervenção no fenômeno desportivo» in: *Direito Desportivo – Tributo a Marcílio Krieger*, Quartier Latin, São Paulo, 2009, pp. 337-343, p. 339.

[1377] A Portaria nº 1105/95, de 9 de Setembro, aditou à lista das entidades Autorizadas a realizar arbitragens voluntárias institucionalizadas contida na Portaria nº 639/95, de 22 de Junho, a Liga Portuguesa de Futebol Profissional e o Sindicato dos Jogadores Profissionais de Futebol, que haviam sido autorizados pelo Despacho Ministerial n.º 132/95, de 24 de Agosto, a criar um centro de arbitragem de carácter especializado e com âmbito nacional, tendo como objectivo a resolução de litígios decorrentes dos contratos individuais de trabalho desportivos celebrados entre clubes desportivos e os respectivos jogadores profissionais de futebol.

[1378] Nas palavras de José Luís da Cruz Vilaça / Mariana Martins Pereira, «Acórdão Bosman» in: Alexandre Miguel Mestre [Coord.], *Enciclopédia de Direito do Desporto*, Gestlegal, Coimbra, 2019, pp. 17-20, p. 20.

vez, que o recurso obrigatório à arbitragem para a resolução de litígios emergentes de contrato de trabalho desportivo não é inconstitucional[1379].

O recurso à arbitragem, sendo uma faculdade que, em geral, está prevista na lei[1380], esteve sempre previsto nos regimes legais anteriores reguladores do contrato de trabalho do praticante desportivo. Tanto no regime de 1995 como no regime que lhe sucedeu, de 1998[1381], o legislador deixou essa tarefa à contratação coletiva[1382], o que veio a suceder no futebol profissional[1383], que instituiu a Comissão Arbitral Paritária.

Foram, no entanto, várias as questões que se levantaram a propósito do alcance da competência desta Comissão bem como a possibilidade de reagir às suas decisões.

> Com efeito, discutiu-se se a Comissão Arbitral Paritária era competente para julgar acções de apreciação da regularidade e licitude de um despdimento. No Anexo II à convenção, surgia uma norma, entretanto revogada, contida no seu artigo 3.º, onde se esclarecia que "compete

1379 Cfr. ac. de 28/05/2007 do TRP (Paula Carvalho), CJ, 2007, III, pp. 225-230, e ac. de 07/05/2008 do STJ (Vasques Dinis), CJ (STJ), 2008, II, pp. 267-272. No entanto, é de toda a relevância notar que este acórdão foi acompanhado de um voto de vencido do Juiz Conselheiro Bravo Serra que, contra a orientação da decisão, entende "serem desconformes com a Constituição os normativos que estabeleçam o recurso obrigatório (e, logo, independentemente da vontade das partes) a uma jurisdição arbitral de natureza não institucional estadual, recurso esse sem o qual se consequencia a impossibilidade de essas partes poderem vir a solicitar às ordens judiciárias competentes previstas na Lei Fundamental que seja assegurada a defesa dos seus direitos ou interesses legalmente protegidos ou sejam dirimidos os conflitos de interesses públicos e privados entre elas surgidos". No mesmo sentido, ac. de 13/04/2011 do TRL (Isabel Tapadinhas), proc. nr. 253/10.6TTFUN.L1-4 / CJ, 2011, II, pp. 171-174. Na doutrina, Nuno Vieira Pássaro, *Direito do Desporto...*, cit., pp. 218-219.

1380 O artigo 492.º, n.º 2, alínea f), do CT09, prevê que "a convenção colectiva deve regular... os processos de resolução dos litígios emergentes de contratos de trabalho, nomeadamente através de conciliação, mediação ou arbitragem".

1381 Cfr. artigo 30.º da Lei n.º 28/98, de 26 de junho: "para a superação de quaisquer conflitos de natureza laboral emergentes da celebração de contrato de trabalho desportivo poderão as associações representativas de entidades empregadoras e de praticantes desportivos, por meio de convenção colectiva, estabelecer o recurso à arbitragem, nos termos da Lei n.º 31/86, de 29 de Agosto, através da atribuição, para tal efeito, de competência exclusiva ou prévia a comissões arbitrais paritárias, institucionalizadas, nos temos do dispoto do Decreto-Lei n.º 425/86, de 27 de Dezembro".

1382 Sobre a nulidade deste tipo de cláusulas no contrato de trabalho do praticante desportivo, ver ac. de 22/04/1993 do TRC (José Correia), BMJ, 426 (1993), p. 534 (sumário): "é nula a cláusula do contrato de trabalho de um futebolista profissional que atribui competência a certa comarca para resolução de qualquer litígio relativo a tal contrato".

1383 Cfr. artigo 54.º, na CCT aplicável ao futebol profissional ("em caso de conflito decorrente do contrato de trabalho desportivo, será o mesmo submetido à apreciação da Comissão Arbitral Paritária").

à Comissão Arbitral Paritária... dirimir litígios resultantes de contratos de trabalho desportivo que não estejam excluídos por lei do âmbito da arbitragem voluntária".

Num primeiro momento, a nossa jurisprudência decidiu que "litígios emergentes do contrato de trabalho desportivo excluídos por lei do âmbito da arbitragem voluntária são, seguramente, todos aqueles em que esteja em causa a declaração da ilicitude do despedimento"[1384]. Mas, posteriormente, os nossos tribunais admitiram que não cabia nessa cláusula de exclusão a apreciação da justa causa de resolução por parte do trabalhador. Decidiu assim a Relação de Lisboa que afirmou, em relação àqueles normativos, que "o que transparece... não é a proibição de a Comissão dirimir a questão da justa causa, como fundamento da extinção de relações jurídico-laborais e para efeitos indemnizatórios, mas a consagração de um regime próprio, em termos inovatórios, a observar quando se trate de averiguar a justa causa para efeitos de desvinculação desportiva do trabalhador... de que decorre a competência da Comissão para dirimir quaisquer litígios resultantes de contratos de trabalho desportivo... Deste modo, nada impede que os conflitos emergentes de contrato de trabalho desportivo, em que se questione a justa causa da rescisão pelo trabalhador, independentemente da natureza dos direitos e obrigações que se pretendam ver definidos, sejam objecto de convenção de arbitragem voluntária, e possam ser dirimidos pela Comissão, pois, como se referiu, não existe norma que a tal obste e a indisponibilidade de direitos no domínio laboral, consignada a favor do trabalhador, desaparece com a extinção do contrato"[1385].

[1384] Assim, ac. de 31/01/1996 do STJ (Fernando José Leal Pipa), AcD, 415 (1996), pp. 930-939, já citado, p. 936. Dizendo que o acórdão introduziu uma "clivagem fundamental em sede de arbitrabilidade dos litígios emergentes de contrato de trabalho desportivo", João Leal Amado, «Arbitrabilidade dos litígios emergentes...», cit., p. 112. Pedro Romano Martinez, «Mediação e arbitragem...», cit., pp. 23 ss., tem uma visão diferente pois "o direito à subsistência do contrato de trabalho é um direito disponível". No entender do Autor, "o regime legal decorre, antes, da incerteza quanto à liberdade de decisão por parte do trabalhador num aspeto de especial tutela constitucional: a segurança no emprego. Razão pela qual urge encontrar mecanismos que garantam a liberdade de decisão do trabalhador am emitir a declaração negocial que visa resolver pela via arbitral um dissídio de trabalho que respeite à apreciação da regularidade e licitude do despedimento". Joana Farrajota, *A resolução do contrato sem fundamento...*, cit., p. 153, escreve que "parece pois tratar-se de um desvio ao artigo 387.º do CT nos termos do qual a ilicitude do despedimento só pode ser declarada por tribunal judicial, em acção intentada pelo trabalhador".

[1385] Ac. de 13/04/2011 do TRL (Isabel Tapadinhas), proc. nr. 253/10.6TTFUN.L1-4 / CJ, 2011, II, pp. 171-174, já citado, p. 173.

Em data próxima, o Supremo decidiu no mesmo sentido, amparando-se aliás num argumento de ordem literal. Isto porque, lidas bem as normas, com atenção detalhista, o CT09 refere, quanto ao despedimento, que "a regularidade e licitude do despedimento só pode ser apreciada por tribunal judicial" (artigo 387.º) ao passo que, quanto à resolução do contrato pelo trabalho, diz-se que "a ilicitude da resolução do contrato pode ser declarada por tribunal judicial em ação intentada pelo empregador" (artigo 398.º)[1386]. Uma coisa parecia certa: questões conexas com a apreciação do despedimento poderiam ser submetidas à arbitragem como por exemplo o valor da indemnização, o sentido de uma cláusula de não concorrência, etc.[1387].

Do ponto de vista processual, a preterição do tribunal arbitral tinha consequências relevantes. A preterição de tribunal arbitral é um caso de incompetência absoluta[1388], configurando, como tal, uma exceção dilatória[1389], mas que, ao contrário do que acontece, em regra, com as exceções dilatórias, deve ser invocada pelas partes[1390], conduzia à absolvição da instância[1391].

Polémica foi, também, a questão da recorribilidade das decisões da Comissão Arbitral Paritária. Aparentemente, as decisões não admitiam recurso para os tribunais judiciais e formariam de imediato caso julgado[1392], até porque importa recordar que a cláusula da CCT aplicável ao futebol profissional esclarecia, na sua parte final, "não havendo lugar a recurso judicial das suas decisões". A única via para questionar e colocar em crise as decisões da Comissão Arbitral Paritária seria o recurso de anulação, o que já fez correr tinta nos tribunais quanto à competência para a anulação de decisões da Comissão Arbitral, originando uma divergência

[1386] Ac. de 19/11/2008 do STJ (Vasques Dinis), proc. nr. 08S1690.

[1387] Assim, Pedro Romano Martinez, «Mediação e arbitragem...», cit., p. 23, fundando o seu entendimento numa interpretação restritiva daquela norma pois "trata-se de uma norma excecional, limitadora da autonomia privada, que só pode ser aplicada no seu estrito âmbito".

[1388] Cfr. artigo 96.º, alínea b), do CPC.

[1389] Cfr. artigo 577.º, alínea a), do CPC. Ver ac. de 24/11/1997 do TRP (Sousa Peixoto), CJ, 1997, V, pp. 246-248, ac. de 16/01/2008 do TRL (Leopoldo Soares), CJ, 2008, I, pp. 146-149 e ac. de 13/04/2011 do TRL (Isabel Tapadinhas), CJ, 2011, II, pp. 171-174, já citado.

[1390] Cfr. artigo 578.º, 2.ª parte, do CPC.

[1391] Cfr. artigo 278.º, n.º 1, alínea a), do CPC.

[1392] Ac. de 16/02/2012 do TRG (Isabel Rocha), proc. nr. 1275/11.5TBGMR.G1. Sobre o "caso julgado desportivo", ver Luís Fraústo Verona, «Caso julgado desportivo» in: Alexandre Miguel Mestre [Coord.], *Enciclopédia de Direito do Desporto*, Gestlegal, Coimbra, 2019, pp. 66-67.

de julgados[1393]. A Relação do Porto também decidiu que os Tribunais do Trabalho são competentes para a acção executiva de uma sentença de um Tribunal Arbitral no contexto do contrato de trabalho desportivo[1394].

Uma última nota para referir que a nossa jurisprudência também teve a oportunidade de esclarecer que essa competência não se esfumaria com a cessação do contrato de trabalho[1395]. Determinante era que o litígio emergisse de uma relação de trabalho independentemente de o contrato já se manter ou não em vigor. No entanto, também se esclarecia que "a acção de anulação da decisão arbitral tem efeitos meramente cassatórios, não tendo o tribunal judicial poderes para se pronunciar sobre o objecto do litígio dirimido no processo arbitral"[1396].

A matéria da arbitragem desportiva conheceu, porém, importantes desenvolvimentos. A aprovação da Lei n.º 74/2013, de 6 de setembro, diploma que criou o Tribunal Arbitral do Desporto (vulgarmente também designado por "TAD"), ditou, de forma expressa, a revogação do artigo 30.º da Lei n.º 28/98, de 26 de junho. Adicionalmente, e numa linha de coerência com aquela norma, o artigo 4.º, do RCTPD, prevê que "para a solução de quaisquer conflitos de natureza laboral emergentes da celebração de contrato de trabalho desportivo poderão as associações representativas de entidades empregadoras

[1393] Em ac. de 12/06/2000 do TRP (Sousa Peixoto), CJ, 2000, III, pp. 253-254, a Relação do Porto decidiu que os tribunais do trabalho não seriam competentes para a anulação de decisão arbitral pela simples razão de que "o pedido de anulação de sentença arbitral não emerge da relação laboral, embora esta lhe esteja subjacente". Volvidos apenas dois dias sobre esta decisão, em ac. de 14/06/2000 do TRL (Olindo Geraldes), CJ, 2000, III, pp. 167-169, a Relação de Lisboa julgou em sentido oposto, ou seja, que os tribunais do trabalho seriam competentes para julgar estas ações. Posteriormente, também a Relação do Porto se pronunciou neste sentido: ver ac. de 04/04/2002 do TRP (Norberto Brandão), CJ, 2002, II, pp. 211-213. Sobre estes acórdãos, João Leal Amado, «Acção de anulação de decisão arbitral...», cit., pp. 238 ss. Também sobre estes acórdãos, sufragando o entendimento da Relação do Porto, Albino Mendes Baptista, «Arbitragem desportiva — Tribunal competente para o conhecimento da acção de anulação de decisão arbitral», *Revista do Ministério Público*, 87 (2001), pp. 125-137, considerando que o Tribunal *ad quem* pronuncia-se sobre questões de Direito adjetivo ou processual e não sobre o mérito da causa, ou seja, sobre o substrato jurídico-material laboral da causa. A Relação de Lisboa reiterou o seu entendimento no ac. de 09/07/2003 do TRL (Ferreira Marques), CJ, 2003, IV, pp. 148-150. Mais recentemente, porém, em ac. de 24/09/2008 do TRL (José Feteira), CJ, 2008, IV, pp. 160-162, julgou que os Tribunais do Trabalho são incompetentes para julgar estas ações.

[1394] Ver ac. de 14/01/2013 do TRP (Maria José Costa Pinto), CJ, 2013, I, p. 324 (sumário).

[1395] Ver ac. de 03/11/2014 do TRP (Eduardo Peterson Silva), proc. nr. 156/14.5TTMAI.P1.

[1396] Ver ac. de 05/07/2007 do STJ (Azevedo Ramos), CJ (STJ), II, pp. 148-151 (secção cível).

e de praticantes desportivos, por meio de convenção coletiva, prever o recurso ao Tribunal Arbitral do Desporto, criado pela Lei n.º 74/2013, de 6 de setembro".

A norma remete, como se vê, para a Lei n.º 74/2013, de 6 de setembro. Aparentemente, e ao contrário do regime anterior, o TAD é competente para dirimir quaisquer litígios emergentes de contrato de trabalho, inclusivamente a apreciação da licitude de um despedimento. Este é, definitivamente, um grande passo dado pelo novo regime dado que, perante o quadro regulativo anterior, a apreciação da licitude do despedimento era matéria subtraída à arbitragem.

Como resulta expressamente dos seus termos, esta é uma competência que cabe à contratação coletiva[1397] e, por isso, trata-se de uma arbitragem voluntária e não necessária[1398]. Acontece que este diploma substituiu a referência à Comissão Arbitral Paritária pela referência ao TAD. Parece que a arbitragem desportiva pertence agora, em exclusivo, ao TAD, em prejuízo da Comissão Arbitral Paritária[1399]. Portanto, "no âmbito da relação laboral desportiva, ou TAD ou tribunais do trabalho, *tertium non datur*"[1400], motivo pelo qual João Leal Amado suscita o problema da compatibilidade com a Constituição da República Portuguesa, uma vez que este regime impede, aparentemente, que a autonomia coletiva institucionalize outra arbitragem ou, por hipótese, reerga a antiga Comissão Arbitral Paritária[1401].

Acontece que, após a aprovação daquele diploma, não foi celebrada qualquer convenção coletiva de trabalho, ou qualquer alteração ao texto vigente, que cometa ao TAD essa competência[1402]. Na ausência de determinação da autonomia coletiva, há quem entenda que os litígios desportivos continuavam

[1397] Sobre a interpretação de uma cláusula compromissória aposta num contrato de trabalho desportivo, ver ac. de 03/11/2014 do TRP (Eduardo Petersen Silva), CJ, 2014, Tomo V, pp. 237-240, já citado.

[1398] Ac. de 17/06/2014 do TRP (Márcia Portela), proc. nr. 182/13.1TVPRT.P1.

[1399] Sobre estes efeitos extintivos em relação à CAP, Elsa Matos Ribeiro, «Comissão Arbitral Paritária (CAP) da Liga Portuguesa de Futebol Profissional e Sindicato JPF» in: Alexandre Miguel Mestre [Coord.], *Enciclopédia de Direito do Desporto*, Gestlegal, Coimbra, 2019, pp. 85-86. Contra, aparentemente, Nuno Vieira Pássaro, *Direito do Desporto*..., cit., p. 217.

[1400] João Leal Amado, *Contrato de trabalho desportivo*... [2017], cit., p. 40.

[1401] João Leal Amado, *Contrato de trabalho desportivo*... [2017], cit., pp. 38 ss.

[1402] Seja como for, Maria do Rosário Palma Ramalho, *Tratado de Direito do Trabalho*..., cit., p. 445, diz que "sempre será de exigir uma convenção arbitral em sede do próprio contrato de trabalho ou um compromisso arbitral *ad hoc* aquando do surgimento do conflito".

a poder ser dirimidos pela Comissão Arbitral Paritária[1403] ou pelos tribunais do trabalho[1404].

Uma última nota para referir que os conflitos laborais desportivos também podem ser resolvidos através de outras plataformas de auto- ou hétero-composição de litígios, num plano nacional e/ou internacional[1405]. Assim, os conflitos desportivos podem também ser dirimidos por recurso à mediação que, apesar de tudo, tal como acontece com a mediação em geral, ainda tem uma importância residual[1406].

[1403] É a opinião de SÓNIA CARNEIRO / PAULO MARIZ ROZEIRA / AMÂNDIO NOVAIS, «A cessação do contrato do trabalho...», cit., pp. 250-251 ss.

[1404] ARTUR FLAMÍNIO DA SILVA / DANIELA MIRANTE, «Arbitragem voluntária...», cit., p. 12. Na jurisprudência, ver ac. de 06/11/2017 do TRP (MARIA FERNANDA SOARES), CJ, 2017, V, pp. 226-228.

[1405] Sobre isto, ver ALBINO MENDES BAPTISTA, «O TAS e as garantias de imparcialidade e de independência dos árbitros» in: *Estudos sobre o contrato de trabalho desportivo*, Coimbra Editora, Coimbra, 2006, pp. 169-175 (= *Desporto & Direito*, 5 (2005), pp. 193-199).

[1406] Sobre a mediação desportiva, ALEXANDRE MIGUEL MESTRE, «Mediação: um "parente pobre" no novo Tribunal Arbitral do Desporto?» in: *Colecção Estudos Instituto do Conhecimento AB N.º 4 – Estudos Comemorativos dos 20 anos da Abreu Advogados*, Almedina, Coimbra, 2015, pp. 65-100 e CARLOS CARVALHO CARDOSO, «Mediação de Conflitos (Contexto Desportivo)» in: ALEXANDRE MIGUEL MESTRE [Coord.], *Enciclopédia de Direito do Desporto*, Gestlegal, Coimbra, 2019, pp. 283-286.

§ 8. RELAÇÕES COLETIVAS DE TRABALHO[1407]

Bibliografia específica: Afonso Pedrosa, «Sindicato dos Jogadores Profissionais de Futebol (SJPF)» in: Alexandre Miguel Mestre [Coord.], *Enciclopédia de Direito do Desporto*, Gestlegal, Coimbra, 2019, pp. 371-373; Luís Paulo Relógio, «O papel das associações de desportistas profissionais no novo século», *Desporto & Direito*, 10 (2006), pp. 29-56.

A luta coletiva dos trabalhadores não tem, no mundo desportivo, o mesmo vigor do que nas relações laborais comuns. Pelo contrário, as tradicionais formas de reivindicação coletiva não só são raramente vistas no Desporto como, quando acontecem, são retratadas como as páginas mais negras do Desporto nacional, fonte, muitas vezes, de verdadeira humilhação aos olhos internacionais: tenha-se em mente o episódio *Saltillo*, envolvendo jogadores da seleção nacional, ou o caso da equipa de futebol da União de Leiria, que, em 2012, entrou em campo com apenas 7 jogadores devido à greve de 16 dos seus futebolistas. O recurso à greve[1408] ou a outras formas de reivindicação coletiva é, assim, pontual.

[1407] Sobre isto, ver, no contexto espanhol, Remedios Roqueta Buj, «Los derechos colectivos de los deportistas profesionales tras la irrupción en escena del sindicato futbolistas ON», *Revista Aranzadi de Derecho de Deporte y Entretenimiento*, 61 (2018), consultado *online*.

[1408] Sobre a greve no contexto do futebol profissional, Jesus Lahera Forteza, «La huelga del fútbol en fuera de juego (Auto de la Sala Social de la Audiencia nacional 14 de mayo 2015)», *Derecho de las Relaciones Laborales*, 2015 (3), pp. 330-337. Pode ainda falar-se de uma greve quando, por exemplo, os atletas recusam treinar-se porque têm salários em atraso? Sobre isto, ver o estudo de Catarina Lourenço, «A exceção de não cumprimento no âmbito do contrato de trabalho — possível aplicação da figura a alguns institutos», *Questões Laborais*, 46 (2015), pp. 87-134.

Pese embora tenha começado bem cedo a intervenção sindical no âmbito do desporto profissional[1409], tendo sido um dos grandes motores da evolução do Direito do Desporto[1410] e havendo razões para reconhecer a sua importância[1411], mormente num plano legislativo[1412], não deixa de ser interessante também notar que o movimento sindical não conhece a pujança que tem noutros domínios. De resto, o único setor que conhece movimento sindical é o futebol profissional, não se conhecendo atividade sindical noutras modalidades. Diga-se, até, que o legislador é bem conhecedor dessa realidade pois, por vezes, determina formas para colmatar a ausência de interlocução sindical. Veja-se o caso da compensação a título promoção ou valorização[1413].

Algumas razões podem ser apontadas para explicar este estado de coisas. Aparentemente, a noção de coletivo e trabalho em equipa da grande maioria dos desportos bastaria para, por si só, consciencializar estes trabalhadores para as vantagens da luta coletiva. Acontece que o poder agregador dos fatores coletivistas é frequentemente aniquilado pelos fatores individualistas. Efetivamente, mesmo nos desportos coletivos, os atletas são frequentemente

[1409] Entre nós, o Sindicato dos Jogadores Profissionais de Futebol nasceu em 1972. Sobre isto, AFONSO PEDROSA, «Sindicato dos Jogadores Profissionais de Futebol (SJPF)» in: ALEXANDRE MIGUEL MESTRE [Coord.], *Enciclopédia de Direito do Desporto*, Gestlegal, Coimbra, 2019, pp. 371-373 e LUÍS PAULO RELÓGIO, «O papel das associações de desportistas...», cit., pp. 29 ss. Ver ainda, com interesse, JAVIER ARNANZ / JESUS DIAS PERAMOS, «La independencia de un Sindicato: luchar por el futbolista, pelear contra el poder» in: *I.º Congresso Internacional sobre o Regime Jurídico do Contrato de Trabalho Desportivo*, Vida Económica, Porto, 2018, pp. 43-83. A nível internacional, merece nota o FIFPro (Federação Internacional dos Jogadores de Futebol), uma espécie de Sindicato Internacional dos Jogadores Profissionais de Futebol.

[1410] Como observa LUÍS PAULO RELÓGIO, «O papel das associações de desportistas...», cit., p. 40, "os sindicatos e as associações profissionais têm uma responsabilidade histórica no resultado do processo de renovação dos regulamentos. A sua missão é a de conduzir a mudança para uma abertura de espírito por parte das Autoridades face aos contratos de trabalho desportivo".

[1411] LÚCIO CORREIA, «O despedimento coletivo na relação laboral...», cit., p. 378, não deixa de assinalar que "as especificidades do desporto determinam uma amplitude da negociação coletiva sem comparação com o que se verifica noutras relações de trabalho".

[1412] Não esquecer que nos termos da LBAFD, "o regime jurídico contratual dos praticantes desportivos profissionais e do contrato de formação desportiva é definido na lei, *ouvidas as entidades sindicais representativas dos interessados*, tendo em conta a sua especificidade em relação ao regime geral do contrato de trabalho" (artigo 34.º, n.º 2) (sublinhado nosso).

[1413] O artigo 19.º, n.º 8, do RCTPD, prevê que "nas modalidades em que, por inexistência de interlocutor sindical, não seja possível celebrar convenção coletiva, a compensação a que se refere o n.º 2 pode ser estabelecida por regulamento federativo". Criticamente, MARIA DO ROSÁRIO PALMA RAMALHO, *Tratado de Direito do Trabalho...*, cit., p. 481, n. 529.

movidos por projetos e ambições pessoais[1414]. Acresce que, no contexto desportivo, o conflito coletivo acaba por ser frequentemente ultrapassado por outras vias: por um lado, o impacto negativo — no plano desportivo, mas também "comercial" — do descontentamento dos atletas é um elemento que, por si só, consegue muitas vezes vergar a posição conflituante do empregador. Por outro lado, a comunicação social e as redes sociais, mais do que os próprios recursos jurídicos, são, nos dias de hoje, os canais preferenciais para que os desportistas profissionais veiculem o seu descontentamento. Depois, as situações de insuperável crise contratual são resolvidas, na esmagadora maioria dos casos, através da revogação pura e simples do contrato de trabalho, através de acordo entre as partes, portanto, à margem da intervenção das formas de luta coletiva.

Os diplomas legais que, sucessivamente, regularam o contrato de trabalho do praticante desportivo não contêm qualquer previsão sobre as relações coletivas. Porém, no âmbito do futebol profissional, o artigo 56.º, n.º 1, da CCT aplicável, prevê que os "os jogadores profissionais terão o direito de desenvolver, no seio dos clubes ou sociedades desportivas a que pertençam, a actividade sindical normalmente reconhecida por lei, para o que deverão eleger, de entre os elementos do plantel, quem os represente perante o clube ou sociedade desportiva em matérias relacionadas com o regime laboral".

Aparentemente, a CCT afasta-se das regras gerais em matéria de definição do delegado sindical, isto é, do "trabalhador eleito para exercer atividade sindical na empresa ou estabelecimento"[1415]. Nos termos do artigo 462.º, n.º 1, do CT09, o delegado sindical o delegado sindical é eleito e destituído nos termos do estatuto do respetivo sindicato, por voto direto e secreto. No caso do futebol profissional, é o próprio plantel que escolhe esse representante. Escolhido o representante, ele terá os direitos previstos na lei, a saber, o direito a instalações, à afixação e distribuição de informação sindical[1416], a informação e consulta e o crédito de horas.

1414 Assim, Joaquim Evangelista, «A visão integral do praticante desportivo...», cit., p. 87.

1415 Cfr. artigo 442.º, n.º 1, alínea f), do CT09.

1416 Sem prejuízo do previsto no artigo 56.º, n.º 2, da CCT aplicável ao futebol profissional, onde se prevê que "em todos os balneários dos clubes ou sociedades desportivas abrangidas pelo CCT, deverá existir um painel para afixação de informações aos jogadores, para uso exclusivo dos representantes referidos no número anterior ou do sindicato. Este painel deverá ser colocado em local visível e de fácil acesso".

§ 9. SEGURANÇA SOCIAL

Bibliografia específica: Augusto Rego, *O Desporto perante a previdência e o desemprego*, Braga, 1959; AAVV. [Coord.], *Código dos regimes contributivos do sistema previdencial de Segurança Social anotado e comentado*, Almedina, Coimbra, 2022, pp. 173-185 (anotação aos artigos 74.º a 79.º da autoria de Alexandre Miguel Mestre); Raquel Domingues, «O direito à proteção social do praticante desportivo profissional e de alto rendimento», *Revista de Direito do Desporto*, 4 (2019), pp. 105-116.

Não há dúvidas de que o sistema da Segurança Social integra o praticante desportivo, mas é natural que a atividade desportiva tenha importantes especificidades nesta matéria. A singularidade impõe-se, desde logo, pela constatação de que o período de vida ativa útil destes trabalhadores não é comparável aos demais trabalhadores, cujo período de vida útil triplica ou quadruplica. Como se lia no preâmbulo do Decreto-Lei n.º 300/89, de 4 de setembro, "a dura competitividade que domina a actividade desportiva e a limitação temporal do seu exercício, que, em condições normais, apenas permite uma prática regular adequada durante alguns anos, ou seja, com uma duração bastante inferior à das demais carreiras profissionais. Por outro lado, verifica-se ainda que as remunerações destas actividades dependem muitas vezes de critérios pouco habituais no mercado de trabalho, além de serem auferidas, em regra, em períodos que antecedem em muito a idade de reforma"[1417]. Por outro lado, o regime da segurança social dos praticantes desportivos é uma matéria particularmente contingente.

[1417] José Melo Alexandrino, *O discurso dos direitos...*, cit., p. 334, fala aqui de um "mecanismo particularmente necessário".

Constata-se que existem bastantes práticas instaladas no seio desportivo na tentativa de fintar as normas contributivas (e, de resto, embora para aqui não nos interesse, as normas fiscais)[1418]. Embora as práticas não sejam, na verdade, exclusivas do setor desportivo, é comum que, por exemplo, os pagamentos sejam realizados "lateralmente", à margem da formalização perante a Segurança Social.

Impunha-se, deste modo, um regime previdencial especial para os praticantes desportivos, repto que ainda hoje se mantém firme: a Lei de Bases do Sistema Desportivo estabelece que "o sistema de segurança social dos praticantes e demais agentes desportivos é definido no âmbito do regime geral da segurança social, e no caso dos praticantes profissionais e de alto rendimento, respeitando a especificidade das suas carreiras contributivas"[1419].

Não deixa de ser interessante notar que o regime legal da segurança social dos praticantes desportivos seja anterior ao próprio regime legal regulador do contrato de trabalho que, como vimos, surge apenas nos anos 90[1420]. Acontece que este movimento legislativo de especificação do regime previdencial dos praticantes desportivos começou sectorialmente. De facto, tudo começou com o Decreto Regulamentar n.º 57/83, de 24 de junho, que tornou extensivo aos profissionais de futebol o regime geral de segurança social, regime que o próprio legislador encarou como "mais uma pedra para a edificação de um sistema de segurança social abrangendo todos os portugueses". O diploma viria a ser revogado pelo Decreto-lei n.º 300/89, de 4 de setembro, que reformulou o regime contributivo aplicável às entidades empregadoras de jogadores profissionais de futebol. No que diz respeito às restantes modalidades, previa-se a sua extensão mediante Portaria, o que aconteceu com o Basquetebol[1421]. A especificidade desta atividade profissional, também no plano da Segurança Social, não deveria prejudicar a ideia da integração dos desportistas profissionais globalmente considerados no sistema geral da Segurança Social. A própria evolução histórica apontou sempre no sentido na integração dos praticantes desportivos no sistema geral da Segurança Social, conquanto com as especificidades decorrentes da natureza especial desta atividade. Natural foi que, com a aprovação do Código Contributivo, aprovado pela

[1418] Sobre as sanções desportivas por dívidas dos clubes desportivos à Segurança Social, ver André Gonçalo Dias Pereira, «Meios de reacção...», cit., pp. 273-274.

[1419] Cfr. Artigo 41.º da Lei n.º 5/2007, de 16 de janeiro.

[1420] Remetemos para § 1.2. Evolução legislativa. Sobre esta evolução, Maria João Soares Ribeiro, «O regime jurídico do Desporto...», cit., p. 71.

[1421] Através da Portaria n.º 456/97, de 11 de julho.

Lei n.º 110/2009, de 16 de setembro, o regime fosse incorporado nesta regulamentação, prevendo-se, no entanto, importantes especificidades, na linha dos regimes anteriores[1422].

Podendo ser pensados vários esquemas de resposta social[1423], o Código Contributivo atualmente em vigor dedica um espaço autónomo aos praticantes desportivos[1424], concretamente nos artigos 74.º ss. O legislador começa por definir o seu âmbito de aplicação nestes termos: "são abrangidos pelo regime geral, com as especificidades previstas na presente subsecção, os desportistas profissionais que, através da celebração de contrato de trabalho desportivo e após a necessária formação técnico-profissional, praticam uma modalidade desportiva como profissão exclusiva ou principal, auferindo por via dela uma remuneração, nos termos de legislação própria".

Como se pode ver, este regime, contido nos artigos 74.º ss., apenas é aplicável ao trabalho desportivo exercido em moldes subordinados, isto é, ao praticante desportivo abrangido pelo RCTPD (a "legislação própria" a que se refere o artigo 74.º). De fora deste regime especial ficam, portanto, outros desportistas, ainda que possam merecer, claro está, a aplicação de regras previdenciais. Assim, concretamente, em relação aos trabalhadores desportivos independentes, terão aplicação as respetivas regras gerais para os trabalhadores independentes[1425]. Podendo pairar a dúvida de saber se também se podem considerar abrangidos por este regime especial os treinadores desportivos, pensamos que a resposta é negativa, pois as razões que presidem

[1422] Com interesse histórico, ver a opúsculo de AUGUSTO REGO, *O Desporto perante a previdência e o desemprego*, Braga, 1959, especialmente, pp. 57 ss., onde o Autor diz mesmo, p. 67, que "escusado era dizer que as gratificações dos atletas estão isentas de descontos para o Fundo de Desemprego, já que, segundo o art.º 20.º da sua lei, as associações de fim não lucrativo, por não exercerem indústria ou comércio, nada têm que descontar sobre ordenados, salários ou gratificações pagos seja quem for que as sirva... com a cabeça, o coração ou só com os pés!...".

[1423] Assim, JOAQUIM EVANGELISTA, «A visão integral do praticante desportivo...», cit., pp.93-94, dá-nos conta do projecto de implementação de um "Fundo de Pensões". No mesmo sentido, AFONSO PEDROSA, «Sindicato dos Jogadores Profissionais de Futebol (SJPF)» in: ALEXANDRE MIGUEL MESTRE [Coord.], *Enciclopédia de Direito do Desporto*, Gestlegal, Coimbra, 2019, pp. 371-373.

[1424] Note-se que o artigo 74.º, do Código Contributivo, faz referência ao caráter exclusivo ou principal do exercício da atividade desportiva. Na opinião de RAQUEL DOMINGUES, «O direito à proteção social...», cit., p. 111, se o sistema previdencial pretende assegurar rendimentos substitutivos na hipótese de carência, apenas podem ser enquadrados no regime os praticantes desportivos que exercem essa atividade a título exclusivo ou principal.

[1425] ALEXANDRE MIGUEL MESTRE, «Anotação ao artigo 74.º» in: AAVV. [Coord.], *Código dos regimes contributivos do sistema previdencial de Segurança Social anotado e comentado*, Almedina, Coimbra, 2022, pp. 173-179, p. 177.

à especificidade da carreira desportiva dos praticantes, que moldam as regras legais, não estão presentes, salvo melhor opinião, na carreira dos treinadores desportivos. É certo que, num plano laboral, como vimos, aos treinadores desportivos são aplicáveis, por via analógica, as regras do RCTPD. Acontece que, segundo pensamos, as regras previdenciais estão pensadas para trabalhadores com uma curta e concentrada carreira contributiva, o que não sucede com os treinadores desportivos.

Em traços gerais, "adequa-se o esquema contributivo às circunstâncias específicas" do desporto profissional[1426], sem prejuízo da aplicação de certos aspetos gerais: a admissão do atleta, à semelhança dos demais trabalhadores, deve ser comunicada à Segurança Social, nos termos gerais. Com exceção da doença[1427], todas as formas tradicionais de proteção social estão presentes: à semelhança dos demais trabalhadores, a proteção social do praticante desportivo abrange a tutela da parentalidade, desemprego, doenças profissionais, invalidez, velhice e morte (artigo 75.º)[1428].

Passando à análise dos aspetos do regime, a remuneração mensal efetiva não é rigorosamente equivalente ao conceito de retribuição para efeitos laborais. Lê-se no n.º 1, do artigo 76.º: "considera-se remuneração mensal efetiva dos praticantes desportivos profissionais as prestações pecuniárias ou em espécie estabelecidas no contrato que os vincula à respectiva entidade empregadora". Pensamos que a norma não pode ser lida ao pé da sua letra. O legislador tinha certamente em mente que o contrato de trabalho do praticante desportivo é um negócio formal[1429], isto é, que a relação laboral desportiva está titulada por um documento. Acontece que o legislador também tinha seguramente presente que no contexto desportivo é prática comum pagar lateralmente, à margem das previsões contratuais, valores a título de retribuição. Aliás, como alguém já disse, "o fenómeno das retribuições paralelas é um *deus ex machina* no mundo do desporto profissional"[1430]. Por essa razão, parece-nos uma abordagem redutora, para não dizer temerária, considerar que apenas são tributadas em sede de segurança social as prestações

[1426] José Manuel Meirim, «A Lei de Bases do Sistema Desportivo...», cit., p. 13.

[1427] Notando essa exclusão, Alexandre Miguel Mestre, «Anotação ao artigo 75.º» in: AAVV. [Coord.], *Código dos regimes contributivos do sistema previdencial de Segurança Social anotado e comentado*, Almedina, Coimbra, 2022, pp. 179-180, p. 180.

[1428] Sobre as razões para a exclusão da cobertura na doença, Raquel Domingues, «O direito à proteção social...», cit., p. 111.

[1429] Sobre isto, ver ponto § 2.3. A formação do contrato de trabalho do praticante desportivo.

[1430] João Zenha Martins, «A inscrição do montante da retribuição...», cit., p. 104.

que estão contratualmente previstas nos termos em que estão aí previstas. Determinante é que essas prestações sejam consideradas retribuição para efeitos de tributação perante a Segurança Social — motivo pelo qual, por exemplo, não são objeto de tributação nesta sede o subsídio de deslocação[1431] ou prémios extraordinários[1432] — independentemente de não estarem previstas no contrato de trabalho.

O n.º 2, do artigo 76.º, acrescenta que "para efeitos do disposto no número anterior integram o valor das remunerações os montantes pagos a título de prémios de assinatura do contrato, os quais são parcelados por cada um dos meses da sua duração, e os atribuídos por força de regulamento interno do clube ou de contrato em vigor". Alargando a base de incidência[1433], legislador detetou uma prática comum no mundo desportivo que passa por pagar parte do salário antecipadamente, em sede de prémio de assinatura, bastante comum no caso dos *free agents*, isto é, dos praticantes desportivos que assinam pelo clube desportivo sem estar envolvidos num processo de cedência definitiva. Como tivemos oportunidade de referir, o prémio de assinatura não integra o conceito de retribuição para efeitos laborais[1434], mas integra o conceito de retribuição para efeito previdencial[1435]. Se bem interpretamos a norma, o prémio de assinatura é sempre sujeito a tributação, quer seja pago nesse momento (é dizer: no momento da assinatura) ou parceladamente. O que acontece é que, para efeitos declarativos, o valor deve ser parcelado durante a duração do contrato ("os quais são parcelados...")[1436].

[1431] Ac. de 09/12/2009 do STA (Isabel Marques da Silva), proc. nr. 0739/09.

[1432] Nuno Vieira Pássaro, *Direito do Desporto*.., cit., p, 110.

[1433] Como repara Alexandre Miguel Mestre, «Anotação ao artigo 77.º» in: AAVV. [Coord.], *Código dos regimes contributivos do sistema previdencial de Segurança Social anotado e comentado*, Almedina, Coimbra, 2022, pp. 182-183, p. 182, "é patente a preocupação que desde o início o legislador evidenciou em alargar o montante com base no qual iria incidir o cálculo das contribuições dos praticantes desportivos profissionais, incidindo sobre um variado espectro de fontes remuneratórias".

[1434] § 4.5. A retribuição do praticante desportivo.

[1435] Sobre isto, Nuno Vieira Pássaro, *Direito do Desporto*..., cit., pp. 225-227. Na jurisprudência, ver o já citado ac. de 09/12/2009 do STA (Isabel Marques da Silva), proc. nr. 0739/09, onde se decidiu justamente que "as cláusulas contratuais nos termos das quais os prémios como retribuição extraordinária, não fazem parte da remuneração não são oponíveis à segurança social, pois que se encontram em violação das normas de incidência objectiva que estabelecem a base de incidência contributiva das contribuições para a segurança social, não estando essa base de incidência na disponibilidade das partes".

[1436] Segundo o n.º 3, "não integra o conceito de remuneração mensal efectiva as importâncias despendidas pela entidade empregadora, a favor do trabalhador, na constituição de seguros de doença, de acidentes pessoais e de seguros de vida que garantam exclusivamente o risco de morte, invalidez ou reforma por velhice, no último caso desde que o benefício seja garantido após

Diferentemente, os prémios que não estiverem contratualmente previstos, mas forem espontaneamente pagos pelo empregador, também não são objeto de tributação em sede de Segurança Social[1437]. Em relação aos demais prémios, são tributados os prémios que estiveram previstos no contrato, dando-se relevo também aos prémios (como, por exemplo, prémios de desempenho[1438]) que estejam previstos em regulamento interno[1439].

Relativamente à base de incidência, estatui o artigo 77.º que "constitui base de incidência contributiva dos praticantes desportivos profissionais um quinto do valor da sua remuneração efectiva com o limite mínimo de uma vez o valor do IAS". Na prática, e partindo de um exemplo, se um praticante desportivo aufere € 50.000,00 anuais, deve dividir-se este valor por 5, portanto, € 10.000,00. A base de incidência mensal resulta da divisão deste valor por 12 (meses), embora, como decorre do RCTPD, a remuneração pode ser paga fracionadamente, em 10 meses (artigo 15.º, n.º 4).

Segundo o artigo 78.º, "mediante acordo entre o trabalhador e a entidade empregadora, celebrado por escrito no início do contrato de trabalho para durar por toda a sua vigência, pode ser considerada como base de incidência contributiva a remuneração mensal efetiva do trabalhador desde que seja superior a uma vez o valor do IAS"[1440]. Aparentemente, a lei não só condiciona essa hipótese[1441] ao início do contrato de trabalho como parece determinar que esse regime se mantenha durante toda a vigência do contrato[1442].

os 55 anos de idade, desde que não garantam o pagamento e este se não verifique nomeadamente por resgate ou adiantamento de qualquer capital em vida durante os primeiros cinco anos". Sobre esta norma, sublinhando a natureza curta da vida do atleta, Alexandre Miguel Mestre, «Anotação ao artigo 76.º» in: AAVV. [Coord.], *Código dos regimes contributivos do sistema previdencial de Segurança Social anotado e comentado*, Almedina, Coimbra, 2022, pp. 180-182.

1437 Sobre o enquadramento previdencial dos prémios de desempenho, sublinhando que apenas estão sujeitos os prémios que forem recebidos com carácter de regularidade e permanência, ver Glória Teixeira, «Sobre a natureza jurídico-tributária dos prémios de desempenho com caráter incerto e extraordinário» in: *Estudos comemorativos dos 20 anos da Faculdade de Direito da Universidade do Porto*, Almedina, Coimbra, 2017, pp. 563-569.

1438 Neste sentido, ac. de 09/12/2009 do STA (Isabel Marques da Silva), proc. nr. 0739/09.

1439 Na jurisprudência, ver ac. de 09/12/2009 do STA (Isabel Marques da Silva), proc. nr. 0739/09.

1440 A Portaria n.º 298/2022, de 16 de dezembro, fixou para o ano de 2023 o valor do indexante de apoios sociais (IAS) em € 480,43.

1441 Favoravelmente a este regime, Alexandre Miguel Mestre, «Anotação ao artigo 78.º» in: AAVV. [Coord.], *Código dos regimes contributivos do sistema previdencial de Segurança Social anotado e comentado*, Almedina, Coimbra, 2022, pp. 183.

1442 O artigo 40.º do Decreto-Regulamentar n.º 1-A/2011, de 3 de janeiro, prevê que, para estes efeitos, "as entidades empregadoras dos praticantes desportivos profissionais devem remeter à instituição de segurança social competente cópia do acordo para o efeito celebrado".

Determinada a base de incidência, qual é a taxa que incide sobre o valor? O legislador prevê taxas ligeiramente inferiores às taxas aplicáveis às generalidades dos trabalhadores. Segundo o artigo 79.º, e depois de um período de transição que se consolidou em 2014, "a taxa contributiva relativa aos praticantes desportivos profissionais é de 33,3%, sendo, respectivamente, de 22,3% e de 11% para as entidades empregadoras e para os trabalhadores"[1443].

Finalmente, o n.º 2, do artigo 79.º, prevê que "à taxa contributiva a cargo das entidades empregadoras dos praticantes desportivos profissionais não se aplica o disposto no artigo 55.º". Esta norma, entretanto revogada, determinava um sistema que penalizava o recurso ao contrato de trabalho a termo e, inversamente, incentiva o recurso ao contrato de trabalho por tempo indeterminado. Fundamentalmente, as taxas contributivas a cargo da entidade empregador desceriam ou subiriam consoante a entidade empregadora recorresse, ou não, respetivamente, ao contrato de trabalho a termo ou por tempo indeterminado. Seja como for, percebe-se que este sistema não fosse aplicável à relação de trabalho desportivo: se o contrato de trabalho do praticante desportivo é, necessariamente, um contrato de trabalho a termo, não podendo a entidade desportiva recorrer ao contrato de trabalho por tempo indeterminado, seria absurdo que o clube desportivo fosse, pelo menos, prejudicado em sede contributiva por uma modalidade contratual que a lei lhe impõe.

1443 Na observação de Alexandre Miguel Mestre, «Anotação ao artigo 79.º» in: AAVV. [Coord.], *Código dos regimes contributivos do sistema previdencial de Segurança Social anotado e comentado*, Almedina, Coimbra, 2022, pp. 184-185, p. 184, a explicação pode estar no facto de os praticantes desportivos não gozarem de cobertura na doença.

BIBLIOGRAFIA

ABEL SANTOS,

— «Certificação de técnicos de Desporto: a ausência da função reguladora do Estado», *Desporto & Direito*, 3 (2004), pp. 435-439.

ABÍLIO NETO,

— «Natureza e consequências das faltas dadas por um trabalhador, motivadas por condenação em prisão», *Revista de Direito e Estudos Sociais*, 1987, I, pp. 49-55.

ADRÍAN TODOLÍ SIGNES,

— «El contrato de trabajo en los deportes electrónicos (eSports)», *Revista Aranzadi de Derecho del Deporte y Entretenimiento*, 56 (2017), pp. 113-137.

AFONSO PEDROSA,

— «Sindicato dos Jogadores Profissionais de Futebol (SJPF)» in: ALEXANDRE MIGUEL MESTRE [Coord.], *Enciclopédia de Direito do Desporto*, Gestlegal, Coimbra, 2019, pp. 371-373.

AFONSO RODRIGUES QUEIRÓ,

— *Lições de Direito Administrativo*, vol. I, Coimbra, 1976.

ALBERTO ARUFE VARELA,

— «Reflexiones acerca de la estructura de la negociación colectiva en el ámbito del deporte profesional» in: *Trabajo y Libertades Públicas*, La Ley, Madrid, 1999, pp. 147-154.

ALBERTO COLOMBO,

— «FIFA» in: ALEXANDRE MIGUEL MESTRE [Coord.], *Enciclopédia de Direito do Desporto*, Gestlegal, Coimbra, 2019, pp. 199-200.

ALBERTO MÁRIO COELHO BRAGA TEMIDO,

— «Contrato de trabalho escrito: estipulações verbais acessórias - admissibilidade de prova testemunhal», *Revista do Ministério Público*, 95 (2003), pp. 95-99.

ALBERTO MELO FILHO,

— «Prefácio» in: *Direito Desportivo — Tributo a Marcílio Krieger*, Quartier Latin, São Paulo, 2009, pp. 9-15.

ALBERTO PALOMAR OLMEDA,

— *Las transformaciones del deporte y su repercusión en su Ordenamento Jurídico*, Aranzadi, Navarra, 2014.

Albino Mendes Baptista,
— «Faltas por motivo de prisão», *Questões Laborais*, 11 (1998), pp. 47-64.
— «É o regime laboral comum aplicável aos contratos entre clubes e treinadores profissionais?», *Revista do Ministério Público*, 80 (1999), pp. 129-139.
— *Jurisprudência do trabalho anotada – relação individual de trabalho*, Quid Iuris, 3.ª ed., 2000.
— «Arbitragem desportiva — Tribunal competente para o conhecimento da acção de anulação de decisão arbitral», *Revista do Ministério Público*, 87 (2001), pp. 125-137.
— «Breve apontamento sobre as cláusulas de rescisão», *Revista do Ministério Público*, 91 (2002), pp. 141-147.
— «Tempo de trabalho efectivo, tempos de pausa e tempo de "terceiro tipo"», *Revista de Direito e de Estudos Sociais*, 2002 (1), pp. 29-53.
— «Pressupostos da desvinculação desportiva do jogador», *Lusíada — Direito*, 2003, I, pp. 11-32.
— «Prazo para o exercício do direito de rescisão do contrato de trabalho por iniciativa do trabalhador» in: *Direito Laboral Desportivo — Estudos*, Quid Iuris, Vol. I, Lisboa, 2003, pp. 65-70.
— «G-18, tribunal desportivo e comissão arbitral paritária» in: *Direito Laboral Desportivo — Estudos*, Quid Iuris, Vol. I, Lisboa, 2003, pp. 103-105.
— «Razões de ordem técnica e dever de ocupação efectiva do praticante desportivo – a propósito do acórdão da comissão arbitral paritária de 13 de julho de 2001 (proc. n.º 19/2001)» in: *Direito Laboral Desportivo — Estudos*, Quid Iuris, Vol. I, Lisboa, 2003, pp. 71-76.
— «Grupo normal de trabalho, equipas "B" e dever de ocupação efectiva do praticante desportivo» in: *Direito Laboral Desportivo — Estudos*, Quid Iuris, Vol. I, Lisboa, 2003, pp. 9-24.
— «Novo modelo de arbitragem (seis propostas de alteração do estatuto e do funcionamento da comissão arbitral paritária)» in: *Direito Laboral Desportivo – Estudos*, Quid Iuris, Vol. I, Lisboa, 2003, pp. 107-109.
— «Breves notas sobre o princípio do tratamento mais favorável na relação laboral desportiva» in: *Direito Laboral Desportivo — Estudos*, Quid Iuris, Vol. I, Lisboa, 2003, pp. 49-57.
— «Cedência temporária de praticantes desportivos» in: *Estudos de Direito do Trabalho em Homenagem ao Prof. Manuel Alonso Olea*, Almedina, Coimbra, 2004, pp. 13-53.
— «Notas sobre a cessação do contrato de trabalho por iniciativa do trabalhador no novo Código do Trabalho» in: *A reforma do Código do Trabalho*, Coimbra Editora, Coimbra, 2004, pp. 537-549, pp. 548-549.
— «Especificidades do contrato de trabalho desportivo e pacto de opção» in: *Estudos sobre o Contrato de Trabalho Desportivo*, Coimbra Editora, Coimbra, 2006, pp. 15-67.
— «O pacto de preferência na relação laboral desportiva», *Minerva — Revista de Estudos Laborais*, 9 (2006), pp. 21-50.
— «O TAS e as garantias de imparcialidade e de independência dos árbitros» in: *Estudos sobre o contrato de trabalho desportivo*, Coimbra Editora, Coimbra, 2006, pp. 169-175 (= *Desporto & Direito*, 5 (2005), pp. 193-199).
— «Subsídios para a criação de um regime jurídico do contrato de trabalho do profissional de espectáculo» in: *Estudos Jurídicos em Homenagem ao Professor António Motta Veiga*, Almedina, Coimbra, 2007, pp. 27-58.

— «Indemnização pela ruptura ilícita do contrato de trabalho, artigo 27.º da Lei do Contrato de Trabalho Desportivo e o acórdão do Tribunal da Relação do Porto de 22 de Setembro de 2008», *Revista do Ministério Público*, 116 (2008), pp. 29-56.
— «Desporto, processo e Estado de Direito democrático» in: *Temas de Direito do Trabalho e de Processo do Trabalho*, Livraria Petrony, Lisboa, 2008, pp. 225-227.
— «Efeitos da ilicitude do despedimento no contrato a termo, indemnização por danos não patrimoniais e o acórdão do Tribunal da Relação de Lisboa, de 14 de Fevereiro de 2007» in: *Temas de Direito do Trabalho e de Direito Processual do Trabalho*, Livraria Petrony, Lisboa, 2008, pp. 93-110.
— «Cumprimento da obrigação retributiva, salários em atraso e o artigo 36.º do Contrato Colectivo de Trabalho dos Futebolistas», *O Direito*, 2008, IV, pp. 873-887.
— «The compensation for the illicit breach of sports contract in the Portuguese Law — an unwise, unreasoning, unbalanced and unconstitucional solution», *Sports Law Bulletin*, 4 (2009), pp. 12-15.
— «Treinadores profissionais: aplicação do regime laboral comum ou do regime dos praticantes desportivos — duas maneiras simplistas de ver a mesma realidade?» in: *Estudos Dedicados ao Professor Doutor Luís Alberto Carvalho Fernandes*, Universidade Católica Editora, Vol. I, Lisboa, 2011, pp. 55-108.

Alexandra Gonçalves Ribeiro,
— «A liberdade de expressão do praticante desportivo», *Desporto & Direito*, 16 (2008), pp. 11-43.
— «Liberdade de expressão (agentes desportivos)» in: Alexandre Miguel Mestre [Coord.], *Enciclopédia de Direito do Desporto*, Gestlegal, Coimbra, 2019, pp. 265-268.

Alexandra Pessanha,
— *As federações desportivas – contributo para o estudo do ordenamento jurídico desportivo*, Coimbra Editora, Coimbra, 2001.

Alexandre Baptista Coelho,
— «O contrato de trabalho desportivo» in: José Manuel Meirim [Coord.], *O desporto que os tribunais praticam*, Coimbra, 2014, pp. 247-268.

Alexandre Libório Dias Pereira,
— «Patrocínio e contratos publicitários» in: *Direito do Desporto Profissional — contributos de um Curso de Pós-Graduação*, Almedina, Coimbra, 2011, pp. 97-163.
— «Contratos de patrocínio publicitário ('sponsoring')», *Revista da Ordem dos Advogados*, 1998, I, pp. 317-335.
— «Do patrocínio desportivo ("sponsoring")», *Desporto & Direito*, 6 (2005), pp. 359-365.
— «Patrocínio desportivo» in: Alexandre Miguel Mestre [Coord.], *Enciclopédia de Direito do Desporto*, Gestlegal, Coimbra, 2019, pp. 309-311.

Alexandre Miguel Mestre,
— «Mediação: um "parente pobre" no novo Tribunal Arbitral do Desporto?» in: *Colecção Estudos Instituto do Conhecimento AB N.º 4 – Estudos Comemorativos dos 20 anos da Abreu Advogados*, Almedina, Coimbra, 2015, pp. 65-100.
— «Anotação ao artigo 74.º» in: AAVV. [Coord.], *Código dos regimes contributivos do sistema previdencial de Segurança Social anotado e comentado*, Almedina, Coimbra, 2022, pp. 173-179.

— «Anotação ao artigo 75.º» in: AAVV. [Coord.], *Código dos regimes contributivos do sistema previdencial de Segurança Social anotado e comentado*, Almedina, Coimbra, 2022, pp. 179-180
— «Anotação ao artigo 76.º» in: AAVV. [Coord.], *Código dos regimes contributivos do sistema previdencial de Segurança Social anotado e comentado*, Almedina, Coimbra, 2022, pp. 180-182.
— «Anotação ao artigo 77.º» in: AAVV. [Coord.], *Código dos regimes contributivos do sistema previdencial de Segurança Social anotado e comentado*, Almedina, Coimbra, 2022, pp. 182-183.
— «Anotação ao artigo 78.º» in: AAVV. [Coord.], *Código dos regimes contributivos do sistema previdencial de Segurança Social anotado e comentado*, Almedina, Coimbra, 2022, pp. 183.
— «Anotação ao artigo 79.º» in: AAVV. [Coord.], *Código dos regimes contributivos do sistema previdencial de Segurança Social anotado e comentado*, Almedina, Coimbra, 2022, pp. 184-185.
— «Rumo a uma definição jurídica de Desporto: uma eterna narrativa aberta?» in: *Direito do Desporto – aspetos transversais*, Almedina, Coimbra, 2023, pp. 13-25.
— «Desporto e liberdade religiosa: uma perspetiva jurídica» in: *Direito do Desporto – aspetos transversais*, Almedina, Coimbra, 2023, pp. 83-100.
— «Porque se limitam os protestos dos atletas em nome de causas políticas, religiosas, raciais ou outras? A ponderação entre a proteção dos direitos humanos, a "especificidade do Desporto" e diversos (outros) bens jurídicos» in: *Direito do Desporto – aspetos transversais*, Almedina, Coimbra, 2023, pp. 101-118.
— «A renúncia ou "indisponibilidade" para a seleção nacional de futebol: o enquadramento legal e regulamentar, a propósito do "caso Rafa"» in: *Direito do Desporto – aspetos transversais*, Almedina, Coimbra, 2023, pp. 339-342.
— «A proibição legal da representação de menores por empresários desportivos: fará mesmo sentido?» in: *Direito do Desporto – aspetos transversais*, Almedina, Coimbra, 2023, pp. 343-353.

Alice Pereira de Campos,
— *Contrato de trabalho a termo – uma forma de trabalho precário?*, Universidade Católica Editora, Lisboa, 2013.

Álvaro Melo Filho,
— «Especificidade do Desporto: projeções jurídicas», *Desporto & Direito*, 17 (2009), pp. 257-267
— «SADs e clubes-empresa: distorções jus-desportivas», *Desporto & Direito*, 19 (2009), pp. 63-69.
— «Direitos econômicos e TPO: banimento eficaz?», *Desporto & Direito*, 33 (2014), pp. 311-327.

Amalia de la Riva,
— «Libertad de expresión y deportistas profesionales – una mirada desde los derechos fundamentales inespecíficos», *Revista de Direito do Desporto*, 9 (2021), pp. 7-17.

Ana Brilha,
— «O doping como quebra contratual: uma primeira leitura», *Desporto & Direito*, 14 (2008), pp. 299-326.
— «O novo regime do seguro desportivo — verdadeira inovação?», *Desporto & Direito*, 17 (2009), pp. 293-299.
— «O desporto em *lay off*», *Revista de Direito do Desporto*, 6 (2020), pp. 115-126.
— «A vigência do contrato de trabalho desportivo em contexto de pandemia», *Revista de Direito do Desporto*, 7 (2021), pp. 81-87.

Ana Celeste Carvalho,
— «A arbitragem desportiva» in: *Estudos jurídicos em comemoração do centenário da AAFDL — contributo para o presente e futuro dos meios de resolução alternativa de litígios*, Vol. I, AAFDL Editora, Lisboa, 2018, pp. 11-59.
Ana Cristina Ribeiro Costa,
— «Breves notas sobre o praticante desportivo profissional e a segurança e saúde no trabalho: estará fora de jogo?», *Revista de Direito do Desporto*, 4 (2020), pp. 20-34.
Ana Isabel Afonso,
— *A condição — reflexão crítica em torno de subtipos de compra e venda*, Universidade Católica Editora – Porto, Porto, 2014.
Ana Margarida Silva,
— «O relacionamento entre a vida laboral e a vida privada do praticante desportivo: a aliança que as (des)une», *Revista de Direito do Desporto*, 12 (2022), pp. 74-81.
Ana Perestrelo de Oliveira / Madalena Perestrelo de Oliveira,
— *Incumprimento resolutório — uma introdução*, Almedina, Coimbra, 2019.
Ana Rita dos Santos Póvoas,
— *A relação tripartida entre o praticante desportivo, a entidade empregadora e a federação nacional – os problemas no campo e as soluções em fora-de-jogo*, Dissertação de Mestrado, Porto, 2015 (disponível *online*).
Ana Teresa Ribeiro,
— «A liberdade de trabalho nos contratos de trabalho desportivos – breves notas sobre os pactos de opção unilaterais» in: *Constitucionalismos e (con)temporaneidade – Estudos em Homenagem ao Professor Doutor Manuel Afonso Vaz*, Universidade Católica Editora, Porto, 2020, pp. 529-543.
André Augusto Duarte Monção,
— «Particularidades do contrato de trabalho do atleta profissional de futebol - no Direito português e no Direito Brasileiro», *Data Venia - Revista Jurídica Digital*, 6 (2016), pp. 379-394.
André Dinis de Carvalho,
— «Comentário ao acórdão do Supremo Tribunal de Justiça, de 23 de Abril de 2002», *Desporto & Direito*, 1 (2003), pp. 159-176.
— *Da liberdade de circulação dos desportistas profissionais na União Europeia*, Coimbra Editora, Coimbra, 2004.
— «Nótula relativa às disposições contidas na Proposta de Lei de Bases do Desporto de 2003, no que concerne aos empresários desportivos», *Desporto & Direito*, 2 (2004), pp. 287-289.
— «Relações contratuais estabelecidas entre o desportista profissional e o empresário desportivo», in: *I Congresso de Direito do Desporto*, Almedina, Coimbra, 2004, pp. 193-210.
— «Breves considerações sobre o contrato de trabalho desportivo» in: *Direito do Trabalho + Crise = Crise no Direito do Trabalho? — Actas do Congresso de Direito do Trabalho*, Coimbra Editora, Coimbra, 2011, pp. 75-95.
— «Assédio moral na relação laboral desportiva» in: Alexandre Miguel Mestre [Coord.], *Enciclopédia de Direito do Desporto*, Gestlegal, Coimbra, 2019, pp. 33-35.
André Gonçalo Dias Pereira,
— «Assunção do risco em actividades desportivas no Direito português», *Desporto & Direito*, 9 (2006), pp. 421-435.

— «Responsabilidade civil em eventos desportivos», *Desporto & Direito*, 14 (2008), pp. 227-265.

André Feiteiro,

— «Justa causa desportiva» in: Alexandre Miguel Mestre [Coord.], *Enciclopédia de Direito do Desporto*, Gestlegal, Coimbra, 2019, pp. 259-260.

André Gonçalo Dias Pereira,

— «Meios de reacção contra os clubes de futebol incumpridores das suas obrigações: salários em atraso, não pagamento das contribuições à Segurança Social e das dívidas fiscais», *Desporto & Direito*, 17 (2009), pp. 269-291.

André Gribel,

— «Compensação por formação no futebol», *Revista de Direito do Desporto*, 8 (2021), pp. 77-84.

André Pereira da Fonseca,

— «Arbitragem Voluntária» in: Alexandre Miguel Mestre [Coord.], *Enciclopédia de Direito do Desporto*, Gestlegal, Coimbra, 2019, pp. 29-30.

André Teixeira dos Santos,

— «Do acidente de trabalho em contexto de pernoita fora da residência do trabalhador por razões do exercício da prestação laboral», *Revista do Ministério Público*, 172 (2022), pp. 121-137.

Andrea Susana Linhas Lopes da Silva,

— «O direito de imagem do desportista profissional», *Data Venia - Revista Jurídica Digital*, 2 (2013), pp. 195-210.

Andrea Zoppini,

— «I procuratori sportivi nell' evoluzione del Diritto dello Sport», *Rivista di Diritto Sportivo*, 1999 (4), pp. 637-645.

Andreia Couto,

— «Regulamento de Competições (Futebol)» in: Alexandre Miguel Mestre [Coord.], *Enciclopédia de Direito do Desporto*, Gestlegal, Coimbra, 2019, pp. 349-350.

Anne-Marie Grivel,

— «De l'obligation du sportif professionnel de se soumettre aux soins médicaux pendant sob arrêt de travail», *Droit Social*, 2019, V, pp. 432-434.

Antoine Duval,

— *The FIFA Regulations on the Status and Transfer of Players: Transnational Law-Making in the Shadow of Bosman*, ASSER Institute - Centre for International and European Law, 2016, disponível *online*.

António Barbosa de Melo,

— «Discussão pública pelas organizações de trabalhadores de Leis de Autorização Legislativa», *Revista de Direito e de Estudos Sociais*, 1989, III-IV, pp. 529-539

António José Robalo Cordeiro,

— «Comentário ao acórdão do Tribunal de Justiça das Comunidades Europeias, de 8 de Maio de 2003 (processo n.º C-438/00)», *Desporto & Direito*, 1 (2003), pp. 97-118.

— «Comentário ao acórdão do Tribunal de Primeira instância de 26 de Janeiro de 2005», *Desporto & Direito*, 6 (2005), pp. 375-413.

António Manuel Vitória Vences de Brito,

— «O Direito do Desporto e o *doping* – enquadramento legislativo e regulamentar no âmbito português» in: Alexandre Miguel Mestre [Coord.], *Compêndio de Direito do Desporto*, Gestlegal, Lisboa, 2021, pp. 581-607.

António Menezes Cordeiro,
— *Manual de Direito do Trabalho,* Almedina, Coimbra, 1991.
— Convenções colectivas de trabalho e Direito transitório: com exemplo no regime da reforma no sector bancário», *Revista da Ordem dos Advogados,* 2004, I-II, pp. 65-95, p. 91.
— *Direito do trabalho,* Almedina, Coimbra, 2018, pp. 454-455.
António Monroy Antón,
— «El despido procedente de deportistas profesionales por incumplimiento de objetivos», *Diário La Ley,* 7450 (2010).
António Monteiro Fernandes,
— «A natureza da infracção disciplinar», ESC, 19 (1966), pp. 29-47.
— «Cedência temporária ('Empréstimo') de Atleta (I)» in: Alexandre Miguel Mestre [Coord.], *Enciclopédia de Direito do Desporto,* Gestlegal, Coimbra, 2019, pp. 69-71.
António Nunes de Carvalho,
— *Das carreiras profissionais no Direito do Trabalho,* Dissertação de Mestrado dactilografa, Lisboa, 1990.
— «O art. 9.º do Código do Trabalho e a situação laboral dos treinadores desportivos», *Desporto & Direito,* 25 (2011), pp. 7-58.
— «Pode alguém ser quem não é? (notas soltas a propósito do regime legal de certificação profissional de treinadores)», *Revista de Direito do Desporto,* 7 (2021), pp. 25-39.
António Ourivio Amorim / Arthur Ancinello Saltz,
— «A transferência internacional do futebolista menor e a preservação do superior interesse da criança» in: Alexandre Miguel Mestre [Coord.], *Compêndio de Direito do Desporto,* Gestlegal, Coimbra, 2021, pp. 799-815.
António Pinto Monteiro,
— «Sobre as "cláusulas de rescisão" dos jogadores de futebol», *Revista de Legislação e de Jurisprudência,* Ano 135, 3934 (2005), pp. 5-26.
António Vilar,
— «Tempo de trabalho – quando o trabalhador permanece adstrito à realização da prestação, mas não está a desempenhar a actividade» in: *VIII Congresso Nacional de Direito do Trabalho – Memórias,* Almedina, Coimbra, 2006, pp.133-144.
Archer Azevedo,
— «(In)aponibilidade da condição resolutiva ao contrato de trabalho», *Questões Laborais,* 50 (2017), pp. 153-178.
Arnaldo Constantino Fernandes,
— «Responsabilidade civil e responsabilidade criminal em matéria de desporto», *Revista da Ordem dos Advogados,* 1945, I-II, pp. 197-217.
Artur Flamínio da Silva / Daniela Mirante,
— *O regime jurídico do tribunal arbitral do Desporto anotado e comentado,* Petrony Editora, Lisboa, 2016.
— «Arbitragem voluntária e contrato de trabalho desportivo», *Julgar,* 2018, I (*online*).
— «A jurisdição estadual e o Tribunal Arbitral do Desporto: delimitação de competências em sede de arbitragem necessária — anotação ao Acórdão do Tribunal da Relação de Lisboa de 15-03-2018», *Revista de Direito Civil,* 2018, III, pp. 659-668.

— «A arbitragem voluntária em matéria laboral: o fim da competência das comissões arbitrais paritárias — anotação ao Acórdão do Tribunal da Relação do Porto de 06-11-2017», *O Direito*, 2018, III, pp. 635-647.

Artur Flamínio da Silva,

— «A norma desportiva: plural mas pouco? algumas notas sobre o Acórdão 4ª_558/2011 de 27 de Março de 2012 do Tribunal Federal Suíço», *Desporto & Direito*, 26 (2012), pp. 255-264.

— *A resolução de conflitos desportivos em Portugal — entre o Direito Público e o Direito Privado*, Almedina, Coimbra, 2017.

— «A arbitragem necessária no Direito Administrativo tem o preço da inconstitucionalidade - anotação ao acórdão do Tribunal Central Administrativo Sul de 6 de Dezembro de 2017», *O Direito*, 2019, I, pp. 199-219.

Augusto Rego,

— *O Desporto perante a previdência e o desemprego*, Braga, 1959.

Beatriz Gonçalves,

— «As cláusulas de não concorrência no contrato de trabalho desportivo» in: Alexandre Miguel Mestre [Coord.], *Compêndio de Direito do Desporto*, Gestlegal, Lisboa, 2020, pp. 287-310.

Bernardo da Gama Lobo Xavier,

— «O exercício da rescisão por justa causa», ESC, 23 (1967), pp. 11-60.

— «Contratos de trabalho dos profissionais de espectáculos (direito aplicável)», *Revista de Direito e de Estudos Sociais*, 1986, I, 2.ª série, pp. 103-139.

— *Iniciação ao Direito do Trabalho*, 2.ª ed., Verbo, Lisboa / São Paulo, 1999.

Bernardo Palmeiro,

— «Passaporte desportivo» in: Alexandre Miguel Mestre [Coord.], *Enciclopédia de Direito do Desporto*, Gestlegal, Coimbra, 2019, pp. 308-309.

Bruno Mestre,

— «A "saga" do despedimento por extinção do posto de trabalho e as repercussões do Acórdão do Tribunal Constitucional n.º 602/2013 - algumas notas», *Questões Laborais*, 43 (2013), pp. 197-208.

Bruno Silva Alves,

— «Contrato de prestação de serviços» in: Alexandre Miguel Mestre [Coord.], *Enciclopédia de Direito do Desporto*, Gestlegal, Coimbra, 2019, pp. 116-117.

Camila Bonin Annunziato,

— «O direito à imagem do atleta profissional brasileiro», *Desporto & Direito*, 33 (2014), pp. 293-310.

Carlos Alberto da Mota Pinto,

— *Cessão da posição contratual*, Almedina, Coimbra, 2003.

— *Teoria Geral do Direito Civil*, 4.ª ed., Coimbra Editora, Coimbra, 2005.

Carlos Carvalho Cardoso,

— «Mediação de Conflitos (Contexto Desportivo)» in: Alexandre Miguel Mestre [Coord.], *Enciclopédia de Direito do Desporto*, Gestlegal, Coimbra, 2019, pp. 283-286.

Carlos Ferreira de Almeida,

— *Contratos*, III, Almedina, 2.ª ed., Coimbra, 2013.

Carlos Lopes Ribeiro,
— «Cedência de atletas às selecções nacionais» in: Alexandre Miguel Mestre [Coord.], *Enciclopédia de Direito do Desporto*, Gestlegal, Coimbra, 2019, pp. 68-69.
Carlos Rodríguez Domínguez,
— «As consequências jurídicas da dopagem na relação laboral de desportistas: a quebra da boa fé contratual como fundamento de despedimento disciplinar», *Desporto & Direito*, 14 (2008), pp. 327-333.
Carmen Viqueira Pérez / Miguel Basterra Hernández,
— «No hay deportistas de élite para el Derecho del Trabajo: la indemnización por término del contrato temporal», *Revista de Jurisprudencia Laboral*, 4 (2020), consultado *online*.
Carolina Santos,
— «A influência na relação laboral das condutas do trabalhador externas ao âmbito da empresa», *Revista de Direito e de Estudos Sociais*, 2010, I-IV, pp. 207-246.
Carolina Palomar Liceras,
— «Una polémica zanjada. La STS de 23 de enero de 2020. El derecho de los deportistas profesionales a la indemnización del artículo 49.1 c) ET para la extinción de contratos temporales de trabajo por la llegada a su término final: comentario a la Sentencia de 23 de enero de 200 del Tribunal Supremo, Sala de lo Social», *Revista Aranzadi de Derecho de Deporte y Entretenimiento*, 67 (2020), consultado *online*.
Catarina de Oliveira Carvalho,
— «Reflexões sobre o conceito de tempo de trabalho no direito europeu e respetiva articulação com o direito nacional» in: *Estudos de Direito do Trabalho em Homenagem ao Professor António Monteiro Fernandes*, Parte I, Nova Causa, 2017, pp. 279-313.
Catarina Gomes Santos,
— «Breve análise (e algumas interrogações) em torno dos regimes jurídicos do Fundo de Compensação do Trabalho (ou Mecanismo Equivalente) e do Fundo de Garantia de Compensação do Trabalho, criados pela Lei n.º 70/2013, de 30 de Agosto», *Questões Laborais*, 51 (2017), pp. 165-202.
— «Praticante desportivo profissional» in: Alexandre Miguel Mestre [Coord.], *Enciclopédia de Direito do Desporto*, Gestlegal, Coimbra, 2019, pp. 316-317.
Catarina Sarmento e Castro,
— «A protecção dos dados pessoais dos trabalhadores», *Questões Laborais*, 20 (2002), pp. 139-163.
Cheldon Leite de Siqueira,
— Ius ubique treinandi – *contrato de trabalho do treinador desportivo: crítica à contratação a termo*, Lisbon International Press, Lisboa, 2023.
Cláudia Trabuco,
— «Dos contratos relativos ao direito à imagem», *O Direito*, 2001, II, pp. 389-459.
Cristina Martins da Cruz,
— «Ausências ao trabalho por motivo de prisão e não prestação de trabalho por impossibilidade ou recusa do trabalhador», *Revista do CEJ*, 2018, II, pp. 258-278.
Daniela Mirante,
— «Arbitragem dos litígios laborais desportivos» in: AAVV., *O desporto que os tribunais praticam*, Coimbra Editora, Coimbra, 2014, pp. 837-854.

— «A qualificação jurídica da actividade de empresário desportivo: anotação ao Acórdão do Supremo Tribunal de Justiça de 20-03-2014», *Revista de Direito Civil*, 2018, I, pp. 241-254, p. 245.
— «Formando desportivo» in: ALEXANDRE MIGUEL MESTRE [Coord.], *Enciclopédia de Direito do Desporto*, Gestlegal, Coimbra, 2019, pp. 201-202.
DÁRIO MOURA VICENTE,
— «Arbitragem de conflitos individuais de trabalho» in: *Estudos do Instituto de Direito do Trabalho*, Instituto de Direito do Trabalho (IDT), Vol. VI, Almedina, Coimbra, 2012, pp. 33-48.
DAVID HERNANDO ESPADA,
— «Derecho del deportista profesional a la indemnización por término del contrato? Comentario a la sentencia de la Sala de lo Social del Tribunal Supremo, de 26 de Marzo de 2014», *Revista Aranzadi de Derecho de Deporte y Entretenimiento*, 43 (2014), pp. 635-645.
— «Indemnización por finalización del contrato en los deportistas profesionales – cuadratura del círculo? Comentario a la Sentencia de la Sala de lo Social del Tribunal Supremo de 14 de mayo de 2019», *Revista Aranzadi de Derecho de Deporte y Entretenimiento*, 65 (2019) (consultado online).
DIOGO FREITAS DO AMARAL,
— «Os ordenamentos desportivos como fontes de Direito» in: *IV Congresso de Direito do Desporto*, Almedina, Coimbra, 2015, pp. 15-25.
— «Prefácio» in: ALEXANDRE MIGUEL MESTRE [Coord.], *Enciclopédia de Direito do Desporto*, Gestlegal, Coimbra, 2019, pp. 5-8.
— *Manual de Introdução ao Direito*, Vol. I, Almedina, Coimbra, 2017.
— «Anotação ao artigo 1.º» in: ANA PRATA [Coord.], *Código Civil anotado*, Almedina, Coimbra, 2017, pp. 13-15.
DIOGO LEOTE NOBRE,
— «Justa causa» in: ALEXANDRE MIGUEL MESTRE [Coord.], *Enciclopédia de Direito do Desporto*, Gestlegal, Coimbra, 2019, pp. 257-259.
DIOGO NABAIS,
— «O contrato de formação desportiva» in: *Iº Congresso Internacional sobre o Regime Jurídico do Contrato de Trabalho Desportivo*, Vida Económica, Porto, 2018, pp. 11-27.
DIOGO PEREIRA DUARTE,
— «A formação do contrato de trabalho e o período experimental» in: *Estudos do Instituto de Direito do Trabalho*, vol. VIII, Almedina, Coimbra, 2020, pp. 49-90
DIOGO SOARES LOUREIRO,
— «O regime jurídico-laboral dos treinadores de futebol – reflexões sobre o regime preferencial», *Revista de Direito do Desporto*, 9 (2021), pp. 67-87.
DZHAMIL ODA,
— «Proibição pela FIFA da detenção por terceiros de direitos económicos sobre jogadores de futebol e o artigo 101.º do Tratado sobre o Funcionamento da União Europeia», *Revista de Direito do Desporto*, 4 (2019), pp. 53-79.
EDUARDO MAIA COSTA,
— «Comentário ao acórdão do STJ de 14-5-97», *Revista do Ministério Público*, 70 (1997), pp. 147-157.

EDUARDO SANTOS JÚNIOR,
— *Da responsabilidade civil de terceiro por lesão do direito de crédito*, Coimbra Editora, Coimbra, 2003.
EDUARDO SOARES ANTUNES,
— «Os seguros e o desporto: análise do regime jurídico do seguro desportivo obrigatório e legislação conexa» in: JORGE MANUEL MEIRIM [Org.], *Direito do Desporto*, Universidade Católica Editora, Lisboa, 2017, pp. 139-155.
ELSA MATOS RIBEIRO,
— «Comissão Arbitral Paritária (CAP) da Liga Portuguesa de Futebol Profissional e Sindicato JPF» in: ALEXANDRE MIGUEL MESTRE [Coord.], *Enciclopédia de Direito do Desporto*, Gestlegal, Coimbra, 2019, pp. 85-86.
EMANUEL CALÇADA,
— «Empresário desportivo» in: ALEXANDRE MIGUEL MESTRE [Coord.], *Enciclopédia de Direito do Desporto*, Gestlegal, Coimbra, 2019, pp. 171-173.
EMANUEL MACEDO DE MEDEIROS,
— «Federações desportivas e ligas profissionais: que coabitação?», *Desporto & Direito*, 11 (2007), pp. 239-255.
— «Integridade e transparência financeiras no desporto» in: *IV Congresso de Direito do Desporto*, Almedina, Coimbra, 2015, pp. 143-150.
EMIL EDISSONOV,
— «Los deportistas profesionales tienen derecho a la indemnización prevista en el art. 49.1.c) ET por la extinción de sus contratos de trabajo por expiración del tiempo convenido: crónica y valoración de la doctrina del TS», *Revista Aranzadi de Derecho de Deporte y Entretenimiento*, 70 (2021), consultado *online*.
EMÍLIO A. GARCÍA SILVERO,
— «A libertação de desportistas para as selecções nacionais: aspectos jurídicos e económicos», *Desporto & Direito*, 9 (2006), pp. 355-382.
ESTEVE BOSCH CAPDEVILA,
— «Os direitos de opção e de preferência para a prestação de serviços por parte de desportistas profissionais: o "caso Eto'o"», *Desporto & Direito*, 7 (2005), pp. 41-53.
FELICIANO CASANOVA GUASCH,
— «Validez de los pactos referidos a la participación de los agentes de deportistas en el precio de los traspasos como fórmula de pago de sus servicios», *Revista Aranzadi de Derecho de Deporte y Entretenimiento*, 43 (2014), pp. 207-224.
FELIPE AUGUSTO LOSCHI CRISAFULLI,
— «A possibilidade de os clubes de futebol registarem jogadores fora das janelas de transferência: o que uma leitura mais atenta dos regulamentos revela», *Revista de Direito do Desporto*, 8 (2021), pp. 51-64.
FERNANDO SUÁREZ GONZÁLEZ,
— «Los deportistas profesionales» in: *Trabajo subordinado y trabajo autónomo en la delimitación de fronteras del derecho del trabajo – estudios en homenaje al profesor José Cabrera Bazán*, Tecnos, Madrid, 1999, pp. 39-56.
FERNANDO VALDÉS DAL-RÉ,
— «La relación de los artistas: notas sobre su configuración», *Relaciones Laborales*, 2008, II, 99-108.

FERNANDO VEIGA GOMES,
— «Dos direitos económicos no direito do futebol» in: *IV Congresso de Direito do Desporto*, Almedina, Coimbra, 2015, pp. 151-170.
FERNANDO XAREPE SILVEIRO,
— «Árbitros e comentadores desportivos: quem está fora de jogo?», *Desporto & Direito*, 1 (2003), pp. 191-202.
FILIPE CERQUEIRA ALVES,
— «Notas sobre a dedutibilidade fiscal de gastos com intermediação desportiva», *Revista de Direito do Desporto*, 13 (2022), 13-20.
FILIPE FRAÚSTO DA SILVA,
— «Implicações do Código do Trabalho em matéria de admissibilidade de termo resolutivo do contrato», *Prontuário de Direito do Trabalho*, 69 (2004), pp. 105-117.
FRANCISCO CÔRTE-REAL,
— «Árbitro» in: ALEXANDRE MIGUEL MESTRE [Coord.], *Enciclopédia de Direito do Desporto*, Gestlegal, Coimbra, 2019, pp. 30-31.
FRANCISCO L. S. VERDELHO,
— «A versão actual da regra alemã 50+1: o "Santo Graal" no equilíbrio entre a protecção dos sócios e o investimento externo nos clubes de futebol», *Revista de Direito do Desporto*, 9 (2021), pp. 88-103.
FRANCISCO LIBERAL FERNANDES,
— «Sobre o conceito de tempo de trabalho no Código do Trabalho», *Questões Laborais*, 27 (2006), pp. 135-137.
— *O tempo de trabalho – comentários aos artigos 197 a 236.º do Código do Trabalho (revisto pela Lei n.º 23/2012, de 25 de Junho)*, Coimbra Editora, Coimbra, 2012.
— «Um breve olhar sobre a Directiva N.º 2003/88/CE, relativa à organização do tempo de trabalho», *Prontuário de Direito do Trabalho*, 93 (2012), pp. 101-121.
— «Tempo de trabalho e tempo de descanso» in: MARIA DO ROSÁRIO PALMA RAMALHO / TERESA COELHO MOREIRA [Coord.], *Tempo de trabalho e tempos de não trabalho*, APODIT, Lisboa, 2018, pp. 11-23.
— *O conceito de trabalhador no direito social comunitário*, Gestlegal, Coimbra, 2019.
FRANCISCO LUCAS PIRES,
— «Anotação ao artigo 56.º» in: *Estudos sobre a Constituição*, vol. I, Livraria Petrony, Lisboa, 1977, pp. 376-379.
FRANCISCO MANUEL PEREIRA COELHO,
— «O nexo de causalidade na responsabilidade civil», *Boletim da Faculdade de Direito*, 1951 – Suplemento IX, pp. 65-242.
FRANCISCO PÉREZ AMORÓS,
— «O assédio psíquico laboral dos futebolistas profissionais», *Desporto & Direito*, 8 (2006), pp. 277-287.
FRANCISCO RODRIGUES ROCHA,
— «Seguro desportivo - cobertura de danos não patrimoniais?», *Revista da Faculdade de Direito da Universidade de Lisboa*, 2020, II, pp. 289-316.
FRANCISCO RUBIO SÁNCHEZ / EMILIO GARCÍA SILVERO / JOSÉ MARÍA GONZÁLEZ DEL RIO,
— «La relación laboral especial de los deportistas profesionales» in: *El contrato de Trabajo II Relaciones Laborales Especiales y Contratos con Particularidades*, Aranzadi, Pamplona, 2011, pp. 227-278.

Francisco Rubio Sánchez,
— «Derecho à la ocupación efectiva de los deportistas profesionales» in: *Iº Congresso Internacional sobre o Regime Jurídico do Contrato de Trabalho Desportivo*, Vida Económica, Porto, 2018, pp. 29-42.
François Alaphilippe,
— «Desporto e Direito», *Sub Judice — Justiça e Sociedade*, 8 (1994), pp. 12-22.
Gabriela Autran Dourado Dutra Nicacio,
— «A participação de atletas que passaram por cirurgia de mudança de sexo nas competições esportivas», *Desporto & Direito*, 10 (2006), pp. 43-56.
Germano Marques da Silva,
— «Parecer do Professor Doutor Germano Marques da Silva», *Desporto & Direito*, 18 (2009), pp. 405-429.
Giacomo Borrione,
— «Osservazioni sul contrato di procura sportiva nel pugilato professionistico», *Rivista di Diritto Sportivo*, 1999, IV, pp. 646-658.
Gil Martins Alves,
— «Um admirável mundo novo: estudo sobre o universo dos e-sports, a necessidade de implementação de estruturas desportivas e a importância do Direito nesse processo», *Revista de Direito do Desporto*, 13 (2022), pp. 46-53.
Giuseppina Pensabene Lionti,
— «La relación laboral del deportista profesional en el ordenamiento italiano», *Revista Aranzadi de Derecho del Deporte y Entretenimiento*, 45 (2014), pp. 111-144.
Glória Rebelo,
— «A atividade no Código do Trabalho» in: *Estudos de Direito do Trabalho*, Edições Sílabo, Lisboa, 2019, pp. 179-195.
Gonçalo Almeida,
— «Mecanismo de Solidariedade» in: Alexandre Miguel Mestre [Coord.], *Enciclopédia de Direito do Desporto*, Gestlegal, Coimbra, 2019, pp. 278-282.
— «Instrumentos de compensação financeira a clubes formadores» in: Alexandre Miguel Mestre [Coord.], *Compêndio de Direito do Desporto*, Gestlegal, Lisboa, 2021, pp. 942-961.
Gonçalo Delicado,
— «Promessa de contrato de trabalho desportivo» in: Alexandre Miguel Mestre [Coord.], *Enciclopédia de Direito do Desporto*, Gestlegal, Coimbra, 2019, pp. 324-326.
Guilherme von Cüpper,
— «A aplicação do mecanismo de solidariedade FIFA às transferências internas com "dimensão internacional" - um (pequeno) passo a caminho de uma reforma necessária», *Revista de Direito do Desporto*, 6 (2020), pp. 60-75.
Gustavo Gramaxo Rozeira,
— «Arguição da Dissertação de Doutoramento de Artur Flamínio da Silva sobre "Resolução de conflitos desportivos em Portugal — entre o Direito Público e o Direito Privado"», Revista *Themis*, 32 (2017), pp. 195-204.
Heinrich Hörster,
— «A caminho de um direito do desporto nacional?», *Revista de Direito e Economia*, 14 (1988), pp. 355-371.

HELENA MARIA COUTO DE ALMEIDA,
— «O contrato de trabalho desportivo: formas de cessação do contrato por iniciativa do trabalhador», *Revista Electrónica de Direito*, 21 (2020), pp. 8-24.
INÊS DOS REIS RODRIGUES,
— «Considerações sobre o regime do contrato de trabalho desportivo com ênfase na resolução com justa causa por parte do praticante desportivo» in: ALEXANDRE MIGUEL MESTRE [Coord.], *Enciclopédia de Direito do Desporto*, Gestlegal, Coimbra, 2019, pp. 311-339.
INÊS ESPINHAÇO GOMES,
— «A corrida de Caster Semenya pelos seus direitos: uma perspetiva de género e de direitos humanos», *Revista de Direito do Desporto*, 9 (2021), pp. 18-38.
J. L. CARRETERO LESTÓN,
— «A jurisprudência do Tribunal de Justiça das Comunidades Europeias em matéria desportiva», *Desporto & Direito*, 1 (2003), pp. 57-76.
J. M. SARAIVA DE ALMEIDA,
— «A ruptura unilateral imotivada do contrato de trabalho desportivo por iniciativa do praticante desportivo», *Minerva – Revista de Estudos Laborais*, 1 (2002), pp. 93-113.
JAVIER ARNANZ / JESUS DIAS PERAMOS,
— «La independencia de un Sindicato: luchar por el futbolista, pelear contra el poder» in: in: *Iº Congresso Internacional sobre o Regime Jurídico do Contrato de Trabalho Desportivo*, Vida Económica, Porto, 2018, pp. 43-83.
JAVIER FERRERO MUÑOZ / JUAN ALFONSO PRIETO HUANG,
— «Es aplicable la indemnización prevista en el artículo 49.1 c) del Estatuto de los trabajadores a los futbolistas profesionales?», *Revista Aranzadi de Derecho de Deporte y Entretenimiento*, 55 (2017), pp. 155-167.
JEAN NICOLAU,
— «Conflito de normas» in: ALEXANDRE MIGUEL MESTRE [Coord.], *Enciclopédia de Direito do Desporto*, Gestlegal, Coimbra, 2019, pp. 106-107.
JEAN PHILIPPE TRICOIT,
— «As normas internacionais e europeias aplicáveis ao desportista na qualidade de trabalhador – em busca da especificidade desportiva em matéria social», *Revista de Direito do Desporto*, 8 (2021), pp. 7-18.
JESUS LAHERA FORTEZA,
— «La huelga del fútbol en fuera de juego (Auto de la Sala Social de la Audiencia nacional 14 de mayo 2015)», *Derecho de las Relaciones Laborales*, 2015, III, pp. 330-337.
JOANA CARNEIRO,
— «Acidentes de trabalho dos jogadores de futebol — algumas considerações», *Questões Laborais*, 42 (2013), pp. 437-459.
— «Seguro de acidentes de trabalho (praticante desportivo)» in: ALEXANDRE MIGUEL MESTRE [Coord.], *Enciclopédia de Direito do Desporto*, Gestlegal, Coimbra, 2019, pp. 369-370.
JOANA FARRAJOTA,
— *A resolução do contrato sem fundamento*, Almedina, Coimbra, 2015.

JOANA MARTA GONÇALVES,
— «Os pactos de opção no contrato de trabalho desportivo», *Revista de Direito do Desporto*, 2 (2019), pp. 34-43.
JOANA SÁ PEREIRA,
— «A demissão com justa causa do praticante desportivo – o caso dos jogadores da equipa de futebol do Sporting Clube de Portugal», *Revista de Direito do Desporto*, 3 (2019), pp. 53-76.
JOANA VASCONCELOS,
— «Testes e exames médicos ao trabalhador», *Prontuário de Direito do Trabalho*, 2016, I, pp. 93-100.
JOÃO AUGUSTO MARTINS,
— «Jogador Formado Localmente (I)» in: ALEXANDRE MIGUEL MESTRE [Coord.], *Enciclopédia de Direito do Desporto*, Gestlegal, Coimbra, 2019, pp. 249-250.
JOÃO BAPTISTA MACHADO,
— «A cláusula do razoável» in: *Obra dispersa*, Vol. I, Scientia Ivrdica, Braga, 1991, pp. 457-621.
JOÃO CARVALHO,
— «A proveniência do jogador de futebol» in: *Boletim da Ordem dos Advogados*, 21 (maio de 2019), disponível *online*.
JOÃO CAUPERS,
— *Os Direitos Fundamentais dos trabalhadores e a Constituição*, Almedina, Lisboa, 1985.
JOÃO CORREIA,
— «Para um novo contencioso desportivo» in: *I Congresso de Direito do Desporto*, Almedina, Coimbra, 2005, pp. 77-83.
JOÃO DIOGO VALENTE MANTEIGAS,
— «Empresário desportivo: o princípio do fim?» in: *Estudos de Direito Desportivo em Homenagem a Albino Mendes Baptista*, Universidade Lusíada Editora, Lisboa, 2010, pp. 137-186.
— «Certificado Internacional de Transferência (Futebol)» in: ALEXANDRE MIGUEL MESTRE [Coord.], *Enciclopédia de Direito do Desporto*, Gestlegal, Coimbra, 2019, pp. 72-73.
JOÃO LEAL,
— «Inscrição (futebol)» in: ALEXANDRE MIGUEL MESTRE [Coord.], *Enciclopédia de Direito do Desporto*, Gestlegal, Coimbra, 2019, pp. 224-226.
JOÃO LEAL AMADO, / MILENA SILVA ROUXINOL / JOANA NUNES VICENTE / CATARINA GOMES SANTOS / TERESA COELHO MOREIRA,
— *Direito do Trabalho – relação individual*, Almedina, Coimbra, 2019.
JOÃO LEAL AMADO / DANIEL LORENZ,
— «Os chamados «direitos económicos»: o praticante desportivo feito mercadoria?», *Desporto & Direito*, 29 (2013), pp. 189-200.
— «Os "direitos económicos de terceiros" sobre os atletas profissionais: mitos, luzes e sombras», *Revista da Faculdade de Direito da Universidade Lusófona do Porto*, 5 (2014), pp. 46-63.
JOÃO LEAL AMADO,
— *Contrato de trabalho desportivo anotado – Decreto-Lei n.º 305/95, de 18 de Novembro*, Coimbra Editora, Coimbra, 1995.
— «A Lei n.º 85/95 e o contrato de trabalho desportivo», *Questões Laborais*, 5 (1995), pp. 114-116.
— «Rescisão do contrato de jogador de futebol (hesitações e convicções em redor de um acórdão da Relação)», *Questões Laborais*, 4 (1995), pp. 50-56.

— «Sobre as sociedades desportivas e as «indemnizações de transferência»», *Questões Laborais*, 11 (1998), pp. 65-72.

— «O contrato de trabalho do praticante desportivo (sumário)» in: *Estudos do Instituto de Direito do Trabalho*, Almedina, Vol. I, Coimbra, 2001, pp. 471-475.

— *Vinculação* versus *liberdade — o processo de constituição e extinção da relação laboral do praticante desportivo*, Coimbra Editora, Coimbra, 2002.

— «O caso Jardel e as especificidades do contrato de trabalho desportivo», *Boletim da Ordem dos Advogados*, 22 (2002), pp. 12-13.

— «As «cláusulas de rescisão» e a Comissão Arbitral Paritária», *Desporto & Direito*, 1 (2003), pp. 83-93.

— «Futebol, trabalho desportivo e comissão arbitral paritária: um acórdão histórico sobre as "cláusulas de rescisão"» in: *Estudos do Instituto de Direito do Trabalho*, Almedina, Vol. IV, Coimbra, 2003, pp. 187-203.

— «Trabalho desportivo, obrigação de meios e retribuição variável», *Questões Laborais*, 23 (2004), pp. 117-120.

— «As condutas extra-laborais do praticante desportivo profissional» in: *I Congresso de Direito do Desporto – Memórias*, Almedina, Coimbra, 2005, pp. 213-217 (=«As condutas extra-laborais do praticante desportivo profissional (alguns tópicos sobre as chamadas «saídas nocturnas» dos praticantes)» in: *Temas Laborais*, Coimbra Editora, Coimbra, 2005, pp. 175-179).

— «Nota ao acórdão do Supremo Tribunal de Justiça de 25 de Junho de 2002», *Desporto & Direito*, 2 (2004), pp. 361-362.

— «O CONI e o copo meio cheio de italianos (um novo episódio de uma velha novela)», *Desporto & Direito*, 4 (2004), pp. 91-95

— «Os «fundos de jogadores»: um breve olhar juslaboral» in: *Temas Laborais*, Coimbra Editora, Coimbra, 2005, pp. 181-189.

— «Futebol profissional e futebolistas profissionais (a peculiar lógica empresarial daquele e o estatuto jurídico destes)» in: *Temas Laborais*, Coimbra Editora, Coimbra, 2005, pp. 155-173.

— «Treinador de voleibol: entre o regime laboral comum e o regime especial do praticante desportivo?», *Questões Laborais*, 28 (2006), pp. 259-263.

— «Prestação de serviços musculada, contrato de trabalho atrofiado?», *Questões Laborais*, 30 (2007), pp. 245-249.

— «Comentário de urgência ao acórdão do Supremo Tribunal de Justiça, de 7 de Março de 2007 (caso «Zé-Tó»)», *Desporto & Direito*, 12 (2007), pp. 501-517.

— «Das «cláusulas de nacionalidade» às «cláusulas de formação local»: uma diferença insuficiente?» in: *Temas Laborais — 2*, Coimbra Editora, Coimbra, 2007, pp. 135-152 (= *Desporto & Direito*, 10 (2006), pp. 11-28).

— «Ainda sobre as cláusulas de opção e de rescisão no contrato de trabalho desportivo» in: *Temas Laborais — 2*, Coimbra Editora, Coimbra, 2007, pp. 153-233.

— «Algumas reflexões sobre o chamado «caso Nuno Valente»» in: *Temas Laborais – 2*, Coimbra Editora, Coimbra, 2007, pp. 109-119 (= *Desporto & Direito*, 7 (2005), pp. 29-39).

— «A Lei n.º 37/2007, o tabaco e o trabalho: algumas questões», *Revista de Legislação e de Jurisprudência*, 3947 (2007), pp. 117-126

— A opção sobre N'Doye: um acórdão histórico da CAP», *Questões Laborais*, 31 (2008), pp. 129-138.

— «"Show me the money?"», *Revista do Ministério Público*, 113 (2008), pp. 172-177.
— «Andrew Webster: uma pessoa, não uma mercadoria!», *Desporto & Direito*, 14 (2008), pp. 267-273.
— «Mutu e a cocaína: uma droga demasiado cara? (breve reflexão à luz da lei portuguesa)», *Desporto & Direito*, 19 (2009), pp. 97-107.
— «Comentário ao acórdão do Tribunal de Justiça (grande secção) de 16 de Março de 2010», *Desporto & Direito*, 20 (2010), pp. 247-262.
— «Abandono do trabalho: um instituto jurídico em remodelação» in: Catarina de Oliveira Carvalho / Júlio Vieira Gomes [Coord.], *Direito do Trabalho + Crise = Crise do Direito do Trabalho? – Actas do Congresso de Direito do Trabalho*, Coimbra Editora, Coimbra, 2011, pp. 13-27 (= *Revista de Legislação e de Jurisprudência*, 3961 (2010), pp. 235-241).
— «Liberdade de expressão e infracção disciplinar», *Questões Laborais*, 37 (2011), pp. 129-143
— «De novo sobre uma velha questão: a compensação por caducidade nos contratos a termo certo», *Revista da Ordem dos Advogados*, 2014, II, pp. 411-424.
— «Copa do Mundo: entre a "pausa técnica" e a "pressão alta"», *Desporto & Direito*, 32 (2014), pp. 205-216.
— «Entre a renovação e a hibernação: assédio moral no desporto» in: João Reis / João Leal Amado / Francisco Liberal Fernandes / Maria Regina Redinha [Org.], *Para Jorge Leite — Escritos Jurídico-Laborais*, Vol. I, Coimbra Editora, Coimbra, 2014, pp. 21-42.
— «As "cláusulas de rescisão" no contrato de trabalho desportivo» in: *O Direito do Desporto em perspetiva*, Almedina, Coimbra, 2015, pp. 93-122.
— *Contrato de trabalho desportivo — Lei n.º 54/2017, de 14 de Julho — anotada*, Almedina, Coimbra, 2017.
— «Contrato de trabalho desportivo: da desvinculação laboral à desvinculação desportiva», *Prontuário de Direito do Trabalho*, 2018, I, pp. 345-366.
— «A insustentável leveza de uma decisão — anotação ao Acórdão de 6/6/2018 do TRL», *Revista de Legislação e de Jurisprudência*, Ano 148, 4012 (2018), pp. 52-70.
— «Quem não pode jogar, não pode trabalhar?», *Revista de Legislação e de Jurisprudência*, Ano 148, 4017 (2019), pp. 380-405.
— «Contrato de trabalho desportivo» in: Alexandre Miguel Mestre [Coord.], *Enciclopédia de Direito do Desporto*, Gestlegal, Coimbra, 2019, pp. 118-119.
— «Jogar futebol: um prazer que se paga ou que se faz pagar? (a propósito do Acórdão da Relação de Guimarães, de 6/12/2018)», *Revista de Direito do Desporto*, 4 (2020), pp. 35-47.
— «Rafael Leão, Sporting e TAD: as lições de um caso *sui generis*», *Questões Laborais*, 57 (2020), pp. 295-311.
— «A pandemia e os seus efeitos no contrato de trabalho dos jogadores de futebol», *Revista de Direito do Desporto*, 5 (2020), pp. 7-15.
— «O estranho caso das cláusulas de opção», *Revista de Direito do Desporto*, 7 (2021), pp. 40-48
— «Cláusulas anti rivais: uma crónica baseada em factos quase verídicos», *Revista de Direito do Desporto*, 10 (2021), pp. 54-60.
— «Barcelona e Dembélé: *we'll make him an offer he can't refuse*», *Revista de Direito do Desporto*, 11 (2022), pp. 15-24.
— «A Autoridade da Concorrência, o futebol profissional e as liberdades: de concorrência e de trabalho», *Revista de Legislação e de Jurisprudência*, 4034 (2022), pp. 323-331

João Lima Cluny,
— «III Congresso de Direito do Futebol Internacional», *Desporto & Direito*, 17 (2009), pp. 347-350.

João Lobão,
— «Transferência internacional» in: Alexandre Miguel Mestre [Coord.], *Enciclopédia de Direito do Desporto*, Gestlegal, Coimbra, 2019, pp. 388-389.

João Luís De Moraes Rocha,
— «Sobre a autonomia do Direito do Desporto», *Sub Judice — Justiça e Sociedade*, 8 (1994), pp. 6-11.

João Miguel Parada Correia,
— «Os auxílios públicos aos clubes de futebol», *Revista Electrónica de Direito*, 2014, III, s/ paginação.

João Morais,
— «Intermediário desportivo» in: Alexandre Miguel Mestre [Coord.], *Enciclopédia de Direito do Desporto*, Gestlegal, Coimbra, 2019, pp. 237-241.

João Nogueira da Rocha,
— «Compensação por formação» in: Alexandre Miguel Mestre [Coord.], *Enciclopédia de Direito do Desporto*, Gestlegal, Coimbra, 2019, pp. 94-96.

João Orlando Vieira de Carvalho,
— «Diálogo Social Europeu no sector do futebol profissional» in: *Direito do Desporto Profissional — Contributos de um Curso de Pós-Graduação*, Almedina, Coimbra, 2011, pp. 61-68.

João Pedro Rodrigues,
— «Publicações em redes sociais» in: Alexandre Miguel Mestre [Coord.], *Enciclopédia de Direito do Desporto*, Gestlegal, Coimbra, 2019, pp. 331-333.

João Zenha Martins,
— «O novo Código do Trabalho e os "contratos de trabalho com regime especial": pistas para o enquadramento do contrato de trabalho desportivo", *Revista do Ministério Público*, 95 (2003), pp. 31-71.
— «A inscrição do montante da retribuição no contrato de trabalho desportivo e a sua fixação judicial», *Sub Judice — Justiça e Sociedade*, 27 (2004), pp. 99-116.
— «As indemnizações por promoção ou valorização e o sistema laboral desportivo português», *Prontuário de Direito do Trabalho*, 76/77/78 (2007) – *Número Especial em Homenagem à Obra do Dr. Vítor Ribeiro*, pp. 291-357.
— «A vinculação laboral desportiva e os pactos de opção» in: *Liberdade e Compromisso: Estudos dedicados ao Professor Mário Fernando de Campos Pinto*, Universidade Católica Editora, Vol. II, Lisboa, 2009, pp. 321-377.
— «Cedência de praticantes desportivos: especificidades» in: *Estudos dedicados ao Professor Doutor Luís Alberto Carvalho Fernandes*, Vol. II, Lisboa, 2011, pp. 133-171.
— «Os futebolistas profissionais e as cláusulas de rescisão» in: *Estudos dedicados ao Professor Doutor Bernardo da Gama Lobo Xavier*, Universidade Católica Editora, Vol. II, Lisboa, 2015, pp. 239-271.
— «A natureza jurídica de algum Direito do Desporto: reflexões sobre a diversidade de fontes e o sistema português», *Themis — Revista da Faculdade de Direito da Universidade Nova de Lisboa*, 28/29 (2015), pp. 73-123.

— «Cronografia do contrato de trabalho desportivo» in: *Estudos de Direito do Trabalho em Homenagem ao Professor Doutor António Monteiro Fernandes*, Parte I, Nova Causa — Edições Jurídicas, 2017, pp. 659-685.
— «Contrato de trabalho desportivo: prelúdios, intermitências e reconfigurações» in: *Themis - Estudos em Comemoração dos 20 anos da Faculdade de Direito da Universidade de Lisboa*, Almedina, Coimbra, 2018, pp. 489-518.
— «Tempo de trabalho e tempo de repouso: qualificação e delimitação de conceitos» in: Maria do Rosário Palma Ramalho / Teresa Coelho Moreira [Coord.], *Tempo de trabalho e tempos de não trabalho*, APODIT, Lisboa, 2018, pp. 25-67.
— «Tempo de descanso (dos praticantes desportivos)» in: Alexandre Miguel Mestre [Coord.], *Enciclopédia de Direito do Desporto*, Gestlegal, Coimbra, 2019, pp. 384-385.
— «A configuração legal do direito convencional de o praticante fazer cessar unilateralmente o contrato de trabalho desportivo: um olhar crítico», *Revista de Direito do Desporto*, 4 (2020), pp. 7-19.
— «Contrato de trabalho desportivo e (in)admissibilidade de cláusulas anti rivais», *Revista da Ordem dos Advogados*, 2021, I-II, pp. 85-117 (AAVV. [Org.], *Estudos em homenagem à Professora Doutora Maria Helena Brito*, Gestlegal, Coimbra, 2022, pp. 369-408).
Joaquim Evangelista,
— «A visão integral do praticante desportivo no sec. XXI: da defesa de direitos, liberdades e garantias aos novos desafios do futebol profissional» in: *Iº Congresso Internacional sobre o Regime Jurídico do Contrato de Trabalho Desportivo*, Vida Económica, Porto, 2018, pp. 85-97.
Jorge Bacelar Gouveia,
— «Os direitos de participação dos representantes dos trabalhadores na elaboração da legislação laboral» in: *Estudos do Instituto de Direito do Trabalho*, vol. I, Almedina, Coimbra, 2001, pp. 109-151.
Jorge Leite,
— «Notas para uma teoria da suspensão do contrato de trabalho», *Questões Laborais*, 20 (2002), pp. 121-138.
Jorge Manuel Coutinho de Abreu,
— «Os regulamentos administrativos em Direito do Trabalho» in: *Estudos em homenagem ao Prof. Doutor Afonso Rodrigues Queiró*, vol. I, Coimbra, 1984, pp. 37-59.
Jorge Olímpio Bento,
— «A propósito da Lei da "Actividade Física"», *Desporto & Direito*, 11 (2007), pp. 167-183.
José Antonio Martínez Rodríguez,
— «La indemnización por término del contrato temporal en los deportistas profesionales - Comentario a la STS 344/2020, de 23 de enero de 2020», *Revista General de Derecho del Trabajo y de la Seguridad Social*, 59 (2021), pp. 792-803.
José Barros Moura,
— *A convenção colectiva entre as fontes de Direito do Trabalho - contributo para a teoria da convenção colectiva de trabalho no Direito português*, Almedina, Coimbra, 1984.
José Carlos Brandão Proença,
— *Lições de cumprimento e não cumprimento das obrigações*, Universidade Católica Editora, 2.ª ed., Porto, 2017.

José Carlos Vieira de Andrade,
— «Comentário ao acórdão do Tribunal Constitucional n.º 486/03, de 21 de Outubro de 2003», *Desporto & Direito*, 3 (2004), pp. 443-490.
— «Os direitos fundamentais e o Direito do Desporto» in: *II Congresso de Direito do Desporto — Memórias*, Almedina, Coimbra, 2007, pp. 23-41.
José de Oliveira Ascensão,
— *O Direito – Introdução e Teoria Geral*, 13.ª ed., Almedina, Coimbra, 2006.
José Eduardo Fanha Vieira,
— «Breve análise ao regime jurídico de acesso e exercício da actividade de treinador de desporto» in: Alexandre Miguel Mestre [Coord.], *Compêndio de Direito do Desporto*, Gestlegal, Coimbra, 2021, pp. 1042-1076.
José Engrácia Antunes,
— *A proibição de cúmulo administrador/trabalhador – da sua constitucionalidade*, Almedina, Coimbra, 2018.
José João Abrantes,
— «O novo Código do Trabalho e os direitos de personalidade do trabalhador» in: *A reforma do Código do Trabalho*, Almedina, Coimbra, 2004, pp. 139-160.
— «Poderes disciplinares dos clubes durante a "cedência" do praticante desportivo» in: *Estudos de Direito do Trabalho*, AAFDL, Lisboa, 2018, pp. 301-305.
José Joaquim Gomes Canotilho,
— «Internormatividade desportiva e homo sportivus» in: *Direito do Desporto Profissional – Contributos de um Curso de Pós-Graduação*, Almedina, Coimbra, 2011, pp. 7-25.
José Joaquim Gomes Canotilho / Alexandra Pessanha,
— «Relações jurídicas fundamentais no âmbito do desporto profissional» in: *Estudos em Homenagem a Miguel Galvão Teles*, Almedina, Vol. I, Coimbra, 2012, pp. 357-377.
José Joaquim Gomes Canotilho / Vital Moreira,
— *Constituição da República Portuguesa anotada*, Coimbra Editora, Coimbra, 2007.
José Luis Carretero Lestón,
— «Arbitraje deportivo» in: *I Congresso de Direito do Desporto*, Almedina, Coimbra, 2005, pp. 69-83.
José Luís da Cruz Vilaça / Mariana Martins Pereira,
— «Acórdão Bosman» in: Alexandre Miguel Mestre [Coord.], *Enciclopédia de Direito do Desporto*, Gestlegal, Coimbra, 2019, pp. 17-20.
José Luís Pereira Seixas,
— «A justiça e o futebol ou a justiça do futebol», *Boletim da Ordem dos Advogados*, 22 (2002), pp. 8-11.
— «Justiça desportiva e a nova Lei de Bases do Desporto – algumas observações», *Desporto & Direito*, 5 (2005), pp. 155-162.
— «Ocupação efectiva (praticante desportivo)» in: Alexandre Miguel Mestre [Coord.], *Enciclopédia de Direito do Desporto*, Gestlegal, Coimbra, 2019, pp. 293-295.
— «Ocupação efetiva e trabalhador desportivo» in: Alexandre Miguel Mestre [Coord.], *Enciclopédia de Direito do Desporto*, Gestlegal, Coimbra, 2019, pp. 340-361.
José Manuel Constantino,
— «A centralidade das federações desportivas no modelo europeu do Desporto e os efeitos nas políticas públicas e no movimento olímpico», *Desporto & Direito*, 12 (2007), pp. 441-449.

José Manuel Mateo Sierra,
— «Indemnizaciones por la extinción de contratos temporales de deportistas profesionales. La sentencia del tribunal supremo de 26 de marzo de 2014», *Revista Aranzadi de Derecho de Deporte y Entretenimiento*, 43 (2014), pp. 601-603.
José Manuel Meirim,
— «Léxico de Direito do Desporto», *Sub Judice*, 8 (1994), pp. 113-137.
— «Contratos paralelos dos praticantes desportivos profissionais – Acórdão n.º 178/97, de 4 de Março de 1997, do Tribunal Constitucional», *Revista do Ministério Público*, 71 (1997), pp. 133-163.
— «O Direito do Desporto em Portugal: uma realidade com história» in: *I Congresso de Direito do Desporto*, Almedina, Coimbra, 2005, pp. 29-65.
— «Enfoque», *Desporto & Direito*, 9 (2006), pp. 349-352.
— «Desporto e Direito ou Direito do Desporto» in: *Temas de Direito do Desporto*, Coimbra Editora, Coimbra, 2006, pp. 233-305.
— «Transmissão radiofónica dos jogos do Euro 2004» in: *Temas de Direito do Desporto*, Coimbra Editora, Coimbra, 2006, pp. 397-471.
— «Os magistrados fazem mal ao Desporto?», *Julgar*, 2 (2007), pp. 55-77
— «O desporto que o tribunal constitucional pratica», *Jurisprudência Constitucional*, 14 (2007), pp. 38-58.
— «Os treinadores de desporto» in: *O Desporto que os Tribunais Praticam*, Coimbra Editora, Coimbra, 2014, pp. 319-326.
— «O estatuto de utilidade pública desportiva e o efeito boomerang: breve nota acerca de sistemas normativos no desporto», *Revista de Direito do Desporto*, 13 (2022), pp. 30-33.
José María González del Rio,
— «Las cláusulas de rescisión y su incompatibilidad con el Derecho comunitario – aplicación de la doctrina Bosman», *Relaciones Laborales*, 2001, II, pp. 185-196.
— «El derecho del deportista profesional a la indemnización por expiración de su vínculo contractual laboral», *Revista Española de Derecho del Trabajo*, 227 (2020) (consultado *online*).
José Melo Alexandrino,
— *O discurso dos direitos*, Coimbra Editora, Coimbra, 2011.
José Miguel Albuquerque,
— «*Bridge transfers*» in: Alexandre Miguel Mestre [Coord.], *Enciclopédia de Direito do Desporto*, Gestlegal, Coimbra, 2019, pp. 58-59.
José Miguel Sampaio e Nora,
— «Pressupostos de natureza financeira (futebol)» in: Alexandre Miguel Mestre [Coord.], *Enciclopédia de Direito do Desporto*, Gestlegal, Coimbra, 2019, pp. 318-319.
— «Os menores e o futebol profissional» in: José Carlos Lima [Coord.], *Direito das crianças no Desporto*, Afrontamento, Lisboa, 2019, pp. 51-56.
Juan José Fernández Domínguez / Roberto Fernández Fernández,
— «Sobre la laboralización de la prestación de servicios de los árbitros de futbol», *Revista Española de Derecho del Trabajo*, 101 (2000), pp. 271-286.
Júlio Gomes,
— «Do uso e abuso do período experimental», *Revista de Direito e de Estudos Sociais*, 2000, III-IV, pp. 245-276.

— «O contrato de trabalho a termo ou a tapeçaria de Penélope?» in: *Estudos do Instituto de Direito do Trabalho*, Almedina, Vol. IV, Coimbra, 2003, pp. 35-99.

— «Em torno da retribuição» in: Bernardo da Gama Lobo Xavier / Joana Vasconcelos [Org.], *O Direito do Trabalho nos grandes espaços – entre a codificação e a flexibilidade*, Universidade Católica Editora, Lisboa, 2005, pp. 167-187.

— «Nótula sobre o período experimental no contrato de trabalho desportivo» in: *II Congresso de Direito do Desporto — Memórias*, Almedina, Coimbra, 2007, pp. 255-265.

— *Direito do Trabalho — Relações Individuais de Trabalho*, Coimbra Editora, Coimbra, 2007.

— «Nótula sobre o assédio moral na relação de trabalho desportivo» in: Lúcio Miguel Correia / Rosalía Ortega Pradillo (coord.), *Iº Congresso Internacional sobre o Regime Jurídico do Contrato de Trabalho Desportivo*, Vida Económica, Porto, 2018, pp. 99-104.

Koldo Irurzun Ugalde,

— «Como o limite salarial afeta o contrato de trabalho desportivo do atleta» in: *Iº Congresso Internacional sobre o Regime Jurídico do Contrato de Trabalho Desportivo*, Vida Económica, Porto, 2018, pp. 105-117.

Lorenzo Maria Dentici,

— «Il lavoro sportivo tra professionalismo e dilettantismo: profili di diritto interno e comunitario», *Europa e Diritto Privato*, 2009, IV, pp. 1059-1082.

Lúcio Correia,

— «Contributo para o estudo da cláusula penal/cláusula de rescisão no contrato de trabalho desportivo», *Minerva – Revista de Estudos Laborais*, 8 (2006), pp. 45-142.

— «Algumas reflexões sobre o caso Bueno/Rodriguez — um caso de "rebeldia" à liberdade de trabalho do praticante desportivo», *Desporto & Direito*, 12 (2007), pp. 419-439.

— «O praticante desportivo profissional e o empresário desportivo na nova Lei de Bases da actividade física e do Desporto», *Desporto & Direito*, 11 (2007), pp. 273-283.

— *Limitações à liberdade contratual do praticante desportivo*, Livraria Petrony, Lisboa, 2008.

— «Comentário ao acórdão da Comissão Arbitral Paritária - processo n.º 48-CAP/2007», Desporto *& Direito*, 15 (2008), pp. 491-518.

— «O preço da responsabilidade pela rutura contratual de um contrato de trabalho desportivo», *Lusíada — Direito*, 10 (2012), pp. 139-165.

— «Cláusulas de rescisão» in: Alexandre Miguel Mestre [Coord.], *Enciclopédia de Direito do Desporto*, Gestlegal, Coimbra, 2019, pp. 75-77.

— «O despedimento coletivo na relação laboral do praticante desportivo profissional - especificidade ou desadequação do regime jurídico português?» in: Alexandre Miguel Mestre [Coord.], *Compêndio de Direito do Desporto*, Gestlegal, Coimbra, 2021, pp. 362-398.

— *Especificidades de los regímenes jurídicos de los deportistas profesionales en Portugal y España*, BOE, Madrid, 2021.

— *Regime jurídico dos praticantes desportivos profissionais em Portugal e Espanha – especificidades*, Quid Iuris, Lisboa, 2022.

Luís Barreto Xavier,

— «Direito Internacional Privado do Desporto» in: Alexandre Miguel Mestre [Coord.], *Enciclopédia de Direito do Desporto*, Gestlegal, Coimbra, 2019, pp. 150-151.

Luís Cassiano Neves,
— «FIFA Transfer Matching System (TMS)» in: Alexandre Miguel Mestre [Coord.], *Enciclopédia de Direito do Desporto*, Gestlegal, Coimbra, 2019, pp. 200-201.
Luís Fraústo Verona,
— «Caso julgado desportivo» in: Alexandre Miguel Mestre [Coord.], *Enciclopédia de Direito do Desporto*, Gestlegal, Coimbra, 2019, pp. 66-67.
Luís Geraldo Lanfredi,
— «Em busca da legitimidade intrínseca da Justiça Desportiva: ainda a re(discussão) dos limites da intervenção no fenômeno desportivo» in: *Direito Desportivo — Tributo a Marcílio Krieger*, Quartier Latin, São Paulo, 2009, pp. 337-343.
Luís Gonçalves da Silva,
— «Sujeitos colectivos» in: *Estudos do Instituto de Direito do Trabalho*, vol. III, Almedina, Coimbra, 2002, pp. 287-388.
— «Cláusula penal (contrato de trabalho desportivo)» in: Alexandre Miguel Mestre [Coord.], *Enciclopédia de Direito do Desporto*, Gestlegal, Coimbra, 2019, pp. 77-79.
— «Das normas corporativas no Direito Civil e no Direito do Trabalho», *Revista Internacional de Direito do Trabalho*, 1 (2021), pp. 941-1010.
Luís Manuel Teles de Menezes Leitão,
— «Formas de cessação do contrato de trabalho e procedimentos» in: *Temas Laborais — Estudos e Pareceres*, Vol. I, Almedina, Coimbra, 2006, pp. 107-122.
— «Natureza jurídica da compensação decorrente da caducidade do contrato a termo e sua elegibilidade no âmbito do Fundo Social Europeu — Parecer» in: *Temas Laborais — Estudos e Pareceres*, Vol. I, Almedina, Coimbra, 2006, pp. 189-203.
— «Cláusulas de rescisão e cláusulas penais no contrato de trabalho desportivo» in: *IV Congresso de Direito do Desporto*, Almedina, Coimbra, 2015, pp. 79-92.
— *Direito do Trabalho*, Almedina, Coimbra, 6.ª ed., 2019.
Luís Paulo Relógio,
— «Os agentes que queriam ser advogados», *Boletim da Ordem dos Advogados*, 27 (2003), pp. 77-79.
— «O papel das associações de desportistas profissionais no novo século», *Desporto & Direito*, 10 (2006), pp. 29-42.
— «Cláusulas de rescisão — sua natureza» in: *Iº Congresso Internacional sobre o Regime Jurídico do Contrato de Trabalho Desportivo*, Vida Económica, Porto, 2018, pp. 161-175.
— «E-sports – jogo ou desporto?» in: Alexandre Miguel Mestre [Coord.], *Compêndio de Direito do Desporto*, Gestlegal, Coimbra, 2021, pp. 1077-1102,
Luís V. B. Pires,
— «Direitos económicos de um atleta detidos por terceiros – proibição ou regulação», *Desporto & Direito*, 29 (2013), pp. 179-188.
Luiz Fernando Aleixo Marcondes,
— «TPI (Third Party Investor)» in: Alexandre Miguel Mestre [Coord.], *Enciclopédia de Direito do Desporto*, Gestlegal, Coimbra, 2019, pp. 387-388.
M. Henrique Mesquita / Jorge Leite / João Leal Amado,
— «Liberdade de trabalho e transferência de futebolistas profissionais», *Questões Laborais*, 7 (1996), pp. 72-94.

Mafalda Miranda Barbosa,
— «Da nulidade ou da inexistência de um contrato de prestação de serviço, na sua modalidade de contrato de mandato, quando o empresário desportivo não está inscrito na respetiva Federação — comentário ao Acórdão do Supremo Tribunal de Justiça de 28 de setembro de 2017 (Processo n.º 10145/14)», *Boletim da Faculdade de Direito*, 95 (2019), pp. 213-239.
— «Menores (no Desporto)» in: Alexandre Miguel Mestre [Coord.], *Enciclopédia de Direito do Desporto*, Gestlegal, Coimbra, 2019, pp. 287-289.
Manuel Alberto Mirra,
— «Quotas de Inscrição e Transferência de Jogadores (Futebol)» in: Alexandre Miguel Mestre [Coord.], *Enciclopédia de Direito do Desporto*, Gestlegal, Coimbra, 2019, pp. 337-339.
Manuel Alonso Olea / M.ª Emilia Casas Baamonde,
— *Derecho del Trabajo*, 26.ª ed., Civitas, Madrid, 2009.
Manuel Correa Carrasco,
— «Las cesiones temporales de deportistas profesionales en el ordenamiento jurídico español» *Iº Congresso Internacional sobre o Regime Jurídico do Contrato de Trabalho Desportivo*, Vida Económica, Porto, 2018, pp. 177-202.
Manuel Fontaine Campos,
— «Comentário ao artigo 1.º» in: *Comentário ao Código Civil português*, Vol. I (Parte Geral), UCP Editora, Lisboa, 2014, pp. 27-29.
Manuel Simas Santos,
— «Comentário ao acórdão do STJ de 26-10-1987», *Revista do Ministério Público*, 35/36 (1988), pp. 167-184.
Margarida Barahona Pereira,
— «Desafios jurídicos decorrentes da utilização de tecnologias de análise e melhoria contínua de performance desportiva», *Revista de Direito do Desporto*, 10 (2021), pp. 72-80.
Margarida Dias Ferreira,
— «Leis do Jogo» in: Alexandre Miguel Mestre [Coord.], *Enciclopédia de Direito do Desporto*, Gestlegal, Coimbra, 2019, pp. 262-263.
Maria da Conceição Gomes,
— «O Direito e o futebol: uma ordem jurídica sem espírito desportivo?», *Revista Crítica de Ciências Sociais*, 21 (1986), pp. 69-83.
Maria de Fátima Ribeiro,
— «O tempo de trabalho e a Lei N.º 21/96» in: *Juris et de Jure – Nos 20 Anos da Faculdade de Direito da Universidade Católica Portuguesa – Porto*, Publicações Universidade Católica, Porto, 1998, pp. 987-1029.
— «Breves notas críticas sobre a evolução de alguns aspectos do regime da duração e organização do tempo de trabalho», *Questões Laborais*, 28 (2006), pp. 219-240.
Maria do Rosário Palma Ramalho,
— «O direito à imagem do desportista — notas breves» in: *Centenário do Nascimento do Professor Doutor Paulo Cunha — Estudos em Homenagem*, Almedina, Coimbra, 2012, pp. 791-801.
— *Tratado de Direito do Trabalho, Parte II – Situações Laborais Individuais*, Almedina, Coimbra, 6.ª ed., 2016.
— *Tratado de Direito do Trabalho*, Parte IV – *Contratos e regimes especiais*, Almedina, Coimbra, 2019.

MARIA FRANCISCA SCHUBEIUS DE LANDERSET GOMES,
— «Enquadramento jurídico-tributário das cláusulas de rescisão dos contratos de trabalho dos jogadores de futebol» in: ANTÓNIO MONTEIRO FERNANDES [Coord.], *Estudos de Direito do Trabalho – Colectânea de Dissertações em Direito das Empresas*, Chiado Editora, 2017, sem paginação (*ebook*).
MARIA IRENE GOMES,
— «Questões a propósito dos requisitos exigidos para a lícita constituição da cláusula de não concorrência no âmbito do contrato de trabalho», *Questões Laborais*, 42 (2014), pp. 241-263.
MARIA JOÃO SOARES RIBEIRO,
— «O regime jurídico do Desporto profissional» in: GLÓRIA TEIXEIRA [Coord.], *Direito e Desporto — Estudos fiscais e de gestão*, Almedina, Coimbra, 2007, pp. 63-83.
MARIA JOSÉ CARVALHO,
— «A mulher e a Proposta de Lei de Bases do Desporto», *Desporto & Direito*, 2 (2004), pp. 277-286
— «O reconhecimento do carácter profissional da competição andebol: "história do desassossego"», *Desporto & Direito*, 7 (2005), pp. 9-28.
MARIA REGINA REDINHA,
— «Da protecção da personalidade no Código do Trabalho» in: JOÃO REIS / JOÃO LEAL AMADO / FRANCISCO LIBERAL FERNANDES / MARIA REGINA REDINHA [Org.], *Para Jorge Leite — Escritos Jurídico-Laborais*, Vol. I, Coimbra Editora, Coimbra, 2014, pp. 819-853.
MÁRIO FREUD BENTO BARTOLOMEU,
— *Agência comercial desportiva – da actividade do agente à necessidade de protecção da dignidade do praticante desportivo profissional*, Almedina, Coimbra, 2019.
MÁRIO JOÃO FERNANDES,
— «Tratado sobre o funcionamento da União Europeia» in: ALEXANDRE MIGUEL MESTRE [Coord.], *Enciclopédia de Direito do Desporto*, Gestlegal, Coimbra, 2019, pp. 389-391.
MÁRIO PINTO / PEDRO FURTADO MARTINS / ANTÓNIO NUNES DE CARVALHO,
— *Comentário às leis do trabalho — regime jurídico do contrato individual de trabalho*, Lex, Lisboa, 1994.
MARLENE MENDES,
— «O desporto também dá trabalho» in: *O desporto que os tribunais praticam*, Coimbra Editora, Coimbra, 2014, pp. 327-360.
MARTA VICENTE,
— «Sobre o regime jurídico de acesso e exercício da atividade de treinador de desporto no futebol profissional – uma perspetiva de Direito Constitucional», *Revista de Direito do Desporto*, 10 (2021), pp. 22-37.
MASSIMILIANO MARINELLI,
— «Diritto comunitario e recesso dello sportivo dal contratto di lavoro a tempo determinato», *Europa e Diritto Privato*, 2008, III, pp. 583-597.
MIGUEL LOPES CARDOSO,
— «A duração e organização do tempo de trabalho - evolução de 2003 para 2009», *Revista de Ciências Empresariais e Jurídicas*, 15 (2009), pp. 285-310.
MIGUEL LUCAS PIRES,
— «Lay-off simplificado: podem os clubes de futebol recorrer a este mecanismo?», *Revista de Direito do Desporto*, 5 (2020), pp. 16-22.

MIGUEL MARÍA GARCÍA CABA,
— «La cláusula penal moratoria y su aplicación a los futbolistas profesionales», *Nueva Revista Española de Derecho del Trabajo*, 183 (2016), pp. 267-276.
MIGUEL MOTA MARQUES,
— «Teto salarial» in: ALEXANDRE MIGUEL MESTRE [Coord.], *Enciclopédia de Direito do Desporto*, Gestlegal, Coimbra, 2019, pp. 385-386.
— «Introdução de um teto salarial nas Ligas de Futebol profissional da UEFA: prevaleceria o estatuto especial da *Lex Sportiva* sobre o Direito da União Europeia?», *Revista de Direito do Desporto*, 4 (2019), pp. 80-104.
MIGUEL NOGUEIRA DE BRITO,
— «O novo regime das Federações desportivas», *Desporto & Direito*, 19 (2009), pp. 9-47.
MIGUEL NOGUEIRA LEITE,
— «Jogador Formado Localmente (II)» in: ALEXANDRE MIGUEL MESTRE [Coord.], *Enciclopédia de Direito do Desporto*, Gestlegal, Coimbra, 2019, pp. 250-251.
MIGUEL POIARES MADURO / BENEDITA MENEZES QUEIROZ,
— «You can't sit with us – discrimination against women in football: a commentary of the Mariyam Mohamed vs. Asian Football Confederation (AFC) elections case», *Revista de Direito do Desporto*, 9 (2021), pp. 39-50.
MILENA ROUXINOL,
— «A imperatividade (que tipo de imperatividade?) das normas legais laborais face ao contrato individual de trabalho – considerações em torno do n.º 5 do art. 3.º do CT», *Questões Laborais*, 42 (2014), pp. 159-185.
— «Revisitando a caducidade do contrato de trabalho devia a impossibilidade superveniente, absoluta e definitiva de o trabalhador prestar trabalho (máxime, por doença)», *Prontuário de Direito do Trabalho*, 2016, II, pp. 131-152.
— «Contrato de trabalho – um modelo formoso e não seguro (ou: quando o trabalhador é um "Adónis musculado deambulando pela praia")», *Questões Laborais*, 51 (2017), pp. 123-142.
NATÁLIA ARAÚJO DOS SANTOS,
— *Impostos e futebol – as leis do jogo*, Almedina, Coimbra, 2023.
NUNO BARBOSA,
— «Uma deontologia para o agente de jogadores» in: *I Congresso de Direito do Desporto*, Almedina, Coimbra, 2005, pp. 179-192.
— «O Desporto e a farmácia – um amor proibido», *Desporto & Direito*, 8 (2006), pp. 337-342.
— «Crónica da jornada» in: ANTÓNIO MOREIRA [Coord.], *II Congresso de Direito do Desporto — Memórias*, Almedina, Coimbra, 2007, pp. 295-298.
— «O estatuto jurídico do árbitro no Direito português» in: *Direito do Desporto Profissional — Contributos de um Curso de Pós-Graduação*, Almedina, Coimbra, 2011, pp. 47-59.
— «O estatuto jurídico dos agentes de jogadores no Direito português» in: *Direito Desportivo — Tributo a Marcílio Krieger*, Quartier Latin, São Paulo, 2009, pp. 131-140.
— «As consequências desportivas do incumprimento salarial dos clubes», *Ab Instantia*, 1 (2013), pp. 57-64.

— «O agente de jogadores» in: *O Desporto que os Tribunais praticam*, Coimbra Editora, Coimbra, 2014, pp. 361-376.
— «Sessão de encerramento» in: *IV Congresso de Direito do Desporto*, Almedina, Coimbra, 2015, pp. 179-181.
Nuno Manuel Pinto Oliveira,
— «Clubes de futebol, jogadores e transferências: o problema da validade das "cláusulas de rescisão" – anotação ao acórdão do Supremo Tribunal de Justiça de 7.3.2007, proc. 1541/06», *Cadernos de Direito Privado*, 17 (2007), pp. 53-68.
Nuno Piçarra,
— «A eficácia transnacional dos actos administrativos dos Estados-Membros como elemento caracterizador do Direito Administrativo da União Europeia? in: *Estudos em Homenagem ao Professor Doutor Diogo Freitas do Amaral*, Almedina, Coimbra, 2010, pp. 585-618.
Nuno Santos Rocha,
— «A compensação por formação nas transferências internacionais – as disposições particulares da União Europeia e do Espaço Económico Europeu, em especial o caso da "exceção à exceção" previsto no parágrafo 3 do artigo 6.º do Anexo 4 do Regulamento relativo ao Estatuto e Transferência de jogadores da FIFA» in: Alexandre Miguel Mestre [Coord.], *Compêndio de Direito do Desporto*, Gestlegal, Lisboa, 2021, pp. 1103-1120.
Nuno Vieira Pássaro,
— *Direito do Desporto: uma visão prática*, AAFDL Editora, Lisboa, 2021.
Pablo Cazorla González-Serrano / Alejandro Cornet,
— «Cuestiones controvertidas en torno al régimen indemnizatorio de aquellos deportistas amparados en el Real Decreto 1006/1985, de 26 de junio, por el que se regula la relación laboral especial de los deportistas profesionales», *Revista Aranzadi de Derecho de Deporte y Entretenimiento*, 78 (2023) 18 pp. (consultado *online*).
Patrícia Franco,
— «A cumplicidade na cessação do contrato de trabalho desportivo», *Revista de Direito do Desporto*, 1 (2019), pp. 39-88.
Patrícia Saraiva de Aguiar,
— «Estrangeiros» in: Alexandre Miguel Mestre [Coord.], *Enciclopédia de Direito do Desporto*, Gestlegal, Coimbra, 2019, pp. 188-190.
Patrícia Sousa Borges,
— «Controlo antidoping na arbitragem: uma necessidade ou um excesso de zelo», *Revista de Direito do Desporto*, 9 (2021), pp. 104-118.
Paula Ponces Camanho,
— «Algumas reflexões sobre o regime jurídico do contrato de trabalho a termo» in: *Juris et de Jure – Nos 20 anos da Faculdade de Direito da Universidade Católica Portuguesa – Porto*, Universidade Católica Portuguesa, Porto, 1998, pp. 969-986.
Paulo Cardoso de Moura,
— «O desporto na ordem jurídica portuguesa», *Revista Jurídica da Universidade Portucalense Infante D. Henrique*, 3 (1999), pp. 149-196.
— «Seguros obrigatórios nas actividades desportivas e de lazer», *Desporto & Direito*, 8 (2006), pp. 221-257.

PAULO DA ROCHA PICHEL,
— «Notas sobre a tributação do rendimento proveniente de direitos de imagem dos desportistas», *Revista de Direito do Desporto*, 6 (2020), pp. 50-59.

PAULO OTERO,
— *Legalidade e Administração Pública – o sentido da vinculação administrativa à juridicidade*, Almedina, Coimbra, 2003.
— «Metamorfoses do Direito do Desporto – palavras na abertura de um curso de Direito do Desporto», *Revista de Direito do Desporto*, 11 (2022), pp. 5-7.

PEDRO ALMEIDA,
— «Os efeitos da resolução do contrato de trabalho desportivo por iniciativa do jogador profissional de futebol», *Revista Internacional de Direito do Trabalho*, 3 (2022), pp. 297-338.

PEDRO COSTA GONÇALVES,
— «Imputação ao Gil Vicente FC de infracção disciplinar muito grave consistente na violação do disposto no artigo 63.º do Regulamento Disciplinar da Liga Portuguesa de Futebol Profissional», *Desporto & Direito*, 13 (2007) pp. 91-115.
— *Entidades privadas com poderes públicos: o exercício de poderes públicos de autoridade por entidades privadas com funções administrativas*, Almedina, Coimbra, 2008.
— «Regulamentos desportivos [os poderes regulamentares de natureza pública das federações desportivas e das ligas profissionais]» in: *IV Congresso de Direito do Desporto*, Almedina, Coimbra, 2015, pp. 55-69.

PEDRO FERREIRA DE SOUSA / FÁBIO NAVE MOREIRA,
— «O tempo de disponibilidade do trabalhador — perspetiva laboral, fiscal e contributiva», *Prontuário de Direito do Trabalho*, 2018, II, pp. 195-216.

PEDRO HENRIQUE REBELLO DE MENDONÇA,
— «Autonomia desportiva» in: ALEXANDRE MIGUEL MESTRE [Coord.], *Enciclopédia de Direito do Desporto*, Gestlegal, Coimbra, 2019, pp. 45-47.

PAULO FARINHA ALVES,
— «Seguro desportivo» in: ALEXANDRE MIGUEL MESTRE [Coord.], *Enciclopédia de Direito do Desporto*, Gestlegal, Coimbra, 2019, pp. 370-371.

PAULO RENDEIRO,
— «Período de transferências» in: ALEXANDRE MIGUEL MESTRE [Coord.], *Enciclopédia de Direito do Desporto*, Gestlegal, Coimbra, 2019, pp. 311-312.

PEDRO FURTADO MARTINS,
— *Despedimento ilícito, reintegração na empresa e dever de ocupação efectiva – contributo para o estudo dos efeitos da declaração da invalidade do despedimento*, Direito e Justiça — Revista da Faculdade de Direito da Universidade Católica Portuguesa - Suplemento, Lisboa, 1992.

PEDRO MIGUEL HENRIQUES,
— «Treinadores: profissionais sem lei?» in: *Estudos de Direito Desportivo em Homenagem a Albino Mendes Baptista*, Universidade Lusíada Editora, Lisboa, 2010, pp. 279-306
— «Período experimental» in: ALEXANDRE MIGUEL MESTRE [Coord.], *Enciclopédia de Direito do Desporto*, Gestlegal, Coimbra, 2019, pp. 312-314.

PEDRO MOTA PINHO,
— *A prisão do trabalhador e as suas consequências no contrato de trabalho*, Nova Causa, Braga, 2019.

Pedro Petrucci de Freitas,
— «Algumas notas sobre as limitações ao exercício da actividade de treinador profissional de futebol (Parte I)», *Revista da Ordem dos Advogados*, 2015, III-IV, pp. 631-652.
Pedro Rosa,
— «Cessação do contrato de formação e cláusulas de rescisão», *Desporto & Direito*, 31 (2013), pp. 49-69.
— «Despedimento coletivo» in: Alexandre Miguel Mestre [Coord.], *Enciclopédia de Direito do Desporto*, Gestlegal, Coimbra, 2019, pp. 132-133.
Pietro Ichino,
— *Il Contrato di Lavoro I – Fonti e principi generali, autonomia individuale e collettiva, disciplina del mercato – tipo legali, decentramento produttivo, differenzizione dei trattamenti e inquadramento* in: Antonio Cicu / Frasncesco Messineo / Luigi Mengoni [Org.], *Trattato di Diritto Civile e Commercial*, vol. XXVII, T. II, Giuffrè Ed., Milano, 2000, pp. 348-360.
Rafael Fernández Jordano,
— «*E-sports, E-gamers* y propriedade intelectual: a vueltas com el concepto de artista intérprete o ejecutante», *Actualidad Jurídica Uría Menéndez*, 52 (2019), pp. 116-121.
Rafael Teixeira Ramos,
— «Cedência temporária ('Empréstimo') de Atleta (II)» in: Alexandre Miguel Mestre [Coord.], *Enciclopédia de Direito do Desporto*, Gestlegal, Coimbra, 2019, pp. 70-72.
Raquel Domingues,
— «O direito à proteção social do praticante desportivo profissional e de alto rendimento», *Revista de Direito do Desporto*, 4 (2019), pp. 105-116.
Raquel Moura Pinto,
— «Cláusulas de rescisão – admissibilidade no contrato de trabalho desportivo» in: Alexandre Miguel Mestre [Coord.], *Compêndio de Direito do Desporto*, Gestlegal, Coimbra, 2021, pp. 416-433.
Raúl Guichard / Catarina Brandão Proença / Ana Teresa Ribeiro,
— «Anotação ao artigo 265.º» in: Luís Carvalho Fernandes / José Carlos Brandão Proença [Coord.], *Comentário ao Código Civil — Parte Geral*, Universidade Católica Editora, Lisboa, 2014.
Remedios Roqueta Buj,
— «El régimen jurídico aplicable a los jugadores profesionales de videojuegos», *Revista Aranzadi de Derecho del Deporte y Entretenimiento*, 56 (2017), pp. 25-48.
— «Los derechos colectivos de los deportistas profesionales tras la irrupción en escena del sindicato futbolistas ON», *Revista Aranzadi de Derecho de Deporte y Entretenimiento*, 61 (2018), versão digital.
— «La supletoriedad actual del Estatuto de los Trabajadores en la relación especial de deportista profesional», *Revista Aranzadi de Derecho de Deporte y Entretenimiento*, 65 (2019), versão digital.
— «La reducción de los salarios contractuales y convencionales en el deporte profesional como consecuencia del coronavirus», *Revista Aranzadi de Derecho de Deporte y Entretenimiento*, 70 (2021), versão digital.
Ricardo Candeias,
— *Personalização de equipa e transformação de clube em sociedade anónima desportiva (contributo para um estudo das sociedades desportivas)*, Coimbra Editora, Coimbra, 2000.

Ricardo Cardoso,

— «Direitos de imagem das celebridades desportivas – de onde vêm, o que são e para onde vão» in: Alexandre Miguel Mestre [Coord.], *Compêndio de Direito do Desporto*, Gestlegal, Lisboa, 2021, pp. 1157-1195.

Ricardo Costa,

— «Comentário ao acórdão do Tribunal Arbitral do Basquetebol – processo n.º 1/2004», *Desporto & Direito*, 7 (2005), pp. 113-132.

Ricardo Grilo,

— «As cláusulas "anti rival" e a sua adequação ao ordenamento jurídico-laboral (em especial no contexto desportivo)», *Revista de Direito do Desporto*, 2019, I, pp. 101-108.

Ricardo Henrique Tomás,

— «Direito de imagem» in: Alexandre Miguel Mestre [Coord.], *Enciclopédia de Direito do Desporto*, Gestlegal, Coimbra, 2019, pp. 153-154.

Ricardo Marques Candeias,

— «Comentário ao Acórdão do Supremo Tribunal de Justiça, de 3 de Julho de 2003», *Desporto & Direito*, 3 (2004), pp. 491-507.

Ricardo Nascimento,

— «Cláusulas ou pactos de não concorrência em contratos de treinadores» in: *The balance between worker protection and employer powers — insights from around the World*, Cambrige Scholars Publishing, Newcastle, 2018, pp. 458-478.

— «Pacto de não concorrência» in: Alexandre Miguel Mestre [Coord.], *Enciclopédia de Direito do Desporto*, Gestlegal, Coimbra, 2019, pp. 305-308.

— «Em busca de um regime jurídico-laboral específico aplicável ao treinador desportivo», *Revista de Direito do Desporto*, 7 (2021), pp. 59-72.

Rita Canas da Silva,

— *Suspensão laboral – ausência temporária da prestação de trabalho*, Almedina, Coimbra, 2017.

— «Alguns problemas sobre o regime jurídico das faltas» in: Maria do Rosário Palma Ramalho / Teresa Coelho Moreira [Coord.], *Tempo de trabalho e tempos de não trabalho – o regime nacional do tempo de trabalho à luz do Direito Europeu e Internacional*, APODIT, Lisboa, 2018, pp. 275-284.

Rita Figueira,

— «Reflexões sobre a liberalização do mercado no futebol», *Desporto & Direito*, 13 (2007), pp. 37-46.

Rita Garcia Pereira,

— «Casa dos Segredos: Um novo templo para a subordinação jurídica?» in: *Para Jorge Leite - Escritos jurídico-laborais*, Vol. II, Coimbra Editora, Coimbra, 2014, pp. 697-731.

Roberto Fernández Villarino,

— «Cuestiones de orden prático en torno a la aplicación del régimen indemnizatorio por finalización de contrato a los deportistas profesionales – conforme a la sentencia del Tribunal Supremo de 26/03/2014», *Revista Aranzadi de Derecho del Deporte y Entretenimiento*, 45 (2014), pp. 327-333.

Rodrigo Morais,

— «Regulamento sobre o Estatuto e Transferência de Jogadores (FIFA)» in: Alexandre Miguel Mestre [Coord.], *Enciclopédia de Direito do Desporto*, Gestlegal, Coimbra, 2019, pp. 352-358.

ROSALÍA ORTEGA PRADILLO,
— «Pecularidade del régimen jurídico entrenadores y árbitros deportivos em españa» in: *Iº Congresso Internacional sobre o Regime Jurídico do Contrato de Trabalho Desportivo*, Vida Económica, Porto, 2018, pp. 203-228.
RUI ALEXANDRE JESUS,
— «Esport» in: ALEXANDRE MIGUEL MESTRE [Coord.], *Enciclopédia de Direito do Desporto*, Gestlegal, Coimbra, 2019, pp. 177-178.
RUI PROENÇA GARCIA / LUÍSA ÁVILA DA COSTA,
— «Desporto: hipótese de uma ética universal», *Revista de Direito do Desporto*, 8 (2021), pp. 26-33.
RUTE SOARES,
— «Homologação de contrato» in: ALEXANDRE MIGUEL MESTRE [Coord.], *Enciclopédia de Direito do Desporto*, Gestlegal, Coimbra, 2019, pp. 214-215.
SALVATORE MAZZAMUTO,
— «Mobbing e diritto sportivo», *Europa e Diritto Privato*, 2008, III, pp. 563-581.
SARA LEITÃO,
— «Duração, renovação e sucessão de contratos a termo: alterações introduzidas pela Lei n.º 93/2019, de 4 de setembro», *Revista de Direito e de Estudos Sociais*, 2019, I-IV, pp. 201-236.
SÉRGIO MONTEIRO,
— «"Caso" Belluschi / Duarte Gomes – responsabilidade disciplinar do árbitro de futebol profissional por comportamento autoritário e provocador», *Desporto & Direito*, 24 (2011), pp. 429-445.
SÉRGIO NUNO COIMBRA CASTANHEIRA,
— *O fenómeno do doping no desporto – o atleta responsável e o irresponsável*, Almedina, Coimbra, 2011.
— «Regime jurídico da luta contra a dopagem no desporto» in: *Direito do Desporto Profissional — Contributos de um Curso de Pós-Graduação*, Almedina, Coimbra, 2011, pp. 181-240.
SÉRGIO PIRES BRÁS,
— «O bom, o mau e o vilão: considerações (breves) a propósito da tutela do clube empregador nas situações de denúncia do contrato de trabalho desportivo por parte do jogador profissional de futebol», *Revista de Direito do Desporto*, 11 (2022), pp. 42-54.
SÉRGIO TENREIRO / DAVID FALCÃO,
— *Lições de Direito do Trabalho — a relação individual de trabalho*, Almedina, 6.ª ed., Coimbra, 2019.
SIMÃO MENDES DE SOUSA,
— «O direito fundamental ao desporto e a sua concretização pelos municípios» in: ALEXANDRE MIGUEL MESTRE [Coord.], *Compêndio de Direito do Desporto*, Gestlegal, Coimbra, 2021, pp. 44-74.
SOFIA BARROS CARVALHOSA,
— «As situações abusivas decorrentes da exploração comercial da imagem do praticante desportivo profissional» in: *Estudos de Direito Desportivo em Homenagem a Albino Mendes Baptista*, Universidade Lusíada Editora, Lisboa, 2010, pp. 307-353.
— «Algumas considerações sobre a decisão proferida pelo Tribunal da Relação de Lisboa no âmbito do acórdão de 18 de Dezembro de 2007, e que envolve o direito de imagem do praticante desportivo», *Desporto & Direito*, 17 (2009), pp. 303-320.

Sofia Meneses,

— «Miklós Féher em 2004 e Iker Casillas em 2019 – farão quinze anos de doutrina e jurisprudência alguma diferença?» in: Alexandre Miguel Mestre [Coord.], *Compêndio de Direito do Desporto*, Gestlegal, Lisboa, 2021, pp. 434-455.

Sol Ruiz De La Cuesta Fernández,

— *El contrato laboral del artista*, Tirant lo Blanch, Valencia, 2007.

Sónia Carneiro / Paulo Mariz Rozeira / Amândio Novais,

— «A cessação do contrato do trabalho desportivo por iniciativa do praticante desportivo: o caso do futebol profissional» in: *Iº Congresso Internacional sobre o Regime Jurídico do Contrato de Trabalho Desportivo*, Vida Económica, Porto, 2018, pp. 229-251.

Soraia Quarenta,

— «Adepto» in: Alexandre Miguel Mestre [Coord.], *Enciclopédia de Direito do Desporto*, Gestlegal, Coimbra, 2019, pp. 20-21.

Tamira Velosa,

— «Responsabilidades dos advogados enquanto agentes de jogadores profissionais de futebol e de clubes», *Boletim da Ordem dos Advogados*, 26 (2003), pp. 34-36.

Telma Rocha,

— «A participação nas seleções nacionais — uma introdução», *Revista de Direito do Desporto*, 2 (2019), pp. 44-93.

Teresa Alexandra Coelho Moreira,

— «O respeito pela esfera privada do trabalhador: natureza jurídica das faltas cometidas por motivo de prisão baseada em crimes praticados fora do trabalho», *Questões Laborais*, 18 (2001), pp. 155-189.

— *Da esfera privada do trabalhador e o controlo do empregador*, Coimbra Editora, Coimbra, 2004.

Tiago Fernandes,

— «O contrato de trabalho do praticante desportivo e o dever de ocupação efetiva», *Revista de Direito do Desporto*, 11 (2022), pp. 55-70.

Tiago Patrício,

— «Pacto de preferência no contrato de trabalho desportivo – comentário ao Acórdão do Supremo Tribunal de Justiça de 18 de Dezembro de 2012», *Ab Instantia*, 2 (2013), pp. 137-170.

Tiago Rocha,

— «Algumas considerações sobre o conceito de tempo de trabalho, em especial sobre o conceito de tempo de deslocação», *Questões Laborais*, 52 (2018), pp. 33-74.

Tiago Rodrigues Bastos,

— «A (in)validade das cláusulas de opção nos contratos de trabalho desportivo» in: *Boletim da Ordem dos Advogados*, 21 (Maio de 2019), disponível *online* (consultado a 10/06/2019).

Vasiliki Fasoula,

— «Global labour market for professional football players and contract law», *Católica Law Review*, 2018 (2), II, pp. 115-137.

Victor Hugo Ventura,

— «À espera de um novo *Bosman*? A compatibilidade do regime do tempo de trabalho do praticante desportivo com o Direito da União Europeia?», *Questões Laborais*, 54 (2019), pp. 81-97.

— *O Estatuto dos Profissionais da Área da Cultura – regime novo ou* mise-en-scène?, Almedina, Coimbra, 2022.
— «A estipulação de cláusulas penais em contratos de representação desportiva», *Revista de Direito do Desporto*, 11 (2022), pp. 25-33.
— «A estipulação de "cláusulas de rescisão" em contratos de formação desportiva», *Revista de Direito do Desporto*, 13 (2022), pp. 21-29.
— «Os "prémios" por objetivos no regime do contrato de trabalho do praticante desportivo – nota ao acórdão de 26/10/2022 do Tribunal da Relação de Lisboa», *Revista de Direito do Desporto*, no prelo.
Víctor Manuel Seligrat González,
— «Acoso laboral en el deporte professional – delimitación de sus perfiles, naturaleza de la responsabilidad civil exigible, daños indemnizables y su reparación, *Revista Aranzadi de Derecho de Deporte y Entretenimiento*, 53 (2016), pp. 67-107.
Vital Moreira,
— «Parecer do Professor Doutor Vital Moreira», *Desporto & Direito*, 18 (2009), pp. 431-502.
Wladimyr Camargos,
— «Lex Sportiva» in: Alexandre Miguel Mestre [Coord.], *Enciclopédia de Direito do Desporto*, Gestlegal, Coimbra, 2019, pp. 264-265.

JURISPRUDÊNCIA

Ac. de 28/05/1963 do STA (Henrique Mário Pereira Parreira), ESC, 7 (1963), pp. 166-170
Ac. de 11/05/1965 do STA (Henrique Mário Pereira Parreira), AcD, 43 (1965), pp. 975-978
Ac. de 02/05/1967 do STA (Fernando Correia Pereira da Silva), ESC, 23 (1967), pp. 184-188
Ac. de 20/06/1972 do STA (Vasco Marinho de Almeida Homem de Melo), AcD, 131 (1972), pp. 1603-1609
Ac. de 18/01/1982 do TRL (Pedro Macedo), CJ, 1982, I, pp. 227-229
Ac. de 31/01/1985 do TRE (Carita Grave), BMJ, 345 (1985), p. 466 (sumário)
Ac. de 26/02/1985 do TRL (Valente da Silva), CJ, 1985, I, pp. 172-173
Ac. de 12/07/1985 do STJ (Dias da Fonseca), BMJ, 349 (1985), pp. 325-328
Ac. de 20/05/1988 do STJ (Salviano de Sousa), BTE, II Série, 4-5-6/1990, pp. 391-393 / BMJ, 377 (1988), pp. 381-385
Ac. de 02/11/1989 do TRL (Antonino Duarte Prazeres Pais), BMJ, 391 (1990), p. 679 (sumário)
Ac. de 31/01/1990 do TRL (Sousa e Alvim), CJ, 1990, I, pp. 198-200
Ac. de 06/11/1991 do TRL (Alexandre Cunha e Silva), BMJ, 411 (1991), p. 640 (sumário)
Ac. de 17/03/1992 do TRE (Loureiro Pipa), CJ, 1992, II, pp. 317-318
Ac. de 18/03/1992 do TRL (César Teles), BMJ, 415, 1992, pp. 706-707 / CJ, 1992, II, pp. 193-196
Ac. de 07/04/1992 do TRE (Loureiro Pipa), CJ, 1992, II, pp. 317-318
Ac. de 15/06/1992 do TRP (José Correia), proc. nr. 9250139 (sumário)
Ac. de 07/07/1992 do TRL (Álvaro Vasco), proc. nr, 0077444 (sumário)
Ac. de 28/10/1992 do TRL (Albano Soares Dinis Roldão), BMJ, 420 (1992), p. 635 (sumário)
Ac. de 20/01/1993 do STJ (Sousa Macedo), CJ (STJ), 1993, I, pp. 234-238 / proc. nr. 003498 (sumário)
Ac. de 01/02/1993 do TRP (João Gonçalves), BMJ, 424 (1993), pp. 730-731 (sumário)
Ac. de 03/02/1993 do TRL (Álvaro Vasco), CJ, 1993, I, pp. 184-188
Ac. de 18/02/1993 do TRL (Andrade Borges), proc. nr. 0081474 (sumário)
Ac. de 24/03/1993 do TRL (José Belo Videira), BMJ, 425 (1993), p. 608 (sumário)
Ac. de 21/04/1993 do TRL (Andrade Borges), CJ, 1993, III, p. 166 (página única)
Ac. de 22/04/1993 do TRC (José Correia), BMJ, 426 (1993), p. 534 (sumário)

Ac. de 28/04/1993 do STJ (Mora do Vale), CJ (STJ), 1993, II, pp. 270-272
Ac. de 10/05/1993 do TRP (Abel Saraiva), CJ, 1993, III, pp. 263-264
Ac. de 15/07/1993 do TRC (Vítor Devesa), BMJ, 429 (1993), p. 893 (sumário)
Ac. de 27/09/1993 do TRP (Leitão Santos), CJ, 1993, IV, pp. 274-276 / BMJ, 429 (1993), p. 877 (sumário)
Ac. de 07/10/1993 do STJ (Zeferino Faria), BMJ, 430 (1993), pp. 450-454
Ac. de 27/10/1993 do TRL (César Augusto de Sousa Teles), BMJ, 430 (1993), p. 501 (sumário)
Ac. de 02/12/1993 do TRL (Ventura de Carvalho), CJ, 1993, V, pp. 189-190
Ac. de 26/01/1994 do TRL (Belo Videira), CJ, 1994, I, pp. 176-177
Ac. de 02/03/1994 do TRL (Alexandre Cunha e Silva), BMJ, 435 (1994), pp. 885-886 (sumário)
Ac. de 25/05/1994 do TRL (José Belo Videira), BMJ, 437 (1994), pp. 566-567 (sumário)
Ac. de 22/06/1994 do STJ (Fernando Simão), *Questões Laborais*, 2 (1994), p. 125 (sumário)
Ac. de 30/06/1994 do STJ (Carlos Augusto Constante Horta), BMJ, 438 (1994), p. 538 (sumário)
Ac. de 01/10/1994 do STJ (Chichorro Rodrigues), BMJ, 440 (1994), pp. 214-229
Ac. de 12/10/1994 do TRL (Carlos Augusto Constante Horta), BMJ, 440 (1994), p. 533 (sumário)
Ac. de 26/10/1994 do STJ (Fernando Simão), CJ (STJ), 1994, III, pp. 279-281 / AcD, 399 (1995), pp. 350-357
Ac. de 14/11/1994 do TRP (Manuel Fernandes), CJ, 1994, V, pp. 266-268
Ac. de 15/05/1995 do TRP (Ramos da Fonseca), proc. nr. 9440389
Ac. de 11/10/1995 do STJ (Rogério Correia de Sousa), BMJ, 450 (1995), pp. 265-271
Ac. de 06/11/1995 do TRP (Ramos da Fonseca), CJ, 1995, V, pp. 262-264
Ac. de 04/12/1995 do TRP (Leitão Santos), proc. nr. 9510618 (sumário)
Ac. de 10/01/1996 do STJ (Loureiro Pipa), proc. nr. 003396 (sumário)
Ac. de 31/01/1996 do STJ (Fernando José Leal Pipa), AcD, 415 (1996), pp. 930-939
Ac. de 05/03/1996 do TC (Antero Alves Monteiro Dinis), proc. nr. 345/96 / BMJ, 455 (1996) pp. 77-90
Ac. de 13/05/1996 do TRP (Leitão Santos), CJ, 1996, III, pp. 249-250
Ac. de 17/06/1996 do TRP (Sousa Peixoto), CJ, 1996, III, pp. 258-260
Ac. de 09/10/1996 do STJ (Manuel Pereira), proc. nr. 004319
Ac. de 11/11/1996 do TRP (Sousa Peixoto), CJ, 1996, V, pp. 249-250.
Ac. de 03/12/1996 do TRL (Lopes Bento), CJ, 1996, V, pp. 120-122 (secção cível)
Ac. de 04/03/1997 do TC (Alberto Tavares da Costa), BMJ, 465 (1997), pp. 103-110
Ac. de 23/04/1997 do TRL (Andrade Borges), BTE, II Série, 1-6/2000, pp. 383-384
Ac. de 07/05/1997 do STJ (Carvalho Pinheiro), proc. nr. 96S138 / CJ (STJ), 1997, II, pp. 275-276
Ac. de 24/11/1997 do TRP (Sousa Peixoto), CJ, 1997, V, pp. 246-248
Ac. de 10/02/1998 do STJ (Costa Soares), BMJ, 474 (1998), pp. 286-291
Ac. de 06/02/1999 do TRP (Sousa Peixoto), BMJ, 484 (1999), p. 438 (sumário)
Ac. de 18/11/1999 do STJ (Victor Devesa), CJ (STJ), 1999, III, pp. 278-281
Ac. de 27/03/2000 do TRP (Machado da Silva), proc. nr. 0040164 (sumário) / BMJ, 495 (2000), p. 361 (sumário)

Ac. de 12/06/2000 do TRP (Sousa Peixoto), CJ, 2000, III, pp. 253-254
Ac. de 14/06/2000 do TRL (Olindo Geraldes), CJ, 2000, III, pp. 167-169
Ac. de 15/11/2000 do TRC (Serra Leitão), CJ, 2000, V, pp. 62-63
Ac. de 21/11/2000 do STJ (Pinto Monteiro), CJ (STJ), 2000, III, pp. 130-133
Ac. de 28/03/2001 do TRP (Sousa Peixoto), proc. nr. 0140177 / CJ, 2001, II, pp. 240-242
Ac. de 07/05/2001 do TRP (Sousa Peixoto), proc. nr. 0140193
Ac. de 15/01/2002 do TRL (André dos Santos), CJ, 2002, I, pp. 73-74 (secção cível)
Ac. de 23/03/2002 do STJ (Lopes Pinto), proc. nr. 02A844
Ac. de 04/04/2002 do TRP (Norberto Brandão), CJ, 2002, II, pp. 211-213
Ac. de 25/06/2002 do STJ (Mário Torres), proc. nr. 01S3722
Ac. de 26/06/2002 do TRL (Ferreira Marques), proc. nr. 0012864
Ac. de 08/10/2002 do TRL (Mário Rua Dias), CJ, 2002, IV, pp. 89-97
Ac. de 03/02/2003 do TRP (Sousa Peixoto), proc. nr. 0212443
Ac. de 04/03/2003 do TRC (Serra Leitão), CJ, 2003, II, pp. 52-54
Ac. de 27/05/2003 do STJ (Neves Ribeiro), CJ (STJ), 2003, II, pp. 82-84 (secção cível)
Ac. de 07/07/2003 do TRP (Sousa Peixoto), proc. nr. 0313126
Ac. de 09/07/2003 do TRL (Ferreira Marques), CJ, 2003, IV, pp. 148-150
Ac. de 02/12/2003 do TRE (Acácio Proença), CJ, 2003, V, pp. 285-288
Ac. de 03/02/2004 do TRE (Chambel Mourisco), proc. nr. 2453/03-2
Ac. de 20/03/2004 do STJ (Martins de Sousa), proc. nr. 396/2000.L1.S1
Ac. de 07/06/2004 do TRP (Ferreira da Costa), proc. nr. 0441079 / CJ, 2004, III, pp. 232-233
Ac. de 24/02/2005 do TRE (Bernardo Domingos), proc. nr. 2788/04-3
Ac. de 18/01/2006 do TRL (Duro Mateus Cardoso), proc. nr. 3276/2005-4
Ac. de 22/03/2006 do TRL (Duro Mateus Cardoso), proc. nr. 6517/2005-4
Ac. de 20/09/2006 do STJ (Vasques Dinis), proc. nr. 06S378 / CJ (STJ), 2006, III, pp. 262-265
Ac. de 09/10/2006 do TRP (Fernanda Soares), proc. nr. 0613318
Ac. de 19/10/2006 do TRG (Pereira da Rocha), proc. nr. 876/06-2
Ac. de 23/10/2006 do TRP (Fernanda Soares), proc. nr. 0612882
Ac. de 02/11/2006 do TRG (Maria Rosa Tching), CJ, 2006, V, pp. 279-282 / proc. nr. 1963/06-1
Ac. de 08/01/2007 do TRP (Ferreira da Costa), proc. nr. 0612342
Ac. de 11/01/2007 do TRC (Azevedo Mendes), proc. nr. 1252/04.2TTCBR.C1
Ac. de 24/01/2007 do STJ (Mário Pereira), proc. nr. 06S1821
Ac. de 22/02/2007 do TRC (Fernandes da Silva), CJ, 2007, I, pp. 66-68
Ac. de 07/03/2007 do STJ (Sousa Peixoto), proc. nr. 06S1541 / CJ (STJ), 2007, I, pp. 271-280
Ac. de 21/03/2007 do TRL (Duro Mateus Cardoso), proc. nr. 42/2007-4
Ac. de 28/05/2007 do TRP (Paula Carvalho), CJ, 2007, III, pp. 225-230
Ac. de 05/07/2007 do STJ (Azevedo Ramos), CJ (STJ), II, pp. 148-151 (secção cível)
Ac. de 12/09/2007 do STJ (Maria Laura Leonardo), proc. nr. 06S4107
Ac. de 18/12/2007 do TRL (Jorge Leal), proc. nr. 7379/2007-2
Ac. de 16/01/2008 do TRL (Leopoldo Soares), CJ, 2008, I, pp. 146-149
Ac. de 28/01/2008 do TTL (Diogo Ravara), *Revista do Ministério Público*, 113 (2008), pp. 151-171
Ac. de 18/02/2008 do TRP (Fernanda Soares), proc. nr. 0715860 / CJ, 2008, I, pp. 230-232
Ac. de 25/02/2008 do TRP (Fernanda Soares), proc. nr. 0716269

Ac. de 30/04/2008 do STJ (Bravo Serra), proc. nr. 07S4749
Ac. de 05/05/2008 do TRP (Ferreira da Costa), proc. nr. 0810616
Ac. de 07/05/2008 do STJ (Vasques Dinis), CJ (STJ), 2008, II, pp. 267-272
Ac. de 18/06/2008 do STJ (Bravo Serra), proc. nr. 08S1156 / CJ (STJ), 2008, II, pp. 276-281
Ac. de 10/07/2008 do STJ (Mário Pereira), CJ (STJ), 2008, II, pp. 295-301
Ac. de 22/09/2008 do TRP (Maria Fernanda Soares), proc. nr. 0842844 / CJ, 2008, IV, pp. 231-233
Ac. de 24/09/2008 do TRL (José Feteira), CJ, 2008, IV, pp. 160-162
Ac. de 11/11/2008 do TRC (Serra Leitão), CJ, 2008, V, p. 61 (página única)
Ac. de 19/11/2008 do STJ (Vasques Dinis), proc. nr. 08S1690
Ac. de 05/01/2009 do TRP (Machado da Silva), CJ, 2009, I, pp. 256-257
Ac. de 03/02/2009 do TRE (Acácio Proença), CJ, 2009, I, pp. 286-290.
Ac. de 17/03/2009 do TRC (Azevedo Mendes), proc. nr. 335/06.9TTAVR.C1
Ac. de 12/09/2009 do TRL (Maria do Carmo Ferreira), proc. nr. 288/18.0T9LRS.L1-9
Ac. de 21/10/2009 do STJ (Bravo Serra), proc. nr. 1051/03.9TTSTB.S1
Ac. de 11/11/2009 do TRL (Isabel Tapadinhas), proc. nr. 3987/03.8TTLSB.L1-4 / CJ, 2009, V, pp. 138-141
Ac. de 09/12/2009 do STA (Isabel Marques da Silva), proc. nr. 0739/09
Ac. de 02/02/2010 do TRE (António Gonçalves Rocha), CJ, 2010, I, pp. 257-258
Ac. de 15/09/2010 do STJ (Vasques Dinis), proc. nr. 4119/04.0TTLSB.S1
Ac. de 27/10/2020 do TRL (Cristina Coelho), proc. nr. 625/19.0T8LSB.L1-7
Ac. de 10/11/2010 do TRL (Paula Sá Fernandes), CJ, 2010, V, pp. 162-166
Ac. de 16/11/2010 do STJ (Sousa Peixoto), proc. nr. 3987/03.8TTLSB.L1.S1
Ac. de 08/02/2011 do STJ (Fonseca Ramos), proc. nr. 954/07.6TBVFX.L1.S
Ac. de 13/04/2011 do TRL (Isabel Tapadinhas), proc. nr. 253/10.6TTFUN.L1-4 / CJ, 2011, II, pp. 171-174
Ac. de 15/11/2011 do STJ (Marques Pereira), proc. nr. 19/08.3TVLSB.L1.S1
Ac. de 23/01/2012 do TRP (António Ramos), CJ, 2012, I, pp. 224-227 / proc. nr. 643/09.7TTVCT.P1
Ac. de 16/02/2012 do TRG (Isabel Rocha), proc. nr. 1275/11.5TBGMR.G1
Ac. de 17/05/2012 do TRP (Filipe Caroço), proc. nr. 417/11.5TVPRT.P1
Ac. de 25/10/2012 do STJ (Oliveira Vasconcelos), proc. nr. 2598/09.9TBVNG.P1.S1
Ac. de 12/11/2012 do TRP (António José Ramos), proc. nr. 502/10.0TTVFR.P1 / CJ, 2012, V, p. 307 (sumário)
Ac. de 20/11/2012 do TRL (Orlando Nascimento), proc. nr. 211/10.0TCFUN.L1-7
Ac. de 18/12/2012 do STJ (Gregório Silva Jesus), proc. nr. 9035/03.0TVLSB.L1.S1
Ac. de 14/01/2013 do TRP (Maria José Costa Pinto), CJ, 2013, I, p. 324 (sumário)
Ac. de 14/02/2013 do STJ (Fernandes Silva), CJ (STJ), 2013, I, p. 259 (sumário)
Ac. de 19/06/2013 do TRL (Jerónimo Freitas), proc. nr. 586/11.4TTFUN.L1-4
Ac. de 07/10/2013 do TRP (Ferreira da Costa), proc. nr. 348/12.1TTOAZ.P1
Ac. de 09/11/2013 do TRL (Sérgio Almeida), proc. nr. 2463/12.0TTLSB.L1-4
Ac. de 12/11/2013 do TRG (Edgar Gouveia Valente), CJ, 2013, V, pp. 287-291 (cível)
Ac. de 26/11/2013 do TRP (Maria João Areias), proc. nr. 462/11.0TBVCD.P1
Ac. de 12/03/2014 do STJ (Melo Lima), proc. nr. 870/10.4TTMTS.P1.S1

Ac. de 24/04/2014 do TRE (Acácio Proença), CJ, 2014, II, pp. 284-287
Ac. de 17/06/2014 do TRP (Márcia Portela), proc. nr. 182/13.1TVPRT.P1
Ac. de 17/09/2014 do STJ (Leones Dantas), CJ (STJ), 2014, III, p. 272 (sumário)
Ac. de 29/10/2014 do STJ (Pinto Hespanhol), proc. nr. 1083/05.2TTLSB.L2.S1
Ac. de 03/11/2014 do TRP (Eduardo Petersen Silva), CJ, 2014, Tomo V, pp. 237-240
Ac. de 17/12/2014 do STA (Fonseca da Paz), proc. nr. 0588/14
Ac. de 29/01/2015 do TRG (Manuela Fialho), proc. nr. 455/13.3TTBRG.P1.G1
Ac. de 25/03/2015 do STJ (Fernandes da Silva), CJ (STJ), 2015, I, pp. 266-268 / proc. nr. 4776/05.0TTLSB.L2.S1
Ac. de 14/05/2015 de TRG (Manuela Fialho), proc. nr. 67/13.1TTBCL.P1.G1
Ac. de 28/05/2015 do TRG (Manuela Fialho), proc. nr. 1348/12.7TTBRG.G1.
Ac. de 25/06/2015 do STJ (Fernandes Da Silva), proc. nr. 3345/11.0TTLSB.L1.S1
Ac. de 07/01/2016 do TRE (Ana Barata Brito), proc. nr. 756/13.0TATVR.E1
Ac. de 17/02/2016 do TRL (Paula Sá Fernandes), proc. nr. 3679/13.0TTLSB.L1-1
Ac. de 15/06/2016 do TRL (Eduardo Azevedo), proc. nr. 3293/13.0TTLSB.L1-4
Ac. de 29/06/2016 do TRL (Eduardo Azevedo), proc. nr. 69/14.0TTBRR.L1-4
Ac. de 30/06/2016 do TRG (Manuela Fialho), proc. nr. 57/14.7TTBRG.G1
Ac. de 06/01/2017 do TRL (António Valente), proc. nr. 7248/13.6TBCSC.L1-8
Ac. de 19/01/2017 do STJ (António Silva Gonçalves), proc. nr. 613/15.6T8PVZ.P1.S1
Ac. de 29/05/2017 do TRP (Paula Leal de Carvalho), proc. nr. 907/10.7TTMTS.P2
Ac. de 01/06/2017 do TRG (Vera Maria Sottomayor), proc. nr. 973/13.3TTGMR.G1 / CJ, 2017, III, p. 382 (sumário)
Ac. de 22/06/2017 do STJ (Ferreira Pinto), proc. nr. 2059/14.4/TTLSB.L1.S1
Ac. de 12/07/2017 do TRP (Jerónimo Freitas), proc. nr, 4725/15.8T8MTS.P1
Ac. de 28/09/2017 do STJ (Olindo Geraldes), proc. nr. 10145/14.4T8LSB.L1.S1
Ac. de 12/10/2017 do TRE (João Nunes), proc. nr. 447/13.2TTFAR.E1
Ac. de 26/10/2017 do STJ (Ferreira Pinto), proc. nr. 1175/14.7TTLSB.L1.S1
Ac. de 06/11/2017 do TRP (Maria Fernanda Soares), CJ, 2017, V, pp. 226-228
Ac. de 06/12/2017 do TRG (Higina Castelo), proc. nr. 718/16.6T8FNC.L1-7
Ac. de 14/12/2017 do STJ (Paula Leal de Carvalho), proc. nr. 1694/16.0T8VLG.P1
Ac. de 10/05/2018 do TRP (Madeira Pinto), proc. nr. 865/10.8TVPRT.P1
Ac. de 06/06/2018 do TRL (Duro Mateus Cardoso), proc. nr. 742/16.9T8CSC.L1-4
Ac. de 12/06/2018 do TRG (Vera Sottomayor), proc. nr. 2483/17.0T8OAZ.G1
Ac. de 25/06/2018 do TRL (Paula Leal de Carvalho), proc. nr. 1109/17.7T8AGD.P1
Ac. de 15/11/2018 do TRP (José Manuel Araújo de Barros), proc. nr. 1751/14.8TBVCD.P1
Ac. de 06/12/2018 do TRG (Vera Sottomayor), proc. nr. 2483/17.0T8OAZ.G1
Ac. de 10/01/2019 do STJ (Fátima Gomes), proc. nr. 385/18.2T8PVZ.P1.S1
Ac. de 21/02/2019 do TRG (Vera Sottomayor), proc. nr. 246/14.4TTGMR.G1
Ac. de 08/03/2019 do TRP (Rui Ataíde de Araújo), proc. nr. 4446/17.7T8OAZ.P1
Ac. de 02/05/2019 do TRE (Paula do Paço), proc. nr. 447/13.2.TTFAR-A.E1
Ac. de 15/01/2019 do STJ (António Leones Dantas), proc. nr. 457/14.2TTLSB.L2.S1
Ac. de 09/05/2019 do TRG (Vera Sottomayor), proc. nr. 1989/18.9T8BRG.G1
Ac. de 04/07/2019 do TCAS (Pedro Nuno Figueiredo), proc. nr. 51/19.1BCLSB

Ac. de 10/07/2019 do TRP (Paula Leal de Carvalho), proc. nr. 3880/17.7T8VFR.P1 / CJ, 2019, III, p. 405 (sumário)
Ac. de 07/10/2019 do TRP (Rita Romeira), CJ, 2019, IV, pp. 244-248
Ac. de 06/11/2019 do TRL (Leopoldo Soares), proc. nr. 914/14.0TTLSB.L1-4
Ac. de 11/09/2019 do STJ (Ferreira Pinto), proc. nr. 914/14.0TTLSB.L1.S1
Ac. de 15/01/2020 do TRL (Leopoldo Soares), proc. nr. 19917/18.0T8LSB.L1-4
Ac. de 05/03/2020 do TRP (Carlos Portela), proc. nr. 631/13.9TVPRT.P1
Ac. de 27/10/2020 do TRL (Cristina Coelho), proc. nr. 625/19.0T8LSB.L1-7
Ac. de 25/11/2020 do TRL (Maria José Costa Pinto), CJ, 2020, V, p. 307 (sumário)
Ac. de 12/02/2021 do TRG (Alda Martins), proc. nr. 4295/20.5T8BRG.G1
Ac. de 30/06/2021 do STJ (Olindo Geraldes), proc. nr. 1691/19.4T8LSB.L1.S1
Ac. de 06/08/2021 do TRL (Carlos Oliveira), proc. nr. 910/20.9T8PDL.L1-7
Ac. de 27/10/2021 do TRL (Albertina Pereira), proc. nr. 3787/19.3T8FNC.L1-4
Ac. de 18/11/2021 do TRL (Nélson Borges Carneiro), proc. nr. 13647/18. 0T8LSB.L1-2
Ac. de 14/02/2022 do TRP (Jerónimo Freitas), proc. nr. 2993/21.5T8VNG.P1
Ac. de 03/10/2022 do TRP (Teresa Sá Lopes), proc. nr. 1400/13.1TTPRT.P1 / CJ, 2022, IV (sumário)
Ac. de 01/06/2022 do STJ (Mário Belo Morgado), CJ (STJ), 2022, II, pp. 242-247
Ac. de 30/11/2022 do TRL (Maria de Deus Correia), proc. nr. 110265/20.0YIPRT.L1-6
Ac. de 20/03/2023 do TRP (Paula Leal de Carvalho), proc. nr. 3754/19.7T8MAI.P2
Ac. de 29/03/2023 do STJ (Júlio Gomes), proc. nr. 2283/20.0T8FNC.L1.S1

LEI N.º 54/2017, DE 14 DE JULHO

Regime jurídico do contrato de trabalho do praticante desportivo, do contrato de formação desportiva e do contrato de representação ou intermediação

CAPÍTULO I
Disposições gerais

Artigo 1.º
Objeto

A presente lei estabelece o regime jurídico do contrato de trabalho do praticante desportivo e do contrato de formação desportiva, bem como o dos empresários desportivos.

Artigo 2.º
Definições

Para efeitos da presente lei entende-se por:

a) Contrato de trabalho desportivo, aquele pelo qual o praticante desportivo se obriga, mediante retribuição, a prestar atividade desportiva a uma pessoa singular ou coletiva que promova ou participe em atividades desportivas, no âmbito de organização e sob a autoridade e direção desta;
b) Contrato de formação desportiva, o contrato celebrado entre uma entidade formadora e um formando desportivo, nos termos do qual aquela se obriga a prestar a este a formação adequada ao desenvolvimento da sua capacidade técnica e à aquisição de conhecimentos necessários à prática

de uma modalidade desportiva, ficando o formando desportivo obrigado a executar as tarefas inerentes a essa formação;

c) Empresário desportivo, a pessoa singular ou coletiva que, estando devidamente credenciada, exerça a atividade de representação ou intermediação, ocasional ou permanente, na celebração de contratos desportivos;
d) Formando desportivo, o praticante que, tendo concluído a escolaridade obrigatória ou estando matriculado e a frequentar o nível básico ou secundário de educação, assine contrato de formação desportiva, com vista à aprendizagem ou aperfeiçoamento de uma modalidade desportiva.

Artigo 3.º
Direito subsidiário e relação entre fontes

1. Às relações emergentes do contrato de trabalho desportivo aplicam-se, subsidiariamente, as regras aplicáveis ao contrato de trabalho que sejam compatíveis com a sua especificidade.
2. As normas constantes desta lei podem ser objeto de desenvolvimento e adaptação por convenção coletiva de trabalho que disponha em sentido mais favorável aos praticantes desportivos e tendo em conta as especificidades de cada modalidade desportiva.

Artigo 4.º
Arbitragem voluntária

Para a solução de quaisquer conflitos emergentes de contrato de trabalho desportivo e de contrato de formação desportiva, as associações representativas de entidades empregadoras e de praticantes desportivos podem, por meio de convenção coletiva, prever o recurso ao Tribunal Arbitral do Desporto, criado pela Lei 74/2013, de 6 de setembro.

CAPÍTULO II
Formação do contrato de trabalho desportivo

Artigo 5.º
Capacidade

1. Só podem celebrar contratos de trabalho desportivo os menores que hajam completado 16 anos de idade e que reúnam os requisitos exigidos pela lei geral do trabalho.

2. O contrato de trabalho desportivo celebrado por menor deve ser igualmente subscrito pelo seu representante legal.
3. É anulável o contrato de trabalho desportivo celebrado com violação do disposto no número anterior.

Artigo 6.º
Forma e conteúdo

1. Sem prejuízo do disposto em outras normas legais, na regulamentação desportiva ou em instrumento de regulamentação coletiva de trabalho, o contrato de trabalho desportivo é lavrado em triplicado, ficando cada uma das partes com um exemplar e a terceira para efeitos de registo.
2. O contrato de trabalho desportivo só é válido se for celebrado por escrito e assinado por ambas as partes.
3. Do contrato de trabalho desportivo deve constar:
   a) A identificação das partes, incluindo a nacionalidade e a data de nascimento do praticante;
   b) A identificação do empresário desportivo que tenha intervenção no contrato, com indicação da parte que representa, ou a menção expressa de que o contrato foi celebrado sem intervenção de empresário desportivo;
   c) A atividade desportiva que o praticante se obriga a prestar;
   d) O montante e a data de vencimento da retribuição, bem como o fracionamento previsto no n.º 4 do artigo 15.º, caso o mesmo seja decidido pelas partes;
   e) A data de início de produção de efeitos do contrato;
   f) O termo de vigência do contrato;
   g) A menção expressa de existência de período experimental, quando tal for estipulado pelas partes, nos termos do artigo 10.º;
   h) A data de celebração.
4. Na falta da referência exigida pela alínea e) do número anterior, considera-se que o contrato tem início na data da sua celebração.
5. Quando a retribuição for constituída por uma parte certa e outra variável, do contrato deverá constar indicação da parte certa e, se não for possível determinar a parte variável, o estabelecimento das formas que esta pode revestir, bem como dos critérios em função dos quais é calculada e paga.

Artigo 7.º
Registo

1. A participação do praticante desportivo em competições promovidas por uma federação dotada de utilidade pública desportiva depende de prévio registo do contrato de trabalho desportivo na respetiva federação.
2. O registo é efetuado nos termos que forem estabelecidos por regulamento federativo.
3. O disposto nos números anteriores é aplicável às modificações que as partes introduzam no contrato.
4. No ato do registo do contrato de trabalho desportivo, a entidade empregadora desportiva deve fazer prova da aptidão médico-desportiva do praticante, bem como de ter efetuado o correspondente seguro de acidentes de trabalho, sob pena de recusa do mesmo.
5. A falta de registo do contrato ou das cláusulas adicionais presume-se culpa exclusiva da entidade empregadora desportiva, salvo prova em contrário.

Artigo 8.º
Promessa de contrato de trabalho desportivo

É válida a promessa bilateral de contrato de trabalho desportivo se, além dos elementos previstos na lei geral do trabalho, contiver indicação do início e do termo do contrato prometido ou a menção a que se refere a alínea b) do n.º 2 do artigo 9.º

Artigo 9.º
Duração do contrato

1. O contrato de trabalho desportivo não pode ter duração inferior a uma época desportiva nem superior a cinco épocas.
2. Sem prejuízo do disposto no número anterior, podem ser celebrados por período inferior a uma época desportiva:
   a) Contratos de trabalho celebrados após o início de uma época desportiva para vigorarem até ao fim desta;
   b) Contratos de trabalho pelos quais o praticante desportivo seja contratado para participar numa competição ou em determinado número de prestações que constituam uma unidade identificável no âmbito da respetiva modalidade desportiva.
3. No caso a que se refere a alínea b) do número anterior, não é necessário que do contrato constem os elementos referidos nas alíneas e) e f) do n.º 3 do artigo 6.º

4. O contrato de trabalho desportivo celebrado com menor não pode ter duração superior a três épocas desportivas.
5. Considera-se celebrado por uma época desportiva, ou para a época desportiva no decurso da qual for celebrado, o contrato em que falte a indicação do respetivo termo.
6. Entende-se por época desportiva o período de tempo, nunca superior a 12 meses, durante o qual decorre a atividade desportiva, a fixar para cada modalidade pela respetiva federação dotada de utilidade pública desportiva.
7. A violação do disposto nos n.os 1 e 4 determina a aplicação ao contrato em causa dos prazos mínimos ou máximos admitidos.

Artigo 10.º
Período experimental

1. A existência de período experimental depende de estipulação expressa das partes.
2. A duração do período experimental não pode exceder 15 dias, em caso de contrato de duração não superior a duas épocas desportivas, ou 30 dias, em caso de contrato de duração superior a duas épocas, considerando-se reduzida ao período máximo aplicável em caso de estipulação superior.
3. O período experimental deixa de ser invocável pela entidade empregadora desportiva, para efeitos do disposto na alínea e) do n.º 1 do artigo 23.º, quando se verifique uma das seguintes situações:
   a) Quando o praticante participe, pela primeira vez, em competição ao serviço de entidade empregadora desportiva, nas modalidades em cuja regulamentação tal participação impeça ou limite a participação do praticante ao serviço de outra entidade empregadora desportiva na mesma época ou na mesma competição;
   b) Quando o praticante desportivo sofra lesão desportiva que o impeça de praticar a modalidade para que foi contratado e que se prolongue para além do período experimental;
   c) Quando termine o prazo para inscrição na respetiva federação desportiva.

CAPÍTULO III
Direitos, deveres e garantias das partes

Artigo 11.º
Deveres da entidade empregadora desportiva

Para além dos previstos em instrumento de regulamentação coletiva, são deveres da entidade empregadora desportiva, em especial:

a) Proceder ao registo do contrato de trabalho desportivo, bem como das modificações contratuais posteriormente acordadas, nos termos do artigo 7.º;
b) Proporcionar aos praticantes desportivos as condições necessárias à participação desportiva, bem como a participação efetiva nos treinos e outras atividades preparatórias ou instrumentais da competição desportiva;
c) Submeter os praticantes aos exames e tratamentos clínicos necessários à prática da atividade desportiva;
d) Permitir que os praticantes, em conformidade com o previsto nos regulamentos federativos, participem nos trabalhos de preparação e integrem as seleções ou representações nacionais;
e) Proporcionar aos praticantes desportivos menores as condições necessárias à conclusão da escolaridade obrigatória;
f) Promover o respeito pelas regras da ética desportiva no desenvolvimento da atividade desportiva.

Artigo 12.º
Direitos de personalidade e assédio

1. A entidade empregadora deve respeitar os direitos de personalidade do praticante desportivo, sem prejuízo das limitações justificadas pela especificidade da atividade desportiva.
2. É proibido o assédio no âmbito da relação laboral desportiva, nos termos previstos na lei geral do trabalho.

Artigo 13.º
Deveres do praticante desportivo

Para além dos previstos em instrumento de regulamentação coletiva, são deveres do praticante desportivo, em especial:

a) Prestar a atividade desportiva para que foi contratado, participando nos treinos, estágios e outras sessões preparatórias das competições com a aplicação e a diligência correspondentes às suas condições psicofísicas e técnicas e, bem assim, de acordo com as regras da respetiva modalidade desportiva e com as instruções da entidade empregadora desportiva;

b) Participar nos trabalhos de preparação e integrar as seleções ou representações nacionais;
c) Preservar as condições físicas que lhe permitam participar na competição desportiva objeto do contrato;
d) Submeter-se aos exames e tratamentos clínicos necessários à prática desportiva;
e) Conformar-se, no exercício da atividade desportiva, com as regras próprias da disciplina e da ética desportiva.

Artigo 14.º
Direito de imagem

1. Todo o praticante desportivo tem direito a utilizar a sua imagem pública ligada à prática desportiva e a opor-se a que outrem a use para exploração comercial ou para outros fins económicos, sem prejuízo da possibilidade de transmissão contratual da respetiva exploração comercial.
2. Ficam ressalvados os direitos da entidade empregadora desportiva quanto à imagem do coletivo dos praticantes, direitos que podem ser objeto de regulamentação em sede de contratação coletiva.

Artigo 15.º
Retribuição

1. Compreendem-se na retribuição todas as prestações patrimoniais que, nos termos das regras aplicáveis ao contrato de trabalho desportivo, a entidade empregadora desportiva realize a favor do praticante desportivo pelo exercício da sua atividade ou com fundamento nos resultados nela obtidos.
2. É válida a cláusula constante de contrato de trabalho desportivo que determine o aumento ou a diminuição da retribuição em caso de subida ou descida de escalão competitivo em que esteja integrada a entidade empregadora desportiva.
3. A retribuição vence-se mensalmente, até ao quinto dia do mês subsequente ao da prestação de trabalho, devendo estar à disposição do praticante desportivo na data do vencimento ou no dia útil anterior.
4. As partes no contrato de trabalho desportivo podem decidir fracionar o pagamento das retribuições dos meses de junho e julho e dos subsídios de Natal e de férias, em número nunca inferior a 10 prestações, de montante igual, pagas com a retribuição dos restantes meses.

5. Quando a retribuição compreenda uma parte correspondente aos resultados desportivos obtidos, esta considera-se vencida, salvo acordo em contrário, com a remuneração do mês seguinte àquele em que esses resultados se verificarem.

Artigo 16.º
Período normal de trabalho

1. Considera-se compreendido no período normal de trabalho do praticante desportivo:
   a) O tempo em que o praticante está sob as ordens e na dependência da entidade empregadora desportiva, com vista à participação nas provas desportivas em que possa vir a tomar parte;
   b) O tempo despendido em sessões de apuramento técnico, tático e físico e em outras sessões de treino, bem como em exames e tratamentos clínicos, com vista à preparação e recuperação do praticante para as provas desportivas;
   c) O tempo despendido em estágios de concentração e em viagens que precedam ou se sucedam à participação em provas desportivas.
2. Não relevam, para efeito dos limites do período normal de trabalho previstos na lei geral, os períodos de tempo referidos na alínea c) do número anterior.
3. A frequência e a duração dos estágios de concentração devem limitar-se ao que, tendo em conta as exigências próprias da modalidade e da competição em que o praticante intervém e a idade deste, deva ser considerado indispensável.
4. Podem ser estabelecidas por convenção coletiva regras em matéria de frequência e de duração dos estágios de concentração.

Artigo 17.º
Férias, feriados e descanso semanal

1. O praticante desportivo tem direito a um dia de descanso semanal, bem como ao gozo do período de férias previsto na lei, sem prejuízo de disposições mais favoráveis constantes de convenção coletiva de trabalho.
2. Quando tal seja imposto pela realização de provas desportivas, incluindo as não oficiais, o gozo do dia de descanso semanal transfere-se para data a acordar entre as partes ou, não havendo acordo, para o primeiro dia disponível.
3. O disposto no número anterior é aplicável ao gozo de feriados obrigatórios ou facultativos.

Artigo 18.º
Poder disciplinar

1. Sem prejuízo do disposto em convenção coletiva de trabalho, a entidade empregadora desportiva pode aplicar ao trabalhador, pela comissão de infrações disciplinares, as seguintes sanções:
   a) Repreensão registada;
   b) Sanção pecuniária;
   c) Suspensão do trabalho com perda de retribuição;
   d) Despedimento com justa causa.
2. As sanções pecuniárias aplicadas a um praticante desportivo por infrações praticadas no mesmo dia não podem exceder metade da retribuição diária e, em cada época, a retribuição correspondente a 30 dias.
3. A suspensão do trabalho não pode exceder, por cada infração, 10 dias e, em cada época, o total de 30 dias.
4. A aplicação de sanções disciplinares deve ser precedida de procedimento disciplinar no qual sejam garantidas ao arguido as adequadas garantias de defesa.
5. A sanção disciplinar deve ser proporcionada à gravidade da infração e à culpabilidade do infrator, não podendo aplicar-se mais de uma pena pela mesma infração.
6. O procedimento disciplinar prescreve decorridos 180 dias contados da data em que é instaurado quando, nesse prazo, o praticante desportivo não seja notificado da decisão final.

CAPÍTULO IV
Cedência e transferência de praticantes desportivos

Artigo 19.º
Liberdade de trabalho

1. São nulas as cláusulas inseridas em contrato de trabalho desportivo visando condicionar ou limitar a liberdade de trabalho do praticante desportivo após o termo do vínculo contratual.
2. Pode ser estabelecida por convenção coletiva a obrigação de pagamento à anterior entidade empregadora de uma justa compensação a título de promoção ou valorização de um jovem praticante desportivo, por parte da entidade empregadora que com esse praticante venha a celebrar um contrato de trabalho desportivo, após a cessação do anterior.

3. A convenção coletiva referida no número anterior é aplicável apenas em relação às transferências de praticantes que ocorram entre entidades empregadoras portuguesas com sede em território nacional.
4. O valor da compensação referida no n.º 2 não poderá, em caso algum, afetar de forma desproporcionada, na prática, a liberdade de contratar do praticante.
5. A validade e a eficácia do novo contrato não estão dependentes do pagamento da compensação devida nos termos do n.º 2.
6. A compensação a que se refere o n.º 2 pode ser satisfeita pelo praticante desportivo.
7. Não é devida a compensação referida no n.º 2 quando o contrato de trabalho desportivo seja resolvido com justa causa pelo praticante ou quando este seja despedido sem justa causa.
8. Nas modalidades em que, por inexistência de interlocutor sindical, não seja possível celebrar convenção coletiva, a compensação a que se refere o n.º 2 pode ser estabelecida por regulamento federativo.

Artigo 20.º
Cedência do praticante desportivo

1. Na vigência do contrato de trabalho desportivo é permitida, havendo acordo das partes, a cedência do praticante desportivo a outra entidade.
2. A cedência consiste na disponibilização temporária de praticante desportivo pela entidade empregadora, para prestar trabalho a outra entidade, a cujo poder de direção aquele fica sujeito, mantendo-se o vínculo contratual inicial.
3. Cedente e cessionário são solidariamente responsáveis pelo pagamento das retribuições do praticante desportivo que se vencerem no período em que vigore a cedência.
4. Em caso de não pagamento pontual da retribuição, o praticante deve comunicar o facto à parte não faltosa, no prazo de 45 dias contados a partir do respetivo vencimento, sob pena de desresponsabilização desta.

Artigo 21.º
Contrato de cedência

1. Ao contrato de cedência do praticante desportivo aplica-se o disposto nos artigos 6.º e 7.º, com as devidas adaptações.
2. Do contrato de cedência deve constar declaração de concordância do praticante desportivo cedido.

3. No contrato de cedência podem ser estabelecidas condições remuneratórias diversas das acordadas no contrato de trabalho desportivo, desde que não envolvam diminuição da retribuição nele prevista.

Artigo 22.º
Transferência de praticantes desportivos

A transferência do praticante desportivo é regulada pelos regulamentos da respetiva federação dotada de utilidade pública desportiva, sem prejuízo do disposto nesta lei, nomeadamente no artigo 19.º

CAPÍTULO V
Cessação do contrato de trabalho desportivo

Artigo 23.º
Formas de cessação

1. O contrato de trabalho desportivo pode cessar por:
   a) Caducidade;
   b) Revogação por acordo das partes;
   c) Despedimento com justa causa promovido pela entidade empregadora desportiva;
   d) Resolução com justa causa por iniciativa do praticante desportivo;
   e) Denúncia por qualquer das partes durante o período experimental;
   f) Despedimento coletivo;
   g) Denúncia por iniciativa do praticante desportivo, quando contratualmente convencionada, nos termos do artigo 25.º
2. A caducidade por verificação do termo opera automaticamente e não confere direito a compensação.
3. Constitui justa causa, para efeitos das alíneas c) e d) do n.º 1, o incumprimento contratual grave e culposo que torne praticamente impossível a subsistência da relação laboral desportiva.
4. Por convenção coletiva pode ser estabelecido o direito de o praticante resolver o contrato em caso de não participação nas competições oficiais ao longo da época desportiva.

Artigo 24.º
Responsabilidade das partes pela cessação do contrato

1. Nos casos previstos nas alíneas c) e d) do n.º 1 do artigo anterior, a parte que der causa à cessação ou que a haja promovido indevidamente deve indemnizar a contraparte pelo valor das retribuições que ao praticante seriam devidas se o contrato de trabalho tivesse cessado no seu termo.
2. Pode ser fixada uma indemnização de valor superior ao que resulta da aplicação do número anterior, sempre que a parte lesada comprove que sofreu danos de montante mais elevado.

Artigo 25.º
Denúncia por iniciativa do praticante

1. As partes no contrato de trabalho desportivo podem estipular o direito de o praticante fazer cessar unilateralmente e sem justa causa o contrato em vigor, mediante o pagamento à entidade empregadora de uma indemnização fixada para o efeito.
2. O montante convencionado pelas partes pode ser objeto de redução pelo tribunal, de acordo com a equidade, se for manifestamente excessivo, designadamente tendo em conta o período de execução contratual já decorrido.

Artigo 26.º
Responsabilidade solidária

1. Se o praticante fizer cessar o contrato unilateralmente e sem justa causa, presume-se que a nova entidade empregadora desportiva interveio, direta ou indiretamente, na cessação.
2. Se a presunção não for ilidida, a nova entidade empregadora desportiva responde solidariamente pelo pagamento da indemnização devida pela cessação do anterior contrato.
3. Sendo a indemnização satisfeita pela nova entidade empregadora desportiva, esta tem direito de regresso contra o praticante, na parte correspondente ao valor previsto no n.º 1 do artigo 24.º
4. Sendo a indemnização satisfeita pelo praticante desportivo, este tem direito de regresso contra a entidade empregadora desportiva, na parte que exceda o valor previsto no n.º 1 do artigo 24.º

Artigo 27.º
Comunicação da cessação do contrato

1. A eficácia da cessação do contrato de trabalho desportivo depende da comunicação às entidades que procedem ao registo obrigatório do contrato, nos termos do disposto no artigo 7.º
2. A comunicação deve ser realizada pela parte que promoveu a cessação, com indicação da respetiva forma de extinção do contrato.
3. O vínculo desportivo tem natureza acessória em relação ao vínculo contratual e extingue-se com a comunicação prevista no presente artigo, podendo ser registado novo contrato, nos termos gerais.

CAPÍTULO VI
Contrato de formação desportiva

Artigo 28.º
Capacidade

1. Podem celebrar contrato de formação desportiva os jovens que tenham idade compreendida entre 14 e 18 anos.
2. Podem celebrar contratos de formação como entidades formadoras as entidades desportivas que garantam um ambiente de trabalho e meios humanos e técnicos adequados à formação desportiva a ministrar.
3. A verificação do disposto no número anterior é certificada mediante documento comprovativo a emitir pela respetiva federação dotada de utilidade pública desportiva e pode ser reapreciada a todo o tempo.
4. A celebração do contrato depende da realização de exame médico, a promover pela entidade formadora, que certifique a capacidade física e psíquica adequada ao desempenho da atividade.
5. O incumprimento dos requisitos previstos no presente artigo determina a nulidade do contrato.

Artigo 29.º
Forma

1. O contrato de formação desportiva deve ser reduzido a escrito e é feito em triplicado.
2. Os três exemplares são assinados pelo representante da entidade formadora, pelo formando desportivo e pelo seu representante legal, quando aquele for menor.

3. Dos três exemplares um é para a entidade formadora, outro para o formando desportivo ou seu representante legal e outro para a federação respetiva.
4. O modelo e o conteúdo do contrato de formação são aprovados por regulamento federativo.

Artigo 30.º
Duração

1. O contrato de formação desportiva tem a duração mínima de uma época desportiva e a duração máxima de três épocas desportivas.
2. O contrato de formação desportiva pode ser prorrogado, por mútuo acordo das partes, sem prejuízo do disposto no número seguinte.
3. O contrato de formação desportiva caduca, em qualquer caso, no final da época em que o formando desportivo completa 18 anos, podendo ser prorrogado, por acordo entre as partes, por mais uma época desportiva.

Artigo 31.º
Tempo de formação

No que respeita ao tempo de formação, feriados e descanso semanal do formando desportivo, é aplicável o regime estabelecido pela presente lei para o praticante desportivo, sendo ajustado de modo a permitir a frequência das aulas e a deslocação para o estabelecimento de ensino.

Artigo 32.º
Deveres da entidade formadora

1. Constituem, em especial, deveres da entidade formadora:
   a) Proporcionar ao formando desportivo os conhecimentos necessários à prática da modalidade desportiva;
   b) Não exigir do formando desportivo tarefas que não se compreendam no objeto do contrato;
   c) Respeitar as condições de higiene e segurança e de ambiente compatíveis com a idade do formando desportivo;
   d) Informar regularmente o representante legal do formando desportivo sobre o desenvolvimento do processo de formação e, bem assim, prestar os esclarecimentos que lhe forem por aquele solicitados;
   e) Proporcionar ao formando desportivo a frequência e a prossecução dos seus estudos, garantindo a não sobreposição da formação com o horário escolar;

f) Promover o respeito pelas regras da ética desportiva no desenvolvimento da atividade desportiva.

2. A entidade formadora é responsável pela realização de um exame médico anual, se periodicidade mais curta não for exigida pelo desenvolvimento do processo de formação, por forma a assegurar que das atividades desenvolvidas no âmbito da formação não resulte perigo para a saúde e para o desenvolvimento físico e psíquico do formando desportivo.

Artigo 33.º
Deveres do formando desportivo

Constituem, em especial, deveres do formando desportivo:

a) Ser assíduo, pontual e realizar as suas tarefas com zelo e diligência;
b) Observar as instruções das pessoas encarregadas da sua formação;
c) Utilizar cuidadosamente e zelar pela boa conservação dos bens materiais que lhe sejam confiados;
d) Conformar-se, no exercício da atividade desportiva, com as regras próprias da disciplina e da ética desportiva.

Artigo 34.º
Compensação por formação

A celebração, pelo praticante desportivo, do primeiro contrato de trabalho com entidade empregadora distinta da entidade formadora confere a esta o direito de receber uma justa compensação pela formação ministrada, de acordo com o disposto no artigo 19.º

Artigo 35.º
Cessação do contrato

1. O contrato de formação desportiva pode cessar por:
   a) Caducidade;
   b) Revogação por mútuo acordo;
   c) Resolução com justa causa, por qualquer das partes;
   d) Denúncia por iniciativa do formando desportivo, mediante declaração escrita com aviso prévio de 30 dias.
2. A resolução com justa causa por iniciativa da entidade formadora deve ser apurada através do competente procedimento disciplinar.

CAPÍTULO VII
Dos empresários desportivos

Artigo 36.º
Exercício da atividade de empresário desportivo

1. Só podem exercer atividade de empresário desportivo as pessoas singulares ou coletivas devidamente autorizadas pelas entidades desportivas, nacionais ou internacionais, competentes.
2. A pessoa que exerça a atividade de empresário desportivo só pode agir em nome e por conta de uma das partes da relação contratual, apenas por esta podendo ser remunerada, nos termos do respetivo contrato de representação ou intermediação.
3. É vedada ao empresário desportivo a representação de praticantes desportivos menores de idade.

Artigo 37.º
Registo dos empresários desportivos

1. Sem prejuízo do disposto no artigo anterior, os empresários desportivos que pretendam exercer a respetiva atividade devem registar-se como tal junto da federação desportiva, que, para este efeito, deve dispor de um registo organizado e atualizado.
2. O registo a que se refere o número anterior é constituído por um modelo de identificação do empresário, cujas características serão definidas por regulamento federativo.
3. São nulos os contratos de representação ou intermediação celebrados com empresários desportivos que não se encontrem inscritos no registo referido no presente artigo.

Artigo 38.º
Contrato de representação ou intermediação

1. O contrato de representação ou intermediação é um contrato de prestação de serviço celebrado entre um empresário desportivo e um praticante desportivo ou uma entidade empregadora desportiva.
2. O contrato está sujeito a forma escrita, nele devendo ser definido com clareza o tipo de serviços a prestar pelo empresário desportivo, bem como a remuneração que lhe será devida e as respetivas condições de pagamento.
3. No caso de contrato de representação ou intermediação celebrado entre um empresário desportivo e um praticante desportivo, a remuneração

paga pelo praticante não pode exceder 10 % do montante líquido da sua retribuição e o dever de pagamento apenas se mantém enquanto o contrato de representação ou intermediação estiver em vigor.
4. O contrato tem sempre uma duração determinada, não podendo, em qualquer caso, exceder dois anos de duração.
5. O contrato caduca aquando da verificação do termo resolutivo estipulado, podendo ser renovado por mútuo acordo das partes, mas não sendo admissíveis cláusulas de renovação automática do mesmo.
6. O incumprimento culposo dos deveres decorrentes do contrato atribui ao contraente lesado o direito de o resolver com justa causa e com efeitos imediatos.
7. A parte que promover indevidamente a rutura do contrato deve indemnizar a outra do prejuízo que esta sofrer.
8. As partes podem fixar, por acordo, o montante da indemnização a que se refere o número anterior.
9. Quando o dever de indemnizar recaia sobre o praticante desportivo, o respetivo montante não pode exceder o que resultar da aplicação do n.º 3 ao período remanescente do contrato.

Artigo 39.º
Limitações ao exercício da atividade de empresário

Sem prejuízo de outras limitações estabelecidas em regulamentos federativos nacionais ou internacionais, ficam inibidos de exercer a atividade de empresário desportivo as seguintes entidades:
a) As sociedades desportivas;
b) Os clubes desportivos;
c) Os dirigentes desportivos;
d) Os titulares de cargos em órgãos das sociedades desportivas ou clubes;
e) Os treinadores, praticantes, árbitros, médicos e massagistas.

CAPÍTULO VIII
Regime sancionatório

Artigo 40.º
Contraordenações

1. Constitui contraordenação muito grave a prestação de atividade com base num contrato de trabalho desportivo por parte de menor que não satisfaça

as condições referidas no n.º 1 do artigo 5.º, bem como a execução de contrato de formação desportiva por parte de menor sem a idade mínima prevista no n.º 1 do artigo 28.º

2. Constitui contraordenação grave a violação dos artigos 11.º e 12.º, do n.º 3 do artigo 15.º, do n.º 3 do artigo 16.º, do artigo 17.º, dos n.os 2, 3 e 4 do artigo 18.º, da alínea c) do n.º 1 e do n.º 2 do artigo 32.º
3. Constitui contraordenação leve a violação do n.º 2 do artigo 5.º, dos n.os 1, 2 e 3 do artigo 6.º e da parte final do n.º 2 do artigo 29.º

CAPÍTULO IX
Disposições finais

Artigo 41.º
Modalidade contratual intermédia

Por convenção coletiva pode ser criada e regulamentada uma modalidade contratual entre o contrato de formação e o contrato de trabalho, destinada a praticantes desportivos com idade não superior a 21 anos.

Artigo 42.º
Nulidade

São nulas as cláusulas contratuais que contrariem o disposto nesta lei ou que produzam um efeito prático idêntico ao que a lei quis proibir.

Artigo 43.º
Norma revogatória

É revogada a Lei 28/98, de 26 de junho, alterada pela Lei 114/99, de 3 de agosto.

Aprovada em 24 de maio de 2017.
O Presidente da Assembleia da República, Eduardo Ferro Rodrigues.
Promulgada em 12 de junho de 2017.
Publique-se.
O Presidente da República, Marcelo Rebelo de Sousa.
Referendada em 28 de junho de 2017.
O Primeiro-Ministro, António Luís Santos da Costa.